제3판

전자상거래

주재훈 · 신민석

ELECTRONIC COMMERCE

도서출판 탑북스

제3판 머리말

제3판의 대폭적인 변화는 제2장 플랫폼 경제, 제7장 소셜 커머스, 제10장 전자화폐, 비트코인, 블록체인이다. 제2판에서와 같이 본서는 5부 12장으로 구성되어 있다. 다른 장에서는 부분적으로 전자상거래와 관련된 변화를 반영하여 수정 및 추가하였다.

그림에서 나타낸 바와 같이, 비즈니스 생태계와 비즈니스 패러다임 관점에서 전자상거래의 경영관리, 기술, 법과 제도를 함께 다루고 있다. 그러나 전자상거래의 빠르게 변화하는 지식, 산업, 사회 환경에 맞추어 덜 중요한 부분을 빼고 새로이 부흥하는 분야를 집중적으로 보완하였다. 인사이트(insight)에서도 시사성이 떨어지는 내용을 삭제하고 시사성이 높은 내용을 추가하였다.

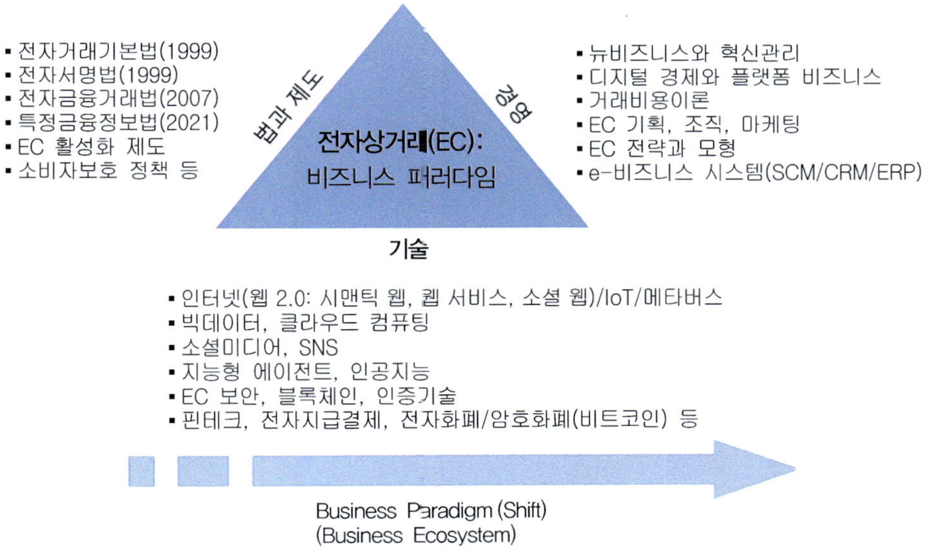

본서의 구성과 핵심내용, 제3판의 주요 변화된 특징을 표와 같다.

부	장	핵심 내용과 제3판에서 보완된 특징
제1부 전자상거래와 e-비즈니스의 이해	제1장 전자상거래의 이해	• EC의 기반인 인터넷: 전자시장, 가상기업, 가상사회, 메타버스 • EC의 개요, 과정, 유형 • 기술혁신으로 진화하는 EC 종류 • EC의 기본 구조 • 거래비용 관점에서 EC

부	장	핵심 내용과 제3판에서 보완된 특징
	제2장 e-비즈니스와 디지털 및 플랫폼 경제	• e-비즈니스와 EC의 관계 • EC가 핵심이 되는 디지털 경제와 플랫폼 경제 • EC가 플랫폼 비즈니스의 핵심이다! • 플랫폼 비즈니스의 유형, 플랫폼 경제, 공유경제, 긱 경제, 구독경제의 관계
제2부 비즈니스 패러다임	제3장 비즈니스 패러다임	• EC로 인한 비즈니스 패러다임을 사업방식, 마케팅, 금융, 물류, 고용, 법률 관점에서 학습 • 비즈니스 패러다임 시각에서의 옴니채널과 핀테크
	제4장 e-비즈니스 전략과 모델	• e-비즈니스의 전략적 특성, 비즈니스 모델의 개요와 사례, BM 특허 • 비즈니스 모델 개발의 도구가 되는 BM 캔버스 작성하기 및 사례
	제5장 협력 및 통합 패러다임: SCM, CRM, ERP	• 협력 패러다임 관점에서 공급사슬관리, 고객관계관리, 전사적자원관리 • 고객경험 최적화를 위한 빅데이터 분석과 데이터 시각화 도구
제3부 상거래 패러다임	제6장 편리성을 제공하는 전자상거래	• B2C(인터넷쇼핑몰)와 C2C(오픈마켓) 전자상거래의 차이점, 전자시장과 중간상인의 역할 • EC에서 판매자와 구매자를 지원하는 지능형 에이전트 • AI를 활용한 아마존 전자상거래 사례
	제7장 m-커머스, 소셜 커머스, O2O 커머스	• 모바일 생태계와 m-커머스, 소셜 커머스의 사례 • 미디어 커머스, 인플루언서 마케팅, 라이브 커머스 • 소셜미디어를 활용한 개인화 서비스로서의 소셜 큐레이션, 큐레이션 기반의 구독 상거래, 사물인터넷 기반의 온라인과 오프라인을 통합하는 O2O 커머스의 개요와 사례
제4부 혁신 패러다임: EC보안, 핀테크, 인증	제8장 안전한 전자시장의 구성방안: 전자상거래 보안서비스	• 안전한 전자상거래를 위한 암호방식과 전자서명의 원리 • 최신 동향과 전자서명의 과정
	제9장 핀테크: 전자지급결제서비스	• 핀테크의 유형과 인터넷전문은행의 현황 • 신용카드기반의 전자지급결제, 모바일결제, 간편결제의 현황과 사례
	제10장 전자화폐, 비트코인, 블록체인	• 전자화폐와 암호화폐 • 비트코인, 이더리움, 하이퍼레저 패브릭 • 탈중앙화의 기반 기술 블록체인, 디파이, NFT, 메타버스의 융합
	제11장 웹 공간의 전자신분증: 전자인증서	• EC에서 인증의 필요성과 인증방식 • 전자인증서: 공동인증서와 금융인증서, 안전한 전자상거래

부	장	핵심 내용과 제3판에서 보완된 특징
제5부 EC 기반기술의 이해	제12장 인터넷 관련 기술	• EC의 기반이 되는 인터넷의 원리와 기술 동향, 집단지성, 시맨틱 웹과 웹 서비스 • 4차 산업혁명의 핵심 기술: 사물인터넷, 3D 프린팅, 인공지능, 메타버스

끝으로 제3판을 전자책으로도 내도록 애써주신 탑북스 김학민 대표이사님께 감사의 뜻을 전한다.

2023. 1.

주재훈 · 신민석 씀

제2판 머리말

4차 산업혁명과 전자상거래(Electronic Commerce, e–Commerce: EC)는 동전의 양면과 같다. 인공지능(AI: Artificial Intelligence)과 ICBM(Internet of Things: IoT, Cloud computing, Big data, and Mobile)이 핵심이 되고 있는 4차 산업혁명으로 더욱 편리하고 스마트한 전자상거래가 가능하게 된다. 한편, 전자상거래로 인해 사회와 산업 곳곳에서 4차 산업혁명에 대한 수요가 출현하고, 인간 중심적이고 자연친화적 기술이 뿌리를 내리게 된다.

본서는 4차 산업혁명과 전자상거래에 대한 대부분의 내용을 담고 있다. 예를 들어, 제1장 인사이트의 "편리하고 스마트한 쇼핑: 아마존의 B2C 전자상거래"에서 소개한 아마존 대시와 에코, 알렉사(Alexa) 등에 인공지능이 내재되어 있기 때문에 전자상거래는 더욱 편리하고 똑똑해지고 있다. 또한 제6장의 전자상거래를 지원하는 지능형 에이전트는 인공지능 기술이 적용된 전자상거래의 대표적인 사례이다. 제12장에서는 사물인터넷(IoT)을 비롯한 시맨틱 웹, 웹 서비스, 3D 프린팅을 소개하고 있다. 제7장의 O2O 커머스는 사물인터넷을 기반으로 발전하고 진화해가는 전자상거래의 대표적인 사례이다. 제3장의 비즈니스 패러다임에서 다루는 클라우드 컴퓨팅 서비스는 SaaS(Software as a Service)에서 출발하는 새로운 사업방식으로 대표된다. "기업의 목적은 고객을 창출하는 것이다"라는 피터 드러커의 말에서 알 수 있듯이 기업과 고객의 관계는 중요하다. 제5장에서 고객관계관리와 관련하여 빅데이터를 소개하였다. 오늘날 디지털화로 인한 정보의 홍수 시대에서 빅데이터는 광범위하게 적용되고 있지만, 특히 고객 자신도 알아차리지 못한 필요와 욕구를 분석하여 제안해 줄 수 있다는 점에서 빅데이터는 전자상거래에서 중요한 부분을 차지한다. 사무실이나 집에서는 물론이고 이동하면서도 언제나 편리하게 업무를 보고 전자상거래를 할 수 있는 환경이 조성되었다. 제7장의 m–커머스, 소셜 커머스, O2O 커머스에서 이 부분을 집중적으로 다루었다.

큰 틀에서 제2판은 제1판과 같이 5부 12장으로 구성되어 있다. 그림에서 나타낸 바와 같이, 비즈니스 생태계와 비즈니스 패러다임 관점에서 전자상거래의 경영관리, 기술, 법과 제도를 함께 다루고 있다. 그러나 전자상거래의 빠르게 변화하는 지식, 산업, 사회 환경에 맞추어 덜 중요한 부분을 빼고 새로이 부흥하는 분야를 집중적으로 보완하였다. 특히, 제2판에서는 최신의 기술발전과 더불어 새로운 전자상거래 형태로 확산되고 있는 O2O(Online to Offline) 커머스, 전자지급결제를 포괄하는 핀테크(FinTech: Finance

와 Technology의 합성어), 비즈니스 모델 작성을 위한 도구인 BM 캔버스(Business Model Canvas) 부분은 보완하였다. 또한 변화에 민감하면서도 각 장의 내용을 이해하고 새로운 시각에서 현상과 지식을 간파하는데 도움이 될 수 있는 학습자료를 33개의 인사이트(insight)에 담았다.

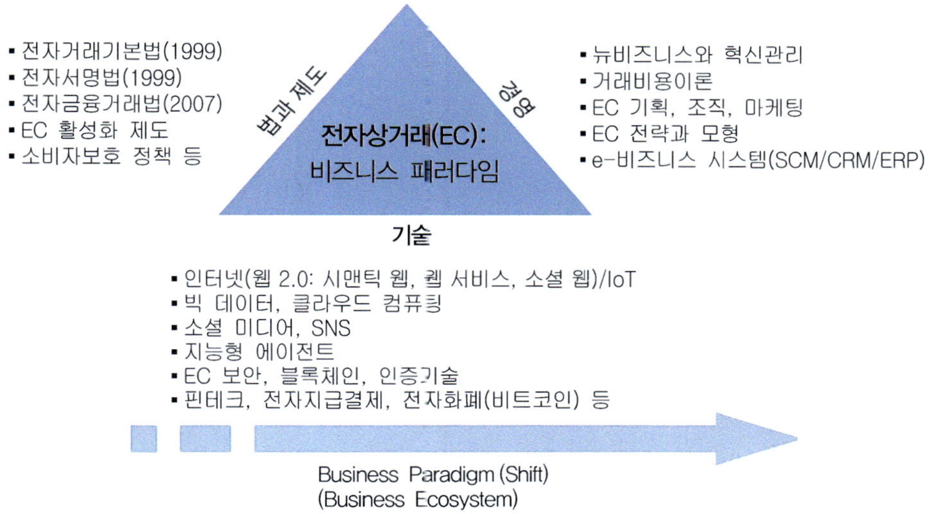

본서의 구성과 핵심내용, 제2판의 주요 변화된 특징을 표와 같다.

부	장	핵심 내용과 제2판에서 보완된 특징
제1부 전자상거래와 e-비즈니스의 이해	제1장 전자상거래의 이해	• EC의 기반인 인터넷: 전자시장, 가상기업, 가상사회 • EC의 개요, 과정, 유형 • 기술혁신으로 진화하는 EC 종류 • EC의 기본 구조 • 거래비용 관점에서 EC
	제2장 e-비즈니스와 디지털 경제	• e-비즈니스와 EC의 관계 • EC가 핵심이 되는 디지털 경제의 특성과 새로운 법칙
제2부 비즈니스 패러다임	제3장 비즈니스 패러다임	• EC로 인한 비즈니스 패러다임을 사업방식, 마케팅, 금융, 물류, 고용, 법률 관점에서 학습 • 비즈니스 패러다임 시각에서의 옴니채널과 핀테크
	제4장 e-비즈니스 전략과 모델	• e-비즈니스의 전략적 특성, 비즈니스 모델의 개요와 사례, BM 특허 • 비즈니스 모델 개발의 도구가 되는 BM 캔버스 작성하기 및 사례

부	장	핵심 내용과 제2판에서 보완된 특징
	제5장 협력 및 통합 패러다임: SCM, CRM, ERP	• 협력 패러다임 관점에서 공급사슬관리, 고객관계관리, 전사적자원관리 • 고객경험 최적화를 위한 빅데이터 분석과 데이터 시각화 도구
제3부 상거래 패러다임	제6장 편리성을 제공하는 전자상거래	• B2C(인터넷쇼핑몰)와 C2C(오픈마켓) 전자상거래의 차이점, 전자시장과 중간상인의 역할 • EC에서 판매자와 구매자를 지원하는 지능형 에이전트
	제7장 m-커머스, 소셜 커머스, O2O 커머스	• 모바일 생태계와 m-커머스, 소셜미디어와 소셜커머스의 사례 • 소셜미디어를 활용한 개인화 서비스로서의 소셜큐레이션, 큐레이션 기반의 상거래인 서브스크립션(소셜) 커머스, 사물인터넷 기반의 온라인과 오프라인을 통합하는 O2O 커머스의 개요와 사례
	제8장 안전한 전자시장의 구성방안: 전자상거래 보안서비스	• 안전한 전자상거래를 위한 암호방식과 전자서명의 원리 • 최신 동향과 전자서명의 과정
제4부 혁신 패러다임: EC보안, 핀테크, 인증	제9장 핀테크: 전자지급결제서비스	• 핀테크의 유형과 인터넷전문은행의 사례 • 신용카드기반의 전자지급결제, 모바일결제, 간편결제의 현황과 사례
	제10장 핀테크와 전자화폐	• 전자화폐와 커뮤니티 사이버머니의 개요와 사례 • 비트코인의 개요, 블록체인의 원리
	제11장 웹 공간의 전자신분증: 전자인증서	• EC에서 인증의 필요성과 인증방식 • 전자인증서, 공인인증서의 개요, 현황, 안전한 전자상거래
제5부 EC 기반기술의 이해	제12장 인터넷 관련 기술	• EC의 기반이 되는 인터넷의 원리와 기술 동향, 집단지성, 시맨틱 웹과 웹 서비스 • 4차 산업혁명의 핵심 기술: 사물인터넷, 3D 프린팅, 인공지능

끝으로 제2판을 내기까지 애써주신 탑북스 김광식 대표이사님께 감사의 뜻을 전한다.

2017. 7.

온방골에서 저자 씀

제1판 머리말

전자상거래(EC)가 블루오션으로 뉴비즈니스의 기회를 제공하여 새로운 산업으로 자리매김을 하였다는 데에는 이견이 없다. 기업에서는 전자상거래 또는 e-비즈니스로 정부기관에서는 e-government, 교육기관에서는 e-학습이라는 개념으로 소개되고 있지만, 본서에는 이 모든 영역을 포괄하여 전자상거래의 개념으로 다루고 있다. 아래 그림과 같이 본서는 뉴비즈니스 패러다임이라는 틀 안에서 전자상거래의 경영관리, 법과 제도, 기술적 측면을 담고 있다.

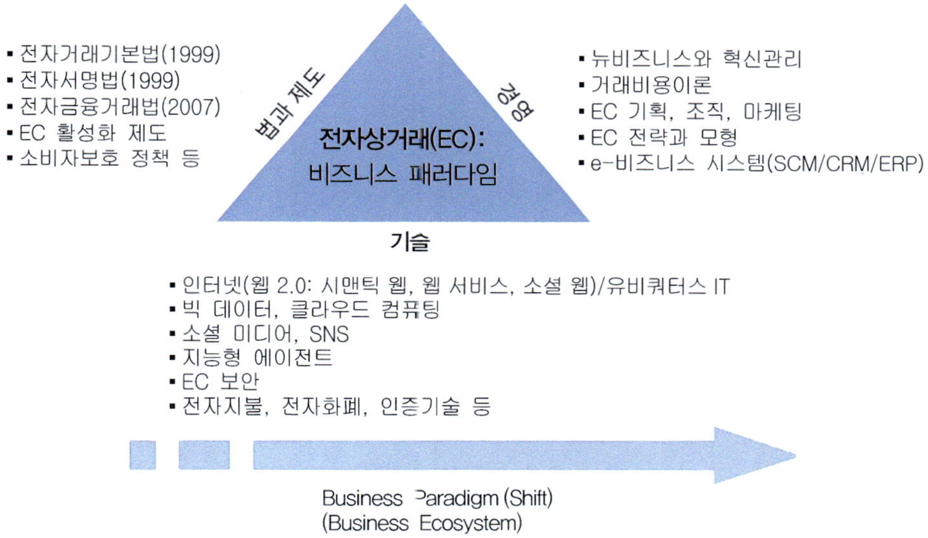

본서는 5부 12장으로 구성되어 있다. 제1부는 제1장 전자상거래의 이해, 제2장 e-비즈니스와 디지털 경제를 담고 있다. 제1장에서는 전자상거래의 개념을 폭넓고 명확하게 이해할 수 있도록 개념적 정의, 유형(경제주체 관점과 진화적 관점), 과정, 프레임워크, 거래비용에 미치는 EC의 영향과 조직 거버너스 등을 다루고 있다. 제2장에서는 e-비즈니스의 개념과 더불어 그 전략적 혜택과 디지털 경제의 특성을 파악하는데 도움이 되는 법칙과 이론을 다루고 있다.

제2부는 제3장의 비즈니스 패러다임, 제4장의 e-비즈니스 전략과 모델, 제5장 협력과 통합의 패러다임을 담고 있다. 제3장에서는 뉴비즈니스와 사업방식의 변화와 더불어 마케팅, 금융, 물류, 고용, 법률 관점의 패러다임을 고찰하였다. 제4장에서는 뉴 패러다임에 기반을

둔 e-비즈니스 전략과 모델, BM 특허에 대해 서술하였다. 제5장에서는 협력 패러다임 관점에서 공급자와 고객과의 협력이라는 차원에서 공급사슬관리와 고객관계관리, 비즈니스 시스템의 통합 관점에서 전사적자원관리에 대하여 살펴보았다.

제3부 상거래 패러다임의 제6장에서는 전자시장과 중간상인의 역할, 인터넷 쇼핑몰과 오픈마켓, 전자시장의 새로운 중개자로 등장하는 지능형 에이전트에 대하여 살펴보았고, 제7장에서는 소셜 미디어와 EC의 융합으로 나타난 소셜 커머스, m-커머스, u-커머스에 대하여 살펴보았다.

제4부에서는 기술혁신에 기반을 둔 편리하고 안전한 EC를 위한 다양한 지원서비스를 다루고 있다. 전자상거래의 공간이 되는 인터넷은 안전한가? 기술적 시스템, 규범·신뢰·문화 등의 사회적 시스템, 법과 제도 등으로 가상사회의 안전성이 확보될 수 있다. 제8장에서는 기술적 관점에서 안전한 전자시장을 구성하기 위한 방안으로 전자상거래 보안 서비스에 대하여 살펴보았다. 제9장에서는 신용카드와 전자수표를 이용한 전자지불 시스템과 모바일 지불 시스템에 대하여 살펴보았다. 제10장의 전자화폐에서는 IC 카드형 전자화폐와 전자지불산업의 현황을 살펴보았으며, 특히 다양한 커뮤니티 기반의 전자화폐를 소개하였다. 신뢰할 수 있는 웹 공간의 제11장에서는 전자인증서와 인증기관 등의 인증서비스에 대하여 살펴보았다.

경영학·국제통상·경제학을 연구하고 학습하는 사람들과 실무자들은 전자상거래의 경영 측면을 물론이고 기술적 측면과 법·제도적 측면의 지식을 쌓고 이해할 수 있어야 한다. 인터넷 기반 기술을 비롯한 소셜 미디어, 빅 데이터, 클라우드 컴퓨팅 등의 신기술은 새로운 사업과 시장의 기회는 물론이고 경영성과를 향상시킬 기회를 제공한다. 경영자는 이들 기술 특성을 잘 파악하고 있어야 올바른 경영의사결정을 할 수 있다. 이러한 관점에서 필수적으로 이해할 필요가 있는 기술 영역을 제4부에서는 물론이고 인터넷 기반 기술과 EC 진화의 원동력이 되는 최신 기술을 제5부에서 담았다.

본서에서 전자상거래는 폭넓은 개념으로 사용되어 e-비즈니스의 영역에서 학습해야 할 대부분의 내용을 다루고 있다. 본서는 점차 스마트 기술로 가능하게 되는 스마트 비즈니스와 스-마트 사회를 이해하기 위한 기초가 될 것이다. 『인터넷 비즈니스: 전자상거래(1998)』, 『e-비즈니스: 전자상거래(2000)』, 『전자상거래@e-비즈니스(2003)』가 본서의 근간을 이루고 있다.

끝으로 본서를 내기까지 애써주신 탑북스 김광식 대표이사님께 감사의 뜻을 전한다.

2013. 7.

온방골에서 저자 씀

차 례

제5장 협력 및 통합 패러다임 : SCM, CRM, ERP

제3부 상거래 패러다임

제6장 편리성을 제공하는 전자상거래

제7장 m-커머스, 소셜 커머스, O2O커머스

제4부 혁신 패러다임: EC보안, 핀테크, 블록체인, 인증

제8장 안전한 전자시장의 구성방안: 전자상거래 보안 서비스

제9장 핀테크 : 전자지급결제서비스

제10장 전자화폐, 비트코인, 블록체인

제11장 웹 공간의 전자신분증 : 전자인증서

제5부 EC기반기술의 이해

제12장 인터넷 관련 기술

제 1 부

전자상거래와 e-비즈니스의 이해

네 시작은 미약하였으나, 네 나중은 심히 창대하리라.

– 구약성경, 욥기 8장 7절

제1장
전자상거래의 이해

인터넷은 기업 및 개인의 의사소통과 활동방식을 변화시키고 비즈니스의 혁신을 야기시켰다. 나아가 인터넷은 사람들이 생활하고 일하는 방식은 물론, 산업과 사회구조를 변화시켜가고 있다. 이 장에서는 e-비즈니스, e-커머스, t-커머스, m-커머스, 소셜 커머스, O2O 커머스의 개념에 대하여 살펴보기로 한다.

1.1 인터넷과 비즈니스

1.1.1 인터넷과 가상사회

단순히 물리적 관점에서 인터넷은 프로토콜(protocol)을 이용한 유무선의 통신 네트워크에 지나지 않는다. 그러나 비즈니스와 사회문화적 관점에서 인터넷은 정보와 지식의 원천이자 마케팅의 매체(media)이며, 전자상거래가 이루어지는 전자시장이고 가상사회와 가상기업의 활동이 이루어지는 공간이다. 인터넷은 정보의 집합체이자 커뮤니케이션과 마케팅의 매체로서 새로운 변화를 초래하는 동인이 되었다. 오늘날 인터넷은 전자시장(electronic market)의 기반으로 인식되고 있으며, 나아가 가상사회를 형성하게 하는 기반이 되고 있다. [그림 1-1]에서는 인터넷을 기반으로 가상사회가 출현하기까지의 과정을 나타내고 있다. [그림 1-1]의 종축에서 통합성이란 다양한 비즈니스 기능과 활동의 통합정도뿐만 아니라 기업 간 또는 산업 간 가상통합의 정도를 의미한다. 횡축에서는 인터넷의 잠재능력에 대한 인식과 활용정도, 조직내 또는 조직간의 상호작용의 정도와 범위를 나타내고

[그림 1-1] 가상사회의 발전단계

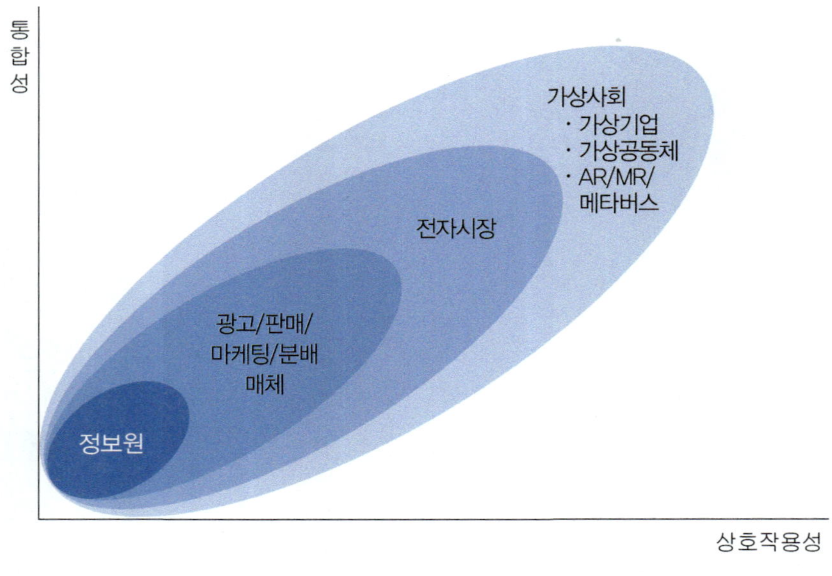

있다. 인터넷은 정보원에서 광고・마케팅 매체, 전자시장, 가상사회로 발전해 왔다. 소프트웨어는 물론이고 MP3과 같은 오디오와 비디오, 전자화폐 등 많은 상품이 디지털화되면서 인터넷은 뉴미디어로써 분배매체 역할을 하고 있다.

전자시장과 가상사회 단계에 이르게 되면, 기업이 단순히 비용절감, 수익증대, 프로세스 재구축의 도구인 미디어로써 인터넷을 활용하는 수준을 넘어서고, 인터넷은 새로운 패러다임에 기초한 전자시장, 가상기업, 가상사회가 된다. 전자시장과 가상사회에서 기업은 새로운 패러다임을 기반으로 사업을 수행해야 한다. 기업은 더 이상 기존의 산업사회에 적합하게 구축된 비즈니스 모형과 전략으로는 성공할 수 없다. 전자시장 또는 가상사회에서는 일하는 방식과 상호작용하는 방식은 물론이고 경제와 산업구조, 사회와 문화, 법과 제도가 새로운 모습으로 재형성된다.

가상사회는 공급측면에서의 가상기업(virtual enterprise)과 수요측면에서의 가상공동체(virtual community)로 구성된다. 가상공동체란 인터넷 가상공간에 모인 공동의 관심사와 욕구를 가진 사람들의 집단이다. 암스트롱과 헤겔은 〈표 1-1〉과 같이 4가지 동기로 인해 가상공동체가 형성된다고 하였다. 오늘날 가상사회를 대상으로 사업을 수행하는 기업은 전자우편, 대화방, 블로그(blog)와 카페, 동호회와 뉴스그룹 등을 활용하여 커뮤니티를 형성하고, 고객의 공동관심사를 발견하고 그 욕구를 충족시키고 있다. 더 나아가 기업은 가상공동체인 커뮤니티를 통해 고객에 대한 정보를 수집하고, 신제품에 대한 아이디어와 기존 제품의 개선방안 등에 대한 지식을 창출하고, 고객을 통해 브랜드를 홍보하고, 커뮤니티의 응집력을 강화하고, 고객 충성도를 높이고 있다. 이것은 바로 고객을 통한 가치창출의 과정이다.

표 1-1 가상공동체를 구성하는 동기

동 기	개 요
유대관계	・비슷한 삶의 경험을 가진 사람들이 모여 공동체를 구성하여 모임의 정체성을 확립해 감 ・마약중독자과 질병의 경험이 있는 모임, 이혼자 모임, 독신자 모임, 불임자 모임 등
환상적 체험	・환상적인 즐거움의 세계를 탐험하기 위한 모임 ・온라인/소셜 게임
관 심	・특정 분야에 대한 흥미와 관심을 가진 사람들이 공동체를 형성함 ・스포츠, 여행, 우표수집, 주식투자, 대학동창회나 협회 등
거 래	・특정한 제품이나 서비스에 대한 관심을 갖고 있고 이에 대한 정보와 구매에 대한 경험을 교환하기 위한 모임 ・인터넷 벼룩시장처럼 상호간 물물교환 거래

국내 포털 사이트의 다음카페, 네이브카페, 다음 아고라, 페이스북, 트위터, 링크드인, 써드에이지(thirdage), SERI 열린지식존 등은 개방형 커뮤니티이며 자유롭게 토론하는 커뮤니케이션의 장이다. 제2의 삶이라는 슬로건을 내건 세컨드라이프(www.secondlife.com)는 가상공동체의 대표적인 사례이다. 오늘날에는 가상세계에서 이용자들이 아바타를 통해 직접 참여하고, 현실세계와 융합되어 가는 메타버스(metaverse)로 확장되고 있다.

1989년 디지털 이퀴프먼트사(DEC, 컴팩이 DEC를 인수함, www.compaq.com)의 임원인 존 호플랜드(Hopland J.)가 처음으로 가상기업이란 말을 사용하였다. 그는 가상기업이란 "내·외부의 협력을 통해 현재 자신이 갖고 있는 것보다 더 많은 자원을 이용할 수 있는 기업"이라 정의했다.

그 후 스피드 경영에 맞는 21세기형 조직으로서 가상기업을 집중연구한 로저 네이글 아이아코카 연구소장은 "새로운 유망시장이 나타났을 때, 그 분야에 맞는 기업이나 팀들과 손잡고 새로운 조직을 꾸렸다가 다른 기회가 생기면 적절한 다른 기업을 찾아 새로운 네트워크를 짜는 기업"으로 설명했다. 따라서 가상기업이란 시장의 변동과 기회에 대응하기 위하여 통합 운영되는 독립법인(회사)들의 집합을 의미한다. 실제로 가상기업은 핵심역량을 지닌 여러 개별 기업들이 네트워크를 구성하고 있지만, 외부의 고객이 보면 마치 하나의 기업인 것처럼 보인다.

여기서 잠시 가상의 의미를 좀 더 깊이 있게 파악해 보도록 하자. 호플랜드는 컴퓨터가 보유하고 있는 능력보다 더 큰 메모리 능력을 갖게 하는 가상 메모리(virtual memory)에서 '가상'(virtual)이란 개념을 가져왔다고 말했다. 그는 핵심역량을 지닌 기업들이 협력과 제휴를 통해 실제보다 더 많은 효과를 낼 수 있는 기업형태라는 관점에서 가상기업을 파악하고 있다. 한편, 데비도우와 멀론(W. Davidow and W. Malone)은 『가상기업』(*The virtual corporation*)이란 책에서 '가상'이란 의미는 'virtue'에서 나왔고, 이는 '최고'(excellent or advanced)란 의미가 있다고 하였다. 여기서 가상기업은 가장 앞서고 효율적이며, 경제와 기술 조건에서 최고인 기업이란 뜻이다.

제임스 마틴(J. Martin)은 가상기업의 요건을 크게 세 가지로 나누어 보고 있다. 첫째, 가상기업은 환경·경쟁·고객 욕구의 변화를 항상 모니터하고, 변화에 대하여 실시간으로 반응할 수 있어야 한다. 둘째, 필요한 경우 다른 기업들과 상호 역량을 역동적으로 결합하거나 가상적으로 운영할 수 있어야 한다. 셋째, 빠른 변화에 대비하여 설계됨으로써 스스로 학습하고 진화해 나가며 신속히 전환될 수 있어야 한다.

가상기업의 장점은, 첫째, 투자비용과 간접비용이 협력기업에게 분산돼 위험을 감소시키고, 둘째, 조직의 슬림화로 비용과 시간을 절약할 수 있으며, 셋째, 창조적인 능력과 신속한 상황 대처능력을 갖추고 있다는 점 등이다. 고객은 실질적으로 존재하는 개별기업과 접촉하지 않고 가상의 연합체인 가상기업과 접촉함으로써 다양한 혜택을 얻을 수 있다. [그림 1-2]에서는 핵심역량을 지닌 기업들이 고유의 정체성을 가진 채 고객에게 단일접점을 제공하는 가상기업의 모습을 보여주고 있다.

[그림 1-2] 가상기업의 모형

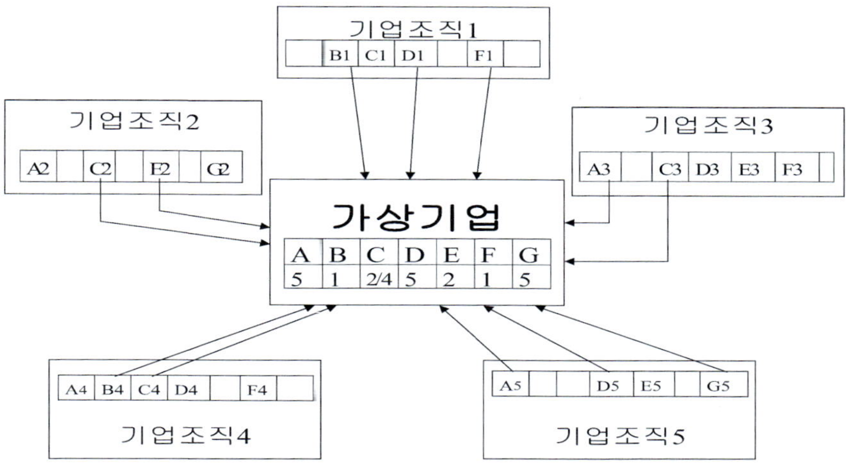

출처 : McFarlan and McKenny, 1983.

1.1.2 인터넷 혁신

오늘날 기업은 고객, 경정, 변화(Customer, Competition, Change : 3C)라는 세 가지 측면에 대응하지 않고는 생산성을 증대시키거나 경쟁력을 갖추기 어렵다. 기업은 고객의 다양한 요구를 신속하게 파악하여 신축적으로 대응할 수 있어야 한다. 경쟁의 범위가 확대·심화되고, 변화의 속도가 빨라지며, 수명주기가 단축되는 상황에서 인터넷은 기업의 생산성을 향상시킬 수 있는 원천이 되었다.

혁신이란 발명과 창조와 같은 개념으로 기존에 없던 것을 새로 만들어 내는 것이다. 경제학자 슘페터(J. A. Schumpeter, 1883~1950)는 혁신을 다음과 같이 정의하고 있다.

· 새로운 상품을 개발하는 것
· 새로운 시장을 개척하는 것
· 새로운 생산기술을 도입하는 것
· 새로운 원료의 공급원을 지배하는 것
· 새로운 산업조직을 채용하는 것

혁신은 그 내용에 따라 그 특성과 범위가 크게 달라진다. 즉, 기술혁신(technological innovation)과 전략적 혁신(strategic innovation), 제품혁신(product innovation)과 공정혁신(process innovation), 와해성 혁신(disruptive or radical innovation)과 점진적 혁신(sustaining or incremental innovation) 등으로 구분될 수 있다. 인터넷은 기술혁신이며 와해성 혁신이다. 기술혁신이란 발명이나 기존 기술을 개선하여 생산성과 효율성을 향상시키고, 기존 시장을 더 확대하거나 신시장을 창출하는 과정이다. 기술혁신은 공정, 시장, 재료 및 조직 등 생산수단의 새로운 결합을 통하여 신제품이나 서비스를 생산하고 판매하는 일련의 현상이다. 기술혁신은 새로운 도구를 주어진 환경에 부여하는 과정 또는 새로운 도구 자체를 의미하기도 한다. 와해성 혁신이란 기존의 기술시스템이 다른 시스템으로 전환되는 근본적인 변환을 의미하며, 새로운 과학적 지식에 바탕을 둔 기술주도(technology push)에 의해 혁신이 이루어진다. 기술은 시장의 요구(demand pull)에 의해서만 발전하는 것은 아니다. 예를 들어, 에디슨이 발견한 전기는 경제적 요구에 따라 개발된 것이 아니라, 오히려 전기가 새로운 경제적 필요와 역할을 창출하였다.

인터넷은 기업이 시간적 · 공간적 장벽, 비용 장벽, 구조적 장벽을 극복하여 생산성 향상은 물론이고 새로운 사업의 기회를 제공해 왔다. 따라서 경영자는 인터넷을 단순히 통신망으로 보아서는 안 되고, 미디어로서 인터넷, 전자시장과 가상사회 공간으로서 인터넷을 볼 수 있어야 한다.

1.2 전자상거래

1.2.1 전자상거래의 개요

1989년에 미국 국립 로렌스 리버모어 연구소(Lawrence Livermore National Laboratory)에서 전자상거래(Electronic Commerce : EC, e-커머스)라는 용어를 처음 사용하였다. 전자상거래란 전자매체를 통하여 상품이나 서비스를 교환하는 모든 형태의 상거래를 의미한다. 전자상거래란 용어는 다양한 형태로 사용되고 있다. 먼저 전자상거래의 정의를 살펴보면 다음과 같다.

표 1-2 전자상거래의 다양한 정의

연구자	정 의
카라코타(R. Kalakota)와 윈스턴(A. Whinston)	- 전자상거래란 컴퓨터 네트워크를 통해 정보, 제품, 서비스를 구매하고 판매하는 것이다.
블로흐(M. Bloch)와 피그누르(Y. Pigneur) 등	- 전자상거래란 전자 인프라를 통해 어떤 형태의 사업거래를 지원하기 위해 인터넷웹을 사용하는 것이다.
FEAT(Federal Electronic Acquisition Team)	- 전자자료교환(Electronic Data Interchange : EDI), 전자우편, 전자게시판, 전자자금이체(Electronic Funds Transfer : EFT) 등을 이용하여 비즈니스 정보를 종이문서 없이 전자적으로 교환하는 것이다.
Guay and Ettwein, 1998; Zwass, 1996	- 구매자와 판매자가 인터넷이라는 전자적 매체를 이용하여 제품 또는 서비스의 가격결정과 배송에 대한 계약을 체결하고, 지불과 배송을 통해 거래를 완성하는 어떤 경제적 거래를 의미한다.
기 타	- 전자상거래란 기업간 또는 기업과 고객간에 전자정보를 통해 이루어지는 주문, 배달, 대금 청구 및 지불에 이르는 모든 상거래활동을 포함한다. - 전자상거래란 EDI를 비롯하여 인터넷, 전자우편, 팩스, 바코드, 파일 전송, 전자자금 이체, 전자정보 서비스, 음성사서함, 이미지 시스템, 비디오 메시징 등 컴퓨터 과학기술과 통신기술을 결합하여 비즈니스를 수행하는 것이다.

카라코타(R. Kalakota)와 윈스턴(A. Whinston)은 "전자상거래 ― 관리자의 지침"에서 다음과 같은 네 가지 관점에서 전자상거래를 정의하고 있다.

첫째, 커뮤니케이션 측면에서 전자상거래란 전화, 컴퓨터 네트워크, 기타 통신 수단을 통해 정보와 제품·서비스를 인도하거나 지불하는 것이다.

둘째, 비즈니스 프로세스 측면에서 전자상거래란 비즈니스 거래와 작업흐름을 자동화하기 위해 기술을 활용하는 것이다.

셋째, 서비스 측면에서 전자상거래란 품질을 개선시키고 신속하게 서비스를 제공하면서 기업과 소비자가 서비스 비용을 절감할 수 있도록 해주는 도구이다.

넷째, 온라인 측면에서 전자상거래란 인터넷과 기타 온라인 서비스를 통해 제품과 정보를 구입하고 판매하는 것이다.

표 1-3 기관별 전자상거래의 정의

기관명	정 의
ECOM, 1996	- 여러 종류의 컴퓨터 네트워크를 통하여 제품설계, 제조, 광고, 상업적인 거래, 회계정산 등을 포함하는 다양한 활동을 수행하는 방식
OECD, 1998	- 컴퓨터나 다른 전자적 매체를 통하여 개방형 네트워크 상에서 이루어지는 상거래행위. 컴퓨터 중계 네트워크(computer-mediated network), 즉 인터넷, 인트라넷, 엑스트라넷, EDI 등을 이용한 상거래행위
European Commission, 1997	- 데이터, 음성, 화상 등을 포함한 데이터의 전자적 처리와 전송을 기반으로 기업의 업무를 전자적으로 수행하는 방식
WTO, 1998	- 원격통신망을 이용한 재화와 서비스의 생산, 광고, 판매 및 유통을 전자적 수단으로 수행하는 상거래
Anderson Consulting, 1999	- 개방 네트워크를 통하여 기업과 기업, 최종 소비자 및 공공단체 사이에 발생하는 상거래행위
전자문서법(전자문서 및 전자거래 기본법), 1999	- 전자거래란 재화나 용역의 거래에 있어 전부 또는 일부가 전자문서에 의해 처리되는 거래를 말함(제2조 4항). 전자문서라 함은 컴퓨터 등 정보처리능력을 가진 장치에 의하여 전자적 형태로 작성되어, 송·수신 또는 저장되는 정보를 말함(제2조 1항)
전자상거래법(전자상거래 등에서의 소비자보호에 관한 법률), 2002	- 전자거래의 방법으로 상행위(商行爲)를 하는 것이다. 따라서 전자상거래란 재화 또는 용역을 거래함에 있어서 그 전부 또는 일부가 전자문서에 의하여 처리되는 거래의 방법으로 상행위를 하는 것이다. - 우리나라 통계청 : 컴퓨터와 네트워크라는 전자적인 매체를 통해 상품 및 서비스를 사고파는 행위를 말함

* 상거래란 상품 및 서비스의 소유권 또는 사용권을 이전하는 행위이며, 그 대상은 주로 상품 및 서비스이다.

위의 전자상거래에 대한 여러 정의를 종합해보면, 넓은 의미에서 전자상거래란 전자 인프라(컴퓨터 및 통신망)를 통해 기업과 소비자간, 기업간, 기업과 정부간,

소비자와 정부간을 포함한 전자적 방식에 의한 사업거래 및 정보교환을 의미한다. 따라서 전자상거래란 제품 또는 서비스, 자료를 전자적으로 거래하는 것을 포함한 개념이다. 또한 전자상거래는 컴퓨터 네트워크를 통한 제품과 서비스의 광고 및 판매촉진, 거래자간의 계약, 판매전후 서비스 지원, 비즈니스 프로세스간의 조달 및 지원 등을 포함하는 개념이다. 한편 좁은 의미에서의 전자상거래란 컴퓨터 네트워크를 통해 정보, 제품, 서비스를 구매하고 판매하는 것이다.

Holsapple과 Singh는 〈표 1-4〉에서와 같이 거래, 정보교환, 활동, 효과, 가치사슬이라는 5가지 관점에서 전자상거래를 정의하고 있다.

표 1-4 다양한 기준에 따른 전자상거래의 정의

기준	개념 및 특징
거래관점	- 전자상거래란 전자적으로 제품 및 서비스를 구매하고 판매하는 것임 - 전자상거래에서 '어떤 활동(거래활동)'을 하는가의 관점에서 정의함
정보교환관점	- 정보교환의 과정을 통해 전자상거래가 이루어짐 - 전자상거래를 '어떻게' 하는가 하는 관점에서 정의함. 즉, 정보기술을 이용하여 정보교환을 통하 전자상거래가 이루어짐
활동관점	- 전자상거래란 거래를 수행하기 위해 기술을 활용하는 것뿐만 아니라 판매전후의 노력·의사결정지원·사업관계를 유지 및 발전시키는 조정활동, 법적 및 규제 요구를 충족시키는 것과 같은 보조활동을 포함하는 개념임 - 전자상거래 '무슨 활동'(의사결정과 조정 활동)을 하는가의 관점에서 정의함
효과관점	- 전자상거래란 거래비용 절감, 신속한 거래, 서비스 및 품질 향상, 제품생산시간 단축 등의 효과를 달성하는데 목적을 두고 있음 - 전자상거래의 목적, 타당성, 효과 관점에서 정의함
가치사슬관점	- 전자상거래란 경쟁우위를 달성하기 위해 가치사슬 전반에서 가치창출 및 부가가치 활동을 수행하는 것임

출처: Holapple and Singh(2000), pp. 151~164에서 재정리.

전자상거래의 단계

전자상거래에서 구매자와 판매자간의 거래흐름의 순차적 과정은 [그림 1-3]과 같다. 전자상거래는 정보검색 및 수집단계, 협상 및 계약 단계, 이행단계, 사후서비스 단계로 구성된다. 상품이나 판매자를 찾는 단계에서는 디렉토리 또는 검색 서비스가 지원되고, 구매자와 판매자가 협상 및 계약을 하는 단계에서는 지능형 에이전트, 전자인증, 협상지원 서비스 등이 활용된다. 계약을 이행하는 정산과 인도 단계에서는 전자지불 및 물류 서비스가 지원된다.

[그림 1-3] 전자상거래의 거래 과정

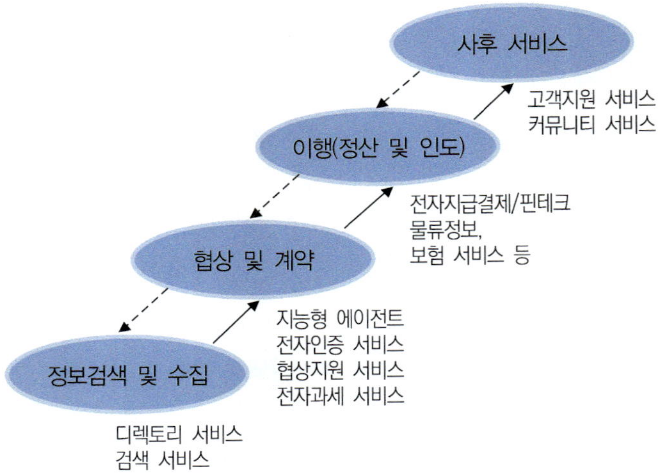

1.2.2 전자상거래의 유형

기업, 소비자, 정부라는 경제주체간의 거래를 전자적으로 처리한다는 측면에서 전자상거래는 〈표 1-5〉에서와 같이 네 종류로 분류된다. 즉, 전자상거래는 기업 간 거래(Business to Business : B2B), 기업과 소비자간 거래(Business to Consumer : B2C), 정부와 기업 간의 거래(Government to Business : G2B), 정부와 소비자간 거래(Government to Consumer : G2C)로 분류된다. 또한 인터넷경매와 오픈마켓(open marketplace)을 B2C와 구분하여 소비자간 거래, C2C로 분류하기도 한다.

[그림 1-4] 경제주체간의 관계

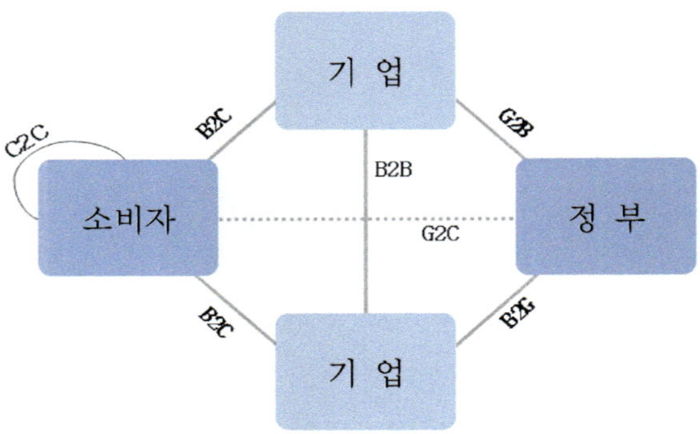

표 1-5 **전자상거래의 종류**

전자상거래의 종류	설 명	참 고
기업간 거래(B2B)	기업과 기덥간에 컴퓨터 네트워크를 등한 입찰, 구매, 조달, 지불 등의 전자적 거래	- e-Procurement - e-Marketplace (Steel-n.com, 알리바바닷컴 등) - e-MRO 등
기업과 소비자간 거래(B2C)	기업과 소비자간 전자상거래	인터넷 쇼핑몰(롯데닷컴), 인터넷 주식거래, 인터넷 뱅킹 등
소비자간 거래(C2C)	소비자간 전자상거래	인터넷 경매를 비롯한 오픈마켓(open market-place), 이베이코리아, 인터파크, 11번가 등
정부와 기업간 거래(G2B)	공공부문과 기업간 거래에서 전자매체를 통해 기업으로부터 을품을 조달하거나 법인세 · 부가가치세 등을 징수하는 것 등	- 전자조달, 전자입찰 - www.g2b.go.kr, 나라장터(국가종합전자조달), One-stop 조달 서비스 - 기업지원플러스, G4B(www.g4b.go.kr) : 기업을 위한 지원서비스
정부와 소비자간 거래(G2C)	정부와 소비자간의 거래에서 행정전산망과 인터넷 등을 통해 사이버 민원 서비스를 하는 것.	- 사이버 민원 서비스(G4C, www.minwon.go.kr) - 인터넷을 이용한 제세금과 공과금 납부 등 - 대법원 인터넷등기소(www.iros.go.kr) - 연말정산, 법인세, 세금계산서 등의 국세청 인터넷 서비스(www.hometax.go.kr)

인사이트 **편리하고 스마트한 쇼핑: 아마존의 B2C 전자상거래**

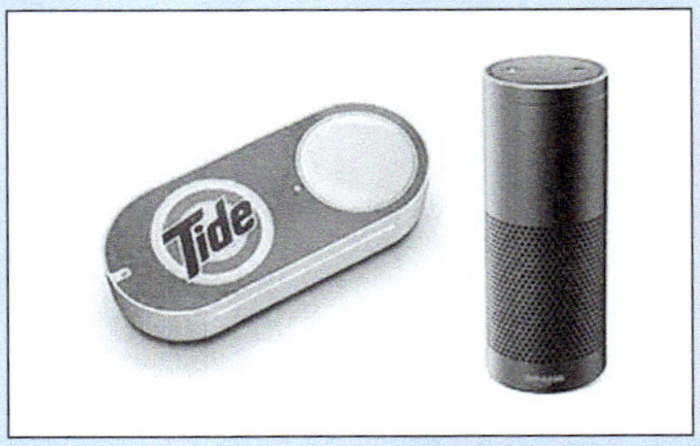

아마존 대시(Dash)와 아마존 에코(Echo), 나아가 아마존 고(Amazon Go)는 인공지능 기술을 활용하는 대표적인 스마트 쇼핑의 사례이다. 아마존 대시(Dash)는 일상의 소비 품목을 버튼만 눌러 상품을 주문하고 배송받을 수 있도록 지원하는 도구이다. 아마존 대시는 음성 인식과 바코드 스캔을 통해서도 자주 소비하는 상품을 주문하여 배송받을 수 있는 서비스를 제공한다. 아마존 에코(Echo)는 음성으로 원하는 상품을 자동으로 추천받아 주문을 할 수 있고, 자동차와 가전제품 등에 탑재되어 제어가 가능한 범용 서비스를 제공한다. 아마존 고는 특정의 오프라인 매장 창구에서 결제하지 않고 상품을 구매할 수 있는 서비스를 제공한다. 스마트폰의 QR코드를 찍고 오프라인의 매장을 방문하면, 인공지능을 이용한 자동화기술(Just Walk Out Technology)로 선반에서 고른 제품을 자동으로 인식하여 가상의 장바구니에 담아 아마존 계정으로 비용이 청구된다.

"아마존 에코는 날씨나 시간을 물어보거나, 알람 혹은 타이머 설정, 좋아하는 스포츠 팀의 오늘의 경기 결과가 어떠했는지 확인하는 용도, 그리고 음악을 듣는 스피커로 사용 등 단순한 패턴위주로 사용했었다.

하지만, 에코가 점차 진화하고 할 수 있는 기능들이 늘어나면서 생활패턴에 큰 변화가 생겼다. 아마존에서 물건을 구입하면 주로 웹사이트에서 직접 주문하거나 스마트폰의 앱을 이용하곤 했다. 하지만, 에코를 통해서 아마존 상품의 주문이 가능해지면서 에코를 이용해서 주문하는 경우가 늘어났다. 예를 들어 Alexa를 부르고 에코가 활성화 되면 "키친 타월을 주문해줘"라고 말하면 에코는 먼저 기존에 내가 주문했던 제품이 있는지를 확인하고 해당 제품을 재주문하겠냐고 물어보거나 제품의 재고가 없을 경우에는 자체적으로 검색한 후 추천 제품을 알려준다. 그리고 제품을 구매하겠다고 말하면, 그 즉시 주문이 완료된다. 당연히 완료된 주문은 연동된 스마트폰 알람으로 바로 확인이 가능하다. PC나 스마트폰 없이 음성으로 쇼핑이 가능하게 된 것이다."

(출처 : 윤준탁, 2016. 4. 3, http://verticalplatform.kr/archives/6882)

1.2.3 전자상거래의 프레임워크

Zwass(2001)는 전자상거래란 원격통신망을 이용하여 비즈니스 정보를 공유하고, 비즈니스 관계를 유지하고, 비즈니스 거래를 행하는 것이라 정의하고 있다. 여기서는 개별 기업내부의 거래를 지원하는 기업 프로세스는 물론이고 기업간의 관계와 거래를 포함하는 포괄적 개념으로 전자상거래를 파악하고 있다. 그는 [그림 1-5]에서 나타낸 바와 같이 제품 및 구조, 서비스, 인프라라는 3개 계층으로 구성된 전자상거래 프레임워크를 제안하였다.

[그림 1-5] 전자상거래 프레임워크

제품 및 구조(products and structures)	
전자시장과 전자위계조직	전자경매, 전자중개, 딜러십, 직접탐색 마켓, 조직간 공급망 관리
제품과 시스템	온라인 소비자 서비스(쇼핑, 뱅킹, 증권), 온라인 콘텐트, 온라인 마케팅, 인트라넷/엑스트라넷 기반 협업 등
지원 서비스(services)	
전자상거래를 가능케 해주는 서비스	전자 카탈로그 / 디렉토리, 전자화폐 / 스마트카드 시스템, 디지털 인증서비스, 저작권 보호 서비스, 트래픽 감사
안전한 메시징	EDI, 이메일, 전자자금이체(EFT)
인프라(infrastructure)	
하이퍼미디어 / 멀티미디어 객체관리	웹과 Java
공중통신망 및 사설통신망	인터넷 및 부가가치망(VAN)
광역통신기반구조	유선 및 무선 네트워크

출처 : Zwass, 2001.

제품 및 구조 :

생산자, 판매자, 사업 파트너, 소비자들 간에 직접적인 거래가 이루어지는 계층으로 다양한 지원 서비스가 이용된다. 정보제품과 서비스를 직접 제공하는 것, 조직 내 및 조직간 정보 공유와 협업, 전자시장, 공급망관리 및 고객관계관리 서비스 등. 기업은 필요한 구성품이나 원재료 등을 자체 생산하거나 외부에서 구매할 수도 있는데, 이를 Make or Buy 의사결정이라 한다. 전자의 경우는 기업 내부거래를 위한 전자위계구조(수직적 통합), 후자의 경우는 외부거래를 위한 전자시장 구조(아웃소싱)를 선택하게 된다. 기업이 전자시장이나 전자위계구조 중에서 무엇을 선택하는가는 거래비용이론에 의해 설명될 수 있다.

지원서비스 :

인프라 계층을 기반으로 제품과 서비스 등의 전자상거래가 이루어지도록 지원하는 다양한 서비스가 여기에 해당한다. 정보 검색과 전달을 가능하게 하는 다양한 서비스. 비즈니스 거래의 협상과 정산은 물론이고 잠재 비즈니스 파트너를 탐색할 수 있도록 지원해 주는 서비스도 포함. 전자 카탈로그, 스마트카드와 전자화폐, 전자인증서비스, 안전한 전자상거래를 위한 보안서비스와 저작권보호 서비스 등

인프라 :

전자상거래의 기반 또는 하부구조로서 원격통신, 하드웨어와 소프트웨어, 데이터베이스 등이 여기에 해당한다. 인터넷과 유무선 통신망의 하드웨어 산업은 물론이고, 하이퍼미디어와 웹프로그래밍 언어 등의 소프트웨어 산업은 인프라 계층의 대표적인 예이다.

1.3 전자상거래와 거래비용

여기서는 코즈(R. H. Coase)와 윌리엄슨(O. E. Williamson)에 의해 정립된 거래비용이론을 기초로 거래비용이란 무엇이며, 왜 거래비용이 발생하고, 기업형태에 어떤 영향을 주고, 전자상거래의 발전에 따라 거래비용이 낮아지는가에 대해 알아보고자 한다. 코즈는 「기업의 본질(1937)」에서 시장에서 거래비용이 발생하고, 이를 줄이기 위해 기업이 존재한다고 하였다.

[그림 1-6] 거래비용에 대한 이해

개 념	거래비용이란 무엇인가?
동기와 원인	왜 거래비용이 발생하는가?
의사결정 (Make or Buy)	거래비용은 구매의사결정, 조직구조와 지배구조에 어떤 영향을 주는가?
조직구조 (기업형태)	시장거래 / 위계적 거래
전자상거래	· 전자상거래는 거래비용을 낮추는가?

거래비용이란?

거래비용(transaction cost)이란 각종 거래행위에 수반되는 비용으로 거래의 형성, 조정, 집행 비용을 비롯하여 양자간의 교환에서 발생하는 비용이다. 즉, 거래비용이란 상품 및 서비스 등을 검색하는 데 소요되는 검색(탐색)비용, 협상을 하는 데 드는 협상비용, 협상이 완료된 이후 협상대로 정확히 이행되는지를 담보하는 데 드는 비용(집행비용)이다. 사전(ex ante) 거래비용은 거래조건에 대한 합의사항을 작성하고, 협상하며, 거래이행을 보장하는 비용이다. 사후(ex post) 거래비용은 거래가 계약조건 이행을 벗어나 발생하는 부적합 조정비용, 사후 비대등 관계를 시정하기 위해 양자가 노력할 경우 발생하는 협상비용, 분쟁관련 비용, 확실한 계약이행을 위한 보증비용 등을 포함한다.

거래비용에는 검색비용, 계약비용, 조정비용(계약의 이행여부를 점검하고 이행이 안 되는 경우, 이를 강제하는데 드는 비용으로 자원과 프로세스, 이해관계자의 조정에 드는 비용)이 있다. 여러 학자들은 거래비용을 다음과 같이 다양하게 분류하고 있다.

- **고객거래 프로세스 단계별 발생비용 관점**(Liang and Huang, 1998)
  - 검색비용, 비교비용, 검사비용, 협상비용, 주문과 지불비용, 배달비용, 사후 서비스 비용
- **코즈(R. H. Coase)의 관점**
  - **정보비용** : 거래를 위해서 필요한 정보비용.
  - **감시비용** : 거래 상대방이 거래를 성실히 이행하는지 측정하는 비용.

- **집행비용** : 거래에서 불법행위를 당했을 때 그 구제를 위해 소송에 들어가는 소송비용.

Ravindran 등(1994)

- **검색비용** : 구매자가 판매자로부터 제시되는 제품(제품명세, 수량, 인도시기, 품질 등) 및 가격에 대한 정보를 수집하는데 소요되는 비용
- **통신비용** : 구매자가 판매자와 통신하는 데 소요되는 비용
- **평가비용** : 구매자가 판매자의 제안서를 검토·분석하고, 각 판매자의 능력을 평가하고, 제안서의 가격 및 관련 사항을 비교하는 데 소요되는 비용

〈표 1-6〉에서는 전자상거래를 통해 유통비가 감소됨에 따라 거래비용이 절감되는 사례를 나타내고 있다.

표 1-6 전자상거래를 통한 유통비용 절감(미국의 경우) (단위 : 달러/거래)

	항공기 티켓	은행	청구서 지급	생명보험	소프트웨어 유통
기존 방식	8.0	1.08	2.22~3.32	400~700	15.00
인터넷 활용	1.00	0.13	0.65~1.10	200~350	0.20~0.50
절감률(%)	87	89	71~67	50	97~99

출처 : OECD(1999).

거래비용 발생원인과 조직구조

거래비용이 발생하는 근본적인 원인은 기회주의와 제한된 합리성에 있다. 거래 파트너가 기회주의적인 행동을 할 수 있기 때문에 거래자는 거래 파트너의 기회주의적인 행동을 억제하려는 노력을 하게 되며, 거래비용은 그러한 노력을 행하는 과정에서 발생할 뿐만 아니라, 기회주의를 억제하지 못하는 경우에도 상대적으로 불리한 여건의 거래를 하기 때문에 거래비용이 발생한다. 의사결정학파인 사이몬(H. A. Simon)에 의하면, 인간은 정보수집 능력 및 계산 능력의 한계와 예측의 불완전성 등으로 제한된 합리성(bounded rationality)에 입각하여 의사결정을 하게 된다.

윌리엄슨(O. E. Williamson, 1975)은 불확실성, 자산 특수성, 거래빈도라는 거래의 특성 때문에 거래비용이 발생된다고 하였다.

불확실성(uncertainty)

불확실성은 거래중간에 발생하는 문제와 사건의 예측 불가능성으로 의사결정을 어렵게 만들어 거래비용을 발생시킨다. 즉, 거래가 복잡해질수록, 제품설명이 복잡해질수록 불확실성은 커지며 거래비용은 증가한다는 것이다. 불확실성에는 제품 불확실성과 프로세스 불확실성이 있다. 제품 불확실성은 받아본 제품과 고객이 주문 시 기대했던 바를 미치지 못할 수도 있다는 불확실성을 말한다. 프로세스 불확실성은 소비자가 거래 프로세스에 대해 완벽한 확신을 가질 수 없다는 불확실성을 말한다.

자산 특수성(asset specificity)

거래 자산이 특수할 경우 거래비용이 많이 발생한다. 특수자산이란 특정한 생산 또는 거래를 수행하는 경우에만 유용성을 갖는 자산이다. 대개 물적자산 특수성, 입지자산 특수성, 인적자산 특수성으로 구분한다. 자산이 특수적·비특수적 또는 일반적인가의 여부는 자산의 가치를 희생하지 않고 재배치 가능한가에 의해 결정된다. 자산의 특수성은 한 기업의 위치, 유형자산, 인적자원 또는 시간의 특수성으로서 다른 기업이 쉽게 응용할 수 없는 경우를 뜻한다. 예를 들면 전문화된 기계장비나 특수목적을 위해 설계된 컴퓨터 시스템에는 물리적 특수성이 존재한다. 또한 고도로 전문화된 기술을 보유하고 있는 인력은 다른 회사들이 쉽게 넘볼 수 없는 인적자원의 특수성이 있다. 즉, 생산 및 운영과정에 특별한 기술이 필요하다든지, 특정 기술을 가진 인력을 확보해야만 한다든지, 또는 그 생산과정에 적합한 특별한 조직운용 노하우가 있는 경우 해당 인력을 찾고 노하우를 알아내는 데 많은 비용이 소요된다. 자산특수성이 높으면 거래비용이 높아지고, 반대로 자산특수성이 낮으면 거래비용이 낮아진다. 자산이 비특수적일 때 새로운 거래는 쉽게 성립될 수 있어 시장거래가 적합하다. 반면 자산이 특수적일 때는 기회주의에 노출될 가능성이 높아져 행동적 불확실성을 초래하게 되고 제한된 합리성으로 인해 내부거래가 유리하다.

거래빈도(transaction frequency)

거래빈도는 고객이 얼마나 자주 제품을 구매하고자 하는가와 관련이 있는데 전자상거래에서 구매한 경험이 적은 사람은 인지하는 거래비용이 높기 때문에 전자상거래에서 제품을 구매하지 않으려고 할 것이며, 반대로 전자상거래에서 구매한 경험이 많은 사람은 인지하는 거래비용이 낮기 때문에 전자상거래에서 제품을 구매할 것이다. 전자상거래에서 제품을 구입한 경험이 많을수록 인지하는 거래비용이 낮기 때문에 전통적인 채널에서 제품을 구매하기보다는 전자상거래에서 제품을 구매할 것이다.

거래비용이란 생산비용을 제외한 경제주체들이 재화와 서비스를 거래하는데서 발생하는 모든 비용을 의미한다. 기업은 자체 생산할 것인가, 아니면 시장에서 구입할 것인가, 즉 make or buy에 대한 의사결정을 할 때, 거래비용을 고려하게 된다. 기업은 두 대안을 선택할 때, 생산비용뿐만 아니라 거래비용을 포함한 총체적인 비용을 고려해야만 한다. 자산의 형태나 계약의 형태에 따라 거래가 달라지고 기업의 형태도 달라진다. 하나의 거래가 있을 때 관리자들은 두 개의 대안을 가져올 수 있다. 하나는 내부적으로 거래를 생산하느냐(위계구조 또는 수직적 통합) 혹은 외부공급자로부터 거래를 구매하느냐(시장구조)이다. 각 대안에 대해서 관리자들은 생산비용과 거래비용을 결정한다. 그리고 관리자들은 가장 낮은 비용이 드는 대안을 선택할 수 있다.

기업은 시장교환(market transaction)과 위계구조(hierarchical governance)의 연속선상에서 혼합적인 지배구조(governance structure)를 갖게 된다. 시장거래란 외부경제 실체로부터 재화나 서비스를 구입하는 것을 의미한다. 위계적 거래구조란 제품을 상대방으로부터 구입하는 대신 원하는 제품을 직접 자체 생산하는 방법이다. 이는 위계조직적 교환이다. 위계조직의 대표적인 예로는 수직적 통합(수직 계열화와 M&A를 포함하는 개념)이 있으며, 이는 기업에 대해 직접적 소유를 통합함으로써 기업간 거래를 내부화하는 관계유형이다. 비용을 조직비용과 거래비용으로 구분하여 보면, 기업 규모가 일정 수준 이상이 되면, 조직비용이 기하급수적으로 증가하게 되어 거래비용을 초과하게 된다. 따라서 거래비용과 조직비용이 같아지는 점에서 조직규모가 결정된다. 여기서 조직비용(내부거래를 조정하는데 소요되는 조정비용을 포함)이란 위계질서를 통해 생산활동을 조직하는데 드는 비용, 즉 재화를 자체적으로 생산하기 위해 새로운 내부조직을 만들거나 다른 기업을 인수합병하여 내부조직으로 흡수하는 등의 방법으로 거래를 내부화하여 조직 내 거래에서 발생하는 비용이다. 거래비용이란 시장에서 재화를 거래할 때 발생하는 비용이다.

전자상거래와 거래비용

한 연구(Bakos, 1991)에 의하면 전자상거래의 첫 번째 특성은 거래비용이 낮아질 수 있다는 점이다. 또 다른 연구(A. Barua, B. Lee, and A.B. Whinston, 1994)에 따르면, 인터넷 상거래에서는 통신비용과 검색비용이 감소될 수 있고, 표준제품의 경우에는 평가비용이 감소될 수 있어 총거래 비용이 절감된다. 전자상거래에서 검색 서비스와 가격비교 서비스가 활성화되어 구매자가 필요한 제품과 가격에 대한 정보를 검색하는 데 소요되는 비용이 낮아지고, 구매자와 공급자가 상호 요구사항을 전달하고 제안서를 전자적으로 송신하는 데 소요되는 시간과 비용은 감소된다. 표준제품과 복잡한 개별제품에 대한 평가비용이 서로 다르게 나타날 수 있다. 표준제품의 경우에는 구매자가 공급자 평가절차를 자동화할 수 있도록 정보기술을 활용하는 수준에 따라 평가비용의 절감정도가 달라진다. 그러나 개별제품의 경우에는 제품명세가 복잡하고 세부적이며, 제안서 또한 수백 쪽에 이를 수 있기 때문에 평가비용이 높게 나타날 수 있다.

전자상거래에서는 복잡한 제품설명을 단순화하고, 자산특수성과 불확실성이 감소하며, 그 결과 탐색비용과 비교비용 등의 거래비용이 감소된다. 그러나 전자상거래에서도 판매자와 구매자간에 정보불균형(information asymmetry)이 존재하거나 비대면 거래로 인하여 여전히 기회주의적 행동을 취하는 것이 가능하기 때문에 거래비용은 발생할 수 있다.

인터넷 쇼핑몰 업체가 대금결제를 위한 전자결제 서비스를 사내의 부서에서 담당하게 하는 방안과 전자결제 서비스 전문업체에 맡기는 경우를 생각해 보자. 사내에서 전자결제 서비스를 제공하는 경우에는 외부 전문업체를 찾고(검색비용), 만나서 계약조건을 협상하고(협상비용), 계약된 대로 결제 서비스가 이행되는지를 감시하는데 비용을 지불하지 않아도 된다. 이와 같이 기업이 여러 가지 기능을 통합함으로써 특정 기능이나 상품을 시장에서 구입하는 것에 비해 비용을 낮출 수도 있다. 이베이(eBay)가 이메일을 이용한 전자결제서비스 업체인 페이팔(Paypal)을 인수한 것은 이러한 수직적 통합의 한 사례라 볼 수 있다.

그러나 수직적 통합을 통해 기업의 규모를 확장해 가는 것만이 능사는 아니다. 전자결제 서비스와 같은 기능을 수행할 부서를 꾸리고 인력을 채용하는 비용이 외부에 아웃소싱(outsourcing)을 주는 것보다 더 많은 비용이 소요된다면 그 부문은 기업의 활동범위에 포함시킬 필요가 없다(참조 : 이명헌 경영스쿨, www.emh.co.kr/xhtml/cost_minimization.html). 예를 들어, 옥션, 인터파크, 11번가와 같은 온라인 오픈마켓의 경우는 안전하고 편리한 사이트관리와 고객관리라는 핵심역량에 집중하고, 전자결제와 배송 등의 여러 업무를 아웃소싱하거나 판매자와 구매자에게 맡기는 방식을 채택하고 있다.

시장거래인가 수직적 통합에 의한 위계구조인가는 물론이고 기업이 어떤 시장(산업)에 진출하느냐의 여부를 결정하는 것은 기업전략의 차원이며, 이러한 결정에는 거래비용이 고려되어야 한다. 일반적으로 수직적 통합을 통해 기업규모가 커지면 조직비용이 기하급수적으로 증가한다. 반면, 전자상거래가 활성화되는 경우, 거래비용이 낮아진다. 따라서 기업은 위계구조보다는 전자시장을 통한 거래를 선택하게 된다. 즉, 전자상거대가 발전함에 따라 기업은 핵심역량에 집중하고 기타 업무를 아웃소싱하고, 위계구조보다는 시장거래에 맡기는 방향으로 나아가게 되어 가상기업이 활성화된다.

1.4 전자상거래의 진화

인터넷웹 기술혁신으로 EDI/CALS 중심의 전자상거래는 인터넷 기반의 e-커머스로 발전하게 되었다. 무선 인터넷과 이동통신기술의 발전은 모바일 상거래(m-커머스)를 가능하게 했고, 협력지원기술은 c-커머스, IPTV와 스마트TV 기술은 t-커머스, 유비쿼터스 컴퓨팅은 u-커머스, 소셜미디어기술은 소셜 커머스를 탄생시키고, 전자상거래는 더욱 진화하게 되었다. [그림 1-7]에서는 기술혁신과 전자상거래의 진화론적 발전 과정을 나타내 보이고 있다.

[그림 1-7] 기술혁신과 전자상거래의 진화

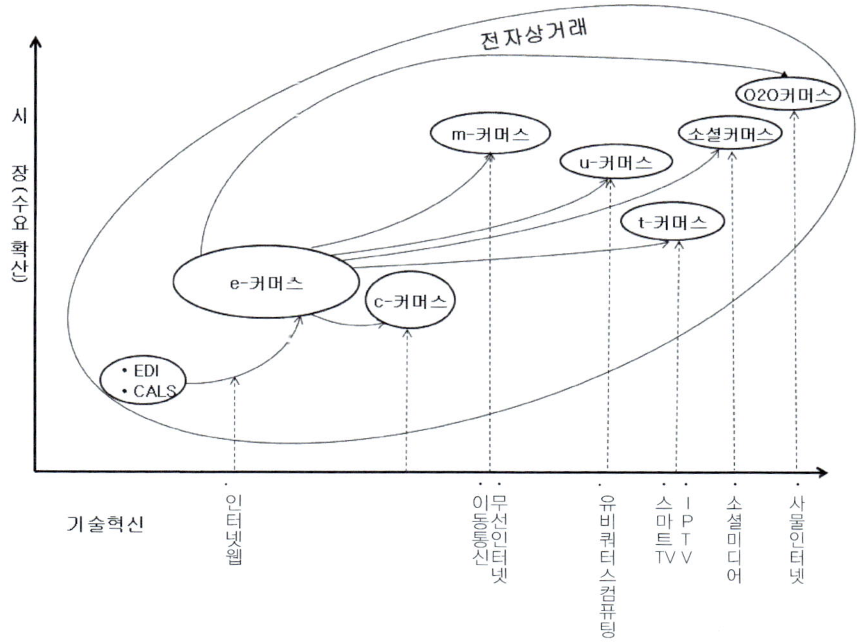

1.4.1 m-커머스

이동통신기술, 무선 인터넷, 무선 단말기(휴대전화, 스마트폰, 태블릿PC 등) 등의 기술이 발전하고 널리 사용됨에 따라 m-커머스(mobile commerce)가 활성화되었다. 넓은 의미에서 m-커머스란 모바일 네트워크를 사용하여 이행되는 모든 가치 전달 활동으로 모바일 단말을 이용한 상품과 서비스의 거래는 물론이고 모바일 금융(뱅킹, 증권, 보험), 모바일 광고, 뉴스 · 이메일 · 문자메시지(SMS : Short Message Service) · VOD(Video On Demand) · AOD(Audio On Demand) 등의 콘텐트 서비스를 포함하는 개념이다. 좁은 의미에서 m-커머스란 모바일 단말기와 모바일 네트워크를 통한 상거래로서 쇼핑, 광고, 금융서비스 등의 거래를 의미한다.

1.4.2 c-커머스

c-커머스(collaborative commerce)란 거래활동뿐만 아니라 협력적 사업활동(기업내, 기업과 기업간, 기업과 소비자간)을 지원하기 위한 정보교환 활동을 포괄하는 개념이다. c-커머스는 인터넷, 통합정보기술, 협력도구 등을 활용함으로써 조직구성원 · 사업 파트너 · 고객 등과의 커뮤니케이션 및 유동적인 상호관계를 형성하여 통합된 가상기업을 지향한다.

표 1-7 c-커머스의 다양한 정의

정 의	출 처
c-커머스란 실시간 협력도구를 이용하여 소비자 또는 기업에 제품 또는 서비스를 판매하거나 지원하는 것이다.	Ward, 1999
c-커머스란 제조업체가 공급업체, 도매상, 판매상, 소비자를 포함하는 다단계 분배망에서 정보흐름을 자동화하는 것이다.	InSight, 1999
c-커머스란 공급업체 · 파트너 · 고객은 물론이고 기업 내의 응용간을 연결하고, 제품과 정보흐름을 연결하는 인터넷 기반의 기업간 인프라를 제공하는 것이다.	Maynard, 1999
c-커머스란 유연하게 통합된 가상기업 방식으로 인터넷, 컴포넌트와 통합기술에 의해 종업원 · 사업 파트너 · 고객 커뮤니티의 협력적이고 유연한 상호작용을 지원하는 것이다.	GartnerGroup, 1999
인터넷을 통해 비즈니스 프로세스를 전자적으로 연결하는 조직의 e-비즈니스를 진보된 수준에서 강력하게 수행하는 것이다. 비즈니스 프로세스에 기반을 둔 조직간의 관계가 견고하고 지속성을 갖도록 전자적 지원을 구축하는 것이다.	Infoconomy, 2002

c-커머스란 일대일 대응관계가 아니라 허브 앤 스포크(hub-and-spoke) 구조를 갖기 때문에 공급자 · 사업 파트너 · 고객이 가상의 장소에서 모든 업무를 협력하여 처리할 수 있도록 한다. 여기서는 구매기업과 판매기업이 인터넷을 통해 단순한 거래만을 하는 것이 아니라 다양한 거래관련 비즈니스 업무를 공동작업(또는 협업)하고, 이 결과의 정보가 양사의 정보시스템과 유연하게 통합된다.

e-커머스와 비교하여 보면,

- e-커머스는 전자적으로 거래를 지원하는데 역점을 두고 있는 한편, c-커머스는 전자적인 정보교환을 통해 협동적 비즈니스 활동을 지원하는데 역점을 두고 있다.
- c-커머스란 기업간 단순거래(구매, 판매, 경매 등)의 최적화뿐만 아니라 제품의 기획, 설계, 공급망 구축, 생산, 물류, 서비스에 이르는 전체 기업활동에 대하여 총체적 관점의 기업간 협력체계를 인터넷 웹 상에서 수행하는 것을 의미한다(Gartner, 2000).

인사이트 협업제품 상거래

CPC(Collaborative Product Commerce : CPC)란 제품의 수명주기 전반에 걸쳐 협업을 통하여 제품의 개발, 생산 및 관리하는 인터넷 기반의 소프트웨어와 서비스의 집합체이다. 이는 대기업을 중심으로 제조업체에서 일반화되어 있는 제품관리(Product Data Management, PDM)에 전자상거래(EC)를 결합시킨 개념이다(CPC = PDM + EC). 자동차회사를 예로 들면, 신차에 대한 디자인부터 부품조달 · 조립생산 · 출고까지의 모든 과정을 가상 PDM을 이용해 경영자부터 생산라인에 이르기까지 사내 전 부서가 공유할 수 있으며, 여러 부품제조업체들과도 실시간으로 데이터를 주고받을 수 있는 솔루션을 말한다.

- CPC의 목적 : 인터넷 기술을 활용하여 제품의 설계, 개발, 원자재 구매, 판매, 마케팅 등의 활동에 관련된 기업 내외부 당사자들을 지식 네트워크로 구성하여,
  - 설계와 제조비용의 절감
  - 정보교환을 촉진하며 시장출시시간의 단축
  - 제품수명주기 전반에 걸쳐 다양한 계층의 공급자와의 협업
- PDM의 목적 : 제품의 설계공정을 관리하고 제품관련 데이터를 효율적으로 관리하여,
  - 제품개발과 생산에서의 원가절감
  - 제품수율 향상 및 설계변경 감소를 위한 품질향상
  - 제품개발기간의 단축

1.4.3 t-커머스

t-커머스(TV Commerce)란 시청자가 검색 또는 시청하고 있는 상품을 TV와 리모컨을 통해 주문 및 결제하는 거래나 은행업무와 주식매매 등과 같은 금융거래이다. IPTV와 스마트TV가 보급·확산되면서 TV를 이용한 t-커머스는 일반 상거래뿐만 아니라 금융거래로까지 확대되고 있다. t-커머스는 디지털 TV를 이용한 상거래서비스로 상품 또는 서비스의 구매뿐만 아니라, 유료의 게임 및 음악 다운로드 등과 같은 전자적 콘텐트의 구매도 포함되는 광의의 개념이다.

IPTV(Internet Protocol Television)는 t-커머스를 가능하게 하는 핵심기술이다. 이는 인터넷 프로토콜을 이용하여 정보서비스, 동영상 콘텐트 및 방송 등을 텔레비전에 제공하는 것을 의미한다. 인터넷(통신산업)과 텔레비전(방송산업)의 융합이라는 점에서 디지털 융합의 유형이라고 할 수 있다. t-커머스는 TV홈쇼핑과 달리 쌍방향성, 상품검색가능성, 즉시 구매성 등의 특징을 가지고 있다.

1.4.4 u-커머스

u-커머스(ubiquitous commerce)란 유비쿼터스 컴퓨팅과 유비쿼터스 네트워크를 기반으로 언제 어디서나 어떤 네트워크와 어떤 단말기로도 어떤 서비스(5 any : anytime, anywhere, any networks, any devices, and any services)가 가능한 전자상거래를 의미한다. m-커머스는 무선인터넷과 이동통신망을 기반으로 스마트폰과 태블릿PC를 이용한 전자상거래에 한정되는 측면이 있지만, u-커머스란 무선인터넷과 이통통신망을 물론이고 RFID(Radio Frequency Identification)/USN(Uniquitous Sensor Network)과 같은 네트워크와 다양한 단말(스마트폰 외에도 시계와 안경 등)을 이용하여 더욱 자율적으로 이루어지는 전자상거래이다. e-커머스는 상거래활동이 사람들의 의식적인 컴퓨터 활용을 통해 이뤄지지만 u-커머스는 사람이 의식하지 않아도 자율 컴퓨팅 기능을 갖는 기기와 기계들에 의해 무의식적으로 이뤄질 수 있다. 예를 들어 개인의 쇼핑 리스트를 컴퓨터나 휴대전화 등에 입력만 해놓으면 운전 중에도 차량 진행방향까지 감안해 원하는 물건을 적절한 가격에 살 수 있는 곳을 알려주는 것이다. 다시 말해서 u-커머스는 컴퓨터, 가전제품은 물론 자동차 등 모든 개인장비가 통합적으로 상거래에 활용되는 개념이다(biznet.com 용어사전).

표 1-8 5 any 관점에서 비교한 m-커머스와 u-커머스

5 any	m-커머스	u-커머스
Anytime and Anywhere	서비스가 가능한 시간대와 네트워크	서비스가 가능한 시간과 네트워크가 확대됨
Any networks	유무선 네트워크	유무선 네트워크 + RFID/USN 등
Any devices	모바일 폰	모바일 폰 + 시계, 안경, 단추 등 컴퓨팅 기능이 내재된 다양한 단말
Any services	위치기반서비스(LBS)	LBS와 상황인식서비스를 통한 더욱 똑똑한 서비스

1.4.5 소셜 커머스

소셜 커머스(social commerce)란 사회적 활동이 상거래와 결합된 전자상거래이다. 다시 말해 소셜미디어(social media)를 활용한 전자상거래이다. 소셜미디어란 쌍방향의 사회적 상호작용이 가능한 미디어로서 소셜네트워크서비스(SNS), 블로그, 마이크로블로그(트위터), 유튜브, 위키 등이 대표적인 사례이다. 소셜 커머스는 소셜미디어 마케팅, 소셜 쇼핑, 공동구매 등의 형태로 활성화되고 있다. 소셜 커머스의 특성은 다음과 같다.

- 소비자가 제품 또는 서비스를 쉽게 인식하여 발견할 수 있도록 해준다.
- 소비자가 신속하게 제품 또는 서비스를 선택할 수 있도록 지원한다.
- 소비자가 제품 또는 서비스를 쉽게 추천할 수 있도록 지원한다.

1.4.6 O2O 커머스

O2O 커머스(Online to Offline commerce)란 사물인터넷(IoT: Internet of Things) 기술과 더불어 온라인 상거래와 오프라인 상거래가 통합되는 것을 의미한다. 아마존 대시와 아마존 고는 사물인터넷기술(음성인식 기반의 알렉사: Alexa)을 활용한 대표적인 온라인 쇼핑과 오프라인 쇼핑을 결합한 커머스이다.

1.4.7 전자상거래의 하위개념으로서의 EDI와 CALS

전자자료교환

EDI(Electronic Data Interchange)란 컴퓨터 통신망을 통해 구매주문서·송장·견적서 등의 거래자료를 표준양식에 의해 전자적으로 교환하는 시스템이다. EDI에서는 조직간 또는 기업과 공급자간의 거래자료를 표준양식에 따라 전용망이나 부가가치통신망(Value Added Network : VAN)을 통해 전자적으로 교환함으로써 거래처리시간을 단축시키고, 자료의 정확성을 높이고, 비용을 절감하고자 한다.

기업간에 표준양식의 메시지를 교환할 수 있도록 해주는 EDI 표준에는 미국을 중심으로 한 ANSI(American National Standards Institute) X.12, 유럽을 중심으로 한 EDIFACT(EDI For Administration, Commerce and Transport) 표준이 있다. 미국의 EDI 표준은 운수업계가 업무의 효율화를 위하여 행한 표준에서 시작되어, 1980년대 중반에는 자동차업계에서도 도입하였으며, 섬유업계에서도 리엔지니어링을 추진하는 QR(Quick Response), 일용품·잡화·식료품업계를 중심으로 한 유통업계 ECR(Efficient Consumer Response) 개념하에 EDI를 도입하게 되었다. 한편 유럽에서는 미국보다 앞서 무역절차를 간소화하기 위해 EDI를 도입하였다.

전용망 또는 부가가치통신망(VAN)을 통해 기업간 거래자료를 교환하는 EDI에서 연결성 문제는 게이트웨이로 기존의 VAN을 인터넷과 연결함으로써 해결할 수 있다. 네트워크 연결성 및 인터넷 웹의 쌍방향성으로 EDI 개념이 전자상거래로 발전해가고 있다.

CALS

CALS(Computer-Aided Logistic Support 또는 Continous Acquisition and Life-cycle Support)란 미 국방부에서 군의 무기조달업무를 지원하고 각종 기술자료 및 매뉴얼을 전산화하여 교환하고자 하는 것에서 출발하여, 기업에 도입되어 제품기획·설계·개발·제조·유통·사후관리에 이르는 수명주기에서 발생하는 모든 정보를 통합 데이터베이스에서 관리함으로써 경쟁력을 향상시키는 방법으로 광속의 전자상거래 개념으로 발전하게 되었다.

연습문제 및 참고문헌

연습문제

1. 인터넷 기반의 가상사회 발전단계를 설명하고, 미디어로서 인터넷이 분배매체로서의 역할을 하는 예를 들어 설명하고, 가상사회의 사례를 들어 설명하라.
2. 혁신이란 무엇인가? 왜 인터넷은 와해성 기술 혁신인가?
3. 전자상거래의 개념 · 전자상거래의 유형(거래주체별) · 전자상거래 단계의 관점에서 전자상거래에 대하여 설명하라.
4. 아마존닷컴은 핵심역량을 기반으로 어떻게 사업을 다각화해 왔는가를 설명하라.
5. 기술발전에 따라 전자상거래가 어떻게 진화해 왔는가를 e-커머스, t-커머스, m-커머스, 소셜 커머스, O2O 커머스로 분류하여 비교 설명하라.
6. 전자상거래와 거래비용, 조직구조에 대하여 설명하라.
7. 다음 용어를 간략하게 설명하라.
   1) 가상기업(virtual enterprise)과 가상사회
   2) CPC(Collaborative Product Commerce : CPC)
   3) O2O 커머스

참고문헌

Amstrong, A. and K. Hagel, "The Real Value of Online Communities," *Harvard Business Review*, Vol. 74, 1996, pp. 134-141.

Bakos, J.Y., "A strategic Analysis of Electronic Marketplaces," *MIS quarterly*, Vol. 15, 1991, pp. 295-310.

Gershman, A., "Ubiquitous Commerce – Always On, Always Aware, Always Pro-active," *Proceedings of the 2002 Symposium on Applications and the Internet*, 2002.

Holsapple, C.W. and M. Singh, "Toward a Unified View of Electronic Commerce, Electronic Business, and Collaborative Commerce : A Knowledge Management," *Knowledge and Process Management*, Vol. 7, No. 3, 2000, pp. 151–164

Kalakota, R. and M. Robinson, *e–Business Roadmap for Success*, Addison–Wesley, 1999.

Kalakota, R. and A.B. Whinston, *Electronic Commerce : A Manager's Guide*, Addison–Wesley, New York, 1997.

Laudon, K.C., E–commerce – *Business, Technology, Society, Pearson Education*, Inc., 2008.

McFarlan, F.W. and J.L. McKenny, *Corporate Information Systems Management : Issues Facing Senior Executives*, Dow Jones Irwin, 1983.

Ravindran, S., Barua, A., Lee, B., and Whinston, A.B., "Strategies for Smart Shopping in Cyberspace," *Journal of Organizational Computing and Electronic Commerce*, Vol. 6, No. 1, 1996, pp. 33–49.

Schneider, G.P., *E–Business*, 11th ed., Cengage Learning, 2015.

Turban, E., D. King, J. McKay, J. Lee, D. Viehland, *Electronic Commerce –A Managerial Perspective*, Pearson Education, Inc., 2008.

Williamson, O.E., *Markets and Hierarchies : Analysis and Antitrust Implications*, The Free Press, New York, 1975.

Zwass, V., "Electronic Commerce : Structures and Issues", *International Journal of. Electronic Commerce*, Volume 1, Number 1, 1996, pp. 3–23.

제2장
e-비즈니스와 디지털 및 플랫폼 경제

모든 기업에서 e-비즈니스는 선택이 아닌 필수이다. 전통기업이든 순수 온라인 기업(닷컴기업)이든 e-비즈니스는 기업의 경쟁우위를 달성하기 위한 중요한 접근법이 되었다. 여기서는 e-비즈니스의 개념을 살펴보고, 디지털 경제의 특성을 이해함으로써 어떻게 전자상거래와 e-비즈니스를 통해 전략적 혜택을 누릴 수 있을 것인가를 살펴보기로 한다. 플랫폼 경제가 미래의 경제를 열어간다. 플랫폼 비즈니스의 유형과 역할에 대하여 설명한다.

2.1 e-비즈니스

대개 인터넷비즈니스, e-비즈니스(e-business), 전자상거래(e-commerce 또는 electronic commerce)는 유사한 의미를 가진 용어로, 서로 바꾸어 쓸 수 있다. 인터넷비즈니스가 인터넷 기반의 비즈니스에 한정되지만, e-비즈니스는 전자적 수단을 이용한다는 관점에서 인터넷비즈니스를 포함하는 넓은 개념이다. e-비즈니스란 기업 내외부의 경제주체들을 전자적으로 네트워킹하여 기업 내외부의 비즈니스 프로세스를 전략적/체계적으로 전환 및 혁신시키고, 이를 통해 비즈니스 전반의 효율성과 효과성을 제고하고 가치를 창출하는 것이다(산업통상자원부). 다음은 e-비즈니스에 대한 다양한 정의를 표현하고 있다.

- 처음으로 e-비즈니스란 용어를 사용한 IBM에서는 e-비즈니스란 벤더・고객・종업원・공급자에게 인트라넷, 엑스트라넷, 인터넷웹을 통해 수행하는 사업이라고 정의하고 있음
- 단순한 의미에서 e-비즈니스란 전자적 수단(인터넷과 디지털 기술 등)을 기반으로 하는 비즈니스임
- 광의의 개념으로 e-비즈니스란 종이와 일반우편 대신 전화와 팩스는 물론이고 전자적 정보통신을 이용하여 수행하는 사업을 의미한다. e-비즈니스는 기업내의 전사적 자원관리(Enterprise Resource Planning : ERP), 공급망관리(Supply Chain Management : SCM), 고객관계관리(Customer Relationship Management : CRM), 전자상거래의 개념을 포괄함
- e-비즈니스란 전자적으로 상품과 서비스를 사고파는 전자상거래보다 넓은 개념으로, 고객서비스, 사업 파트너와의 협업과 연구개발, e-학습, 기업 내의 전자적 거래를 포함하는 비즈니스이다(Turban et al., 2008).

e-비즈니스와 e-커머스는 electronic을 나타내는 e를 공동으로 사용하고 있지만, 그 차이점은 비즈니스와 상거래에서 찾을 수 있다. 일반적으로 비즈니스는 거래 활동 외에도 생산/마케팅/인적자원/재무회계는 물론이고 정보와 지식공유, 지식배포, 경영정보, 비즈니스 파트너와의 협업, 공동연구, 의사결정 등의 활동을 포함하기 때문에 더욱 폭넓은 개념이라 할 수 있다. 그러나 e-커머스를 가치사슬 관점에서 정의해 보면 e-비즈니스와 같은 개념으로 이해할 수도 있다.

e-비즈니스는 정보교환을 가능하게 하고 촉진하는 기술을 활용하여 가치사슬

전반의 비즈니스 및 가치활동과 의사결정을 지원하여 비즈니스 목표를 달성하는 데 그 목적이 있다. e-비즈니스란 거래와 같은 비즈니스 활동을 전자적으로 지원할 뿐만 아니라 그러한 활동의 기반이 되는 의사결정도 지원하는 것이다.

e-비즈니스를 정의하기에 앞서 e-비즈니스와 지식경영의 관계를 고려하는 것이 중요하다. 지식경영이란 적절한 비용으로 필요한 시점에 적합한 방식으로 필요한 프로세스(인간 또는 컴퓨터)에 적합한 지식을 제공하는 것이다. 지식경제 하의 지식기반 조직에서 e-비즈니스가 수행된다. [그림 2-1]에서 보는 바와 같이 e-비즈니스란 조직의 지식경영(지식을 획득, 저장, 공유, 활용, 이전하는 활동)을 기반으로 하고 있다. e-비즈니스는 지식경제의 촉진자, 실행 가능자, 동기유인자로서의 중요한 역할을 한다. 지식경제에서 성공 여부는 기업 지식자원의 효과적 관리에 있다. e-knowledge란 지식조작활동과 그들 활동간의 흐름을 가능하게 하는 기술과 그에 수반되는 전략을 의미한다. e-knowledge는 거래, 정보교환, 의사결정 등의 비즈니스 활동을 포함하는 e-비즈니스의 기반이 된다.

[그림 2-1] 지식경영과 e-비즈니스의 관계

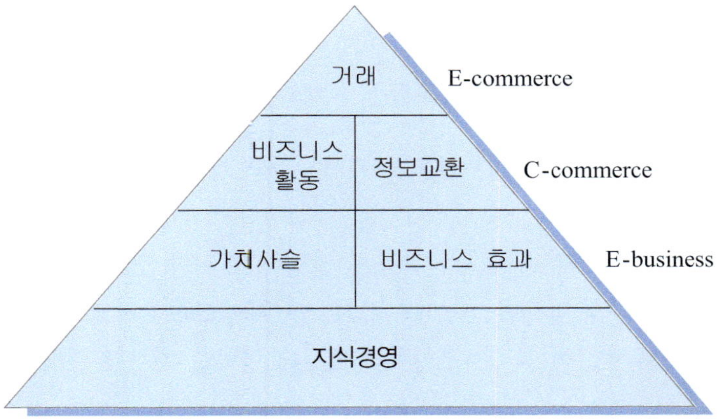

[그림 2-1]에서 e-knowledge는 가치활동의 실행을 가능하게 하거나 촉진한다. e-knowledge는 그러한 가치활동실행의 기초가 되는 의사결정을 지원한다. 따라서 기술은 하나 이상의 가치활동의 성과를 개선함으로써 기업경쟁력을 높이는데 기여하게 된다.

[그림 2-2] e-비즈니스

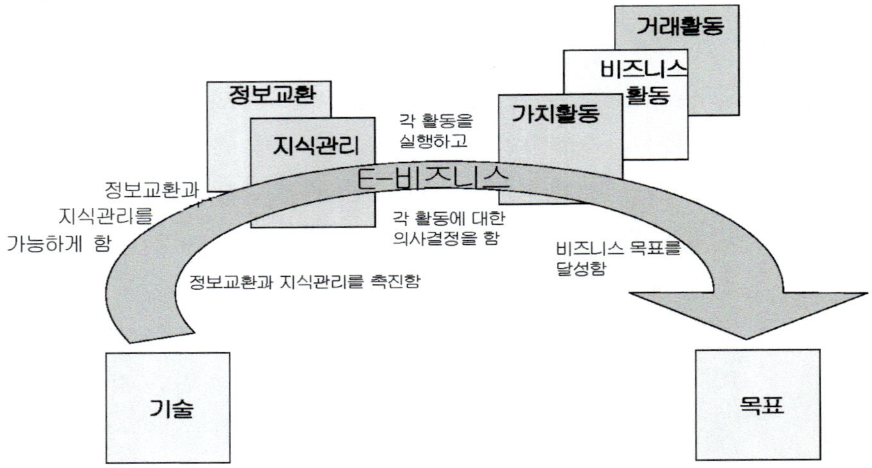

출처 : Holsapple et al.(2000).

[그림 2-2]에서 나타내는 바는 다음과 같다.

첫째, 기술은 지식경영을 가능하게 하고 촉진하는 역할을 한다.
둘째, 지식경영을 통해 비즈니스 및 가치활동을 수행하고 관련 의사결정을 하게 된다.
셋째, 비즈니스와 가치활동을 통해 사업목표를 달성하게 된다.

e-비즈니스란 정보교환과 지식관리를 가능하게 하고 촉진하는 기술을 활용하여 거래활동, 사업활동, 가치활동을 실행하고 이들 활동의 기반이 되는 의사결정을 지원함으로써 비즈니스 목표를 달성하기 위한 접근법이다.

엄밀하게 말하면, e-비즈니스는 e-커머스보다 폭넓은 개념이다. [그림 2-3]에서 가치의 흐름이라는 사각형으로 표시된 영역인 자사를 중심으로 왼쪽은 상류로서 공급자가 있고, 오른쪽은 하류로서 고객(또는 고객사)이 있다. 기업의 인적자원 · 생산자원 · 회계와 재무자원 · 마케팅 및 판매 자원 등의 인적 및 물적 자원을 통합적으로 관리하기 위한 전사적자원관리(ERP : Enterprise Resource Planning), 공급망을 관리를 위한 공급사슬관리(SCM : Supply Chain Management), 고객과의 관계를 관리하기 위한 고객관계관리(CRM : Customer Relationship Management) 시스템이 활용된다. 기업은 지식경영을 통해 공급자와 고객과의 전자상거래 서비스를 원활하게 수행하고, 기업 내외부의 전체적인 프로세스를 비즈니스 전략과 통합함으로써 비즈니스 가치를 창출한다. 이러한 비즈니스 가치 창출의 방법과 프로세스가 e-비즈니스이다.

[그림 2-3] e-비즈니스 관점에서 본 e-커머스와 ERP/CRM/SCM

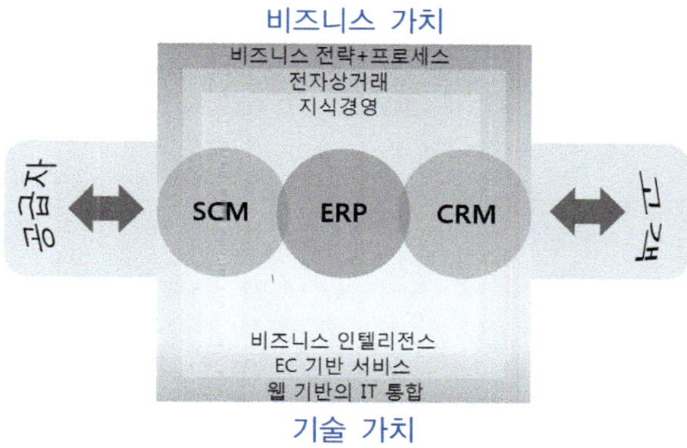

[그림 2-4]에서는 전통기업인 제조기업의 제조현장에서 경영층에 이르는 e-비즈니스 구조를 나타내고 있으며, <표 2-1>에서는 관련 용어를 설명하고 있다.

[그림 2-4] e-비즈니스 구조

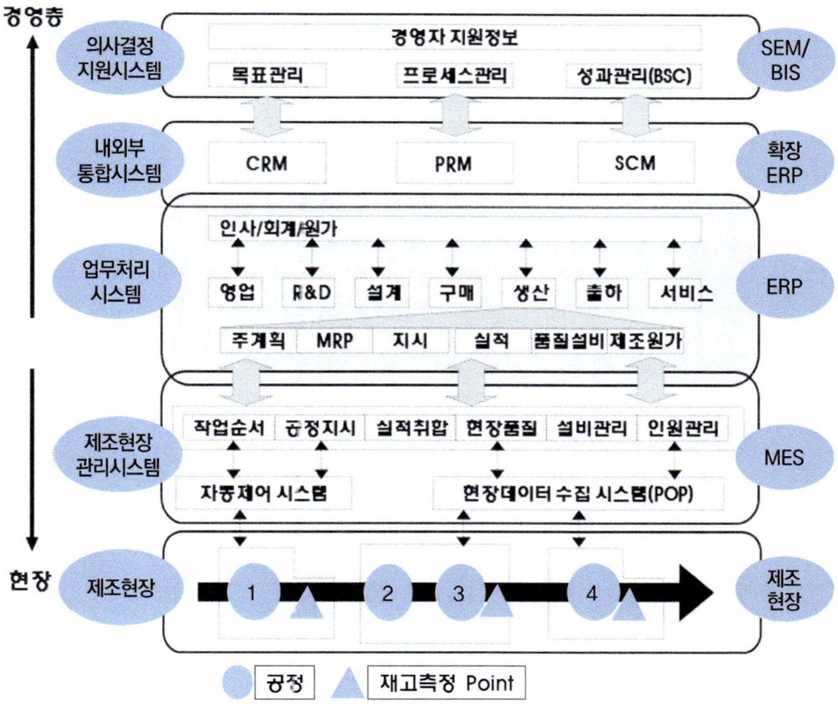

표 2-1 **e-비즈니스 관련 용어**

용 어	개 념
ERP (Enterprise Resource Planning)	전사적 자원관리, 즉 기업 내의 모든 인적, 물적 자원을 효율적으로 관리하는 통합정보시스템
CRM (Customer Relationship Management)	고객관계관리, 즉 고객관련 기업의 내·외부 자료를 분석하고 통합하여 고객 특성에 기초한 마케팅 활동을 계획, 지원, 평가함
SCM (Supply Chain Management)	공급사슬관리, 즉 부품공급업체부터 최종소비자까지의 물류, 정보, 자금 흐름의 최적화를 도모하는 정보시스템으로 부품 조달과 생산, 판매의 흐름을 연결하여 전체 프로세스의 통합관리를 가능하게 함.
PRM (Partner Relationship Management)	파트너관계관리, 즉 파트너와의 커뮤니케이션과 협업을 지원하고 관리하기 위한 시스템
MES (Manufacturing Execution Systems)	일정계획 및 실행의 관점에 근거해 주문의 시작에서부터 최종 제품에 이르기까지 실시간 모니터링, 제어, 물류 및 작업내역 추적관리, 현황파악, 불량관리 등 생산활동에 가장 효과적으로 활용할 수 있는 정보를 제공해 주는 시스템
POP (Point of Production)	생산시점관리, 즉 제조 현장의 생산시점에서 발생하는 모든 데이터를 실시간으로 수집하여 관리하는 시스템
BSC (Balanced Score Card)	균형성과표란 전통적인 재무적 성과평가방법의 대안으로 경영자에게 경쟁전략과 종합적인 비전을 제시하도록 기존의 재무적 관점의 측정지표뿐만 아니라 고객관점, 기업내부 프로세스 관점, 조직학습 및 성장관점의 비재무적 성과평가 측정지표에 의한 관리방식
SEM (Strategic Enterprise Management)	경영전략과 기업경영이 연계되도록 하는 경영관리제도. 즉, 한정된 자원을 활용하여 이익극대화 등 기업의 경영목표를 달성할 수 있도록 투자의사결정이나 운영 의사결정 및 운영 효율화에 있어서 전 조직원의 참여와 일관된 행동을 이끌어낼 수 있는 전략의 개념과 방법을 활용하는 경영. ERP와 외부 시스템에서 가져 온 정보를 통합하여 핵심성과지표(KPI : Key Performance Indicators)를 산출하여 관리하는 전략적 경영관리시스템
BI (Business Intelligence)	급속하게 변화하는 환경에서 기업이 마치 사람과 같은 DNA를 가진 조직으로 신속하게 환경변화를 탐지하여 환경을 분석함으로써 비즈니스에 관한 다양한 의사결정을 정확하고 신속하게 해야 한다. 데이터에의 접근, 수집, 보관, 분석 등을 통하여 이러한 비즈니스 의사결정을 지원하는 시스템을 BI라 한다. BI에는 OLAP, 통계적 예측분석시스템, 데이터마이닝, 빅데이터, 의사결정지원시스템, 데이터웨어하우스, 데이터시각화 기술, 대시보드(dashboard) 등이 활용됨.
EAI (Enterprise Applications Integration)	기업 내외부 이기종의 각종 애플리케이션을 통합하여 상호운영성을 가능하게 하는 미들웨어 솔루션

[그림 2-5]에서는 기업의 이해관계자 관점에서 e-비즈니스의 응용구조를 나타내고 있다.

[그림 2-5] e-비즈니스 운용구조

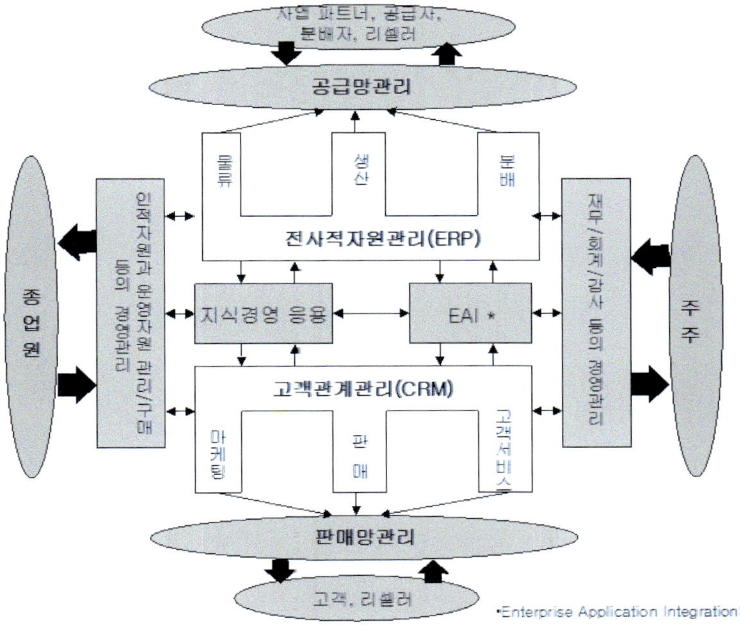

*Enterprise Application Integration: 기업내의 다양한 애플리케이션 통합 미들웨어

출처 : Kalakota and Robinson(1999).

2.2 디지털 경제

2.2.1 디지털 경제의 개요

디지털 경제란 정보통신기술(ICT)과 경제 네트워크의 상호작용을 통해 다양한 디지털 정보와 지식을 공유하고 확산시킴으로써 새로운 부를 창출하게 하는 경제 시스템이다. 디지털 경제의 핵심은 전자상거래와 이를 가능하게 하는 정보통신산업(컴퓨터 하드웨어와 소프트웨어, 정보통신 서비스 등)의 성장이라 할 수 있는데, 이들은 최근 놀라운 속도로 성장하면서 경제구조를 그 근본에서부터 변화시키고 있다. 인터넷과 디지털 기술을 기반으로 하는 전자상거래로 상품과 서비스의 거래가 이루어지는 디지털 경제는 4차 산업혁명의 시대에서 로봇, 사물인터넷, 3D 프린팅, 스마트 공장 등이 확산되어 연결성, 융합, 사회적 상호작용이 중시되는 방향으로 발전해 가고 있다. 디지털 경제에서 전자상거래는 전통적인 중개기능을 대체하고, 새로운 상품과 시장을 창출하며, 비즈니스와 소비자 간에 새로운 관계를 만들어 내고 있다. 또 작업조직을 변화시키고, 노동자의 기능과 기술도 재정의하고 있다.

디지털 경제에서는 컴퓨팅 산업(컴퓨터, 소프트웨어와 관련 서비스 등), 통신서비스 산업(유무선 통신, 케이블, 위성 등), 콘텐트 산업(오락, 출판, 정보제공사업 등), 기타 산업이 융합된 형태로 나타나게 된다. 고객중심의 디지털화로 연결되어 속도가 중시되는 디지털 경제에서는 분산된 여러 부문들과 여러 산업을 함께 융합시키는 것이 중요한 논제이다.

2.2.2 디지털 경제의 특성

여기서는 전자상거래와 e-비즈니스로 대별되는 디지털 경제의 특성을 살펴본다.

디지털 경제의 12가지 테마

돈 탭스콧(Don Tapscott)은 그의 저서 『디지털 경제』에서, 신경제의 12가지 테마를 제시하고 있다. 그는 새로운 시대에는 모든 형태의 정보가 디지털화되며, 이것은 컴퓨터에 비트로 저장된 정보가 네트워크를 통해 빛의 속도로 전송된다고 하였다. 네트워크 시대의 신경제(디지털 경제)를 구경제와 구분짓는 12개의 동기를 〈표 2-2〉에서 설명하고 있다.

표 2-2 신경제의 12가지 테마

테 마	개 요
지식 (Knowledge)	· 신경제에서 기업의 핵심자산은 지적 자산이다. · 생산수단은 물리적인 것에서 인간적인 것으로 이동한다. · 기업은 경쟁자보다 빨리 지식을 습득하고 노동과 생산수단을 인간두뇌로 이전시킬 때 경쟁력을 갖추고 성과를 높일 수 있다.
디지털화 (Digitalization)	· 0과 1로 디지털화된 정보가 디지털 네트워크를 통해 전달되면서 신경제의 가능성이 높아진다.

테 마	개 요
가상화 (Virtualization)	· 정보가 아날로그에서 디지털로 이동하기 때문에 물리적인 것에서 가상적인 것으로 전환된다. · 가상상점 · 가상기업 · 가상정부 등이 나타나고, 경제의 순환과 활동, 기업의 형태와 관계 등이 본질적으로 변화된다.
분자화 (Molecularization)	· 물리학에서 분자란 물질의 기본요소 중의 하나이다. 이것은 분석될 수 있는 물질의 가장 작은 단위로서 물질의 고유한 화학적 특성을 갖고 있다. · 새로운 기업은 분자구조를 갖는다. 개인은 기업의 기본단위이다. 새로운 관계를 형성할 수 있는 능력은 새로운 정보구조를 통해 증가된다. 그러한 분자의 움직임을 위해 기본구조를 제공하는 것이 기업이다.
통합(Integration/ Internetworking)	· 신경제에서 기업은 수많은 분자들로 구성된 요소들을 네트워크로 상호 통합시킴으로써 부를 창출한다.
중간기능의 축소 (Disintermediation)	· 생산자와 소비자를 중재하는 기능은 디지털 네트워크로 인해 감소하고 있다. 중간상과 중간기능은 새로운 가치를 창출하는 체인으로 이동할 필요가 있다. · 디지털 경제에서 가치 창출을 위한 새로운 중개역할을 하는 인포미디어리(informediary)가 등장하고 있다.
융합 (Convergence)	· 신경제에서는 컴퓨팅, 통신, 콘텐트가 융합되고 있다. · 제품의 융합(예, 스마트폰), 채널의 융합, 산업의 융합(예 : 전자지불을 위한 통신산업과 금융산업의 융합)
혁신(Innovation)	· 신경제에서 라이프 사이클은 단축되고, 혁신은 사업성공의 주요인이다.
생산소비 (Prosumption)	· 신경제에서는 대량생산이 아니라 개별 소비자의 기호와 욕구에 맞는 독특한 제품을 만들어야 한다. 소비자들이 생산에 직접 참여하게 되므로 고객은 소비자인 동시에 생산자(prosumer)가 된다. · 리눅스(오픈소스 운영체제), C2C, UCC, SNS, 암웨이 등은 생산소비의 대표적인 예이다. 페이스북과 트위터 등의 SNS에서 사용자는 콘텐트의 생산자인 동시에 소비자이다.
동시성 (Immediacy)	· 신경제에서 기업은 실시간으로 환경변화에 적응해야 한다
글로벌화 (Globalization)	· 신경제는 글로벌 경제이다.
부조화 (Discordance)	· 빈익빈 부익부와 프라이버시 등의 사회적 문제로 인한 충격과 갈등이 초래된다. 또한 디지털 격차(digital divide)가 심화된다.

융합(convergence)

디지털화로 문자 · 오디오 · 동영상 등으로 표현되는 콘텐트가 출판 · 잡지 · 서적 · 신문 · 방송 · 오락 등에서 융합되어 전달된다. 또한 텍스트 전용 미디어인 데이터통신, 오디오 전용인 라디오, 이미지 전용인 팩스, 비디오 전용인 TV 등의 미디어가 디지털 통신망인 인터넷이라는 미디어를 통해 융합되어 전송된다. 콘텐트와 미디어의 융합은 분리되어 있던 기존의 컴퓨터와 통신, 콘텐트, 서비스, 상거래 산업을 융합시키고 산업의 경계를 모호하게 만들고 있다.

[그림 2-6] 디지털화와 네트워크로 초래되는 융합

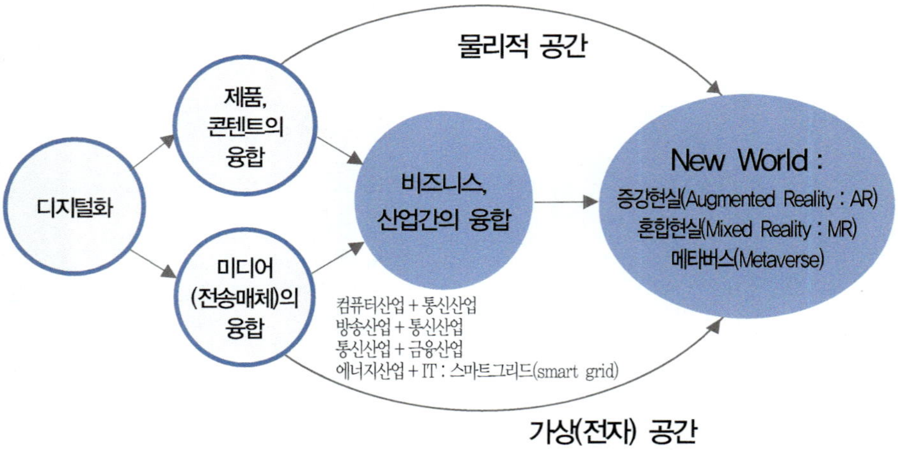

먼저 콘텐트가 어떻게 융합되고 있는지 살펴보자. 아날로그 세계에서는 텍스트와 비디오 또는 오디오가 결합되기는 어려웠다. 그러나 디지털 세계에서는 텍스트, 그래픽, 비디오, 오디오 등의 콘텐트가 결합되어 저장·처리·검색되고, 압축·암호화되어 전송된다. 이는 디지털화와 함께 웹 브라우저를 비롯한 다양한 하이퍼미디어(하이퍼텍스트와 멀티미디어의 결합) 도구가 나타남으로써 가능하게 되었다. 이러한 콘텐트의 융합으로 신문, 잡지, 방송 등 상호 분리되었던 산업이 콘텐트 산업이라는 하나의 산업으로 통합되어 가게 된다. 또한 물리적 제품(유형의 재화)의 물류를 제외한 모든 프로세스와 업무 흐름이 컴퓨터와 통신망에서 통합됨으로써 의사결정과 정보처리 능력이 혁신적으로 개선되고 있다.

콘텐트 융합과 미디어 융합이 서로 결합되어 상승효과를 일으키게 된다. 아날로그 방식으로 자료를 전송하는 전화망과 디지털 방식의 데이터 통신망의 결합을 가능케 한 비대칭 전송방식(Asynchronous Transfer Mode : ATM)이라는 네트워크 기술, 케이블 모뎀·ISDN·ADSL과 같은 접속기술의 발전으로 하나의 회선을 통해 텍스트·그래픽·오디오·비디오 자료를 신속하게 전송할 수 있게 되었다.

하나의 기기, 예를 들어 휴대전화로 통신서비스와 콘텐트서비스 등의 여러 서비스와 비즈니스가 융합되고 있다. 융합 기술의 산물인 스마트폰은 이제 단순한 통신서비스를 넘어서 콘텐트 서비스와 금융 서비스를 제공하는 제품이 되었다. 또한 IPTV 기술로 방송산업과 통신산업이 융합되고(예 : SK브로드밴드의 B tv, 올레 tv, U+TV 등), 모바일 결제서비스로 통신산업과 금융산업이 융합되고 있다. 또한 IT가 에너지와 융합되어 스마트그리드(smart grid)가 탄생하여 새로운 비즈니스를 창출하고 있다.

산업의 융합을 넘어서 물리적 세계(현실 세계)는 가상세계(디지털 세계)와 융합되어 제3의 공간인 증강현실(Augmented Reality : AR)을 가능하게 하였다. 홀로그램과 디스플레이 기술의 발전과 더불어 증강현실은 혼합현실(Mixed Reality: MR)을 넘어서 메타버스(metaverse)로 발전해가고 있다.

인사이트 IT와 에너지 산업의 융합, 스마트그리드

• 왜 스마트그리드인가?

2009 다보스포럼(세계경제포럼)의 최대 화두는 단연 에너지와 지구온난화 문제였다. 화석연료를 줄이고 신재생에너지로 지구온난화의 문제를 해소하는 것은 인류의 당면과제이기 때문이다. 스마트그리드(smart grid : 지능형 전력망)는 인류가 직면한 이들 문제를 해결하는 해결책 중의 하나다. 스마트그리드로 어떻게 에너지를 절감하고, 신재생에너지 소비를 활성화하여 지구온난화에 대응할 수 있을까?

스마트그리드란 정보통신기술을 활용하여 전력의 공급자와 사용자가 양방향으로 실시간 정보교환을 통해 에너지 효율을 최적화하는 똘똘한 차세대 전력망이다. 어떻게 보면, 이는 기존의 전력망에 정보기술을 융합하여 전력망을 디지털화하는 것이다. 스마트그리드에서 상품과 같이 전기를 저장하는 하는 것이 가능하고, 충전과 방전이 용이하게 된다. 지능형 계량기를 통해 실시간 전기의 사용량이 집계되고, 이를 통해 수요에 따라 실시간으로 전기요금을 달리 책정하는 것이 가능하게 된다. 스마트그리드의 핵심기술은 스마트 계량기로부터 에너지 사용에 대한 데이터를 실시간으로 측정 · 수집 · 분석하는 시스템(AMI : Advanced Metering Infrastructure), 전기 에너지 저장기술, 직류 전력공급 기술, 스마트 송변전 기술 등이다.

현재까지 전기는 공공재로 인식되어 왔고, 한국전력공사에서 독점 공급하고 있으며 재고로 보관하기 어려웠다. 각 가정과 기업에서의 전기사용량이 실시간으로 인터넷을 통해 전력공급자에게 전달되며 전력공급자는 수요가 많을 때는 비싼 요금, 수요가 적을 때는 싼 요금을 매겨 수요처에 전달한다. 각 가정에서는 전력요금을 즉각적으로 파악하고 미래의 요금도 예측할 수 있다. 각 가정의 지능형 계량기와 함께 설치된 마치 컴퓨터 디스플레이와 같은 화면에는 이들 요금정보가 그래프나 텍스트 등의 형식으로 제공되고, 필요한 경우 사용자들에게 자동 알림 방식으로 스마트폰에 이들 정보가 제공될 수도 있다. 수요처에서는 야간에 쌀 때 충전하여 비쌀 때 되파는 것이 가능하게 된다. 예를 들어 야간에 차고의 전기충전소에 충전하여 낮에 전기자동차로 소비하고 남은 전기를 되파는 것도 가능하게 된다.

태양력과 풍력 등의 신재생에너지가 좋다고 하지만 전력공급의 불규칙성 때문에 그 활성화에 문제가 있다. 한편 전력수요의 불확실성은 실제 필요한 전력 이상의 대량 발전을 요구한다. 상품의 수요를 정확히 예측할 수 있다면, 그에 맞게 생산하거나 일정하게 생산하여 비수기의 재고로 성수기에 대처하면 된다. 전기수요를 잘못 예측하여 전기공급이 조금이라도 부족할 경우, 대규모 정전의 사태가 발생한다. 지푸라기 하나로 낙타의 등을 부러뜨리는 꼴이 된다. 전기의 공급과 수요를 균형화할 수 있다면, 일정한 발전을 통해 사용하지 않는 전기를 저장해 두었다가 성수기에 사용할 수 있어 발전소 몇 개는 쉽게 줄일 수 있다. 스마트그리드는 언제 어디서나 전력의 충전과 방전을 가능하게 한다. 따라서 전력공급이 매우 불규칙적인 신재생에너지의 효율을 높이고 보급을 확대하는데 기여한다.

• 앞다투어 경쟁하는 세계

국내의 경우, 2009년 제주시 구좌읍에 스마트그리드 실증단지를 착공하여 2013년까지 스마트 계량기, 지능형 가전기기, 전력 저장장치와 자동차 충전소를 설치하고 실시간 요금제를 적용하여 스마트그리드 실증단지사업을 추진한 바 있다. 정부는 2020년까지 1,700여만 가구에 스마트그리드를 구축할 밑그림을 그리고 있다. 또한 2030년까지는 전체 전력망을 스마트화하겠다는 계획이다. 이를 통해 스마트그리드 관련 내수시장(68~154조 원)을 조성하고 신규 일자리를 창출함을 물론이고 세계시장을 선점하여 수출을 확대하는 효과를 기대하고 있다.

미국의 경우, 2007년 스마트그리드 지원방안을 연방법으로 통과시켰고, 오바마 행정부에서 녹색뉴딜정책을 마련했고, 미국 그리드 2030비전을 발표한 바 있다. 특히, 엑셀에너지는 2008년 3월 콜로라도 볼더를 스마트그리드시티로 건설하는 사업을 추진하여 지능형 계량기, 전기자동차, 스마트하우스서비스를 개시하였다. 호주의 경우, 비영리기관인 SGA(Smart Grid Australia)가 빅토리아주를 대상으로 스마트그리드 시티를 구축하기 시작했다. 독일에서는 2008년부터 MEREGIO (Minium Emissions Region)이라는 스마트그리드 프로젝트를 시범운영하고 있다.

• 나와는 무슨 상관, 시사하는 바가 무엇인가?

이제 얼마 후면, 우리는 누진과금제에 의한 쓴 만큼 월말에 고지서에 따라 요금을 지불하는 시스템을 버리고 시시각각으로 변화하는 전기요금을 보고 쌀 때 충전하고 비쌀 때 되파는 능동적인 시스템을 활용하게 될 것이다. 소비자는 능동적으로 참여하고 전기를 충전하여 되파는 생산자(또는 판매자)로서의 역할을 하는 프로슈머(prosumer)가 된다.

한때 에디슨의 조교였던 니콜라 테슬라(1856-1943)는 교류를 발명하여 세상을 빛나게 했다. 전기와 전등으로 인해 인류는 시간을 정복하기에 이르렀다. 스마트그리드에서는 점차 직류의 사용비율이 증가하게 된다. 전력의 소비자인 우리들은 전력이라는 상품으로 돈을 벌 수 있게 된다. 100여년 이상이 지난 오늘날에야 에디슨의 꿈이 이루어지기 시작했다.

사라지는 산업이 있는가 하면 뜨는 산업이 있고, 레드오션이 있는가 하면 블루오션이 있다. 스마트그리드를 알면 뜰 산업을 알아볼 수 있다. 이미 스마트그리드 관련 기업의 주가에는 이러한 산업의 매력도가 반영되고 있다. 어떤 기업이 지속가능한 경쟁우위를 갖는가? 투자자들에게는 매우 중요한 질문이다. 산업구조분석이론에서는 산업의 매력도를 따진다. 그런데 매력도가 높은 산업에서도 경쟁우위를 갖지 못하고 사라지는 기업도 있다. 자원준거이론에서는 이들 기업 간의 차이를 핵심역량으로 설명하고 있다. 매력도가 높은 산업에 종사하는 핵심역량을 지닌 기업이 지속가능한 경쟁우위를 갖는다. 차세대전지산업과 전기자동차산업은 스마트그리드와 함께 뜨는 산업이라 볼 수 있다.

스마트그리드의 확산을 통해 그 효과를 극대화하는 데는 전력 소비자들의 적극적인 역할이 중요하다. 단지 몇 천원을 아끼기 위해 한밤에 일어나 세탁기를 돌리지는 않을 것이다. 사용자의 의도와 상황에 따라 어느 정도 자동적으로 충전과 방전이 이루어진다면, 편리함과 동시에 경제적 효과도 누릴 수 있다.

만사 양면성이 있듯이 스마트그리드에도 문제가 없는 것은 아니다. 현재까지 공공재로 인식되어 왔던 전기를 상품으로 소비자와 전력공급자 상호간 뿐만 아니라 소비자들 간에도 거래하게 되면, 가난한 사람들이 전기의 혜택을 제대로 누리지 못할 수 있다는 점이다. 인류가 당면한 문제를 해결해 간다는 차원에서 다른 간접적인 지원체계를 통해 이러한 문제를 해결할 필요가 있다.

(출처: 주재훈, 동대신문, 2009. 10. 19.)

수확체증(increasing returns to scale)

디지털 경제(또는 지식기반 경제)의 가장 두드러진 특성은 수확체증의 법칙이 적용된다는 점이다. 수확체증이란 생산량 증가에 필요한 생산요소의 투입량이 점점 적어지게 되는 현상이다. 일반적으로 토지, 자본, 노동 등 전통적 생산요소가 중심이 되는 산업경제에서는 생산요소를 투입하다 보면 어느 순간 투입단위당 산출량이 감소하는 수확체감의 법칙이 적용된다. 그러나 지식이 핵심경제자원으로 대두되는 지식경제에서는 지식이라는 생산요소를 투입하면 할수록 추가된 생산요소 단위당 산출량이 증가한다. 이러한 경제현상은 아무리 사용해도 고갈되지 않으며, 오히려 공유하고 활용할수록 가치가 배가 되는 지식과 정보의 특성에서 비롯된다. 수확체증의 법칙에 따르면, 현재 시장에서 우위에 있는 기업이 계속 이길 가능성이 높다.

일반적으로 연구개발과 마케팅 비용과 같은 초기 투자비는 높으나 단위생산비(변동비)가 낮은 제품과 서비스, 즉 유형의 자원보다는 지식과 정보가 중요한 자원이 되는 하이테크 제품 또는 서비스(의약, 컴퓨터 소프트웨어, 통신장비 등)에서는 수확체증의 법칙이 작용한다. 예를 들면 운영체제인 MS 윈도우(Windows)의 초기 버전을 개발하는 데는 한 카피당 50달러의 비용이 들었으나, 두 번째 버전을 출시하는 데는 디스크 가격인 3달러가 소요되었다.

수확체증의 법칙은 최신이론이 아니다. 알프레드 마샬(A. Marshall)이 살던 시대에는 농업과 광물 등이 지배적인 산업이었고, 이러한 산업구조 하에서는 수확체감의 법칙이 적용되었다. 이들 산업에서는 제한된 자원(양질의 토지와 양질의 광물), 지역적 근접성과 원재료 확보의 한계에 직면하게 되고, 경쟁이 심화되면서 표준가격이 출현한다. 그러나 마샬도 수확체감의 법칙이 모든 것에 적용된다고 보지는 않았다.

지식기반의 디지털 경제에서는 수확체증의 법칙이 적용된다. 브라이언 아서(W. Brian Arthur) 교수는 수확체증의 법칙을 경제학적으로 이론화하고 경영학적 의미를 제시하고 있다. 그는 농업이나 자연자원을 많이 소모하는 대량생산체제에서는 수확체감의 법칙이 지배하게 되고, 첨단기술의 개발과 지식중심의 생산체제에서는 반대로 수확체증 현상이 일어나게 된다고 주장하고 있다. 설계와 제조가 복잡한 하이테크 산업(컴퓨터, 의약품, 미사일, 항공기, 자동차, 소프트웨어, 통신장비, 광섬유 등)의 경우, 초기 투자비용은 높지만 단위생산비는 낮다. 예를 들면 항공기 엔진을 설계하여 제조하는 데는 초기 투자비가 20~30억 달러 소요되었다. 이후 생산비는 5,000만~1억 달러가 소요되며 생산량이 증가할수록 단위 생산비는 감소하고 이익은 증가한다. 많이 생산할수록 생산경험과 노하우가 축적되어 학습효과가 나타나며 신제품 개발도 쉬워진다. 예를 들어 일본의 경우, 초기에 정밀기기의 개발을 통해 가전제품을 개발하였고 이를 계기로 가전제품에 들어가는 IC 개발로 혁신을 추구했다. 하이테크 제품의 경우, 많이 생산할수록 생산원가가 낮아지고 이익도 증가한다. 호환성을 요구하는 네트워크에서 작동되는 컴퓨터와 통신장비와 같은 상품의 경우, 어떤 브랜드가 일정 수준의 시장점유율을 차지하게 되면 이미 그것을 사용하는 사람들과 정보를 교환할 수 있기 때문에 소비자들은 같은 브랜드를 구입하게 된다. 이러한 예는 비디오 카세트 레코드(VCR) 산업의 VHS와 컴퓨터 산업의 IBM PC에서 볼 수 있다. 소니는 1975년 베타(betamax) 방식을 미국에 처음 출시하였지만, 2년 뒤에 나온 JVC의 VHS 방식이 표준이 되었고 시장을 선점하게 되었다. 하이테크 상품의 경우, 전문화된 마케팅과 고객관계를 요구한다. 시장점유율을 높이기 위해서는 네트워크를 구축할 필요가 있다. 네트워크의 규모가 클수록 수확체증이 쉽게 이루어진다. 결론적으로 두 세계에는 서로 다른 경제법칙이 작용하기 때문에 서로 다른 경영기법, 전략, 법령이 적용되어야 한다고 아서 교수는 주장하고 있다.

수확체증의 현상은 선도기업이 시장을 지배할 가능성을 높여준다. 어떤 기업이 일정 규모(critical mass)의 시장을 형성하게 되면 소비자들은 네트워크 효과를 고려해 그 기업의 고객이 되고, 그 기업은 다양한 서비스를 개발해 고객에게 제공하게 되며, 고객이 경쟁사로 전환하는 데 드는 교체비용(switching cost)이 높아지는 예속효과(lock-in effect)로 인해 고객 충성도가 높아진다. 또한 수확체증현상으로 규모가 클수록 새로운 아이디어와 기술개발에 대한 보상잠재력이 커지며 고객에 대한 서비스도 향상된다.

수확체증의 현상이 발성하는 이유

- 거대한 초기 개발비용으로 인해 그 제품을 많이 팔수록 제품의 단위비용이 줄어들게 되는 규모의 경제
- 기업이 사업범위를 확장함으로써 단위생산량에 대한 비용이 줄어들게 되는 것을 의미하는 범위의 경제
- 상품간 호환성의 중요성이 높아짐에 따라 어떤 특정 제품에 대한 소비자의 선택이 그 제품의 품질뿐만 아니라 그 제품을 이미 사용하고 있는 고객의 수에 영향을 받게 되는 이른바 네트워크 효과
- 생산자가 한 제품의 생산을 오랫동안 지속함에 따라 지식의 생산성이 높아지는 생산자 학습효과
- 소비자가 한 제품을 사용함에 따라 그 제품의 사용에 익숙해져서 좀처럼 다른 제품으로 교체하기 힘들어지는 소비자 학습효과 등
- 사업, 시장, 산업에서 손실을 줄이고 이득을 높이는 정의 피드백(positive feedback)

네트워크 효과

네트워크 효과(network effect)란 한 경제주체의 행위에 대한 가치가 동일한 행위를 하고 있는 다른 경제주체들의 규모에 의해 영향을 받는 것을 말한다. 바꿔 말하면 한 명의 사용자가 추가로 네트워크에 참여함으로써 기존의 네트워크 사용자가 얻는 혜택이다. 예를 들어 전화 네트워크의 사용자가 1명이라면, 그의 혜택은 0이다. 두 번째 사용자가 참여하면 첫 번째 사용자는 두 번째 사용자와 통신할 수 있기 때문에 혜택을 받는다. 네트워크 효과는 직접적인 효과와 간접적인 효과로 구분된다.

- **직접적인 네트워크 효과** : 전화, 팩스, 전자우편처럼 소비자가 신규로 가입할 경우 기존의 가입자들이 추가의 비용부담 없이 더 많은 정보교류가 가능하게 되어 효용이 증가하는 효과
- **간접적인 네트워크 효과** : 소비자의 행위가 시차를 가지고 동일한 행위를 하는 다른 소비자에게 영향을 주는 효과. 예를 들어, 보완재가 있는 경우에 간접적인 네트워크 효과가 나타난다. 소비자가 PC를 구입하여 PC 보유 규모가 확대되면, 품질 좋고 다양한 소프트웨어 개발을 유도하여 PC를 구입한 소비자에게 혜택을 주는 효과

특정 기술 또는 기업이 일정 규모(critical mass)의 네트워크를 구축하게 되면 소비자들은 네트워크 효과를 고려하여 그 네트워크에 계속 가입하게 된다. 즉, 소비자는 네트워크의 규모를 고려하여 네트워크 효과를 실현할 수 있는 네트워크에 계속 가입하게 되고, 규모가 커진 네트워크는 다양한 보완재를 개발·공급하여 소비자 가입이 가속화되는 선순환을 실현하게 된다. 아마존 온라인 서점에서 고객들이 북리뷰(book review)를 많이 달게 됨에 따라 다른 고객들에게 더 많은 가치가 제공된다는 점에서 북리뷰도 네트워크 효과를 주는 한 예라 할 수 있다.

네트워크 규모가 클수록 새로운 아이디어에 대한 보상잠재력이 높아지고 기술개발에 대한 인센티브가 발생하기 때문이다. 한 번 구축된 네트워크는 예속효과로 다른 기업(기술적으로 우수한 제품을 보유하고 있는 경우라도)과의 경쟁에서도 쉽게 붕괴되지 않는다. 소비자가 한 네트워크에 가입하면 소비자는 필요한 하드웨어나 소프트웨어를 구입하고, 가입료 등을 지불해야 한다. 또한 사용에 필요한 기술을 습득하기 위해 돈과 시간을 투자하여 그 네트워크에 익숙해지고 묶이게 된다. 네트워크의 전환은 그때까지의 투자를 무용지물화하고 똑같은 투자를 다시 해야 하는 교체비용부담이 발생하게 된다. 이와 같은 교체비용으로 인해 다른 네트워크로의 전환을 방지하는 것을 예속효과(또는 잠금효과)라고 한다. 예속효과로 인해 경쟁사가 신제품이나 서비스를 시장에 내놓아도 고객이 비용이나 익숙한 때문에 기존 상품이나 서비스를 고수하는 현상이 나타난다. 네트워크 효과와 유사한 개념으로 외부성이 사용되고 있다.

- **외부성(externality)**: 한 개인이나 기업의 행동으로 다른 사람이나 기업의 후생(welfare)에 직접적인 영향을 미치고, 그에 대한 경제적 보상이 이루어지지 않는 것. 다른 사람에게 득을 주게 되는 긍정적 외부효과의 예로는 연구개발, 예방접종, 수업 중 좋은 질문 등이다. 부정적 외부효과의 예로는 공해문제, 수업 중에 울리는 스마트폰, 음주운전 등이다.

낮은 교체비용

기업에서는 정보기술에 투자하여 고객으로 하여금 혁신적이고 상호 유익한 시스템을 계속적으로 사용하게 할 수 있다. 하지만 만약 고객이 경쟁자에서 이탈해 가는 경우, 시간·자금·노력·불편성 등에 따른 비용을 지불해야 한다. 여러 문헌에서는 조직간 정보시스템을 활용하는 기업에서는 교체비용(전환비용 : switching cost)을 통해 고객이 다른 시스템으로 이탈해 가는 것을 방지할 수 있다고 보고 있다. 이러한 교체비용에는 하드웨어, 소프트웨어, 사용자교육, 조직변화에 따른 비용은 물론이고 제휴조직과의 신뢰와 장기계약에 따른 안정성 등의 포기에 따른 기회비용이 내포되어 있다. 전자시장과 전자상거래에서는 오프라인의 경우보다 일반적으로 교체비용이 낮아 사용자들은 비교적 쉽게 경쟁자에게로 이동해 갈 수 있다.

소비자가 기존에 사용해 오던 제품을 다른 제품으로 교체하게 되면 다음과 같은 교체비용을 감수해야 한다.

- 재학습에 다른 교체비용
- 관련 제품 및 서비스의 비호환성에 따른 교체비용
- 기존 인센티브를 포기함에 따른 교체비용
- 친숙했던 서비스나 개인화 서비스를 포기하는 것에 따른 교체비용

예를 들어, 웹 브라우저인 인터넷 익스플로러(IE)를 이용하던 사용자가 구글의 크롬(Crome)으로 대체하는 경우에는 교체비용을 감수해야 한다. 사용자는 기존에 사용해 오던 IE에 익숙해 있던 다양한 맞춤서비스를 포기해야 하고, 크롬의 사용법을 새로이 배워야 하며, 웹 브라우저 변경으로 발생할 수 있는 관련 제품이나 서비스의 비환성의 문제를 극복해야 한다. 때로는 기존 제품이나 사이트를 이용해 오면서 쌓아왔던 포인트와 같은 보상도 포기해야 한다.

그러나 전자시장에서 구매자는 높은 교체비용을 지불하지 않고도 경쟁관계에 있는 다른 판매자에게로 이탈해 갈 수 있다. 전자상거래 관련 기술이 발전하고, 그 사용이 보편화되어감에 따라 판매자는 새로운 차원의 교체비용을 높여가야 한다. 예를 들면 전자상거래에서 판매자는 고객에게 장기거래에 따른 신뢰성, 시스템 사용에 따른 친숙성과 편리성을 개선시킴으로써 고객이 경쟁자에게로 이탈해 가는 것을 방지할 수 있다.

인터넷 쇼핑몰에서 교체비용은 다음과 같다.

- **성과손실비용** : 고객이 다른 인터넷 쇼핑몰을 이용함으로써 발생하는 마일리지 포인트의 손실
- **불확실성비용** : 기존의 관계를 지속하지 못하는데서 발생하는 심리적 불안감 또는 지금까지 거래하지 않았던 인터넷 쇼핑몰에서 거래를 해야 하는데서 발생하는 위험의 인식
- **전환전 탐색과 평가비용** : 고객이 대안을 찾기 위해 들이는 추가적인 시간과 노력에 드는 비용

규모의 경제와 범위의 경제

디지털 경제환경에서 전통적인 규모의 경제와 범위의 경제효과는 그대로 적용되는가? 규모의 경제(economy of scale)와 범위의 경제(economy of scope)는 기업의 규모를 결정하고, 제품이나 사업의 범위를 결정하는데 고려되어야 하는 중요한 요소이다. 규모의 경제란 (공장)규모가 클수록 생산능률이 높아지고 단위생산비용(평균단위비용)이 저하되는 현상이다. 일반적으로 공장규모가 클수록 단위고정비와 단위변동비가 낮아진다. [그림 2-7]에서와 같이 산출량이 증가함에 따라 고정비가 상쇄되어 단위당 평균비용(고정비와 변동비)이 감소하나, 일정 수준 이상으로 규모가 비대해짐에 따라 단위당 비용이 도리어 증가하는 규모의 불경제(diseconomy of scale) 효과가 나타난다.

[그림 2-7] 규모의 경제와 규모의 불경제

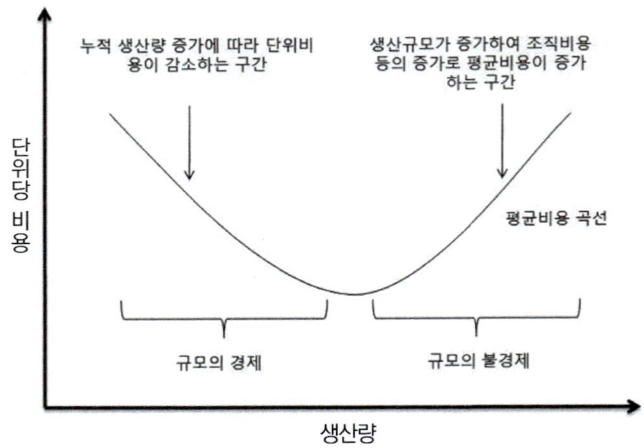

범위의 경제란 공정상 필요한 투입요소를 여러 분야에서 공동으로 활용함으로써 얻게 되는 경제적 효과이다. 즉, 자원의 공동이용으로 발생하는 효과이다.

인터넷은 개방·분산 네트워크이며, 인터넷을 사용하는 것 자체에 대한 어떤 비용도 지불되지 않는다. 따라서 기업 자체의 전용망을 구축하는 경우와는 달리 많은 초기투자비용을 필요로 하지 않는다. 전자상거래에서 가장 큰 문제점 중 하나는 보안상의 문제지만 공개키 암호방식을 적용한 보안 프로토콜 및 다양한 지불 프로토콜, 그리고 응용 솔루션의 개발로 인하여 이러한 문제점이 해소되어가고 있다. 또한 다양한 지불 시스템용 소프트웨어의 개발과 더불어 낮은 비용으로 전자상거래 환경을 구축할 수 있게 되었고, 이식성과 상호 운영성이 높은 인터넷 관련 소프트웨어의 개발로 인해 전자상거래에서의 교체비용도 점차 낮아지고 있다.

산업경제에서와 마찬가지로 디지털 경제에서도 기업이 경쟁우위를 점할 수 있는 규모를 갖추는 것이 중요하다. 그러나 두 경제에서 무엇으로 어떻게 규모를 갖추는가에는 차이가 있다. 산업경제에서는 물리적 자산(공장과 장비, 분배망 등)을 소유함으로써 규모를 획득하였다. 수직적 통합은 규모의 경제를 달성하기 위한 보편적인 전략이었다. 그러나 거래비용과 조정비용이 낮은 디지털 경제에서 기업은 물리적 자산을 소유하기보다 지적 자산과 고객에 대한 정보를 소유하고 핵심역량(core competence)을 지닌 기업간 연합 및 제휴를 통해 규모를 갖추게 된다. 여기서 핵심역량이란 가치있고 지속적인 차별성을 가지며 다른 제품 또는 시장에도 확대 적용될 수 있는 능력이다. 온라인과 오프라인의 융합을 통해 규모의 경제 효과를 달성하기도 한다. 영국의 대형할인매점인 테스코(Tesco)가 그러한 대표적인 사례이다. 이와는 반대로 규모의 경제를 달성하기 위해 과도한 초기투자로 실패하는 경우도 있다. 인터넷 식료품 업체인 웹반(Webvan)이 그 대표적인 사례이다. 1900년대 후반에 설립된 웹반은 자동화 물류창고에 3,000만불을 투자하였으나 2001년 파산하였다.

전자상거래에서 정보제품의 경우에는 인터넷 자체가 하나의 새로운 분배채널 기능을 하고 있다. 전자상거래의 시장경계는 기업규모에 관계없이 국경을 초월하고 있다. 중소기업에서도 대기업에서와 같은 효과를 기대할 수 있어 인터넷 자체가 규모의 경제 효과를 제공해 준다.

또한 전자상거래 시스템을 구축한 기업에서는 시스템 개발과 운영에 따른 기술, 조직자원, 전문지식을 다른 웹 기반 응용 시스템에도 적용할 수 있어 범위의 경제 효과도 누릴 수 있다. 예를 들어 아마존의 경우, 핵심역량인 고객관리와 웹사이트 관리 능력을 기반으로 서적 판매에서 음반, DVD, 화장품, 영화/공영 티켓에서 장남감과의 의류 판매 등으로 다각화하여 범위의 효과를 누리고 있다. 또한 아마존은 웹사이트 운영 능력을 기반으로 아마존 웹서비스와 클라우드 컴퓨팅 서비스로 사업을 다각화하기도 하였다. 또한 아마존은 온라인 소매의 경험을 통해 유기농 식료품업체인 홀푸드를 인수하여 오프라인 소매로 시장을 확장하는 다각화 전략을 펴고 있다.

검색서비스를 제공하던 온라인 기업이 고객자원을 기반으로 공동구매를 중심으로 한 쇼핑몰 또는 경매 서비스로 경영다각화를 추진하는 것은 범위의 경제를 추구하는 사례이다. 애플이 PC 생산능력을 핵심역량으로 태블릿 PC와 스마트폰 시장, 더 나아가 전자책 단말기 시장으로 진출한 것도 사업 다각화의 한 사례이다. 또한 아마존은 전자책 콘텐트를 핵심역량으로 하여 전자책 단말기 역할을 하는 태블릿 PC(킨들파이어 HD)에 진출한 것도 사업 다각화의 한 사례이다.

소비자 파워 : 시장지배력

디지털 경제의 특징 중의 하나는 시장의 지배력이 판매자에서 소비자로 이동한다는 점이다. 디지털 경제에서 소비자가 가격과 구매 조건을 결정하는 시장을 역시장(reverse market)이라 한다. 이는 주로 인터넷 경매시장에서 찾아볼 수 있다. 미국의 프라이스라인(www.priceline.com)은 역경매(reverse auction)의 대표적인 예이다.

인사이트 소비자가 가격을 정하는 프라이스라인

프라이스라인(www.priceline.com)에서는 고객이 항공권과 자동차를 구입하기 위해 자신이 원하는 가격과 조건을 제시하면, 그에 맞는 상품을 구매해 준다. 예를 들어 비행기를 갈아타도 괜찮은지, 몇 번 갈아타도 무방한지, 근처의 다른 공항으로 도착하여도 되는지 등에 관한 세부사항을 가격과 함께 제시하면, 프라이스라인에서는 고객의 요구를 만족시키는 항공권을 구매해 준다. 항공사측에서도 공석으로 남는 빈 좌석을 팔 수 있어 득이 되고, 소비자측에서는 자신의 요구에 맞는 항공권을 싼 가격에 살 수 있다.

프라이스라인의 역경매 방식

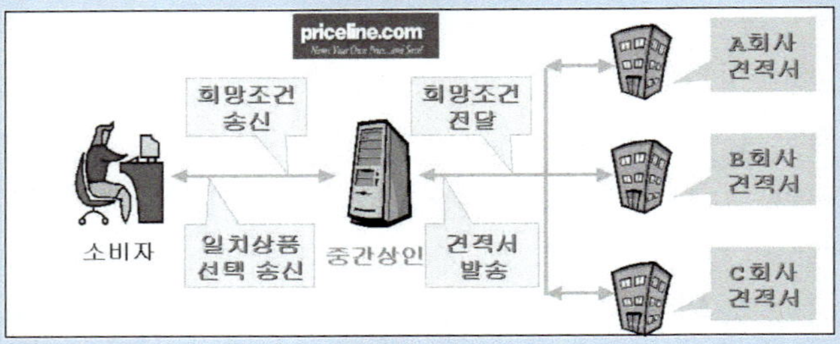

프라이스라인은 1998년 8월에는 세계 최초로 미국 특허상표청으로부터 구매자 주도형 거래방법 및 그 사용법과 관련된 특허를 따냈다. 이는 지적소유권과 마찬가지로 사업방식을 보호하고 있는 첫 번째 사례이다. 프라이스라인에서는 항공권 구매, 호텔방 예약, 가계대출, 자동차 구매 등의 서비스를 제공하고 있다.

전자시장에서 모든 판매자의 제품이 동일한 경우, 검색비용이 감소할수록 검색량은 증가하고 판매가격이 하락한다. 또한 판매가격의 분포가 클수록 검색량은 증가한다. 따라서 전자시장에서는 검색비용의 하락으로 판매가격이 한계비용수준으로 낮아질 수 있고, 완전균형상태에서는 단일가격이 형성될 수 있다. 즉, 전자시장에서 검색비용 하락으로 판매자는 높은 가격을 유지하기 어렵게 되고, 판매자의 시장지배력이 약화된다. 다음은 소비자 파워를 증가시켜 점차 소비자의 지배력을 강화시키는 요소들이다 :

- **가격비교 서비스**
- **역경매 시장**
- **공동구매** : 소셜쇼핑과 더불어 공동구매가 더욱 확산된다.
- **온라인 입소문**(Word Of Mouth: WOM) : 페이스북과 트위터 등의 소셜미디어가 등장함에 따라 그 확산의 속도와 범위가 가속화되고 있다.

그러나 전자시장에서도 판매자는 제품 차별화와 서비스 차별화를 통해 여전히 경쟁자보다 높은 가격을 유지할 수 있다. 또한 전자시장에서 표준제품의 경우에도 단일가격이 형성되기는 어렵다. 왜냐하면 소비자의 욕구가 다양하고, 소비자는 가격외의 다른 여러 차원을 고려하여 구매의사결정을 하기 때문이다. 따라서 판매자는 고객의 빠른 반응, 고객의 특정 욕구충족 등으로 경쟁자에 비해 높은 가격을 유지할 수 있다.

예를 들면 판매자는 구매자에게 거래기록을 유지하고 관리하는 업무를 지원하고 세금계산을 관리하는 기능을 제공하는 것과 같은 새로운 추가 서비스를 제공하여, 구매제품 외의 부분에서 구매자에게 혜택을 줌으로써, 경쟁자에 비해 높은 수입을 유지할 수 있다. 일반시장에 비하여 인터넷과 같은 전자시장에서는 판매자의 시장지배력이 약화될 것으로 보이지만, 판매자는 목표소비자를 대상으로 한 적절한 전자상거래 전략을 수립함으로써 여전히 적정한 시장지배력, 경쟁자에 비해 높은 가격을 유지할 수 있다.

선발주자인 선도기업의 이점(first-mover advantage)

선발주자인 선도기업의 이점이란 시장에서 초기진입기업이 경쟁자들에 비해 갖는 이점으로 지속적인 경쟁우위를 갖는 데에 중요하다. 선발주자의 이점은 다음과 같다 :

- **학습효과**(learning effects) : 산출물의 증가에 따라 기업은 더 많은 경험을 쌓게 되어, 경험이 누적됨에 따라 능률이 높아지는 효과. 예를 들어, 인터넷 서점의 선발주자인 아마존닷컴은 미국에서의 경험(온오프 마케팅, 사용자에게 친숙한 웹사이트와 고객관리, 물류 및 배송 프로세스 등)을 통해 1998년 독일에 온라인 서점을 개설하였다.
- **브랜드와 명성**(brand and reputation) : 초기에 시장에 진입하여 고객들에게 강력한 인상을 주고 명성과 브랜드 인지도를 높임. 아마존닷컴은 최초의 인터넷 서점으로 1994년 설립되어, 초기에 언론에서 집중 보도되었고, 1996년 월스트리트저널의 표지에 게재되기도 하였다.
- **교체비용**(switching cost) : 기존 제품이나 기업에서 경쟁제품이나 기업으로 이전하는 경우에 드는 비용으로 선발주자는 교체비용을 통해 예속효과를 창출할 수 있다.
- **네트워크 효과**(network effect) : 예를 들어, 아마존닷컴은 고객들이 북리뷰를 많이 달게 됨에 따라 다른 고객들에게 더 가치를 제공할 수 있다.

그러나 모든 선발주자가 그 이점을 누리는 것은 아니다. 예를 들어, 웹 브라우저인 넷스케이프 내비게이터(Netscape Navigator)가 선발주자이나 후발주자인 인터넷 익스플로러(IE)와 구글의 크롬(Chrome)이 시장을 지배하고 있다. 또한 검색 서비스 시장에서 알타비스타(AltaVista)와 국내의 심마니가 선발주자이지만, 후발주자인 구글과 네이버가 시장을 확대했다. 선발주자와 후발주자가 공존하는 경우도 있다. 국내의 C2C 전자상거래(오픈마켓)에서의 선발주자는 옥션과 인터파크이며, 11번가는 후발주자이다. Suarez and Lanzolla(2005)는 선발주자를 절반의 성공과 절반의 실패라 표현하였다. 그들에 따르면, 기술진화의 속도와 시장진화의 속도라는 두 가지 차원에 따라 4가지 환경이 존재하는데 대체적으로 기술과 시장의 진화 속도가 낮은 환경에서 선발주자의 이점이 성공적일 수 있다. 예를 들어, 기술진화와 시장진화의 속도가 빠른 환경에서 사업을 했던 넷스케이프사는 세계 최초의 웹브라우저를 출시했지만 얼마 뒤, 후발주자인 인터넷 익스플로러에 시장을 내놓았다. 기술개발의 속도가 늦고 시장침투의 속도가 낮은 환경에서 사업을 하고 있는 후버(Hoover)의 진공청소기의 경우는 오랜 기간 선발주자의 이점을 누리고 있다.

2.3 플랫폼 경제

2.3.1 플랫폼 비즈니스의 유형

아마존, 구글, 마이크로소프트, 메타, 알리바바닷컴, 네이버, 카카오 등은 세계 경제를 이끌어 가는 기업이다. 거기다가 제4차 산업혁명, 디지털 전환, 인더스트리 4.0 등으로 전통적 제조기업도 스마트 제조와 서비스화로 디지털 기반을 통해 플랫폼을 다지고 있다.

플랫폼(platform)이란 비즈니스 활동의 장(場) 또는 공간이다. 플랫폼은 비즈니스 활동의 무대가 된다. 이는 생산, 유통, 소비가 이루어지는 장·토대·기반·시스템이다. 넓게는 비즈니스 생태계의 행위자들(참여자들 또는 이해관계자들이라고도 함)이 가치를 창출하고 거래하는 기반구조 또는 매개체를 플랫폼이라 한다. 여기서는 플랫폼을 폭넓게 정의하였다. 플랫폼은 철도역에서 기차와 승객이 만나는 물리적 접점으로 사용되었지만, 온라인 비즈니스의 발전과 더불어 널리 회자되었다. 인터넷과 디지털 기술은 플랫폼의 기능을 확대시켜주었다. 대개 디지털과 인터넷을 기반으로 하는 플랫폼을 온라인 플랫폼이라 한다. 일반적으로 쉽게 이해하기 위해서는 디지털(온라인) 플랫폼을 플랫폼으로 한정하여 이야기 한다.

디지털 플랫폼의 종류는 다양하다. 플랫폼 기업의 가치창출과 고용창출 역할이 중요하다. 플랫폼 비즈니스의 역할은 다음과 같다. 첫째는 플랫폼 참여자들을 연결하고 매칭하는 역할이다. 둘째는 데이터를 축적, 가공, 활용한다. 셋째는 플랫폼과 참여자들 간의 신뢰를 구축한다. 마치 시대에 따라 다양한 사업이 출현하여 새로운 비즈니스 모델이 출현하듯이 플랫폼 비즈니스의 종류도 다양하다. 유형으로 분류하는 것은 동질성이 있는 것은 함께 묶고, 다른 유형은 서로 배타적이며, 가능한 현상의 모든 것을 포괄하게 하는 것이다.

서르닉(2016)은 그의 저서 「플랫폼 자본주의」에서 5가지로 온라인 플랫폼을 나누었다. 이는 데이터의 생산, 축적, 활용에 역점을 두고 디지털 경제에서의 플랫폼을 유형화한 것이다.

표 2-3 **디지털(온라인) 플랫폼의 유형**

유형	개요	예
광고 플랫폼	인터넷 이용자 고객에게는 검색이나 커뮤니티 등의 포털과 소셜네트워크 서비스를 제공하고, 광고주 고객에게는 맞춤형 광고 서비스로 서로 다른 두 고객군을 연결하는 플랫폼	구글, 메타, 네이버, 카카오 등
클라우드(cloud) 플랫폼	소프트웨어, 하드웨어, 네트워킹 등의 IT 자원을 빌려주는 플랫폼	아마존, 마이크로소프트, IBM, 구글, 드롭박스, 네이버, KT, LG U+,
산업 플랫폼	소비자 고객에서 공급자에 이르는 가치사슬의 모든 참여자들을 산업인터넷 기반에서 생산 프로세스를 연결하고 통합하는 스마트 제조 플랫폼: 제조 디지털 전환	GE, 지멘스, 델컴퓨터, 포스코, 크리에이터블, 스마트그리드 등
제품 플랫폼	제품의 서비스화로 주문 또는 구독 방식으로 빌려주고 서비스를 제공하여 수익을 창출하게 하는 플랫폼	집카, 스포티파이, 판도라, 롤스로이스, GE, 신도리코의 복사기렌탈, 정수기렌탈
린(lean) 플랫폼	핵심역량을 기반으로 자산과 노동을 외주화(아웃소싱)하여 가치를 창출하는 플랫폼	우버, 에어비앤비, 태스크래빗, 파이버, 크몽, 배달의민족, 요기요

* 「플랫폼 자본주의」 내용을 정리하고 보완하였다.

디지털 플랫폼에 대한 이들 분류가 완전히 상호 배타적이거나 포괄적이지는 않다. 한 기업에서 다수의 비즈니스가 이루어지듯이 여러 플랫폼이 존재할 수 있다. 기업은 다수의 플랫폼 포트폴리오로 구성된 조직이다. 예를 들어 아마존은 상거래 플랫폼, 아마존웹서비스(AWS)의 클라우드 플랫폼, 메커니컬터크의 린 플랫폼 등을 연계 및 통합 운영하는 플랫폼 사업자이다. 네이버도 광고 플랫폼에서 출발하여, 클라우드 플랫폼, 린 플랫폼 사업자이다. 서르닉(2016)은 앞으로 플랫폼 비즈니스가 자본주의 발전에 중추적 역할을 할 것으로 내다보았다. 특히, 클라우드 플랫폼, 산업 플랫폼, 제품 플랫폼이 발전할 것이라 하였다. 한편, 광고 플랫폼과 린 플랫폼에 대해서는 비관적 전망을 내놓았다.

중요한 것은 플랫폼 사업자의 역할에 있다. 무엇보다도 참여자들을 위한 가치를 창출하지 못하는 플랫폼은 지속성이 없다. 첫째 역할은 플랫폼 참여자들을 연결하고 중재하는 것이다. 둘째는 데이터를 축적, 가공, 활용, 자산화하는 것이다. 셋째는 플랫폼과 참여자들의 신뢰를 구축하는 것이다.

에어비앤비는 호스트(빈방을 대여해주는 플랫폼 이용사업자)와 여행자를 중재한다. 종종 호스트는 여행자의 예약을 거절한다. 예를 들어, 호스트는 파티를 즐기려는 젊은 여행자 고객(베를린 파티 여행객)의 요청을 거절한다. 에어비앤비는 그 이유를 발견하기 위해 거절 프로젝트를 실행했다. 인사이트 분석팀에서는 최근에 거절한 호스트들을 대상으로 자료를 수집하고 인터뷰를 하였다. 거절 이유를 분석하는데 데이터 트라이앵글법을 사용하였다. 양적 분석과 질적 분석을 실시하여 같은 결론에 이르는지를 알아낸다. 분석 결과를 토대로 호스트가 염려하는 문제가 발생하는 것을 사전 또는 사후에 예방하는 방법을 제안한다. 이렇게 함으로써 고객의 경험을 최적화하여 호스트와 여행자 고객 모두로부터 신뢰를 쌓아간다. 이는 에어비앤비가 단순 중개 서비스를 넘어서 신뢰 형성을 하는 사례이다.

데이터를 지배하는 조직이 세상을 지배한다. 왜 정보가 아니고 데이터인가? 정보는 수신자에 따라 의미와 가치가 달라진다. 원료가 되는 데이터는 수신자에 따라 다른 가치를 주도록 쉽고 신속하게 저비용으로 언제나 가공될 수 있다. 그것이 인공지능과 빅데이터를 포함한 정보통신기술의 능력이다.

구글, 네이버, 카카오, 메타와 같은 기업은 광고수입 비중이 높다. 원래 인터넷은 소통을 위한 가상공간으로 검색, 콘텐트, 커뮤니티가 중심이 되었다. 구글은 야후나 라이코스에 비해 검색 분야의 후발주자이다. 회원 등록에서 쿠키를 이용한 검색 활동 등으로부터 이용자 고객에 대한 막대한 데이터를 축적하여 분석하고 있다. 이러한 데이터를 기반으로 구글의 애드워드 광고주에게 맞춤형 광고로 광고효과를 극대화한다. 이용자 고객을 위한 개인화 서비스가 가능하게 된다. 물론, 개인정보를 보호해야한다. 이를 위해 특정 개인과 그 정보가 연결되지 않는, 즉, 개인을 특정할 수 없는 비식별 개인정보를 이용한다. 비식별 개인정보를 자산으로 하는 신규 사업이 가능하다. 메타도 이용자 고객이 생산하는 콘텐트를 자산으로 광고주에게 맞춤형 광고 서비스를 제공하여 수익을 창출한다. 따라서 광고 플랫폼 사업자는 이용자 고객에게 정보, 지식, 소통, 커뮤니티의 가치를 제공한다. 한편으로는 광고주 고객에게 개인화 서비스로 광고 효과를 극대화하고 있다. 물론, 앞으로 광고시장이 어떻게 변화될 것인가에 따라 광고 플랫폼의 미래는 달라질 것이다.

자동차를 이용한 이동 서비스를 제공하는 집카와 우버를 보자. 제품 플랫폼인 집카는 자동차를 보유하여 이동서비스를 제공한다. 하지만 린 플랫폼인 우버의 경우는 자동차를 보유하지 않고 이동 서비스를 가능하게 한다. 린 플랫폼에서는 물리적 자산의 소유나 노동을 최소화한다. 군더더기 없는 날씬한 의미를 갖는 린(lean)은 자동차를 중심으로 한 제조업의 린 생산시스템에서 유래되었다. 린 생산방식은 재고를 낭비로 보고 비용을 줄이고자 하는 도요타의 적시생산시스템(JIT:

Just-In Time)을 바탕으로 가치있는 제품을 최소비용으로 신속하게 개발하는 것으로 제조기업에서 각광을 받아왔다. 그러나 지나친 외주화(아웃소싱)로 린 방식이 조직에 한계로 작용하기도 한다. 특히, 비용절감에 역점을 둔 노동의 외주화는 고용불안과 변화에 대한 두려움을 초래하여 장기적으로 조직에 부정적 영향을 주기도 한다. 오늘날 대부분의 경우 린 플랫폼을 통해 공유경제가 실현되고 있다.

재능공유 플랫폼도 린 플랫폼의 유형에 해당한다. 이스라엘의 파이버(Fiverr)는 2010년부터 그래픽/디자인, 마케팅, 프로그래밍, 애니메이션, 번역 등의 전문 서비스를 중개하고 있다. 파이버는 프리랜서와 창업자(인력 채용기업)를 연결하여 중재한다. 파이버는 프리랜서들의 온라인 공동체이다. 전 세계의 프리랜서들은 누구나 여기에 등록할 수 있다. 예를 들어, 홈페이지 개발과 디자인 작업이 필요한 창업자는 정규직을 채용하지 않는다. 대신 파이버의 프리랜서에게 맡긴다. 프리랜서들이 하는 일은 교정에서 백서, 논문, 보고서 등의 작성까지 다양하다. 파이버에는 20쪽의 전문 백서를 작성하는데 1,350불을 제안하는 프리랜서의 이력이 올라와 있다.

파이버에서 프리랜서는 자신의 전문지식을 파는 판매자이고, 창업자는 전문지식을 구매하는 고객이다. 파이버에서는 노동을 공급하는 프리랜서는 판매자이고, 전문 인력이 필요한 수요자인 창업자는 고객이라 한다. 파이버에 일감을 맡기는 고객의 대부분이 창업기업이다. 고객이 선택한 프리랜서가 일을 맡아 계약기간 내에 작업을 마친다. 고객이 지불한 돈의 80%는 프리랜서에게 돌아가고, 나머지 20%는 파이버가 수수료로 챙긴다. 사실, 파이버 플랫폼에는 노동을 공급하는 프리랜서 고객과 노동을 필요로 하는 수요자인 창업자 고객이 있다.

파이버는 창업자나 소기업의 고객에게 비용절감을 첫째로 홍보하고 있다. 어떻게 비용을 낮추는가? 저소득 국가의 프리랜서들이 등록하고 있기에 그것이 가능하다. 인도, 파키스탄, 나이지리아, 뱅글라데시 등의 프리랜서들이다. 온라인 플랫폼은 IT 개발은 인도에, 디자인은 태국에, SNS 관리는 필리핀에 맡길 수 있도록 연결하고 중재한다.

2.3.2 플랫폼 경제, 공유경제, 긱 경제, 구독경제의 관계

콘텐트와 소프트웨어, 소비재와 산업재, 명품에 이르기까지 구독경제가 다양하게 확산되고 있다. 전기차 배터리도 구독하는 시대로 가고 있다. 구독경제란 일정

금액을 내고 정기적으로 제품이나 서비스를 제공받는 경제활동이다. 에어비앤비는 집 한 채도 소유하지 않고 여행자들을 위해 빈방을 공유한다. 우버는 차 한 대도 소유하지 않고, 차량을 공유한다. 공유경제는 유휴자원을 공유함으로써 가치를 창출한다.

구독경제와 공유경제는 디지털 플랫폼을 통해 이루어지고 있다. 플랫폼 경제에는 임시적 노동자가 많기 때문에 긱 경제(Gig economy)라고도 한다. 이는 필요에 따라 기업들이 인력을 충원하고 대가를 지불하는 경제이다. 구독경제, 공유경제, 긱 경제는 각각 그 시작이 다르고, 지향하는 바에 차이가 있지만 온라인 플랫폼을 이용한다. 플랫폼 경제가 이들 중에서 가장 폭넓은 개념이다.

인사이트 세 가지 패러다임

토마스 쿤은 패러다임(paradigm)을 공식적으로는 "일반적으로 인정받고 있는 과학적 업적으로서 한동안 전문가에 대해 질문방식이나 대답방식의 모델을 부여하는 것"이라고 정의하고 있다. 그러나 쿤 자신도 패러다임의 개념을 이 정의에 구애받지 않고 자유분방하게 사용하고 있다. 어떤 과학자는 쿤이 패러다임의 개념을 21가지의 다른 의미로 사용하고 있다고 지적하고 있을 정도이다. 최근에는 패러다임의 개념이 세 가지 의미로 통합되고 있다. 첫 번째는 기본적인 세계관으로서의 패러다임이며, 두 번째는 집단 내에서 지켜야 할 규칙·규범·가치라는 의미에서의 패러다임이다. 그리고 세 번째는 집단 속에서 모범이 될 업적이라는 의미에서의 패러다임이다. 이 세 가지는 서로 관련되어 있다. 기업의 패러다임도 이 세 가지 레벨에 대응하여 이해할 수 있다.

첫 번째는 어떤 과학자집단에서 공유되고 있는 기본적인 세계관·사물관이라는 의미의 패러다임이다. 과학의 세계로 말할 것 같으면, "기체분자는 임의의 운동을 하고 있는 탄력있는 조그만 당구공같은 것이다."는 이미지로 나타낼 수 있는 사물관을 가리킨다.

세계관으로서의 패러다임은 공유된 이데올로기라 간주할 수도 있지만, 그것을 메타포(metaphor)로 나타낼 수 있는 이미지로 간주하는 편이 좋다. 메타포란 '○○란 XX와 같은…' 식의 비유적 표현이다. 여러 학자들이나 실무가들도 기업 또는 사업의 기본적인 이미지를 이해하기 위해서 다양한 메타포를 이용해 왔다. 예를 들면 "기업은 집과 같다," "기업은 동네다," "회사는 도량(道場)이다"는 식의 비유적 표현은 기업이란 무엇인가 하는 기본적인 물음에 대한 대답으로서의 메타포이다. "부자의 독점물을 서민의 손에(포드)," "컴퓨터가 아니라 문제 해결의 서비스를 판다(IBM)," "개성의 존중, 탁월성의 추구, 고객 서비스, 생각하라(IBM)," "정보는 말단에서 창조된다(팔마)" 등의 메타포는 기업을 어떻게 경영해야 하는지에 대한 대답이다.

기업의 패러다임이란 "기업이란 무엇인가," "우리 회사의 사업이란 무엇인가," "기업은 어떻게 경영되어야 하는가"와 같은 기본적인 물음에 대한 대답으로서의 메타포이다. 기업의 이미지 자체는 적절한 말로는 표현될 수 없는 경우가 많다. 따라서 그것은 메타포라는 형태를 빌리지 않을 수 없는 것이다. 그 이미지는 기업내부의 사람들이 공유하고 있는 기본적인 세계관이나 사물관이다. 기업내부 사람들 간의 사고의 전제, 사고의 틀이라고 할 수 있을지도 모른다. 패러다임은 기업내부 사람들이 전략적 발상을 하기 위한 공통적인 토대를 마련해 주며, 전략의 창조를 촉진하는 역할을 한다.

패러다임의 두 번째 의미는 과학자집단이 따라야 할 규칙・가치・규범으로서의 패러다임이다. 공통의 패러다임을 신봉하는 과학자집단은 공통의 세계관뿐만 아니라 공유된 문화를 가지고 있는 것이다. 기업의 관점에서 보면, 이 같은 의미의 문화는 사람들이 지금까지 '기업문화'라고 불러온 것과 거의 일치하고 있다.

패러다임의 세 번째 의미는 구체적인 본보기로서의 패러다임이다. 가장 구체적인 레벨이다. 과학자는 구체적인 본보기가 될 업적을 토대로 문제를 제기하고 그것을 해결한다. 이 레벨의 패러다임을 '규범'이라고 부르기도 한다. 기업에도 역시 범례에 해당하는 것이 존재하고 있다. 구체적인 상품이나 사업, 그것을 만들어낸 사람 또는 집단, 그리고 기업 속에서 전해 내려져 오고 있는 무용담 등이 그것이다. 이와 같은 본보기나 범례는 추상적인 세계관의 이해나 공유에 의해 아주 중요한 역할을 수행하고 있다.

(출처: 카고노타다오, 「기업의 패러다임 변혁」, 1988, 한형일 역, 비봉출판사)

연습문제 및 참고문헌

연습문제

1. e-비즈니스의 개요와 구조를 설명하라.
2. 디지털 경제 또는 전자상거래 산업의 특성을 설명하라.
3. 왜 전자상거래로 소비자 파워가 강해지는가? 다음 사항과 관련하여 설명하라. 가격 비교, 역경매(reverse auction), 공동구매(소셜 커머스), 소셜미디어를 통한 입소문 등
4. 플랫폼 비즈니스의 역할에 대하여 설명하고, 플랫폼 경제·공유경제·구독경제·각 경제의 차이점과 관련성에 다하여 설명하라.
5. 다음 용어를 간략하게 설명하라.
   1) 디지털 융합(convergence)
   2) 스마트그리드
   3) 규모의 경제와 규모의 불경제
   4) 예속(잠금)효과
   5) 역경매
   6) 선발주자의 이점
   7) 플랫폼
   8) 패러다임(paradigm)의 세 가지 관점

참고문헌

김성희·장기전, e-비즈니스.com 제2판, 도서출판 청람, 2007.

닉 서르닉, 플랫폼 자본주의(심성보 옮김), 킹콩북, 2020.

닛케이 크로스 트레드, 구독경제는 어떻게 비즈니스가 되는가(조사연 옮김), 한스미디어, 2020.

돈 탭스콧(D. Tapscott), 김종량·우영만 역, 디지털 경제를 배우자, 도서출판 물푸레, 1999.

새라 케슬라, 직장이 없는 시대가 온다(김고명 옮김). 2019.

스콧 갤러웨이, 플랫폼 제국의 미래 구글, 아마존, 페이스북, 애플 그리고 새로운 승자(이경식 옮김), 비즈니스북스, 2018년.

알렉산드라 래브넬(김고명 옮김), 공유경제는 공유하지 않는다, 2020.

전국경제인연합회, 사례로 배우는 e비즈니스, 2003.

카고노타다오, 한형일 역, 기업의 패러다임 변혁, 비봉출판사, 1988.

Arthur, W.A., "Increasing Returns and Two Worlds of Business," *Harvard Business Review*, July-August, 1996, pp. 100-109.

Holsapple, C.W. and M. Singh, "Toward a Unified View of Electronic Commerce, Electronic Business, and Collaborative Commerce : A Knowledge Management," *Knowledge and Process Management*, Vol. 7, No. 3, 2000, pp. 151-164.

Kalakota, R. and M. Robinson, *e-Business Roadmap for Success*, Addison-Wesley, 1999.

Kalakota, R. and A.B. Whinston, *Electronic Commerce : A Manager's Guide,* Addison-Wesley, New York, 1997.

Laudon, K.C., E-commerce-*Business, Technology, Society, Pearson Education,* Inc., 2008.

Schneider, G.P., *E-Business*, 11th ed., Cengage Learning, 2015.

Suarez, F. and Lanzolla, G., "The Half-Truth of First-Mover Advantage," *Harvard Business Review*, 2005, pp. 121-127.

Turban, E., D. King, J. McKay, J. Lee, and D. Viehland, *Electronic Commerce - A Managerial Perspective*, Pearson Education, Inc., 2008.

제 2 부

비즈니스 패러다임

인간의 사고가 패러다임을 탄생시키고 패러다임은 전략의 출발점이 된다. 점차 기업 간 경쟁에서 비즈니스 모델 간의 경쟁으로, 비즈니스 모델 간의 경쟁은 비즈니스 생태계 간의 경쟁으로 확장된다. 따라서 최후의 경쟁력은 비즈니스 생태계에서 찾아야 한다.

제3장
비즈니스 패러다임

패러다임이란 사람들이 공유하고 있는 세계관, 사물을 보는 눈, 공통의 사고전제, 사고의 틀, 방법론이다. 디지털화와 네트워크의 통합으로 초래되는 전자상거래와 e-비즈니스의 세계에서는 어떤 방향으로 패러다임이 정립되어 가고 있는가? 이 장에서는 사업방식, 마케팅, 금융, 물류, 고용 등의 측면에서 패러다임의 변천을 살펴보고 뉴비즈니스의 기회를 파악해 보고자 한다.

3.1 패러다임과 비즈니스

4차 산업혁명은 융합과 연결을 통한 뉴비즈니스를 창출하게 되었다. 여기서는 온라인 패러다임(paradigm)으로 출현한 신사업과 사업방식의 변화에 대해 살펴본다. 패러다임이란 동시대 사람들의 지배적인 생각, 사람들이 공유하고 있는 세계관·사물을 보는 눈·공통의 사고전제·사고의 틀·방법론이다.

3.1.1 온라인 비즈니스 : 닷컴기업

인터넷 서비스 업체

인터넷 서비스 업체(Internet Service Provider : ISP)는 인터넷 접속 서비스를 제공하고, 웹서버를 구축하고자 하는 기업에 통신회선과 통신장비(라우터, DSU 등)를 대여해 주는 것은 물론 웹호스팅(web hosting) 서비스를 제공하고, 웹사이트의 개발·유지관리 등의 서비스를 제공하고 있다. 인터넷 서비스 업체는 이제 콘텐트와 거래 및 서비스를 통합하고 종합 쇼핑몰을 개설하여 상거래 서비스를 제공함으로써 그 수익원천을 확대해 가고 있다.

- **웹호스팅 서비스(web hosting service)** : 자체적으로 웹서버를 구축하기 어려운 업체들을 대상으로 인터넷 서비스 업체가 웹서버의 일부 영역을 이들에게 할당(임대)하는 서비스이다.
- ISP 사업자들은 핵심역량을 기반으로 SaaS와 클라우드 컴퓨팅(cloud computing) 등으로 사업을 다각화해 가고 있다.

포털서비스

인터넷 서비스 업체는 인터넷의 관문으로서 포털(portal) 서비스를 제공하고 있다. 포털 업체에서는 검색 및 디렉토리 서비스, 무료전자우편 서비스, 채팅, 인스턴트 메시지, 개인 홈페이지 서비스 등의 다양한 서비스를 사용자에게 제공할 뿐만 아니라 인터넷 쇼핑몰과 인터넷 경매 등의 서비스를 제공함으로써 그들의 고객들이 다른 사이트로 이동할 필요가 없게 하고자 한다.

포털사이트는 대개 4C, 즉 커뮤니케이션(communication)·접속(connection)·콘텐트(content) · 커머스(commerce)를 중요시한다. 인터넷 포털의 유형은 다음과 같다.

- **검색 포털** : 구글과 네이버 등의 검색 서비스로부터 시작된 포털서비스
- **커뮤니티 포털** : 다음 커뮤니케이션, 네이트/싸이월드, 드림위즈, 프리첼 등의 이메일이나 커뮤니티 공간 등 각종 부가서비스를 제공함으로써 시작된 포털
- **접속포털** : 인터넷 접속 서비스를 제공함으로써 진화된 포털(ISP라 함). 천리안과 하이텔이라는 PC 통신업체와 초고속 인터넷 서비스를 제공하는 KT메가패스(올레), SK브로드밴드, LG유플러스 등은 접속포털의 대표적인 사례이다.

전자상거래 서비스

아마존(www.amazon.com)은 1995년 세계 최초로 인터넷 서점을 개설하였고, 이베이는 1995년 세계 최초토 인터넷 경매 서비스를 개시하였다. 아마존은 서적과 비디오 판매라는 상거래뿐만 아니라 상품에 대한 정보검색, 전문가와 독자의 평론 등의 콘텐트 서비스도 제공하고 있다. 특히, 아마존은 협업 필터링(collaborative filtering)이라는 지능형 에이전트 기술을 이용하여 관심사가 같은 사람들이 구매한 서적을 추천해 주는 개인화 서비스로 거래를 활성화시키고 있다. 아마존은 상품 판매와 관련성이 높은 다양한 고객 커뮤니티를 형성하고 있다. 아마존은 이러한 고객 커뮤니티를 바탕으로 서적 판매에서 비디오, 보석, 의약품, 식료품, 전자 및 소프트웨어 판매로 그 상거래의 영역을 확대하였다. 아마존은 웹사이트 관리능력이라는 핵심역량을 기반으로 웹서비스와 클라우드 컴퓨팅 서비스로 사업을 다각화해 가고 있다. 아마존은 유기농 식료품업체인 홀푸드와 온라인 신발 판매업체인 자포스를 인수하였다. 무인매장을 가능하게 하는 스마트 쇼핑으로 아마존 고(Amazon Go) 서비스로 O2O 상거래로 발전하고 있다.

플랫폼 사업자: 카카오

다음커뮤니케이션(1995년 설립)과 카카오(2010년 카카오톡 서비스 개시)는 2014년 합병되었다. 온라인 비즈니스의 선발주자인 카카오(다음커뮤니케이션)는 1997년 다음무료이메일서비스를 제공함으로써 critical mass에 도달하였다. 카카오는 Connect Everything, 새로운 연결, 더 나은 세상이라는 비전하에서 핵심역량을 기반으로 범위의 경제 효과를 실현하도록 어떻게 사업을 다각화해 왔는가? 플랫폼 사업자로서 카카오의 다각화 전략을 살펴보아야 한다. 카카오는 PC 기반 검색

플랫폼과 다음카페라는 커뮤니티 플랫폼에서 출발하여 새로운 사업 분야로 플랫폼을 다양화해 가고 있다.

- **콘텐트 플랫폼** : 카카오게임, 카카오뮤직, 카카오페이지, 카카오TV, 다음웹툰, 스토리펀딩 등
- **소셜 플랫폼** : 카카오톡, 카카오스토리, 카카오그룹, 다음 블로그 등
- **O2O 플랫폼(모빌리티 플랫폼)** : 카카오 T(카카오택시, 카카오택시블랙, 카카오드라이버, 카카오버스 등)
- **주문생산 플랫폼** : 카카오메이커스
- **금융 플랫폼** : 카카오페이, 카카오뱅크

예를 들어, 어떻게 카카오는 핵심역량을 기반으로 O2O 플랫폼 사업자로 진출하였는가? 카카오택시는 택시 이용자인 승객과 택시기사 고객이 함께 존재하는 양면시장(two-sided market)에서 일종의 정보 매칭을 위한 플랫폼에 기반을 두고 있다. 이 플랫폼에서는 카카오의 고객 커뮤니티와 브랜드는 물론이고, 정보검색・위치기반서비스・지도서비스・양방향커뮤니케이션・카카오페이 등의 핵심역량을 기반으로 택시기사와 승객을 연결해(매칭) 주는 서비스가 제공된다.

3.1.2 소프트웨어 사업 방식

"대형 전력회사에서 전기를 받아쓰듯이, 중앙집중화된 대형 데이터센터에서 서비스를 받고, 소프트웨어 프로그램도 인터넷망을 통해서 자유롭게 빌려 쓴다. IT 자원을 구매하거나 소유할 필요 없이, 필요할 때마다 사용료를 주고 쓰면 된다. 전기처럼 IT도 접속(plug-in)만 하면 받아서 쓸 수 있는 보편재(utility)가 되기 때문이다."

— 니컬러스 카

SaaS/클라우드 컴퓨팅

소프트웨어는 물론이고 IT 산업에서 사업방식이 변화되고 있다. 컴퓨터 소프트웨어와 하드웨어 등을 제품으로 판매하여 판매마진으로 수익을 창출하는 사업방식이 아니라 서비스로 제공하여 사용료를 받아 수익을 창출하는 사업방식으로 변화되고 있다. SaaS(Software as a Service), 오픈소스(open source) 소프트웨어, 클라우드 컴퓨팅 서비스가 그 대표적인 사례이다.

SaaS란 사용자가 인터넷에 접속하여 원하는 소프트웨어를 하나의 서비스로 제공받을 수 있는 제3자가 제공하는 소프트웨어이다. 이용자인 일반 소비자나 기업은 SaaS 사업자가 제공하는 소프트웨어를 전기나 수도와 같이 필요할 때 사용한 만큼에 대한 사용료를 지불하고 다양한 소프트웨어를 자신의 컴퓨터에 설치하지 않고 서비스로 이용할 수 있다.

국내 중소기업을 위한 SaaS 개념도는 [그림 3-1]과 같다.

[그림 3-1] 중소기업용 SaaS 개념도

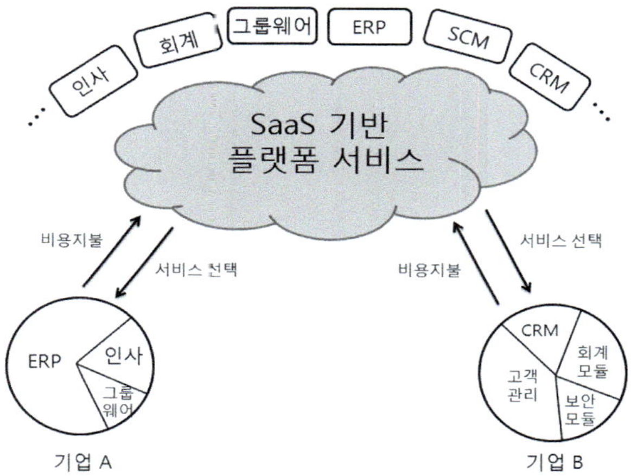

출처 : 중소기업정보기술진흥원.

- **개념** : 다수의 중소기업이 공동으로 활용할 수 있는 SaaS 기반 시스템으로 중소기업은 추가 장비나 소프트웨어 없이 그룹웨어 · ERP · CRM 등의 솔루션을 이용할 수 있고, 원자재 공동구매와 공급사슬관리(SCM) 등 기업 간 협력도 가능함
- **내용** : 다양한 IT서비스를 한데 모아 플랫폼으로 구축하여, 여러 IT기업과 따로 계약을 할 필요 없이 플랫폼에서 필요로 하는 기능만을 골라 개별 맞춤형으로 구성하여 사용 가능함
- **장점** : 하드웨어 구축비용 없이 저비용으로 필요한 정보시스템 서비스를 이용할 수 있음

클라우드 컴퓨팅(cloud computing)이란 소프트웨어뿐만 아니라 모든 컴퓨팅 자원을 인터넷에 접속하여 필요시 필요한 만큼 사용할 수 있도록 해 주는 서비스이

다. 사용자들은 다양한 소프트웨어, 저장공간, 보안 서비스 등을 필요한 시점에 원하는 만큼 골라서 사용하고 사용량에 따라 요금을 지불하게 된다. 따라서 클라우드 컴퓨팅은 컴퓨팅 자원을 구매하거나 소유하지 않고도 전기나 가스 등과 같이 유틸리티로 필요할 때 마다 접속하여 원하는 만큼만 사용하는 방식이다. 컴퓨팅 파워(CPU 등), 네트워크 기능, 데이터 스토리지, 소프트웨어 개발자를 위한 플랫폼, 각종 애플리케이션 및 기타 IT 자원을 필요에 따라 인터넷을 통해 제공하고 사용한 만큼만 비용을 지불하는 클라우드 컴퓨팅은 IaaS(Infrastructure as a Service), PaaS(Platform as a Service), SaaS 모두를 지원한다. 국내외의 대표적인 클라우드 서비스는 다음과 같다:

- **아마존의 AWS(Amazon Web Service)** : 컴퓨팅 파워를 제공하는 아마존 EC2 (Elastic Compute Cloud, 일종의 IaaS), 스토리지 인프라를 제공하는 아마존 S3(Simple Storage Service, 일종의 IaaS) 등
- 구글 클라우드, IBM 클라우드, MS 애저(Azure)와 오피스365, 세일즈포스 닷컴, 애플 iCloud, 한글과컴퓨터의 넷오피스24 등
- 메모리 서비스인 Dropbox와 네이버 클라우드 등

오픈소스소프트웨어(Open Source Software : OSS)

오픈소스소프트웨어란 원시코드(source code)가 공개되어 이용자가 자유롭게 개발할 수 있는 소프트웨어이다. 즉, 라이센스 요금이 무료이면서 원시코드를 개방한 소프트웨어이다. 누구나 연구, 변경, 개선, 재배포, 수정, 구축할 수 있도록 하는 저작권 라이선스 조건에서 원시코드가 공개된다. 오픈소스 소프트웨어의 목표는 소프트웨어 플랫폼을 주축으로 개발자 커뮤니티를 형성하고, 이 플랫폼을 자유로이 이용, 매매할 수 있도록 하는 것이다.

오픈소스는 한 줄의 코드라도 추가되면, 본격 활용되기 전에 먼저 수만 명의 검증을 거친다. 어떠한 결함도 숨기는 게 아니라, 공개해서 방도를 취하는 것이 오픈소스가 지닌 강점이다.

오픈소스인 웹서버용 소프트웨어, 아파치(Apache)가 세계에서 가장 많이 이용되고 있는 웹서버이다. 영국의 넷크래프트사의 조사에 의하면, 아파치가 MS사와 썬(Sun)사의 웹서버보다 높은 시장점유율을 보이고 있다(2006년 기준).

표 3-1 상업용 소프트웨어와 오픈소스소프트웨어

종류	상업용 소프트웨어	오픈소스 소프트웨어
운영체제	유닉스(Unix), 윈도우즈(Windows)	리눅스(Linux)
웹서버	MS의 IIS, 오라클(썬사)의 NCSA	아파치(Apache)
웹브라우저	MS의 익스플로러	파이어폭스(Firefox)
통합사무용	MS Office	OpenOffice.org
데이터베이스	Oracle	MySQL

구글, 야후, 다음, 네이버, 네이트 등과 같이 사용자는 직접 사용료를 지불하지 않고 무료로 접근하여 원하는 서비스를 받는다. 반면 기업은 소비자들로 인해 지불하는 광고주로부터 수익을 창출하고 있다. 이와 같이 제품과 서비스를 무료로 제공하고 독특한 방식으로 수익을 창출하여 비즈니스를 확장할 수 있는 경우는 많다. 따라서 오픈소스소프트웨어 사업을 통한 수익창출에 대한 견해는 다음과 같다.

오픈소스는 소유보다는 기술혁신, 리더십, 영향력과 더 연관성이 있기 때문에 소프트웨어 매출을 통해 직접적으로 수익을 창출하지 않는다. 장기적인 관점에서 오픈소스는 소프트웨어를 매출원으로 보는 대신 이를 기반으로 하는 서비스를 제공함으로써 수익을 창출할 수 있다. 모든 소프트웨어가 무료라면, 지원과 개선에 대한 비용을 지불하는 때가 오게 된다. 예를 들어, 오픈소스소프트웨어 회사 중 하나인 레드햇(Redhat)과 같은 경우는 대부분의 수익을 교육과 유지 서비스를 제공하는 것에서 창출하고 있다. 또한 오픈소스 기업과 기존 상용 소프트웨어 기업과의 협력적 관계를 구축하는 것이 하나의 수익원이 되기도 한다.

- **크리에이티브 커먼즈(Creative Commons)** : 자발적 공유의 표시방식(CCL)을 통해 창작자에게 자동으로 부여되는 저작자의 권리를 최소화하여, 자신의 창작물을 인류의 공동자산화하는 개념이다(출처 : cckorea.com).
- **CCL(Creative Commons License)** : CCL은 자신의 창작물에 대하여 일정한 조건 하에 다른 사람의 자유로운 이용을 허락하는 내용의 자유이용 라이선스(License)이다(출처 : cckorea.com). 이용허락조건이란 Attribution(저작자 표시), Noncommercial(비영리), No Derivative Works(변경금지), Share Alike(동일조건변경허락)을 의미한다.

인사이트 **오픈소스소프트웨어의 사업 방식**

워드프레스(WordPress, wordpress.org)는 CMS(Content Management Systems)를 만들어 공짜로 풀었다. 프로그램의 기능을 구현하는 방법을 담은 소스코드(source code)까지 공개해 누구나 원하는 대로 프로그램을 개조해 쓸 수 있게 했다. 심지어 경쟁사도 얼마든지 워드프레스의 소스코드를 가져다 쓸 수 있다. 단, 여기에는 조건이 하나 있다. 워드프레스의 프로그램을 가져다 쓰는 사람도 소스코드를 공개해야 한다는 것이다. 서로 모든 것을 공개하는 방식을 통해 경쟁회사조차 워드프레스의 발전에 기여하는 워드프레스 생태계를 만든 것이다. 그가 만든 워드프레스가 세계 최고의 CMS으로 자리 잡았기 때문이다. CMS는 인터넷 사이트를 운영하는 소프트웨어다.

복제는 피할 수 없다. 원본 프로그램을 공개하지 않더라도 누구든 따라 할 수 있다. 서비스든 사업 모델이든, 디지털 세상에 남들이 베껴갈 수 없는 것은 없다. 하지만 생태계는 복제할 수 없다. 워드프레스는 무료공개를 통해 수많은 재능있는 사람들이 개발에 참여하는 하나의 생태계가 됐다. 워드프레스의 몇 가지 기능을 베끼기는 쉽지만 1만 6000개에 달하는 보조 프로그램, 수백, 수천 명의 자발적인 워드프레스 개발자를 대체할 수는 없다. 오픈소스는 제대로 운영하기만 하면 최고의 프로그램 개발방식이다. 내가 공개하는 것에 비해 훨씬 많은 것을 남들이 돌려주기 때문이다. 만약 오픈소스가 아니었다면 수백 명이 월급을 받고 개발하는 다른 회사 프로그램보다 좋은 것을 만들 수 없었을 것이다.

워드프레스 자체는 무료다. 하지만 워드프레스로 웹사이트를 운영하려면 돈이 든다. 인터넷 서버도 마련해야 하고, 데이터베이스 시스템도 구축해야 하고, 디자인도 해야 한다. 매트 뮬렌웨그가 창업한 '오토매틱'은 이런 서비스를 제공하고 돈을 받는다. 회사에는 워드프레스를 속속들이 잘 아는 사람들이 많기 때문에, 많은 인터넷 업체가 우리에게 서비스 개발을 맡긴다. 이 외에도 악성 댓글(스팸)을 자동으로 걸러주는 기능처럼 개인에게는 꼭 필요하지 않지만 기업 · 정부 등 대형 웹사이트가 꼭 필요로 하는 기능은 유료로 제공한다.

(출처 : 조선일보. 2012. 4. 28.)

3.1.3 콘텐트 사업

콘텐트(content)란 원래 논문 · 서적 · 문서 등의 내용이나 목차를 의미하는 말이지만, 오늘날에는 영화 · 방송 · 뉴스 등 미디어의 내용은 물론 게임, CD-ROM 타이틀 등 컴퓨터 관련 각종 저작물의 내용까지 포함, 폭넓게 일컫는 말로 쓰이고 있다. 따라서 영화 · 방송프로그램 · 뉴스 · 애니메이션 등 영상분야의 산업을 콘텐트 산업으로 분류해 왔으나 최근에는 인터넷의 정보서비스까지 콘텐트 산업의 범주에 포함시키게 되었다. 인터넷 웹사이트의 내용(정보, 통신, 소프트웨어, 사진, 비디오, 그래픽, 음악, 음향, 기타 자료와 서비스)은 콘텐트에 해당된다.

인터넷 출판, 방송, 오락사업

주로 잡지회사와 신문사들이 인터넷상에서 전자잡지와 전자신문 서비스를 제공하고 있다. 또한 웹진 형태의 인터넷 잡지가 다수 출현하고 있다. 대부분의 인터넷 출판 및 신문사는 무료 서비스를 제공하고 있다. 그러나 월스트리트저널(online.wsj.com)의 경우에는 유료 서비스를 제공하고 있다. 월스트리트 저널은 오프라인에서의 브랜드 이미지와 고객 충성도, 그리고 수준 높은 콘텐트를 바탕으로 1996년 4월부터 유료회원제 전략을 실시하였다. 그 이후 월스트리트저널은 다시 무료 서비스로 전환하였다. 오마이뉴스와 같은 순수 온라인 신문사를 포함한 모든 온라인 서비스 업체는 광고수입과 유료 콘텐트 서비스 수입에서 최적의 균형을 찾고자 노력하고 있다.

인터넷 시장조사 회사인 IDC(www.idc.com), 포리스터 리서치(www.forrester.com), 주피터 커뮤니케이션즈(www.jup.com)사는 회원들에게 연구 및 조사 보고서를 판매하고 있다. 기존의 신문사가 온라인 서비스를 개시하던 초기에는 자기잠식(cannibalization)의 문제를 고민해 왔으나, 오늘날에는 온라인 신문 서비스를 제공하지 않는 경우에 경쟁에서 뒤지게 되는 상황이 되었고, 온라인 서비스는 광고와 프리미엄 콘텐트를 통한 새로운 수익원이 되고 있다.

1997년 설립된 엔씨소프트(www.ncsoft.net)는 1998년부터 리니지서비스를 개시하였다. 위치기반 모바일 증강현실 게임인 포켓몬고(Pokemon GO)는 특정 장소에서 즐기는 오락 게임이 현실 공간 어디에서도 가능하게 하였다.

전자책 서비스

이제는 종이 매체로 출판되던 다양한 서적을 가상공간에서 전자시장의 소비자를 대상으로 출판할 수 있게 되었다. 출판사업이란 가치있는 정보와 지식을 전달하는 데 그 의의가 있으므로, 출판 관련 모든 단계를 인터넷 기반으로도 해결할 수 있다. 다시 말하면 서적의 기획·출판·유통의 3단계를 온라인으로 해결하는 새로운 비즈니스가 등장하게 되었다. 전자출판은 지금까지 서적이 갖고 있는 본질적인 개념을 바꿔 놓고 있다. 왜냐하면 정기적으로 개정판을 내고, 한 권의 서적을 판매 또는 구입해야 하거나 몇 권의 사전을 몽땅 판매 또는 구입해야 할 필요가 없기 때문이다.

인터넷 서적 출판사가 누릴 수 있는 혜택은 무엇보다도 유통비와 인쇄비, 재고비용을 절감할 수 있다는 점이다. 또한 정기적으로 개정판을 내지 않고 수시로 개정판을 낼 수도 있다. 독자의 측면에서는 세계 곳곳에서 출간되는 책들을 즉시 접할 수 있고, 컴퓨터의 데이터베이스가 제공하는 검색기능을 이용해 원하는 부분만 선별해서 볼 수도 있다.

인터넷 서적 출판은 e-Book의 형태로 현실화되어 가고 있다. e-Book이란 기존의 종이 서적과 달리 컴퓨터 파일 형태의 출판물을 전용 뷰어(viewer)를 통해 컴퓨터나 단말기(아마존의 킨들과 같은 전용 단말기, iPad와 캘럭시 탭과 같은 태블릿 PC, 스마트폰)로 읽는 디지털 출판물이다. e-Book의 표준 포맷으로는 e퍼브(electronic publication), XML방식, PDF방식, 플래시(flash) 방식이 있다.

- **e퍼브** : 전자책 국제표준을 정하는 국제디지털출판포럼(IDPF : International Digital Publishing Forum)이 제정한 전자책 포맷, 디스플레이의 크기와 형식에 맞게 글자 조정 가능함

인사이트 혁신과 집단지성

경제에서 구매력보다 더 중요한 자원은 없다. 이 구매력 역시 혁신의 결과로 만들어졌다. 19세기 초만 해도 미국 농부들은 구매력이 없었기 때문에 농기계를 살 수 없었다. 시장에는 수확기가 수십 대나 쌓여 있었지만 농부들은 사고 싶은 마음만 있을 뿐 돈이 없었던 것이다. 그러다 당시 농기계 발명가 중 한 사람이었던 사이러스 맥코믹이 할부구매(installment buying) 방법을 고안해냈다. 이 할부구매 덕분에 농부들은 저축해 놓은 돈이 아니라 미래에 얻을 소득을 담보로 농기계를 살 수 있게 되었다. 농부들은 농기계를 살 수 있는 구매력을 갖게 된 것이다. 이처럼 아무것도 아닌 것에 부를 창출하는 능력을 부여하는 것이 혁신인 것처럼, 기존 자원이 갖고 있는 잠재력을 높여 더 많은 부를 창출하도록 하는 활동이 혁신이라고 할 수 있다.

- 피터 드러커의 위대한 혁신 중에서 -

1768년 영국 에든버러에서 초판의 첫 부분을 간행해 세계 최고 백과사전 출판사로 꼽히는 브리태니커(Britannica)는 1980-90년대에 중대한 혁신을 결심한다. 개인용 컴퓨터가 보급되면서 사람들이 두꺼운 백과사전을 점차 PC로 보길 원하게 될 것으로 예견한 브리태니커 경영진은 1989년 26권짜리 컴튼(Compton's) 백과사전을 CD로 만들어 발매했다. 다가올 디지털 시대에도 대비했다. 93년에 이비닷컴(eb.com)에서 온라인 서비스를 개시했다. 그러나 CD도, 도메인도 시시각각 급변하는 환경 앞에선 무용지물이었다. 브리태니커의 판매량은 계속 급감했고, 이후로도 반전의 실마리를 찾지 못했다. 결국 2012년 3월엔 오프라인 발행의 중단을 선언했다. 브리태니커는 왜 일찌감치 혁신을 하고도 시대 변화에 제대로 대처하지 못했을까?. 가장 중요한 변화상 중 하나를 전혀 예측하지 못해서였다. 바로 디지털 환경이 수많은 사람들의 참여와 공유에 대한 욕구를 자극함으로써 집단지성을 활성화할 것이라는 사실이었다.

집단지성을 이용한 위키피디아의 첫 서비스는 2001년 1월 시작됐다. 브리태니커가 CD나 도메인 같은 기술적인 부분에만 헛심을 쓰면서 눈앞의 사용자 니즈만 고려한 채 나무를 혁신할 동안, 위키피디아는 사용자들이 근본적으로 원하는 게 급변하는 환경 속에서 어떻게 바뀔지 그 미래를 연구하면서 숲을 혁신하고 있었다.

(출처 : 중앙선데이, "나무만 본 브리태니커, 숲까지 본 위키피디아에 밀려", 2016. 10. 23.)

여기서 우리는 종이 문서형태의 출판방식과 텔레비전과 라디오 등의 방송을 통한 콘텐트 제공방식, 그리고 오늘날 인터넷에서의 콘텐트 제공방식이 어떻게 다른지 살펴볼 필요가 있다.

첫째, 일·주·월·년 등 정기적으로 출판해야 한다는 개념(calendar driven publishing)을 넘어서 이벤트가 발생하는 즉시 언제나 출판(event-driven or need based publishing)할 수 있게 되었다. 종이 신문과 디지털 신문을 비교해 보라. 디지털 신문은 이벤트가 발생될 때마다 수시로 정보를 갱신하고 있다. 뿐만 아니라 푸시 기술을 이용하여 고객이 원하는 뉴스만을 수시로 고객의 웹 브라우저에 뿌려 준다.

둘째, 텍스트, 이미지와 그래픽, 음성, 비디오와 동화상 등이 결합된 형태의 콘텐트를 출판하게 되었다.

셋째, 주문형 출판이 가능하다. 전통적으로 종이책을 출판하기 위해서는 출판사가 저자(작가)와 협의를 하고 일정 부수 이상의 판매가 전제되어야 한다. 그러나 룰루닷컴(lulu.com)은 전 세계의 누구나 작가로 등록하여 셀프서비스 저작도구를 이용하여 글을 쓰고 실제 주문이 있을 때만 책을 출판하는 방식으로 사업을 수행하고 있다.

넷째, 인터넷에서 우리는 한 화면씩 내용을 파악해야 한다는 점에서 불편함을 느낄 때가 있다. 이에 반해 우리는 한 권의 잡지나 책을 소파에 누워서도 전체 흐름을 편리하게 파악해 볼 수 있다. 이러한 이유로 인터넷에서 찾은 내용을 종이 문서에 출력해 보는 것이다. 종이 문서가 제공하는 장점이 있기 때문에 디지털 콘텐트가 종이 문서를 완전히 대체한다고 보기는 어렵다. 그러나 멀티미디어 데이터베이스 기술의 발전, 인터넷 웹과 데이터베이스를 통합하는 기술의 발전으로 이제 우리는 인터넷에서 원하는 정보를 쉽게 검색해 볼 수 있게 되었다. 또한 무선 인터넷 기술의 발전으로 이동 중, 또는 PC 앞에 앉아 있지 않은 경우에도 인터넷을 통해 원하는 정보를 찾아볼 수 있게 되었다. 이러한 기술의 발전은 지금까지 누구도 생각하지 못했던 새로운 비즈니스 창출의 기회가 될 것이다.

다섯째, 대규모의 전문분야별 인터넷 전자도서관이 구축되면 우리는 책을 찾으러 도서관으로 갈 필요성을 덜 느끼게 될 것이다. 비록 현재는 전문분야의 보고서와 논문 등이 인터넷에서 제공되고 있는 수준이긴 하지만, 점차 대학의 도서관과 국회도서관 등에 보관된 문헌들이 디지털화되고 상호 연결되어 인터넷을 통해 언제 어디서 누구나 원하는 내용만을 찾아볼 수 있는 시점으로 나아가고 있다.

여섯째, 인터넷 비즈니스의 초기단계에서는 인터넷 접속 서비스, 인터넷 쇼핑과 인터넷 중개상 등의 거래 서비스, 정보제공 서비스 등이 분리되어 개별적으로 비즈니스가 수행되었으나, 점차 이러한 비즈니스가 통합되고 융합되어 가는 추세이다. 인터넷 포털은 접속, 거래, 콘텐트를 융합하여 서비스를 제공하는 대표적인 예이다. 이는 콘텐트 제공 그 자체만으로는 아직 수입원이 되기가 어렵고 광고 외의 다양한 수입원을 찾아야 하는데, 소비자들은 통합된 서비스를 요구하고 있기 때문이다. 콘텐트의 상품화는 질과 양의 측면은 물론이고 소액지불이 가능한 전자화폐의 보급과 확산에도 영향을 받게 된다.

일곱째, 유튜브, SNS, 위키피디아에서 볼 수 있듯이 전 세계의 누구나 새로운 정보와 지식 및 경험을 출판하여 공유하는 것이 가능하게 되었다. 따라서 이러한 출판방식의 변화는 신사업의 기회를 제공한다.

끝으로, 상호작용성이라는 인터넷의 특성을 살려 전문분야의 콘텐트를 고객의 요구와 취향에 맞게 제공하는 것은 콘텐트사업 성공의 한 요소가 된다. 웹사이트의 방문자가 원하는 콘텐트를 쉽고 빠르게 검색할 수 있도록 하는 것은 물론이고 개인화, 지능형 에이전트 기술을 활용하여 웹사이트를 방문한 고객이 어떤 콘텐트를 원하는지를 파악하여 제공하는 서비스가 가능하게 되었다.

디지털 문화콘텐트

문화콘텐트란 창의력과 상상력을 원천으로 문화적 요소가 체화되어 경제적 가치를 창출하는 문화상품이다. 여기서 문화적 요소는 창의성과 기술(CT : culture technology)을 통해 고부가가치를 창출하는 콘텐트이다. 디지털 문화콘텐트산업은 IT, 특히 디지털 기술과 CT를 이용하여 문화적 요소가 고부가가치의 창출에 기반이 되어 문화콘텐트를 제작/생산, 유통, 소비하는 지식기반산업이다. [그림 3-2]에서는 디지털 문화콘텐트산업의 가치사슬을 나타내 보이고 있다.

[그림 3-2] 디지털 문화콘텐트산업의 가치사슬

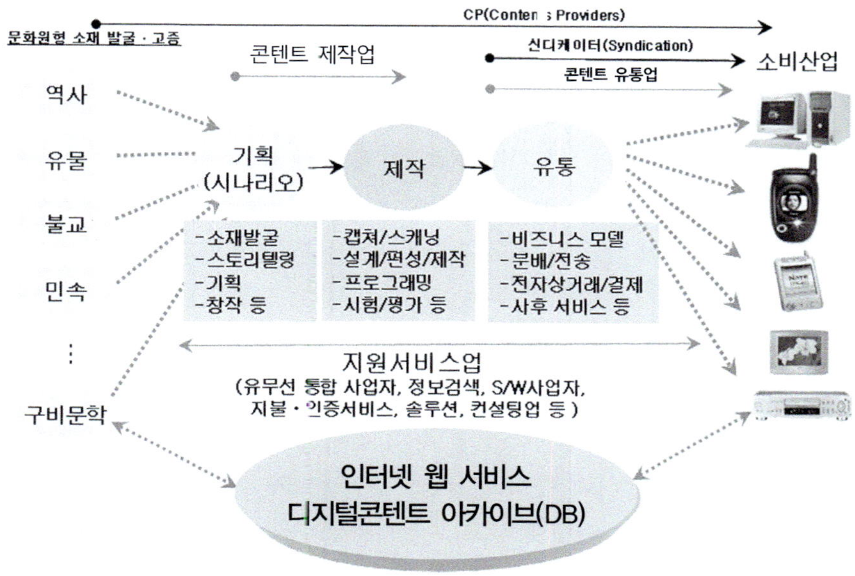

출처 : 네이버캐스트.

특히 문화콘텐트의 경우는 원소스 멀티유즈(One Source Multi Use : OSMU)의 개념으로 하나의 콘텐트를 영화, 음반, 애니메이션, 캐릭터 상품, 출판, 게임, 에듀테인먼트(edutainment : education과 entertainment의 합성어로 교육 콘텐트에 오락적 요소가 가미된 콘텐트임) 등 다양한 분야에 활용시킨다는 의미를 내포하고 있다. N스크린(N-Screen)이 확산됨에 따라 문화콘텐트 산업은 더욱 발전하게 된다.

- N스크린이란 TV나 PC, 게임기, 태블릿PC, 스마트폰 등 다양한 기기에서 하나의 콘텐트를 끊김없이 이용할 수 있게 해주는 서비스이다. 즉, 하나의 멀티미디어 콘텐트를 N개의 기기에서 연속적으로 즐길 수 있는 기술(또는 서비스)이다. 가정에서 TV로 보던 방송이나 영화를 외출하면서 스마트폰이나 태블릿 PC(혹은 노트북)로 이어 볼 수 있다. (출처 : 네이버캐스트)

3.2 마케팅 패러다임

인터넷은 쌍방향의 상호작용이 가능한 미디어이다. 여기서는 마케팅 패러다임과 광고 방식의 변화에 대하여 살펴보기로 하자.

3.2.1 광고와 마케팅 매체 : 인터넷웹

1993년에는 웹브라우저(모자이크)가, 1994년에는 웹에서의 배너(banner) 광고가 등장하였다. 1994년 10월 핫와이어드(HotWired)의 웹사이트에서는 AT&T, MCI, 볼보 자동차 등의 광고를 내보내기 시작했다. 인터넷웹은 쌍방향의 하이퍼미디어로서, 직접 마케팅(direct marketing) 능력을 제공한다.

[그림 3-3]에서는 광고매체별 인지도, 이미지, 세부정보제공, 직접반응이라는 4가지 차원에서 각각의 특성을 비교하고 있다. 텔레비전 광고는 이미지 광고효과가 강하고 상표인지도가 높다. 그러나 출판광고와 같이 신제품의 사용법 및 세부정보를 전달하지 못하고, 직접 우편광고와 같이 소비자의 직접적인 반응을 유발하지 못한다. 인터넷 광고는 텔레비전이나 라디오 이상으로 도달범위(reach : 일정 기간 동안 최소한 한 번 광고에 노출되는 청중의 수)가 확대되고 있다. 광고 메시지가 청중에게 노출되는 빈도도 높다.

[그림 3-3] 광고매체별 특성

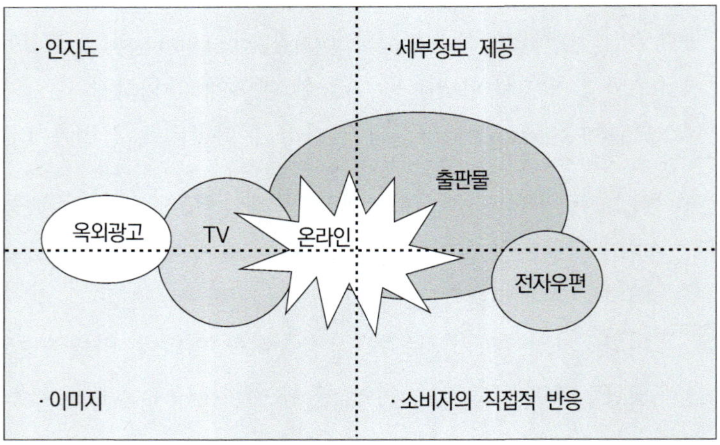

3.2.2 마케팅 및 광고 패러다임

마케팅 및 광고 매체로서 기존의 텔레비전과 라디오, 신문, 잡지 등은 근본적으로 일방향성이라는 한계점을 지니고 있다. 그러나 쌍방향의 하이퍼미디어인 인터넷은 광고 및 마케팅 패러다임을 변화시키고 있다. 여기서는 다대다 마케팅(many-to-many marketing)과 일대일 마케팅(one-to-one marketing) 개념, 그리고 관계 마케팅(relationship marketing)을 소개하고자 한다.

일대다 (one-to-many)의 매스(mass) 마케팅에서 다대다 (many-to-many) 마케팅으로의 변환

앤더슨(C. Anderson)과 완닝거(L. A. Wanninger)는 인터넷 웹이 소비자와 상표간의 독특한 관계를 촉진하여 브랜드 이미지를 크게 개선시킨다고 하였다. 인터넷 웹은 광고주와 소비자가 실시간으로 직접 상호작용할 수 있도록 해 준다. 또한 인터넷 웹에서는 소비자가 직접 광고주에게 자신의 선호를 표현할 수 있다. 그들에 의하면 결국 광고주와 소비자간의 직접적인 상호작용으로 소비자의 상표에 대한 이미지가 강하게 어필된다.

[그림 3-4]에서 보는 것처럼, 일반 대중매체는 모든 소비자에게 동일한 광고 메시지를 전달하는 일대다 마케팅(one-to-many marketing communications) 방식의 성격을 띠고 있다. 호프만(D. L. Hoffman)과 노박(T. P. Novak) 등은 [그림 3-5]처럼 인터넷웹을 통한 다대다 마케팅 모형(many-to-many marketing communications model)을 제시하였다.

[그림 3-4] 일대다 마케팅 커뮤니케이션 모형

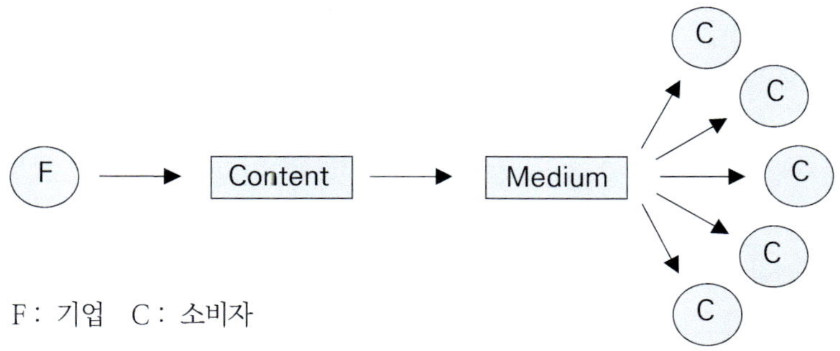

[그림 3-5] 다대다 마케팅 커뮤니케이션 모형

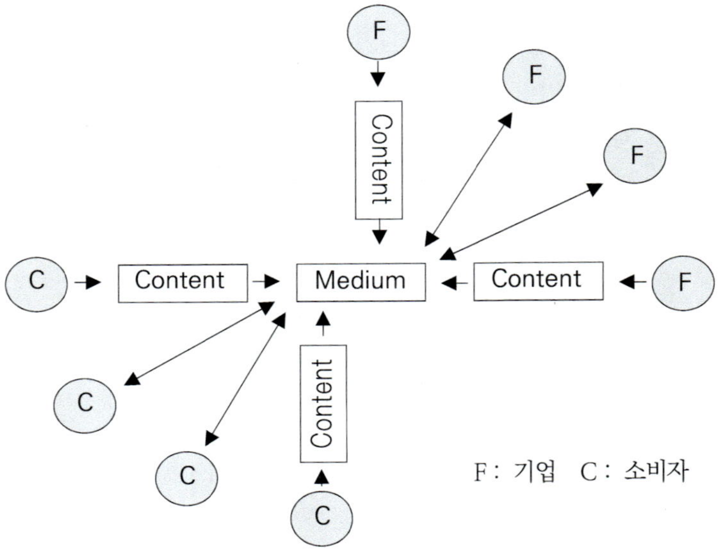

마케팅 커뮤니케이션의 세 가지 주요 기능은 소비자에게 정보를 알리고, 정보를 상기시키고, 소비자를 설득하는 것이다. 텔레비전이나 라디오와 같은 기존의 대중매체는 소비자에게 정보를 알리고 상기시키는 두 가지 기능을 수행하는 데는 적합하다. 그러나 일방향성인 기존의 대중매체로서는 제품 또는 상표의 차별화를 통해 소비자를 설득하는 데 한계점이 있다. 그러나 쌍방향특성을 지니고 있고 누구나 쉽게 멀티미디어 방식으로 정보를 표현할 수 있는 인터넷 웹에서는 소비자가 직접 광고주 또는 광고대행사와 함께 광고 메시지를 변경시킬 수 있다. 또한 [그림 3-6]에서 알 수 있듯이, 기업에서는 웹사이트를 통해 특정 소비자 또는 소비자집단을 대상으로 그에 맞는 메시지를 내보낼 수 있는 것은 물론이고, 소비자들 스스로 작성한 메시지를 광고 문안에 반영할 수 있다.

요약하면, 다대다 마케팅이란 쌍방향의 하이퍼미디어 특성을 지닌 인터넷 웹을 매개로 소비자욕구를 파악할 뿐만 아니라 마케팅 과정에 소비자를 직접 참여시켜 소비자와 협력할 수 있도록 하는 마케팅 활동이다. 예를 들어 기업에서는 제품설계와 개발과정에 소비자를 참여시키고 소비자의 제안을 통해 기업 웹사이트의 콘텐트를 혁신적으로 변화시킬 수 있다.

일대일 마케팅

페퍼스(D. Peppers)와 로저스(M. Rogers)는 고객정보를 바탕으로 고객 개개인의 취향에 맞는 형태의 일대일 마케팅 개념을 주장하였다. 일대일 마케팅이란 인터넷을 통해 고객정보를 수집하고 고객과의 직접적인 대화를 통해 고객 개개인의 취향에 맞는 광고, 제품생산, 고객 서비스를 제공함으로써 소비자 만족도를 높이고 이익을 증가시키는 마케팅 개념이다.

매스 마케팅(mass marketing)에서는 새로운 고객을 유인하여 시장점유율을 높이는 데 역점을 두고 있다. 즉, 매스 마케팅에서는 기존고객을 지속적으로 유지하는 것보다 새로운 고객을 확보하는 데 마케팅 활동을 집중시키고 있는 것이다. 따라서 매스 마케팅은 성장기에 기업의 공격적 전략으로 자주 활용된다.

그런데 일반적으로 기존고객에게 상품을 판매하는 것보다 새로운 고객을 확보하는 데 드는 비용이 높은 것으로 나타나고 있다. 이런 점에서 일대일 마케팅에서는 고객에 대한 세부정보를 이용하여 장기간에 걸쳐(고객의 일생 동안) 지속적으로 자사제품을 소비할 수 있도록 하는 데 역점을 두고 있다. 다시 말하면 기업에서는 고객과의 개별적인 대화를 통해 긴밀한 관계를 유지·발전시켜 고객이 경쟁기업으로 이탈해 가지 않고 계속 자사제품을 구매하도록 하여 장기간에 걸친 고객점유율(share of customer)을 높이는 데 마케팅 활동을 집중시킨다. 고객점유율이란

표 3-2 매스 마케팅과 일대일 마케팅의 비교

초점	매스 마케팅	일대일 마케팅
	시장점유율(market share)	고객점유율(share of customer)
제품과 고객과의 관계	매스 마케팅 관리자는 시장조사를 통해 제품을 생산하고 이를 소비할 고객을 찾음	일대일 마케팅 관리자는 가치있는 고객을 발견하고 그의 선호에 맞는 제품을 생산하여 고객과의 관계를 지속적으로 발전시킴
측정방식	특정 업종으 제품시장에서 취급되는 전체 거래량 중에서 특정 기업이 차지하는 비율(전체로서의 고객)	한 고객이 소비하는 제품이나 서비스군 중에서 특정 기업을 통해 제공받는 제품이나 서비스 비율. 즉, 특정 고객이 특정 기업에 지출한 금액("고객이 항상 우리 쇼핑몰을 이용하도록 하자")
광고 목적	새로운 소비자의 유인	기존 고객의 철저한 관리 및 유지
차별화	제품 차별화	고객 차별화
마케팅 조직	제품 또는 상표 관리에 적합한 조직구조	고객관리에 적합한 조직구조
전략	성장기 공격적 전략으로 적합	성숙기 방어적 전략으로 적합

한 고객이 소비하는 제품이나 서비스군 중에서 특정 기업을 통해 제공받는 제품이나 서비스 비율이다. 일대일 마케팅에서는 일정 기간 동안 어떤 소비자들에게나 가능한 많이 판매하고자 하기보다는, 고객의 일생 동안에 걸쳐 가능한 많은 제품을 판매하는 데 그 목표를 두고 있다.

장기간에 걸쳐 고객과 호의적인 관계를 유지하기 위해서는 개별고객과의 커뮤니케이션을 통해 고객의 욕구를 파악해야 한다. 따라서 일대일 마케팅의 고객관리에 있어서는 각 고객이 하나의 고객 포트폴리오가 되어 한 명의 고객관리자가 한 명의 고객으로 구성된 포트폴리오를 관리한다. 그러므로 고객관리자들은 고객들이 일생 동안 자사에 어떤 가치를 줄 것인지를 파악해야 한다.

고객이 일생 동안 기업에 제공하는 가치를 CLV(customer lifetime value)라 한다. CLV는 고객으로부터 미래의 일정기간 동안 얻게 될 이익을 할인율에 의거해 현재가치로 환산한 재무적 가치로 측정된다. 이는 기업이 고객과의 거래에서 얻게 될 이익만을 의미하지는 않는다. 이는 특정 고객이 다른 고객에게 자사를 소개하거나 다른 고객의 취미와 선호 정보를 제공하는 가치, 신제품이나 서비스 설계에 대한 아이디어를 제공하고 협력하는 것 등의 가치도 포함하고 있다. 일대일 마케팅에서는 CLV를 기초로 고객을 차별화한다. 즉, 여기서는 장기간의 고객가치가 높은 고객에게 더 많은 마케팅 활동을 펼친다. 매스마케팅이 성장기의 공격적 전략으로 적합하다면, 일대일 마케팅은 성숙기의 방어적 전략으로 더 적합하다.

관계 마케팅

마케팅 이론은 생산과 수요 사이의 다리 역할을 강조하는 교환(excahage)의 개념에 뿌리를 두고 있다. 전통적 마케팅에서는 일회적 거래를 전제하고서 마케팅 믹스를 투입하는 이른바 4P(제품, 가격, 장소, 촉진) 중심적 전략관리가 주류를 이루어 왔다. 그러나 이제는 일회적 시장을 전제로 하는 기존의 마케팅 패러다임이 상대방과의 장기적 관계를 중시하는 관계 마케팅(relationship marketing)으로 그 패러다임이 변화되고 있다. 관계 마케팅에서는 수요와 공급의 교환 그 자체가 아니라, 교환이라는 결과를 가져다주는 마케팅 하부구조, 즉 장기적 관계의 구축에 그 목적을 두고 있다. 즉, 관계 마케팅은 개별 거래의 이익 극대화같은 판매 위주의 거래 지향적 접근 방식에서 탈피하여 고객과의 호혜관계를 극대화하고, 이를 통해 고객과의 우호관계를 구축하면 이익은 저절로 수반된다는 철학에 기초를 두고 있다.

〈표 3-3〉에서는 거래적 마케팅인 전통적 마케팅 패러다임과 관계 마케팅으로서의 새로운 마케팅 패러다임을 비교하고 있다. 관계 마케팅에서는 마케팅 관련 기관과의 협조적 관계를 강조하고, 환경에 대한 인식도 관계기관의 관리를 통한 환경관리론적 입장을 취하고 있다. 관계 마케팅에서는 소비자들에 대한 인식도 단순히 교환가능성이 있는 고객들을 대상으로 물품을 팔아넘기는 것이 아니라 기업과 소비자가 파트너십을 가지고 공생하면서 공동의 이익을 만들어 그곳에 고객이 머물 수 있는 환경을 가꾸어 간다.

데이터베이스 기술, 데이터웨어하우스(data warehouse)·데이터마이닝(data mining)·온라인 분석처리(Online Analytical Processing : OLAP) 기술이 인터넷과 통합되고, 일대일 마케팅과 고객관계관리(Customer Relationship Management : CRM) 솔루션이 널리 보급되면서 관계 마케팅이 실현되고 있다.

표 3-3 전통적 마케팅과 관계 마케팅의 비교

	전통적 마케팅 패러다임(거래적 마케팅)	새로운 마케팅 패러다임(관계 마케팅)
마케팅 목표	· 교환이 마케팅 활동의 목표	· 교환은 마케팅 활동의 결과 · 교환의 하부구조가 되는 관계체계의 구축이 목표
마케팅 수단	· 마케팅 믹스 중심 전략 · 거래와 관련하여 고객과의 제한된 의사소통	· 관계관리 : 파트너십 관리 · 고객과의 사회적 상호작용
초점	· 교환객체인 제품 · 교환주체인 소비자는 제품의 기계적 구입과 대가지불 기능으로 인식	· 교환주체인 파트너 · 제품판매는 교환주체인 소비자의 사회적 활동의 결과
주요 소비자	· 신규 소비자의 창출	· 기존 소비자의 유지관리
주요 성과 판단 지표	· 시장점유율 · 단기적 고도 성장지향	· 고객점유율 · 장기적 안전성장지향
경쟁자 인식	· 경쟁관계	· 경쟁과 협력관계
환경에 대한 인식	· 환경결정론적 시각 · 환경적응에 관심 · 기업과 환경의 경계가 뚜렷	· 환경관리론적 시각 · 환경개척에 관심 · 기업과 환경의 경계가 불명확
소비자에 대한 인식	· 불특정 다수를 대상 · 제품의 구매대상 · 단기적으로 교환가능성이 있는 고객을 대상으로 물품의 이전을 중시 (경제시스템적 사고)	· 특정 목표고객과 관계유지 · 기업활동의 파트너로서 생활자 · 기업과 생활자가 공생하면서 공동이익을 추구함 : 고객이 머물 수 있는 환경설정 (사회시스템적 사고)
대상기간	· 단기	· 장기

출처 : 김기찬, "관계 마케팅의 특성," 《관계 마케팅 특강》, www.centerworld.com/acad/prof/kimkc/rel-mktg/11월/11-1.htm

- **데이터웨어하우스**(data warehouse)

  사용자의 의사결정을 지원하기 위해 기업이 축적한 데이터를 사용자 관점에서 주제별로 통합하여 저장해 둔 데이터베이스이다. 기업의 여러 시스템에 분산된 데이터를 웨어하우스로 취합하고 통합하여 저장해 둠으로써 사용자는 자신들이 필요로 하는 데이터가 어디에 있는지 신경쓰지 않고 필요한 데이터를 쉽게 가져다 쓸 수 있다. 또한 데이터는 웨어하우스에 옮겨오기 전에 정제 및 검증과정을 거치게 되어 사용자는 의사결정에 필요한 양질의 데이터를 사용할 수 있다.

- **데이터마이닝**(data mining)

  기존의 데이터에서 새로운 데이터를 채굴해 내는 기술이다. 데이터마이닝 기법으로는 연관규칙탐사(associations), 군집분석(clustering), 의사결정 트리(decision tree), 신경망모형 등이 있다. 연관규칙탐사란 상품 혹은 서비스간의 관계를 살펴보고 이로부터 유용한 규칙을 찾아내는 기법이다. 군집분석은 고객수입, 고객연령과 같은 속성이 비슷한 고객을 묶어서 몇 개의 의미있는 군집으로 나누어 전체를 파악해 보는 기법이다. 신경망모형은 인간이 경험으로부터 학습해 가는 두뇌의 신경망활동을 흉내내어 복잡한 구조를 가진 데이터로부터 반복적인 학습과정을 거쳐 데이터간의 관계나 패턴을 찾아내는 비선형모형이다.

- **온라인 분석처리**(OLAP)

  사용자가 다차원정보에 직접 접근하여 대화식으로 정보를 분석하고 의사결정에 활용하는 과정이다. 여기서 다차원정보란 어떤 사실을 여러 차원에서 비교하여 분석할 수 있는 것을 의미한다. 예를 들어 OLAP 소프트웨어를 이용하는 사용자는 매출액을 기간별, 제품별, 매장별로 비교분석할 수 있다. OLAP 환경에서 정보는 사용자가 쉽게 이해할 수 있고 조작하기 쉬운 형태로 존재한다. 따라서 사용자는 필요한 시점에 정보매개자(전산 전문가) 없이 정보원에 직접 접근하여 다양한 각도에서 분석을 수행할 수 있다. OLAP 환경에서 사용자는 정형화된 보고서를 단순히 조회하는 방식에서 벗어나 대화식으로 정보를 분석할 수 있다. OLAP의 목적은 의사결정을 지원하는 데 있다.

eWOM과 바이러스 마케팅

입소문(Word of Mouth : WOM)이란 소비자들이 특정 제품이나 서비스의 직간접 경험을 통해 형성된 긍정적 또는 부정적 정보를 비공식적으로 상호교환하는 자발적인 소통의 행위 또는 과정이다. 전자매체인 인터넷과 소셜미디어를 활용한 입소문을 eWOM이라 한다. 바이럴 마케팅(viral marketing)이란 컴퓨터 바이러스처럼 퍼져나가는 입소문을 통한 마케팅이다. SNS, 추천 마케팅(referral marketing), MGM(Member-Get-members), 친구에게 보내기(Forward to a Friend) 등은 바이러스 마케팅을 촉진하는 방식이다.

3.2.3 인터넷 광고의 종류

오늘날 온라인 포털 업체는 디스플레이(display) 광고와 키워드(keyword) 광고로 대부분의 수익을 창출하고 있다. 초기 인터넷 사이트에서는 홈페이지 상단의 배너 광고(banner ad)를 노출하는 디스플레이 방식의 광고를 내보내고 있다. 여기서는 디스플레이 광고의 한 유형인 배너 광고의 기본개념 및 그 변형된 광고의 종류에 대하여 살펴보기로 한다. 인터넷 광고의 종류에는 표출 형태에 따라 디스플레이 광고와 키워드 광고를 비롯한 다양한 방식이 있다.

디스플레이(display) 광고

디스플레이 광고는 배너광고, 동영상 광고, 콘텐트형(스폰서) 광고 등을 포함하는 노출형 광고로 노출당 단가로 광고비가 책정된다.

표 3-4 디스플레이 광고의 종류

종류	전달 유형	내 용
배너 광고	일반 배너	웹 사이트 상단, 중단, 측면에 위치는 GIF, Flash 광고
	특수 배너 (인터랙티브)	사용자의 액션(마우스 오버, 드래그, 클릭)에 따라 반응하는 광고
동영상 광고	플레이어 광고	동영상 플레이어 내 포함되어 동영상 로딩 전후에 보이는 광고
	배너 내 동영상 광고	사이트 일반 배너 지면 내에서 동영상 광고가 노출되는 형식
스폰서십 광고		스폰서십 상품이란 특정 섹션 및 시즌별 이슈가 있어 제작된 페이지 내 광고주가 후원하는 형태로 기업 홍보 및 브랜드 마케팅이 가능함
이메일 광고		이메일 광고는 사이트의 메일 서비스를 이용하는 회원 중 광고 메일 수신을 허용한 유저에게 발송하는 광고(최근 광고 회피나 스팸메일로 인식되어 감소하는 추세)

출처 : 염성원 · 김동원, p. 9

배너 광고

배너(banner) 광고란 웹페이지의 상단, 하단 또는 측면에 나타나는 사각형의 그래픽 이미지로 작성된 광고 메시지이다. 이는 대개 GIF, 자바(Java), 쇼크웨이브(Shockwave) 애니메이션으로 작성된다. 이 그래픽 이미지에는 광고주의 브랜드명과 인터넷 주소 등의 문자도 포함되어 있다. 광고 사이트에 방문한 소비자는 배너 광고를 클릭함으로써 바로 광고주의 웹사이트로 이동해갈 수 있다.

배너 광고는 웹페이지에 배너를 삽입하는 형태에 따라 고정형 방식, 검색 사이트에서 사용자들이 검색어를 입력하면 검색어와 관련된 배너를 보여주는 키워드 방식, GIF 애니메이션 기법 등을 이용하여 광고내용이 변화되면서 보여지는 애니메니션 배너광고(animated banner), 배너광고를 클릭하여 광고주의 사이트를 이용하지 않고도 그 배너광고 안에서 주문이 가능한 상호작용형 배너광고(interactive banner) 등이 있다.

버튼 광고

버튼 광고(button ad)란 웹페이지 하단의 버튼에 광고메시지를 담아 내보내는 배너 광고의 한 유형이다.

콘텐트형 광고

콘텐트형(스폰서) 광고란 넷티즌들이 주로 찾고 많은 시간을 보내는 정보와 콘텐트를 활용하여 브랜드 인지도를 강화하고자 하는 형태의 광고이다. 콘텐트 광고는 특정 사이트에 대해 스폰서를 제공하는 형태로 이루어지는데, 기존의 협찬광고와 유사한 개념이다. 예를 들어 웹사이트 방문자들이 자주 찾는 사이트의 특정 웹페이지에 스폰서로 참여해 회사의 로고나 브랜드를 표출하여 브랜드의 인지도를 높일 수 있다.

키워드 광고

키워드 광고(keyword ad)는 대개 검색엔진 사이트에서 주로 이용되고 있다. 검색엔진을 이용하여 원하는 정보가 있는 웹사이트를 찾아가기 위해서 사용자는 키워드를 입력해야 한다. 대개 야후나 구글과 같은 검색엔진을 제공하고 있는 웹사이트에서 어떤 소비자가 키워드를 입력하면, 원하는 웹사이트 목록과 함께 그 키워드에 맞도록 준비된 광고가 목록의 상단에 나타난다. 예를 들면 야후 사이트에서 검색엔진에 '라우터'(router)라는 키워드를 입력하면, 라우터(여기서는 통신장비를 의미함)에 관한 웹사이트 목록이 나타나고, 그 목록의 상단 또는 하단에 멀티플렉서와 라우터를 생산하는 시스코시스템즈사의 광고가 나타난다.

팝업 광고

팝업 광고(pop-up ad)란 사용자가 어떤 사이트를 방문했을 때, 또는 다른 웹 페이지로 바뀌는 순간에 전체 화면, 혹은 독립된 창의 형태로 표출되는 광고로 인터스티셜(interstitial)과 수퍼스티셜(superstitial) 광고가 있다.

- 인터스티셜이란 틈새를 의미하며, TV 프로그램의 전후에 광고가 방영되는 것처럼 웹 페이지가 바뀌는 중간에 삽입된 광고이다.
- 수퍼스티셜이란 사용자가 홈페이지에 접속할 때 광고를 컴퓨터의 임시 기억장치에 저장해 두었다가 다른 홈페이지로 이동할 때 광고가 나타나도록 하여 인터스티셜과 달리 이용시간의 지연문제가 발생하지 않는다.

푸시형 광고

푸시 기술(push technology)을 활용하여 고객이 원하는 정보를 미리 알아서 자동적으로 고객에게 광고를 직접 전송해 주는 행태를 푸시형 광고라 한다. 기존의 광고방식은 사용자가 필요로 하는 정보를 검색하는 과정에서 광고를 노출하는 수동적인 방식이었으나, 푸시 기술의 발전으로 고객에게 밀어내어 주는 능동적인 광고가 가능하게 되었다.

푸시 기술이란 콘텐트 제공업체의 서버에서 인터넷 사용자의 브라우저(클라이언트)에 원하는 정보만을 내보내 주는 기술이다. 인터넷은 TV나 라디오 등과는 달리 클라이언트가 원하는 정보를 요청하여 서버에서 해당 정보의 웹페이지를 끌어오는 방식이다. 그러나 푸시 기술로 인해 일반 미디어인 TV에서와 같이 인터넷을 활용할 수 있게 되었다. 즉, 인터넷 사용자가 스포츠에 관한 새로운 뉴스가 있을 때, 해당 사이트에 매번 접속하여 정보를 검색하지 않고도 자동적으로 받아볼 수 있게 되었다. 먼저 사용자는 푸시 클라이언트라는 프로그램을 자신의 PC에 설치하고 원하는 콘텐트와 정보를 볼 시간 등을 설정해 둔다. 그러면 정보를 제공하는 푸시 서버에서 예약된 시간에 원하는 정보를 자동적으로 제공해 준다. 1996년 1월 포인트캐스트사가 처음으로 푸시 기술을 이용하여 서비스를 제공하였다. 이러한 푸시 기술은 광고 외에도 소프트웨어의 갱신(업그레이드)과 같은 고객지원, 신제품 소개, 디지털 신문의 뉴스, 인터넷 방송 등에서도 응용되고 있다.

분산형 광고

구글은 분산형 광고라는 방식으로 구글의 사이트가 아닌 콘텐트를 제공하는 여러 사이트에서 텍스트 형식의 광고를 내보내고 있다. 네이버와 같은 기존의 광고는 네이버 사이트에서만 광고를 내보낸다. 그러나 구글의 애드센스(AdSense)는 구글 외의 다른 사이트에서도 광고를 내보낸다. 구글은 콘텐트 제공자들과 제휴관계를 맺고 광고 수익을 그들과 공유한다. 구글의 광고를 구글이 아닌 다른 사이트에서 본다. 따라서 네이버와 같은 검색서비스 업체와는 달리 구글은 이용자들이 원하는 정보를 찾아 빨리 콘텐트가 제공되는 사이트로 이동해 가도록 하는 사업 전략을 펴게 된다.

문맥 광고(contextual advertising)

문맥 광고는 웹사이트에 게재된 내용과 문맥을 분석해 연관성이 높은 광고를 자동적으로 노출하는 방식이다. 대표적인 예로 구글의 애드센스, 네이버의 애드포스트 등이다. 네이버는 블로그 사이트에서 포스트 하단 및 사이드에 콘텐트와 연관도가 높은 광고를 텍스트 형태로 노출한다. 구글과 네이버는 문맥광고 수익을 웹 사이트 운영자들과 배분하고 있다. 문맥 광고에도 한계가 있다. 2003년 뉴욕포스트에 토막 살인 사건에 대한 기사란에 가방 광고가 게재되었다. 살인자가 토막 시체를 가방(suitcase)에 은닉했기 때문에 광고게재용 프로그램에서는 가방 광고를 해당 기사란에 게재하였다.

키워드 링크 광고

키워드 링크는 웹페이지의 내용을 분석하여 광고 키워드를 추출하고 광고주의 키워드와 매칭하여 해당 키워드에 링크를 생성한 후, 키워드에 마우스를 갖다두면 광고가 노출된다. 이는 온라인 기사를 읽는 사용자들을 가장 성가시게 하는 광고 중의 하나이기도 한다. [그림 3-6]은 "명인"이라는 키워드와 매칭된 "무속인"

광고이다. 이러한 매칭은 단순한 키워드에 기반하고 있기 때문에 단어의 의미를 분석할 수 없는 한계로 나타나는 현상이다.

문맥광고와 키워드 링크 광고의 한계는 온톨로지(ontology) 기반의 시맨틱 웹(semantic web) 기술이 적용되면 극복될 수 있다. 인간의 지식체계를 기계가 이해할 수 있도록 표현해주는 온톨로지 기반의 시맨틱 웹은 의미분석과 문맥에서의 용어 의미를 기계가 파악할 수 있도록 지원하는 차세대 인터넷웹이다.

[그림 3-6] 키워드 링크 광고의 한계

"모든 것이 사실이라고 단정하기는 어렵다."

SBS '짝' 제작진이 출연자 중 한 **명인** 여자 6호의 과거 논란에 대한 공식 입장을 밝혔다.

'짝' 제작진은 2일 공식 홈페이지에서 여자 6호가 자신의 남편과 불륜을 저질렀다는 한 네티즌의 주장에 대하 "확인 결과 여자 6호가 당사자는 맞지만 모든 것이 사실이라고 단정하기 어렵다"고 전했다.

PPL 광고

온라인 게임 상에 등장하는 건물이나 간판을 PPL광고로 이용하는 것으로 간판을 클릭하면 해당사의 홈페이지와 연결되기 때문에 배너광고와 유사한 역할을 한다. PPL(Product Placement)은 TV 드라마, 영화 등에서 소품이나 배경 등을 통해 특정 제품이나 기업의 로고를 노출함으로써 광고를 하는 것이다.

기타 광고

- **이메일 광고 :** 이메일 박스를 통해 전달하는 광고. 수신자의 허락을 받은 후에 이메일을 통해 광그를 전달하는 것을 옵트 인(opt-in) 메일이라 함
- **텍스트 광고 :** 텍스트만을 사용한 웹 광고로 구글의 광고는 이미지나 동영상을 사용하지 않는 대표적인 텍스트 광고임. 온라인 신문이나 잡지 등의 사이트에서 기사 내의 특정 단어에 마우스를 올려두면, 광고주의 사이트로 이동할 수 있는 텍스트형의 광고를 보여주는 팝업 창이 나타나는 광고를 inline text 광고라 함

- **스폰서십 광고 :** 개인이나 기관에서 수행하는 일을 후원하면서 간접적으로 브랜드나 제품을 노출시키는 광고
- **리치미디어 광고 :** 단순히 텍스트나 그래픽, 애니메이션을 넘어서 사운드와 멀티미디어 등의 풍부한 메시지를 전달하는 광고
- **지역화 광고(localized advertising) :** 특정 지역에 맞는 광고, 예를 들어 구글의 우편번호나 주소를 고려한 광고, LBS를 이용한 광고, 검색 키워드의 지역 특성을 고려한 광고 등
- **유튜브의 TrueView in-stream 광고 :** 이용자들에게 선택권을 주는 5초 건너뛰기 광고

인터넷 광고효과 측정

인터넷에서는 거래와 관련된 기록을 저장하여 보관할 수 있어 광고효과를 비교적 쉽게 측정할 수 있다.

CPM(cost per thousand impressions or cost per millenium)이란 1,000 임프레션(impressions)을 전달하는 데 드는 비용이다. 다시 말하면 이는 기존 광고매체에서 1,000명 또는 1,000가구에 광고 메시지를 전달하는 데 드는 비용이다. 대개 CPM은 (단위 광고비용/청중 수) × 1,000으로 계산된다. 그리고 인터넷 광고에서 CPM이란 1,000 광고뷰(ad views)를 전달하는 데 드는 비용이다.

CPM과 같이 노출수를 기초로 광고비를 계산하는 경우로는 정액제(flat fee)와 클릭쓰루(click through) 방식이 있다. 노출빈도 외에도 상호작용성(interactivity)을 기반으로 인터넷 광고비를 계산하는 경우도 있다. 이는 방문빈도(visit frequency), 방문시간(duration time), 사이트의 각 페이지를 브라우징한 정도(browsing depth)에 의해 광고비를 계산하는 방식이다. 광고주 입장에서 더욱 정교한 방식은 판매제휴 프로그램(affiliate program)과 같은 성과대비지불(pay for performance) 방식이다.

인터넷 광고 효과의 측정 및 과금 방식은 다음과 같다.

① 노출빈도 기준

- **페이지 뷰(page view) :** 특정 웹사이트가 방문자에게 제공한 페이지의 총 수
- **익스포져(exposure) :** 각 방문자가 배너광고와 접촉한 횟수
- **임프레션(impression) :** 웹페이지에 게재된 배너광고에 노출된 방문자 수

② 방문빈도 및 클릭쓰루율 기준

- **히트**(hit) : 인터넷 방문자가 요청한 각 페이지나 그래픽의 총수, 사용자가 서버에 접촉한 수로써 페이지 디자인과 구성에 따라 히트 수가 달라짐
- **비지터/유저**(visitor/user) : 인터넷 사이트를 방문하는 각 개인을 의미하는 비지터나 적어도 한 번 이상 사이트를 방문한 사람을 의미하는 유저 수. 쿠키기술을 이용하거나 사용자 등록을 요구함
- **클릭쓰루율**(click through rate) : 배너광고가 포함된 페이지를 본 사용자 가운데 광고를 실제로 클릭하여 광고주의 웹사이트로 이동한 사용자 수, (문자 클릭 수×100) / 임프레션 수

③ 상호작용 기준

- **듀레이션 타임**(duration time) : 사용자가 특정 웹사이트에 머문 평균시간
- 방문자가 링크로 연결된 웹페이지를 클릭한 수
- 타겟 광고에 방문한 사람의 수 등 소비자와 타겟 광고와의 상호작용을 기반으로 가격을 산정함

④ CPC(Cost Per Click)

- 사용자가 클릭하는 것을 기준으로 과금하는 방식, 구글의 애드센스 광고가 대표적인 예임

⑤ 성과대비 지불방식(pay for performance)

- Click per lead/sale : 광고를 접한 후, 실제 상품구매가 일어난 수를 기준으로 과금함
- 판매제휴 프로그램은 그 대표적인 예임
- CPA(Cost Per Action) : 이는 CPC와 달리 방문자가 클릭한 것으로 광고비가 지불되지 않고 회원가입 · 상품 구매 · 장바구니 담기 등의 액션이 있을 때 광고비가 지불되는 방식임

3.2.4 옴니채널

옴니채널(omni-channel)이란 고객의 경험을 최적화하도록 오프라인과 온라인 등의 멀티채널을 통합하여 운영하는 것을 의미한다. 여기서 옴니(omni)란 '모든 것', '모든 방식으로', '도든 곳에'라는 의미의 라틴어에서 유래되었다. 멀티채널

(multi-channel)에서는 오프라인 매장, 인터넷 쇼핑몰, 모바일 쇼핑 등은 각각 별개의 채널로 운영되고 재고관리도 개별적으로 이루어진다. 멀티채널에서는 다른 채널이 자신의 고객을 빼앗아 간다고 보는 자기잠식현상이 발생한다고 보기 때문에 채널 간 갈등의 소지가 있고 경쟁적 관계가 성립한다. 옴니채널은 고객 경험을 최적화하도록 각 채널이 통합적으로 운영된다. 공통의 데이터베이스를 이용하여 각 채널의 고객관리, 마케팅, 재고관리 등을 통합적으로 관리하여, 모든 채널에서 일관성 있는 경험을 고객에게 제공한다. 고객은 각 채널을 동일한 브랜드로 인식하여 경험을 최적화할 수 있다. 또한 기업 관점에서도 통합 고객관리와 재고관리 등을 통해 비용을 절감하고 생산성을 향상시킬 수 있다.

[그림 3-7] 멀티채널과 옴니채널

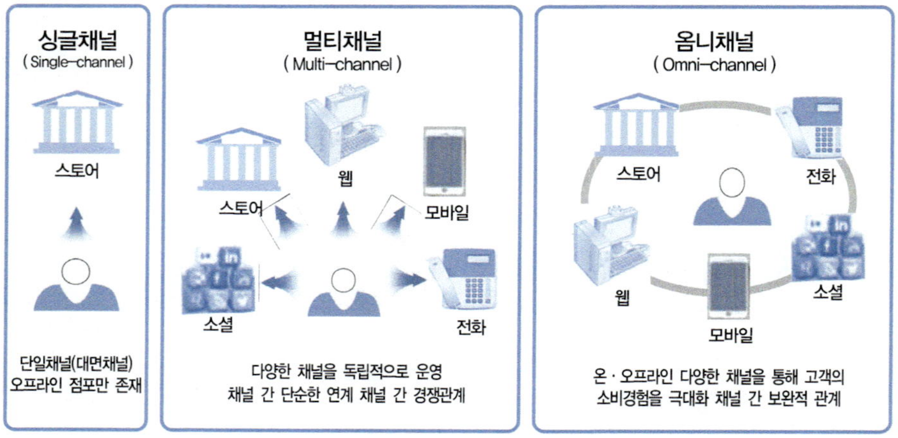

출처 : 네무스텍, 2015, www.indoornow.com/aenean-vulputate-eleifend-tellus-aenean-leo-ligula

옴니채널을 구현하려면 주문에서 배송 및 사후 서비스에 이르는 여러 부분 시스템이 유기적으로 통합되어야 한다. 예를 들어, 구매 및 공급망관리, 전사적자원관리, 고객관계관리, 마케팅관리, SNS 연계, 추천시스템 등이 연결되어야 한다. 오라클, IBM, SAP 등의 IT 업체에서는 옴니채널을 가능하게 하는 솔루션을 제공하고 있다.

3.3 금융 패러다임

핀테크(FinTech) 산업이 성장하면서 기존의 금융산업에 커다란 변화가 일고 있다. 금융산업의 규제가 완화 또는 철폐되면서 기존의 은행, 증권, 보험 등의 고유 영역의 장벽이 무너지고 있다. 또한 인터넷으로 새로운 금융 패러다임이 정립되어 가고 있다. 인터넷 뱅킹, 인터넷 증권, 인터넷 보험은 새로운 금융 패러다임으로 자리잡아가고 있다.

3.3.1 인터넷 뱅킹

1970년대가 물리적 점포의 시대였다면, 1980년대는 ATM과 폰뱅킹, 1990년대는 인터넷 뱅킹, 21세기는 스마트폰과 TV를 이용한 뱅킹과 복합 스마트뱅킹의 시대가 될 것이다.

전자금융(electronic finance 또는 electronic banking)이란 전자매체를 통해 전자적 수단으로 금융 서비스를 제공하고 지급결제 서비스를 제공하는 것으로 인터넷 주식매매와 인터넷 보험 서비스는 물론이고 CD/ATM, 텔레뱅킹, PC 뱅킹, 인터넷 뱅킹, 모바일 뱅킹 등 전자화된 매체에 의한 금융 서비스 제공과 지급결제기능을 수행하는 것을 지칭한다.

인터넷 뱅킹이 등장하기까지 국내 뱅킹의 자동화 단계는 다음과 같다. 1단계는 현금자동인출기(Cash Dispenser : CD)와 현금자동입출금기(Automated Teller Machine : ATM) 등을 이용하여 은행점포 간의 온라인화와 업무자동화를 추진하였다. 2단계는 개별 금융기관의 차원을 넘어서 타행환 공동망, CD/ATM 공동망, ARS 공동망 등의 금융 공동전산망으로 금융기관 간 네트워크를 구축하여 온라인 뱅킹(home banking과 firm banking) 서비스와 직불 또는 신용카드를 이용한 대금결제 서비스를 제공하는 것이었다. 다음 단계는 스마트폰은 물론이고 다양한 장치를 통해 뱅킹이 가능한 관련 업무와 통합하여 일단계 금융 서비스를 가능하게 되는 것이다. 인터넷 뱅킹을 통해 제공되는 서비스는 주로 금융상품 정보제공, 잔액조회, 계좌이체, 대출, 예・적금계좌개설, 공과금 납부, 외화송금, 전자화폐 서비스 등이다.

표 3-5 온라인 뱅킹 서비스

서비스	개 요
계좌관리	실시간 온라인 계좌정보 조회
자금이체	계좌간의 온라인 자금이체
온라인 과금	매월 정기적인 청구요금을 온라인(인터넷)으로 자동화하여 결제하는 서비스(EBPP)
온라인 고지	온라인(인터넷)으로 요금청구서를 고객에게 고지함. 이 서비스에는 분류, 세부 내용 확인, 광고, 원클릭 결제 등의 양방향 서비스가 포함됨
온라인 대출	온라인으로 대출상품을 검색해 신청하고 대출현황을 파악함
펌뱅킹 서비스	기본적인 지급결제 서비스 및 계좌정보 파악 등과 결제망(ACH 등)을 통한 매출채권의 송부, 고객/거래기업 등으로부터 지급된 자금의 관리
대고객 서비스 및 고객관리	고객 스스로 자신의 업무를 온라인상에서 처리함으로써 금융기관은 초기고정투자에 따른 규모의 경제를 누리고, 고객은 즉각적이고 자신에 알맞은 서비스를 제공받을 수 있음. 예를 들어 고객이 DB를 검색하여 자신의 계정에 입출내역을 조회하고, 스스로 신용카드 발급을 요청할 수 있게 됨에 따라 금융기관은 인건비를 절감하고 서비스 대응속도를 향상시킬 수 있음
교차판매	금융상품뿐만 아니라, 일반상품의 판매가 가능해짐. 금융기관은 향후 고객의 금융상태 및 고객 지출성향 등에 관한 정보를 이용하여 일반상품 판매에서도, 타켓 마케팅에서도, 우위를 점할 수 있을 것으로 보임. 실례로 웰스파고은행은 어버이날에 꽃 판매를 실시함
고객맞춤 콘텐트 및 도구	개별고객의 요구에 부응한 맞춤 서비스를 웹을 통해 제공 가능함. 한 예로 웹상에 고객의 자산관리도구를 제공하여 향후 자산관리를 계획할 수 있도록 하거나, 개인 재무컨설팅 서비스를 제공할 수 있음
전자화폐	개인금융정보와 전자화폐가치가 저장된 전자지갑을 이용해 결제함. 스마트카드가 널리 보급됨에 따라 ATM을 각 가정에 설치하는 효과를 가져올 것임

출처 : U.S. Bancorp Piper Jaffray(www.piperjaffray.com).

3.3.2 인터넷 증권

인터넷은 증권시장에 새로운 변화를 초래하였다. 대개 증권시장은 자본조달 목적으로 주식과 채권을 발행하여 투자자들에게 매도하는 발행시장과 이미 발행된 증권을 투자자들 상호간에 매매하는 유통시장으로 구성되어 있다.

먼저 발행시장에서는 인터넷 직접공모(DPO : Direct Public Offering)가 실행되고 있다. 직접공모는 브로커나 딜러가 개입하지 않고 모집행위를 하는 것을 의미한다.

즉, 발행자가 직접 투자자에게 자신의 주식을 파는 것이다. 직접공모는 인터넷 이전에도 있었지만 극소수에 불과하였고 인터넷의 출현으로 급증하고 있다. 1995년에 뉴욕의 Spring Street Brewing(SSB)이라는 맥주회사가 증권회사를 거치지 않고 인터넷상에서 자사의 주식을 모집하여 자금조달에 성공하였다. 이 회사는 매도신청 안내서의 인쇄, 우송 비용과 브로커나 인수업자의 수수료 등의 비용절감효과와 대량의 투자자를 확보하기 위해 인터넷을 통한 주식청약을 실시하게 되었다. 국내에서도 골드뱅크가 1998년 4월 회원을 상대로 공모주청약을 실시한 바 있고, 하나로통신에서도 1998년 1월 소규모이지만 인터넷을 통해 주식청약을 실시한 바 있다.

두 번째는 유통시장에서 전자거래시스템인 대체거래시스템(Alternative Trading System : ATS)이 도입되어 투자자들이 직접거래 시스템에 접근하여 주문의 종류 및 매매체결의 방법 등에 영향을 미치게 되어 가격결정메커니즘에 변혁을 초래하게 되었다. 예를 들어 1995년 9월에 개장한 영국의 사이버 증권거래소인 Tradepoint는 중개인의 개입과 입회장(floor)이 없는 완전한 가상 증권거래소로서 전자거래 단말기에 의해 매개가 이루어진다. 여기서는 중개인 없이 매매 쌍방이 직접 거래를 하므로 매매수수료가 런던증권거래소의 25%에 불과하다. 인터넷상에서 주식청약모집을 최초로 실시한 Spring Street Brewing사의 Wit Capital도 인터넷을 통한 사이버 증권시장이다. 여기서는 주로 벤처기업을 중심으로 주식을 가상공간에 상장시키고 기존의 증권회사나 증권거래소를 거치지 않고 투자자들 간에 매매가 이루어진다.

일반적으로 사이버 증권거래란 유가증권(주식과 채권 등)의 발행, 발행공시 및 분배, 정보의 교환, 투자분석, 주문전송, 매매체결, 거래조회, 결제 등 유가증권의 발행 및 유통에 관련된 일련의 과정 중 일부 또는 전부가 사람의 접촉이 배제된 채로 수행되는 것을 말한다.

증권시장이라면 우리는 한국의 증권거래소, 뉴욕증권거래소(NYSE), 장외시장(over the counter market : OTC시장)인 코스닥과 미국의 나스닥(NASDAQ)을 떠올린다. 국내의 증권 관련 거래를 운영하는 기관으로 한국거래소가 있다.

- **(주)한국거래소(www.krx.co.kr)** : 증권거래소, 선물거래소, 코스닥위원회, (주)코스닥증권시장 등 기존 4개 기관이 통합되어 2005년 1월 27일 설립되었으며, 증권 및 장내파생상품의 공정한 가격 형성과 그 매매, 그 밖의 거래의 안정성 및 효율성을 독적으로 국내 증권관련 업무를 운영함

3.3.3 인터넷 보험

자동차보험의 경우는 상품구조가 비교적 간단하다. 포리스터 리서치(Forrester research, www.forrester.com)의 조사에 따르면, 미국 온라인 보험시장의 90%를 자동차보험이 차지하고 있다. 국내에서도 인터넷 자동차보험 시장의 규모가 점차 확대되고 있다. 그러나 특히 생명보험의 경우는 상품구조가 복잡하고 개인별로 상품에 대한 요구가 다양하며, 위험보험료와 혜택이 고객의 위험정보에 따라 다르다. 고객이 제공하는 정보를 평가하여 고객의 요구에 부합하는 보험상품을 제공하는 것이 보험사업자의 중요한 문제이다. 따라서 인터넷의 상호작용성, 데이터베이스 기술, 지능형 에이전트 기술의 발전에 따라 일대일 맞춤형 보험서비스가 인터넷 가상공간에서 제공될 것이다. 또한 금융시장의 개방과 보험료 자율화 및 금융겸업화로 인터넷 보험 서비스가 가속화될 전망이다.

3.3.4 핀테크(FinTech)

핀테크(FinTech)란 금융(Finance)과 기술(Technology)의 합성어로, 금융과 IT의 융합을 통한 금융서비스 및 산업의 변화를 통칭한다. 핀테크가 기존의 인터넷 뱅킹을 비롯한 금융에 IT가 적용된 것과의 차이점은 고객중심 금융혁신이라 할 수 있다. 핀테크의 특징은 단순히 금융기관 관점에서 원가절감, 생산성 향상 차원을 넘어서 고객중심의 혁신을 통한 새로운 방식의 금융서비스라는 점이다. 기존의 접근법은 IT를 이용하여 어떻게 비용을 절감하고 생산성을 높일 수 있을가에 있었다. 여기서 IT는 기업 생산성 향상의 한 도구에 지나지 않는다. 두 번째 접근법은 고객은 무엇을 원하고, 그 니즈는 어디에 있으며, 고객가치를 어떻게 창출할 수 있을 것인가에서 출발한다. 개인화 금융서비스의 가치를 인식하고 금융혁신을 추진한다. 새로운 법과 제도적 장치가 필요하다. 고객접점을 비금융회사가 주도하고, 금융회사가 금융거래의 후선에서 지원하는 방식을 띠게 된다. 간편결제서비스, P2P 금융, 인터넷전문은행 등 다양한 핀테크 사업이 출현하고 있다.

3.4 물류 패러다임 : 인터넷 상거래로 성장하는 택배산업

창고에 재고를 쌓아두고 판매하는 푸시형(push-driven) 재고생산모형은 인터넷과 유연생산 시스템(flexible manufacturing systems)으로 인해 고객의 주문을 받아 생산하는 풀형(pull-driven) 주문생산체제로 변화되고 있다. 이는 기존의 유통망을 통해 상품을 고객에게 배달하는 체계가 필요시 즉시에 전문물류업체(제3자 물류)에 위탁하여 상품을 배달하는 체계로 변화될 수밖에 없음을 의미한다. 이러한 주문생산방식으로 전문물류업체의 수요는 증가되었다. 또한 주문생산형 제조기업은 재고를 위한 창고의 필요성을 줄이고 고객 서비스와 고객에게의 직접 배달 서비스를 개선시키게 된다. 한편 아마존은 제3자 물류에만 의존하지 않고 드론(Drone)을 이용하여 직접 물류 업무를 담당하기도 한다.

- **드론과 자율주행차:** 카메라, 센서, 통신시스템 등이 탑재되어 무선전파로 조종할 수 있는 무인 항공기다. 자율주행차도 새로운 물류혁명을 가져올 기술이다.

3.5 고용 패러다임 : 새로이 대두되는 인터넷 관련 직업

"만일 사람들이 노동자의 일자리를 빼앗는 새로운 기계를 발명할 재능을 지니고 있다면, 그들은 노동자들을 다시 일자리로 돌아가게 하는 재능도 갖고 있다."

— J. F. 케네디

4차 산업혁명으로 기존의 일자리는 사라지고, 새로운 일자리가 출현한다. 미래학자 토마스 프레이(Thomas Frey)는 2030년까지 20억 개의 일자리가 사라진다고 한 바 있다. IBM은 1991~1994년 사이에 8만 5,000개의 일자리를 축소한다고 발표했다. 또 AT&T는 8만 3,000개, 나이넥스는 2만 2,000개, 휴스는 2만 1,000개의 일자리를 축소한다고 발표했다. 1997년 말 외환 및 금융위기로부터 야기된 IMF 구제금융으로 인해 기업의 구조조정이 불가피해짐에 따라 수많은 노동자가 일자리를 잃었다.

이러한 일자리의 감소는 신기술을 개발하고 채택하는 중소규모의 회사들이 만들어내는 일자리로 상쇄된다. 자동화로 기계가 사람의 일자리를 대신한다고 한다. 그러나 사람은 기계가 대신할 수 없는 일을 찾아내고 그것을 수행할 수 있는 능력을 갖추어야 한다. 인터넷은 비즈니스 프로세스 리엔지니어링의 기반으로서 필요 인원을 감소시키고 생산성을 증대시키는 효과를 나타내기도 하지만, 새로운 일자리를 제공하기도 한다. 인터넷과 4차 산업혁명으로 성장하는 뉴비즈니스 분야에서는 새로운 지식을 갖춘 사람을 필요로 하게 된다. 또한 인터넷 교육과 컨설팅, 인터넷 무역상, 인터넷 검색사, 온라인평판관리사, 빅데이터분석가, 온톨로지 분석가 등과 같은 새로운 형태의 직업이 나타나고 있다. 1998년과 1999년 두 차례에 걸친 미상무부의 디지털 경제에 대한 분석의 주요 논제는 디지털 경제는 과연 노동시장에 어떤 영향을 미칠 것이며, 전자상거래가 확산되어 고용구조가 어떻게 변화될 것인가에 있었다. 〈표 3-6〉에서 나타내고 있는 바와 같이 전통적인 소매업과 은행업에서는 노동수요가 감소할 것이다.

1999년 OECD의 전자상거래의 경제적·사회적 영향에 관한 보고서에서는 〈표 3-7〉과 같이 전자상거래 시대의 유망직종을 제안하고 있다.

표 3-6 전자상거래와 고용

고용성장산업	·소프트웨어와 컴퓨터 서비스 산업 ·컨설팅, 디지털 방송·음악·영화, 전자출판 등을 포함한 콘텐트 산업 ·인터넷 서비스 산업 ·전자상거래를 위한 택배산업
고용감소산업	·전통적 인쇄출판산업 ·여행업 ·일반 우편산업 ·일반 소매업 ·금융 및 은행업 등

출처: OECD, 1999.

표 3-7 전자상거래 시대의 유망직업

직 업	직 무
창업 컨설턴트 (entrepreneurial consultant)	프로젝트 전반의 사업성 분석과 방향제시, 기업에 대한 컨설팅
응용 소프트웨어 개발자 (application developer)	신규 소프트웨어 개발, 온라인 비즈니스 도구의 개발
주문이행 전문가 (fulfillment specialist)	물류 및 운송 분야에서 고객이 만족할 수 있도록 제품배달의 관리
소비자 행동 컨설턴트 (consumer behavior consultant)	전자상거래에서 소비자 행동과 심리를 분석하고 목표고객을 탐색함
중개사(broker)	새로운 사업기회발굴 및 적합한 인력발굴
네트워크 보안전문가 (network security specialist)	정보 시스템과 네트워크 보안관리

직 업	직 무
전자상거래 사업분석가 (e-commerce business analyst)	회계 및 감사 업무
인터넷 설계사(Internet architect)	전자상거래 웹사이트의 기획 및 설계
제품관리자(product manager)	지속적으로 변화하는 웹 환경에 적합한 제품의 유지관리 및 몰 운영
프로그래머(core programmer)	인터넷 웹 및 분산환경의 컴퓨터 프로그래밍

출처 : OECD, 1999. 워크넷(www.work.go.kr) 참조.

드러커(P. F. Drucker)는 지식노동자를 일부 특수한 지식이나 기술을 지닌 사람들이 아니라, 배우는 방법을 터득하고 새 기술과 새 지식으로 끊임없이 이동할 수 있는 사람들로 정의하는 것이 적절하다고 제안한 바 있다.

인사이트 전자상거래관리사

전자상거래관리사는 전자상거래에 관한 국가기술자격시험을 합격한 자에게 부여하는 자격증으로 2000년부터 시행되고 있다. 아래와 같이 대한상공회의소(license. korcham.net)에서는 전자상거래관리사 1급과 2급 시험을 연 2회 시행하고 있다.

<table>
<tr><td>종목 소개</td><td colspan="4">정보통신의 급속한 발달은 기존의 비즈니스 형태와는 차별화된 새로운 패러다임의 전환을 요구하고 있다. <전자상거래관리사> 자격시험은 21세기에 가장 각광받을 것으로 전망되는 전자상거래분야의 최고 관리자를 양성하기 위해 인터넷 비즈니스와 관련된 경영, 기술, 마케팅 능력을 평가하는 국가기술 자격시험임.</td></tr>
<tr><td>응시 자격</td><td colspan="4">1급 :
- 해당 종목의 2급 자격 취득 후 해당실무에 2년 이상 종사한 자
- 해당 실무에 5년 이상 종사한 자
- 대학 졸업 후 해당 실무에 3년 이상 종사한 자
- 전문대학 졸업 후 해당실무에 4년 이상 종사한 자
2급 : 제한없음</td></tr>
<tr><td rowspan="5">시험 과목</td><td>등급</td><td>시험방법</td><td>시험과목</td><td>출제형태</td></tr>
<tr><td rowspan="2">1급</td><td>필기시험</td><td>- 전자상거래 기획 및 정책
- 전자상거래 시스템 설계 및 구축
- 전자상거래 운영 및 관리
- 인터넷 마케팅</td><td>객관식 190문항</td></tr>
<tr><td>실기시험</td><td>- 전자상거래 실무</td><td>작업형</td></tr>
<tr><td rowspan="2">2급</td><td>필기시험</td><td>- 전자상거래 기획
- 전자상거래 시스템구축
- 전자상거래 운영 및 관리
- 인터넷 마케팅</td><td>객관식 160문항</td></tr>
<tr><td>실기시험</td><td>- 전자상거래 구축기술</td><td>작업형</td></tr>
</table>

- e-**채용**(e-recruiting) : 인터넷을 통한 구인구직과 채용방식도 새로운 고용 패러다임으로 정착되어가고 있다. 잡코리아, 인크루트, 알바천국 등은 국내의 대표적인 온라인 리크루팅 중개 서비스이다. 워크넷(www.work.go.kr)도 일자리 정보제공서비스의 대표적인 예이다. 또한 채용에서 인공지능 면접이 활성화되고 있다.

3.6 법률 패러다임 : 전자상거래 관련법

e-비즈니스와 전자상거래 환경에 적합한 정부의 정책·기반제도·법률의 정비 등은 e-비즈니스 및 전자상거래의 발전에 커다란 영향을 미치게 된다. 즉, 뉴 패러다임을 기반으로 법률체계가 정비되어야 e-비즈니스와 전자상거래가 활성화될 수 있다.

종이문서기반의 법률 패러다임은 전자문서기반의 법률 패러다임으로 전환될 필요가 있다. 부가가치세법의 경우를 예로 들어 보기로 하자. 일반적으로 부가가치세는 소비지국 과세원칙을 따른다. 소비지국 과세원칙의 부가가치세 체제에서 재화와 용역의 거래에 대해 납세의무가 어디에서 발생했는지를 결정하기 위한 개념으로 사용되는 것이 공급장소(place of supply)이다. 기존 상거래에서 서비스는 일반적으로 그 특성상 공급되는 곳에서 소비되는 것으로 보고 과세되었다. 따라서 공급장소(사업장)에서 과세하여도 소비지국 과세원칙에 합당한 과세가 이루어졌다. 그러나 전자상거래에서 공급자는 소비자의 소비지국에 사무실을 설치하지 않고도 서비스를 제공할 수 있게 되었다. 이에 따라 부가가치세 과세에 적용되는 기존의 고정된 장소의 개념은 전자상거래 과세에 있어 충분히 포괄적인가 하는 문제가 제기되었고, 기존의 공급장소 및 사업장소의 개념규정을 수정할 필요성이 제기되었다.

- 종래의 종이문서에 기초한 거래와 달리 전자자료로 거래가 이루어지는 경우, 이에 맞는 상관행의 확립 및 제도·법률의 정비문제
- 국경을 초월한 비즈니스 및 거래로 인한 국가간의 상이한 법제도를 어떻게 적용할 것인가의 문제. 예를 들면 소득원천지에 기초한 과세와 거주지에 기초한 과세문제

- 인터넷에서 상표와 같은 효과를 갖는 도메인명과 관련된 상표권 문제, 프로그램 · 웹페이지의 정보내용 등의 저작권문제
- 우리나라 민법에서는 채권양도나 승낙을 확정일자가 있는 증서로 하여야 한다고 규정하고 있는데, 이를 전자우편으로 하는 경우의 효력 및 적용시기 등에 관한 문제

이에 다음과 같은 국제기구와 기관에서는 전자상거래 및 뉴비즈니스 관련 법과 제도를 정착하기 위한 노력을 기울이고 있다.

- OECD를 중심으로 한 전자상거래 과세문제(OECD의 전자상거래 과세의 기본틀)에 대한 논의
- WTO의 전자상거래 무관세 논의와 무역관련 이슈에 대한 논의
- 국제연합 국제상거래법위원회(UNICITRAL, www.un.or.at/unicitral/)의 전자상거래 모형법
- 미국법조협회(ABA)의 전자서명 가이드라인과 전자서명법 등

국내에서는 전자문서 및 전자거래 기본법과 전자서명법을 제정하여 1999년 7월부터 시행하고 있다. 전자상거래 등에서 소비자보호에 관한 법률이 2002년 7월 1일부터 제정 · 시행되고 있다. 전자금융거래(전자화폐, 인터넷 뱅킹, 온라인 주식거래, 보험가입, 휴대폰 결제 등)의 안전성과 신뢰성을 확보하기 위한 전자금융거래법이 2007년 1월부터 시행되고 있다.

전자서명법에서는 전자문서의 안전성과 신뢰성을 확보하기 위한 전자서명의 법적 효력, 공인인증기관의 역할과 책임 등을 규정하고 있다. 구체적으로 살펴보면, 전자서명법의 내용은 다음과 같다.

- 제1장 총칙 : 목적, 정의(전자서명이란 서명자를 확인하고 서명자가 당해 전자문서에 서명을 하였음을 나타내는데 이용하기 위하여 당해 전자문서에 첨부되거나 논리적으로 결합된 전자적 형태의 정보), 전자서명의 효력
- 제2장 공인인증기관(공인인증기관의 자격, 공인인증업무준칙, 인증업무제공 · 휴지 폐지 등)
- 제3장 공인인증서(공인인증서의 발급 · 효력의 소멸 · 폐지)
- 제4장 인증업무의 안전성 및 신뢰성 확보
- 제5장 전자서명인증정책의 추진 등
- 제6장 보칙
- 제7장 벌칙

전자상거래에 대한 국제 논의에 효율적으로 대응하고 국가적 차원에서 국내 전자상거래 촉진을 위한 기반구축을 통한 국가경쟁력 향상 및 국내 경기 활성화를 목적으로 제정된 전자문서 및 전자거래 기본법에서는 다음의 내용을 규정하고 있다.

- 제1장 총칙 : 목적(전자거래의 법률관계를 명확히 하고 전자거래의 안전성과 신뢰성 확보), 정의(전자거래란 재화나 용역을 거래함에 있어서 그 전부 또는 일부가 전자문서에 의하여 처리되는 거래), 적용범위
- 제2장 전자문서 : 전자문서의 효력, 전자문서의 보관, 송수신 시기와 장소, 전자서명 등
- 제3장 전자거래의 안전성 확보 및 소비자 보호
- 제4장 전자거래기본정책의 수립 및 추진체계
- 제5장 전자거래의 촉진 및 기반조성
- 제6장 전자거래분쟁조정위원회
- 제7장 보칙

2005년 10월부터 시행된 개정 전자문서 및 전자거래 기본법에서는 전자문서의 효력을 광범위하게 인정할 수 있는 공인전자문서보관소 제도를 도입했다. 공인전자문서보관소는 전자문서를 안전하게 보관하고 전자문서 원본성과 무결성 및 송수신 시점을 증명하는 기능을 한다.

전자서명법에 의해 한국인터넷진흥원(www.kisa.or.kr)의 산하에 전자서명인증관리센터(www.rootca.or.kr)를 두어 전자서명을 안전하고 신뢰성 있게 이용할 수 있는 환경을 조성하고 공인인증기관을 효율적으로 관리할 수 있도록 하고 있다. 전자서명인증관리센터의 주요 업무는 다음과 같다.

- 공인인증기관에 대한 공인인증서 발급·관리 등 인증업무
- 공인인증기관 실질심사 및 정기점검
- 전자서명인증 관련 기술 개발과 보급
- 전자서명인증 관련 제도 연구 및 상호 인정 등 국제협력 지원
- 전자서명 이용 활성화 추진

전자금융거래법에서는 전자금융거래란 금융기관전자금융업자가 전자적 장치를 통하여 금융상품 및 서비스를 제공하는 업무를 이용자가 이용하는 거래라 명시하고, 전자지급수단이란 전자자금이체, 직불전자지급수단, 전자화폐, 선불전자지급수단, 신용카드, 전자채권 그 밖의 전자적 방법을 이용하여 지급에 사용되는 것으

로 정의하고 있다. 이 법에서는 전자금융거래 이용자 등의 권리의무(금융기관전자금융업자의 책임, 전자금융보조업자의 지위 등), 전자지급거래(전자지급거래계약의 효력, 전자화폐에 의한 지급의 효력, 전자화폐의 양도성 등), 전자채권거래, 전자금융거래의 안전성 확보 및 이용자 보호, 전자금융업의 인가등록 및 업무, 전자금융업 등의 감독 등을 규정하고 있다.

전자금융거래법에서는 다음의 내용을 규정하고 있다.

- 제1장 총칙 : 목적(전자금융거래의 안전성과 신뢰성을 확보함과 아울러 전자금융업의 건전한 발전을 도모함), 정의, 적용범위, 상호주의
- 제2장 전자금융거래 당사자의 권리와 의무
- 제3장 전자금융거래의 안전성 확보 및 이용자 보호
- 제4장 전자금융업의 허가와 등록 및 업무
- 제5장 전자금융업무의 감독
- 제6장 보칙
- 제7장 벌칙
- 부칙

기타 전자상거래 관련 법률은 다음과 같다.

- **전자상거래 등에서의 소비자보호에 관한 법률** : 전자상거래 및 통신판매 등에 의한 재화 또는 용역의 공정한 거래에 관한 사항을 규정함으로써 소비자의 권익을 보호하고 시장의 신뢰도 제고를 통하여 국민경제의 건전한 발전에 이바지함
- **정보통신망 이용촉진 및 정보보호 등에 관한 법률** : 정보통신망의 이용을 촉진하고 정보통신서비스를 이용하는 자의 개인정보를 보호함과 아울러 정보통신망을 건전하고 안전하게 이용할 수 있는 환경을 조성하여 국민생활의 향상과 공공복리의 증진에 이바지함
- **인터넷전문은행 설립 및 운영에 관한 특례법**(약칭: 인터넷전문은행법) : 인터넷전문은행에 대하여 은행법의 특례를 정함으로써 금융혁신과 은행업의 건전한 경쟁을 촉진하고 금융소비자의 편익을 증진하여 금융산업 및 국민경제의 건전한 발전에 이바지함. 비금융주력자(산업자본)는 은행법에도 불구하고 인터넷전문은행의 의결권 있는 발행주식 총수의 100분의 34 이내에서 주식을 보유할 수 있다.

- **여신전문금융업법**
- **특정금융정보법** : 금융거래를 이용한 자금세탁행위와 테러자금 조달행위를 규제하기 위해 금융회사 등에게 의심스러운 거래나 고액 현금거래 보고, 고객 확인, 자금세탁방지 관련 내부 업무절차 정비 등의 의무를 부과하고 있는 법률이다. 주요 가상자산사업자 및 가상자산의 범위를 정하고 있다.

연습문제 및 참고문헌

연습문제

1. e-비즈니스와 전자상거래에 따른 패러다임 전환의 사례를 소프트웨어, 출판, 금융, 물류, 고용, 법 등에서 구체적 사례를 들어 설명하라.

2. 아마존닷컴이 어떻게 핵심역량을 기반으로 사업을 다각화해왔는가를 설명하라.

3. 일대일 마케팅과 매스 마케팅을 비교 설명하라.

4. 다음 용어를 간략하게 설명하라.
   1) SaaS(Software as a Serv ce)/클라우드 컴퓨팅
   2) CCL
   3) OSMU, N스크린
   4) 배너광고
   5) 키워드 광고
   6) 분산형 광고
   7) 문맥광고와 키워드 링크 광고, 그리고 한계점
   8) CPM(cost per thousand impressions)
   9) 옴니채널
   10) 전자거래기본, 전자서명법, 전자금융거래법, 특정금융정보업법

참고문헌

김기찬, "관계 마케팅의 특성,"
www.centerworld.com/ecad/prof/kimkc/rel-mktg/ 11월/11-1.htm

김재일, 유비쿼터스 인터넷 마케팅(중판), 박영사, 2007.

니콜라스 카, 임종기 역, 빅스위치, 동아시아, 2008.

염성원 · 김동원, 온라인광고, 미디어렙 육성방안 연구, p. 9, 2011. 한국언론재단.

유용주, "국내 전자금융의 현황과 금융업의 변화 전망", 1999, 삼성경제연구소.

이경전, "비즈니스모델관점에서의 웹 2.0", 정보과학회지, 제25권, 제10호, 2007, pp. 16-17.

이문규 · 안광호 · 김상용, 인터넷 마케팅, 법문사, 2004.

Hoffman, D.L. and T.P. Novak, "Marketing in Hypermedia Computer-Mediated Environments : Conceptual Foundations," *Journal of Marketing*, Vol. 60, No. 3., 1996, pp. 50-68.

제4장
e-비즈니스 전략과 모델

여기서는 e-비즈니스의 전략적 특성이라 할 수 있는 정보의 윤택성과 도달성의 관계, 가치사슬의 변화, 가치창출전략, 수확체증전략, 긴꼬리 마케팅 전략, 판매제휴전략 등에 대해 살펴본다. 이를 바탕으로 닷컴기업과 전통기업의 e-비즈니스 전략, 패러다임 전환기에 출현하는 다양한 비즈니스 모델과 BM 캔버스에 대하여 살펴보기로 한다.

4.1 e-비즈니스 전략

4.1.1 패러다임과 e-비즈니스 전략

전략은 패러다임에서 출발한다. 즉, 패러다임이 전략을 창출한다(카고노타다오). 전략은 패러다임을 바탕으로 해서 창출되고 실현되는 것이다. 패러다임은 기업내부의 사람들이 전략적 발상을 하기 위한 공통적인 토대를 마련해 주며, 전략의 창조를 촉진한다. 예를 들어 기업에서 종업원인 인간은 비용인가? 자산인가? 즉, 직원은 비용발생의 원천인가? 지적 자본 또는 인적자원인가? 패러다임의 변천에 따라 직원을 인건비를 발생시키는 비용의 원천이 아니라 인적자원(human resource)로 관리하게 되었고, 점차 고갈되지 않는 소스(source: 빛이나 에너지와 같은 원천으로 보는 견해)로 인식하게 된다. 고객은 판매를 위한 객체인가? 고객은 자산인가? 그 응답에 따라 기업의 전략은 달라질 수밖에 없는 것이다. 따라서 여기서는 온라인 비즈니스 패러다임에 기반을 둔 e-비즈니스 전략에 대하여 살펴보고자 한다.

먼저 전략의 개념과 유형에 대해 알아보고, 어떻게 정보의 윤택성과 도달성 간의 반비례관계가 무너지고 비례관계가 성립하는지를 살펴보며, 가치사슬의 변화, 수확체증전략, 비즈니스 설계전략 등에 대하여 살펴보고자 한다.

전략의 개념과 유형

전략(strategy)이란 목표를 달성하기 위한 계획이며, 언제 · 어디서 · 어떻게 목표에 도달할 것인가를 명시한 것이다(류필화, 2007). Chandler(1962)는 전략을 특정 기업이 장기적 목적과 목표를 결정하고 이것을 실현하기 위해 각종 행위들을 수행하고 자원을 배분하는 것이라 정의하였다. 전략이란 경쟁우위를 획득하는 방법에 대한 이론이다(Barney and Hesterly, 2010).

[그림 4-1]에 나타낸 바와 같이 전략경영의 수준에 따라 전사적 수준의 기업전략(corporate strategy), 사업부 수준의 사업전략(business strategy), 기능별 수준의 기능전략(functional strategy)이 있다. 기업전략은 기업이 나아가야 할 방향을 결정하는 문제를 다루기 때문에 전략본부의 책임을 맡고 있는 최고경영층에 의해 이루어진다. 이것은 주로 기업의 전체목표를 정의하고, 무슨 사업에 참여하며 어

떻게 사업부간에 자원을 배분할 것인가를 결정한다. 예를 들어, 영국의 테스코(Tesco)는 기존의 오프라인 분배 및 판매망 중심의 전략에서 1995년 인터넷 기반의 온라인 분배 및 판매망에 대한 전략적 의사결정을 해야 했다. 사업전략은 특정 사업부 수준에서의 전략적 의사결정을 다룬다. 예를 들어, 델컴퓨터는 기업전략의 틀 안에서 서로 다른 전략적 사업단위, 즉 기업고객사업부, 소비자고객사업부, 공공부문사업부를 두고 있다. 기능전략이란 생산/운영, 마케팅, 재무, 인적자원관리, 연구개발 등의 기능별 수준의 전략으로 기업 및 사업부 수준에서 결정된 전략을 실천하는 것과 직접 관련되어 있다.

[그림 4-1] 전략의 유형

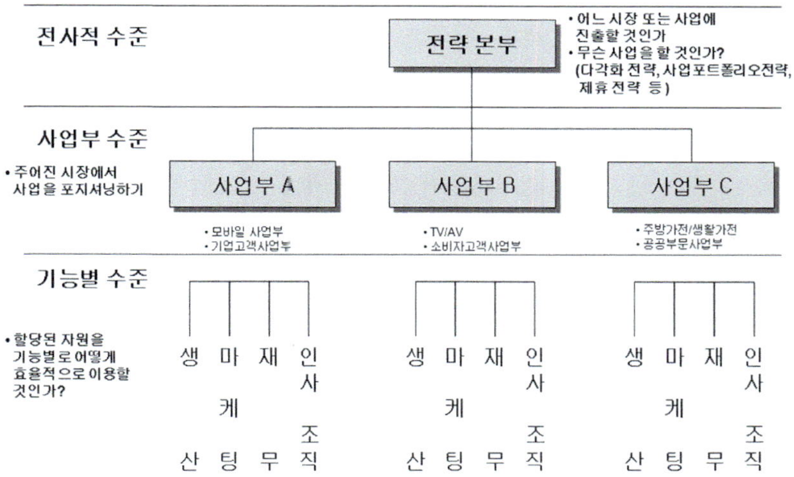

정보의 윤택성과 도달성 : 포지셔닝 전략

기존의 패러다임 하에서는 정보의 윤택성과 도달성간에 반비례 관계가 성립하여 [그림 4-2]의 반비례선상(상반관계 : trade off)에서 기업은 포지셔닝 전략(positioning strategy)을 선택해야 하였다.

- 포지셔닝(positioning)이란 목표시장에 차별적인 위치를 차지하도록 기업의 제공물과 이미지를 설계하는 활동 또는 과정이다.
- 제품 포지션(product pcsition)이란 소비자 마음속에서 경쟁사와 비교하여 자사제품이 차지하는 위치이다.

• 포지셔닝 전략이란 기업에게 잠재적 혜택을 최대화할 수 있도록 소비자의 마음속에 브랜드를 위치시키는 것이다.

정보의 윤택성(richness)이란 원하는 정보를 얼마나 제공하는가의 문제, 즉 정보의 질(정확성, 포괄성, 신속성, 맞춤성, 호환성, 관련성, 보안성 등)과 정보의 깊이와 폭을 의미한다. 정보의 도달성(reach)이란 얼마나 많은 사람들에게 정보를 제공할 수 있는가의 문제, 즉 정보를 공유할 수 있는 대상의 수를 의미한다. 기존 패러다임에서는 적시에 풍부한 정보를 전달하기 위해서는 근접한 거리에 있어야 한다.

[그림 4-2] 정보의 윤택성과 도달성의 반비례관계

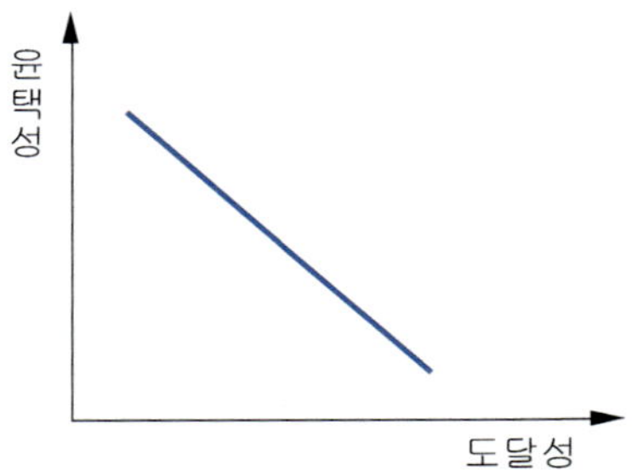

[그림 4-3]에서 정보의 도달성 전략에 초점을 둔 시티은행의 경우, 정보량이 많을수록 거래업체 수는 줄어든다. 시티은행의 외환 딜러들은 각국의 화폐 관련 정보(화폐별 수량과 가격)를 수백 개의 금융기관으로부터 받고 있다. 즉, 그들은 제한된

[그림 4-3] 반비례 관계에서의 포지셔닝 전략사례

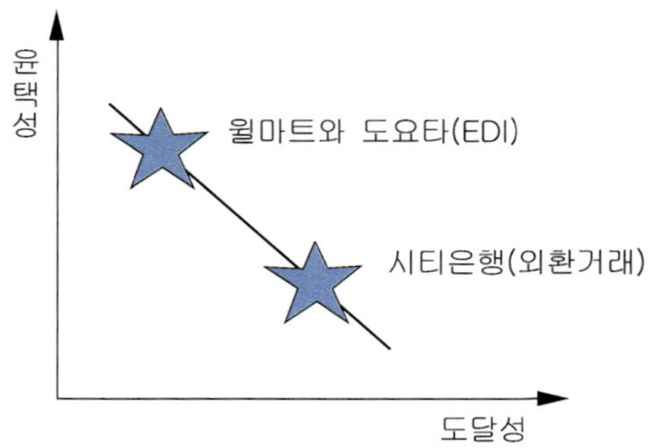

정보만 수신한다. [그림 4-3]어서 정보의 윤택성 전략에 초점을 둔 월마트와 도요타의 경우, 소수의 대형 거래처와 장기적인 물품공급을 계약하고 마케팅 및 물류의 원활한 정보교환을 시도(EDI를 활용했음)했다. 1980년대 일본 제조업체들은 공급업체의 수를 줄이는 대신 품질의 개선, 재고 및 납품 기간의 단축에 역점을 두었다.

그러나 온라인 비즈니스 패러다임 하에서는 다음과 같은 요인에 의해 정보의 윤택성과 도달성 간의 반비례관계가 파괴될 수 있다. 그 첫째는 연결성(connectivity)이며, 둘째는 기술과 콘텐트 표준이다. 예를 들어, TCP/IP와 같은 쌍방향 개방형 통신표준, HTML/XML과 같은 메시징 표준은 기존의 아날로그 기술로는 정보를 전송하는 질적 수준을 극복할 수 없었던 장벽을 극복할 수 있도록 하였다.

[그림 4-4]에서는 증권거래회사인 찰스슈왑(Charles Schwab)의 온라인 증권거래인 eSchwab을 통해 반비례관계를 극복한 사례를 나타내고 있다.

[그림 4-4] 찰스슈왑의 사례

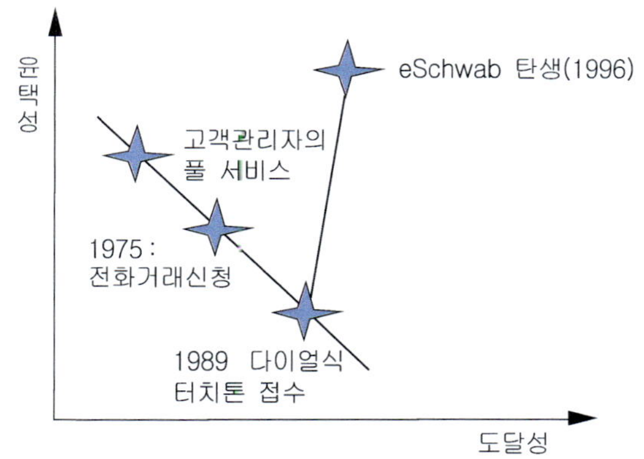

eSchwab에서 정보윤택성의 증가란 인터넷을 통해 분석보고서, 개인상담/자문 서비스, 포트폴리오 성과관리, 재무 데이터 분석, 시장투자 상품관리 등의 질적 수준이 높은 상세한 정보를 고객에게 제공할 수 있음을 의미한다.

[그림 4-5]에서는 델컴퓨터의 주문직판 모델에 의한 정보의 도달범위를 축소하지 않고 상세한 정보를 고객에게 전달하는 사례를 나타내고 있다.

[그림 4-5] 컴퓨터 유통업의 사례 : 델컴퓨터

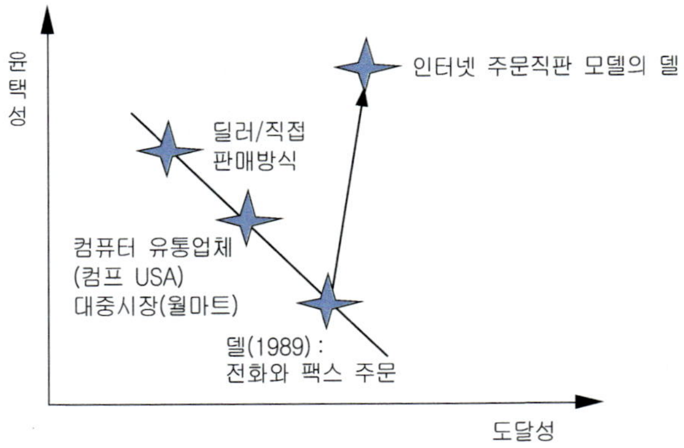

델컴퓨터의 사례에서 정보의 윤택성이란 다음과 같다.

- 맞춤형 서비스(configurator, 즉 고객이 자세한 상품소개에 따라 수많은 선택사양을 검색하여 선택할 수 있는 제품사양지원 소프트웨어)
- 가격협상
- 기술지원
- 공급업체가 직접 수요변화를 확인할 수 있도록 함(재고감축)

고객 데이터베이스과 데이터마이닝 등의 기술을 적용하여 개인화(personalization) 서비스를 통해 정보의 윤택성을 제공한 일부 사례는 〈표 4-1〉과 같다. 개인화 서비스를 가능하게 하는 핵심 기술은 인공지능과 빅데이터이다.

표 4-1 개인화 서비스의 사례

사례 기업	개 요
Travelocity (www.travelocity.com)	고객별 비행기 예약정보를 보고 특정 고객이 어떤 좌석을 선호하는지, 자주 비행하는 행선지가 어디인지를 파악하여 비행기 할인안내 서비스를 제공함
1800-Flowers	고객의 기념일과 생일에 대한 정보, 이전에 배달했던 정보를 이용하여 명절이 다가오면 사전에 통보해 주고 개인의 취향과 가격대에 맞는 선물을 제안해 준다.
CDnow	Make your discs!

가치사슬

가치사슬(value chain)이란 공급과 수요를 연결하는 일련의 부가가치활동의 집합을 설명하는 모델이다. 포터(M. E. Porter)의 가치사슬 모델은 공급자, 기업, 유통업자, 소비자로 이어지는 선형적 관계로 구성되어 있다. 즉, 포터는 가치사슬이란 내적 유통(inbound logistics) · 운영(operations) · 외적 유통(outbound logistics) · 마케팅과 판매(marketing and sales) · 서비스(service)라는 본원적 활동과 기업의 하부구조 · 인적자원관리 · 기술개발 · 구매활동이라는 지원활동으로 구성된다고 하였다.

가상사회에서의 가치사슬이론에 따르면, 정보 그 자체는 지원활동이 아닌 가치창출의 본원적 활동이다. [그림 4-6]에서와 같이 가상사회에서의 가치사슬은 선형적 흐름이 아니라 상호 연결된 비선형적 흐름으로 구성된다. 가치창출 활동은 다음의 5가지로 구성되며, 일련의 활동이 매트릭스 형식으로 상호 연결됨으로 가치가 창출된다. 기업은 가치사슬에 존재하는 각 활동에 일반적인 정보의 부가가치활동을 적용하여 신시장을 개척하거나 기존시장과 새로운 관계를 창출하여야 한다.

- 정보수집(gathering)
- 구성(organizing)
- 선택(selecting)
- 종합(synthesizing)
- 분배(distributing)

[그림 4-6] 가치 매트릭스: 새로운 관계의 구축

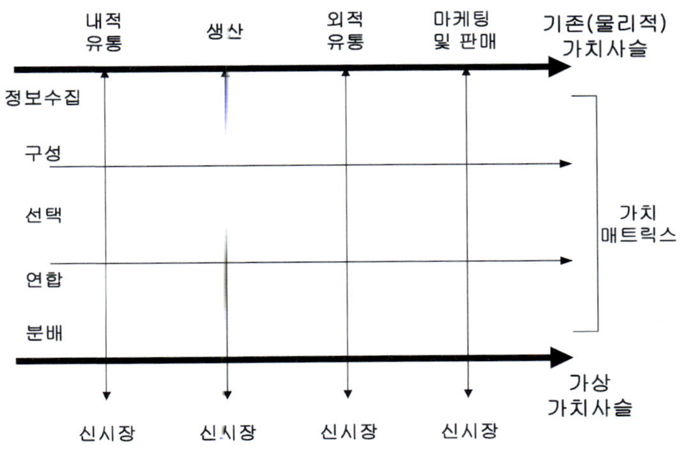

출처 : Rayport and Sviokla, 1995, p. 82.

레이포트와 스비오크라(J. F. Rayport and J. J. Sviokla)에 의하면, 현실세계(marketplace)와 가상세계(marketspace) 모두에서 가치를 창출하는 것이 중요하나, 두 세계에서의 가치창출 프로세스가 다르다. 정보로 가치를 창출하라. 따라서 기업이 경쟁력을 갖기 위해서는 기존의 가치사슬을 해체하고 가치사슬을 재구성하여야 한다.

인사이트 가치사슬

가치사슬(value chain)이란 기업활동에서 부가가치가 생성되는 과정을 의미한다. 1985년 마이클 포터(M. Porter)가 모델로 정립한 이후 광범위하게 활용되고 있는 이론 틀로서 부가가치창출에 직접 또는 간접적으로 관련된 일련의 활동·기능·프로세스의 연계를 의미한다. 주활동(primary activities)과 지원활동(support activities)으로 나눠볼 수 있다.

여기서 주활동은 제품의 물류투입·생산(운영)·물류산출·마케팅과 판매·서비스 등과 같은 현장업무활동을 의미하며, 지원활동은 구매·기술개발·인사·재무·기획 등 현장 활동을 지원하는 제반업무를 의미한다. 주활동은 부가가치를 직접 창출하는 부문을, 지원활동은 부가가치가 창출되도록 간접적인 역할을 하는 부문을 말한다. 현실적으로 주활동과 지원활동을 엄격하게 구별하기란 쉽지 않다. 예를 들어, 획득활동(procurement)은 물류투입활동의 지원활동인데, 여기서는 획득의 개념을 물류투입활동에 필요한 구매지원으로 보고 있다. 가치사슬은 주활동과 지원활동으로 나누어 비용과 가치창출요인을 분석하는 데에 사용된다.

이를 통하여 가치활동 각 단계에 있어서 부가가치창출과 관련된 핵심활동이 무엇인가를 규명할 수 있으며, 각 단계 및 핵심활동들의 강점이나 약점 및 차별화 요인을 분석하고, 나아가 각 활동단계별 원가동인을 분석하여 경쟁우위 구축을 위한 도구로 활용할 수 있다. 자사와 경쟁사의 가치사슬을 비교분석하면, 경쟁우위를 달성하기 어느 활동에 집중할 필요가 있는지를 파악하는 데 도움이 된다. 보통 기업의 내부역량 분석도구로 많이 사용된다(출처 : 네이버 백과사전).

포터의 가치사슬 모델은 다음과 같다. 가치사슬 모델은 경쟁사와의 비교를 통해 우위활동을 식별하여 자사의 경쟁우위를 식별할 수 있다.

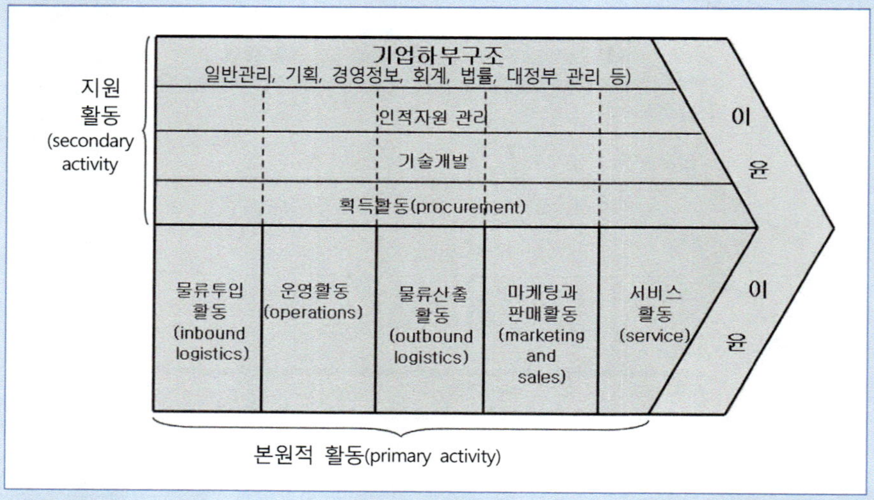

비즈니스 설계, 핵심역량, 전략적 혁신

[그림 4-7]은 고객가치에 기반을 둔 e-비즈니스에서는 전통적인 비즈니스와는 어떻게 그 설계방식이 다른가를 보여주고 있다. 전통적 기업의 경우는 대개 기업 내부 여건을 고려하여 프로세스를 설계하고 제품을 생산하여 분배망을 통해 소비자에게 판매하는 방식을 취하여 왔다. 그러나 고객가치가 경쟁우위의 근간이 되는 e-비즈니스에서는 고객이 무엇을 원하며, 어떤 가치를 제공해야 하는가가 비즈니스 설계의 시발점이 된다. 최종적으로 제품/서비스를 위한 하부구조와 프로세스를 외부로부터 조달(outsourcing)할 것인지, 아니면 자체적으로 생산 또는 운영할 것인가를 결정하게 된다. 이러한 의사결정에는 기업의 핵심역량(core competence)이 중요하다. 디지털 경제나 4차 산업혁명의 시대에서는 제조업에서도 스마트 공장, 유연생산기술, 3D 프린팅이 확산되어 상대적으로 프로세스나 제품의 생산이 용이하기 때문에 고객관점보다는 프로세스나 제품 관점의 중요성이 낮아지게 된다.

[그림 4-7] 비즈니스 설계방식의 변화

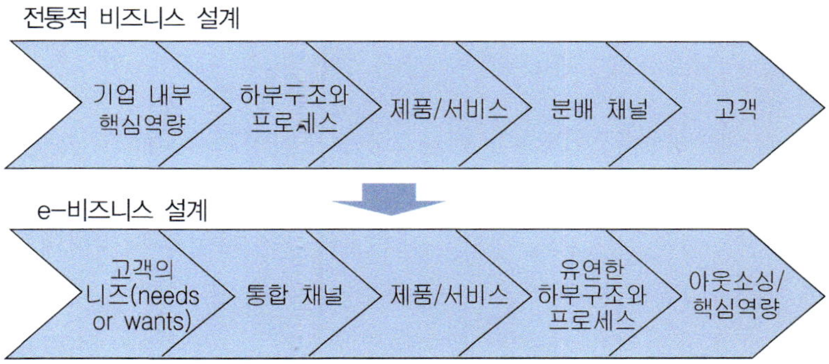

출처 : Kalakota and Robinson, 1999, p. 60.

마이클 포터(M. E. Porter)의 경쟁전략(1980)과 경쟁우위(1985)에서는 경쟁이론을 잘 설명하고 있다. 그는 경쟁전략, 즉 기업이 산업 내에서 효과적으로 경쟁할 수 있는 일반적인 전략유형을 원가우위전략(cost-leadership strategy), 차별화 전략(differentiation strategy), 집중화 전략(focus strategy)으로 분류하였다. 한 산업 내에 존재하는 다섯 가지 경쟁세력(기존 기업간의 경쟁, 잠재적 경쟁자의 진입위험, 공급자와의 협상력, 구매자와의 협상력, 대체재의 위협)이 경쟁우위(competitive advantage)의 중요한 요소가 된다. 1990년대 초반 이래로 시장준거이론(market- based view : 한

산업 내에서 기업이 어떠한 경쟁적 포지션을 취하는가는 경쟁우위의 결정요인이 된다)으로 알려진 포터의 접근전략은 특정 경쟁문제를 진단하는 데는 도움이 되지만 문제해결수단을 제공하지는 못한다는 점에서 비판을 받게 되었다. 이러한 단점을 극복하기 위해 기업의 내부적 관점, 즉 핵심역량에 역점을 둔 자원준거이론(resource-based view)이 등장하게 되었다.

자원준거이론에 따르면, 기업의 자원과 역량이 다르기 때문에 특정 기업의 경쟁우위도 달라진다. 이는 조직구조, 프로세스, 자원, 능력 등의 기업의 내적 관점(핵심역량)에 역점을 두고 있다. 역량(competence)이란 서로 다른 자원(resources)과 기술(skills)의 결합체이다. 자원이란 가치창출에 사용되는 기업의 유무형 자산이다. 기술(skills)이란 기업이 자원을 효율적이고 효과적으로 사용할 수 있는 능력이다. 핵심역량이란 가치 있고 지속적인 차별성을 가지며 다른 제품 또는 시장에도 확대 적용될 수 있는 능력으로 다음 조건을 충족하는 역량을 의미한다.

- 고객이 지각하는 혜택을 증가시키거나 비용을 감소시켜, 고객에게 가치있다고 판단되는 능력
- 가치창출의 원천이 되고 기업에 이익을 가져다주는 차별성 있는 능력
- 다른 기업이 모방하기 어려워 지속성을 갖는 차별적 능력
- 서로 다른 제품이나 시장에 확대될 수 있는 능력

예를 들어, 아마존의 핵심역량은 웹사이트 관리능력, 온라인 주문에서 배송까지의 상품흐름을 관리하는 능력, 고객관리능력이다. 예를 들어 상품흐름을 관리하는 능력은 창고와 정보기술 인프라라는 자원을 구축하여 내부기술을 창출하는 데서 발휘된다. 아마존은 서적뿐만 아니라 장난감, 가전, 의류 등의 다른 제품에도 그들 자원과 기술을 재사용할 수 있다. 따라서 아마존은 이들 핵심역량을 기반으로 서적 외에 다양한 제품과 서비스를 제공하는 기업으로 사업을 다각화했다. 또한 아마존은 웹사이트 관리능력을 기반으로 아마존 웹서비스(Amazon Web Service) 사업을 통해 오늘날에는 클라우드 컴퓨팅 서비스로 사업을 다각화하는 전략을 실행했으며, 전자책 전용단말기 킨들(kindle)을 기반으로 태블릿 PC 시장에도 진출하게 되었다.

e-비즈니스 기업이 지속적으로 경쟁우위를 달성하기 위해서는 자원준거 접근전략에 시장준거 접근전략을 결합하는 전략이 요구된다. 그렇다면, 우수한 자원과 능력을 갖고 매력있는 사업에서 종사하는 기업이 늘 경쟁우위를 갖는가? 그러한 기업에게도 지속적인 경쟁우위를 갖기 위해서는 전략적 혁신(strategic innovation)이

필요하다. 기업은 지속적으로 외부 환경을 탐색(exploration)하여 환경변화에 대처할 수 있는 끊임없는 혁신 전략을 실행해야 한다. 산업에서 기존의 경쟁법칙을 깨고 도전해야 하며, 경쟁에서 기존의 게임을 더 잘 하고자 하는 것을 넘어서 새로운 게임의 규칙을 만들어가야 한다는 점에서 전략적 혁신은 기술혁신(technological innovation)과는 다르다. 전략적 혁신은 산업의 기존 규범을 깨고, 다음 사례와 같이 구체적 접근법을 실행하는 것이다.

캐논의 복사기 사업은 전략적 혁신의 대표적인 예이다. 제록스와 같은 기존의 복사기 사업은 대형 복사기를 기업에 임대해 주고, 복사기 사용량에 따른 수수료를 매달 받는 방식이었다. 캐논은 복사기 시장에 진입하면서 제록스와의 경쟁을 최소화하기 위해 표적시장을 개인고객으로 설정했다. 캐논의 개인용 복사기는 저렴하고 작기 때문에 전자제품 전문점에서 판매하기가 용이했다. 캐논은 기존의 경쟁업체인 제록사와는 달리 대기업 시장의 대형 복사기가 아닌 개인고객을 대상으로 하는 소형 복사기 시장을 개척하여 기존의 경쟁 규칙이 적용되지 않도록 하였다.

수확체증전략

뉴비즈니스에서 성공하기 위해서는 디지털 경제의 수확체증현상을 이끌어 내야 한다.

첫째, 뉴비즈니스에서 수확체증을 관리하기 위해서는 지적 자본(intellectual capital) 또는 무형자산(intangible asset)의 중요성을 인식해야 한다. CTP(Cambridge Technology Partners)에서는 지적 자본이란 계속적인 혁신을 통해 가치를 창출할 수 있는 능력이라고 정의하고 있다. 손으로 만질 수 있는 공장・장비・원재료・토지와 같은 물리적 자산(physical or tangible assets)과는 달리 연구개발과 기술혁신・소프트웨어・고객관계・경영 노하우 등은 무형의 자산이다. 디지털 경제에서 기업은 물리적 자산을 소유함으로써 가치를 창출하기보다 고객을 소유함으로써 가치를 창출한다. 제조공장과 장비 등을 소유하는 데는 많은 자본이 투자되어야 한다. 한편 고객을 소유하기 위해서는 많은 정보를 필요로 한다. 지적 자산에 투자한 경우가 물리적 자산에 투자한 경우보다 실제 수익률로 측정된 경제적 가치가 높다. 고객에 관한 정보는 동적이며 획득하기 어렵지만 무한한 가치를 갖는다. 인터넷 경매업체인 이베이(eBay, www.ebay.com)의 물리적 자산은 얼마 되지 않는다.

그러나 이베이는 개인 간 경매에서 고객이 스스로 사이트를 운영할 수 있도록 함으로써 고객이 사이트 운영의 주체가 되도록 하였다. 즉, 이베이는 물리적 자산을 소유하기보다는 고객을 소유함으로써 가치를 창출하고 있다. 지적 자본은 혁신과 수확체증을 가능케 하는 가장 핵심적인 요소이다.

둘째, 수확체증의 법칙이 적용되는 비즈니스의 세계에서는 초기의 선점자가 장기적인 경쟁우위를 점하고 시장을 지배할 가능성이 높다(first mover advantage). 뉴비즈니스에서 성공의 열쇠는 일정 규모 이상의 고객을 얼마나 빨리 확보할 수 있는가, 가상공간을 떠도는 사람들을 유혹할 만한 콘텐트를 제공할 수 있는가, 고객과 돈독한 관계를 어떻게 지속시킬 수 있는가 등에 달려 있다.

셋째, 산업 간의 경계를 넘어선 협력과 제휴를 통해 네트워크 효과를 극대화하여야 한다. 디지털 경제의 한 가지 특성은 기술, 산업, 서비스와 시장 등에서의 융합현상이다. 컴퓨터 · 통신 · 미디어 기술이 융합되고, 서로 다른 산업(특히 방송과 통신 산업)이 융합되어 산업 간의 경계가 모호해지고 있다. 디지털화로 서로 다른 서비스가 융합된 형태로 나타나고, 인포미디어리(informediary)와 같은 새로운 시장이 출현하고 있다. 산업경제에서 기업은 주어진 산업 내에서 개별 제품이나 서비스로 경쟁하였으나, 디지털 경제에서 기업은 여러 산업에 걸친 융합된 제품과 서비스로 경쟁하게 된다. 따라서 뉴비즈니스의 성공은 핵심역량을 지닌 기업들이 커뮤니티를 구성하여 네트워크 효과를 극대화하는 데 있다.

긴꼬리 마케팅 전략

1) 80 : 20 법칙이란?

모두 다 할 수 없으며, 다 잘 할 수는 더욱이 없다. 1897년 이탈리아 경제학자 빌프레도 파레토(Vilfredo Pareto : 1848~1923)의 이름을 따서 만들어진 파레토 법칙을 80 : 20 법칙이라고 한다. 이탈리아 자산의 80%를 단지 20%의 사람들이 소유하고 있다. 80 : 20의 법칙이 통하는 사례는 많다. 20%의 사람들이 80%의 부를 차지하고 있다. 20%의 고객이 매출액의 80%를 차지하고 있다. 성공한 20%의 음반만이 음반매장이나 유통업체 진열대의 맨 위를 놓이고 나머지는 창고에 있다. 뉴욕타임스 베스트셀러에 꼽힌 20%의 책이 전체 출판업계의 등불이 된다. 따라서 중요한 20%에 역량을 집중할 필요가 있다.

80 : 20은 고객관계관리에서도 중요한 법칙으로 활용되어 왔다. 대개 기업고객의 20%가 80% 이상의 수익을 창출해 준다. 따라서 기업은 한정된 자원으로 기업의 대부분의 매출을 올려주는 20%의 고객을 평생고객으로 유지하여 그들의 고객충성도를 높이는 전략을 펴게 된다.

2) 긴꼬리 마케팅이란?

디지털 경제경영 환경에서는 80 : 20 법칙이 늘 적용되는 것은 아니다. 온라인 디지털 기술의 발전으로 이전에는 중시하지 않았던 다수가 모여 기업이 상당한 수익을 창출하는 것을 가능하게 한다. 비록 매출액 관점에서 전체 시장의 20%를 점하고 있지만 기업에서는 이들 고객을 대상으로 상당한 수익을 올릴 수 있다. 오프라인 환경에서는 비용대비 효과 측면에서 별 의미가 없었지만, 온라인 디지털 환경에서는 상황이 달라진다.

긴꼬리 마케팅(long tail marketing) 전략의 핵심은 적은 판매량을 가진 다량의 물건들이 모여 제법 규모의 시장을 형성한다는 데 있다. 다시 말해 티끌모아 태산이 될 수 있다. 와이어드(Wired)지의 편집장 크리스 앤더슨(Chris Anderson)이 인터넷 사업 모델은 재고비용이나 유통비용이 없기 때문에 인기 없는 것들도 온라인에서는 중요한 자원이 될 수 있다는 것에 착안하여 긴꼬리 마케팅 개념을 제안하였다. 전체 매출액의 80%는 전체 상품의 20%에서 나온다는 80 : 20 법칙과는 달리 수요곡선의 긴꼬리에 해당하는 사소한 다수(trivial many)로 취급되었던 80%의 상품으로부터 상당한 매출을 올릴 수 있다. [그림 4-8]에서 잘나가는 20%에 해당

[그림 4-8] 긴꼬리

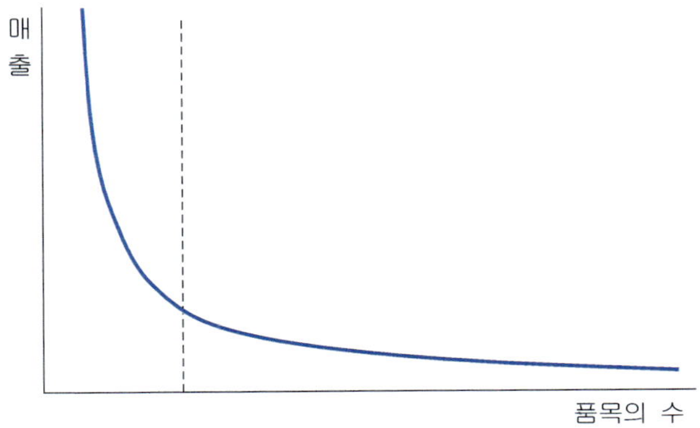

하는 품목이 매출의 80%라는 파레토 법칙과는 달리 하찮은 것으로 간주되었던 긴 꼬리에 해당하는 품목이 점차 확장되어 상당한 매출을 내는 것이 가능하게 된다.

80%의 수익을 창출하는 20%의 베스트셀러에 의존하는 마케팅으로는 디지털, 인터넷, 블로그가 가져온 변화하는 시대의 시장과 수요자를 잡을 수가 없다. 인터넷 시대에 성공한 많은 기업은 파레토 법칙에서 사소한 다수로 간주되던 80%를 소중하게 여기는 마케팅 전략을 실행했다. 예를 들어, 애플의 아이튠스(iTunes) 디지털 음악 사업인 아이튠스뮤직스토어는 빌보드챠트 순위에 반영된 힛트 앨범 20%가 아닌, 80%의 스테디셀러 앨범, 흘러간 앨범, 혹은 희귀 앨범들에서 나오는 수익을 무시할 수 없었다. 또한 시장진입 초기에 시장분석가 대다수가 실패를 예측했던 회원제 인터넷 DVD 대여업체 넷플릭스(Netflix)가 성공한 것도 블락버스터(Blockbuster)나 헐리웃비디오(Holllywood video) 같은 대형 비디오 대여 체인망에서는 구하기 힘든 비디오나 DVD를 구할 수 있다는 점이 크게 작용했다.

크리스 앤더슨은 긴꼬리 현상을 이끌어내는 원천으로 다음 세 가지 동력을 들고 있다.

- **생산수단의 대중화 : 디지털 기술과 3D 프린팅 기술 등의 발전으로 누구나 저렴한 비용으로 원하는 상품을 생산하는 것이 가능하게 된다.** 디지털 카메라, 음악 편집 소프트웨어, 소셜미디어, 블로그, 위키피디아 등의 도구가 더 많은 제품생산을 촉진하고, 이로 인해 꼬리의 길이가 길어진다. 예를 들어, 3D 프린터를 이용하여 누구나 자신의 아이디어 상품을 디자인하여 생산하는 것이 가능하고, 스마트폰으로 영화를 제작하고, 룰루닷컴이나 카카오의 스토리펀딩으로 책을 펴낼 수 있다.
- **유통구조의 대중화 :** 유통 및 재고비용이 적은 온라인에서 다양한 틈새 상품을 전시하고 판매하는 것이 가능하게 되었다.
- **수요와 공급을 연결하는 다양한 도구와 낮은 탐색비용 :** 디지털 시장 환경에서 리뷰 사이트(예 : 옐프, 레뷰, DC 인사이드 등), 가격비교 사이트(다나와, 나와요닷컴 등), 블로그, 고객평가 사이트 등에서는 효율적이고 편리하게 정보를 제공하고 매개하는 서비스를 제공한다. 긴꼬리에는 고객이 찾고자 하는 제품이 다른 제품에 가려서 잘 보이지 않기 때문에 이들 서비스의 역할이 더욱 중요하다.

아마존닷컴과 구글의 사례

1) 아마존닷컴의 긴꼬리 마케팅 전략

아마존닷컴(1994년 설립된 최초의 인터넷 서점, CEO : Jeff Bezos)의 주수익원은 20%의 베스트셀러보다 예전에 동네 서점에서는 구하기 힘들었고, 소수의 사람들이 구입했던 80%의 책들에서 나온다. 크리스 앤더슨(Chris Anderson, 2006)의 조사보고에 따르면, 아마존닷컴 매출액의 50% 이상은 반스앤노블(Barnes & Noble : 미국의 대표적인 오프라인 서점)이 판매하는 13만여종에 포함되어 있지 않은 서적이다. 아마존의 수익 중에서 57%는 베스트셀러가 아닌 책, 즉 비주류 단행본이나 희귀본인 80%의 서적에서 나오고 있다. 50만 종의 아마존 서적 중 잘해야 하루에 한두 권 팔리는 판매 순위 10만위 이하 서적의 판매비중이 전체의 50%에 달한다. 오프라인 서점에서는 진열대의 제한으로 판매되지 않고 있는 상품이 아마존 성장의 동력이 되고 있다.

[그림 4-9] 아마존닷컴의 긴꼬리에서의 매출액 비율

일반 소매서점에서는 판매되지 않는 서적의 매출액 비율

아마존닷컴에서 실행하고 있는 긴꼬리 마케팅 전략은 다음과 같이 요약된다.

첫째, 아마존은 자체적으로 상품을 판매하기도 하며 2001년 zShop을 개설하여 상품을 판매하는 서비스를 제공함으로써 입점료와 수수료(거래 수수료와 결제대행서비스 수수료 등) 수입을 창출하고, 아마존의 고객들에게 상품의 다양성을 추구했다.

둘째, 아마존닷컴의 판매제휴 프로그램은 마치 전 세계에 아마존의 채인점을 개설하는 효과를 제공한다.

• **판매제휴 프로그램**(associate program) : 자신의 웹사이트를 운영하고 있는 판매자가 자신의 사이트에 아마존닷컴의 배너나 링크 등의 기능을 제공하여 고객이 상품을 구입한 경우, 아마존에서 판매자에게 일정한 판매 수수료(최고 판매액의 10%) 수익을 배분해 주는 것. 제휴 사이트에서 판매되는 상품은 아마존 매출액의 20%에 달하고 있음(2007년 말 기준).

셋째, 일반 사용자들과 소매업자 등이 아마존에서 제공하는 API를 이용하여 아마존 상품 데이터베이스에 접속하여 자신들의 사이트에서 아마존 상품을 판매할 수 있도록 해 주는 아마존 웹서비스를 통해 아마존닷컴은 긴꼬리를 확장해 가고 있다.

넷째, 아마존닷컴은 전자서적 외에도 주문형 인쇄 전략으로 주문생산에 의한 생산 및 재고비용(반품비용 포함)을 감소시키는 전략을 펴고 있다. 아마존은 2005년 주문형 인쇄 전문업체인 북서지(BookSurge)를 인수하였다.

• **주문형 인쇄**(print-on-demand) : 디지털 파일의 형식으로 저장된 책을 주문이 있을 때 프린터로 출력하고 제본하여 제공하는 방식. 주문형 인쇄방식은 한 번에 일정 수준(대개 대학 교재의 경우는 1,000권) 이상을 출판해야 하는 한계를 넘어서 몇몇 권의 서적도 출판할 수 있도록 해주기 때문에 긴꼬리를 확장시킴. 디지털 인쇄 방식은 기존의 옵셋 인쇄 방식처럼 대량 인쇄는 물론이고 다양한 종류의 소량 인쇄물을 고품질, 저비용으로 출력하는 것을 가능하게 함.

다섯째, 아마존닷컴의 독자서평이나 추천글 등은 긴꼬리에 해당하던 서적으로부터 수익을 창출해 주는 역할을 한다.

2) 구글의 긴꼬리 마케팅 전략

구글의 긴꼬리 마케팅 전략은 다음 세 가지에서 찾을 수 있다.

첫째는 구글의 광고전략이다. 구글의 광고수익구조는 긴꼬리 전략으로 설명할 수 있다. 광고주 관점에서 이전에는 광고를 낸 적이 없는 소기업이나 비영리조직, 심지어는 개인들이 구글에 광고를 내고 있다. 구글은 새로운 시장에 진입할 수 있도록 광고시장의 장벽을 허물어버렸다. 우선 광고주는 자유롭게 광고문안을 만들 수 있다. 구글은 애드워즈(AdWords)를 이용하여 최소입찰가가 클릭당 5센트인 자동경매 프로세스를 통해 특정 키워드를 구매하면 누구나 구글의 광고주가 될 수 있도록 했다. 광고 단가가 저렴하고, 게재된 광고를 방문객이 클릭하였을 때만 광고비를 지불하도록 하였다. 참가의 자유를 보장하는 공개성과 자연도태의 원리를 광고시장에 도입하였다. 대기업이 아닌 종소업체와 개인과 같은 긴꼬리에 해당하는 많은 광고주가 구글 수익을 창출해 주고 있다.

블로그와 같은 웹사이트 운영자 관점에서 이전에는 광고를 게재한 적이 없는 웹사이트에 구글 광고를 게재한다. 즉, 구글 광고는 구글 외의 다양한 블로그와 같은 사용자들의 사이트에서도 쉽게 구글 애드센스(AdSense) 광고를 내보낼 수 있다. 따라서 구글 애드센스는 분산형 광고이다. 구글은 광고수익을 사이트 운영자와 나눠 갖게 돼 별다른 수익모델이 없었던 긴꼬리에 해당하는 군소 웹사이트에서도 구글의 광고를 내보게 된다.

구글은 셀프서비스(self-service) 광고 모델을 이용하여 광고주의 광고를 등록한 웹사이트의 내용에 맞게 자동적으로 광고를 할당한다. 일단 사용자들은 구글에서 정보를 검색한 후 웹사이트를 방문하여 구글 광고를 보게 된다. 웹사이트 소유자는 구글과 판매제휴 프로그램을 맺고 있는 셈이다.

[그림 4-10] 양측면의 긴꼬리 : 구글의 애드워즈와 애드센스

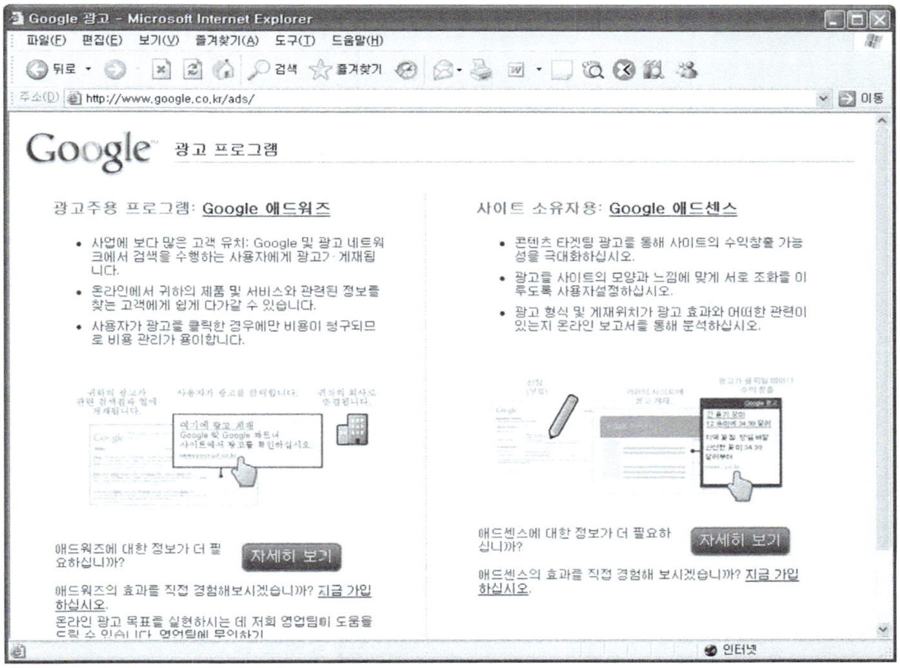

- **셀프서비스(self-service) 광고 모델** : 누구나 광고를 제작해 나의 웹페이지에 광고를 걸 수 있는 솔루션. 맞춤형 광고를 제작하는 도구인 동시에 광고를 제공해 주는 배급 솔루션으로 광고 디자인부터 광고 위치까지 사용자가 선택할 수 있는 것이 특징임.
- **구글 애드워즈(AdWords)** : 광고주를 위한 것으로 구글의 광고주가 신용카드로 결제하여 광고할 곳을 자동적으로 찾을 수 있도록 해주는 셀프 서비스 모델 방식임. "적은 비용으로 새로운 고객을 유치하세요."
- **구글 애드센스(AdSense)** : 블로거(blogger)를 위한 것으로 웹사이트 소유자들이 그들의 사이트에 광고를 게재할 수 있도록 지원하는 방식임. 애드센스는 블로그 등 각종 웹사이트 운영자를 위한 광고도구로 애드센스 관련 프로그램을 웹사이트에 설치하면 구글이 제공하는 광고를 유치할 수 있도록 설계되어 있음. "내 사이트와 관련된 광고게재로 수익을 올리세요."

둘째, 구글은 이동통신회사와 제휴하여 안드로이드 기반의 스마트폰을 통해 전 세계 어디에서나 구글의 웹서비스를 받을 수 있도록 하여 긴꼬리를 확장해가는 전략을 펴고 있다.

인사이트 **지적 자본과 균형성과표**

최근 눈에 보이지 않는 무형자산, 특히 지적 자본이 기업의 시장가치를 결정하는 중요한 판단 기준으로 부각되고 있다. 지적 자본(intellectual capital)이란 유형자산(재무적 자산)과 대응되는 개념으로 기업이 보유한 무형자산을 총칭하는 개념이다. 즉, 기업의 인적자원이 되는 개인, 구조, 고객과 공급자, 사회를 포함하는 관계 등을 통해 기업가치를 창출하여 경쟁우위의 원천이 되는 무형자산의 총합이다. 1993년 스웨덴의 글로벌 금융보험회사인 스칸디아(Skandia)사가 처음으로 지적 자본을 기업경영에 도입하였다. 지적 자본은 인적자본(human capital), 구조적 자본(structure capital), 고객자본(customer capital)으로 분류된다.

분류	개 념	측정항목
인적 자본	인적자원의 두뇌 속에 있는 지식과 재능 등, 즉 조직구성원이 보유하고 있는 지식·경험·능력 등	- 새로운 아이디어의 창출 정도 - 종업원의 지적능력 수준 - 지속적인 훈련프로그램의 정도 - 종업원의 기술(skill) 향상 정도 - 종업원의 수행능력 정도 - 종업원의 만족도 등

분류	개 념	측정항목
구조적 자본	인적자본을 확대재생산하는 인프라, 즉 기업조직의 차별적 프로세스와 역량에 포함된 노하우	- 산업 내에서 아이디어 및 신제품 개발 수준 - 정보접근에의 용이성 정도 - 조직의 시스템 및 절차가 혁신을 지원하는 정도 - 조직의 관료화 정도 - 조직의 근접성 정도 - 조직문화 및 분위기 - 지식공유 정도
고객 자본	고객과의 관계로부터 창출되는 가치, 즉 제품 및 서비스에 대해 고객이 인식하는 가치	- 고객의 만족도 - 고객 충성도 수준 - 목표시장의 이해 정도 - 고객 요구수준의 파악 정도 - 고객 요구의 자본화 정도 - 시장에서 브랜드의 우세 정도 등

1992년 Kaplan과 Norton은 전통적인 재무적 성과평가방법의 대안으로 경영자에게 경쟁전략과 종합적인 비전을 갖게 해주는 균형성과표(Balanced Score Card : BSC)를 제안하였다. 이는 지적 자본 개념을 실제적으로 더욱 확장한 개념이다. 다음 그림에서와 같이 BSC는 기존의 재무적 관점의 측정지표 뿐만 아니라 고객관점, 기업내부 프로세스 관점, 조직학습 및 성장 관점의 비재무적 성과평가 측정지표로 구성되어 있다.

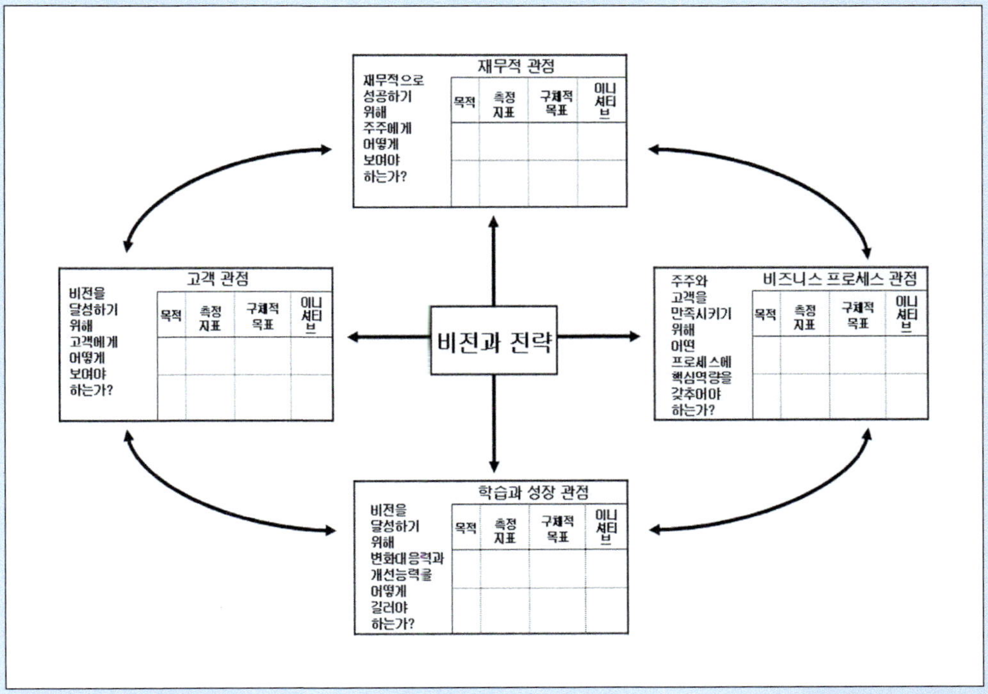

판매제휴 전략

뉴비즈니스에서 커뮤니티를 확대하는 독특한 전략으로 판매제휴 프로그램이 있다. 판매제휴 프로그램(associate program, affiliate program)이란 아마존과 같은 판매자가 어떤 웹사이트에 판매자의 배너나 링크 등의 기능을 제공하여 방문자가 판매자의 상품을 구입한 경우, 판매자가 웹사이트 소유자에게 일정한 수익을 배분해 주는 것을 의미한다.

이 제휴 프로그램은 1996년 칵테일 파티장에서 이혼 관련 사이트를 운영하던 한 여성이 아마존의 베조스 사장에게 자신의 사이트에서 이혼 관련 서적을 판매하면 어떻겠느냐는 제안을 하면서 시작되었다. 판매제휴 프로그램을 통해 콘텐트 서비스 업체와 판매자가 제휴함으로써, 콘텐트 서비스 업체는 광고 외의 수입원을 찾을 수 있고, 판매자는 재판매사업자(reseller)의 형태로 판매망을 넓힐 수 있다. 2000년 아마존은 전 세계에 30만 개 이상의 사이트와 제휴한 바 있으며, 콘텐트 서비스 업체의 사이트에 아마존의 서적판매사이트를 운영할 수 있도록 하고 있다. 이는 판매자를 중심으로 한 새로운 비즈니스 커뮤니티의 형성을 가능하게 한다.

인사이트 전략적 제휴

전략적 제휴(strategic alliance)란 둘 이상의 독립적 조직이 지속적인 경쟁우위를 확보하기 위해 제품이나 서비스의 개발, 제조, 또는 판매 과정에서 상호 협력 관계를 형성하는 경영전략이다. 전략적 제휴는 제휴의 성격에 따라 비지분 제휴, 지분 제휴, 조인트벤처로 구분된다.

- 비지분 제휴(nonequity alliance): 제휴 기업이 협력에 동의하지만 그 협력 과정을 조율하기 위해 서로의 지분에 투자하거나 또 다른 독립 조직을 만들지 않고 다양한 종류의 계약을 통해 협력과정을 조정함. 한 기업이 다른 기업의 상호를 이용하도록 동의하는 라이센스 협정(licensing agreements), 한 기업이 다른 기업의 재화나 서비스를 조달하도록 동의하는 조달 협정(supply agreements), 한 기업이 다른 기업의 제품을 유통하도록 동의하는 유통 협정(distribution agreements) 등
- 지분 제휴(equity alliance): 지분 투자를 통해 제휴 계약을 맺는 것. 협력적 계약과 함께 기업에 대한 지분 투자를 수반하고, 때로는 쌍방간 지분 투자도 이루어짐
- 조인트벤처(joint ventures): 지분 투자를 통해 독립된 기업을 설립하여 거기에서 나오는 이익을 투자 기업들이 공유함

제휴 내용에 따라 전략적 제휴는 기술 제휴, 생산 제휴, 조달 제휴, 판매 및 마케팅 제휴, 자본 제휴로 구분되기도 한다. 예를 들어, 참여 기업이 취약기술을 파트너 기업의 기술, 특허, 노하우를 도입하여 상호 보완하고 기술력 격차를 해소하며, 기술개발 위험을 경감시키는 협력관계를 맺게 된다.

4.1.2 닷컴기업과 전통기업의 e-비즈니스 전략

닷컴기업의 UCC 전략

네이버, 구글, 카카오 등의 닷컴기업은 UCC(User Created Content : 손수제작물)를 활용하여 콘텐트와 커뮤니티를 보강하고 새로운 수익원을 창출해 가고 있다. 예를 들어 검색서비스를 제공하는 구글은 2006년 동영상 UCC 사이트를 운영하는 유튜브(YouTube)를 인수하여 콘텐트를 보강하고 커뮤니티를 강화하였다.

UCC란 사용자들이 직접 제작한 콘텐트로서 프로슈머(prosumer)의 대표적인 사례이자, 웹 2.0의 이념인 참여와 공유를 실현해 주는 대안이 되고 있다. 이는 사용자의 자발적인 참여에 기반을 둔 콘텐트이기 때문에 참여로 인한 효용이 기대되고, 기업의 고객충성도를 높이는 역할을 하게 된다. 또한 참여와 공유를 통해 확대재생산되기 때문에 네트워크 효과가 나타나게 된다. UCC는 바이럴마케팅(viral marketing : 소비자들 사이에 급속하게 퍼질 만한 마케팅 메시지를 주입하기 위해 벌리는 각종 노력으로 이메일 메시지나 동영상의 형태로 주로 시도된다), 즉 UCC를 통해 소비자들의 아이디어를 구하는 동시에 이들의 입을 통해 상품을 주변에 알리는 효과를 가져다준다.

UCC에서 수익모델을 발굴하고 저작권 문제를 해결하는 것이 중요한 과제이다. 기존의 'All rights reserved'와 같이 저작권에 대한 권리가 모두 저작자에게 있게 하는 체계가 있는 반면, CCL(Creative Commons License) 체제 방식이 도입되고 있다. CCL이란 다음과 같은 저작물에 대한 이용방법과 조건을 표기하는 경우에는 다른 사람들이 저작물을 배포하고 수정하는 것을 허용하는 체제이다. 즉, 저작자 표시(attribution), 비영리(noncommercial), 변경금지(no derivative works), 동일조건변경허락(share alike : 2차적 저작물 제작을 허용하되, 2차적 저작물에 원 저작물과 동일한 라이선스를 적용해야 한다. www.cckorea.org)이라는 조건 하에서 저작권의 이용표시가 가능하다. 몇몇 사이트에서는 PCC(Proteur or Professional Created Content)로 저작권 문제를 줄이고자 한다. Proteur란 프로와 아마추어의 합성어이며, PCC란 전문가 수준의 실력을 갖춘 아마추어가 제작한 동영상 UCC이다.

하나의 콘텐트를 동시에 다양한 플랫폼에서 구현할 수 있는 멀티플랫폼(multi-platform) 기술과 N스크린 기술의 발전과 더불어 새로운 수익모델이 출현하게 된다. 예를 들어, 어떤 사용자가 제작한 콘텐트를 인터넷 포털에서는 물론이고 태블릿 PC, 스마트폰, 게임기, 스마트TV 등 다양한 플랫폼에 제공되는 경우 그 수익원도 다양화될 수 있다.

전통기업의 e-전환 전략

제조기업과 금융기관을 비롯한 많은 전통기업은 e-전환(e-transformation)의 과정을 통해 e-비즈니스를 수행하는 디지털 경영전략을 실천해 왔다. e-비즈니스란 기업 전체의 비즈니스 프로세스는 물론이고 가치사슬 전반이 디지털화된 비즈니스로서 전통적인 기업이 새로운 가치를 창출하고 이전에 달성 불가능했던 수준의 운영 및 재무성과에 이를 수 있도록 지원해 주는 것이다.

[그림 4-11]에 나타낸 바와 같이 IT 애플리케이션이 도입되어 잘 활용되고, 프로세스 역량이 우수하고, 고객과 공급자 등의 준비도가 높을 경우 기업은 e-비즈니스를 잘 추진하게 된다. 운영의 효율성(operational excellence)이란 온라인 비즈니스·온라인 구매·온라인 고객 서비스의 비율을 높이고, 온라인 배달 등을 통해 주문배달시간을 단축하고, 부정확한 주문이행빈도와 품절빈도를 낮추고, 재고회전율을 높이는 것이다. 또한 e-비즈니스에서 효율적인 운영활동을 통해 재무성과(종업원당 수입, 총수입, 자산 및 투자수익률)를 향상시킬 수 있어야 한다. 전통기업이 e-비즈니스를 추진하는 이유는 재무적 관점에서 생산성을 향상시키는 것은 물론이고 새로운 사업기회의 창출, 기업 이미지 제고와 명성, 경쟁력 향상에 있다.

[그림 4-11] e-비즈니스 가치 모델

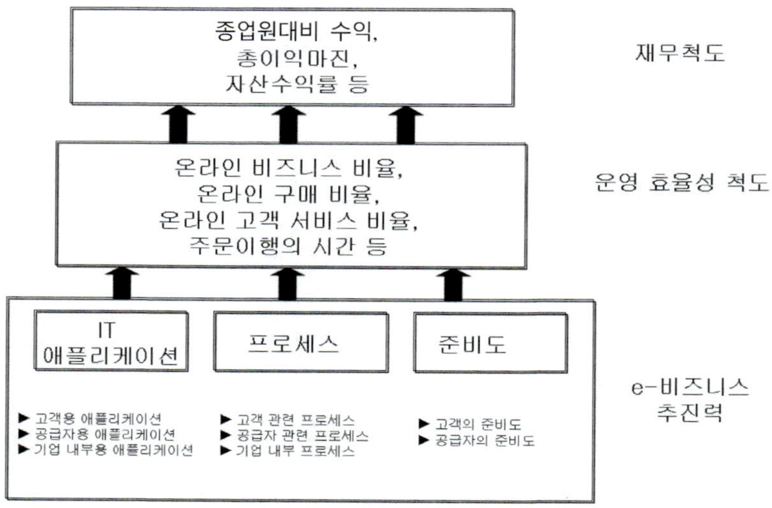

출처: Anitesh Barua, Prabhudev Konana, Andrew B. Whinston, Fang Yin, "Driving E-Business Excellence," MIT Sloan Management Review, Vol. 43, No. 1, 2001, p. 42.

[그림 4-12]에서 보는 바와 같이 전통기업이 비즈니스 가치를 창출하여 e-비즈니스 목적을 달성하기 위해서는 e-전환전략을 수립할 필요가 있다. e-전환이란 전략적 차원에서 e-비즈니스를 도입하여 기존 경영방식 또는 경영전략을 새롭게 재구성하고, 이를 통해 기업의 경쟁우위를 확보하기 위한 일련의 활동을 의미한다. e-전환을 성공적으로 수행하기 위해서는 기존 비즈니스의 가치사슬 및 업무 프로세스를 e-비즈니스 환경에 적합하도록 재구성하여 기업과 고객 및 파트너간 통합 비즈니스 모델수립이 필요하다.

[그림 4-12] 비즈니스 가치와 e-전환

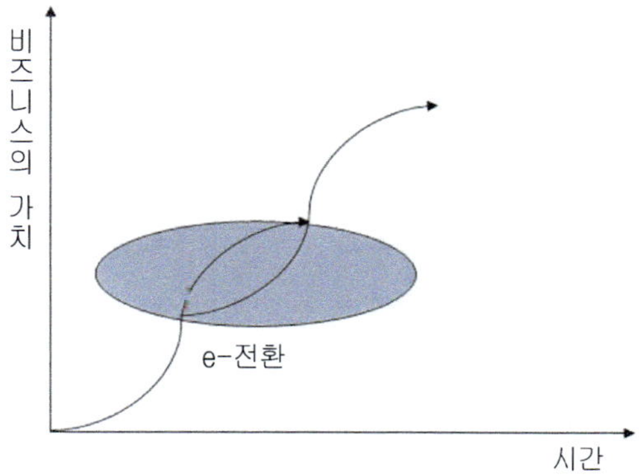

제품의 수명주기가 있듯이 기업도 수명주기를 갖는다. 한때 경쟁력 있는 기업이 늘 그러하다는 보장은 없다. 따라서 기업이 지속적인 경쟁우위를 갖기 위해서는 혁신이 요구되며, 그러한 전략적 접근의 일환으로 e-전환의 과정이 요구된다. 따라서 e-전환은 리마커블한(remarkable) 퍼플카우(purple cow)를 만드는 전략적 접근이다.

- **purple cow(보랏빛 젖소)** : 세스 고딘(Seth Godin)에 따르면, 퍼플카우란 딱 보는 순간 사람들의 시선을 확 잡아끌어 사람들 사이에 화젯거리가 되고 추천거리가 될 만한(remarkable) 제품이나 서비스를 말한다. 리마커블하다는 것은 제품을 사용해 본 사람이 다른 곳에 가서 특별히 얘기할 만하다는 것을 의미한다. 아주 탁월한 디자인이거나, 아주 추악하거나, 아주 빠르거나, 아주 느리거나, 아주 비싸거나, 터무니없이 싸거나 하면 누군가에게 그 제품에 대해 이야기를 하게 된다(출처: Godin, 2003).

4.2 e-비즈니스 모델

4.2.1 e-비즈니스 모델의 개념

1차와 2차 산업혁명 당시 고안되어 지속적으로 발전해온 비즈니스 모델은 4차 산업혁명의 시대에서 그 복잡성과 기술을 성공적으로 다룰 수 있을 정도로 충분하지 않다. 오늘날은 제품간의 경쟁이 아닌 비즈니스 모델 간의 경쟁이다. 비즈니스 모델은 기업 사업성과의 중요한 결정요인이 되며, 경쟁우위에 영향을 미치게 된다.

비즈니스 모델(business model)이란 용어는 주로 인터넷 경제 또는 디지털 경제와 관련되어 사용되고 있다. e-비즈니스 모델에 대한 정의는 〈표 4-2〉와 같이 다양하나, 좁은 의미와 넓은 의미에서 정의해 보면 다음과 같다.

- **좁은 의미 :** e-비즈니스 모델이란 기업이 수익을 창출하여 지속성을 가질 수 있는 사업을 수행하는 방법이다.
- **넓은 의미 :** e-비즈니스 모델이란 비즈니스 비전과 목표를 설정하여 가치제안을 정의하고, 가치와 수익의 관계는 물론이고 가치를 창출하기 위한 제품/서비스 및 정보의 흐름과 사업수행 방법을 기술하고 비즈니스의 목표와 가치창출을 위한 구성요소를 정의하고 이들 간의 관계를 기술한 템플릿 또는 시스템이다.

표 4-2 e-비즈니스 모델의 개념 정의

기 준	정 의	연구자, 연도
수익원과 사업 방식의 관점	기업이 수익을 창출하여 지속성을 가질 수 있는 사업을 수행하는 방법	Rappa, 2000
제품/서비스 정보흐름, 비즈니스 참여자들 간의 관계 관점	제품, 서비스, 정보 흐름의 구조로서 다양한 비즈니스 참여자들과 그들의 역할, 참여자들의 잠재적 혜택과 수익의 원천을 설명해 주는 것	Timmers, 1998
전략계획의 관점	고객상호작용, 자산구성, 지식의 레버리지라는 상호의존적인 3가지 차원을 반영하는 전략을 설계하기 위해 조정된 계획	Venkatraman and Henderson, 1998
경쟁우위를 위한 전략적 관점	고객가치를 창출하고 특정 시장에서 성공적으로 경쟁하기 위해 고안된 조직목표, 전략, 프로세스, 기술, 구조를 포괄하는 요소들의 독특한 구성체(unique configuration of elements)	Ethiraj et al., 2000

기 준	정 의	연구자, 연도
가치창출 모델 관점	비즈니스의 가치를 창출하기 위해 설계한 거래의 내용, 구조, 관리를 설명해 주는 것	Amit and Zott, 2001
수익창출방법에 대한 계획시스템 관점	기업이 고객에게 제공하는 가치, 가치를 제공하고자 목표로 하는 세분시장, 세분시장에 제공하고자 하는 제품 및 서비스의 범위, 수익원천, 고객에게 제공된 가치에 부여된 가격, 그 가치를 제공하는데 있어서 수행되어야 할 활동, 모든 활동의 기초가 되는 사업수행능력, 기업이 현재 갖고 있는 우위를 유지하기 위해 필요로 하는 활동, 이상의 비즈니스 모델의 구성요소들을 어떻게 잘 실행할 것인가에 관한 것	Afuah and Tucci, 2001
변환 시스템 관점	기술적 영역의 입력요소(기술의 실현가능성과 성능)를 경제적 영역의 산출(가치, 가격, 이익)로 변환하는 시장, 가치제안, 가치사슬, 비용과 이익, 가치 네트워크, 경쟁우위로 구성된 모델, [그림 4.13] 참조	Chesbrough and Rosenbloom, 2002

[그림 4-13]에서는 혁신을 위한 비즈니스 모델의 역할을 강조하고 있다. 여기서 비즈니스 모델은 가치창출의 과정으로써 기술영역과 비즈니스 영역을 중개한다.

[그림 4-13] 변환 시스템 관점에서의 비즈니스 모델

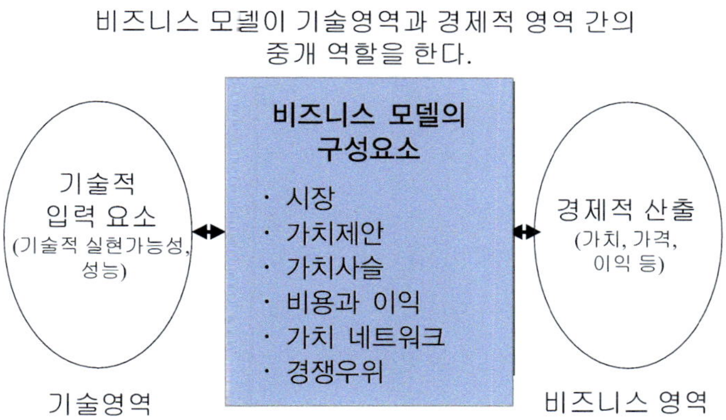

출처 : Chesbrough and Rosenbloom, 2002.

[그림 4-13]에서는 기술을 선택하고 필터링하여 기술이 시장에서 어떻게 가치창출에 활용될 것인가를 체계적으로 보여준다.

비즈니스 모델을 쉽게 이해하고 이를 고안하는 한 가지 방법은 다음 질문에 대한 해답을 찾는 것이다.

첫째, 우리의 고객은 누구인가? 넓게는 비즈니스의 이해관계자(stakeholder: 고객, 공급자, 사업 파트너 등)는 누구인가? 이 질문을 통해 우리의 고객 집단(고객군, 세그먼트)을 파악하고, 이해관계자들과의 협력관계를 분석한다.

둘째, 기업이 제공하는 제품/서비스는 무엇이며, 이해관계자들에게 어떤 가치를 제공할 것인가? 이 질문을 통해 비즈니스의 주요 이해관계자들을 파악하고, 특히, 어떤 제품이나 서비스를 통해 어떤 가치를 제공할 것인가에 대한 가치제안(value propositions)를 제시한다.

셋째, 어떤 자원을 이용하여 어떤 활동을 통해 고객에게 가치를 제공할 것인가? 이 질문을 통해 핵심 자원(key resources)과 핵심 활동(key activities)을 파악한다.

넷째, 어떻게 고객에게 가치를 제공할 것인가? 이 질문을 통해 고객과의 커뮤니케이션, 물류/유통, 판매 채널을 파악한다. 또한 고객과의 장기적 관계를 유지하기 위한 방안을 분석한다.

다섯째, 기업의 수익원은 무엇인가? 이 질문을 통해 수익 흐름과 비용구조를 파악한다.

여섯째, 미래의 수익원을 어떻게 확보할 것인가? 수익원은 고정된 것이 아니라 비즈니스 환경의 변화에 따라 진화해야 한다. 이 질문을 통해 지속적인 수익원을 개발해 간다.

4.2.2 비즈니스 모델 캔버스

오스터왈더와 피그누어(Osterwalder and Pigneur, 2010)는 비즈니스 모델을 설계하는데 지침이 되는 비즈니스 모델 캔버스(BM canvas)를 구성하는 9개의 요소(9 building blocks)를 제안하였다.

1) 고객군(customer segments: CS)

- 우리의 고객이 누구인가 또는 어떤 조직인가를 파악한다.
- **고객 세분화** : 고객은 유사한 집단으로 세분화할 수 있다(즉, 고객 세그먼트를 파악한다).
- 표적 고객군을 분류하는 한 가지 방안은 고객의 니즈, 행동, 속성 등에 따라 고객을 세분화하는 것(customer segmentation)이다.

• 단면시장은 물론이고 양면시장(two-sided market)의 고객집단을 파악해야 한다.

• 온라인 플랫폼 사업자(카카오, 네이버, 구글 등)는 대표적인 다면시장(multi-sided markets)의 고객군을 갖고 있는 대표적인 예이다. 다면시장에서는 한 고객집단이 존재할 때만 다른 고객군에 가치를 제공할 수 있다. 예를 들어, 신용카드사의 고객은 신용카드 사용자인 일반 소비자 고객집단과 판매자 고객군으로 구성된다. 온라인 신문사의 경우는 무료 서비스를 이용하는 독자들과 광고주 고객군이 존재한다. [그림 4-14]는 플랫폼 사업자인 구글의 사례를 비즈니스 모델 캔버스로 나타내고 있다. 구글의 고객군은 이용자 고객(즉, 검색서비스 사용자), 광고주, 콘텐트 제공자로서 구글의 광고를 게재하는 웹사이트 운영자로 구성되어 있다. 구글의 가치제안은 일반 이용자 고객에게는 무료 검색 서비스를 제공하는 것이고, 광고주 고객에게는 분산형 광고 서비스(구글의 애드워즈: AdWcrds)를 제공하며, 콘텐트 제공자들에게는 콘텐트 제공의 댓가로 광고 수익을 공유하는 서비스(구글의 애스센스 광고: AdSense)를 제공하는 것이다. 구글은 일반 이용자 고객들에게는 무료 검색서비스를 제공하지만, 광고주 고객에게는 키워드 경매 방식을 통해 광고료를 책정하고 있다. 구글은 검색 플랫폼과 기타 정보기술 자원을 이용하여 플랫폼 관리, 플랫폼

[그림 4-14] 구글의 BM 캔버스

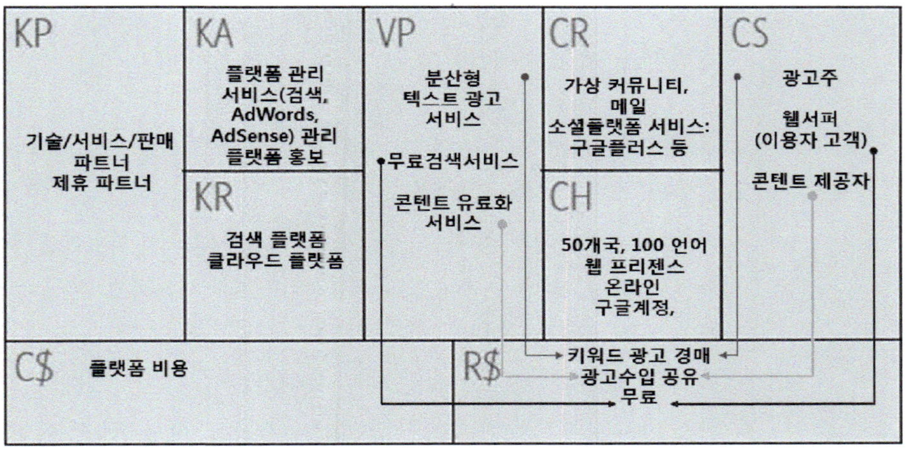

출처 : Osterwalder and Pigneur, 2010, p. 81.

서비스, 플랫폼 홍보 등의 활동을 통해 고객기반을 강화하고 수익을 창출하고 있다. 구글의 플랫폼 비즈니스 활동은 구글의 미션과 일치하고 있어 구글의 이해관계자들이 비즈니스 실무에 쉽게 미션과 비전을 반영할 수 있다.

2) 가치제안(value propositions: VP)

- 각 고객에게 가치를 제공하기 위해 어떤 제품/서비스를 제공해야 하는가를 파악한다.
- 고객가치의 유형 분석

3) 채널(channels: CH)

- 고객에게 가치를 제공하기 위한 커뮤니케이션, 분배, 판매 채널을 파악한다.
- 고객의 구매 과정에 관련하여, 고객의 제품/서비스에 대한 인식을 제고하여 고객이 제대로 제품/서비스를 평가할 수 있도록 도움을 주고, 구매, 배송, 사후 서비스를 지원한다.
- 기업이 직접 관리하는 직영 채널은 물론이고 사업 파트너들과의 제휴를 통한 채널, 예를 들어, 판매제휴 사이트와 같은 채널도 고려해야 한다. 또한 온라인과 오프라인을 통합하는 옴니채널(omni-channel)도 좋은 대안이 된다.

4) 고객관계(customer relationships: CR)

- 고객 유인, 고객 확보, 고객 유지, 고객 강화 등의 고객과의 장기적 관계를 관리하는 방안을 제시한다.

5) 수익흐름(revenue streams: R$)과 비용구조(cost structure: C$)

- 다양한 수익모델을 설계한다.
- 어느 고객집단에서 수익을 창출할 것인가를 파악한다. 예를 들어, 서비스를 받는 일반 사용자 고객에게는 무료 서비스를 제공하고, 광고주 고객으로부터 광고수익을 창출한다.
- 가격 결정 메커니즘의 설계, 예를 들어, 고정가 또는 경매와 같은 동적 가격 결정 방식을 제시한다. 오늘날 온라인 중간상인, 예를 들어, 프라이스라인닷컴의 경우는 호텔과 항공권 등을 재고와 구매시점에 따라 다른 할인가를 제공한다.
- 비즈니스에 소요되는 비용을 줄이고 원가우위 전략을 펴는 기업의 경우, 예를 들어, 사우스웨스트항공사, 이지제트, 라이언에어 등은 매스미디어 광고를

하지 않기도 한다. 창고형 대량 할인매점인 코스트코의 경우도 매스미디어 광고를 내보내지 않고 있다.

- 규모의 경제와 범위의 경제 효과를 고려한다.

6) 핵심 자원(key resources: KR)과 핵심 활동(key activities: KA)

- 물적 자원, 금융자본, 인적/지적 자본, 사회적 자본을 파악한다.
- 가치창출과 서비스를 제공하는데 필요한 핵심 활동을 분석한다.

7) 핵심 파트너십(key partnerships: KP)

- 기업의 이해관계자란 고객, 직원, 주주, 사업 파트너, 지역 사회(즉, 일반적으로 SPICE: Society, Partners, Investor, Customer, and Employee) 등을 일컫는다.
- 사업 파트너들과의 제휴전략, 경쟁자와의 코피티션(coopetition) 전략, 공동투자전략(joint ventures), 공급자와의 공급사슬전략 등을 분석한다.

〈표 4-3〉에서는 비즈니스 모델에 대한 기본적인 질문과 그에 상응하는 비즈니스 모델 캔버스의 9개 구성요소를 나타내고 있다.

표 4-3 비즈니스 모델에 대한 질문과 구성요소

질 문	개 요	BM 캔버스의 구성요소
우리의 고객은 누구인가? 비즈니스의 이해관계자(stakeholder)는 누구인가?	이 질문을 통해 우리의 고객 집단(세그먼트)을 파악하고, 이해관계자들과의 협력관계를 분석한다.	• 고객군 • 핵심 파트너십
기업이 제공하는 제품/서비스는 무엇이며, 이해관계자들에게 어떤 가치를 제공할 것인가?	이 질문을 통해 비즈니스의 주요 이해관계자들을 파악하고, 특히, 고객에게 어떤 제품이나 서비스를 통해 어떤 가치를 제공할 것인가에 대한 가치제안을 제시한다.	• 가치제안
어떤 자원을 이용하여 어떤 활동을 통해 고객에게 가치를 제공할 것인가?	이 질문을 통해 핵심 자원과 핵심 활동을 파악한다.	• 핵심 자원 • 핵심 활동
어떻게 고객에게 가치를 제공할 것인가?	이 질문은 통해 고객과의 커뮤니케이션, 물류/유통, 판매 채널을 파악한다. 또한 고객과의 장기적 관계를 유지하기 위한 방안을 분석한다.	• 채널 • 고객관계
기업의 수익원은 무엇인가?	이 질문을 통해 수익 흐름과 비용구조를 파악하고 구체적인 수익모델을 설계한다.	• 수익 흐름 • 비용 구조
미래의 수익원을 어떻게 확보할 것인가?	이 질문을 통해 지속적인 수익원을 개발해 간다.	

4.2.3 e-비즈니스 모델의 유형

오늘날 새로운 유형의 e-비즈니스 모델이 지속적으로 출현하고 있으며, 새로이 결합된 비즈니스 모델도 계속 출현하고 있다. 〈표 4-4〉에서는 다양한 기준에 따른 e-비즈니스 모델의 유형을 분류하고 있다.

표 4-4 e-비즈니스 모델의 유형분류

기 준	모델의 유형
프로세스 또는 기능의 통합정도와 혁신정도에 의한 분류(Timmers, 1998)	- 상점형 - 경매형 - 쇼핑몰형 - 가상커뮤니티형 - 중개시장형 - 가치사슬서비스 제공형 - 가치사슬통합형 - 정보중개형 - 신뢰서비스 제공형
수익원과 수익발생 방식에 따른 분류(Rappa, 1999)	- 중개형 - 광고형 - 정보중개형 - 판매형 - 제조업체형 - 커뮤니티형 - 과금형 - 구독형
비즈니스의 목적과 시장범위에 의한 분류, 온라인 소매거래에 초점을 둔 분류(Sibulkin and Sosville, 1999; Martinez, 2000)	- 단일영역에서 콘텐트와 커뮤니티에 초점을 둔 모델: 오프라인 촉진업체/컨텍스트 제공업체 - 다수의 영역에서 콘텐트와 커뮤니티에 역점을 둔 모델: 게이트웨이(포털, ISP 등) - 단일영역에서 거래에 초점을 둔 모델(온라인 상점) - 다수영역에서 거래에 초점을 둔 모델: 온라인 교환(경매, 증권 등)
인터넷 전자상거래 유형에 따른 분류(Mainspring, 2000)	- 생산자형: 직접판매자/생산자 모델, 간접판매자/생산자 모델, 보조생산자 모델 - 중개형: 직접중개형 모델, 브로커형, 게이트웨이형 - 시장형: 공급자주도형 모델, 구매자주도형 모델, 마켓플레이스형 모델
가격결정 메커니즘에 의한 B2B 거래의 분류(Sawhney and Kaplan, 1999)	- 카탈로그 모델, 경매 모델, 교환 모델, 물물거래 모델
시장주도자가 누구인가에 따른 분류(Berryman, 1998)	- 판매자가 통제하는 시장모형 - 구매자가 통제하는 시장모형 - 중립적 시장모형
상품전달과정과 제품근원지에 따른 분류(Jutla, 1999)	- e-broker - Manufacturer - Auction

4차 산업혁명의 시대에서 다양한 비즈니스 모델이 출현할 것이다. 여기서는 오스터왈더와 피그누어(A. Osterwalder and Y. Pigneur, 2010)가 정리한 디지털 시대에서 출현한 몇몇 유형의 비즈니스 모델을 소개한다. 첫째는 인프라 관리, 제품혁신, 고객관계 모두가 아닌 그 중의 하나에 초점을 맞추고 다른 것은 아웃소싱하

는 언번들링 방식의 비즈니스 모델(unbundling business models). 둘째는 소수의 히트 상품이나 인기 상품으로 수익을 창출하는 것이 아니라 미미한 다수 상품이나 서비스로 수익을 창출하는 롱테일(long tail) 비즈니스 모델이다. 셋째는 양면시장에서 2개 이상의 고객집단이 존재하는 플랫폼 비즈니스 모델이다. 넷째는 기본 서비스는 무료로 제공하고 프리디엄 서비스를 제공하여 수익을 창출하는 Freemium 비즈니스 모델이다. 다섯째는 조직 내외부로부터 아이디어, 지식, 문제해결책을 구하는 개방형 혁신(open innovation)을 지원하는 비즈니스 모델이다.

표 4-5 비즈니스 모델의 패턴

BM 패턴	개 요	사 례
언번들링(unbundling)	고객관계 비즈니스, 제품혁신 비즈니스, 인프라스트럭처 비즈니스 중에서 핵심 사업에 집중하고 다른 사업은 아웃소싱을 하는 비즈니스 모델	스위스 프라이빗 은행(마에르키 바우만), 이동통신회사 텔코(Telco)
롱테일(long tail)	20%의 소수 고객집단에서 대부분의 수익을 창출하는 것이 아니라 80%의 미미한 다수 고객으로부터 많은 수익을 창출하는 비즈니스 모델. 예를 들어, 온라인 출판회사인 룰루닷컴은 베스트 작가 중심으로 책을 출판하지 않고 다수의 작가들이 온라인으로 등록하여 책을 출판하도록 지원함	룰루닷컴(lulu.com), 넷플릭스, 이베이 등
양면시장의 플랫폼(multi-sided platform)	2개 이상의 고객집단이 존재하는 플랫폼 비즈니스 모델. 구글은 검색서비스 플랫폼을 통해 정보를 검색하는 이용자 고객과 정보제공자(콘텐트 사업자)를 연결(매칭)하고, 광고주 고객들로부터 수익을 창출한다	신용카드사, 플랫폼 사업자(구글, 네이버, 카카오 등), 이베이
프리미엄(freemium)	기본 서비스는 무료로 제공하고 프리미엄 서비스를 제공하여 수익을 창출하는 비즈니스 모델. 사진 공유 사이트인 플리커는 일반 사용들에게는 무료 서비스를, 대용량 사용자들에게는 유료서비스로 제공한다.	플리커(Flickr), 드롭박스(Dropbox), 네이버 클라우드, 레드햇(Red Hat), 스카이프 등
개방형(open BM)	외부로부터 아이디어, 제품, 기술, 지식 등을 도입하여 활용하는 outside-in 혁신과 내부의 제품, 기술, 지식을 라이센스, 조인트벤처, 스핀오프 방식으로 외부에 제공하는 것(inside-out)으로 수익을 창출하는 비즈니스 모델. 이노센티브(Innocentive)는 문제해결을 필요로 하는 조직과 문제의 해결책을 제공하는 사람(과학자들)을 연결하여 수익을 창출한다.	이노센티브닷컴, P&G 등

B2B 비즈니스 모델

쇼니와 카프랜(M. Sawhney and S. Kaplan)은 B2B 전자시장에서 참여자들 간의 거래를 중재하는 시장조성 메커니즘에 따라 〈표 4-6〉과 같이 고정가격 메커니즘을 이용하는 카탈로그 모델, 동적 가격 메커니즘을 이용하는 경매모델, 교환모델, 물물거래 모델로 분류하고 있다.

표 4-6 B2B 비즈니스 모델의 분류

모 델	개 요
카탈로그 모델 (catalog model)	- 다수의 공급자들과 구매자들이 분산되어 있고, 검색비용이 높고, 시장정보를 알기 어렵고 판매자와 구매자 모두에게 정보비대칭으로 인한 비용이 높은 경우, 공급자의 제품을 전자 카탈로그 형식으로 제공함 - 사전에 규정한 자격을 갖춘 공급자, 사전에 규정한 비즈니스 규칙과 주어진 가격을 기초로 거래가 이루어짐 - 수요의 예측이 용이하고 가격변동이 적은 제품에 적합함 - 구매자가 집단을 형성하여 구매력을 결합한 구매자주도형 중개상(buyer-led intermediary)과 판매자주도형 중개상
경매 모델 (auction model)	- 가격이 고정되어 있지 않고 환경에 따라 변동될 수 있는 불확실한 가치를 지닌 품목, 즉 가치를 달리 인식할 수 있는 제품에 적합하며, 거래과정에서 가격이 결정됨. 예를 들어, 대형 중고기자재, 중고중장비, 판매하기 어려운 반납된 제품, 구하기 어려운 제품 등에 적합함
교환 모델 (exchange model)	- 주식거래에서와 같이 수요와 공급을 일시적으로 연결함으로써 가치를 창출함. 실시간 매수/매도 주문 프로세스, 시장을 통한 가격결정, 정산 메커니즘을 필요로 함 - 수요와 공급 및 가격이 불안정한 시장에 적합함. 예를 들어, 초과능력을 가진 네트워크 업체들이 통신서비스를 구매자들과 교환하는 경우에 적합함
물물거래 모델 (barter model)	- 유사하거나 서로 다른 유형의 상호 혜택이 될 수 있는 자산을 소유한 두 당사자를 연결함으로써 가치를 창출함 - 여유 생산설비나 시설의 맞교환, 서비스간의 상호교환, 종이와 철강 등의 운송비가 비싼 제품을 서로 교환하는 경우에 적합함.

일반적으로 카탈로그형 모델은 자격을 갖춘 공급자와 사전에 협상한 계약을 통해 거래가 이루어진다는 점에서 체계적 소싱(systematic sourcing)이라는 구매방식을 적용하고 있다. 경매형과 거래형 모델은 스포트소싱(spot sourcing)이라는 구매방식을 적용하고 있다. B2B 전자시장에서 거래되는 제품특성과 수요와 공급 특성에 따라 이들 비즈니스 모델의 적합성이 달라진다. 예를 들어, 다수의 공급자들과 구매자들이 분산되어 있고, 검색비용이 높고, 수요의 예측이 용이하고 가격변

동이 적은 제품으로서 판매자와 구매자 모두에게 정보비대칭으로 인한 비용이 높은 경우에는 카탈로그 모델이 적합하다. 한편, 수요와 공급 및 가격이 불안정한 시장에서서는 교환모델이 적합하다.

인사이트 **비즈니스 모델 혁신, 출발점은 '고객 재발견'**

비즈니스 모델이라는 용어가 경영현장에서 널리 쓰이고 있다. 하지만 경영 전략을 다루는 교과서엔 비즈니스 모델이란 표현이 거의 등장하지 않는다. 비즈니스 모델은 1990년대 후반 인터넷 붐이 일면서 업계의 관심을 모았다. 이후 꾸준히 기업현장에서 주목받다가 최근 들어서는 경영학계에서도 비즈니스 모델에 대한 연구가 본격적으로 이뤄지고 있다. 경영 전략 교과서에 비즈니스 모델이란 개념이 등장할 날도 머지않았다는 전망이 나오고 있다.

비즈니스 모델은 고객의 욕구(needs)에 대한 깊은 통찰을 바탕으로 새로운 가치를 창조, 제공하고 이를 통해 발생하는 이윤을 획득하는 메커니즘으로 정의할 수 있다. 비즈니스 모델은 크게 △고객을 위한 가치창조(customer value creation) △이를 통해 발생한 이익을 획득하게 해 주는 수익모델(revenue model) △앞의 두 가지를 실천하기 위한 조직구조(organizational arrangement) 등 세 요소로 구성된다. 새로운 비즈니스 모델은 이들 세 요소 간 상호작용을 통해 형성되고 완성된다.

언뜻 보면 비즈니스 모델과 전략이 비슷한 개념으로 보일 수 있다. 실제로 외부환경이 안정적이었던 시기에는 전략과 비즈니스 모델이 유사한 개념으로 여겨졌다. 하지만 외부환경이 급변하면서 비즈니스 모델이 독립 분야로 다뤄지고 있다. 같은 사업분야에서도 끊임없이 가치를 창조하고 이윤을 획득하는 게 중요해졌다. 또 과거와는 다른 새로운 비즈니스 모델을 지속적으로 개발하거나 여러 개의 비즈니스 모델을 동시에 운영해야 할 때도 있다. 이때 전략은 다양한 비즈니스 모델을 선택하고 포트폴리오 관리를 통해 경쟁우위와 이해관계자의 가치를 극대화하는 선택이다. 이런 측면에서 전략과 비즈니스 모델의 차이가 명확해진다.

비즈니스 모델 혁신은 과연 '우리의 고객은 누구인가'라는 근본적인 질문에서부터 출발해야 한다. 대부분의 기업은 고객의 범주를 우리가 제공하는 제품, 서비스를 구매했거나 구매하려는 고객으로 한정한다. 그렇기 때문에 경쟁사보다 제품, 서비스의 속성을 다소 향상시켜 경쟁사 고객을 빼앗아 오는 제로섬 게임에 몰두하기 십상이다.

하지만 닌텐도 위(Wii)는 비(非)고객을 재발견했다. 기존 게임기 업체의 고객은 10대 초반부터 20대 후반까지의 남성이었다. 대부분의 게임회사가 소니나 마이크로소프트를 염두에 두고 이 회사들보다 성능이 뛰어난 제품을 개발하는 '쳇바퀴 경쟁'을 했다. 하지만 닌텐도는 발상의 전환을 통해 '전체 인구 대다수는 왜 게임을 하지 않을까'라는 질문을 던졌다. 이 질문에 대한 해결책으로 화려한 그래픽과 복잡한 내용을 없애는 대신에 단순하고 직관적인 게임을 즐길 수 있는 기기를 개발했고 이를 통해 비소비자를 공략할 수 있었다.

비즈니스 모델을 혁신하려면 고객이 진정으로 원하는 게 무엇인지도 파악해야 한다. 구매의사 결정의 잣대인 성능(performance)은 기술발전 등에 따라 다양한 속성을 지니면서 진화한다. PC산업의 경우 초반에는 연산을 빠르게 제대로 수행하는지와 관련한 기능성(functionality)이 중요했다. 하지만 기술발전으로 대부분의 PC가 일정 수준의 기능성을 갖추게 되면서 PC가 다운되지 않고 얼마나 안정적으로 운용되는지를 보여주는 신뢰성(reliability)에 대한 관심이 커졌다. 이후 고객이 제품의 기능이나 성능을 쉽게 변경할 수 있는지, 제품이 시장에 얼마나 빨리 나오는지, 제품을 얼마나 편리하게 사용할 수 있는지 등의 편의성(convenience)이 중요한 요소로 부각됐다. 이처럼 경쟁의 근간이 되는 성능의 속성을 파악하고 진화과정을 정확히 짚어내야만 고객이 원하는 가치를 창조할 수 있다. 새로운 가치를 창조해도 이익 증대로 이어지지 않는 사례가 비일비재하다. 따라서 돈을 벌 수 있는 수익모델을 만드는 것도 비즈니스 모델 혁신의 주요한 성공요소다.

예컨대 비디오 게임기기 산업에서 대부분의 기업은 면도기-면도날의 관계로 표현되는 수익모델을 구축했다. 특정 회사의 면도기를 한 번 구입하면 소모품인 면도날을 구입할 때 대부분 해당 기업의 면도날을 산다. 비디오 게임기기 업체들도 게임기보다는 소프트웨어 판매로 수익을 거둔다.

하지만 닌텐도는 면도날(게임 소프트웨어)이 아닌 면도기(게임기기)로도 충분히 수익을 낼 수 있는 모델을 구축했다. 최고 성능을 요구하는 게임 매니아가 아닌 충분히 좋은(good enough) 성능에 만족하는 비전통 소비자를 공략했기 때문이다. 비고객을 만족시키는 데에 필요한 제품은 한두 세대 정도 지난, 가격이 매우 저렴한 부품을 사용해도 충분히 제작할 수 있다. 덕분에 닌텐도는 위의 가격이 경쟁사의 게임기기보다 상대적으로 싼 데도 불구하고 기기판매를 통해 상당한 이익을 거둘 수 있었다.

유럽의 저가항공사인 라이언에어도 독특한 수익모델로 비즈니스 모델을 혁신했다. 라이언에어는 대도시의 큰 공항이 아니라 해당 도시에서 약간 떨어진 작은 공항을 이용했다. 이와 함께 항공사들이 공항에 비용을 지불하고 공항을 사용하던 관행을 뒤집었다. 공항으로부터 돈을 '받고' 공항을 이용하는 새로운 수익 모델을 만든 것이다. 규모가 작은 공항에 이용객이 많아지면 공항은 음식점 같은 부대시설을 통해 이윤을 창출할 수 있다. 공항 시각에서는 라이언에어에 비용을 지불할 이유가 있었다. 따라서 라이언에어는 일정 규모의 승객을 공항에 끌어오겠다는 계약을 체결하고, 승객을 끌어오지 못하면 항공료를 내려서 해당 도시에 방문할 계획이 없던 고객들을 끌어 모으는 방법으로 지속가능한 수익모델을 구축했다.

조직구조를 비즈니스 모델과 잘 정렬(align)시켜야 비즈니스 모델 혁신을 실행할 수 있다. 고심 끝에 새로운 비즈니스 모델을 발견해도 기존 조직과 조화되지 못해 실행에 실패한 기업이 적지 않다.

기존 조직은 기존 비즈니스 모델을 잘 수행하기 위한 최적의 구조를 유지하고 있다. 만약 기존 조직에서 과거와 다른 새로운 비즈니스 모델을 실행한다면 직원들 간 회의론이 형성되기 쉽다. 게다가 신규 비즈니스 모델을 추진하는 조직이 서둘러 이익을 내야 한다는 중압감에 눌려 현명하지 못한 의사결정을 내릴 가능성도 높다. 따라서 비즈니스 모델을 혁신할 때에는 성과평가와 작업방식, 시스템 등의 기준을 새로운 비즈니스 모델에 적합한 방식으로 바꿔야 한다.

(출처 : 김한얼, 동아닷컴, 2011. 1. 18.)

4.2.4 수익모델

여기서는 온라인 비즈니스로 수익을 창출하는 기업의 수익모델에 대하여 살펴본다. 대체적으로 온라인 비즈니스의 수익모델에는 웹카탈로그 방식, 콘텐트 방식, 광고 방식, 광고와 콘텐트 혼합방식, 수수료 방식 등이 있다.

웹카탈로그형 수익모델

웹카탈로그 수익모델이란 일반적으로 소매점의 웹사이트에 제품 카탈로그를 제공하고 판매마진으로 수익을 창출하는 것이다. 이는 전통적인 소매점에서 우편이나 신문, 잡지 등을 통해 제품 카탈로그를 소비자들에게 배포하여 판매수익을 창출하는 방식으로 널리 이용되어 왔다.

컴퓨터, 가전, 책, 음악과 비디오, 의류, 선물, 할인품목 등 다양한 영역에서 웹카탈로그 방식으로 수익을 창출하고 있다. 델컴퓨터의 주문직판 모델도 카탈로그 방식의 한 예이다. 델컴퓨터는 고객으로부터 직접 웹사이트에서 컴퓨터 주문을 받아 직접 택배를 통해 컴퓨터를 고객에게 인도하여 수익을 창출하고 있다. 물리적 매점이 있는 전통적인 소매점에서는 잘 판매되는 제품을 오프라인 매장에서 직접 판매하고, 그 외의 제품은 온라인 상점에서 주문을 받아 판매하거나 고객이 오프라인 매장에서 온라인으로 주문한 제품을 찾아가게 하는 방식으로 오프라인 매장과 온라인 상점을 두 개의 마케팅 채널로 활용하는 융합 모델로 비즈니스 성과를 향상시킬 수 있다. 또한 판매자는 제품 카탈로그에 QR 코드를 삽입하여 우편이나 신문, 잡지 등으로 이를 소비자들에게 배포하여 온라인 상점에 방문한 고객들에게 제품에 대한 자세한 정보를 제공하여 판매수익을 창출할 수 있다. 아마존닷컴, 온라인 교보문고, 예스24, 알라딘 등의 인터넷 서점에서도 웹카탈로그 방식으로 수익을 창출하고 있다. 미국의 음반 판매 회사인 CDnow, 국내의 멜론과 지니 등에서도 카탈로그 방식으로 수익을 창출하고 있다. 세계 최초의 온라인 꽃배달 서비스 업체인 1-800-Flowers를 비롯한 국내의 많은 온라인 꽃배달 상점에서도 카탈로그 방식으로 수익을 창출하고 있다. 할인매점과 의류업체도 웹카탈로그 방식으로 수익을 창출하고 있다.

의류업체에서는 고객의 선호도를 학습하여 제안을 해주는 지능형 에이전트 프로그램을 개발하거나 아바타를 활용하여 온라인 상점에서 자신에게 맞는 옷을 선택하게 하여 고객 맞춤형 서비스를 제공하기도 한다. 한편 온라인 상점은 시즌이 지난 재고품 처리의 채널로 활용되기도 한다.

- **CDnow와 아마존의 전략적 제휴 :** 1994년 아마존과 같은 해에 온라인 음악 판매 서비스를 개시한 CDnow는 아마존과 전략적 제휴를 통해 아마존 사이트에서 CDnow의 음악 파일을 판매하였다. 이로써 CDnow는 아마존의 고객 기반 시장을 활용하여 수요를 창출하고, 아마존은 판매수수료 수익을 창출하

는 전략적 제휴가 가능하게 되었다.

- **CDnow의 개인화 서비스 :** 기존의 오프라인에서는 음반사에서 제작한 타이틀만을 고객이 구입할 수밖에 없었다. 그러나 CDnow는 DIY(Do It Yourself)라는 개념으로 고객은 원하는 타이틀의 음악을 사이트에서 선택하여 자신만의 음반을 제작하는 것이 가능하게 되었다.

콘텐트 구독형 수익모델

콘텐트 구독형 수익모델이란 온라인에서 가치있는 콘텐트를 판매하거나 정기구독을 통해 수익을 창출하는 것이다. 온라인으로 정기간행물이나 전자저널 등의 서비스를 제공하는 업체에서는 정기구독 방식으로 콘텐트를 제공하여 수익을 창출하는 대표적인 사례이다.

- **국내 전자저널 :** 한국학술정보(KISS), DBpia, KiSTi, 교보문고스콜라 등
- Lexi.com, EBSCO, ACM Digital Library, SciFinder, Forrester.com 등

월스트리트저널을 비롯한 몇몇 온라인 신문사는 구독 방식으로 수익을 창출하다 광고비로 전환하기도 하였다. 카카오페이지는 대표적인 온라인 콘텐트 서비스로 수익을 창출할 수 있도록 그 기반(플랫폼)을 제공하는 사례이다. 여기서는 초코라는 화폐단위로 콘텐트를 거래한다.

광고형 수익모델

네이버, 카카오, 구글과 같은 대부분의 포털서비스는 대표적인 양면시장으로 이용자 고객들에게 무료 검색 서비스를 제공하고, 광고주들로부터 광고비로 수익을 창출하고 있다. 광고비로 수익을 창출하는 경우, 광고비 책정에 대한 기준이 중요하다. 3장의 광고 패러다임에서 살펴본 바와 같이 임프레이션인 노출(방문자 뷰), 방문자 수, 클릭, 성과 등이 광고비 책정 기준이 된다. 단순한 사이트 방문자 수나 뷰와 더불어 사이트 고착성(stickiness)이 광고주에게는 중요하다. 사이트 고착성이란 사이트 방문자를 오래 머물게 하고 반복적으로 방문하게 하는 능력이다. 대부분의 사이트는 광고 단가를 높이기 위해 사이트 고착성을 높이는 전략을 펴고 있다. 그러나 구글은 사이트 고착성을 낮추는 전략을 펴고 있다. 그 이유는 검색 서비스를 제공하여 고객이 구글에서 신속하게 원하는 정보를 찾아 빨리 떠날 수 있

도록 하겠다는 고객중심적 사고 때문이다. 실제로 구글은 자체 사이트에서 광고를 내는 것보다는 정보를 제공하는 사이트에서 광고를 내기 때문(분산형 광고)에 고객을 오래 머물게 하기보다는 정보를 제공하는 사이트로 이동하게 하는 것이 중요하다.

광고형 수익모델 : 페이스북과 트위터 사례

SNS의 대표적인 업체인 페이스북과 트위터는 커뮤니티(SNS, 블로그, 카페 등) 간의 통합이 가능한 소셜웹(social web)을 지향하고 있다. 두 업체는 개방형 API를 제공하여 전 세계의 누구나 앱을 개발하여 등록할 수 있도록 지원하고 있다. 또한 사용자들이 스스로 이들 사이트의 콘텐트를 생산한다. 고객은 콘텐트 생산자이며 자산이다. 이들 기업은 고객을 자산으로 광고를 통해 대부분의 수익을 창출하고 있다. 페이스북의 광고를 스폰서스토리(sponsored stories)라 하고, 트위터의 광고를 프로모티드트윗(promoted tweets)이라 한다. 페이스북은 사이드바(side bar)나 뉴스피드(news feed)에 광고를 노출하여 클릭당 비용(cost-per- click)을 산정한다.

- **페이스북의 셀프서브(self-serve) 광고 :** 광고주가 자신의 페이스북 사이트에서 스스로 광고를 등록하고 관리한다. 셀프서브 광고는 광고 디자인과 광고방식, 광고범위를 사용자가 직접 설계할 수 있으며 사용자들 간 광고 게재에 관한 정보를 교류하는 것이 특징이다. 페이스북 가입자의 프로필 정보와 게시물 등을 기반으로 하는 타깃 광고가 가능하다.
- Promoted 트윗은 많은 사용자들에게 메시지를 전달하거나, 현재 팔로워들의 반응을 촉발하기 위히 광고주들이 광고비용을 지불하는 트윗으로 해당 Promoted 트윗이 사용자의 관심사와 일치하고 관련있는 경우에만 타임라인에 나타난다. 이 관련도는 사용자의 팔로잉, 트윗에 대한 반응, 사용자가 리트윗하는 트윗 등 다양한 입력신호를 바탕으로 결정된다. 2022년 테슬라의 일론 머스크가 트위터를 인수했다.

혼합형(광고와 콘텐트 구독) 수익모델

많은 정보 서비스를 제공하는 사이트에서는 광고비와 콘텐트로 수익을 창출하고 있다. 온라인 뉴스와 잡지는 대표적인 광고 수익에 의존하지만 고급 콘텐트를 제공함으로써 수익을 창출하기도 한다. 초기의 온라인 신문사는 자기잠식(cannibalization) 문제, 광고비나 콘텐트 수익으로 웹사이트 개발 및 운영비를 보상할 수 없다는 문제에 직면하였다. 그러나 오늘날 대부분의 신문사는 온라인 서비스를 제공함으로써 광고비와 프리미엄 정보 서비스로 수익을 창출하고, 신속한 정보 서비스라는 신문사의 미션을 달성하여 고객 만족을 통해 경쟁하는 도구로 온라인 신문을 활용하고 있다.

- **자기잠식 :** 온라인 채널 서비스로 오프라인 채널의 판매 수익이 감소하는 현상
- **프리미엄 서비스 :** 아카이브 형식의 PDF 신문, 고급 정보, 인물정보 등
- **온라인 신문사의 전략적 선택 :** 온라인 신문사의 수익원은 극단적으로 2개의 경우, 즉 광고비와 콘텐트 구독료가 될 수 있다. 전문저널인 하버드비즈니스 리뷰(HBR), 이코노미스트, 월스트리트 저널과 같이 광고를 줄이고 구독료에 의존하는 경우와 광고비에 의존하는 경우가 있다. 사업 초기에 적정 규모 이상(critical mass)의 고객을 확보하기까지는 구독료가 무료이고 광고비에 의존하다가 점차 구독료를 확장하는 방안과 광고료를 높이는 방안을 선택하게 된다.

거래 수수료형 수익모델

판매자와 소비자를 중개하는 온라인 여행사, 온라인 마켓플레이스(11번가, 이베이코리아, 인터파크, G마켓 등의 C2C 전자상거래 사이트), 온라인 증권사, 온라인 금융사, 온라인 자동차 중개, 온라인 티켓과 음악 판매 사이트, O2O 상거래 등은 거래 수수료로 수익을 창출하고 있다.

- **온라인 여행사 :** 온라인투어, Priceline, Travelocity, Expedia, Hotels.com, Orbitz, Cheaptickts 등의 항공권, 호텔, 여행상품 등을 판매하는 업체에서는 항공사·호텔 등의 판매자와 소비자를 중개하여 중개 수수료를 수익을 창출함
- 배달의민족, 요기요 등 앱 기반의 O2O 주문 및 배달서비스 업체의 경우도 판매자(또는 생산자)와 구매자(또는 소비자)를 연결하여 매출액에 따른 거래수수료가 수익원이 됨
- **전자결제서비스 업체 :** 9장과 10장에서 설명할 이니시스, 다날, 인포허브, 모빌리언스 등의 전자결제서비스를 제공하는 업체에서도 쇼핑몰 운영업체를 위한 전자결제에 대한 거래 서비스를 제공하여 거래수수료로 수익을 창출함
- **영화와 동영상 콘텐트의 거래 수수료 :** 영화와 같은 동영상 콘텐트(예, EBS의 학습콘텐트)의 경우, 판매 방식 대신 스트리밍 방식으로 일정시간 동안을 볼 수 있게 하고 요금을 책정(per-view fee)하기도 함

서비스 수수료형 수익모델

서비스 수수료형 수익모델은 거래량이나 거래규모 등에 따라 수수료를 받는 것이 아니라 판매자와 제공되는 서비스의 가치에 따라 비용이 부과되는 경우이다. 의사, 변호사, 회계사, 컨설턴트, 기술자 등이 제공하는 가치있는 서비스가 여기에 해당한다. 클라우드 컴퓨팅 서비스나 프리미엄 게임 서비스를 제공하는 업체에서도 서비스 수수료로 수익을 창출하고 있다.

온라인 비즈니스에서는 디지털 경제의 특성인 수확체증의 법칙과 긴꼬리 마케팅 법칙이 적용된다. 다수의 고객에게 무료로 서비스를 제공하여도 소수의 고객으로부터 수익을 창출하는 것이 가능하다(일종의 Freemium 모델). 예를 들어, 온라인 메모리 서비스라 할 수 있는 Dropbox(국내의 네이버 클라우드)의 경우에는 다수의 고객들에게 일정 용량 이하의 메모리 공간을 무료로 서비스하고, 그 이상의 경우는 유료로 서비스를 한다. 백신 바이러스인 V3와 알약의 경우도 일반 사용자들에게는 무료 서비스를 제공하고, 고급 서비스를 받고자 하는 고객이나 기업에게 유료 서비스를 제공하고 있다. 이와는 달리 음식 시식회와 같이 맛보기로 무료 서비스를 제공하고, 그 다음부터는 유료 서비스를 제공하는 것도 있을 수 있다. 예를 들면, 통계 패키지와 같은 소프트웨어 업체가 베타버전이나 소규모 또는 회원가입 후 일정 기간 동안만 무료 서비스를 제공하고, 그 이후부터는 유료 서비스로 전환하는 경우이다.

수익모델의 다변화

온라인 비즈니스 업체가 단 하나의 수익원에 의존하는 경우는 드물다. 대부분의 경우 다양한 수익원을 발굴하여 혼합형 수익모델로 사업을 수행한다. 예를 들어, 2010년 모바일 인스턴트 메신저로 서비스를 개시한 대표적인 플랫폼 사업자인 카카오의 경우는 무료 서비스에서 다음과 같이 수익모델을 다변화하고 있다.

- **카카오톡 이모티콘 판매 수수료 :** 이모티콘 디자이너, 구글과 애플, 카카오톡이 사용자가 구입하는 이모티콘으로 발생하는 수익을 공유함
- **기프티콘 수수료 :** 선물교환권으로 바코드 형태인 MMS로 지인에게 발송하여 제휴 판매사에서 인증 후 선물을 구매함
- **카카오톡 게임 :** 애니팡과 같은 카카오톡 게임의 경우, 앱스토아인 구글플레이가 30%, 카카오 20%, 게임사 50%로 수익을 배분함

- **플러스 친구 :** 기업이 카카오톡과 제휴하여 광고하는 경우의 광고 수익
- **카카오스타일 :** 쇼핑몰 광고 및 중개 플랫폼으로 디스플레이 광고와 판매 수수료로 수익을 창출함
- **카오페이지의 콘텐트 중개수수료 :** 콘텐트 생산자가 앱을 개발하지 않고도 카카오페이지에 콘텐트(음반, 도서, 영화, 만화 등)를 올려 모바일 사용자들에게 이를 판매하여 수익을 창출하는데, 콘텐트 제공자(창작자), 앱스토아 운영자(애플과 구글 등의 운영체제 서비스 제공사), 카카오가 수익을 배분함
- 앱 기반의 카카오택시에서 고급택시서비스인 카카오택시블랙, 대리운전 서비스인 카카오드라이버 등
- 인터넷전문은행 서비스인 카카오뱅크

인사이트 인적 네트워크에서 찾은 수익모델, TED

TED 콘퍼런스의 등록비는 7,500달러이다. TED는 기술(Technology) · 엔터테인먼트(Entertainment) · 디자인(Design)이 하나로 어우러진 지식 콘서트다. 원래 TED는 폐쇄된 행사였다. 건축가이자 정보설계 디자이너인 리처드 솔 워먼이 기술과 오락 · 디자인의 융합을 꿈꾸며 1984년 만들었다. 이때 애플의 맥컴퓨터가 처음으로 선보였고, 관람객 중엔 젊은 빌 게이츠 마이크로소프트(MS) 창업자와 스티브 잡스 전 애플 최고경영자가 있었다.

2001년 미디어 사업가인 크리스 앤더슨이 TED를 인수하면서 성격이 달라졌다. 앤더슨은 '퍼뜨릴 가치가 있는 아이디어'를 모토로 세우며 개방을 택했다. 2006년부터 인터넷에 무료로 강연을 공개했다. 늦어도 한 달만 기다리면 대부분의 강연은 인터넷에 올라온다.

강연만 듣겠다면 왜, 7500달러를 내고 일주일의 시간을 들여 TED를 선택할까. 롱비치에 와서야 알았다. 7500달러는 강연이 아니라 참가자 간의 네트워크에 지불하는 가치였다. 내로라하는 CEO는 널렸고, MIT 출신은 부지기수다. 옆자리에 세르게이 브린 구글 창업자가 앉을 수 있고, 점심식사 자리에선 앨 고어 전 미 부통령과 대화를 나눌 수도 있다. 이름만 알고 지내는 '느슨한 관계'가 친하게 알고 지내는 '밀접한 관계'보다 정보를 얻는 데 더 많은 도움이 된다고 한다. TED에서 만들 수 있는 네트워크의 가치는 7,500달러 이상이었다.

(출처 : 고란, 중앙일보. 2013. 3. 5.)

4.2.5 BM 특허 사례

현업에서 비즈니스 모델에 대한 관심이 높아지고 있는 이유 중의 하나는 비즈니스 모델에 특허를 인정하는 추세에 있고, 이를 통해 비즈니스 모델을 보호함으로써 진입장벽을 높일 수 있기 때문이다. 신규성과 진보성을 판단해야 하는 특허

의 성격상 각국의 특허기관에서는 그 판단기준으로 기술적 측면을 중시하고 있다. 따라서 국내는 물론이고 유럽, 미국, 일본 등의 특허기관에서는 비즈니스 모델이란 사업을 수행하고 가치를 창출하는 아이디어로 보고, 이에 추가하여 구체적인 구현기술이 추가된 경우를 영업방법(Business Method : BM)에 대한 특허로 인정하고 있다.

대표적인 비즈니스 모델의 특허 사례로는 프라이스라인의 역경매 시스템을 들 수 있다. 프라이스라인(www.priceline.com)은 1998년 4월에 소비자가 원하는 가격과 조건에 맞는 항공 티켓을 구매할 수 있는 서비스를 개시했고, 그 해 8월에는 미국 특허상표청으로부터 구매자주도형 거래방법 및 그 사용법과 관련된 특허를 따냈다. 이는 지적소유권과 마찬가지로 비즈니스 모델을 보호하고 있는 첫 번째 사례이다.

이 사이트에서는 소비자가 먼저 원하는 서비스에 대한 가격과 조건을 제시하면, 프라이스라인은 소비자의 요구와 가격을 만족시킬 수 있는 공급업자를 찾는다. 이는 생산자 중심의 가격결정모형과는 다른 역경매 모델이다. 즉, 소비자가 능동적으로 가격결정에 참여할 수 있도록 하는 새로운 비즈니스 모델이다. 프라이스라인에서는 항공권구매, 호텔예약, 가계대출, 자동차구매 등의 서비스를 제공하고 있다. 예를 들어 가계대출 서비스에서는 고객이 필요한 금액과 이자율, 대출기간을 정하면, 다양한 대출기관과 개인대출자를 연결시켜서 소비자의 욕구에 맞는 대출업체를 선택해 준다.

[그림 4-15]과 같이 이 모델은 구매자가 구매가격을 부르면 생산자를 찾아 소비자와 연결시키는 시스템이다. 이 비즈니스 모델은 항공권예약에서부터 경매, 중고차량판매, 호텔예약, 금융업, 이사 등에까지 확장 적용되고 있다.

[그림 4-15] 프라이스라인의 역경매 모델

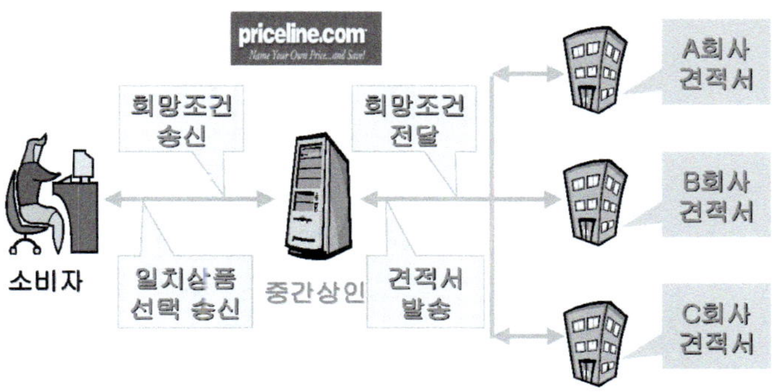

[그림 4-16] 아마존의 1-클릭 모델

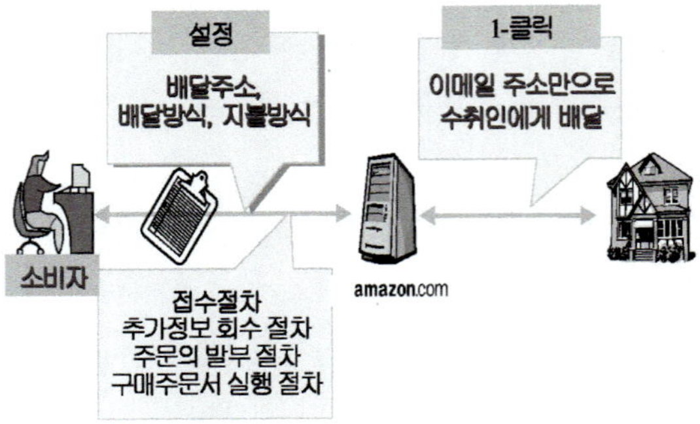

또 하나의 특허 사례로는 아마존의 1-click 기술을 들 수 있다([그림 4-16]).

이 모델은 구매자가 인터넷을 통해 한 번의 클릭으로 원하는 상품을 구매하는 방식이다. 구매자정보가 서버(판매자 컴퓨터)에 전달되어 자동적으로 구매자에 대한 확인이 이루어져, 구매자는 주문 버튼을 클릭함으로써 거래가 성립된다.

국내의 특허청(www.kipo.go.kr)에서는 비즈니스 모델 발명도 컴퓨터 관련 발명의 일부로 보고 있다. 국내에서는 비즈니스 모델, 데이터 모델, 프로세스 모델이 정보시스템과 결합되어 표현된 경우는 특허의 대상이 된다. 여기서 비즈니스 모델이란 경제법칙과 현물시장의 거래방법 등 거래를 어떻게 할 것인가를 나타내는 사업 아이디어를 의미한다. 데이터 모델이란 업무를 다루는 데이터의 집합 및 속성이다. 프로세스 모델이란 시계열적인 데이터 처리과정으로 업무의 데이터 흐름을 의미한다. 다음의 경우는 특허에서 진보성이 있다고 본다.

- 종래의 영업방법을 신기술로 구현한 경우
- 새로운 영업방법을 신기술로 구현한 경우

인사이트 비즈니스 모델과 특허

전자상거래와 e-비즈니스가 활성화되는 디지털 경제에서 새로운 비즈니스 모델의 개발, 즉 사업방법 관련 발명(business method inventions)이 지적재산권으로서 특허의 대상이 될 수 있을까?

1998년 이전까지만 해도 사업방법 관련 발명은 특허대상에서 제외되어 왔다. 1998년 4월 미국의 프라이스라인에서는 역경매 시스템으로 특허를 따냈고, 같은 해 7월 미국 연방법원에서는 SFG(Signature Financial Group)사의 금융 비즈니스 모형을 특허로 인증하게 되었다. 이를 계기로 아래 표와 같이 미국의 여러 기업에서는 비즈니스 모델과 관련하여 특허를 얻게 되었다.

특허권자	발명의 요지	비 고
CyberGold	인터넷 사용자가 소비자에게 광고를 보는 대가를 지불함	현금, 포인트, 마일리지 등 소비자에게 인센티브를 주는 사업방식 발명에 대한 특허권 주장
NETdelivery	전자우편 송수신시 웹주소를 끼워 넣는 시스템	통신방법 및 사용자의 컴퓨터 기능을 광범위하게 청구함
Priceline	구매자가 구매가격을 부르면 생산자를 찾아 소비자와 연결시키는 시스템	특허취득 후 항공권예약부터 중고차량 판매, 호텔 예약, 금융업까지 사업을 확장함
OpenMarket	인터넷 상에서 카드를 이용한 실시간 보안인증방법	초창기 인터넷 특허로서 권리범위가 광범위함(지불, 구매, 승인 등)
PointCast	정보·광고 배달시스템 및 방법	인터넷 상의 스크린 관리방법 청구
Amazon.com의 1-click 기술	구매자가 인터넷을 통해 한 번의 클릭으로 원하는 상품을 구매하는 방식	구매자정보가 서버(판매자 컴퓨터)에 전달되어 자동적으로 구매자에 대한 확인이 이루어져, 구매자는 주문 버튼을 클릭함으로써 거래가 성립됨. 여기서는 서버와 클라이언트 시스템에서 데이터 구조와 처리과정이 프로세스 모델로 구체화되어 있음

영업발명이란 정보기술과 비즈니스 모델을 결합한 형태의 발명이다. 즉, 영업방법 상의 특징과 컴퓨터 기술 구성상의 특징이 결합된 것이다. 영업발명이 특허로 등록되기 위해서는 일반적인 발명의 요건과 마찬가지로 신규성과 진보성(당해 특허출원 전에 그 발명이 속하는 기술분야에서 통상의 지식을 가진 자가 공지, 공용의 기술로부터 용이하게 발명할 수 있는지 여부)의 요건이 충족되어야 한다. 사업 아이디어, 시계열 데이터 처리과정으로서의 프로세서 모형, 데이터 구조 및 속성을 표현하는 데이터 모형이 구체적이고 유용성을 입증할 수 있는 형태로 비즈니스 모델에서 제시되어야 한다. 국내에서도 1998년 "컴퓨터 관련 발명 심사기준"을 개정하여 영업발명을 특허대상으로 인정하고 있다.

국내 전자상거래관련 특허의 심사지침을 요약하면 다음과 같다.

- 명세서 기재요건 : 특허청구의 범위
  - 방법발명, 물건발명, 기록매체
  - 상세 설명에 그 구현기술을 기재
- 특허요건 : 성립성, 신규성, 진보성
  - 성립성 : 청구항에서 영업방법의 각 단계가 컴퓨터 상에서 수행되게 하기 위한 구성을 갖추고, 산업상 이용할 수 있는 구체적 수단이어야 함
  - 신규성 : 청구항에 기재된 발명과 인용기술이 동일한 영업방법 상의 특징을 가지고 있더라도 그 구현기술구성에 차이가 있으면 신규성이 인정됨
  - 진보성 : 통상의 자동화 기술을 넘어선 기술을 이용하였다는 것이 인정되고 그 기술에 대한 선행 기술을 찾아내지 못하는 경우이고 종래와는 다른 기술구성요소를 구성한 경우

4.3 사례분석

4.3.1 닷컴기업의 사례 : (주)이베이코리아

사업개요

(주)이베이코리아(이하에서는 옥션이라 함)은 1998년 4월 국내 최초로 인터넷 경매 서비스를 개시하였다. 옥션은 판매자와 구매자, 회원간의 자율적인 거래가 이루어지는 온라인 마켓플레이스(marketplace : 단순히 오픈마켓이라 함) 비즈니스 모델이다. 온라인 마켓플레이스란 머천다이저(merchandiser : MD)가 품질과 신뢰에 따라 상품을 선별하는 일반적인 인터넷 쇼핑몰의 경우와는 달리 개인과 기업 등 누구나 등록하여 판매할 수 있는 인터넷 장터이다. 즉, 언제, 어디서나, 누구나 자유롭게 거래하는 공간이다. 따라서 옥션과 같은 개방형 마켓플레이스에서는 일반적인 인터넷 쇼핑몰과 달리 품질보증, 배송, 반품과 반환 등에 대한 모든 책임은 옥션이 아닌 판매자와 구매자에게 있다.

옥션에서는 기본적으로 양키경매방식(Yankee auction)을 이용하고 있다. 이는 정해진 날짜의 24시를 기준으로 경매가 종료된다. 단수 경매(수량이 1개인 경우)는 가장 높은 가격을 입찰한 사람이 낙찰을 받게 된다. 복수 경매(수량이 2개 이상)인 경우는 가격, 시간, 수량 순으로 낙찰을 받게 된다.

일반적으로 경매는 입찰, 낙찰, 입금, 배송, 정산의 단계를 통해 이루어지며 회원/물품등록 과정에서 회원가입비, 물품등록비, 물품등록부가서비스 수수료가 발생하며, 입찰 및 낙찰 과정에서 낙찰 수수료가 발생한다.

옥션에서는 다양한 구매방식을 제공하고 있다. 즉, 입찰자가 많을수록 가격이 내려가는 경매방식인 공동구매와 모든 경매의 시작가가 1,000원부터 시작하는 천원 경매, 판매자가 설정한 즉시구매가로 바로 구매할 수 있는 즉시구매방식 등이 있다.

[그림 4-17]에서는 옥션에서의 경매흐름과 매매보호서비스 과정을 나타내 보이고 있다. 옥션에서 구매자는 판매자에게 직접 낙찰품목에 대한 대금을 지불하지 않고 (주)이베이코리아에 입금을 하고, 구매자가 상품을 받은 후 구매결정을 하게 되면 예치해 둔 대금을 판매자에게 지불하게 된다.

[그림 4-17] 경매과정과 수익원

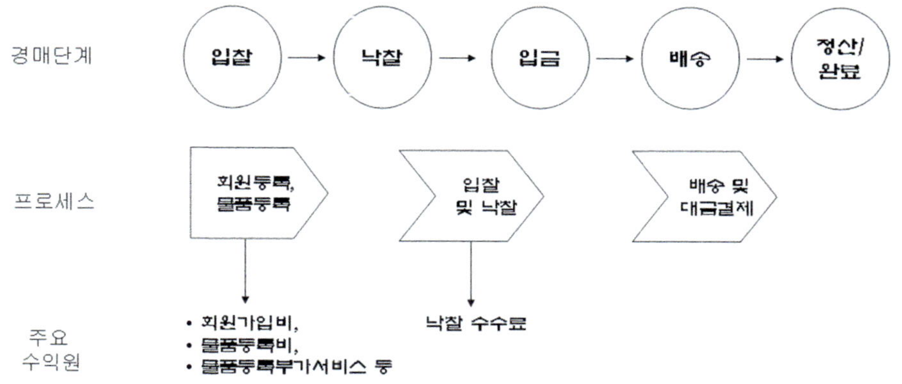

[그림 4-18] 옥션의 경매흐름과 에스크로

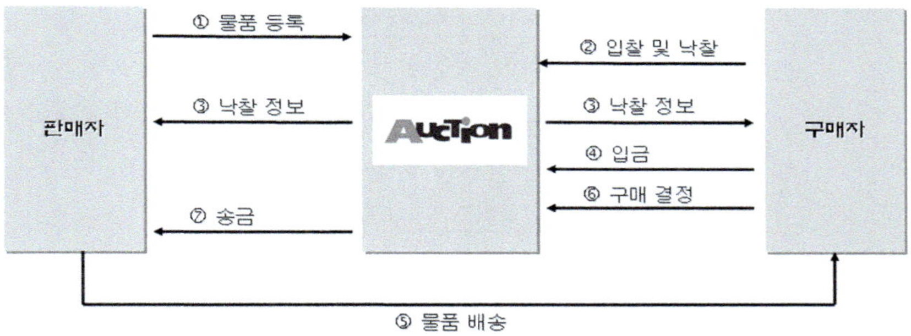

사업전략

1) 수익원 다양화 전략

옥션의 주요 수익원은 수수료(등록수수료, 즉시구매설정 수수료, 유료부가서비스수수료, 낙찰수수료)와 광고비이다. 옥션은 무분별한 등록을 억제하기 위해서는 등록수수료를 인상하는 한편, 낙찰수수료를 인하하고 거래규칙을 강화하여 거래성사율을 강화하는 전략을 펴고 있다. (주)이베이코리아는 판매자와 구매자가 아닌 제3의 기관으로서 에스크로(escrow: 결제대금예치), 즉 매매보호서비스를 제공하고 있다. 따라서 (주)이베이코리아는 매매보호서비스를 제공함으로써 새로운 수익원을 창출하게 되었다. 옥션은 경매 외에도 즉시구매와 고정가판매 등의 판매방식의 다양화는 물론이고 판매자 확보전략으로 최우수판매자 프로그램(최우수판매자, 배송우수판매자, 상품평우수판매자, 고객응대우수판매자)을 도입하여 운영하고 있다.

2) 고객보호 전략

옥션은 판매자와 구매자로서의 고객이 안전하게 거래할 수 있도록 다음과 같은 제도를 도입하여 운영하고 있다.

- **실명제 정책 :** 한 사용자에게 여러 ID 발급을 금지하여 거래조작을 방지하고, 신용카드와 송금계좌 실명제를 도입하고 있음
- **회원 신용도 평가 :** 회원의 구매와 판매를 바탕으로 구매신용도와 판매신용도를 제공함. 누적 거래액에 따라 판매등급, 총거래회수 중에서 구매자가 거래에 만족한 비율에 따른 판매만족도는 판매자 신뢰도의 중요 지표가 됨. 또한 구매자가 상품 수령 후 구매한 상품, 판매자와의 거래 전반에 대한 느낌을 평가하는 상품 댓글과 상품을 사용한 후의 소감인 상품후기도 신뢰도 지표가 됨.
- **안전거래가이드 :** 거래규칙, 이용약관, 안전거래정보 등을 제공함
- T&S(Trust & Safety) **자동감시시스템 :** 불량거래 적발, 직거래방지 프로그램, 입찰조작방지 프로그램 등으로 거래의 안전성과 사이트의 건전성을 유지함. 기타 신고센터, 1진 및 3진 아웃제, VeRo(Verified Rights Owner) 등이 운영됨.

3) 아웃소싱 및 제휴 전략

옥션은 온라인 마켓플레이스의 시장형성자로서 판매자와 구매자에게 안전한 거래환경을 제공하는 역할을 수행하고 있다. 따라서 옥션의 핵심역량은 안전한 사이트 관리, 판매자/구매자 데이터관리, 신용도관리 등이다. 옥션은 전략적 제휴를 통해 핵심업무를 제외한 많은 업무 프로세스를 아웃소싱하고 있다.

최근에는 가격비교사이트와 제휴하여 경매방식을 제외한 고정가격, 즉시구매, 공동경매 등의 물품에 한해 가격비교 서비스를 제공하고 있다. 교육전담기관인 에이전시 스타일리쉬를 설립하여 온·오프라인 판매자 교육을 실시하고 있다. 옥션은 제휴 마케팅 전문기업과의 제휴를 통해 수익배분 프로그램을 활성화하고 있다.

4) IT를 활용한 통합전략

옥션은 데이터웨어하우스, OLAP, 데이터마이닝, 빅데이터 등을 통합적으로 운영하여 고객관리를 하고 있으며, 이메일은 물론이고 웹콘텐트 개인화와 실시간 구매 추천서비스를 제공하고, 교차판매와 연계판매를 활성화하고 있다.

e-CRM은 웹로그데이터, 고객 데이터, 거래 데이터 등을 추출 및 변환하여 데이터웨어하우스에 저장하고 이를 고객 개인의 특성에 맞게 분석하여 비즈니스(고객형태분석, 고객세분화, 목표고객선정, 일대일 마케팅, 실시간 상품추천, 웹콘텐트 개인화, 캠페인관리)에 활용하고 있다. 콜센터, CTI, 이메일과 인터넷을 통합하여 eCRM과 VOC(Voice of Customer) 통합도구와 연계하여 운영하고 있다.

4.3.2 전통기업의 사례 : 포스코

델컴퓨터, 시스코시스템즈, 삼성SDI, 포스코 등은 전통기업이 e-전환전략을 통해 성공한 대표적인 사례이다. 포스코는 포항과 광양에 제철소를 두고 서울과 분당에 지사를 두고 있는 철강업체이다. 포스코는 1998년 민영화를 추진하면서 원가경쟁력과 생산성을 바탕으로 한 효율적 관리(operational excellence)와 제품의 우수성(product leadership)은 비교적 우위를 점하고 있는 반면, 고객밀착경영(customer intimacy)에 노력이 필요하다는 평가를 받았다. 이는 포스코가 [그림 4-19]와 같이 고객가치 극대화를 위해 e-전환을 통한 프로세스 혁신을 추진하는 계기가 되었다.

[그림 4-19] 포스코 e-전환의 목표

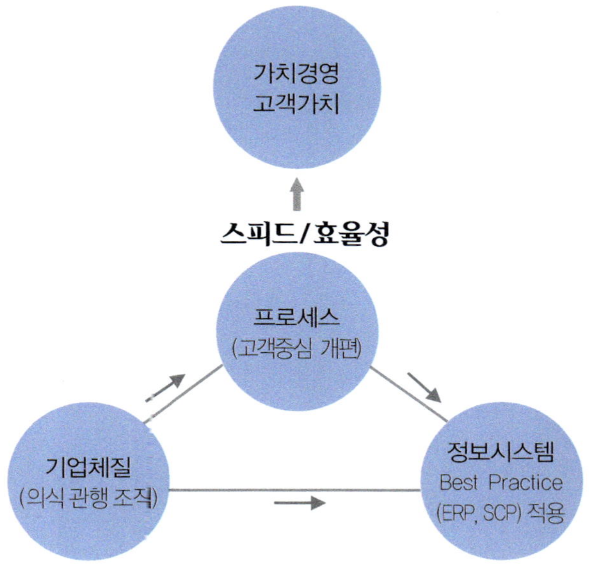

출처 : www.posco.co.kr

[그림 4-19]에서 나타낸 바와 같이 가치경영의 목표를 달성하기 위해서는 고객 중심으로 프로세스를 혁신해야 하는데, 이를 위해서는 e-전환을 통한 e-비즈니스 도입이 필요하다. 더불어 의식, 관행, 조직 등의 체질개선이 요구된다. 포스코는 1999년 PI(Process Innovation)를 시작하여 2001년 6월 PI 1기를 마무리하고, 2002년부터 시작된 PI 2기를 2005년 2월에 완료하였다.

[그림 4-20]에서 나타낸 바와 같이 포스코의 e-전환 과정은 1999-2004년 동안의 경영혁신 인프라 구축과 경영혁신의 가속화 단계를 포함하고 있다. 2005년 이후에도 포스코는 e-전환을 기반으로 6시그마를 확산 및 정착시키고 글로벌 직역량을 개발의 과정을 통해 문화혁신을 통한 글로벌 포스코라는 슬로건 하에서 가치창출 전략을 펴고 있다.

[그림 4-20] 포스코의 e-전환전략

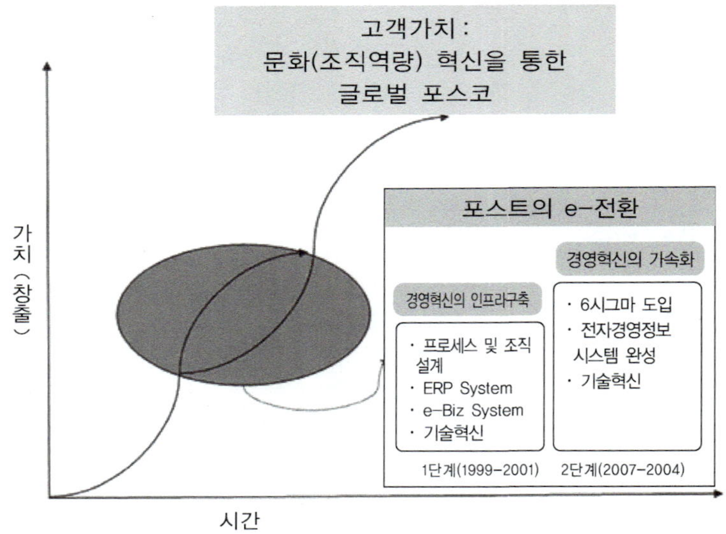

[그림 4-21]에서는 e-전환의 과정을 통해 구축된 e-비즈니스 구조를 나타내고 있다.

기업 내부 업무처리, 수주 · 생산 · 출하관리, 설비관리를 위한 ERP/SCP/MAXIMO가 통합되어 있고, 이들 시스템은 다시 EAI를 통해 조업시스템인 MES와 통합되어 있다. 실행시스템은 전자통합 데이터 분석을 위한 DW/DM을 통해 전략경영관리를 지원하기 위한 ABM/BSC를 포함하는 SEM과 EAI로 통합되어 있으며, 사내 인트라넷인 기업 포털(EP)이 웹기반으로 구축되어 임직원들에게 단일 접속점이 되고 있다. 한편 포스코의 e-비즈니스 포털인 스틸앤닷컴(steel-N.com)은 e-세일즈(e-Sales)와 e-구매(e-Procurement)로 구성되어 있다. 고객과는 e-세일즈, 공급사와는 e-구매로 연결된다. 공급사 관리를 위한 SRM, 고객관리는 위한 CRM이 구축되어 활용되고 있다.

[그림 4-21] 포스코의 e-비즈니스 시스템 구조

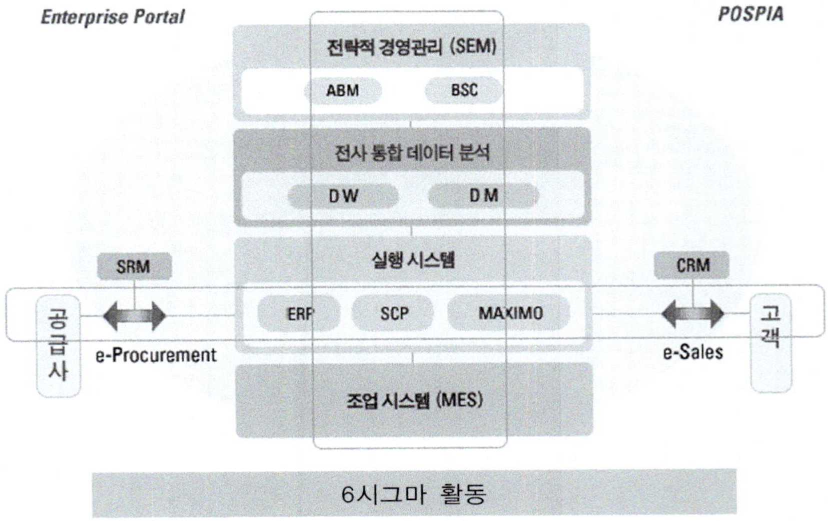

출처 : www.posco.co.kr

표 4-7 e-비즈니스 관련 용어

용 어	개 념
MES (Manufacturing Execution Systems)	일정계획 및 실행의 관점에 근거해 주문의 시작에서 최종 제품에 이르기까지 실시간 모니터링, 제어, 물류 및 작업내역 추적관리, 현황파악, 불량관리 등 생산활동에 가장 효과적으로 활용할 수 있는 정보를 제공해 주는 시스템
SRM(Supplier Relationship Management) /SCP(Supply Chain Planning)	SRM은 공급사와의 커뮤니케이션과 협력을 지원할 뿐만 아니라 공급사에 대한 체계적이고 객관적인 평가시스템임. 체계적인 공급성과분석, 우수 공급사와 협업체제 구축, 의사결정 지원을 위한 구매정보를 공유함. SCP란 통합판매생산출고계획으로 원부자재 공급사에서 고객사에 이르기까지 수요예측, 수급, 생산, 판매 등의 활동을 통합적으로 계획할 수 있도록 지원해 주는 시스템

용 어	개 념
e-Procurement/e-Sales	포스코에 물품을 조달하는 모든 업체는 입찰에서 계약 및 그 이행이 이르는 모든 것을 e-구매 시스템을 통해 온라인으로 수행함. 포스코의 e-Sales는 온라인으로 고객사에 상품을 판매하는 e-마켓(steelN.com), 운송·조선·하역회사를 대상으로 물류관련 입찰을 수행하는 e-로지스틱스, 고객사가 주문신청부터 클레임 신청까지 판매업무를 수행하고 정보를 교환하는 e-거래(transaction)로 구성되어 있음
DW(Data Warehouse)/ DM(Data Mining)	데이터웨어하우스란 사용자의 의사결정을 지원하기 위해 기업이 축적한 데이터를 사용자 관점에서 주제별로 통합하여 저장해 둔 데이터베이스임. 기업의 여러 시스템에 분산된 데이터를 웨어하우스로 취합하고 통합하여 저장해 둠으로써 사용자는 자신들이 필요로 하는 데이터가 어디에 있는지 신경쓰지 않고 필요한 데이터를 쉽게 가져다 쓸 수 있음. 데이터마이닝이란 기존의 데이터에서 새로운 데이터를 채굴해 내는 기술임. 데이터마이닝 기법으로는 연관규칙 탐사(associations), 군집분석(clustering), 의사결정 트리(decision tree), 신경망모형 등이 있다. 연관규칙 탐사란 상품 혹은 서비스간의 관계를 살펴보고 이로부터 유용한 규칙을 찾아내는 기법임.
ABM (Activity Based Management)	ABC(Activity Based Costing)로부터 산출된 원가정보를 활용하여 실제로 전략적 경영관리는 지원하는 방식 또는 도구. 활동기준원가계산이란 기업이나 단체의 원가를 활동(조직의 운영에 필요한 세부적인 업무 프로세스)별로 계산하여 제품원가 계산이나 의사결정에 사용하는 원가계산 방법
BSC (Balanced Score Card)	균형성과표란 전통적인 재무적 성과평가방법의 대안으로 경영자에게 경쟁전략과 종합적인 비전을 제시하도록 기존의 재무적 관점의 측정지표 뿐만 아니라 고객관점, 기업내부 프로세스 관점, 조직학습 및 성장관점의 비재무적 성과평가 측정지표에 의한 관리방식
SEM (Strategic Enterprise Management)	경영전략과 기업경영이 연계되도록 하는 경영관리제도. 즉, 한정된 자원을 활용하여 이익극대화 등 기업의 경영목표를 달성할 수 있도록 투자의사결정이나 운영의사결정 및 운영 효율화에 있어서 전 조직원의 참여와 일관된 행동을 이끌어낼 수 있는 전략의 개념과 방법을 활용하는 경영. ERP와 외부 시스템에서 가져 온 정보를 통합하여 핵심성과지표(KPI : Key Performance Indicators)를 산출하여 관리하는 전략적 경영관리시스템
EAI (Enterprise Applications Interface)	기업 내외부 이기종의 각종 애플리케이션을 통합하여 상호운영성을 가능하게 하는 미들웨어솔루션
Enterprise Portal	기업이 내외부의 시스템에 접근할 수 있게 하고, 사용자들에게 정보에 입각한 경영의사결정을 하는데 필요한 정보를 단일한 통로(gateway)를 통해 제공하는 도구
6시그마 (6 Sigma)	6시그마는 1980년대에 모토로라가 생산현장에서 품질개선 및 불량률 감소를 목표로 추진하였음. 무결점을 달성하고자 하는 프로세스 능력과 백만 개 중에서 단지 3~4개의 불량 제품과 서비스를 생산하는 능력, 즉 초일류의 공정능력을 측정하는 통계적 단위. 품질개선 뿐만 아니라 일하는 방식의 변화, 글로벌화에 초점을 두고 있음

인사이트 **지속가능 비즈니스 모델**

기업은 생애가치가 높은 고객을 평생 고객으로 만들어야 높은 수익을 창출할 수 있다. 한정된 예산으로 모든 고객을 똑같이 관리하는 것보다 생애가치가 큰 고객을 집중 관리하는 것이 수익 창출에 도움이 된다. 고객 차별화는 성공적인 고객관계관리의 핵심인 것이다.

소매업 비즈니스 모델의 근간은 가능한 한 비용을 줄이고, 높은 가격을 유지하며, 매출을 늘려 이익을 내는 데 있다. 그러나 매출을 늘리기 위해 고품질을 유지하면서 저가격으로 판매하는 데는 극복하기 어려운 장벽이 존재한다. 창고형 할인점 코스트코는 그런 점에서 주목할 만하다. 코스트코의 2013년 회원 수수료는 약 20억 달러로 이는 고스란히 코스트코의 세전이익이 된다. 한 해 이익의 75%가량을 제품 판매가 아닌 회비로부터 얻는 것이다. 회비는 매출을 늘려준 고객이나 매출에 전혀 기여하지 않은 고객이나 동등한 공헌을 하게 만든다.

기업이라면 비용 절감을 통해 이익 극대화를 추구하는 게 당연하다. 그러나 비용 절감은 기업의 경영철학에 따라 정반대의 결과를 빚을 수 있다. 세월호 참사를 낸 청해진해운은 비용을 줄이기 위해 선원의 교육 및 훈련과 관리에 대한 투자를 소홀히 했고 안전관리보다는 감독기관에 대한 로비를 통해 화물 운송 매출을 높이고자 했다. 이로 인해 주주, 고객, 종업원, 감독기관 등 이해관계자에 대한 균형을 상실해 대재앙을 초래했다. 이와 달리 코스트코에는 '14% 마크업' 규칙이 있다. 코스트코에서 판매하는 모든 품목에 최대 14%(PB상품은 15%)까지만 마진을 붙인다는 원칙이다. 코스트코의 경영철학에서 나온 이 원칙은 결국 비즈니스 생태계 이해관계자들에 대한 균형을 유지하는 지침으로 작용한다.

기업의 지속가능성과 관련된 의사결정의 실행 지침이 되는 원칙을 갖고 있는 기업이 많다. 북미의 유기농 식료품 기업인 홀푸드는 기업의 어느 누구도 종업원 평균 급여의 19배를 초과할 수 없다는 원칙을 준수하고 있다. 포틀랜드에 본사를 둔 작은 스포츠 의류 기업으로 지난해 모 기업에서 인수한 나우는 매출의 2%를 자사 생태계와 관련 있는 자연보호 관련기관에 기부하고 있다.

이런 원칙은 기업의 모든 의사결정의 지침이 돼 기업이 이익 극대화로 주주의 부를 최대화하는 것이 아니라 비즈니스 생태계의 이해관계자 간 조화와 균형을 유지하는 데 기여하게 된다.

경제적으로는 수익을 창출하면서 사회에 공헌해 기업에 대한 긍정적 기반을 구축하고, 환경을 보호하는 지속가능한 기업이 되기 위해서는 먼저 기업의 비즈니스 모델을 재정의하고 혁신해야 한다.

(출처 : 주재훈, 한국경제신문, 2014. 8. 8.)

연습문제 및 참고문헌

연습문제

1. 포지셔닝 전략관점에서 온라인과 오프라인을 대비하여 정보의 윤택성과 도달성의 관계를 설명하라.

2. 현실세계(marketplace)와 가상세계(marketspace)에서의 가치사슬에 대하여 설명하고, 두 세계에서의 비즈니스 전략이 어떻게 달라질 수 있는가를 논술하라.

3. 80 : 20 법칙과 긴꼬리 마케팅을 비교 설명하고, 긴꼬리 마케팅의 사례를 설명하라.

4. 온라인 비즈니스의 수익모델 유형과 사례를 설명하라.

5. 전통기업의 e-전환전략과 닷컴기업의 3C 전략을 사례를 들어 설명하라.

6. 다음에 대하여 간략하게 설명하라.
   1) 포지셔닝 전략(positioning strategy)
   2) 가치사슬(value chain)
   3) 전략적 혁신
   4) 판매제휴 프로그램(associate program, affiliate program)
   5) 균형성과표(Balanced Score Card : BSC)
   6) 비즈니스 모델(business model)
   7) BM 캔버스
   8) 역경매(reverse auction) 모델
   9) BM(business method) 특허
   10) 핵심역량(core competence)

참고문헌

류필화, CEO, 고전에서 답을 찾다, 흐름출판, 2007.

조동성 · 김기찬, 신화는 계속된다 : 고객화를 행한 디지털 포스코의 e-SC, 사례로 배우는 e-비즈니스, 전국경제인연합회, 2003, pp. 125-196.

크리스 앤더슨, 이노무브그룹외 역, 롱테일의 경제학, 랜덤하우스, 2006.

포스코 PI 프로젝트 추진팀, 디지털 포스코, 21세기북스, 2001.

Afuah, A. and C.L. Tucci, 조남기·이경전 역, 인터넷 사업모형과 전략, 학술정보, 2001.

Amit, R. and C. Zott, "Value Creation in E-Business," *Strategic Management Journal*, Vol. 22, 2001, pp. 493-520.

Anitesh Barua, Prabhudev Konana, Andrew B. Whinston, Fang Yin, "Driving E-Business Excellence," MIT Sloan Management Review, Vol. 43, No. 1, 2001, pp. 36-44.

Barney, J.B. and Hesterly, W.S., 신형덕 역, 전략경영과 경쟁우위, 제3판, 시그마프레스, 2010.

Besanko, D., D. Dranove, M. Shanley and S. Schaefer, Economics of Strategy, John Wiley, 2003, p. 368.

Chandler, A., *Strategy and Strategy*, MIT Press, 1962.

Chesbrough, H. and R.S. Rosenbloom, "The Role of the Business Model in Capturing Value from Innovation : Evidence from Xerox Corporation's Technology Spin-Off Companies," *Industrial and Corporate Change*, Vol. 11, No. 3, 2002, pp. 529-555.

Godin, S., *Purple Cow : Transform Your Business by Being Remarkable*, Portfolio, 2003.

Jelassi, T. and A. Enders, *Strategies for e-Business - Creating Value through Electronic and Mobile Commerce, Concepts and Cases*, Prentice-Hall, 2005.

Kalakota, R. and M. Robinson, e-Business : Roadmap for Success, Addison-Wesley, 1999.

Kapan, R.S. and D.P. Norton, "The Balanced Scorecard-Measures that Drive Performance," *Harvard Business Review*, January/February, 1992, pp. 71-79.

Osterwalder, A. and Pigneur, Y., Business Model Generation, Wiley, 2010.

Rappa, M., "Business Models on the Web," http://digitalenterprise.org/models/models.html

Rayport, J.F. and J.J. Sviokla, "Exploiting the Virtual Value Chain," HBR, 1995, p. 82.

Schneider, G.P., *E-Business*, 11th ed., Cengage Learning, 2015.

Ticoll, D, A. Lowy, and R. Kalakota, "*The Emergence of the E-Business Community,*" Alliance for Converging Technologies, 1998.

Timmers, P., "Business Models for Electronic Markets," *Electronic Markets*, Vol. 8, No. 2, 1998, pp. 3-8.

Venkatraman and Henderson, "Real Strategies for Virtual Organizing," *Sloan Management Review*, Vol. 40, No. 1, 1998, pp. 33-48.

제5장

협력 및 통합 패러다임: SCM, CRM, ERP

정보기술의 발달로 기업은 고객을 접점으로 두 방향에서 만나고 있다. 하나는 공급사슬관리이고, 하나는 외부로 향한 고객관계관리이다. 공급사슬관리가 기업의 경계를 넘어 정보공유를 통하여 내부의 효율성을 향상시키는 접근법이라고 보면, 고객의 정보에 기초하여 마케팅 계획을 수립하여 기업의 수익성을 향상시키는 전략은 고객관계관리이다. 이 장에서는 두 새로운 협력 패러다임의 경영전략에 대해 살펴보고, 기업 내부자원을 통합적으로 관리하기 위한 전사적 자원관리의 개념을 알아본다.

5.1 공급사슬관리

5.1.1 공급사슬관리의 개념

기업은 끊임없는 혁신과 개선을 통해 경쟁우위를 유지해 간다. 이러한 혁신과 개선은 공정과 품질에서 시작하여 재고관리와 원가관리와 같은 기업내부의 개선을 추구하는 단계를 넘어 기업 간의 가치사슬(value chain), 특히 공급사슬(supply chain) 관점에서 혁신과 개선을 추구해야 한다.

- **공급사슬 :** 제품이나 서비스를 생산 또는 운영하여 고객에게 인도하는 것과 관련된 일련의 활동 또는 조직으로 각 조직의 설비(창고, 공장, 처리센터, 유통센터, 소매점 등), 기능, 업무 등을 포함하는 개념이다.

제품이나 서비스가 최종 소비자에게 전달되는 과정은 몇 단계를 거치게 되며, 여기에 관여하는 일련의 기업들이 존재한다. 이러한 기업 간에는 제품을 포함하는 물류와 서비스·정보·자금의 흐름이 존재하고, 이 흐름은 가치를 증가시키는 연속적인 사슬이 되어 가치사슬을 형성한다. 따라서 가치사슬로 연결된 기업집단은 외부에서 보면 마치 하나의 기업과 같은 가상기업(virtual enterprise)의 형태를 띠게 된다.

공급사슬은 가치사슬을 형성한 기업간에 원재료에서부터 최종제품에 이르는 모든 단계에서 발생하는 물류, 정보, 자금 등의 흐름을 나타내며, 이를 관리하는 경영패러다임을 공급사슬관리(Supply Chain Management : SCM)라 한다. 몇몇 학자들은 다음과 같이 공급사슬관리를 정의하고 있다.

- SCM이란 고객의 고객에서 공급자의 공급자까지의 전 프로세스에 걸친 가치사슬을 최적화하는 경영기법이다. 즉, 공급자의 공급자에서 시작하여 구매·제조·분배·유통을 거쳐 소비자에게 이르는 모든 재화 및 서비스와 그 흐름에 수반되는 가치의 흐름을 통합하고 연계하여 전체적인 시스템으로 이해하고 분석하려는 개념의 경영 패러다임이다(Lambert, 2000).
- SCM이란 고객의 요구를 만족시키면서 시스템 전반의 비용을 최소화하기 위해 제품이 적정한 수량으로, 적정한 장소로, 적정한 시간에 생산·유통될 수 있도록 공급업체, 제조업체, 물류업체, 소매업체들을 효율적으로 통합하기 위한 일련의 접근방법이다(Simchi-Levi et al., 2000).

공급사슬 최적화(supply chain optimization), 즉 공급사슬의 물류, 정보, 자금의 흐름을 최적화하는 것은 어느 한 기업의 노력만으로 되는 것이 아니라 공급사슬에 관련되어 있는 모든 기업들이 함께 노력하여 공급사슬 전체를 위한 개선이나 최적화를 우선적으로 추구해야 달성될 수 있다. [그림 5-1]에서 보듯이 공급사슬 상의 물류의 흐름은 서로 종속적인 관계에 놓여 있어서 원료공급업자와 같이 상위에 있는 기업의 생산활동의 결과는 그 다음 단계에 있는 기업에 영향을 미치게 된다. 따라서 공급사슬 상의 생산 및 물류의 흐름은 공급사슬 관계에 놓여있는 전체 기업을 고려하여 균형을 이루어야 한다.

[그림 5-1] 공급사슬관리의 개념

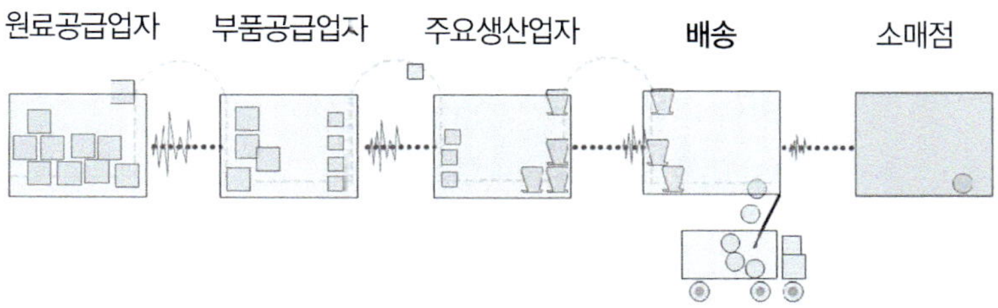

공급사슬관리는 공급사슬에 걸쳐 있는 다수의 기업 간에 상호 협조적인 전략적 파트너십 관계의 설정에서 출발하여야 한다. 그러나 공급사슬관리를 실제 수행하는 데는 복잡한 문제가 많다. 어떤 형태의 파트너십이 고객만족의 서비스 수준을 향상시킬 수 있는지, 파트너십을 성공적으로 이끌기 위해서는 어떤 인센티브가 필요하며 어떤 성과측정이 필요한지, 전략적 파트너십을 통해 얻은 혜택을 파트너들 간에 어떻게 공유해야 하는지 등 여러 가지 문제를 해결해야 한다. 공급사슬의 환경은 곧 기업의 환경이고 기업환경은 수요, 공급, 리드타임 등 항상 불확실성이 높은 환경이다.

공급사슬관리의 1차적 목표는 재고감축에 있다. 공급사슬 상에 불필요한 안전재고(safety stock), 과잉재고(excessive stock)를 정보공유를 통해 획기적으로 감축시킬 수가 있다. 정보공유는 공급사슬 상에 존재하는 불필요한 비용발생 요인을 제거하는데 큰 역할을 한다. 공급사슬 상에서 정보의 공유가 원활하지 않을 때 발생하는 불필요한 재고와 이로 인한 비용이 증가하는 현상을 채찍효과(bullwhip effect)라고 한다. 이 현상은 P&G(Procter & Gamble)가 일회용 기저귀의 수요를 조사하는 과정에서 발견되었으며, 피엔지 이외에도 HP, 제약분야의 브리스톨-마이어스 스퀴브(Bristol-Myers Squibb) 등 많은 기업들이 경험하기도 하였다. 채찍효과는 [그림 5-2]와 같은 주문량의 변동이 공급사슬을 거슬러 올라가면서 커지는 모습을 보인다. 주문량의 변동이 크다는 것은 곧 안전재고를 많이 보유해야 함을 의미하고, 이는 곧 불필요한 재고비용의 증가는 물론 비효율적인 자금운용의 결과를 낳게 된다. 채찍현상의 주요 원인은 공급사슬 상의 기업들이 자신의 직전 단계에서 발생하는 수요 정보만을 이용하여 생산 및 구매계획을 수립하기 때문이다. 만일 최종 소비자의 수요를 소매점뿐만 아니라 유통점과 공장까지도 공유하여 이를 생산 및 구매계획에 반영한다면, 생산량 또는 주문량의 변동 크기는 획기적으로 줄어들고 이는 곧 비용의 절감뿐만 아니라 자금의 효율성이 커지는 개선을 이루게 된다. 공급사슬은 고객의 수요를 얼마나 잘 충족시킬 수 있도록 반응을 위해 가치사슬의 모든 단계가 유기적이고 신속하게 반응하도록 만드는 것이 중요하며 이를 강조하는 일부 전문가들은 공급사슬관리를 '수요사슬관리'(demand chain management)라고 부르기도 한다.

[그림 5-2] 채찍효과의 개념

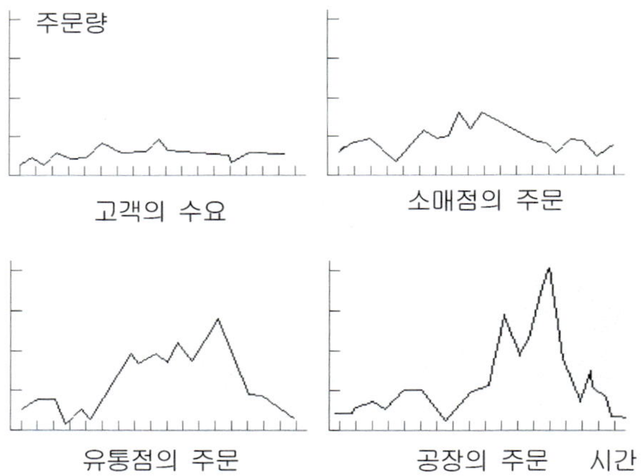

이런 문제를 해결하기 위해 먼저 공급사슬 전체가 서로 협력하는 전략적 파트너십을 구축해야 한다. 전략적 파트너십은 기존의 관리방식을 바꾸게 하거나 상호 정보를 공유함으로써 채찍효과의 문제를 해결할 수 있게 한다. 초기의 공급사슬관리는 불필요한 재고를 줄이기 위한 관리방식들이 개발되고 성공적으로 정착됨으로써 더욱 발전하게 되었다. 대표적인 재고관리방식으로는 공급자주도형 재고관리(VMI, Vendor Managed Inventory), 연속적재고보충프로그램(CRP, Continuous Replenishment Program)과 같은 것이 있다. 이 같은 새로운 재고관리 기법은 공급업자가 소매업체 매장의 자사 재고를 직접 관리하거나 소매업체에서 발생하는 정보를 이용하여 공급업체에서 직접 중앙에서 생산계획이나 보충계획을 세우기 때문에 원천적으로 채찍효과를 막을 수 있다. 그 외에도, EDLP (Everyday Low Price)와 같은 가격정책을 공급사슬 간에 적용함으로써 수요의 변동폭을 줄인다거나 리드타임을 단축시켜 불확실한 시간의 크기를 줄임으로써 채찍효과의 크기를 감소시키는 방법들이 가능하다. 월마트(Wal- Mart)의 경우에는 독특한 크로스도킹(cross-docking)시스템을 개발하여 주문처리 리드타임(order processing lead-time)과 전자문서교환을 통한 정보 리드타임(information lead- time)을 감소시킴으로써 불필요한 재고를 획기적으로 줄이기도 하였다.

5.1.2 공급사슬관리의 요소기술과 기법

공급사슬관리의 경쟁력은 공급사슬 상에 존재하는 불확실성에 대응하는 정도에 달려 있다고 해도 과언이 아니다. 공급사슬 상의 불확실성은 크게 공급과 관련한 리드타임의 불확실성과 수요의 불확실성으로 나눌 수 있다. 고객의 주문에 대해 얼마나 정확한 리드타임을 보장해 줄 수 있느냐와 정확한 수요예측을 통해 고객이 요구하는 제품을 적시적소에 보충해 줄 수 있느냐의 관건이 바로 공급사슬관리의 경쟁력이다.

이러한 공급사슬 상에 내재된 불확실성을 감소시키기 위해 새로운 공급사슬 기법이 도입되고 새로운 정보기술이 응용되고 있다. 수요예측을 더욱 정확히 수행하기 위해 CPFR(Collaborative Planning, Forecasting, and Replenishment)과 같은 기법이 도입된다거나 리드타임의 불확실성을 줄이기 위해 지연 전략을 이용하는 사례가 대표적이다. 이 이외에도 많은 기법이나 정보기술들이 공급사슬관리의 경쟁력을 높이기 위해 활용되고 있다.

SCM의 가시성 기술(visibility technology)

제품을 생산하여 유통하는 과정에서 모든 제품에 바코드(bar code)를 부착하여 POS(Point-Of-Sale) 터미널로부터 전송된 정보를 이용하여 자동으로 판매 및 재고관리를 수행함으로써 판매시점 관리를 가능하게 하는 POS 시스템은 공급사슬 중에서 소매점에서 발생하는 수요와 재고정보를 관리자가 쉽게 파악할 수 있도록 한 공급사슬의 가시성 기술의 시초였다. 바코드는 비접촉식의 인식거리가 길고 이동 중에도 정보를 수집할 수 있는 RFID(Radio Frequency Identification)로 대체되고 있다.

RFID는 상품의 생산에서부터 출하, 선적, 배송, 판매에 이르는 전 과정을 언제 어디에서나 실시간으로 추적하여 모니터링할 수 있는 공급사슬관리를 위한 새로운 가시성 기술이다. RFID가 공급업체와 소매점으로 이루어진 공급사슬 모형에서 처리되는 과정은 [그림 5-3]과 같다. RFID는 기존의 바코드와는 달리 멀티태그 부착이 가능해 다양한 정보를 저장할 수 있고 무선으로 이동하면서도 태그에 입력된 정보를 읽을 수 있다는 장점이 있다. RFID를 사용함으로써 공급사슬 상의 리드타임 단축은 물론 많은 비용절감 효과를 볼 수 있다.

[그림 5-3]에서는 RFID를 활용하여 기저귀 판매에 따라 월마트의 선반에 기저귀가 어떻게 보충되는가를 나타내고 있다. RFID를 사용하여 월마트에서 기저귀가 다 팔리기 전에 월마트의 재고창고, 월마트의 유통센터로부터 어떻게 재고가

[그림 5-3] 공급사슬관리에서 RFID의 처리과정

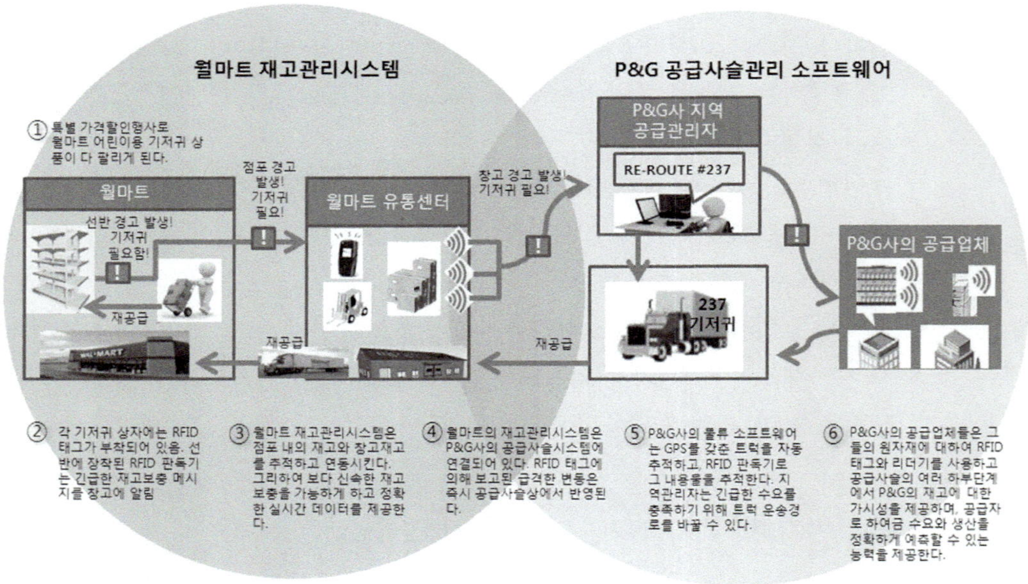

출처 : 강종열 외(역), 생산운영관리, 2012, p. 469.

보충되는가를 설명하고 있다. 특히, 월마트 유통센터에 재고가 없는 경우는 기저귀를 생산하여 보급하는 P&G사의 공급사슬관리 소프트웨어와 연동되어 재공급될 수 있고, P&G사는 공급업체로부터 필요한 구성품을 보급받아 생산할 수 있다.

공급사슬에 관련된 기업들이 정보를 공유하여 가시성을 향상시키도록 지원해주는 기술은 다음과 같다.

- 데이터베이스 기술
- POS
- RFID
- **QR코드 :** 일본에서 처음으로 만든 2차원 바코드의 일종임. 2차원 바코드는 가로 및 세로로 구성된 영역 내에 매트릭스 형태로 정보를 표현하고 있음. 기존 바코드보다 많은 정보를 표현함. 디지털 카메라가 내장된 스마트폰에서 QR코드의 이미지를 읽고, 스마트폰의 앱으로 이미지를 문자로 변환하여 웹사이트 주소를 추출하고 웹에 접속하여 세부적인 콘텐트를 볼 수 있음.

기업은 자체적으로 SCM을 위한 소프트웨어를 개발할 수도 있지만, 대부분의 경우 다음과 같은 SCM 솔루션을 활용하여 자사의 특성에 맞게 맞춤화하는 과정을 통해 공급사슬을 관리하여 물류, 정보, 자금의 흐름을 최적화한다.

SCM의 기법

공급사슬관리는 앞에서 언급한 것처럼 정보의 가시성을 높이는 기술들과 정보를 용이하게 공유할 수 있는 기술의 진보 덕분에 기업활동에 본질적으로 내재된 수요와 리드타임의 불확실성을 감소시킴으로써 높은 이윤을 창출할 수 있는 혁신적인 기법을 개발하고 도입 가능하게 되었다. 이들 기술을 이용하여 물류를 단순화하고 동기화할 수 있도록 제품설계 및 프로세스를 개선하는 것이다. 이러한 기법들에는 모듈화된 제품설계, 지연전략, 크로스도킹, 통합배송(consolidation), VMI, CPFR, TOC(Theory of Constraint)를 적용한 SCM 등이 있다.

모듈화는 제품이 필요한 시점에 필요한 만큼 적절히 조립될 수 있도록 제품을 설계하는 것을 말한다. 모듈화되고 표준화된 반제품 상태로 물류를 단순화시켜 현지에 공급된 제품은 최종 소비자가 있는 현지에서 차별화할 수 있도록 제품의 최종 완성시점을 지연시키는 전략을 통해 고객주문 리드타임을 감소시키고 또한 안전재고를 감소시킬 수 있게 된다. 예로 HP의 경우 미국 공장에서는 폰트를 설치하지 않고 제조, 배송하여 주문자가 있는 현지 국가에서 그 나라의 폰트를 설치함으로써 물류비용을 절감하고 납품기간을 단축시켜 안전재고를 감축하고 주문충족도를 개선할 수 있었다. 모듈화나 지연전략은 공급사슬 상의 물류를 단순화할 뿐 아니라 관련 정보전달, 정보처리 비용을 절감할 수 있게 한다.

크로스도킹은 월마트에서 처음 시행한 방식으로 중간집하단계에서 불필요한 중간재고를 없애고 배송 리드타임을 단축하기 위하여 주문물품이 집하장에 도착하면 최종배송지로 운송할 트럭이 스케줄에 맞추어 대기하여 바로 환적함으로써 집하장에서의 하역, 보관 및 재고, 불출, 적재 과정을 생략하는 방식이다. 이 방식은 주문, 배송, 운송 정보를 공유하여 물류를 동기화할 수 있는 정보시스템이 필요하다. 크로스도킹 시스템을 도입하면 물류센터가 상품의 유통을 위한 경유지로만 사용되므로 물류센터의 물리적 공간이 감소하며 공급사슬 전체의 저장창고의 수가 감소되고 유통업체의 결품이 감소하며 전체 물류비용의 절감 및 재고의 감축효과를 얻을 수 있다.

공급사슬에서 물류비용을 배송단계에서 절감할 수 있는 방법도 있다. 고객의 주문에 대한 응답지향적인 주문관리 및 배송체계는 배송단위가 작게 분할되는 경향이 있는데 직접배송의 경우에 배송단위를 지역별, 배송일자별로 분류하여 좀 더 큰 단위로 통합하거나 제3자물류(3rd party logistics)에 위탁하여 통합하는 방법도 있다. 이와 같은 방식으로 고객의 응답성을 높이면서도 물류비용을 절감할 수 있으려면 배송에 대한 관련 정보의 통합적 관리가 이루어져야 한다.

공급사슬관리는 공급, 물류, 수요의 부문을 중심으로 협력업체와의 정보공유 및 협업을 통한 최적화된 의사결정이 중요하다. 공급사슬관리를 통한 다양한 긍정적인 효과가 있지만 무엇보다도 기본적인 목표는 공급사슬 전체에 불필요하게 존재하는 재고를 감축하는 것이 일차적 목표이다. 이와 같이 전략적 제휴관계의 기업들 간에 효과적으로 재고를 관리하기 위한 협력모형과 기법들이 SCM 초기부터 연구되고 개발되어 왔다.

1) 공급자주도형 재고관리(VMI : Vendor Managed Inventory)

채찍효과는 공급사슬의 하위단계로부터 주문이 상위단계로 거슬러 올라오면서 점점 주문량의 변동폭이 커지는 것이었다. 채찍효과는 하위단계에 있는 기업의 수가 많을수록 더욱 커진다. 즉, 구매자의 수가 더 많을수록 공급자가 대처해야 하는 수요의 불확실성은 더욱 커진다. 이런 경우는 대개 최종제품 생산자가 다수의 소매점을 가진 경우이며 보통 중간에 물류창고를 두어 소매점에서 발주된 주문을 처리한다. 기존의 주문처리 방식에서 발생하는 채찍효과는 주문의 방식을 소매점인 구매자가 하는 것이 아니라 최종제품 생산자, 즉 공급자가 중앙에서 통합해서 일괄적으로 수행하게 되면 전체적인 주문의 변동폭을 감소시켜 불필요한 재고를 획기적으로 줄일 수 있게 된다. 이와 같이 공급자가 하위에 있는 구매자의 상품보충을 직접 수행하는 것을 공급자주도형 재고관리(VMI)라고 한다. VMI는 JIT 구매방식을 공급사슬에 응용한 방식이며 주문자의 판매정보 또는 생산 스케줄 및 진도와 재고현황 등의 정보를 공급자와 공유하고 제품 또는 부품 재고의 주문 및 관리를 공급자가 주도적으로 수행하는 것이다. VMI가 성공적으로 수행되기 위해서는 공급자와 주문자는 상호 주문, 판매, 재고, 물류에 대한 정보를 공유하고 관련 프로세스가 필수적으로 통합되어야 한다. 공급에 대한 스케줄과 재고관리에 대한 의사결정은 공급자가 최적으로 관리하여 공급 리드타임의 단축, 재고감축, 결품방지 등의 효과를 거둘 수 있다. 그러나 VMI는 소매점의 재고비용까지도 공급자가 부담하는 방식이어서 공급자의 비용과 업무가 증가하는 단점이 있다. 그러므로 VMI에서는 구매자의 생산계획, 판매정보 등의 공유된 정보를 이용하여 공급사슬 전체를 최적화해서 얻은 시스템 전체의 비용절감으로 얻은 이득을 공급자도 함께 나눌 수 있는 이익분배지표와 체계가 필요하다. 한편, VMI가 공급자 측의 안전재고가 지나치게 커지는 문제를 보완하여 공급자와 구매자가 재고를 함께 관리하는 방식인 CMI(Co-Managed Inventory)도 있다.

2) 연속적 재고보충프로그램(CRP : Continuous Replenishment Program)

CRP는 소매점들이 EDI망을 통해 재고에 대한 정보와 상품에 대한 수요량을 공급자에게 통보하면 공급자는 이에 근거하여 수요를 예측하고 소매점의 재고상황을 반영하여 최대 재고와 최소 재고 범위 내에서 일정하게 재고가 유지되게끔 재고 보충량을 결정하여 재고를 보충해 주는 방식이다. CRP는 소매점과 공급업체의 각 영역에서 발생하는 재고에 대한 비용은 각자가 부담하지만 다수의 소매점의 수요를 VMI와 같이 중앙에서 통합해서 관리하는 데는 어려움이 있다.

3) 협력계획예측재고보충(CPFR : Collaborative Planning, Forecasting, and Replenishment)

CPFR이란 공급사슬의 거래 파트너들 간의 계획, 예측, 재고보충을 위해 상호 정보공유가 이루어지는 공급사슬 기법이다. 공급사슬 상의 모든 참여기업이 공급사슬의 전체적인 입장에서 총재고를 최소화하는 것을 목표로 한다. 이를 위해 모든 구성원이 최종소비자의 수요에 근거하여 수요를 예측하고 공급사슬 상의 동기화된 생산계획 및 재고보충계획을 수립하는 것이다.

제약이론

제약이론(TOC, Theory of Constraint)은 이스라엘에서 물리학을 전공한 골드랫(E. T. Goldratt) 박사가 공장을 경영하던 친구로부터 그 공장 스케줄링 문제의 자문요청을 받고 해결하는 과정에서 독창적인 아이디어로 이 문제에 적용하여 좋은 결과를 얻고 이를 본격적으로 연구하여 탄생한 생산관리기법이다. 이 기법은 공급사슬관리에 응용되어 공급사슬의 흐름을 동기화할 수 있는 뛰어난 방법으로 인식되고 있다. 사실 공급사슬을 확장된 ERP의 개념으로 보는 시각이 있다. ERP는 MRP(Material Requirement Planning)를 중심으로 전사적으로 확장되었다. 그러나 MRP는 프로세스 상에 존재하는 많은 현실적인 제약조건을 모두 반영하지 못하는 문제점이 있었다.

제약이론은 시스템의 목표달성을 방해하는 제약조건을 찾아낸 후 그 제약조건에 다른 조건들을 종속, 동기화시켜 추진하여 최대한의 효과를 내도록 함으로써 MRP 로직의 한계를 극복하고 있다. 공급사슬 간의 흐름은 드럼-버퍼-로프(drum-buffer-rope)의 개념([그림 5-4])을 이용하여 동기화된다. 원료나 부품 공급프로세스 혹은 제조단계 혹은 배송단계에서 제약이 존재하든 간에 TOC는 존재하는

[그림 5-4] 드럼-버퍼-로프에 의한 공급사슬 스케줄링

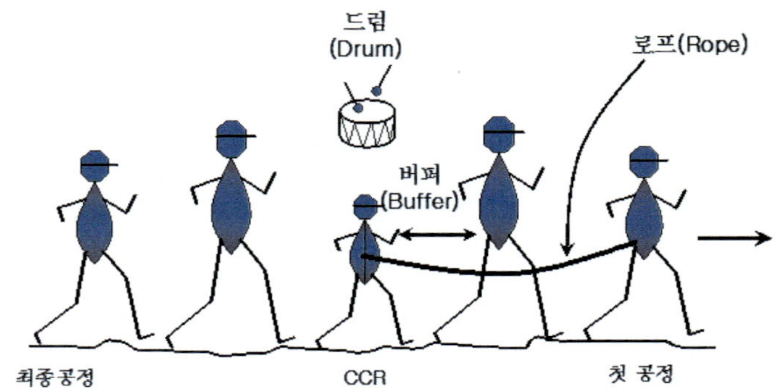

단, CCR : Capacity Constraint Resource(능력제약자원)
출처 : 정남기, 1999.

제약에 다른 프로세스를 종속시킴으로써 공급사슬 전체 프로세스를 동기화시키는 것이다. 이런 논리는 APS(Advanced Planning and Scheduling)로 개발되었고 APS는 현장에서 발생하는 여러 제약을 고려하고 수시로 발생하는 긴급 주문이나 납기의 조정을 손쉽게 처리하고 수배송 능력을 고려하여 고객별 우선순위에 따른 정확한 납기를 통보하는 납기확약, 즉 CTP(Capable To Promise)나 ATP(Available To Promise) 기능을 제공할 수 있다.

e-SCM

e-SCM(electronic-Supply Chain Management)은 e-비즈니스의 발전에 따라 원자재 조달, 생산, 수·배송, 판매 및 고객관리 프로세스의 물류 흐름과 이와 관련된 모든 활동을 인터넷을 기반으로 통합적으로 관리하는 것이다. 즉, e-SCM은 인터넷을 기반으로 하는 SCM이다. 기업은 e-SCM을 도입함으로써 기업 내 개별 비즈니스 활동의 최적화(optimization), 전체 비즈니스 프로세스의 통합, 공급사슬 구성원간의 관련 비즈니스 프로세스들을 통합적으로 계획하고 운영하는 협력, 공급사슬 구성원들이 하나의 가상 네트워크를 형성하여 전체 공급사슬 프로세스를 동기화하는 것이 가능하게 된다. 궁극적으로는 e-SCM은 공급사슬 구성원들 간에 협업과 통합으로 인터넷과 같은 전자 네트워크를 이용해 하나의 가상네트워크를 형성하여 전체 공급사슬 프로세스를 동기화하려는 전략이다.

5.2 고객관계관리

비즈니스의 근본적인 사명은 이익이 아닌 가치창출에 있다. 이익은 가치창출의 결과이며, 목표라기보다는 수단에 불과하다.

— 테오도르 레빗(Theodore H. Levitt)

5.2.1 고객가치

여기서는 먼저 고객가치(customer value)와 고객관계관리의 관련성을 살펴본다. 두 가지 관점에서 고객가치를 살펴볼 필요가 있다.

첫째는 기업관점의 고객가치로서 고객순자산가치(customer equity)와 고객생애가치(customer lifetime value : CLV)이다.

- **고객순자산가치 :** 기업이 고객과의 관계를 통해 얻게 되는 고객의 기여가치. 특정 기업의 전체 고객들의 총기여가치로서 기업 전체 고객들의 고객생애가치와 그들의 고객추천가치의 합이다. 여기서 고객추천가치란 기업의 고객들이 추천과 입소문을 통해 간접적으로 기업에 기여하는 가치
- **고객생애가치 :** 고객으로부터 미래의 일정기간 동안 얻게 될 이익을 할인율에 의해 현재가치로 환산한 재무적 가치

둘째는 고객 관점에서의 지각된 가치(perceived value) 또는 인지적 가치이다.

- **인지적 가치 :** 고객이 기업과의 거래를 통해 얻을 수 있는 인지적 가치

일반적으로 비즈니스로부터 높은 고객가치를 지각한 고객일수록 만족도가 높다. 고객만족도가 높을수록 제품 및 서비스에 대한 재구매 또는 재사용 의도가 높게 형성되고 고객충성도도 높게 나타난다. 이러한 재구매 의도나 고객충성도는 비즈니스 수익창출에 기여하여 궁극적으로 비즈니스 가치를 향상시키게 된다. 따라서 e-비즈니스에서 고객가치는 대단히 중요하다.

가치란 제품 또는 서비스에 대해 소비자가 지각한 혜택과 기업이 그것을 제공하는데 드는 비용과의 차이이다. 소비자 혜택이란 제품 또는 서비스에 대해 고객이 기꺼이 지불하고자 하는 것으로 제품과 서비스 그 자체는 물론이고, 배달의 신속성, 브랜드, 명성 등을 포함한다([그림 5-5] 참조). 비용이란 연구개발비, 원재료비, 생산비, 마케팅비, 판매비 등을 의미한다. 소비자 혜택에서 기업이 지불한 비용을 제외한 창출된 가치는 기업의 이윤에 해당하는 생산자 잉여(producer surplus)와 소비자 잉여(consumer surplus : 소비자가 지각한 혜택으로 가격을 초과하여서도 기꺼이 지불할 의향이 있는 금액과 소매가격의 차이)로 구성된다. 예를 들어, 인터넷 옥션에서 경매를 통해 160,000원에 프린터를 구매하였다고 하자. 소비자는 200,000원을 지불할 의향이 있었지만, 160,000원에 낙찰되어 가격이 결정되었다. 따라서 소비자 잉여는 40,000원이 된다.

e-비즈니스에서 고객가치란 제품 및 서비스의 품질은 물론이고, 〈표 5-1〉에 나타낸 바와 같이 다양한 원천으로부터 창출된다. 〈표 5-1〉에 나타낸 것 외에도 브랜드(brand)와 명성(reputation)도 고객가치를 창출하는 원천이 된다.

[그림 5-5] 소비자 혜택과 창출된 가치의 배분

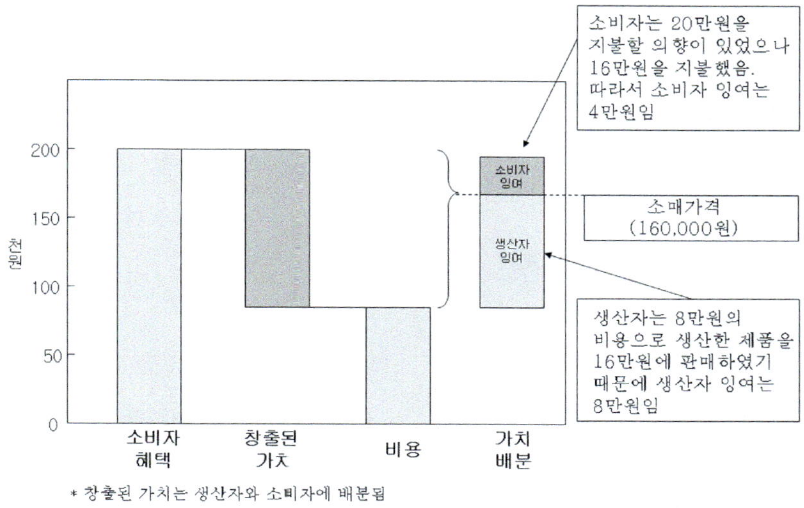

출처 : Besanko et al., 2003, p. 368.

표 5-1 고객가치의 종류

고객 가치	개 념
경제적 가치	평균 시장가격과 비교하여 낮은 가격 또는 고객의 비용절감(탐색, 협상, 계약, 조정 등)에 의해 고객에게 제공되는 (계량화될 수 있는) 경제적 가치
편리성 가치	고객에게 정보, 상품, 서비스, 인터페이스 등을 편리하게 제공하여 고객 만족을 이끌어 내는 가치 또는 고객이 언제 어디서나 다양한 제품과 서비스를 이용할 수 있도록 하여 편리성을 제공하는 가치
신속성 가치	고객의 요구에 신속히 반응하여 고객 만족을 이끌어 내는 가치 · 거래의 신속성 · 신속한 주문 이행 · 고객 요구에 대한 신속한 피드백과 수용성 등
개인화 가치	다양한 취향과 선호도를 지닌 고객들에게 각자의 취향에 맞도록 상품과 서비스는 물론이고 거래환경을 제공해 주는 가치
커뮤니티 가치	고객에게 정보, 지식, 의사소통의 원천이 되는 커뮤니티를 제공하여 다음의 고객 욕구를 충족시키는 가치 · 정보/지식/경험의 공유 · 고객의 다양한 참여와 참여의 용이성 · 고객 학습, 구매 의사결정에 따른 위험의 감소, 공동구매능력 등 · 고객 상호간, 고객과 기업간의 커뮤니케이션과 상호 지원 등
오락·감성가치	고객에게 오락 휴식, 즐거움, 재미, 가상체험의 공간을 마련하여 고객 만족을 이끌어 내는 가치 · 이벤트 · 가상체험 · 호기심과 새로움, 심미적 요소 등
신뢰가치	안전하고 믿을 수 있는 거래, 품질보증, 보안 서비스, 프라이버시 보호, 고객의 최적 경험을 제공함으로써 고객에게 제공되는 신뢰의 가치
응대가치	양적 및 질적 측면에서 고객 요구의 변화를 유연하게 충족시킬 수 있고 고객 불만을 해소해 주는 가치

고객관계관리(Customer Relationship Management : CRM)는 결국 고객과의 장기적 관계를 잘 관리하여 고객가치를 창출하고 향상시키는 데 그 목적을 둔다. [그림 5-6]에 나타낸 바와 같이 고객가치는 고객만족과 고객감동을 이끌어내고 고객 충성도를 높여, 고객은 재구매하거나 웹사이트를 재방문하게 되어 기업의 이윤창출에 기여하게 되고 결국 기업의 경쟁우위를 제공한다. 이러한 고객과의 선순환 관계를 유지하기 위한 과정, 기술, 관리, 전략 등을 고객관계관리라 할 수 있다.

[그림 5-6] 고객가치와 경쟁우위

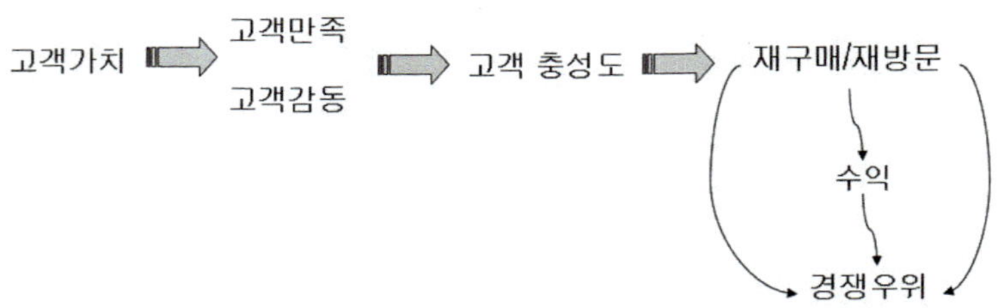

5.2.2 고객관계관리의 개념과 기본전략

기업은 오늘날 고객의 본질에 대한 이해를 정확히 하여야 한다. 고객은 저마다 다른 가치를 가지고 있다. 고객과의 지속적인 관계 속에서 수익을 기대하는 기업은 고객유형에 따라 수행전략이 세분화되어야 함을 알아야 한다. 단순히 신규고객에게만 관심이 있다면 기업은 실패할 수밖에 없다. 다음은 고객유형에 따라 기업의 대처방안이 달라야 함을 보여주는 현장의 사례들이다.

- 보통 기업들은 불만족한 고객 중 4%만의 불만을 듣고 알게 된다. 나머지 96% 불만족한 고객은 불평하지 않는다. 그러나 이 중 25%는 심각한 불만을 가지고 있다.
- 불만족한 고객은 자신들의 경험을 10~20명의 다른 사람들에게 이야기한다. 그러나 문제가 해결된 고객들은 자신의 경험을 대략 5명의 다른 사람들에게 이야기한다.
- 신규고객을 획득하는 데에 소요되는 비용은 기존고객을 유지하는 비용의 5배가 든다.

- 기업의 매년 평균매출의 65%는 이전에 만족한 서비스를 받은 기존 고객을 통해 이루어진다.
- 기존의 고객들에게 제품을 판매할 가능성이 50%인 반면, 새로운 고객들에게 제품을 판매할 가능성은 15%정도이다.
- 대부분의 기업들은 매년 약 15~20%의 기존고객을 잃어버린다. 고객유지율이 몇 %만 증가하여도 25~100%까지의 이윤을 더 증가시킬 수 있다.

재미있는 사실은 96% 불만족한 고객보다도 4%의 불만족한 고객들이 계속 거래관계를 유지한다는 것이며 불만족한 고객의 대략 60%는 문제가 해결된다면 계속 거래관계를 유지하고 싶어 한다는 것이다. 만일 문제가 빨리 해결된다면 95%는 다시 거래를 하게 될 것이라고 한다.

고객은 기업의 가치창조의 원동력이며 동반자이지만 모든 고객이 기업에게 유리한 것은 아니다. 고객이 제품이나 서비스를 구매한 후 갖게 되는 이미지나 개인적 성향에 따라 이는 향후 구매행위에 영향을 미친다. 기업은 먼저 고객만족을 통해 고객의 충성도를 이끌어내어야 한다.

- 고객 충성도(customer loyalty)란 한 기업의 사람, 제품 또는 서비스에 대한 애착(attachment) 또는 애정(affection)의 감정 상태를 의미한다. 즉, 특정 상품이나 서비스를 지속적으로 구매·이용하려고 하는 의지 또는 몰입의 정도이다. 충성도 관점에서 최고의 고객관리는 고객을 팬으로 만드는 것이다.

그러나 사실상 만족한 모든 고객의 충성도가 언제나 비례해서 증가하지는 않는다. 미국의 제록스(Xerox)의 한 조사에 의하면 매우 만족한 고객의 재구매율은 그렇지 않은 고객보다 6배나 더 높다. 이에 반해 웹사이트나 레스토랑의 경우는 재구매율이 낮은 것으로 나타났다. 즉, 고객만족과 충성도는 제품이나 서비스의 상황에 따라 차이를 보이는 것으로 나타났다.

고객관계관리의 정의

오늘날 기업은 고객을 단순한 상품이나 서비스 구매자로서 간주하던 생산중심적 사고의 한계에서 벗어나 고객과의 장기적이고 우호적인 관계설정을 중시하는 관계중심적 사고로 인식의 패러다임을 전환하고 있다. 고객관계관리란 현재의 고객과 잠재고객에 대한 정보 및 자료를 분석해 마케팅 정보로 변환하여 이를 바탕으로 마케팅 프로그램을 개발, 실현, 수정하는 고객중심의 경영기법을 의미한다. CRM이라는 용어는 1990년대 중엽, 기술기반의 고객 솔루션으로 정보기술 분야의 현업에서 사용되기 시작하였고, 학계에서는 관계마케팅과 호환적으로 사용되었다. [그림 5-7]에서는 초기의 정보기술적 관점에서의 좁은 의미로써의 CRM 개념이 고객관리라는 넓은 의미로 확대 정의됨을 알 수 있다.

[그림 5-7] 고객관계관리 개념의 변천

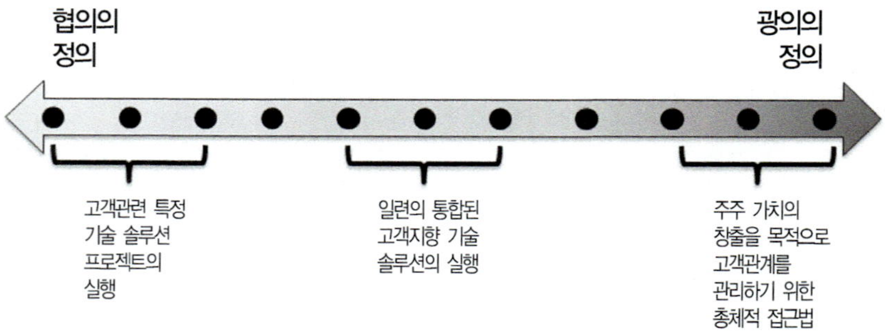

출처 : Payne and Frow, 2005.

고객관계관리란 고객가치를 창출하여 고객충성도를 높이고, 기업가치를 극대화하기 위한 경영기법과 경영접근법이다. 우리 회사의 고객은 누구인지, 고객이 무엇을 원하는가를 파악하여 고객이 원하는 제품과 서비스를 지속적으로 제공함으로써 고객을 오래 유지시키고 이를 통해 고객의 평생가치를 극대화하여 수익성을 높이는 통합된 고객관계관리 프로세스이다. 고객관계관리에 대한 다양한 정의는 다음과 같다 :

- 고객데이터와 정보를 분석하고 통합하여 개별 고객의 특성에 기초한 마케팅 활동을 계획, 지원, 평가하는 과정
- 기업의 다양한 자원과 역량을 활용하여 고객과의 관계 획득, 유지, 강화 등 전체 고객 생애에 걸쳐 고객과 기업 상호간의 이익극대화를 추구하기 위한 기업의 모든 경영활동의 기반이 되는 경영전략 또는 패러다임
- 고객 충성도를 높이고 고객가치와 동시에 기업가치를 창출하기 위한 프로세스, 경영 접근법 및 경영기법, 경영 패러다임

고객관계관리의 기본전략

고객관리관계의 기본전략은 고객확보, 고객유지, 고객강화의 3단계의 프로세스로 이루어진다. 경우에 따라서는 고객확보 이전에 고객선별 과정, 고객확보 후 고객분석의 과정이 추가되기도 한다([그림 5-8]). 고객선별 단계에서는 고객이 기업에 주는 가치, 고객의 요구사항 등에 따라 고객의 특성을 세분화하는 것이다. 모든 고객이 동일한 수익을 준다면 기업은 모든 고객에게 동일한 전략을 수행할 수 있겠지만 고객은 기대수준, 가치관, 처한 환경, 선호체계 등이 서로 다르며 기업에 주는 수익성이 다르기 때문에 기업은 먼저 고객을 서로 다른 객체로 인식해야 한다. 이러한 선별은 기업의 입장에서 잠재성이 있는 고객, 즉 수익성이나 지속적인 관계를 맺기, 기업에 최고의 CLV(Customer Lifetime Value)를 제공할 수 있는 고객을 세분화하는 것이며 이후 단계의 캠페인에서 활용하게 된다.

[그림 5-8] 고객관계관리의 기본전략과 프로세스

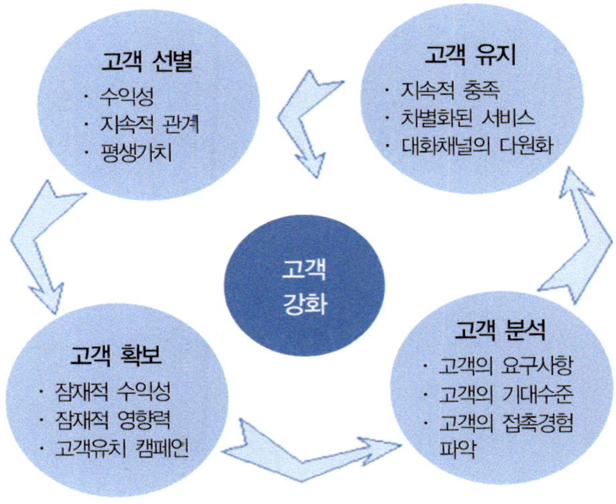

고객확보단계는 잠재적 수익성과 영향력을 지닌 선별된 고객군에 대해 기업의 자원을 할당하여 캠페인을 진행한다. 기존의 우량고객으로부터 특성, 기업 내외부 데이터, 전략적 제휴활동에 의해 잠재고객을 선별하고 이들을 마케팅 캠페인을 통해 신규고객으로 확보하는 것이다.

잠재고객 중에는 먼저 접촉해 온 고객을 확보하는 경우, 경쟁사의 고객을 유치하는 경우, 구전에 의한 고객을 유치하는 경우가 있다. 고객이 먼저 접촉해 온 경우는 기업의 고객이 될 잠재성이 크다고 할 수 있으므로 이러한 고객에 대한 분석과 마케팅 캠페인은 가장 신속하고 정성을 들여 추진해야 한다. 고객이 어떤 채널로 먼저 접촉을 하였건 간에 고객이 문의한 관심사항에 대한 정보는 일선 영업담당자, 콜 센터, 인터넷 고객담당자 등 고객과의 접촉을 담당하고 있는 모든 부서에서 고객 데이터를 일괄관리하고 분석할 수 있어야 한다.

경쟁사에서 고객을 유치하는 경우는 경쟁사 고객의 특성을 잘 파악하여 목표고객을 선별하여 샘플이나 자료전달, 메시지, 할인쿠폰 등을 제안함으로써 고객의 반응을 유도하는 효과적인 방법이다. 경쟁사의 웹사이트 게시판에서 고객의 정보를 수집하여 목표고객을 선별하고 메시지 광고나 할인쿠폰을 제공하는 메일을 발송하는 것이 한 예가 될 것이다.

구전을 통한 고객유치는 기존고객을 매개체로 신규고객의 소개를 유도하는 전략으로 회원을 통한 회원모집(Member-Get-Member : MGM), 친구소개프로그램(Get-A-Friend : GAF) 등을 들 수 있다. 이 방법은 고객의 취미나 특성이 비슷한 집단 속에서 구전이 이루어지기 때문에 우량고객이 소개하는 잠재고객은 새로운 우량고객이 될 가능성이 크다고 할 수 있다. 기존고객이 추천하는 고객은 곧바로 우량고객이 될 가능성이 크다고 한다.

고객분석단계에서는 고객 서비스를 신속하고 효율적으로 수행할 수 있도록 고객의 요구사항과 기대수준을 정확하게 파악하는 것이다. 고객이 제품이나 서비스, 기업과의 접촉을 통해 받은 경험에 대한 정확한 파악이 요구되는 단계이다. 이탈할 고객을 예상하고 원인을 분석하거나 이탈고객으로부터 고객을 재탈환하기 위한 프로그램을 개발하거나 고객의 수익기여도 분석을 통한 불량고객이나 우량고객을 선별해 내거나 하는 것들이 주요 분석대상이다. 이러한 고객을 분석하는 도구로는 온라인 분석처리(OLAP), 데이터마이닝, 빅데이터 등이 활용된다.

고객유지단계에서는 고객이 요구하는 제품이나 서비스를 지속적으로 제공할 수 있도록 고객에게 캠페인 활동과 그 응답에 대한 피드백 관리를 하는 것이다. 인터넷, DM, TV 등 다양한 채널을 통해 지속적으로 고객이 원하는 방식으로 대화하고 고객의 기호, 가치, 요구사항, 문제점을 적절하고도 차별적인 서비스로 지속적으로 대응하는 것이다. 그리고 이 단계에서는 개별고객의 관리를 통하여 기업에 기여하는 매출액의 증대를 시도하게 되는데 이러한 방안의 대표적인 것으로 교차판매(cross-selling)와 추가판매(up-selling)가 있다.

교차판매는 여러 가지 상품구성을 가지고 고객에게 하나의 상품판매에 연계해 관련 상품을 판매하는 것을 말한다. 양복과 와이셔츠, 컴퓨터와 프린터, 자동차와 자동차보험 등은 교차판매를 통해 매출을 증대시킬 수 있는 예이다. 전자상거래에서는 웹사이트 간의 링크를 통하여 상호 제휴 프로그램을 통해 협력관계를 구축하는 경우도 교차판매의 한 경우이다. 또한 특정 제품이나 서비스에 대한 평가를 고객 스스로에게 내리게 하고, 그 정보에 기초하여 이 사람의 성향에 부합하는 다른 상품을 소개하거나 추천하는 협업 필터링(collaborative filtering)도 교차판매의 또 다른 예이다. 이러한 판매제휴 프로그램(affiliate program)과 협업 필터링의 예는 아마존과 같은 인터넷 서점에서 쉽게 접할 수 있다.

추가판매란 고객의 라이프사이클과 기업의 상품을 연계하여 업그레이드된 상품을 판매함으로써 고객의 생애가치와 기업의 이익을 동시에 증가시키는 판매기법을 말한다. 20대 후반의 젊은 직장인이 소형승용차를 구입하였을 때 기업은 5~6년 후 고객에게 RV형 자동차를 홍보하는 안내책자를 보낸다. 이는 결혼하고 아이들을 가진 가족이 되고 레저 중심으로 가족의 관심사가 변화할 시점을 예견하는 마케팅 전략으로 고객의 심리를 적절히 자극한다고 볼 수 있다.

마지막으로 고객관계 강화단계에서는 시간이 지날수록 기업과 고객 간에 견고하고 친밀한 관계를 증가시킴으로써 고객의 충성도는 높아지고 이들 고객은 기업에게는 견고한 사업기반이며 성장잠재력이 되는 것이다. 전자상거래 웹사이트에서 보편화된 마일리지는 현금과 같은 효과가 있어 한 사이트에서 계속적으로 거래하여 누적하면 보다 효과가 커지므로 이러한 전략은 일반고객을 수익성이 높은 우량고객으로 변모시키는데 효과적이다.

5.2.3 e-CRM

e-CRM은 인터넷을 기반으로 통합된 CRM이다. 고객관계관리를 인터넷 상에서 수행하고자 할 때는 기존의 오프라인의 고객과 온라인 고객의 특성이 다르기 때문에 기업은 이 점을 잘 이해하여야 한다. 인터넷에서 새로운 고객을 확보하는 것은 기존의 오프라인 비즈니스에서 고객을 확보하는 것과는 다르다. 이것은 일종의 잠재고객으로부터 고객이 웹사이트를 방문하도록 유치하는 것으로 e-비즈니스 기업들이 그 웹사이트에 방문하는 트래픽을 늘리는 것을 의미한다. 온라인 기업들은 웹사이트 방문자의 수를 늘리기 위해 다양한 기법과 자원을 동원하고 있다. 따라서 다양한 방법들을 고객의 특성에 맞추어 선별적으로 사용하고 그 효과를 정확히 측정하여 가장 적절한 고객유치 방법을 택해야 한다. 기존고객을 유지하는 것이 신규고객을 획득하는 것보다 비용이 적게 든다. 기존고객과의 관계

를 유지하고 강화하는 것은 장기적인 이윤을 거둘 수 있는 기반이 되기 때문에 매우 중요하다. e-CRM에서는 웹사이트에 방문한 고객들의 트래픽은 회원가입을 통한 프로파일(profile), 접속을 통한 로그파일(log file), 하이퍼링크를 통한 클릭스트림(click stream) 등의 정보를 획득하고 분석하는 것이다. 이런 고객들의 정보를 세심하게 분석함으로써 고객이 무엇을 찾고 무엇을 구매하고 어떤 불만을 호소했는지, 얼마나 자주 방문했는지 등의 방문 패턴, 구매 패턴 등의 정보를 얻을 수 있다. 이런 정보와 분석을 바탕으로 고객의 개별적인 특성과 요구에 맞춘 웹페이지와 서비스를 제공하여 고객이 쉽게 정보에 접하고 다시 웹사이트를 찾아오도록 유도해야 한다. 이것이 곧 일대일 마케팅의 실현이며 e-비즈니스를 효과적으로 수행하는 수단이 된다. 웹 개인화를 통한 일대일 마케팅은 푸시기술(push technology), 협업 필터링 등을 이용하여 기술적으로 실현된다. 고객관리를 최적화하기 위해 BI가 활용되기도 한다.

- **비즈니스 인텔리전스**(Business Intelligence : BI) : 분석적 도구를 활용하여 데이터를 수집 및 저장하고 지식을 관리하여 경영의사결정에 필요한 복잡하고 경쟁력 있는 정보와 지식을 제공하는 시스템이다. BI는 적절한 시간, 적절한 장소, 적절한 형식으로 의사결정자에게 실행가능한 방식으로 정보를 제공해야 한다. 따라서 BI는 [그림 5-9]와 같이, 다양한 데이터(비디오, 스프레드쉬트, 동영상, 이미지, 그림, 웹페이지, 텍스트 등)와 다양한 분석도구(ERP, KM, CRM, DSS, 데이터마이닝 : DM, 데이터웨어하우스 : DW, GIS, OLAP 등)를 사용하여 의사

[그림 5-9] BI 시스템의 입력과 출력

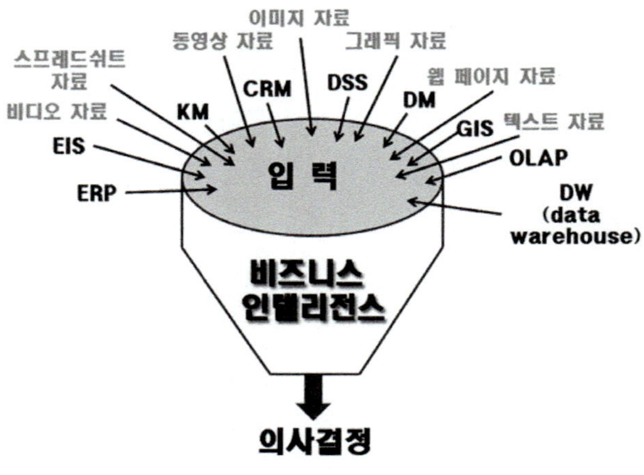

출처 : Solomon and Gray, 2003, p. 3190.

결정에 필요한정보를 제공한다. 가트너그룹의 조사에 따르면, 전략적 의사결정과 업무적 의사결정을 지원하는 BI의 사용 목적은 다음과 같다(Solomon and Gray, 2003).

- 기업 성과관리
- 고객관계의 최적화, 기업 활동의 모니터링, 전통적 의사결정 지원
- 경영분석 보고

5.2.4 CRM과 빅데이터

"누구에게나 모든 것이 다 보이는 것은 아니다. 많은 사람들은 자기가 보고 싶어하는 것 밖에는 보지 않는다."

— 줄리어스 시저(Julius Caesar)

CRM은 고객 니즈를 파악하여 고객가치를 창출함은 물론이고 고객관계를 강화하여 고객 충성도를 높여 비즈니스 가치를 창출하는데 목적이 있다. 고객이 무엇을 원하는지를 고객 자신도 명확하게 알지 못하는 경우가 많다. 고객은 기업이 제공하는 제품이나 서비스를 받으면서 뒤늦게 이것이 자신이 원하는 것이라는 것을 알기도 한다. 오늘날 기업이 고객니즈를 파악하여 CRM을 효과적으로 실행하기 위해서는 빅데이터를 분석해야 한다. 기업은 빅데이터를 분석하여 고객이 무엇을 원하는지를 예측할 수 있고, 고객 충성도를 높일 수 있다.

빅데이터의 개념

빅데이터(big data)란 대구모의 자료를 의미하지만, 규모 외에도 속도와 다양성 측면을 반영하고 있다. 즉, 빅데이터는 데이터의 규모, 속도, 다양성 등의 복잡성으로 기존의 데이터베이스와 데이터 처리 방식으로는 저장하여 관리할 수 없는 데이터의 집합이다.

- **규모(volume)**: 인터넷, 모바일, SNS 등으로 인해 실시간으로 대량의 데이터가 생성되고 있다. [그림 5-10]에 나타낸 바와 같이 인터넷웹, 인터넷 검색서비스, 태블릿PC/스마트폰, SNS 등이 활성화되면서 몇 기가바이트의 데이터가 수천 제타바이트의 규모로 빠르게 늘어나고 있다.
- **속도(velocity)**: 실시간으로 데이터가 생성되고 데이터의 수명주기가 단축되고 있다. 기업의 가치를 창출하기 위해서는 필요에 따라 다양한 사용자들의 요구에 맞게 실시간으로 데이터를 처리하여 제공해야 한다.

[그림 5-10] 소셜미디어와 데이터

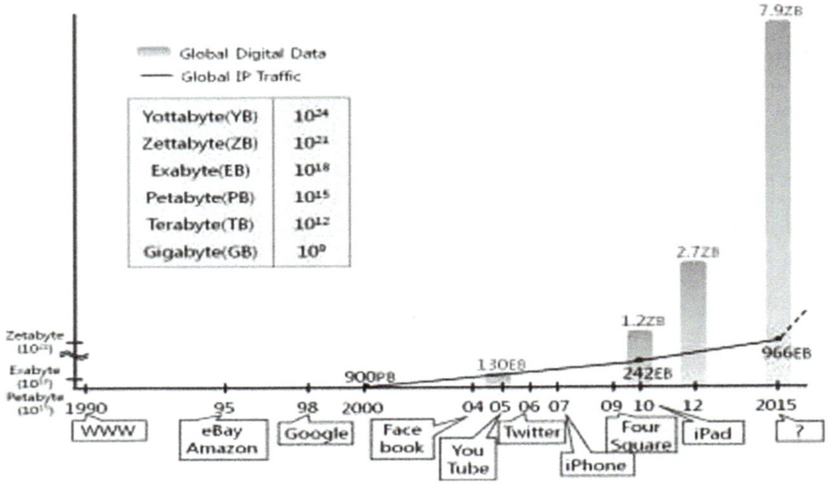

출처 : Cisco(2011)와 IDC(2011)의 예측을 인용하여 작성.

- **다양성(variety) :** 정형화된 구조적 데이터(데이터베이스에 저장되는 데이터) 외에도 HTML/XML과 같은 반구조적 데이터는 물론이고 텍스트 · 음성 · 비디오 등의 다양한 비구조적 데이터가 웹로그, RFID/USN, 소셜네트워크, 인터넷 검색 등을 통해 다양한 분야에서 생성되고 있다.

빅데이터의 분석기법

빅데이터를 분석하기 위해서는 기존의 기술뿐만 아니라 새로운 인프라 기술, 분석 기법, 표현 기술이 필요하다.

- **인프라 기술 :** 데이터를 수집, 처리, 관리하기 위한 기술로써 비즈니스 인텔리전스(BI), 데이터웨어하우스(DW), 클라우드 컴퓨팅, 분산 데이터베이스, 분산 병렬처리, 분산파일 시스템 등이 있다. 대규모 데이터를 분산처리하기 위한 자바 기반의 오픈소스프레임워크인 하둡(Hadoop)이 빅데이터 기술로 각광을 받고 있다.
- **분석 기법 :** 데이터를 분석하는 기술과 방법론으로 통계기법, 데이터마이닝/텍스트마이닝, 평판 분석, 클러스터 분석, 기계 학습, 자연어 처리, 패턴 인식, 예측 모델링 기법 등이 있다.

• **표현 기술 :** 데이터 시각화 기술, 데이터의 특징이나 의미를 쉽게 알 수 있도록 표현해 주는 기술이 필요하다. 데이터 분석용 프로그래밍 언어인 R이 하둡과 함께 빅데이터 분석 도구로 활용되고 있다.

R과 RStudio

R은 통계처리용 컴퓨터 프로그래밍언어이다. 특히, 통계를 이용한 시각화 지원이 잘 되기 때문에 빅데이터 분석에 널리 이용되고 있다. R은 오픈소스 기반의 프로그래밍언어이다. RStudio는 R을 이용한 프로그램 개발을 지원하는 환경을 제공하는 소프트웨어이다. 오픈소스용은 누구나 다음에서 내려받아 설치하여 사용할 수 있다.

- R: https://cran.r-project.org
- RStudio: https://www.rstudio.com/products/rstudio

인사이트 데이터 시각화(visualization) : 워드 클라우드(word cloud)와 구글 트렌드(Google trends)

데이터를 그림과 같이 시각화하여 표현하면, 직관적으로 문제를 파악하여 의사결정을 하는데 도움을 줄 수 있다. 빅데이터와 관련하여 데이터를 시각화를 지원하는 도구로는 Qlik, Tableau Desktop, TIBCO Spotfire 등이 있다. 또한 R과 파이썬(Python)과 같은 프로그래밍 언어를 이용할 수도 있다. 데이터 시각화 방법 중의 하나로 텍스트를 분석하여 빈도나 중요도 등에 따라 시각화하는 도구는 다음과 같다:

- WordItOut(worditout.com): 텍스트를 분석하여 중요도가 높은 단어를 크게 시각적으로 표현하는 도구. 아래는 WordItOut 사이트에서 텍스트를 입력하여 워드의 중요도에 따라 시각적으로 표현한 예이다.

- 워들(Wordle: www.wordle.net): 단어의 빈도 수가 높아질수록 단어의 크기도 커지는 워드 클라우드 생성기. 글의 본문을 직접 입력하거나, 웹페이지 주소를 입력해 워드 클라우드를 생성할 수 있다. 한국어는 지원되지 않는다.

• 택세도(Tagxedo: www.tagxedo.com): 웹페이지 주소(URL), 트위터 계정, RSS, 검색어 등을 입력하여 워드 클라우드를 생성하도록 지원한다.

"데이터를 시각적으로 표현하여 문제를 성공적으로 해결한 사례는 많이 있다. 예를 들어, 조류독감 발병 이력 데이터를 지도에 시각적으로 표현하여 과거 조류독감이 발병했던 곳이 고속도로 근처라는 것을 직관적으로 알게 되어 사료운반, 가축운반, 방역 등을 위해 농가를 방문한 차량 데이터들을 추적한 결과 조류독감의 확산 매개체는 철새가 아닌 축산농가 방문차량이라는 것을 발견하게 되었다. 또한 서울시는 심야버스 노선을 만들기 위해 데이터 시각화를 활용하였다. 서울시는 밤 0시부터 새벽 5시까지 심야버스를 운행하기로 결정은 했지만 노선 결정에 어려움이 있었다. 밤 0시부터 새벽 5시까지 약 30억건의 KT 통화량 통계데이터로 유동인구 밀집도를 분석하고 이를 시각화했다. 통화량이 많은 곳이 인구 밀집도가 높은 곳으로 이를 중심으로 노선을 정하였다" (www.edaily.co.kr 뉴스 참조).

• 구글 트렌드(Google trends: trends.google.com/trends): 구글 이용자들이 검색한 키워드를 기반으로 전 세계(또는 특정 국가)의 일정 기간 동안 이슈의 트렌드가 어떻게 변화했는지 추이를 그래프나 지도 등에 시각화하여 표현해 준다.

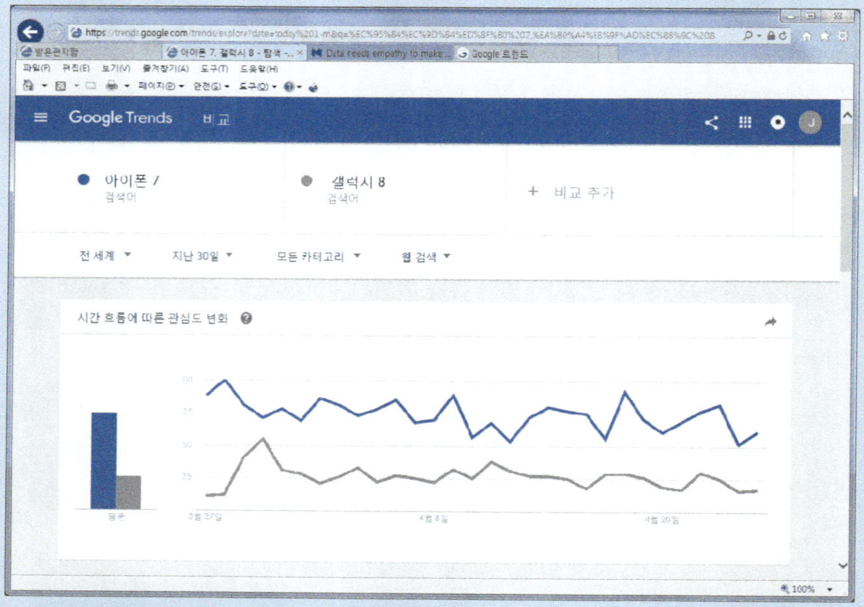

구글 트렌드에서 주제어(아이폰 7과 갤럭시 8)를 사용하여 전 세계에서 지난 30일간 아이폰 7과 갤럭시 8로 구글 검색을 한 결과를 그래프로 나타내 보이고 있다.

• DATAMIXI(datamixi.com): 국내의 시맨틱 웹 전문기업인 솔트룩스의 DATAMIXI에서는 소셜데이터(뉴스, 블로그, 트위터 등)를 분석으로 시각화하여 제공하는 인지분석 서비스(트렌드, 연관어, 감성 분석 시각화 서비스)와 데이터 서비스를 제공하고 있다.

그 외에도 소셜멘션(socialmention: www.socialmention.com)에서는 트위터와 블로그 등에서의 포스트와 리트윗 등의 실시간 검색 결과에 대한 서비스를 제공하고 있다.

5.3 전사적자원관리

5.3.1 전사적자원관리의 개념

기업에서는 경영과 의사결정을 지원하고, 경쟁우위를 달성하기 위한 다양한 정보시스템을 도입하여 활용해 왔다. 기업의 생산, 회계, 재무, 영업 등 단위 업무별로 정보시스템을 도입하여 운영하는 데는 여러 문제(데이터와 업무의 중복, 커뮤니케이션과 연결의 문제, 오류와 자원 낭비 등)가 발생하였다. 따라서 기업의 여러 업무를 통합적으로 관리할 필요가 있다. 전사적자원관리(Enterprise Resource Planning : ERP)란 정보기술을 활용하여 기업 내부의 모든 자원, 즉 생산자원, 회계자원, 재무자원, 마케팅자원, 인적자원 등을 통합적으로 관리하여 궁극적으로는 기업의 경쟁우위를 달성하기 위한 통합 정보시스템이다.

ERP는 기업의 재고관리를 위한 MRP(Material Requirement Planning)에서 시작되어, 생산자원 전체를 통합적으로 관리하기 위한 MRP II(Manufacturing Resource Planning)으로 발전하였고, 기업자원 전체를 통합적으로 관리하는 솔루션으로 발전하였다.

- **MRP** : 재고관리 방식은 제품의 수요 특성에 따라 다르다. 일반적으로 완제품의 수요를 독립수요(independent demand), 완제품 생산에 사용되는 조립품이나 구성품의 수요를 종속수요(dependent demand)라 한다. MRP란 종속수요 품목의 일정계획 방법이며 재고관리기법으로 주일정계획에 따라 완제품을 생산하는데 소요되는 원재료, 조립품, 구성품을 언제 얼마만큼 주문해야 하는가에 대한 정보를 제공해 주는 정보시스템이다. 주일정계획(master schedule), 자재명세서(Bill of Material : BOM), 재고기록은 MRP의 입력요소이다. 주일정계획이란 완제품을 언제 얼마나 생산해야 하는가를 나타내는 일정계획이다. 자재명세서란 하나의 완제품을 생산하기 위해 필요한 원재료, 조립품, 구성품을 나타내는 목록이다.
- **MRP II** : 이는 MRP에서 생산용량소요계획(Capacity Requirement Planning : CRP)을 추가하고 계획수립 과정에서 마케팅 및 재무와 같은 기업의 다른 기능 부문을 포함하도록 확장한 개념이다. 즉, MRP II는 생산계획 프로세스와 CRP와 같은 기업 내 다른 분야까지 포함하는 생산자원계획을 확장한 개념이다.

5.3.2 전사적자원관리의 구성요소와 솔루션

ERP 솔루션은 그 제공 업체에 따라 다르지만 〈표 5-2〉에서 나타낸 바와 같이 생산, 마케팅, 회계/재무, 인사 활동을 관리하기 위한 부문과 기초 공통인 프로젝트, 워크플로우, 기술정보를 관리하는 부문으로 구성되어 있다. [그림 5-11]에서는 국내의 대표적인 ERP 솔루션인 K.System의 구성요소, [그림 5-12]에서는 중소기업을 위한 ERP 사용 화면의 예를 나타내고 있다.

표 5-2 ERP의 구성요소

생산자원	생산계획	생산계획 수요관리, 자재소요계획 등 회사의 제조활동의 계획, 실행 및 통제 관리 등
	재고관리	구매요청, 발주처리, 재고자산입출고, 재고실사, 완제품 관리 등
	품질관리	품질계획, 품질검사 및 품질과 관련한 문서처리기능
	설비관리	설비의 예방점검, 보전수리, 이력관리, 통계분석 등 설비의 효율적 관리에 필요한 기능
마케팅자원	영업관리	제품 판매계획, 고객문의 접수, 배송관리, 판매수주관리, 타겟마케팅, 판매지원 등
	물류관리	배송업자, 선적과 배송 일정, 배송 추적 등
회계재무자원	재무회계	총계정원장관리, 채권관리, 채무관리, 고정자산관리, 연결회계 등
	관리회계	간접관리부분(원가중심 간접비), 제품원가관리부분(표준원가계산, 실제원가계산), 수익성 분석 등
	재무관리	현금흐름관리, 유동성 예측관리, 자금운용관리, 위험관리, 재무분석관리 등
인적자원	인사관리	인사계획, 사원채용, 인사고과, 급여, 성과관리, 출장경비관리 등
기초공통자원	프로젝트관리	프로젝트의 계획, 일정수립 및 관리
	워크플로우	전자메일, 전자결재 기능을 포함한 업무흐름 관리
	기술정보관리	제품의 설계정보와 설계 변경, 신제품개발 프로젝트 관리 등

[그림 5-11] 영림원(ERP 솔루션 업체)의 ERP, K. System의 구성

출처 : www.ksystem.co.kr

[그림 5-12] 중소기업용 ERP 화면의 예

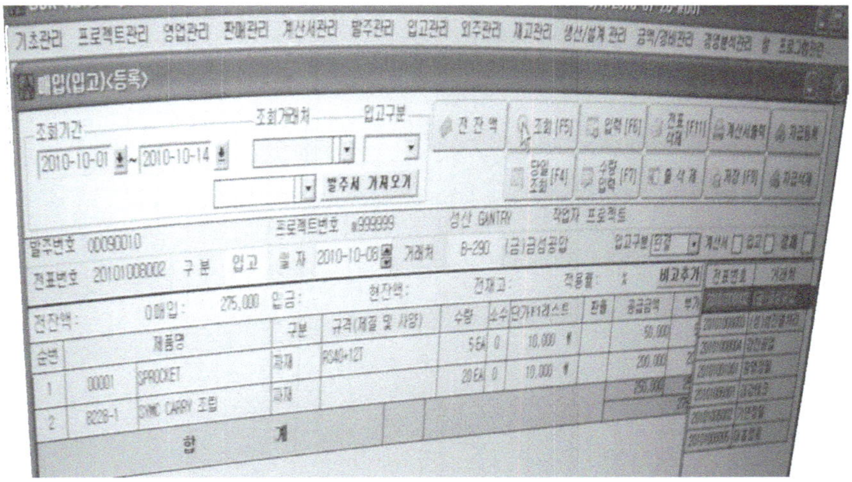

ERP는 기본적으로 기업의 자원을 통합적으로 관리하기 위한 솔루션이기 때문에 다음과 같은 비즈니스 프로세스를 이해해야 ERP를 제대로 이해할 수 있다. 프로세스(process)란 하나 이상의 입력을 받아들여 가치있는 결과를 산출하는 여러 활동의 집합이다. 기업에서 ERP를 도입하기 위해서는 먼저 기업의 비즈니스 프로세스 리엔지니어링(Business Process Reengineering : BPR)을 통해 업무를 표준화해야 한다. BPR이란 프로세스를 개선하기보다는 중복 또는 불필요한 프로세스를 과감히 버리고 완전히 새로운 프로세스로 재설계하는 것이다. BPR을 통해 기업의 구조와 경영방식을 재설계하고 체질을 바꾸어 경쟁력을 확보하게 되는데, ERP를 도입할 때는 이러한 BPR이 수반되어야 한다. 기업의 ERP 도입방안은 다음과 같다:

- 자체 개발 또는 SI 업체를 통한 위탁 개발
- 패키지를 도입하여 자사의 환경에 맞는 맞춤화(customization)
- 클라우드 서비스

국내외의 대표적인 ERP 솔루션 업체는 다음과 같다 :

- SAP, 오라클, 피플소프트(Peoplesoft)
- 영림원, 더존iCUBE, topERP 등

연습문제 및 참고문헌

연습문제

1. 고객가치와 기업의 경쟁우위에 대하여 설명하라.
2. 채찍효과가 일어나는 이유는 무엇이며, 이를 줄이는 방법들은 어떤 것들이 있는지 설명하라.
3. 공급사슬의 재고를 감축하기 위해 기업간 협력모형에는 어떤 것들이 있으며 그들 간의 차이는 무엇인지 설명하라.
4. 고객관계관리의 기본 3단계에 대해 설명하라.
5. ERP의 개념, MRP와 MRP II와의 관계에 대하여 설명하라.
6. 다음 용어를 간략하게 설명하라.
   1) 공급사슬 최적화(supply chain optimization)
   2) 공급자주도형 재고관리(vendor managed inventory)
   3) 제약이론(Theory of Constraints)
   4) 교차판매(cross-selling)
   5) 추가판매(up-selling)
   6) 빅데이터(big data)
   7) 데이터 시각화
   8) 비즈니스 인텔리전스

참고문헌

강종열 · 김정섭 · 김태호 · 신현길 · 최종열(역), 생산운영관리, 10th ed., 2012.

김성희 · 장기전, e-비즈니스.com, 제2판, 도서출판 청람, 2007.

김형수 · 김영걸 · 박찬욱, 고객관계관리 전략 : 원리와 응용, 사이텍미디어, 2009.

정남기, TOC 제약 경영, 대청, 1999.

황하진 · 고일상 · 박경혜, 전자상거래와 e-비즈니스, 제4판, 2012, 경문사.

Anderon, D. and H. Lee, "The Internet-enabled Supply Chain : From the first click to the last mile", http://www.ascent.com, 2000.

Besanko,D., D. Dranove, M. Shanley and S. Schaefer, Economics of Strategy, John Wiley, 2003, p. 368.

Griffin, J., Customer Loyalty : How to Earn It, How to Keep It, Jossey-Bass, p. 23, 1997.

Meta Group, *Business Week*, Feb., 2000.

VICS, Collaborative Planning, Forecasting and Replenishment (CPFR) : An Overview, 2004.

Lee, Hau L., Creating Value through Supply Chain Integration, *Supply Chain Management Review*, September/October 2000.

Payne, A. and Frow, P., "A Strategic Framework for Customer Relationship Management," *Journal of Marketing*, Vol. 69, 2005, pp. 167-176.

Solomon, N. and P. Gray, "Business Intelligence," *Ninth Americans Conference on Information Systems*, 2003, p. 3190.

Stevenson, W. J., Operations Management, Mcgraw-Hill, 10th ed., 2010.

Turban, E., D. King, J. Lee, T. Liang, and D. Turban, Electronic Commerce 2010 - A Managerial Perspective, 6th ed., Pearson Education, Inc., 2010.

제3부

상거래 패러다임

완성된 패러다임을 가지고 있는 기업을 전환하기보다 기업을 제로부터 새로 만드는 편이 용이하다.

- 카고노카다오, ≪기업의 패러다임 변혁≫

기존 기업들이 가장 극복하기 힘든 과제는 새로운 시각에서 해체의 상황을 파악하는 사고의 일대 전환이다.

- 필립 에번스 · 토머스 S. 워스터, ≪기업 해체와 인터넷 혁명≫

1960년대 여행자는 뉴욕에서 청바지 한 벌을 15불에 구입하여 모스코바에서 75불에 팔 수 있었다. 인터넷과 소셜미디어로 전자상거래가 확산된 세상에서는 어떤 전략이 필요할까?

제6장
편리성을 제공하는 전자상거래

제3부
상거래 패러다임

구텐베르그 혁명 이래로 지난 수세기 동안 종이 문서를 기반으로 하는 거래가 디지털과 인터넷 혁명으로 비트에 의한 거래로 탈바꿈하고 있다. 이 장에서는 B2C, C2C, B2B 전자상거래, 전자시장과 중간상인의 역할, 인터넷 쇼핑몰 구축 방안, 새로운 중개자로 등장하는 지능형 에이전트에 대하여 살펴보기로 한다.

6.1 인터넷 쇼핑몰과 오픈마켓

6.1.1 인터넷 쇼핑몰 : B2C 전자상거래

B2C 전자상거래의 대표적인 예는 인터넷 쇼핑몰이다. 다양한 유형의 인터넷 쇼핑몰이 출현하였다. 델컴퓨터와 같은 제조업체 직판형 쇼핑몰, 롯데닷컴과 같은 유통업체가 운영하는 종합 인터넷 쇼핑몰, 서적과 화장품 등과 같은 특정 분야의 제품이나 서비스를 제공하는 전문 쇼핑몰 등이 있다. 1996년 6월 인터파크가 국내 최초로 인터넷 쇼핑몰 서비스를 개시하였다.

표 6-1 인터넷 쇼핑몰의 유형별, 형태별, 제품속성별 분류

유형별 분류	형태별 분류	제품속성별 분류	쇼핑몰의 예
종합쇼핑몰	온라인과 오프라인 병행	디지털 및 물리적 제품	롯데닷컴, GS Shop, CJ오쇼핑, 현대H몰 등
	온라인	디지털 및 물리적 제품	인터파크(현재 오픈마켓)
전문쇼핑몰	직판점	디지털 제품	대한항공, 아시아나
		물리적 제품	미샤 뷰티넷(www.beautynet.co.kr)
	유통점	디지털 제품 (소프트웨어, 콘텐트, 예약/티켓, MP3, 금융상품 등)	티켓링크, 전자책(www.barobook.com)
		물리적 제품/전자책	인터넷 교보문고, YES24 (www.yes24.com)

[그림 6-1]에서는 일반적인 인터넷 쇼핑몰의 흐름도를 나타내고 있다. 구매자는 인터넷 쇼핑몰에 접속하여 상품을 검색하여 주문하고 지불수단을 선택한다. 대금지급방식으로는 대개 온라인 신용카드결제, 온라인 계좌이체, 사이버머니와 전자화폐가 이용된다. 구매자가 인터넷 쇼핑몰을 방문하여 웹사이트에서 구매하는 이들 과정을 [그림 6-1]에서는 Front Shop으로 표현하고 있다. 한편 인터넷 쇼핑몰 운영업체가 생산자, 배송업체, 신용카드업체와 같은 지불서비스 업체와의 거래를 수행하는 과정을 [그림 6-1]에서는 Back Office라 표현하고 있다. [그림 6-1]의 Front Shop과 Back Office가 인터넷을 통해 전자적으로 통합되어 운영되어야 거래비용이 감소되어 전자상거래의 혜택이 증가하게 된다.

[그림 6-1] 인터넷 쇼핑몰 흐름도

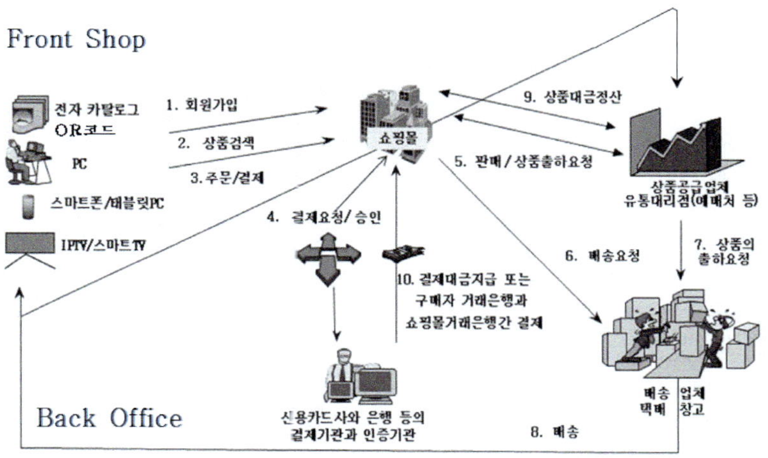

6.1.2 오픈마켓 : C2C 전자상거래

일반적으로 인터넷 쇼핑몰에서는 머천다이저(Merchandiser : MD란 소비자가 원하는 상품을 기획하고 마케팅 전략수립 활동을 하는 사람으로 상품기획자 또는 상품개발담당자라 함)가 있어 판매자와 상품을 선별하고, 직접 품질보증과 지불 등에 대한 책임을 진다. 그러나 오픈마켓(open marketplace)이란 다수의 판매자와 구매자가 직접 거래를 수행하는 온라인 마켓플레이스(online marketplace)로써 사업자는 온라인상에 장터만을 제공하여 판매자가 직접 상품을 등록하고 판매 · 운영 · 관리하고 구매자들과 상호 거래할 수 있도록 하는 중개 서비스이다. 〈표 6-2〉에 나타낸 바와 같이 인터넷 쇼핑몰에서는 쇼핑몰 운영자가 품질보증, 대금결제, 배송 등에 대한 모든 책임을 지지만, 오픈마켓에서는 오픈마켓에 입점한 판매자와 구매자가 지도록 되어 있다. 인터넷 쇼핑몰의 주요 수익원이 판매마진이라면, 오픈마켓의 주요 수익원은 판매 수수료이다.

온라인 오픈마켓은 가격결정 메커니즘에 따라 경매 모델(auction model)과 카탈로그 모델(catalog model or posted price model)로 구분될 수 있다. 1995년 서비스를 개시한 세계 최초의 오픈마켓인 이베이(eBay)에서는 대부분의 경우 판매자와 구매자들 간에 경매(auction) 방식으로 가격이 동태적으로 결정되는 가격결정 메커니즘을 적용하고 있다. 한편 카탈로그 모델에서는 고정가격으로 거래가 이루어진다. 국내 오픈마켓에서 대부분의 거래는 카탈로그 모델 방식으로 거래가 이루어지고 있다.

표 6-2 B2C와 C2C

유 형	인터넷 쇼핑몰의 책임			사 례	특 징
	품질 보증	대금 결제	배송		
B2C	직접	직접	간접	롯데닷컴, GS Shop, CJ오쇼핑, 현대H몰, 델컴퓨터, 티몰	직접 마케팅, MD
C2C (오픈마켓)	간접	간접	간접	G마켓(www.gmarket.co.kr) 옥션(www.auction.co.kr) 인터파크(InterPark) 11번가(www.11st.co.kr) 타오바오(taobao.com)	다수의 판매자와 구매자가 참여, 장터만 제공함

C2C의 전형적인 사례인 오픈마켓에서 소비자는 프로슈머(prosumer)이기 때문에 판매자가 될 수 있다. 오픈마켓은 누구에게나 열려 있기 때문에 저렴한 가격에 제품구매가 가능하다. 즉, 도매상이 직접 소비자와 만나 거래할 수 있기 때문에 중간의 거래단계를 줄임으로써 싼 가격으로 제품을 구매할 수 있다. 한편 오픈마켓에는 다양한 소규모 판매자들이 참여하기 때문에 신뢰가 특히 중요하다. 이러한 신뢰는 오픈마켓 사이트 자체에 대한 신뢰와 판매자 자신에 대한 신뢰를 의미한다. 국내의 주요 오픈마켓으로는 옥션(www.auction.co.kr : 현재 이베이코리아), G마켓(www.gmarket.com), 인터파크(www.interpark.com), 11번가(www.11st.co.kr) 등이 있다. 오픈마켓에서는 다음과 같은 다양한 거래안전장치를 마련하여 신뢰를 높이고 있다.

- 대금결제예치서비스(매매보호서비스)
- 판매자평가시스템
- 오픈마켓에서 공동으로 마련한 오픈마켓에서의 통신판매중개자 자율준수규약(2007년 3월 1일부터 시행)

대금결제예치서비스(매매보호서비스), 즉 에스크로(escrow)란 전자상거래의 안정성을 높이기 위해 거래대금을 신뢰할 수 있는 제3자에게 맡긴 뒤 물품배송을 확인하고 판매자에게 지불하는 제도이다. 원래 법률적인 용어로 '조건부 양도증서'를 의미한다. 즉, 특정물을 제3자에게 기탁하고 일정 조건이 충족된 경우 상대방에게 교부할 것을 약속하는 문서다. 인터넷 쇼핑몰을 이용한 구매자가 상품을 받아 본 뒤 일정 조건이 충족될 때까지 에스크로 사업자가 거래대금을 보관하고 있다가 판매자에게 거래대금을 정산해 주는 방식이다. 판매자도 후불제를 했을 때 겪을 수 있는 채권추심 등의 비용을 절감할 수 있는 장점이 있다.

인터파크, 옥션(이베이코리아), G마켓, 11번가는 대표적인 국내의 오픈마켓이다. 쿠팡은 소셜 커머스에서 오픈다켓으로 전환하였고 기존의 오픈마켓과 그 특성을 비교하면 〈표 6-3〉과 같다.

표 6-3 기존 오픈마켓과 쿠팡의 차이점

	기존 오픈가켓	쿠팡
상품노출 방식	구매자가 원하는 상품을 선택하면 판매자별 그 상품을 비교하여 보여주고, 구매자는 원하는 판매자의 상품을 선택한다.	특정 판매자의 상품을 노출하는 아이템마켓이라 하고, 아이템위너의 상품을 보여준다. 쿠팡은 가격, 배송, 재고 등의 고객 만족도를 기반으로 한 고객 경험을 점수로 환산한 판매자 점수로 아이템위너를 선정한다.
구매자 후기	특정 상품에 대한 후기를 판매자별로 보여준다.	특정 상품의 모든 판매자에 대한 후기를 상품별로 모아서 보여준다. 판매자 평가가 아닌 상품에 대한 평가이다.

특정 상품을 판매하는 다수의 판매자가 있는 경우, 쿠팡은 아이템위너(같은 상품을 파는 판매자가 여럿인 경우 가격과 고객 경험이 가장 뛰어난 판매자의 상품)를 먼저 보여준다. 기존의 오픈마켓(G마켓, 이베이옥션, 11번가)과 비교하여 쿠팡은 특정 상품을 아이템위너 제품을 노출하는 방식으로 판매자에 대한 관리를 강화하고, 고객 충성도를 높일 수 있다.

직거래 및 중고마켓은 다음과 같다. 여기서는 안전거래 서비스(escrow)가 자체적으로 제공되지 않는다.

- **당근마켓**(2015) : 우리 동네 직거래 마켓, 생활정보; 지역기반 중고거래장터; 현금/계좌이체 방식
- **중고나라**(2013) : 네이버 온라인 커뮤니티에서 시작
- **번개장터**(2011) 등

전자상거래에서 통신판매업자와 구매안전서비스

오픈마켓의 판매자는 오픈마켓에서 발행하는 구매안전서비스 이용 확인증을 받아 통신판매업자로 등록해야 한다. 여기서 오픈마켓은 통신판매중개자로서 에스크로(은행과 한국사이버결제 등의 신뢰할 수 있는 제3자)의 역할을 하는 셈이다. 전자상거래법에서는 소비자를 보호하고 신뢰할 수 있는 전자상거래가 이루어지도록 다음과 같이 전자상거래 관련 개념을 정의하고 구매안전서비스를 규정하고 있다.

- **통신판매**란 인터넷, TV, 카탈로그, 우편 등 비대면의 방법으로 재화나 용역의 판매에 관한 정보를 제공하고 소비자의 청약을 받아 재화나 용역을 판매하는 것을 말한다. 예를 들어, 인터넷 쇼핑, TV홈쇼핑, 카탈로그 쇼핑, 인터넷 강의, 인터넷 게임 등이 여기에 해당한다. 선지급식 통신판매란 소비자가 재화 등을 공급받기 전에 미리 재화 등의 대금을 전부 또는 일부 지급하는 통신판매를 말한다.
- **통신판매중개**란 사이버몰의 이용을 허락하거나 자기의 명의로 통신판매를 위한 광고 수단을 제공하거나 광고수단에 자기 이름을 표시하여 통신판매에 관한 정보의 제공이나 청약의 접수 등 통신판매의 일부를 수행하는 것을 말한다. 여기서 사이버몰이란 컴퓨터 등과 정보통신설비를 이용하여 재화나 용역을 거래할 수 있도록 설정된 가상의 영업장을 말한다. 예를 들어, 오픈마켓, 가격비교사이트, 게임중개몰 등이 통신판매중개자에 해당한다.
- **구매안전서비스**란 전자상거래나 통신판매에서 상품을 받지 못하고 대금만 떼이는 사기성 거래 등으로부터 소비자의 구매안전을 보장하기 위한 제도이다. 구매안전 서비스에는 결제대금치제, 소비자피해 보상보험계약, 채무지급보증계약, 공제 조약 등이 있다.
- **결제대금예치제(에스크로)**: 금융기관 등 공신력 있는 제3자가 소비자의 결제대금을 예치하고 있다가 상품배송이 완료되면 대금을 통신판매업자에게 지급하는 거래안전장치(신한은행, 한국사이버결제, LG유플러스, 이니시스 등이 제공함)
- **소비자피해보상보험계약**: 인터넷 쇼핑몰에서의 상품결제 시점에 소비자에게 통신판매업자가 서울보증보험과 체결한 소비자피해보상보험의 보험증서를 발급하여 인터넷쇼핑몰과의 거래에서 발생할 수 있는 소비자 피해를 보상하는 제도

서울시전자상거래센터(ecc.seoul.go.kr)에서는 국내 인터넷쇼핑몰 정보를 제공하고 있으며, 소비자 이용이 빈번한 100개의 인터넷쇼핑몰에 대한 이용평가 결과를 제공하고 있다. 평가기준은 소비자서비스, 쇼핑의 편의성, 제품정보, 속도, 쇼핑몰을 이용한 소비자들의 이용만족평가청약철회 가능 여부, 구매안전장치 제공 여부 등이다.

6.1.3 인터넷 쇼핑몰 구축 방안

인터넷 쇼핑몰을 구축하는 방식은 쇼핑몰 솔루션인 머천트 서버를 이용하여 자체적으로 쇼핑몰을 구축하는 방법과 쇼핑몰 운영에 필요한 서비스를 임대하여 운영하는 방식이 있다. 전자를 독립형 쇼핑몰이라 하고, 후자를 임대형 쇼핑몰(SaaS 방식)이라 한다. 다음은 대표적인 국내의 쇼핑몰 솔루션 제공업체이다.

- 메이크샵(www.makeshop.co.kr), 카페24(echosting.cafe24.com), 고도몰(www.godo.co.kr) 등

머천트 서버의 정의

머천트 서버(merchant server)란 인터넷 쇼핑몰과 같은 온라인 전자상점을 쉽게 만들고 운영할 수 있도록 지원해 주는 소프트웨어이다. 머천트 서버는 인터넷 상에서 데이터베이스와 웹을 연동하여 온라인 카탈로그를 구축하고, 사용자의 주문정보를 처리하여, 지불정보를 지불처리시스템에 보내어 결제를 가능하게 하며, 다양한 홍보와 관리기능을 제공한다.

머천트 서버의 구성요소

카탈로그 프로그램 10~20개 내외의 상품을 관리하는 데는 사람이 관리하는 것이 가능하지만 제품 수가 100~200개로 많아지게 되면 이것이 용이하지 않다. 특히 변동이 심한 가격정보 같은 경우에는 일일이 찾아서 수정해야 하기 때문에 더욱 어려움이 많은데, 카탈로그 프로그램은 많은 종류의 상품을 제작하고 유지관리하기 쉽게 지원해 준다.

또한 고객이 상품을 쉽게 찾을 수 있도록 여러 가지 검색기능이 제공되며, 최종적으로는 관심 있는 상품의 카탈로그 정보를 제공한다. 〈표 6-3〉에서는 머천트 서버의 구성요소를 설명하고 있다.

표 6-3 머천트 서버 프로그램의 개요

프로그램	개 요
프로모션 관리 프로그램	고객의 구매욕구를 높일 수 있도록 특정한 상품군이나 일부 상품군에 대하여 일정 기간 동안 가격할인, 사은품 증정, 고객의 구매실적에 따른 마일리지 적립제도 등을 운영할 수 있다.
고객관리 프로그램	각종 고객정보를 관리하여 고객 개개인의 특성에 맞춘 영업을 추진할 수 있으며, 이런 정보를 통하여 마케팅 전략을 세울 수 있어 효율적으로 쇼핑몰을 운영할 수 있다. 고객관리 프로그램에는 회원의 등록 및 현황 조회, 회원의 구매실적조회 등의 기능이 제공된다.
장바구니 관리 프로그램	고객이 쇼핑한 상품을 장바구니에 담아 구매하기 전에 주문내역을 확인하고 구매수량을 변경하거나 삭제할 수 있는 기능이 있다. 자동으로 세금과 배송료 등을 계산해 주기도 한다. 이 외에도 장바구니 기능은 수신처 주소 및 지불수단 지정 등의 기능과 연계된다.
관리 및 정산 프로그램	현재까지 고객의 주문내역과 결제, 배달정보를 볼 수 있으며 배달된 상품에 문제가 있을 경우 상품교환이나 환불처리를 할 수 있어 쇼핑몰의 관리를 용이하게 지원한다. 이외의 상품, 회원에 대한 주문정보를 집계해서 각종 마케팅 자료나 보고서로 활용할 수 있다.
결제처리 프로그램	매일 매일의 상품주문내역, 취소내역, 정산내역을 집계하여 관련 지불 서비스 회사 또는 금융기관과의 결제정보를 생성하여 수입 및 지출 정보로 활용할 수 있도록 지원한다.
각종 데이터베이스	머천트 서버가 필요한 상품 데이터베이스, 고객 데이터베이스, 주문내역 데이터베이스, 결제처리 데이터베이스 등을 관리하며 아울러 이들 정보를 저장하고 복구하는 기능도 처리한다.

6.2 e-마켓플레이스 : B2B 전자상거래

6.2.1 전자시장과 중간상인의 역할

전자시장

시장이란 구매자와 판매자가 제품과 서비스를 교환하는 장소이다. 거래란 구매자와 판매자가 제품과 서비스를 교환하는 것을 의미한다. 거래는 구매자와 판매자가 정보를 교환하는 단계, 거래조건을 협상하는 단계, 정산과 계약이행을 모니터링하는 단계로 진행된다. 기본적인 시장의 유형으로는 구매자와 판매자가 직접 접촉하는 분산시장(decentralized market), 구매자와 판매자가 중간상인(intermediary, 브로커·소매상·경매상 등)을 통해 연결되는 집중시장(centralized market)이 있다.

[그림 6-2]에서 알 수 있는 바와 같이, 분산시장에서 모든 판매자(n명)와 구매자(n명)의 접촉회수는 n^2이고, 집중시장에서 접촉회수는 2n이다. 따라서 중간상인은 판매자와 구매자의 접촉회수를 감소시켜 준다.

[그림 6-2] 시장의 기본 형태

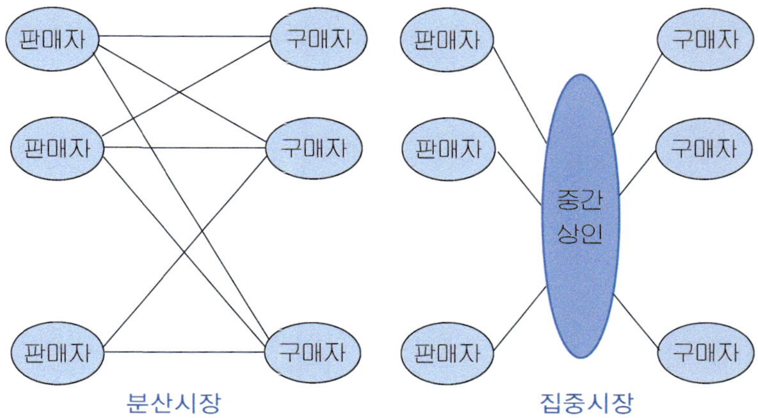

출처 : Buxmann and Gebauer, 1998.

전자시장(electronic market)이란 부가가치 통신망이나 인터넷 등의 컴퓨터 네트워크를 통해 전자적으로 거래가 이루어지는 시장이다. 바코스(J. Y. Bakos)는 전자시장이란 구매자와 판매자가 제품 및 가격 등에 대한 정보를 교환할 수 있는 조직간 정보시스템(interorganizational systems : IOS)이라 정의하고 있다.

일반시장에서와 마찬가지로 전자시장에서도 수요와 공급을 조정하는 메커니즘이 작용하고 있다. 오늘날 전자시장은 거래의 3단계(정보수집, 협상, 정산)를 완전히 전자적으로 지원하는 형태로 발전해 가고 있다.

일반 물리적 시장과 비교하여 전자시장의 특성은 다음과 같다.

- 원격 통신망을 통해 언제 어디서든 누구나 전자시장에 참여할 수 있다.
- 정보에의 접근이 용이하다.

- 거래비용이 낮다.
- 개인화(personalization) 및 맞춤식 서비스(customization) : 데이터베이스와 일대일 마케팅 기술, 데이터 마이닝과 협업 필터링, 빅데이터, 인공지능, 푸시 기술의 발전으로 소비자의 프로필과 구매행동정보를 이용하여 개인화 서비스와 맞춤식 서비스가 가능하다.

개인화 서비스를 위한 추천기법

개인화 서비스를 위한 추천방식은 사용자의 취향과 관심을 토대로 상품이나 서비스를 추천함으로써 상품검색 노력을 줄이고 고객 맞춤형 서비스를 제공하여 고객 충성도를 높이는데 도움을 준다. 개인화 서비스를 제공하기 위한 다양한 추천 기법이 개발되어 왔다.

1) 협업 필터링

협업 필터링(collaborative filtering)에는 사용자 기반 협업 필터링과 아이템 기반 필터링이 있다.

- **사용자 기반 협업 필터링 :** 특정 고객의 선호도와 가장 유사한 선호도를 가진 고객집단의 선호도를 바탕으로 그 고객의 특정 상품에 대한 선호도를 예측하여 추천하는 방식이다. 여기서는 사용자인 고객의 과거 구매 기록이나 상품(또는 서비스)에 대한 선호도를 토대로 고객 간의 유사성을 파악하는 것이 중요하다. 고객 간의 유사도를 이용하여 유사고객 집단으로 분류하고 특정 고객의 특정 상품(또는 서비스)의 선호도 점수를 예측한다. 이 기법에서는 두 고객이 모두 평가한 상품이 있어야 하며, 두 고객 간의 상관관계만을 고려하여 선호도 점수를 예측하고 있다.
- **아이템 기반 협업 필터링 :** 항목 간의 관련성을 분석하여 사용자가 이미 구매한 항목을 근거로 그 항목과 관련이 있거나 유사한 항목을 추천하는 기법이다. 즉, 고객이 선호도를 입력한 기존 항목(상품 또는 서비스)과 예측하고자 하는 항목의 상관관계를 계산하여 고객의 선호도를 예측한다. 예측하고자 하는 항목과 유사한 항목에 대하여 높은 평가를 하였다면, 그 항목도 높게 평가할 것으로 예측한다. 여기서는 두 항목 간의 상관관계를 토대로 하기 때문에 고객간의 유사도는 전혀 고려되지 않는다.

2) 인구 통계학적 추천

사용자의 성별, 나이, 직업 등과 같은 인구 통계학적 요소를 기초로 사용자 유형별 특징을 분석하여 상품 및 서비스를 추천하는 기법이다.

3) 사례기반 추론

새로운 문제가 발생하면 이미 경험한 사례 데이터베이스에서 가장 유사한 사례를 검색하여 이전 사례를 재사용하는 적응과정을 통해 문제를 해결하고 사례를 추가해 가는 기법이다.

중간상인의 역할

시장에서 중간상인(intermediary)은 다음과 같은 역할을 수행한다.

첫째, 구매자와 판매자를 연결하여 수요와 공급을 조정한다.
둘째, 구매자에게 제품과 판매자 정보를 제공하고 판매자에게 마케팅 정보를 제공한다.
셋째, 배달과 지불관리 및 정산, 신뢰형성, 거래과정의 통합 등을 통해 거래를 촉진한다.

전자상거래로 중간상인은 사라질 것인가? 물리적 시장에서의 많은 중간상인들이 사라질 가능성은 높다. 그러나 거래과정에서 중간상인들이 가치를 창출하는 한 그들의 역할은 여전히 존재할 것이다. 즉, 물리적 시장에서와는 다른 새로운 역할을 담당하는 중간상인이 등장하고 있다.

예를 들면 기존의 중간상인과 구분되는 인포미디어리(informediary)가 등장하고 있다. 인포미디어리란 정보(information)와 중간상인(intermediary)의 합성어이다. 인포미디어리란 기존의 중간상인과는 달리 생산자나 판매자, 그리고 고객에 대한 특화된 정보를 갖고, 이러한 정보를 기반으로 사업을 하는 기업을 의미한다. 인포미디어리는 축적된 정보를 통해 생산자나 고객에게 가치를 제공하는 정보지향적 사업이다. 대개 인포미디어리는 상품의 물리적 유통에는 관여하지 않고 정보를 기반으로 가치를 창출한다. 한편 포털 업체, 인터넷 경매업체, 사이버 증권사 등은 전자시장에 출현한 새로운 중간상인이다.

전문가들은 전자시장에서 핵심역량을 지닌 중간상인의 역할을 강조하고 있다. 그들은 시장참여자 간의 접촉회수를 감소시키고, 시장의 신뢰를 향상시키고, 수요와 공급을 조정하는 기존의 중개인 역할이 여전히 전자시장에서도 존재한다고 주장하고 있다. 그러나 그들은 기존의 중간상인의 역할과 구별되는 전자시장에서 가치창출이라는 가상중간상인(cybermediary)의 새로운 역할을 강조하고 있다. 인터넷의 개방성으로 글로벌 전자시장이 형성되고 혁신적 통신기술로 기업은 사업 파트너와의 협력이 용이하다. 이는 사이버 중간상인의 전 세계적 경쟁을 유발하는 요인이 되며, 사이버 중간상인의 경쟁력에 중요한 요인으로 전문성을 강조하게 된다.

Buxmann과 Gebauer(1998)은 [그림 6-3]에서와 같이 전자시장의 구조가 지리적 인접성보다는 핵심역량을 지닌 사업별 중간상인집단으로 구성된 형태로 변화될 것이라 보고 있다. 그러나 전자시장에서도 문화와 언어장벽을 완전히 극복하기란 어려울 것이다. 따라서 전자시장에서는 핵심역량뿐만 아니라 언어와 문화 등의 요인이 여전히 가상중간상인의 비즈니스에 영향을 미치게 된다.

[그림 6-3] 산업구조의 변화

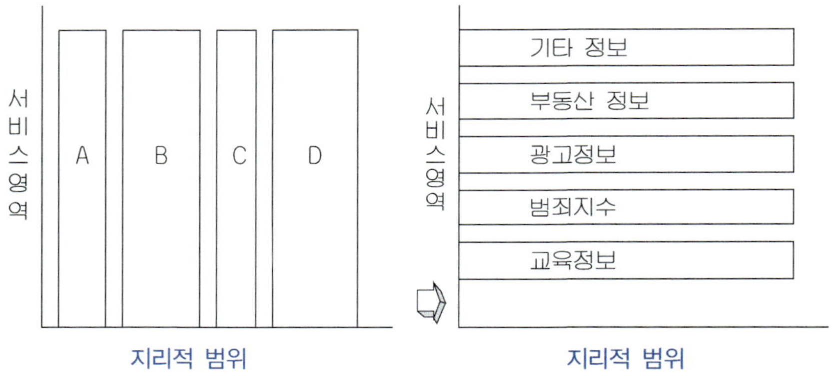

출처 : Buxmann and Gebauer, 1998.

Vandermerwe(1999)에 의하면, [그림 6-4]의 왼쪽과 같은 생산자에서 소비자에 이르는 다단계 선형관계의 전통적인 중간상인의 역할이 [그림 6-4]의 오른쪽과 같이 생산자와 소비자를 직접 연결하여 가치를 창출하는 것으로 변화되고 있다.

[그림 6-4] 전자시장에서 중간상인의 역할변화

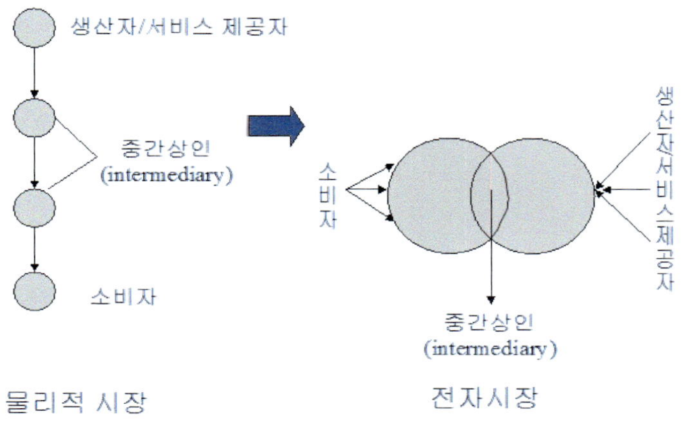

출처 : Vandermerwe, 1999.

6.2.2 e-구매와 e-마켓플레이스

B2B 전자상거래는 크게 전자구매(e-Procurement)와 e-마켓플레이스(e-Marketplace)로 구분된다. e-마켓플레이스란 기업간거래를 위한 가상공간으로서 다수의 구매자와 판매자가 제품과 서비스를 거래하고, 기업활동 관련정보를 획득하며, 금융·물류 등의 부가서비스 등을 제공받는 전자장터를 의미한다. e-마켓플레이스에서 구매자가 단일기업인 경우를 e-구매라 한다. 기업은 인터넷을 활용하여 구매비용을 낮추고, 구매의 효율성을 향상시킬 수 있다. 인터넷은 부품이나 원재료의 조달 외에도 문구나 복사용지 등의 사무용품, 즉 소모성 기자재 (Maintenance, Repair, and Operations materials : MRO)의 조달에도 이용할 수 있다. (주)아이마켓코리아(www.imarketkorea.com), 서버원(www.serveone co.kr), (주)엔투비(www.entob.com) 등은 국내의 MRO B2B 사이트이다.

B2B의 형태는 구매자주도형(buyer side, 1 : N)과 공급자주도형(seller side, N : 1)이 있으며, 최근에는 마켓형(market model, N : N)으로 발전해 가고 있다. 포스코의 steel-n.com은 e-구매에서 e-마켓플레이스로 발전해 간 대표적인 사례이다.

[그림 6-5] e-구매와 e-마켓플레이스

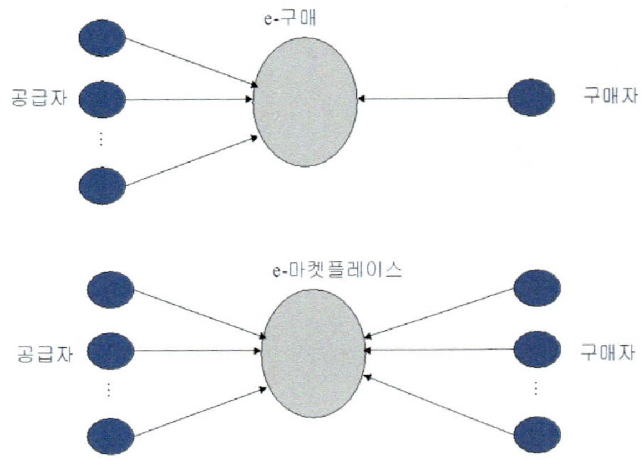

6.2.3 B2B e-마켓플레이스 유형 및 사례

옥션, G마켓, 인터파크 등과 같은 오픈마켓은 대표적인 B2C 마켓플레이스이다. 기업간 거래를 지원하는 B2B 마켓플레이스를 사업영역을 중심으로 수직형 e-마켓플레이스와 수평형 e-마켓플레이스, 소모성 기자재를 주로 취급하는 MRO e-마켓플레이스, 운영주체에 따라 구매자 주도형과 판매자 주도형으로 분류하기도 한다.

- **수직형 e-마켓플레이스 :** 특정 산업(전자, 자동차, 화학, 철강 등)별로 원자재에서 완제품에 이르기까지 전문화하여 거래가 이루어지기 때문에 포털(Vertical Portal : Votal)이라 한다. 대표적인 예로는 철강산업의 e-Steel.com 등이 있다.
- **수평형 e-마켓플레이스 :** 특정 제품이나 산업에 국한하지 않고, 여러 산업에 걸쳐 유사한 제품이나 기능을 제공하기 때문에 호털(Horizontal Portal : Hortal)이라 한다. 다양한 산업에서 필요로 하는 소모성 기자재를 제공하는 MRO e-마켓플레이스도 여기에 해당한다. 포스코, KT, 한국전력, 철도청, 한국도로공사, 대한항공 등에 32만여 품목의 소모성 기자재를 공급하고 있는 엔투비(eNtoB.com)는 국내의 대표적인 MRO e-마켓플레이스이다.

- **구매자 중심형 :** 구매자가 운영하는 e-마켓플레이스에 다수의 판매자가 접속하여 이루어진 거래인 경우이다. GM, 포드, 다임러크라이슬러 등의 자동차 기업이 중심이 되어 자동차 부품을 공급하기 위해 설립했던 코비신트(covisint.com)는 구매자 중심형 e-마켓플레이스이다(컴퓨웨어에서 인수하였음).
- **판매자 중심형 :** 판매자가 운영하는 e-마켓플레이스에 다수의 구매자가 접속하여 이루어진 거래인 경우이다. 주문 직판형 비즈니스 모델의 대표적인 성공사례인 델컴퓨터는 여기에 해당한다.
- **중개자 중심형 :** 중개용 마켓플레이스에 다수의 판매자와 구매자가 접속하여 이루어진 거래인 경우이다. 알리바바닷컴(alibaba.com)은 중개자 중심형 B2B 마켓플레이스의 대표적인 예이다.

[그림 6-6]에서는 주문형 직판 모델의 대표적 성공사례인 델컴퓨터의 B2B 구조를 나타내고 있다. 델컴퓨터에서 매출액의 80% 이상이 기업고객으로부터 발생하고 있다.

[그림 6-6] 주문형 직판모델 : 델컴퓨터

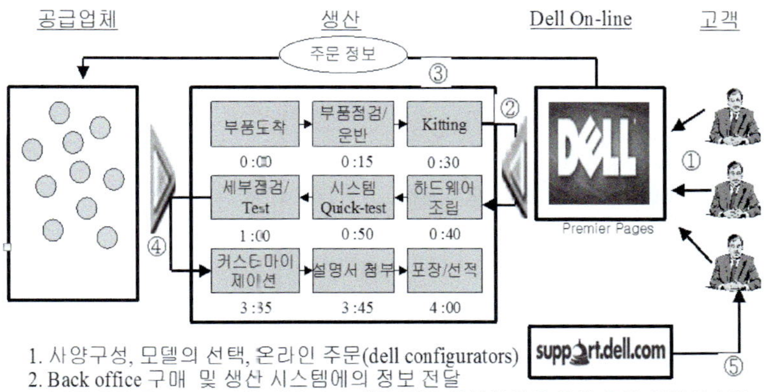

1. 사양구성, 모델의 선택, 온라인 주문(dell configurators)
2. Back office 구매 및 생산 시스템에의 정보 전달
3. 부품 도착 후 4시간 만에 개별화된 제품 조립, 물류업체를 통해 출하(추적시스템)
4. Valuechain.dell.com을 통한 공급업체 관리(고객 주문정보 및 재고정보의 공유), 공급업체 부품조달시간 평균 20분.
5. 온라인 지원 서비스

6.3 전자상거래를 지원하는 지능형 에이전트

6.3.1 지능형 에이전트

일반적으로 주인을 대신하여 일을 하는 사람을 에이전트(agent)라 한다. 예를 들면 경영자는 기업의 주인인 주주를 대신하여 기업을 경영한다. 그러나 이 절에서 설명하고자 하는 에이전트란 컴퓨터 사용자를 대신하여 어떤 일을 수행하는 프로그램 또는 소프트웨어를 말한다. 에이전트 프로그램에 대한 연구는 오래 전부터 전산학 분야, 특히 인공지능 분야에서 진행되어 왔다.

지능형 에이전트(intelligent agent)는 다른 소프트웨어 프로그램과는 달리 다음과 같은 특성을 지니고 있다.

- **자율성**(autonomy) : 사용자가 관여하지 않아도 스스로 어떤 목표를 달성하기 위해 일을 완수할 수 있다.
- **통신**(communication) : 필요에 따라 어떤 일을 수행하는 중에 다른 에이전트 프로그램 또는 외부세계와 통신할 수 있다.
- **협동**(cooperation) : 통신능력을 확장하여 다른 에이전트 프로그램 또는 외부세계와 협동하여 일을 수행할 수 있다.
- **추론**(reasoning) : 추론능력을 갖추고 있어 스스로 문제를 해결할 수 있다. 이는 에이전트 프로그램이 갖추고 있는 중요한 성격으로, 맡은 분야 또는 영역에 대해 인공지능기법이나 기타 기법을 이용하여 스스로 문제를 해결할 수 있음을 뜻한다.

6.3.2 전자상거래 에이전트

에이전트는 분류기준에 따라 다양한 종류가 있다. 여러 에이전트가 상호 협력을 통해 작업을 수행할 수 있는 경우, 이를 협력 에이전트(coordinated agent)라고 하며, 분산환경에서 상호 협력을 통해 작업을 수행한다는 의미에서 다중 에이전트 시스템이라고도 한다. [그림 6-7]에서는 검색서비스를 위해 인터넷의 수많은 웹사이트를 돌아다니면서 자료를 읽어오는 프로그램인 웹로봇 에이전트의 역할을 나타내고 있다. 이는 웹페이지에 나타난 하이퍼링크를 쫓아다니는 방식으로 새로운 페이지에 접근하여 인터넷에 새로이 출현한 웹서버와 기존 웹서버에 새로이 추가 또는 갱신된 자료를 파악하고 수집한다. 학습, 추론, 계획 능력을 지닌 에이전트를 지능형 에이전트라 한다.

가트만(R. H. Guttman)과 모우카스(A. G. Moukas) 등은 [그림 6-8]의 소비자 구매행동단계에 따라 지능형 에이전트가 어떻게 적용되고 있는가를 설명하였다.

[그림 6-7] 웹로봇 : 단순한 지능형 에이전트

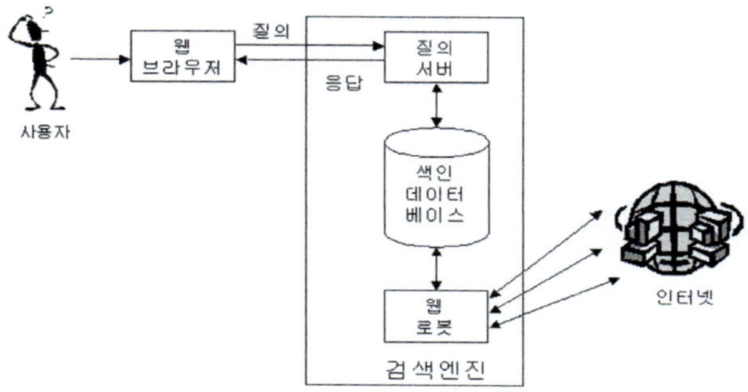

[그림 6-8] 소비자 구매행동 단계

요구(needs) 파악단계
(소비자가 충족되지 않은 욕구를 파악하고 제품정보의 필요성을 인식함)

↓

상품탐색단계
(무엇을 살 것인가를 결정하는 데 도움이 되는 정보를 검색하고 구매할 제품 대안을 찾아내어 평가함)

↓

판매자 탐색단계
(상품을 어느 판매자로부터 구입할 것인가를 결정하기 위해 가격, 품질보증, 이용가능성, 배달기간 등의 기준에 따라 판매자를 평가함)

↓

협상단계
(가격을 비롯한 기타 거래조건을 협상함)

↓

구매와 배송 단계

↓

서비스와 평가단계
(제품과 고객 서비스, 구매경험과 구매결정 전반에 대한 만족도를 평가함)

지능형 에이전트는 소비자 구매행동의 각 단계에서 중개인(mediator)으로서의 역할을 수행하는데, 각 단계에 적용되고 있는 지능형 에이전트는 〈표 6-4〉와 같다.

표 6-4 전자상거래의 중개자로서 에이전트 시스템의 역할과 예

	PersonaLogic	Firefly	Bargain Finder	Jango	Kasbah	AuctionBot	Tete-a-tete
소비자요구 파악 지원	소비자요구 파악을 지원하여 소비자의 구매욕구를 일깨워 주는 에이전트로서 인터넷 서점인 아마존의 아이즈(Eyes)와 광고 에이전트가 대표적인 예이다.						
제품 탐색 및 추천	o	o		o			o
판매자 탐색 및 추천			o	o	o		o
협상지원					o	o	o
구매와 배달 지원	제품과 판매자 평가과정에 대한 피드백을 통해 구매후의 평가를 지원하는 에이전트. 예를 들어 Kasbah에서는 소비자가 구매경험을 공유하여 다음 구매에서 판매자와 제품에 대한 명성을 참조할 수 있다.						
서비스와 평가 지원							

출처 : Guttaman et al., 1998.

소비자요구 파악 지원 에이전트

아마존의 아이즈(Eyes)는 고객이 원하는 종류의 책이나 선호하는 작가의 책이 출간되면 자동적으로 전자우편을 보내어 알려 준다. 또한 고객이 원하는 분야의 신간이 어느 출판사에서 언제쯤 출판되어 나올 것인가를 알려 준다. 유사한 관심사를 가진 사람들이 구매한 상품을 추천해 주는 파이어플라이(Firefly)도 소비자의 구매파악을 지원하는 에이전트의 역할을 하고 있다. 고객의 관심이 높을 가능성이 있는 광고를 보내주는 개인화 광고 에이전트(personalized advertising agent)도 이 단계를 지원하는 것이라 할 수 있다. 오늘날에는 역광고 에이전트(reverse advertising agent)도 나타나고 있다. 이는 고객이 어떤 물건을 사고 싶다는 광고를 여러 판매자에게 보낼 수 있도록 해 주는 에이전트이다.

상품 탐색 및 추천 에이전트

이는 소비자의 요구가 파악된 후, 소비자 요구를 가장 잘 충족시킬 수 있는 제품을 추천해 주는 에이전트이다. 이러한 에이전트는 소비자의 정보검색 비용을 낮추어 준다.

퍼서너로직(PersonaLogic)은 소비자의 구매대상이 될 수 있는 다양한 제품군 중에서 소비자가 명시한 특정 조건(제품특성)을 충족시키는 제품만을 우선순위와 함께 제공해 주는 에이전트이다. 이 에이전트에는 제약충족 엔진이 내재되어 있다. 이 엔진(프로그램)은 대상제품 집합 중에서 소비자가 제공한 필수제약을 충족시키지 않는 제품을 제외하고, 기타 제약을 고려하여 우선순위에 따라 소비자요구를 충족시키는 제품만을 추천한다. 퍼서너로직의 사이트에서는 상품군별로 상품검색이 가능할뿐 아니라 특정 상품군에서, 예를 들어 장난감의 경우, 사용자의 자녀에게 이상적인 장난감을 추천해 준다. 1998년 11월 아메리카 온라인은 퍼서너로직을 인수하여 AOL의 쇼핑몰에서 이 에이전트를 이용하고 있다.

파이어플라이(Firefly)는 음악이나 서적과 같은 상품을 비교하여 소비자에게 추천해 주는 에이전트이다. 이 에이전트는 다른 구매자들의 구매행동을 분석하여 특정 소비자와 가장 유사한 구매행동을 가진 구매자들이 선호했던 상품을 추천해 준다. 여기서는 협업 필터링(collaborative filtering)이라는 기술을 이용하고 있다. 협업 필터링이란 먼저 특정 소비자와 유사한 취향을 가진 구매자집단을 파악하고, 이 구매자들의 구매우선순위를 이용하여 각 제품에 대한 선호지수를 산출하고, 이 선호지수를 기초로 상품을 추천한다. 퍼서너로직에서는 제품특성을 기초로 추천하지만, 파이어플라이에서는 유사 구매자들의 구매 경험을 기초로 상품을 추천한다.

인사이트 추천 서비스: 나도 모르는 영화 취향, 그들이 알고 있다

아마존, 넷플릭스, 인터넷 서점과 쇼핑몰 등에서는 다양한 방식으로 고객에게 추천 서비스를 제공하고 있다. 때로는 고객 자신도 예상(기대)하지 못한 것을 추천하여 세렌디피티(serendipity)를 안겨준다. 아래는 2012년 설립된 프로그램스사의 영화추천 앱, 왓챠(Watcha)에 대한 기사이다(협업 필터링 기법이 적용되고 있음).

넷플릭스와 왓챠플레이 모두 사용자가 주로 봐온 장르뿐 아니라 다른 장르 영화도 추천작에 올린다. 때로는 기대하지 못한 영화를 추천한다. 낯선 영화를 추천하는 이유는 첫째로 확장성을 위해서다. 본인도 미처 알지 못한 취향을 일깨워 영상 시청의 범위를 넓히려는 의도다. 때로는 본인의 코드 중 하위권에 있는 요소를 앞세우는 등의 기법을 통해 뜻밖의 영화를 사용자의 추천 리스트에 올리기도 한다. 추천 알고리즘은 수십만개의 감춰진 키워드 중 하나를 사용자에게 내밀고 마지막 결론은 사람이 내리기를 기다리는 것이다. 내가 당신의 취향을 알고 있고 분석했다는 느낌을 주기 위해 영화와 사람을 수없이 많은 키워드로 잘게 쪼개고 있으며, 알고리즘을 검증하면서 새롭거나 돌발적인 변수를 넣기도 한다고 했다. 그 결과 세렌디피티(우연한 발견)라고 부르는 뜻밖의 영화가 당신의 추천 리스트에 나타난다는 순간이 찾아오기도 한다.

넷플릭스의 경우 영화에 대한 평점을 중요한 기준으로 서비스를 시작했으나, 이후 평점을 포기하고 시청자가 어떤 단어를 검색하고 언제 어떻게 영화를 봤는지까지 계산 요소로 넣는 에코 알고리즘으로 이동했다. 최근엔 나와 비슷한 성향을 가진 사람들의 추천을 중시하는 추천 커뮤니티를 알고리즘의 주요 요소로 활용하고 있다. 영화 추천 알고리즘은 진화하고 있다.

왓차에서 분석한 성별과 키워드에 따라 많이 본 영화들(왼쪽)과 취향 분석 화면(오른쪽).

(출처 : http://www.hani.co.kr/arti/culture/movie/753794.html, 한겨레신문, 2016. 7. 25.)

판매자 추천 에이전트

어떤 상품을 구입할 것인가가 결정된 후, 여러 판매자 중에서 적합한 판매자를 소비자에게 추천해 주는 에이전트이다. 대개 상품 추천과 판매자 추천은 동시에 이루어지고 있다. 단지, 여기서는 상품 추천에 초점을 둔 에이전트인지 아니면 판매자 추천에 초점을 둔 에이전트인지를 구별하여 설명하고 있을 뿐이다.

앤더슨 컨설팅(Anderson Consulting)의 바긴 파인더(Bargain Finder)는 최초의 가격비교 쇼핑 에이전트이다. 이는 9개의 서로 다른 음악 CD 판매자에게 제품가격에 대한 요청서를 보내 판매자별 가격을 비교하여 소비자에게 제시해 준다. 그런데 음악 CD 판매자 사이트의 1/3 정도가 바긴 파인더의 가격요청을 봉쇄하였다. 그 이유는 가격 외의 판매자 부가가치가 소비자에게 영향을 주는 요인이 고려되지 않고, 단지 가격정보만이 고려되기 때문이다. 그러나 잘 알려져 있지 않는 몇몇 판매자들은 가격정보제공을 선호하였다.

잔고(Jango)는 바긴 파인더보다 진일보한 판매자 가격비교 쇼핑 에이전트이다. 바긴 파인더는 중앙 사이트에서 판매자 사이트에 가격정보를 요청하기 때문에 판매자가 이를 봉쇄할 수 있었다. 또한 바긴 파인더는 판매자 사이트의 상품 카탈로그 양식이 변화되면 이들 정보를 입수할 수 없다. 그러나 잔고는 이러한 판매자 사이트의 정보

요청에 대한 봉쇄문제를 해결하고 있다. 즉, 잔고에서는 소비자 웹브라우저에서 판매자의 가격정보를 요청하는 방식(Jango-augmented web browser)을 이용하였다.

바긴 파인더와 잔고 둘다 콘텐트 필터링(content-based filtering) 기법을 이용하고 있다. 이 기법은 여러 웹사이트로부터 정보를 수집하여 처리하고, 이를 바탕으로 유용한 특성을 추출하는 방식이다. 검색엔진의 키워드 검색은 가장 단순한 콘텐트 필터링 방식을 이용하고 있다. 바긴 파인더와 잔고는 여러 다른 판매자 사이트로부터 제품 사양과 가격 등에 대한 정보를 수집하여 가격을 비교하여 소비자에게 제시한다. 문제는 에이전트가 판매자 웹사이트에 접근하는 방식과 상호작용하는 방식이 판매자 웹사이트에 따라 다를 수 있다는 점이다. 이는 판매자 사이트의 CGI 스크립트나 자바 애플릿으로 된 카탈로그 양식이 표준화되어 있지 않기 때문이다. 바긴 파인더는 판매자 사이트의 카탈로그 양식의 변화에 적응하지 못하기 때문에 확장성이 낮다. 반면에 잔고는 이러한 변화에 대한 적응력이 있어 확장성이 높은 것으로 나타나고 있다.

협상 에이전트

주식거래, 경매, 입찰 등의 경우, 시장에서 구매자와 판매자가 협상을 통해 가격을 결정한다. 일반적으로 한 판매자에 대해 구매자가 2인 이상인 경우를 경매(auction)라 하고, 한 구매자에 대해 판매자가 2인 이상인 경우를 입찰(bid)이라 한다. 물리적 시장에서 판매자와 구매자가 협상을 하는 경우, 모두가 어떤 장소(예를 들어 경매장 또는 입회장)에 함께 모여야 하고 높은 거래비용을 지불한다. 그러나 온라인 전자시장에서는 모두가 한 장소에 모일 필요가 없고 거래비용도 낮다. 하지만 전자시장에서도 소비자는 협상전략을 계획해야 한다. AuctionBot, Kasbah, Tete-a-Tete와 같은 협상 에이전트는 소비자를 지원하여 거래조건을 협상한다.

미시간 대학의 옥션보트(AuctionBot)는 판매자가 경매의 종류와 거래조건(정산시기와 경매 방식 등)을 제시하면 구매자의 입찰을 관리해 주는 협상지원 에이전트이다.

MIT 미디어실(Media Lab, media.mit.edu)에서 관리하고 학생 간 서적과 음악 CD 거래에 이용되고 있는 카스바흐(Kasbah)는 판매자 추천은 물론이고 판매자와 구매자의 협상을 지원하는 에이전트이다. 카스바흐의 사용자는 구매 에이전트와 판매 에이전트를 생성할 수 있다. 구매 에이전트는 판매 에이전트에게 시간과 가격에 대한 제약없이 입찰을 낸다. 이에 대해 판매자 에이전트는 예 또는 아니오로 응답한다. 구매자는 카스바흐에서 제공하는 3가지 협상전략(협상단계에서 입찰가격을 증가시키는 방법, 예를 들어 선형적으로 입찰가격을 증가시킬 수 있음) 중의 하나를 선택하여 판매자와 협상할 수 있다.

Tete-a-Tete는 상품 추천과 판매자 추천은 물론이고 구매자와 판매자의 협상을 지원하는 에이전트이다. 이는 가격에 의한 경쟁입찰이 아니라 판매자의 품질보증, 배달시간, 서비스, 반환정책, 대출 옵션, 경품 서비스 등의 판매자 부가가치를 고려하여 협상을 지원하는 에이전트이다. 따라서 이 에이전트를 이용하는 소비자는 판매자가 제공하는 가격 외의 부가서비스를 고려하여 판매자와 협상할 수 있다.

한편 에이전트는 판매자에게도 다음과 같은 가치를 제공할 수 있다. 판매자는 소비자의 인구통계학적 정보(나이, 주소, 성별, 소득 등) 외의 구매행동에 대한 정보를 얻을 수 있다. 따라서 판매자는 소비자의 개인특성을 잘 파악하여 그에 맞는 형태의 정보를 제공함으로써 웹사이트 방문자에게 매우 가치 있는 경험을 제공할 수 있다. 또한 판매자는 다음과 같이 효과적으로 상품을 판매할 수 있다.

첫째, 판매자는 고객의 특성에 맞는 상품을 적극적으로 제시할 수 있다.
둘째, 판매자는 특정 고객 또는 고객집단을 목표로 광고 및 판매촉진을 할 수 있고, 특정 고객에게 호소력있는 형태의 할인판매 · 특별판매를 할 수 있으며, 대체품이나 부속품을 제시할 수 있다.

6.4 인공지능을 활용한 아마존 전자상거래 사례

인공지능과 빅데이터를 이용하여 고객에게 개인화 서비스를 제공함으로써 고객 경험을 최적화한다. 고객이 아마존에서 좋은 쇼핑 경험을 함으로써 만족도가 향상되어 결국에는 충성도를 높이게 된다. 아마존은 추천 서비스, 음성인식기술(알렉사), 예측 배송 등에 인공지능과 빅데이터를 적용하고 있다.

사용자 경험 최적화를 위한 개인화 추천 서비스의 사례는 아마존 스타일스냅(StyleSnap)이다. 이는 컴퓨터 비전과 딥러닝(합성곱 신경망 : Convolutional Neural Network), 이미지 분류(image classification) 기술을 적용하여 고객이 자신의 사진이나 원하는 이미지를 앱으로 업로드하면 사진에 있는 모습과 비슷하거나 취향이 비슷한 의류를 제시해 주는 서비스이다. [그림 6-8]에서는 스마트폰으로 샹들리에 사진을 찍어 올리면, 이미지를 인식하여 딥러닝을 통해 취향에 맞는 아마존의 샹들리에를 추천하는 서비스이다.

[그림 6-8] 심층학습을 통한 샹들리에 추천

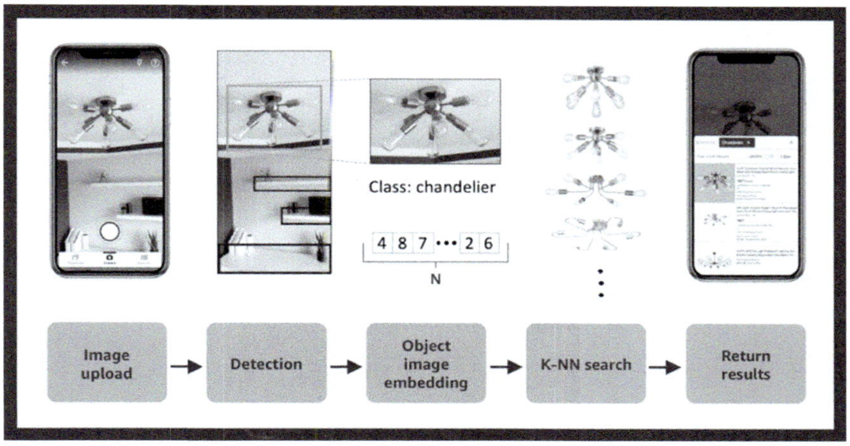

출처 : Amazon Science

아마존은 클라우드, 즉 AWS를 통해 [그림 6-9]와 같이 개발자를 위한 다양한 AI 서비스를 제공하고 있다. 아마존의 기계학습 서비스 플랫폼은 SageMaker이다. 이는 기계학습 모델을 생성, 실험(훈련), 배포 등을 지원하는 서비스이다. AI 개발자가 SageMaker를 이용하여 모델을 빠르게 구축하고 학습 및 배포할 수 있게 지원한다.

- Amazon Rekognition: 이미지 인식 및 분석, 객체와 장면 인지, 얼굴감정인지, 얼굴 유사성 비교, 얼글인식
- Amazon Polly: 텍스트 음성 변환
- Amazon Lex: 음성과 텍스트를 사용하는 애플리케이션에 대화형 인터페이스를 구축하는 서비스, 자연어처리, 챗봇 개발 지원(알렉사)
- Amazon Personalize: 개인화/추천
- Amazon Fraud Detector: 실시간 온라인 사기거래탐지
- Amazon Forecast: 기계 학습을 통해 시계열데이터를 추가 변수와 결합하여 예측, CNN – QR(Quantile Regression)/DeepAR+(시계열 자료 처리 RNN)

[그림 6-9] 아마존 AI 클라우드 서비스

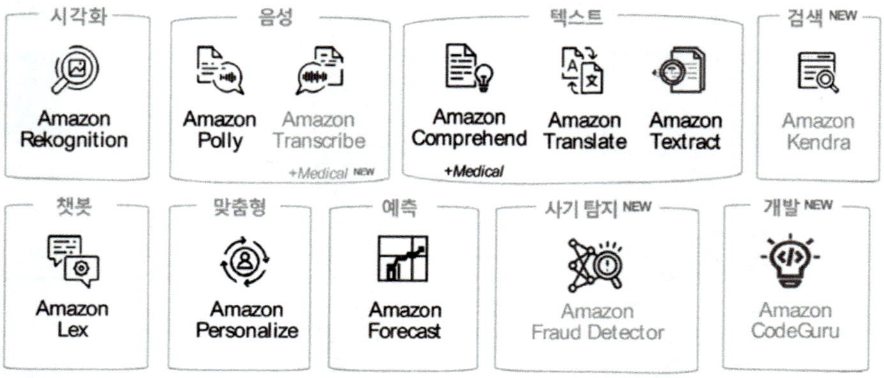

출처 : www.aihub.or.kr; aws.amazon.com/ko/ai/

연습문제 및 참고문헌

연습문제

1. 인터넷 쇼핑몰(B2C)과 오픈마켓의 차이점을 설명하라.
2. 전자상거래에서 중간상인의 역할과 disintermediary에 대하여 설명하라.
3. 전자상거래를 위한 지능형 에이전트의 개념과 사례를 들어 설명하라.
4. 전자상거래를 위한 인공지능 활용 사례를 아마존을 통해 설명하라.
5. 다음에 대해 간략하게 설명하라
   1) 머천트 서버(merchant server)
   2) 협업 필터링(collaborative filtering)
   3) 콘텐트 필터링(content filtering)
   4) 결제대금예치제(escrow)
   5) 인포미디어리(infomediary)
   6) MRO(Maintenance, Repair, and Operations materials) B2B
   7) e-마켓플레이스(e-Marketplace)
   8) 아마존 AI 클라우드 서비스

참고문헌

Bakos, J.Y., "A Strategic Analysis of Electronic Marketplaces," *MIS Quarterly*, Vol. 15, 1991, pp. 295-310.

Buxmann, P. and J. Gebauer, "Internet-based Intermediaries-The Case of the Real Estate Market," *Proceedings of the 6th European Conference on Information Systems(ECIS' 98)*, June 4-6, 1998.

Guttaman, R.H., A.G. Moukas, and P. Maes, "Agent-Mediated Electronic Commerce : A Survey," Software Agents Group, MIT Media Lab., 1998.

Turban, E., D. King, J. McKay, J. Lee, and D. Viehland, *Electronic Commerce – A Managerial Perspective*, Pearson Education, Inc., 2008.

Vandermerwe, S. "The Electronic 'Go–between Service Provider' : A New 'middle' Role Taking Centre Stage," *European Management Journal*, Vol. 17, No. 16, 1999, p. 599.

Williamson, O.E., *Markets and Hierarchies : Analysis and Antitrust Implications*, The Free Press, New. York, 1975.

Zwass, V., "Structure and Macro–level Impacts of Electronic Commerce : From Technological Infrastructure to Electronic Marketplaces," *Foundations of Information Systems*, 2001.

제7장

m-커머스, 소셜 커머스, O2O 커머스

정보기술의 혁신적 발전은 모바일 커머스, 소셜 커머스, O2O 커머스라는 새로운 패러다임 기반의 e-커머스 영역을 확장시키고 있다. 이 장에서는 모바일 상거래의 가치사슬, m-커머스, 소셜 커머스, O2O 커머스에 대해 살펴보기로 한다.

우리는 1.4절에서 이미 m-커머스, 소셜 커머스, O2O 커머스의 개념적 정의를 살펴본 바 있다. 이들은 e-커머스의 확장된 개념으로 보아야 한다. IT를 중심으로 한 기술혁신과 사용자들의 변화하는 요구가 상호작용하여 e-커머스가 더욱 새로운 세계로 확장되어 가고 있다.

7.1 m-커머스

7.1.1 모바일 상거래 가치사슬

모바일 상거래 산업은 [그림 7-1]과 같이 모바일 인프라 사업에서 모바일 콘텐트와 고객에 이르는 가치사슬로 구성되어 있다. 〈표 7-1〉에서는 m-커머스 산업의 가치사슬을 구성하는 각 사업에 대하여 설명하고 있다. 소비자 또는 사용자로서의 고객은 휴대단말기(스마트폰, 스마트워치, 태블릿PC, 시계와 발찌 등의 웨어러블 PC) 등)로 유무선 모바일 네트워크에 접속하여 다양한 콘텐트 및 거래 서비스를 이용할 수 있다. 사용자들은 모바일 단말기를 사용하여 오프라인의 매장(또는 자판기)에서

[그림 7-1] m-커머스 가치사슬

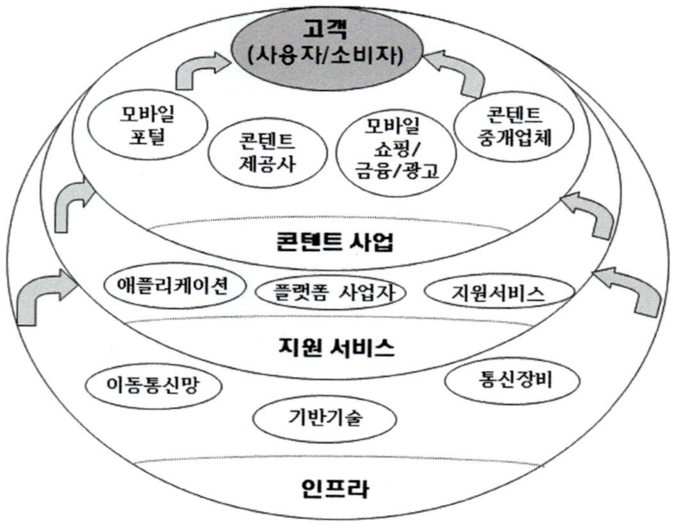

표 7-1 m-커머스 가치사슬에 존재하는 기업

분류	사 업	개 요
콘텐트/거래	모바일 앱	다양한 모바일 앱과 검색 서비스
	콘텐트 중개사업	여러 콘텐트 업체로부터 다양한 콘텐트를 수집하여 이들을 재가공 또는 패키지화하여 제공하는 사업으로 사용자 특성을 고려한 개인화 서비스를 제공하기도 한다.
	콘텐트 제공사업	무선 인터넷을 통하여 모바일 정보·게임·음악·비디오 등의 다양한 콘텐트를 제공하는 사업
	모바일 쇼핑/금융/광고 등	스마트폰을 이용하는 모바일 쇼핑, 모바일 금융(모바일 뱅킹·증권·보험), 모바일 광고 사업
애플리케이션 및 서비스	애플리케이션사업	특정 기능을 수행하는 응용 소프트웨어를 개발 또는 공급하는 사업, 모바일 앱 개발 사업
	플랫폼	모바일 운영체제(아이폰의 iOS와 구글의 안드로이드 등)와 앱마켓(애플 앱스토어, 구글 플레이, 원스토어) 등
	지원 서비스	이동통신망 사업자로부터 무선망을 임대받아 지불, 보안, 위치기반, 빅데이터 분석, 클라우드 등의 특정한 서비스를 대행하는 사업
인프라	이동통신사업	통신망과 장비를 구축하여 소비자들에게 무선통신 서비스를 제공하는 사업
	기반기술공급사업	모바일 기반 서비스 기술, 모바일 앱 기술과 모바일 웹 기술(HTML5) 등
	모바일 장비사업	스마트폰, 태블릿PC, 웨어러블 PC 등 무선단말기는 물론이고, 다양한 장비와 구성품을 제조 및 공급하는 사업(애플, 삼성전자, 샤오미 등)

상품을 구매하고 결제하며, 교통요금을 지불하기도 한다. 또한 기업의 사용자들은 모바일 오피스, 재고·주문·수금 등의 판매업무, 현장작업지원, 모바일 ERP, 모바일 그룹웨어(휴대단말기로 무선 네트워크에 접속하여 사내 그룹웨어를 이용함), 모바일 CRM과 SCM 등의 서비스를 이용할 수 있다.

모바일 앱을 이용한 모바일 쇼핑 외에도 콘텐트, 금융, 광고 등을 포함하는 모바일 상거래는 사물인터넷과 빅데이터 등이 확산됨에 따라 더욱 편리하고 스마트한 형태로 발전해 가고 있다. 〈표 7-1〉에서 콘텐트 중개사업이란 콘텐트 신디케이트(content syndicate) 또는 애그리게이션(aggregation) 사업을 의미한다. 콘텐트 신디케이트란 콘텐트 수요자와 콘텐트 생산자의 중개역할을 하는 서비스로서 특정 사이트에서 원하는 정보를 파악해 관련 콘텐트를 맞춤형으로 재가공 또는 패키지화하여 제공하는 서비스이다. 온라인에서의 콘텐트도 3차원의 가상현실과 증강현실 콘텐트로 확산되는 추세이다. 신디케이터(syndicator)는 중개역할 뿐만 아니라 콘텐트 컨설팅 서비스를 제공하기도 한다. 애플리케이션 신디케이트는 각종 솔루션을 공급받아 특정 수요자의 요구에 맞게 가공해 주는 역할을 한다. 신디케이트는 기사를 동시에 많은 신문, 잡지에 배급한다는 뜻에서 나온 용어이다. 콘텐트 공급자가 자신들의 콘텐트에 대한 일정한 보상을 전제로 콘텐트를 다른 웹사이트에게 제공하고, 콘텐트 수요자는 마치 자신들이 콘텐트를 직접 생산한 것처럼 사용할 수 있는 권리를 갖게 된다(한국정보통신기술협회, word.tta.or.kr 참조).

〈표 7-1〉에서 모바일(또는 무선) 클라우드 컴퓨팅 사업자는 대표적인 애플리케이션사업이다. 기존의 시스템통합업체(SI : systems integrator)는 휴대단말기로 단문메시지서비스를 이용할 수 있는 SMS(short message service) ASP, 공지사항·문서함·결재 서비스를 이용할 수 있는 모바일 그룹웨어 애플리케이션 등을 제공하고 있다. 모바일 상거래의 가치사슬에서 모바일 지불 및 보안 서비스와 더불어 위치기반서비스와 상황인지서비스도 중요한 지원 서비스이다.

- **위치기반서비스**(Location Based Service : LBS) : 유무선 이동통신환경에서 이동통신기지국이나 위성항법장치(GPS)를 통해 휴대단말기 사용자나 차량 등의 위치를 파악하여 이를 기반으로 한 정보를 제공하는 서비스이다.
- **상황인지**(context awareness)란 사용자의 위치뿐만 아니라 사용자의 상황, 그가 사용하는 장치, 사용자를 둘러싸고 있는 사람·장치·객체 등에 대한 상황, 시간 변화의 상태를 자동적으로 인식하는 것을 의미한다. 따라서 고객은 물론이고 상품에 대한 상황정보도 언제 어디서나 실시간으로 인식하고 추적하여 관리하는 것이 가능하다. 이러한 상황인지로 인해 사용자 입력의 필요를 최소화하고, 사용자가 처리해야 할 정보량을 감소시키면서 정보의 질을 높일 수 있다.

삼성전자, LG전자, 소니 에릭슨(Sony Ericsson), 루슨트(Lucent), 퀄컴(Qualcomm) 등을 비롯한 국내의 SKT, KT, LG U^{+} 등은 모바일 상거래 가치사슬에서 인프라를 제공하는 대표적인 사업자들이다. 애플(iOS), 구글(Adroid), MS(윈도우 모바일)는 스마트폰 운영체제(OS)를 제공하는 대표적인 사업자이다.

모바일 가치사슬은 모바일 비즈니스 생태계의 일부이다. 모바일 생태계는 고객과 CPND(Content, Platform, Network, and Devices)로 대별된다.

- **비즈니스 생태계**(business ecosystems) : 공급자, 생산자, 고객, 유통업자, 아웃소싱 기업, 운송서비스 기업, 기술 플랫폼 제공자, 금융기관·거래협회·표준화 단체·노동조합·정부 및 준정부기관 등의 이해관계자들의 느슨하게

결합된 상호의존적인 시스템이다(Moore, 1993). 풍요롭고 건강한 비즈니스 생태계는 기업 간 경쟁과 플랫폼 간 경쟁(예 : iOS 플랫폼과 안드로이드 플랫폼 간의 경쟁)을 넘어서 궁극적인 경쟁력의 원천이 된다.

- **CPND** : 모바일 생태계에는 고객을 비롯한 콘텐트(게임, 교육, 음악, 비디오, 가상현실과 증강현실 콘텐트 등) 서비스와 광고업체, 이들 서비스를 제공하기 위한 플랫폼 업체(모바일 운영체제, 각종 API, 앱마켓), 기간 무선망을 소유하고 있는 이동통신사와 MVNO로서의 네트워크 업체, 스마트 모바일 단말기 및 통신장비 업체 등이 참여한다([그림 7-2]).
- **MVNO(Mobile Virtual Network Operator)** : 이동통신사(MNO : Mobile Network Operator)의 통신망을 임대하여 독자적인 이동통신서비스를 제공하는 사업자로 가상이동통신망사업자 또는 이동통신 재판매 사업자라고 한다. 국내에서는 기존 통신사(SKT, KT, LGU+)의 망을 빌려 이동통신서비스를 제공하는 판매사업자를 알뜰폰 사업자(프리텔레콤와 CJ헬로비전 등)라 한다.

[그림 7-2] 모바일 생태계 : CPND

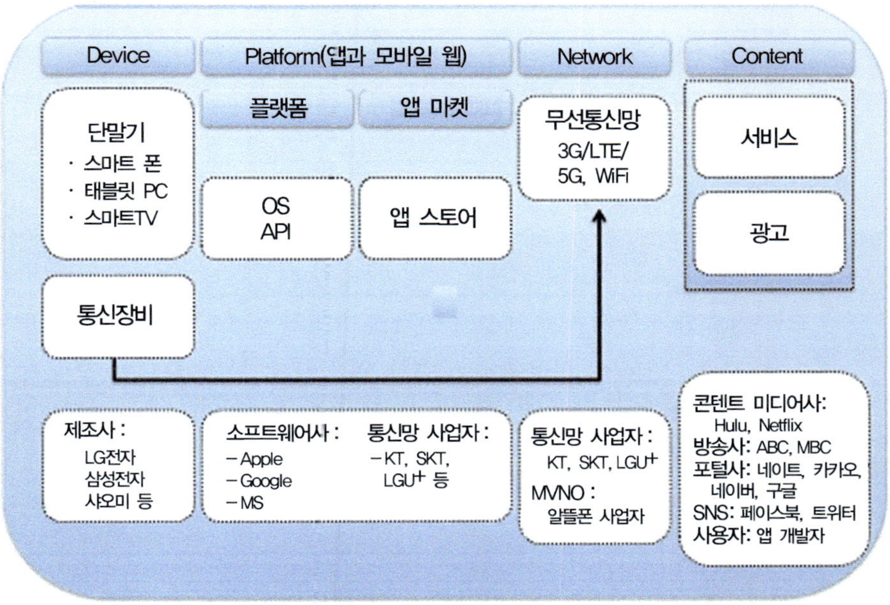

출처 : 황석원 외, 2011, p. 32.

〈표 7-2〉에서 나타나낸 바와 같은 m-커머스의 특성으로 상거래는 점차 스마트하고 편리한 방식으로 발전해가고 있다.

표 7-2 m-커머스의 특성

특 성	개 요
휴대성 (portability)	스마트폰과 같이 휴대하기 간편하고 이동하면서 거래할 수 있다.
도달범위 (reachability)	휴대장치를 이용하는 사용자들은 모바일 네트워크의 범위 내에서 언제나 상호 거래할 수 있다.
접근성 (accessibility)	사용자들은 모바일 네트워크의 범위 내에서 언제나 네트워크에 접속할 수 있다.
위치확인 (localization)	위치기반 서비스를 통해 사용자의 물리적 위치를 파악할 수 있다.
인증성 (identification)	SIM(subscriber identity module)과 같은 안전한 스마트카드를 탑재한 모바일 장치를 사용함으로써 거래에서 사용자를 인증할 수 있다.

7.1.2 m-커머스 사례

모바일 쇼핑, 모바일 광고와 쿠폰, 모바일 금융, 모바일 오락, 모바일 오피스 등은 m-커머스의 대표적인 사례이다.

모바일 쇼핑

모바일 쇼핑은 스마트폰과 같은 모바일 단말기를 이용해 인터넷 쇼핑몰에 접속하여 쇼핑을 한다는 점에서는 인터넷 쇼핑과 큰 차이점이 없다. QR코드는 모바일 단말기로 인터넷 쇼핑몰에 고객을 유입하게 하는 중요한 도구가 되고 있으며, LBS는 인터넷 쇼핑에서 개인화 서비스를 가능하게 하여 쇼핑의 편리성을 더하고 있다. 모바일 쇼핑업체는 모바일앱 방식이나 모바일웹 방식으로 쇼핑몰 서비스를 제공한다.

모바일 콘텐트와 광고

게임, 음악, 비디오 등 다양한 콘텐트 서비스가 스마트폰과 같은 휴대단말기로 제공되고 있다. 또한 모바일 서비스 제공사는 다양한 방식으로 모바일 광고를 내

보내고 있다. QR코드와 LBS는 기존의 인터넷 콘텐트 서비스와는 달리 개인화 서비스를 가능하게 한다.

모바일 금융

모바일 증권(주식, 선물, 옵션 등)이나 모바일 뱅킹에서 단순한 정보 서비스(증권 시세, 시황정보, 이자율, 환율 등)와 단순조회 서비스를 넘어서 거래가 이루어지는 경우, 인증성(본인확인) 및 기밀성은 대단히 중요하다. 모바일 증권으로 이동 중에도 휴대전화 또는 태블릿 PC를 사용하여 즉각적인 리스크 관리가 가능하게 되었다.

7.2 소셜 커머스

7.2.1 소셜미디어

소셜미디어(social media)란 쌍방향 커뮤니케이션과 사회적 상호작용을 지원하는 미디어이다. 소셜미디어는 매스미디어(mass media)와는 달리 쌍방향 커뮤니케이션과 사회적 상호작용을 지원하는 뉴미디어로서 개방, 참여, 공유, 협력이라는 웹 2.0의 핵심가치를 실현하는 미디어이다.

- 미디어란 정보, 지식, 의견 등을 전달하기 위한 매체이다. 따라서 언어, 책, TV, 라디오, 신문, 인터넷 등은 대표적인 미디어이다.
- 뉴미디어란 기존의 매스미디어인 TV, 라디오, 종이신문 등과는 달리 새로운 형태의 미디어로서 인터넷, IPTV, 케이블방송, 위성방송, 온라인 신문 등을 포함한다.

소셜미디어는 SNS(Social Network Service), 블로그, UCC, 위키 등 다양하다. SNS는 소셜미디어의 일종이이지만 상호 호환적인 개념으로 사용된다. 소셜미디어 유형을 표현형(블로그와 리뷰), 관계형(페이스북, 인스타그램 등의 SNS), 공유형(위키피디아, 유튜브), 메신저형(카카오톡), 게임형(징가 애니팡 등의 소셜게임)으로 분류한다. 이 분류에서 SNS는 소셜미디어의 한 유형이지만 일반적으로 넓은 의미에서 SNS를 소셜미디어와 같은 개념으로 보기도 한다. 소셜미디어 유형과 사례는 〈표

7-3〉과 같다. SNS의 대표적인 예인 페이스북과 트위터는 관계를 맺고 소통하는 방식에 차이가 있다. 페이스북에서는 친구라는 수평적 관계를 통해 소통한다. 한편 140자 이내의 글을 쓸 수 있는 마이크로블로그의 일종인 트위터는 팔로잉(Following)과 팔로워(Follower)라는 수직적 관계를 통해 소통한다. 나를 팔로잉하고 있는 다른 사용자를 팔로워라고 한다. 사용자는 타임라인(timeline)에서 자신의 트윗(tweet)과 팔로잉하고 있는 다른 사용자의 트윗을 볼 수 있다.

- SNS는 Social Networking Service나 Social Network Service의 약어로 사용된다. 두 용어는 상호호환적으로 사용되지만, networking은 처음 만나는 사람과의 연결 및 인맥쌓기에 초점을 둔다는 의미가 강하다. 오프라인에서 기존에 알고 있던 사람과의 연결 및 소통의 개념을 포함하기 위해서는 network이 더 일반적이다. 따라서 SNS는 Social Network Service의 약어로 사용한다.
- 오늘날 기업이 SNS를 활용하는 주요 이유는 브랜드 구축, 네트워킹, 고객 서비스, 위기관리 등에 있다. 여기서 SNS 마케팅이란 SNS를 활용하는 마케팅으로 위치기반서비스(LBS)를 이용한 개인화 서비스(개인화 맞춤형 광고와 마케팅, 웹 서비스 등)가 용이하다.

표 7-3 소셜미디어의 유형

분 류		사 례
표현형	블로그	블로거닷컴, 티스토리, 네이버블로그, 텍스트큐브 등
	마이크로블로그	트위터(140자 이내의 블로깅 서비스)
	집계/분배/리뷰	디그(Digg)닷컴, 레딧(Reddit), 옐프(Yelp), 딜리셔스(Delicious)
SNS	관계연결소통 사이트	페이스북, 트위터, 링크드인, 마이스페이스, 텀블러(Tumblr), 스냅챗(Snapchat), 인스타그램(Instagram), 핀터레스트(Pinterest), 카카오톡스토리, 카페 등
공유형	비디오 공유 사이트	비메오(Vimeo), 유튜브, 윔프(Wimp), 다음TV팟, 판도라, 아프리카, 틱톡 등
	사진공유사이트	플리커(Flickr), 피카사, 슬라이드 등
	지식공유와 협업	위키피디아, 네이버지식인, 테드(Ted)닷컴, 슬라이드쉐어(Slideshare)
메신저형	문자중심 소통	카카오톡, NHN 라인(Line)
게임형	온라인 게임	징가, 애니팡, 와우, 리니지 등의 소셜게임과 RPG 게임

뉴미디어인 소셜미디어는 다음과 같은 특성이 있다.

- 인터넷 프로토콜(TCP/IP) 기반의 미디어로서 양방향 소통과 사회적 상호작용을 지원하고, 맞춤형 및 개인화 서비스를 촉진한다.
- **강한 연대**(strong tie)보다는 **약한 연대**(weak tie)를 기반으로 신뢰를 형성하는 기반이 된다. 강한 연대란 혈연, 지연, 학연 등을 기반으로 한 유대 및 연대 관계를 의미하며, 일반적으로 길흉사에 참석하고 부조를 하는 경향이 있다. 한편 약한 연대란 긴밀하지 않고 가끔 접촉하거나 친구의 친구 정도의 관계를 유지하거나 학회나 모임에서 새로이 알게 된 지인들과의 관계에 기반한 연대이다. 소통과 관계 형성의 도구로써 SNS는 강한 연대라기보다는 약한 연대를 구축하고 **속성신뢰**(swift trust)를 형성하는 기반이 된다. 속성신뢰란 일시적인 깨지기 쉬운 임시적 작업집단 구성원들 간의 신뢰이다. SNS는 소통, 정보 공유, 관계 구축을 통해 신뢰를 쌓아주기 때문에 사회적 관계에 기반을 둔 **사회적 자본**(social capital)을 형성하는 역할을 한다.

7.2.2 소셜 커머스

소셜 커머스 개념과 특성

소셜 커머스란 소셜미디어를 이용한 전자상거래이다. 소셜 커머스는 소셜미디어를 통한 사회적 활동과 동시에 전자상거래 활동이 이루어지는 e-커머스의 한 유형이다. 전통적인 전자상거래에 비교하여 소셜 커머스에는 다음 특징이 있다. 첫째, 소셜미디어를 활용하여 쉽고 빠르게 소비자가 상품(제품과 서비스)을 인지하도록 한다. 둘째, 소셜미디어의 지인들의 코멘트와 추천을 통해 빠르게 구매 결정을 하는데 도움을 주다. 셋째, 소비자들은 소셜미디어를 이용하여 구매 경험을 토대로 광범위하게 상품을 알선 및 추천을 한다.

소셜 커머스 업체는 구매자들에게는 가격할인 혜택을 제공해주고 판매자들에게는 제품 홍보와 매출 증대의 효과를 제공해 주는 중간상인 역할을 한다. 즉, 소셜 커머스 업체는 판매자와 소비자를 연결하고 매칭해주는 역할을 하여 수익을 창출한다. 소셜 커머스를 전통적인 e-커머스와 구별짓는 중요한 특성은 소셜 기능에 있다. 첫째로 소비자는 SNS의 지인이나 친구들의 지식과 경험을 공유함으로써 전자상거래에 따른 위험을 줄이고 믿고 거래할 수 있다. 두 번째는 판매자는 일정 수 이상의 구매자가 공동구매를 하는 경우에 할인을 해주는데, 소비자들은 소셜 기능을 통해 편리하게 구매자를 모을 수 있다.

소셜 커머스 트렌드

소셜 커머스의 추세는 첫째로 소셜미디어 즉, SNS 플랫폼(예 **페이스북, 인스타그램, 트위터, 핀터레스트**)에 e-커머스를 통합하여 서비스를 제공하는 것이다. 페이스북 마켓플레이스는 페이스북 페이지에서 직접 상거래를 할 수 있도록 지원한다. 이를 위해 페이스북은 상품 카탈로그, 주문, 결제 등의 거래 과정을 통합적으로 지원한다. 두 번째는 기존의 e-커머스에 소셜미디어 기능을 추가하여 소셜 커머스 영역으로 확장해간다. e-커머스가 소셜 커머스로 확장해가기 위해서는 소셜 네트워크 서비스 기능을 활성화하고, 이용자들 간의 상호작용을 지원하여 신뢰를 형성하는 것이 중요하다. 그러한 하나의 방안으로 e-커머스 업체는 인플루언서(influencer) 마케팅과 미디어 커머스를 도입하고 있다.

소셜 커머스는 소비자 경험을 공유함으로써 사회적 신뢰를 쌓고, 입소문(e-WOM)을 내어 고객 충성도를 높이고 신규 고객을 획득한다는 장점이 있다. 또한 소셜 커머스는 단순 구매 고객을 상품, 브랜드, 기업의 옹호자로 전환해갈 수 있다.

7.2.3 소셜 커머스 사례

야후와 그루폰

소셜 커머스란 용어는 2005년 야후의 쇼퍼스피어(Shoposphere)가 도입되면서 사용되었다. 이용자들은 쇼퍼스피어에서 야후 쇼핑 카탈로그의 흥미롭고 끌리는 상품을 찾아 주제별로 목록(pick list: 일종의 장바구니)에 담아둔다. 이때 이용자는 자신이 선택한 각 상품에 대한 평가와 댓글을 남길 수도 있다. 이용자들은 다른 이용자들의 장바구니에 대해 투표를 하고 가장 좋은 평가를 받은 장바구니의 상품 목록을 상단에 배치함으로써 이용자들은 신상품과 트렌드를 파악하는데 도움을 받는다. 이는 이용자가 자신의 장바구니를 만들어 지인들과 공유하며 다른 이용자들이 투표로 평가하여 수익도 공유하는 방식의 상호작용과 사회적 지지에 기반한 소셜 커머스이다.

앤드루 메이선(Andrew Mason)은 그루폰(Groupon)을 설립하기 전에 더 포인트(The Point, 2007년)라는 소셜 플랫폼을 운영했다. 더 포인트는 소통채널 서비스로 다양한 생각, 의견, 견해, 입장을 피력하고 불만과 개선점을 요구하는 사람들이 힘을 모으는 커뮤니티 서비스이다. "Easy effective group action"이라는 슬로건을 내건 일종의 SNS이다. 예를 들어, 더 포인트에서 뜻이 맞는 사람들이 모여 환경보호라는 대의(cause)를 실현하기 위해 종이 낭비 회사를 보이콧 하는 활동을 한다. 일정 수의 모임이 성사되면 실행하는 더 포인트의 원리를 기초로 2008년 공동구매 방식으로 지역 업체의 할인 쿠폰을 거래하는 그루폰이 설립되었다. 따라서 그루폰은 공동구매형의 할인쿠폰 거래 서비스를 제공하지만 기본적으로 소셜 기능에 기반을 둔 전자상거래이다. 특히, 표준화되지 않은 제품이나 서비스에서의 할인 상품의 위험과 신뢰의 문제를 해결하는 데 그루폰의 소셜 서비스가 기여한다.

그루폰은 온라인으로 불특정 다수 간의 연결과 매칭 기능을 제공하여 1962년 미국에서의 신문과 잡지 등에서의 쿠폰 책을 단순히 앱으로 옮겨둔 것 이상이다. 그 이유는 약한 연대의 네트워크가 확장되고 집단지성을 활용한다는 점이다.

야후와 그루폰에서 알 수 있듯이 소셜 커머스는 소셜미디어를 활용하여 신뢰형성, 고객 충성도, 시장 확대를 하는 데 그 취지가 있다. 커뮤니티와 소셜네트워크 서비스로 일정 수 이상의 이용자들이 확보되어 소통·경험공유·협력을 통해 신뢰가 형성되고 충성도가 높아지면 매출 증대로 연결된다. 소셜 커머스의 이러한 선순환 체계를 만들어가는 데 소셜미디어가 그 출발점이 된다.

야후와 그루폰 외에도 다양한 형태의 소셜 커머스가 있다.

- 쇼핑앱을 이용하여 오프라인 상점을 홍보하고 이를 이용하는 고객에게는 쿠폰이나 포인트로 보상하고 맞춤형 서비스를 제공하는 소셜 커머스(예 Shockick)
- 지역 업체(예: 음식점)에 결제와 마케팅 분석용 소프트웨어를 제공하여 고객의 구매 정보를 공유하는 소셜 커머스(예 Upserve)
- 무엇을 입고 구매할 것인가를 조언해주는 스타일 코치 쇼퍼 역할을 하는 퍼스널 쇼퍼(personal shopper), 스타일 전문가 외에도 소셜네트워크에서 소비자들 상호간 조언해주는 소셜 커머스(예 Go Try It On)

국내의 소셜 커머스 사례

미국의 그루폰(Groupon) 비즈니스 모델을 기반으로 한 다양한 공동구매형 소셜 커머스 업체가 등장하였다. 국내의 공동구매형 소셜 커머스 업체로는 티몬

(Timon), 쿠팡(Coupang), 위메프 등이 있다. 공동구매에서는 할인을 받기 위해 일정 수의 구매자를 모으는 방법으로 소셜미디어를 활용한다.

쿠팡, 티몬, 위메프는 반 값 할인으로 사람들을 모아 공동구매가 이루어지게 하는 소셜 커머스이다. 판매에 어려움을 겪는 지역 업체들과 소비자를 연결하여 공동구매로 판매자의 판로를 지원하고, 할인으로 소비자들이 저렴한 가격으로 상품을 구입할 수 있도록 중개하는 서비스이다. 그러나 소셜 기능은 활성화되어 있다고 볼 수 없기 때문에 기존의 전자상거래보다 신뢰가 높다고 할 수 없다. 지역 업체도 다양한 온라인 방식을 이용하면서 그 수요가 한정되어 쿠팡은 지역 업체의 상품 판매를 중단하고 빠른 배송에 역점을 둔 로켓배송을 강점으로 활용하는 오픈마켓으로 전환하였다.

빤짝 할인 판매형(flash sale) 소셜 커머스가 활성화되기도 한다. 이는 일정 기간 동안 대폭적으로 할인하여 판매하는 것이다. 티몬은 특정 요일에 특정 시간, 예를 들어 10분 동안 파격적인 할인 판매를 한다. 짧은 시간 단위로 쪼개어 거래를 한다는 점에서 타임커머스(time commerce)라고도 한다. 유통기한이 얼마 남지 않은 상품을 시간이 임박할수록 저렴하게 판매하는 방식에서 유래된 타임커머스는 모바일 커머스로 다양한 상품과 다양한 시간 단위로 판매하는 것이 가능하게 되었다.

중국의 소홍서(샤오홍슈)

소셜 기능이 잘 활성화된 소셜 커머스의 대표적인 사례는 중국의 소홍서(샤오홍슈, xiaohongshu.com)이다. 2013년 해외직구 상품에 대한 커뮤니티 기반으로 소셜 서비스를 개시하였고, 2014년에 전자상거래 플랫폼(RED store)으로 서비스를 하였다. 소홍서는 해외직구 상품에 대한 소비자들의 후기에서 시작하여 SNS로써 소셜 기능을 강화하면서 전자상거래가 자체 사이트에서에서도 직접 이루어지도록 발전된 소셜 커머스이다.

소홍서의 젊은 여성 이용자의 비율이 높다. 구매 전환율은 8~9%로 다른 SNS 마케팅에 비하여 높은 편이다. 이는 이용자들이 만든 콘텐트(UGC)에 대한 신뢰 때문이다. 소홍서는 광고성이 높은 콘텐트를 삭제하여 진정성과 신뢰성을 높이고 있다. 물론 다른 SNS에서와 마찬가지로 피드 광고는 허용된다.

이용자들에게 개인화된 콘텐트를 추천하고 새로운 소비 트렌드를 제안하는데 인공지능 기술을 적용하고 있다. 소홍서 이용자들의 후기나 추천 서비스를 제공하는 것은 물론이고 소비자들의 구매 결정에 도움을 주는 이용자 경험을 토대로 상품을 평가하는 시스템을 운영하고 있다. 소홍서 이용자들은 자신의 게시물을 웨이보와 위챗 등에 공유할 수 있도록 하여 소셜 기능을 더욱 활성화한다.

[그림 7-3] 소홍서의 소셜 머커스 개념도

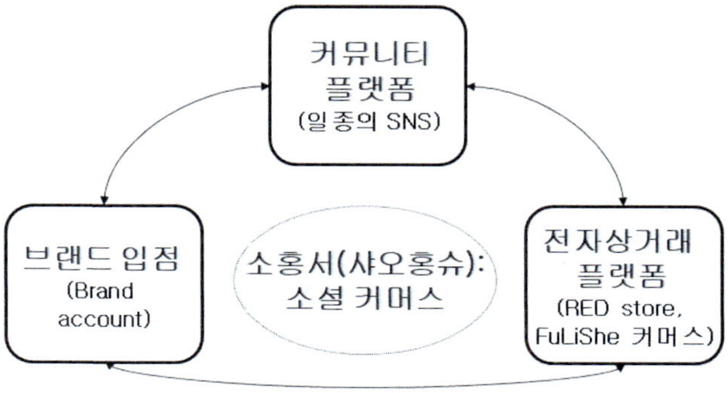

소홍서는 다음 세 가지 기능을 통해 소셜 서비스와 전자상거래 서비스를 제공한다. 첫째는 소홍서의 이용자들이 상품에 대한 리뷰와 후기 등의 경험을 토대로 작성하는 콘텐트가 있는 일종의 SNS로서의 커뮤니티 플랫폼이다(2019년 등록자 수 3억 명 이상). 소홍서는 "일상을 공유한다"는 슬로건을 내걸고 있다.

둘째는 브랜드 계정으로 등록한 전 세계의 업체들이 상품을 홍보하고 마케팅하는 페이지이다. 일정 비용을 지불하고 인플루언서(여기서는 KOL: Key Opinion Leader)의 게시물을 통해 홍보하여 업체의 전자상거래 사이트로의 고객 유입을 높일 수 있다. 또한 업체는 콘텐트 게시, 고객과의 질의응답, 홍보 캠페인을 할 수 있고, 소홍서는 고객 데이터를 분석하여 업체의 마케팅을 지원한다. 브랜드 입점(Brand account)의 경우는 업체의 브랜드와 소홍서 이용자들 간의 소통 및 마케팅 채널이 된다. 소홍서에서 브랜드를 홍보하여 이용자들을 업체의 전자상거래 사이트로 유입시켜 구매전환율을 높인다. 이를 위해 인플루언서 마케팅을 한다. 2019년에는 2만개 이상의 브랜드가 등록하고 있다. 공식 브랜드 계정이 있는 업체는 소홍서에 홍보물을 게시하고, 고객 질의에 응답하고, 홍보 캠페인을 한다. 브랜드 계정을 가진 업체는 일정 비용을 지불하고 인플루언서의 게시물을 통해 홍보하고 마케팅 분석도 지원받을 수 있다.

셋째는 업체가 소홍서의 자체 전자상거래 플랫폼에 상점을 개설하고 고객 서비스와 물류 서비스 등을 지원받는다(2019년 현재, 1만 개 이상의 업체가 등록하고 10만 개 이상의 브랜드가 거래되고 있다). 광고수익, 판매중개수수료, 부가서비스에 대한 수수료 등이 소홍서의 중요한 수익원이다.

7.2.4 미디어 커머스

미디어 커머스(media commerce)란 미디어 콘텐트와 상품을 결합하는 방식의 상거래이다. 여기서 미디어 콘텐트란 동영상 내에 바로 인식할 수 없는 수준으로 상품 홍보가 녹여 담겨 있거나, 인플루언서가 자신의 경험을 토대로 예능 프로그램과 같은 방식으로 상품을 소개하는 콘텐트이다. 미디어 커머스는 주로 페이스북・유튜브・인스타그램 등의 SNS 마케팅을 통해 상거래가 이루어지는 소셜 커머스의 한 유형이다.

미디어 커머스는 홈쇼핑 사업자들이 TV의 드라마와 예능프로그램 등의 미디어 프로그램을 홈쇼핑과 연계하여 브랜드 이미지를 개선하고 판매하고자 하는 시도에서부터 유래되었다. 이는 기존의 간접광고 방식인 PPL(Product Placement)을 넘어서 상거래와 결합된 형태라 할 수 있다. TV의 연예인들이 입은 옷이나 장신구 등을 편하게 구입할 수 있도록 지원하는 상거래 서비스로부터 유래되었다. 따라서 초기의 미디어 커머스는 TV의 방송 콘텐트와 상거래의 결합 상거래인 t-커머스와 관련되어 있다. SNS가 확산되고 MCN(Multi-Channel Network)과 플랫폼 사업자들이 참여하면서 미디어 커머스가 새롭게 진화해왔다. 미디어 커머스는 비디오 콘텐트를 통한 마케팅으로 상거래와 연계한다는 점에서 V(비디오) 커머스라고도 한다.

- MCN(Multi-Channel Network): 유튜브와 같은 소셜미디어에서 인기가 높은 1인 또는 중소 창작자들에게 촬영 스튜디오, 방송장비, 교육과 마케팅 등을 지원해주고 다양한 콘텐트를 확보하는 신종 미디어 사업이다. 콘텐트 제작 역량이 뛰어난 크리에이터와 체계적인 제작 노하우와 유통망을 보유한 미디어 기업이 서로 돕고 수익을 나눠 갖는 구조이다. MCN은 제품, 프로그램 기획, 결제, 교차 프로모션, 파트너 관리, 디지털 저작권 관리, 수익 창출・판매 및 잠재고객 개발 등의 영역을 콘텐트 제작자에게 지원한다. 수익 배분은 콘텐트 제작자(크리에이터)와 유튜브가 각각 55% 대 45%이며, 콘텐트 제작자는 다시 크리에이터와 MCN이 각각 70%, 30%로 배분한다. MCN으로 1인 미디어 시대가 더욱 촉

진된다.

미디어 커머스의 성공요인은 재미있고 진정성 있는 스토리텔링에 기반한 콘텐트를 제공하여 소비자의 신뢰를 구축하는 데 있다. 첫째, 미디어 커머스의 동영상 내용이 소비자들에게 재미있고 공감을 주고 관심을 끌어야 한다. 한편의 드라마와 같은 짧은 동영상 콘텐트와 브랜드를 연계하고 있지만 소비자는 처음에는 잘 알아차리지 못한다. 예를 들어, 블랭크코퍼레이션에서는 남성 뷰티브랜드와 마약베개 등의 재미와 흥미를 유발하는 동영상 콘텐트를 소셜미디어로 소개하여 인기를 끌었다. 둘째는 동영상 콘텐트의 스토리텔링과 관련된 브랜드와 기업이 진정성을 가져야한다. 진정성이란 브랜드 관련 품질과 가격 관점은 물론이고 기업의 미션과 목적이 경영실무와 일치성을 갖고 소비자 신뢰와 감동을 발현하는 것이다.

인사이트 **인플루언서 마케팅(influencer marketing)**

인플루언서를 활용한 마케팅을 인플루언서 마케팅이다.인플루언서란 소셜미디어에서 영향력 있는 개인을 의미한다. 인플루언서(influencer)란 소셜미디어에서 독창적인 콘텐트를 제작하여 공유하고 상호작용하면서 팔로워와 구독자 등에게 영향력을 발휘하는 개인을 의미한다. 사전적 의미로는 영향력을 행사하는 사람, 즉 영향력 있는 사람이다. 주로 SNS상에서 영향력이 큰 사람들을 일컫는다. 이는 소셜미디어의 영향력이 크게 확대되었기 때문이다. 소셜미디어에서는 일반 개인이 생산한 콘텐트가 기존의 기업에서 제작한 콘텐트 이상의 영향력을 갖게 되었다. 또한 인플루언서들이 SNS에서 공유하는 제품이나 브랜드에 대한 의견과 평가 결과는 SNS 이용자들의 인식과 구매결정에 커다란 영향을 끼치고 있다. 소셜미디어라는 1인 미디어 시대에서는 인플루언서가 인기 있는 연예인이 아닌데도 자신이 생산한 콘텐트로 큰 파급력을 가지게 되었다.

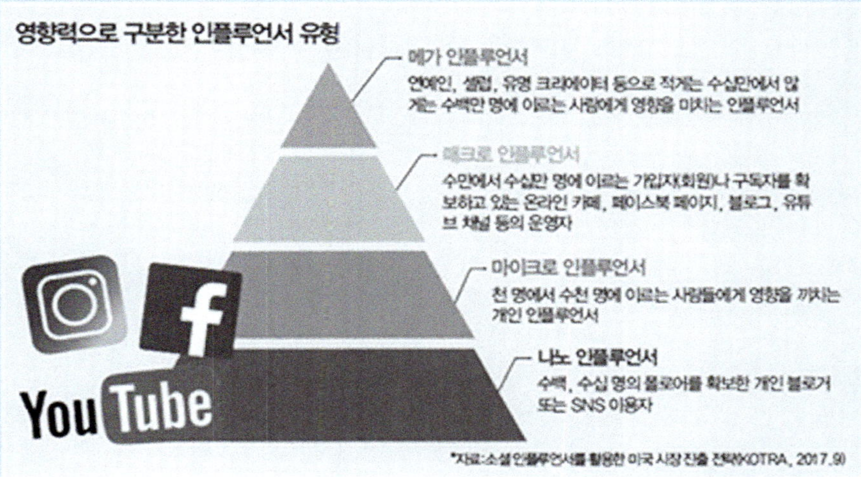

• 인플루언서 마케팅, 무엇에 집중해야 할까?

무분별한 광고성 인플루언서를 플라스틱 셀럽(유명인을 뜻하는 영어 단어 celebrity를 한국식 발음으로 줄인 말)이라고 한다. 예를 들어, 코카콜라와는 전혀 접점이 없는 셀럽의 인스타그램 피드에 갑작스레 코카콜라 홍보 사진이 올라온다면, 팔로워들이 그 홍보에 공감할 수 있을까? 인플루언서들은 TV 채널이 아니라, 팔로워들과 1대1 관계를 가진 사람들이다. 인플루언서 마케팅을 통해 이러한 관계를 강화시키는 게 우선순위가 되어야 한다. 욱여넣기식의 광고는 인플루언서가 '나 돈 받고 이런 광고 하고 있다'고 자백하는 꼴밖에 안 된다.

팔로워가 많은 인플루언서를 통해 전광판에 광고하듯 게시한 게시물은 인플루언서 마케팅의 본질에서 크게 벗어난 전략이다. 제대로 설계되지 않은 캠페인 때문에 제품에 대한 호감도는 고사하고, 인플루언서 본인의 신뢰도에 까지 악영향을 끼칠 수도 있다.

제품보단 경험에 초점을 맞춘 브랜딩이 중요한다. 페이팔은 여행 크리에이터들이 전 세계로 여행할 수 있도록 지원하고, 그들이 카드나 현금 등 물리적인 결제수단 없이 여행하는 모습을 기록하도록 만들었다. 페이팔은 인플루언서들에게 '페이팔이 얼마나 편하고 좋은가'에 대해서 이야기하도록 지시하지 않았다. 해쉬태그 캠페인은 인플루언서들이 여행 중에 페이팔을 사용하면서 할 수 있는 '경험'들을 보여주는데 초점을 맞추었다. 마케터들은 팔로워 숫자보다 사람들이 공감하는 라이프 스타일의 핵심을 파악하는 데 집중해야 한다.

노출, 반응보다 더 중요한 것은 커뮤니티이다. 광고주가 집행한 인플루언서 마케팅의 노출과 반응의 수치가 아무리 높더라도, 브랜드가 추구하는 가치와 전혀 동떨어진 인플루언서와 함께 했다면 별다른 효과를 볼 수 없다. 단순하게는 인플루언서들의 성별과 연령을 파악하고, 디테일하게는 각 인플루언서들의 게시물의 카테고리나 피드가 주는 느낌을 통일시켜야 한다. 브랜드가 타깃으로 하는 라이프 스타일을 보여주는 인플루언서와 관계를 쌓고, 그들을 보이스를 통해 지속적으로 브랜드 경험을 노출함으로써 타깃 커뮤니티와의 접점을 만들어 내는 것이 인플루언서 마케팅의 핵심이다.

(출처: 황인승, platum.kr/archives/113900, 2019/01/04.)

인사이트 라이브 커머스: 커머스에 재미와 신뢰를 더하다

오프라인 매장에서 대화하듯이 온라인에서 실시간으로 판매자와 소통하며 쇼핑하는 라이브 커머스가 주목받고 있다. 라이브 스트리밍(live streaming)과 커머스(commerce)의 합성어인 라이브 커머스(live commerce)는 실시간으로 쇼 호스트가 제품을 설명하고 판매한다는 점에서 TV홈쇼핑과 유사하다. 라이브 커머스 시장은 모바일 기반 거래가 증가하면서 모바일 플랫폼을 중심으로 급격하게 성장하고 있다. 최근 몇 년 동안 콘텐츠 커머스, V커머스 등 미디어 커머스로 총칭할 수 있는 다양한 미디어와 커머스의 결합이 있었지만 왜 지금은 라이브 커머스일까?

현장감은 신뢰로 이어진다. 제품의 산지, 공장, 매장 등을 둘러볼 수도 있고 판매자와 직접 소통하면서 제품의 속성과 품질을 보다 정확하게 판단할 수 있기 때문이다. 사전에 촬영, 편집된 동영상은 일방향 커뮤니케이션으로서 판매자가 원하는 정보와 모습만 보여주지만 양방향 소통인 라이브 커머스는 실시간 방송에 참여하는 소비자의 질문이나 요구에 즉각적으로 반응하면서 관계를 형성하고 신뢰를 쌓을 수 있다. 수많은 제품과 판매자가 경쟁하는 현대 마케팅 환경에서 진정성은 매우 중요하다. 라이브 커머스는 소통을 통해 진정성을 보여주고 신뢰를 얻는 데 효과적이다.

그립, 네이버, 카카오, 인스타그램, 유튜브, 틱톡 등 다양한 플랫폼에서 라이브 커머스를 지원하면서 판매자들은 많은 투자나 특별한 기술 없이 스마트폰만 있다면 라이브 커머스를 시작할 수 있게 되었다. 판매자의 관점에서 라이브 커머스는 현재와 같이 대면 접촉을 기피하는 소비자들에게 제품을 실감나게 소개하고 실시간으로 소통하며 판매할 수 있는 유일한 창구이며 물리적 제약 없이 다양한 지역의 폭넓은 소비자층에게 다가갈 기회인 것이다.

실시간 소통을 통해 재미와 신뢰를 주고 한시적인 할인 혜택 등을 통해 즉각적 구매를 유도할 뿐 아니라 충성도를 높일 수 있는 라이브 커머스는 실속과 재미를 동시에 추구하며 동영상 플랫폼에 익숙한 MZ세대에게 가장 적합하다. 하지만 코로나19로 촉발된 라이브 커머스의 성장은 제품과 판매자의 다양성을 높이고 보다 높은 연령층도 유입하며 고객층을 확대할 것으로 전망된다. 그럴수록 경쟁의 심화를 가져올 것이며 차별화는 어려워질 것이다. 모든 커머스의 핵심인 제품의 품질과 가격 경쟁력이 갖춰졌을 때 라이브 커머스에서 콘텐츠의 기획과 진행자의 역량이 더욱 중요한 이유다.

(출처: 최세정(고려대학교 미디어학부 교수), 방송트렌드인사이트, 스페셜이슈3(2020))

7.2.5 소셜 평판

고객은 이용한 서비스나 구매한 제품에 대한 자신의 경험을 바탕으로 온라인 리뷰(review)를 남기게 된다. 이러한 리뷰는 고객이 이용 또는 구매한 사이트에 남길 수도 있고, 대부분의 경우는 SNS와 같은 제3자의 사이트에 남기게 된다. 예를 들어, 옐프(Yelp)는 레스토랑과 지역의 다양한 비즈니스를 이용한 고객들이 리뷰를 남기고 만족도를 별로 평가하는 대중의 경험에 바탕을 둔 리뷰 전문 사이트이다. 이들 온라인 리뷰는 온라인을 통해 입소문(또는 구전, e-Word Of Mouth: e-WOM)을 내는 효과를 발휘하며, e-WOM은 자발적인 광고의 성격을 띠어 구매자들의 행동에 영향을 미친다. 또한 온라인 리뷰는 기업의 평판(reputation)에 영향을 미치기 때문에 그 기업의 신뢰를 결정하는 선행변수가 되기도 한다. 고객의 긍정적 평가가 기업의 평판과 신뢰에 좋은 영향을 미칠 수 있는 반면, 고객의 부정적 평가가 긍정적 평가에 비해 기업의 평판과 신뢰에 더 치명적인 영향을 미치게 된다. e-WOM은 그 전파의 범위가 넓고 그 전파의 속도가 빠르기 때문에 그 영향력이 크다.

인사이트 소셜 평판, 빅데이터 분석, 대출 이자율

은행에서 대출을 해주는 경우에 가장 중요한 요소는 대출자의 신용도이다. 신용이 낮을수록 부동산 담보나 연대보증을 필요로 한다. 대출위험을 줄이기 위해 금융기관은 대출자의 신용도를 파악하고 분석해야 한다. 신용도에 따라 대출이자율이 달리 적용된다. 페이스북, 트위터, 링크드인, 카카오스토리 등과 같은 SNS에서의 평판도가 개인의 신용도를 파악하는데 도움이 될까? 렌도(Lenddo)는 2011년부터 SNS 기반의 신용평가분석데이터를 기반으로 P2P(Peer-to-Peer)대출 서비스를 제공해오고 있다. 예를 들어, 본인은 물론이고, SNS 친구들 중에 연체자가 있을 경우에도 신용점수를 깎는 식이다. 특히, 렌도 스코어(Lenddo score)는 금융거래가 빈번하지 않거나 사회초년생 등 금융거래 경험이 적은 개인을 충분히 평가하지 못하는 기존의 신용도 평가의 한계를 극복해 준다. 제프 스튜어트(Jeff Stewart) 렌도 CEO에 따르면, "사람들은 자신의 친구들 가운데 누가 믿을 수 있는 사람인지를 잘 파악하고 있는 것으로 알려져 있다. 이처럼 평판을 활용, 렌도가 개발한 알고리즘을 이용해 전 세계 36개국에 있는 중산층의 부채를 감소시키는 금융 서비스로 이용된다."

렌도 스코어란 고객의 SNS와 온라인 행동을 기초로 고객의 잠재 신용위험에 따른 신용도를 1에서 1,000점으로 측정한 값이다. 아래 그림과 같이 SNS 자료는 물론이고 모바일 자료, 브라우저 자료, 통신자료, 전자상거래 자료, 금융거래 자료, 정신심리 자료 등을 빅데이터로 분석하여 신용도 점수를 계산하여 금융기관은 대출이자율 결정에 이용할 수 있고, 신용카드사나 일반 소매점에서도 고객의 신용도 평가 정보로 활용할 수 있다.

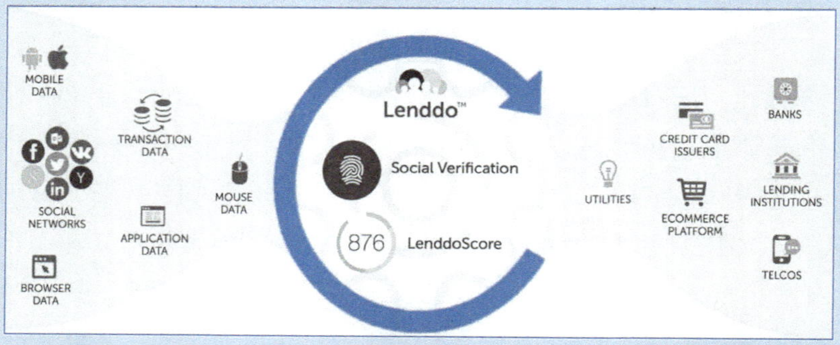

(그림 출처 : http://www.prweb.com/releases/2016/02/prweb13203833.htm)

7.2.6 소셜 펀딩(크라우드 펀딩)

크라우드 펀딩(crowd funding)이란 다수의 개인으로부터 소규모 투자금이나 후원금을 모으는 것을 의미한다. 달리 말하자면, 창의적 아이디어나 사업계획을 가진 창업기업이 집단지성을 활용하여 다수의 투자자로부터 자금을 조달하는 것이다. 소셜미디어를 이용한다는 점에서 소셜 펀딩(social funding)이라고도 한다. 또한 이는 다수의 개인들로부터 자금을 모으는 행위이며 다수의 사람들이 소액 또는 재능을 기부하는 집단 후원활동으로 SNS를 통해 참여와 홍보가 자발적으로 이뤄진다는 특징을 지닌다. 해외뿐만 아니라 최근 국내에서도 소셜 펀딩을 중개하여 수수료로 수익을 창출하는 전문업체가 출현하면서 SNS에 기반한 새로운 사업 모델이 되고 있다. 후원자들은 창의적 아이디어 공유와 실현에 의미를 둬 금전적인 대가보다는 프로젝트 발전과정을 공유하고 결과가 나오는 데서 보람을 찾는다. 이에 재미와 흥미를 유발하거나 사소하지만 가치 있는 꿈의 실현 같은 창작과제, 친환경 또는 사회공헌 과제에 자발적으로 후원자들이 주로 모이는 경향이 있다. 2005년 영국의 조파닷컴(www.zopa.com)이 일종의 P2P 펀딩인 개인 대출형 서비스를 개시한 이래로 후원형 크라우드 펀딩 사이트, 인디고고(Indiegogo)가 2008년 1월 소셜 펀딩을 시작하였다. 가장 유명한 크라우드 펀드는 2009년 4월 출범한 미국의 킥스타터(Kickstarter)다. 미국과 유럽 등을 중심으로 사회적 기업, 소셜 벤처, 예술 후원금, 영화/연극 등을 지원하기 위해 확산되었다. 국내의 대표적인 크라우드 펀딩 업체는 다음과 같다 : 와디즈, 크라우디, 오마이컴퍼니, 펀딩포유, 텀블벅, 8퍼센트, 오픈트레이드 등

[그림 7-4]에서는 크라우드 펀딩의 개념도를 나타내고 있다.

[그림 7-4] 크라우드 펀딩의 개념도

출처 : 크라우드넷(www.crowdnet.or.kr)

- **발행회사** : 일반 대중으로부터 자금을 조달하는 자 또는 증권형의 경우, 크라우드 펀딩을 통하여 증권을 발행할 수 있는 자(온라인소액증권발행인)는 비상장 중소기업으로서 창업 후 7년 이내이거나 프로젝트성 사업을 수행하는 기업이다. 다만, 비상장 벤처기업 또는 이노비즈기업 및 메인비즈기업, 사회적기업은 업력이 7년을 초과하더라도 크라우드 펀딩을 통한 증권발행이 가능하다.
- **투자자** : 기부, 대출, 증권에 투자하는 자이다. 증권형의 경우, 자본시장법에서는 투자자들이 과도한 금액을 투자하여 상당한 손실을 입는 것을 사전에 방지하기 위해서 투자한도를 정하고 있으며, 투자자의 전문성, 위험감수능력에 따라 투자한도를 차등화하여 적용하고 있다.
- **온라인소액투자중개업자** : 발행회사와 투자자를 연결하여 매칭하는 플랫폼 사업자이다. 증권형의 경우, 크라우드 펀딩 중개를 담당하는 금융투자업자로서, 고객자산을 직접 수탁하거나 운용하지 않고 발행회사와 투자자 사이에서 증권의 모집 또는 사모에 관해 단순히 중개하는 역할을 수행한다. 온라인중개업자는 투자자를 보호하고 시장질서 교란을 방지하기 위하여 자본금과 인적 및 물적 요건 등의 일정 요건을 갖추어 금융위원회에 등록하여야 한다.

크라우드 펀딩의 대표적인 종류는 다음과 같다 :

- **기부 · 후원형** : 후원자들이 모금의 취지에 공감해서 금전적인 이익을 바라지 않고 모금자가 추진하는 프로젝트를 후원.
- **대출형**: 크라우드 펀딩 업체가 자금수요자인 기업과 투자자를 중개하여 투자자는 자신의 위험 하에서 계약을 맺고, 수익 발생 시 이자를 지급받게 됨.
- **증권형(투자형)** : 증권(주식과 채권)을 발행하고 지분이나 배당을 제공하여 투자자에게 금전적 보상을 함.

인사이트 **카카오메이커스와 카카오커머스**

카카오메이커스(makers.kakao.com)는 선주문 후 생산을 지원하는 플랫폼 사업자로 2016년 2월 서비스를 시작했다. 일반 대중으로부터 선주문을 받아 생산하는 사업을 지원한다. 재고생산에 따른 생산자의 위험을 감소시키고, 주문생산으로 소비자의 맞춤형 제품을 지원한다. 낭비 없는 생산과 가치있는 소비를 위해 생산자와 소비자를 연결하는 플랫폼 역할을 한다. 생산자는 일반 대중으로부터 주문을 받아 제품을 생산한다는 것은 일종의 대중으로부터 생산자금을 지원받는 효과를 갖기 때문에 크라우드 펀딩의 일종이다.

카카오커머스(kakaocommerce.com)에서는 카카오톡이라는 고객 접점(OTT: Over The Top)이 활용된 다양한 방식의 전자상거래가 이루어진다. 카카오커머스는 통신판매중개자이기 때문에 오픈마켓과 같이 개별 판매자에게 상품주문, 배송, 환불 등에 대한 책임이 있다.

- 카카오톡 선물하기: 카카오커머스는 선물하기의 불편함을 하여 친구나 지인에게 간편하게 선물하는 서비스를 제공한다. 카카오톡 상품 구성부터 기능까지 선물 의미와 목적에 맞는 특화된 경험과 서비스를 제공한다는 특성이 있다.
- 카카오톡 쇼핑하기: '톡딜'이라는 2명만 모이면 할인된 가격에 물건을 살 수 있는 2인 공동구매 서비스가 제공된다. 고객접점인 카카오톡으로 이용자들은 쉽게 공동구매에 참여할 수 있는 장점이 있다. 카카오톡 스토어에 입점한 판매자는 1시간에서 72시간 사이로 시간을 지정해 한정된 시간 동안 '톡딜가'로 할인된 가격에 상품을 판매한다. 영상 서비스 카카오TV 기반 실시간 방송으로 판매하는 '톡딜 라이브'가 있다. 마케팅 채널 '카카오톡 채널'과 인플루언서를 활용해 상품을 소개하는 방식이다.
- 카카오스타일: 쇼핑 큐레이션 서비스로 상품과 샵을 추천한다. 매일 신제품이 출시되는 소호몰 특성을 살려 트렌드한 상품을 선별해 제공한다.
- 쇼핑하우: 쇼핑 정보와 가격비교서비스를 제공한다.

(출처: 카카오커머스, fpost.co.kr)

인사이트 크라우드 펀딩에서 코스닥까지

한국거래소(KRX)는 중소/벤처기업의 성장을 지원하고, 기술력이 우수한 기업에 대한 투자기회 제공을 위해 스타트업기업에 특화된 KSM(KRX Startup Market)을 개설(2016.11.14.)하였다. KSM은 기업가정신을 가진 창의적 기업이 창업을 통해 크라우드 펀딩에 성공한 후, 아이디어를 자유롭게 발현하고 공정한 경쟁을 통해 투자자로부터 더 많은 자금을 모금할 수 있는 선순환 고리 역할을 한다. KSM은 코스닥, 코넥스 진입을 원활히 하기 위한 종합 인큐베이터로서의 역할을 수행한다. 창업기업은 크라우드 펀딩, KSM, 코넥스(KONEX)를 통해 코스닥에 상장할 수 있다.

코넥스(Korea New Exchange)란 자본시장을 통한 초기 중소기업 지원을 강화하기 위한 중소기업 전용 신시장이다. 중소기업 자금조달이 은행대출 등에 편중된 데에는 중소기업 지원을 위한 코스닥시장이나 프리보드의 기능이 미흡했기 때문이다. 코스닥시장의 경우 투자자 보호를 위한 계속적인 상장요건 강화로 인해 성숙단계의 중소기업 대상 시장으로 변모하여 초기 중소기업은 진입이 곤란하다. 설립부터 코스닥시장 상장까지 소요되는 기간이 2004년에는 평균 9.3년이었던 것에 비해, 2011년도에는 평균 13.3년으로 크게 늘어났다. 그리고 프리보드의 경우에는 계속된 거래부진으로 인해 그 시장기능이 크게 위축되었다. 이러한 이유로 초기 중소기업에 최적화된 증권시장의 필요성으로 코넥스시장을 개설하게 되었다.

(출처: http://ksm.krx.co.kr)

7.3 소셜 큐레이션과 구독 상거래

소셜 큐레이션 서비스(social curation service)란 온라인에서의 수많은 콘텐트 중 개인의 주관이나 관점에 따라 관련 콘텐트를 수집·필터링·정리하고 편집하여 이용자와 관련이 있거나 좋아할 만한 콘텐트를 제공하는 서비스이다. 즉, 관심 있는 정보(콘텐트)를 찾아서(find) 분류하고(categorize) 조직화하여(organize) 공유하도록(share) 지원하는 서비스이다. 대표적인 소셜 큐레이션 서비스로는 핀터레스트(Pinterest)와 스토리파이(Storify)가 있다(〈표 7-4〉 참조).

- **소셜 큐레이터(curator)**: 원래 큐레이터란 박물관이나 미술관에서 전시회를 기획하고 작품을 수집하고 관리하는 일을 하는 전문가를 일컫는다. 소셜 큐레이터(또는 디지털 큐레이터)란 소셜미디어에서 특정 주제와 가장 연관성이 높은 콘텐트를 검색하고 필터링하고, 이를 체계적으로 재구성하여 맞춤형 형태로 콘텐트 서비스를 제공하는 사람이다.

표 7-4 소셜 큐레이션

소셜 큐레이션 서비스	개 요
핀터레스트 (pinterest.com)	관심있는 주제의 이미지를 'Pin It' 버튼을 이용하여 가상메모판에 스크랩하여 Repin, Comment, Like 버튼을 통해 공유하고 추천하는 소셜큐레이션 서비스이다. 이미지를 핀해서 유형별(일종의 board)로 분류하고 모아서 공유하는 서비스이다. 핀터레스트에서 찾은 좋아하는 것을 앱에서 구매할 수 있는 구매하기 서비스도 제공하고 있다. 이는 핀터레스트의 새로운 수익모델이라 할 수 있다.
스토리파이 (storify.com)	여러 SNS(페이스북, 트위터, 블로그, 리뷰 사이트 등)의 이미지를 엮어서 재배치함으로써 자신만의 스토리로 재구성할 수 있다. 즉, 스토리파이는 다양한 소스에서 사용자가 생성한 콘텐트를 선별하여 게시할 수 있도록 해준다. · Storify 2: Livefyre가 Storify를 인수한 후, 어도비(Adobe)가 Livefyre를 인수하여 어도비의 일부가 되었다. Adobe Experience Manager라는 클라우드로 제공되는 도구는 기업이 웹사이트, 모바일 앱, 온라인 커뮤니티, 스크린 등의 콘텐트를 일관성 있게 제작하고 관리할 수 있도록 지원해 준다. 고객의 콘텐트를 통한 고객 경험을 최적화할 수 있도록 지원하는 일종의 콘텐트관리시스템(CMS: Content Management Systems)이다. 스토리파이는 무료서비스이지만, 스토리파이 2는 유료서비스이다. 이와 같이 스토리파이도 기업을 대상으로 한 고급 서비스를 통해 수익원을 확보해가고 있다.

구독 상거래(subscription commerce)란 회비를 지불한 회원을 대상으로 해당 업체가 정기적으로 상품을 선별하여 배달해주는 서비스이다. 소비자들은 신문이나 잡지를 정기 구독하듯 한 달에 한번 혹은 일주일에 한번 정해진 날짜에 필요한 물건을 배달받는다. 즉, 정기적으로 필요한 상품이나 서비스를 소비자가 원하는 주기에 맞춰 배달해 주는 서비스이다. 업체는 큐레이션을 통해 목표 고객집단에게 맞는 상품을 알맞은 양으로 구성하여 정기적으로 배송해준다. 예를 들어, 출산을 앞둔 임산부, 유기농 식품을 선호하는 직장생활에 바쁜 1인 가구 등이 목표 고객집단이 될 수 있다. 맞춤형 구독 상거래를 큐레이션 커머스(curation commerce)라고도 한다. 큐레이션 과정을 통해서나 큐레이터가 직접 관여하여(또는 인공지능을 이용하기도 함) 고객에게 맞는 상품을 편리하게 제공한다는 관점에서 큐레이션 커머스라고도 한다.

구독경제는 비합리적 소비로 인해 낭비를 초래하는 문제점이 있다. 이는 결국 소비자 불만족을 초래하여 충성도를 떨어지게 한다. 따라서 소비자의 성향을 고려하여 맞춤형 제품과 서비스를 제공하는 것이 중요하다. 큐레이션 커머스는 특정 분야 전문가(또는 인공지능)가 소비자 성향과 상황 등을 고려해 제품을 고르고, 할인가로 판매하는 전자상거래이다. 이는 일종의 소비자 맞춤 상거래이다.

큐레이션 커머스의 대표적인 예는 미국의 의류업체 스티치픽스(Stitch Fix)이다. 스티치픽스는 정기적으로 옷을 배송해주는 스타일링 구독 상거래이다. 인공지능을 이용하여 고객의 선호에 맞는 최적의 제품과 서비스를 제시한다. 스티치픽스는 몇 벌의 옷과 액세서리를 고객에게 보낸다. 고객은 마음에 드는 옷과 액세서리를 선택하고, 마음에 들지 않는 것은 반품한다. 인공지능 알고리즘은 축적된 고객의 데이터를 이용하여 고객의 성향을 분석하여 선호하는 옷과 액세서리를 배송하여 재고와 낭비를 줄이고 고객 만족도를 높인다. 또한 프리스타일(Freestyle) 추천 서비스를 이용하여 고객이 원하는 성향과 상황에 맞는 제품을 추천한다.

인사이트 신문 구독은 지고, 구독경제는 뜬다!

1998년 65%였던 신문 구독률이 2019년에는 6%로 줄었다. 인터넷의 확산으로 스마트폰 앱을 사용하기 전에도 소비자들은 월정액으로 신문과 잡지를 구독하고, 우유를 배달받았다. 반복적으로 빈번하게 구매해야 하는 제품이나 서비스에는 구독 방식이 편하다. 전자상거래와 온라인 플랫폼(인터넷 웹 사이트와 스마트폰 앱)의 확산으로 구독경제가 새롭게 탄생했다.

소비자는 월 9,500원에 넷플릭스에서 무제한 영화를 구독해 볼 수 있다. 필자도 네이버나 yes24 등에서 영화 한편에 몇 천원으로 다운로드 받아보던 것을 그만두고, 넷플릭스를 정기 구독한 지 오래다. 일단은 편하다. 멜론과 스포티파이에서는 음악을 무제한 들을 수 있다. 영화, 음악, 웹툰과 웹소설, 게임, 전자책 등의 콘텐트를 소비하는 방식이 구독으로 빠르게 발전하고 있다. 아래 한글이나 마이크로소프트 오피스, 네이버 클라우드 등의 소프트웨어와 컴퓨터 자원을 구매하지 않고 빌려 쓰는 것도 구독 서비스의 일종이다. 사실 이들 콘텐트와 소프트웨어의 클라우드 서비스는 유무선 인터넷의 실시간 스트리밍과 웹 서비스 기술로 가능하게 되었다. 이렇게 보면, 사업가에게는 기술과 더불어 소비 패턴의 변화를 파악하는 것이 중요하다.

식재료와 반찬 등을 새벽 배송하는 마켓컬리도 월정액을 받고 구독 서비스를 한다. 와이즐리는 정기적으로 자주 소비하는 면도날을 구독 서비스로 제공한다. 꽃, 이유식, 기저귀, 생리대, 칫솔과 치약, 영양제, 전통술 등 다양한 소비재가 구독 방식으로 제공된다. 소비재만이 아니다. 루이비통과 구찌 등의 명품도 월정액을 내고 골라서 이용하는 것이 가능하다.

단순히 제품을 정기적으로 제공하는 것을 넘어서 개인화 서비스로 고객의 마음을 사로잡는 기업도 있다. 패션의류 구독 서비스를 제공하는 스티치픽스(Stitch Fix)는 체형과 취향에 맞는 옷 다섯 벌을 구두 및 액세서리와 함께 고객에게 정기적으로 배송한다. 고객은 그들 중에서 마음에 드는 게 있으면 사고, 그렇지 않으면 반송하면 된다. 인공지능과 빅데이터 분석으로 반송을 최소화하고, 개인화 서비스로 고객 만족과 충성도를 높인다.

소비재뿐 만이 아니다. 전동공구 제작사인 힐티(Hilti)는 공구를 구독 서비스로 제공한다. 사물인터넷 기술을 이용하여 공구의 추적과 보안 등을 원격으로 관리할 수 있다. 자동차 구독 서비스를 제공하는 현대셀렉션의 슬로건이다. "이제는 자동차도 무제한 스트리밍해보세요. 현대셀렉션 레귤러 팩(Regular Pack)에서는 최대 7개 차종 중에서 원하는 차를 골라 무제한으로 이용할 수 있습니다." 포르쉐(Porsche Passport)는 2017년부터 소비자가 구매와 리스를 넘어서 여러 차종의 포르쉐를 구독하는 서비스를 제공해 오고 있다. 고객은 월 2,100불을 내고 6차종을 골라 탄다. 자동차 공유는 물론이고 구독 서비스는 스마트폰 앱을 이용한 원격 자동차 관리가 가능한 덕분에 편리하다.

구독경제란 "일정 금액을 내고 정기적으로 제품이나 서비스를 받는 경제활동이다"(위키피디아). 구독경제는 온라인 플랫폼으로 소비자에게는 편리하게, 기업에게는 고객과의 장기적 관계로 수익을 창출하게 한다. 구독경제에서는 공급자가 제품을 서비스화하여 소비자에게 정기적 또는 필요로 할 때 제공한다. 이제 생산자는 제품을 판매하는 방식으로만 돈을 벌지 않는다. 적어도 소유가 아닌 공유와 구독의 시대는 그렇다. 제조의 서비스화란 제조업체가 제품과 서비스를 결합하여 서비스료를 받는 방식으로 사업방식을 전환하는 것이다. 미쉐린은 주행거리만큼 타이어 사용량에 따라 과금하는 서비스를 제공한다. 롤스로이스는 항공기 엔진의 운행시간만큼 사용료를 과금하는 서비스를 제공한다.

구독경제는 제품과 서비스를 장기적으로 구독하게 하여 수익을 창출하는 사업방식에 기반을 두고 있다. 구독경제에서 기업은 고객과의 장기적 관계를 유지하기 위해 고객 경험을 최적화해야 한다. 그래서 기업은 고객 데이터가 필수이다. 롤스로이스는 태평양 상공에 있는 항공기 엔진의 상태를 진단하는데 데이터를 이용한다. 데이터가 자산이 데이터 경제의 시대이다. 인공지능과 빅데이터와 같은 기술은 데이터를 쉽게 분석한다. 올바른 답을 찾는 데는 여전히 인간의 통찰력이 중요하다. 디지털 기술이 인간의 통찰력을 향상시키는 디지사이트(digital + insight)가 중요한 시대이다. 기술의 흐름을 파악하고, 소비행동에 대한 통찰력을 갖는 기업가는 성공한다.

(출처 : 주재훈, 경북신문, 2021)

홈페이지, 콘텐트, 서비스와 상거래 등에서 각 고객의 니즈에 맞는 개인화 서비스는 고객의 경험을 최적화할 수 있다는 점에서 중요하다. 큐레이션은 물론이고 빅데이터와 인공지능 등에 의한 분석을 통해 개인화 서비스가 가능하게 된다. 전자상거래에서 개인화 서비스와 고객참여(customer engagement)를 통해 고객경험을 최적화함으로써 고객 만족, 고객 충성도,기업 경쟁력이 향상된다.

7.4 O2O 커머스

7.4.1 O2O 커머스

상거래와 서비스에서 다양한 방식으로 온라인과 오프라인이 융합되고 있다. 인터넷쇼핑몰에서 주문하고 결제한 제품을 오프라인 매장이나 지하철 등에서 수령하게 하는 방식은 오래 전부터 온라인과 오프라인이 전략적 제휴를 통해 행하여 왔던 통합적 방식이다. 예를 들어, 아마존닷컴은 세븐일레븐과의 제휴를 통해 아마존닷컴에서 주문하고 결제한 제품을 고객이 인근의 세븐일레븐에서 찾아가는 방식(세븐일레븐에 설치된 아마존 락커(locker)에서 비빌번호를 입력하여 물건을 찾는 방식)으로 온라인과 오프라인을 결합한 서비스를 이용해 왔다. 인터넷교보문고의 바로드림 서비스도 그 한 예이다. 이를 통해 온라인 상점은 배송비용을 절감할 수 있다. 한편, 오프라인 기업이 온라인 사업에 진출하여 온라인과 오프라인의 장점을 살려 시너지 효과를 내고자하는 클릭앤드모타르(click and mortar: click과 brick and mortar의 합성어)도 등장하였다. 또한 쇼루밍과 역쇼루밍도 온라인과 오프라인이 융합되는 사례이다.

- **바로드림 서비스**: 인터넷교보문고를 통해 결제한 도서를 가까운 영업점에서 직접 수령하는 서비스로, 인터넷에서 할인 구매하고, 기다리는 번거로움 없이 빠르게 인근의 교보문고에서 물건을 찾는 서비스
- **쇼루밍**(showrooming): 오프라인 매장에서 상품을 보고, 오픈마켓과 인터넷쇼핑몰 등에서 저렴한 가격으로 상품을 구매하는 것
- **역쇼루밍**(reverse-showrooming): 쇼루밍과는 반대로 온라인에서 구매할 상품을 조사한 후, 오프라인 매장에서 실물을 보고 구매하는 것

스마트폰과 m-커머스가 확산되고, LBS와 NFC 및 비콘(Beacon)을 비롯한 사물인터넷 기술이 상거래에 활용되면서 O2O 커머스는 더욱 편리하고 스마트한 방식으로 발전해 가고 있다. 모바일 앱 기반에서 NFC·QR코드·비콘 등을 활용하여 매장 위치 안내, 할인정보와 쿠폰 발급, 주문과 결제지원 등을 통해 오프라인 매장과 연계한 상거래 서비스를 제공하는 것도 O2O 커머스의 한 유형이다. 또한 O2O 커머스는 온라인과 오프라인 등의 여러 채널을 통합하는 옴니채널을 통해 사용자 경험을 최적화하고 있다. 집의 각 가전제품이나 선반에 부착된 아마존 대시 버튼으로 주문하거나 음성인식이 가능한 아마존 에코로 주문한 상품을 받아보는 것과 모바일앱으로 아마존의 오프라인 매점을 이용하는 아마존 고(Amazon Go)도 O2O 커머스의 예이다.

- **네이버 윈도시리즈**: 네이버는 오프라인 매장이 있는 업체가 윈도시리즈(2014. 12, 샵윈도로 서비스 개시)에 입점하여 온라인에서 거래하는 하는 O2O 플랫폼을 지원하고 있다.

7.4.2 비콘 기반의 O2O 서비스

비콘(beacon)이란 신호를 발신하는 장치로서 비행기와 고층빌딩의 깜빡이등이나 바다의 부표로 사용되어 위치 확인에 사용되어 왔다. IT 분야에서의 비콘은 라디오 신호를 기반으로 하는 근거리 위치 기반 기술로서 근거리 무선통신, 즉 블루투스 4.0(Bluetooth Low Energy: BLE) 프로토콜 기반의 근거리 무선통신장치이다. 애플의 아이비콘(iBeacon)은 그 대표적인 응용 사례이다. 아이비콘 앱을 설치한 아이폰 사용자가 비콘이 설치된 범위 내에 들어가면, 블루투스 통신(Bluetooth 4.0)으로 신호를 받은 앱(iOS의 비콘 수신장치가 앱을 작동시킴)은 비콘으로부터 정보를 받아 사용자 위치를 파악하게 된다. 사용자 위치와 기타 상황정보를 기초로 스마트폰 사용자에게 맞는 쿠폰과 쇼핑 및 결제 등의 다양한 서비스를 제공한다. 예를 들어, 사용자는 상점 입구에서 스마트폰으로 할인 쿠폰을 받아 상품을 주문하고 결제한 후, 매장에서 바로 상품을 수령할 수 있다. 스퀘어(Square)와 페이팔(Paypal) 등의 결제 서비스와 연동된다. 아이폰의 터치 ID 지문인식과 연동하여 본인 인증이 가능하다.

자전거나 신발 등에도 붙일 수 있는 동전 크기의 스티커형과 같은 다양한 비콘이 출시되어 사물인터넷과 O2O 서비스로 활용되고 있다. BLE 비콘은 최대 70m

이내의 장치와 교신할 수 있고, 전력 소모가 적다. 근거리 위치 인식 기술인 비콘이 스마트폰 앱과 결합되어 다양한 O2O 서비스가 가능하게 된다.

- **애플 아이비콘** : 앱 사용자는 애플 매장 방문 시 매장의 제품과 행사 등에 대한 정보를 자동으로 받는다.
- **페이팔 비콘** : 매장을 방문한 페이팔 앱을 설치한 소비자에게 스마트폰으로 매장 안내를 하고 할인 정보와 함께 대금 결제 서비스를 제공한다.
- **SK플래닛의 시럽(SYRUP)** : 원래 시럽은 SK플래닛의 결제서비스인 스마트월렛(SmartWallet)에서 출발한 모바일 지갑서비스(간편결제, OK캐쉬백, 모바일 상품권 등)이다. SK플래닛의 협력업체의 매장에 BLE 비콘을 설치하여 스마트폰 앱인 시럽을 내려받은 사용자가 스마트폰으로 제휴 매점의 할인 쿠폰을 받을 수 있고, 주변의 매장을 선택하여 미리 주문부터 결제까지 완료한 후 매장을 방문할 수 있다.
- **스타벅스의 사이렌오더(siren order)** : 이는 스마트폰 앱으로 원하는 음료를 만들어 저장하고 주문하여 결제하는 나만의 음료(맞춤형 음료) 서비스이다. 스타벅스 코리아는 얍(YAP)의 비콘 솔루션을 도입해 음료를 미리 주문하고 결제한 뒤 고객이 매장에 들어오면 바로 음료를 받아갈 수 있는 사이렌 오더 서비스를 제공하고 있다. 고객이 매장에 들어오는 것을 자동적으로 알고, 음료를 만들어 제공할 수 있어 편리하고 신선한 음료 서비스가 가능하다.

7.4.3 O2O 플랫폼 서비스의 사례

[그림 7-5]에서 나타낸 바와 같이 O2O 서비스를 제공하는 모바일 앱 기반의

[그림 7-5] O2O 플랫폼 사업 모델

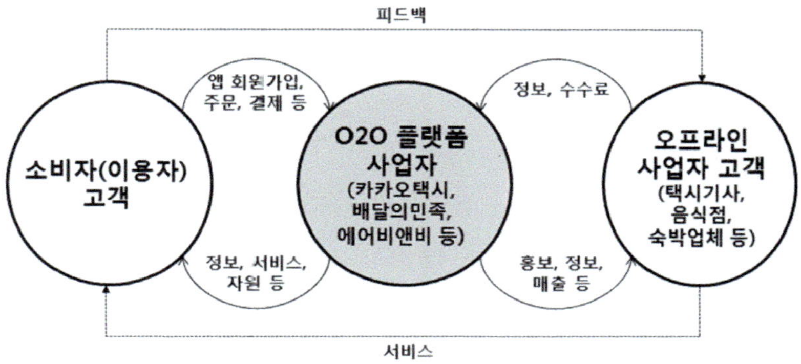

플랫폼 사업자는 스마트폰의 앱을 이용하여 소비자와 오프라인 업체를 연결함으로써 정보서비스는 앱을 통해 제공하고, 물리적 거래는 오프라인에서 이루어지도록 지원한다. 플랫폼 사업자 관점에서는 소비자 고객과 오프라인 업체라는 고객이 존재하기 때문에 양면시장(two-sided market)에서 서비스를 제공하고 있다.

- **카카오택시** : 온라인 플랫폼을 기반으로 하는 전형적인 양면시장에서 이루지는 스마트폰 앱을 이용하는 생활밀착형 서비스이다. 카카오택시 플랫폼에는 일반 승객고객과 택시기사 고객이 존재한다.
- **음식배달 서비스** : 배달의민족과 요기요 등은 스마트폰 앱을 이용하는 플랫폼에 일반 소비자 고객과 오프라인의 음식점 고객을 연결하는 서비스를 제공한다.
- **공유경제(sharing economy)** : 대표적인 공유경제 서비스를 제공하는 에어비앤비(AirBnB)와 우버(Uber)도 온라인 플랫폼을 통해 소비자 고객과 오프라인의 업체(판매자) 고객(우버의 경우는 차량 소유자 고객)을 연결하는 서비스를 제공한다.

연습문제 및 참고문헌

연습문제

1. m-커머스의 가치사슬에 대하여 설명하라.
2. 모바일 쇼핑과 금융의 사례를 조사 분석하라.
3. m-커머스의 특성에 대하여 설명하라.
4. 소셜미디어의 특성과 유형에 대하여 설명하라.
5. 소홍서의 사례를 들어 소셜 커머스에 대하여 설명하고, 소셜 커머스의 장단점을 설명하라.
6. O2O 커머스의 개념, 유형, 사례에 대하여 설명하라.
7. 다음에 대해 간략하게 설명하라.
   1) 콘텐트 신디케이트(content syndicate)
   2) 위치기반서비스(Location Based Service)
   3) 상황인지(context awareness) 서비스
   4) 비즈니스 생태계(business ecosystems)
   5) CPND
   6) 모바일 금융 사례
   7) f-커머스
   8) 크라우드 펀딩 또는 소셜 펀딩
   9) 소셜 큐레이션
   10) 구독 상거래와 구독경제
   11) 미디어 커머스와 라이브 커머스
   12) O2O 커머스
   13) BLE 비콘
   14) O2O 플랫폼 서비스 사례

참고문헌

주재훈, 후앙진, 커뮤니티 기반 소셜커머스의 신뢰와 고객 충성도의 결정요인: 샤오홍슈를 중심으로, 인터넷전자상거래연구, 2021, 제21권, 제1호, pp. 33–50.

황석원 · 장병열 · 김성원 · 정의영 · 이자영 · 고명주, 과학기술혁신기반 모바일생태계 발전 전략, 과학기술정책연구원, 2011.

한국인터넷진흥원, 2012 한국인터넷 백서, http://isis.kisa.or.kr/ebook/2012/WhitePaper/WhitePaper.html.

Galanxhi–Janaqi, H. and F.F. Nah, "U–Commerce : Emerging Trends and Research Issues," *Industrial Management & Data Systems*, Vol. 104, No. 9, 2004, pp. 744–755.

Junglas, I.A. and R.T. Watson, "U–Commerce : A Conceptual Extension of E–Commerce and M–Commerce," ICIS 2003.

Moore, J., "Predators and Prey : A New Ecology of Competition," *Harvard Business Review (June)*, 1993, pp. 75–86.

제 4 부

혁신 패러다임 : EC보안, 핀테크, 블록체인, 인증

혁신이란 체제의 균형점을 이동시키는 것이다.
혁신에 대한 필요의 출현과 그 필요를 충족할 수 있는 새로운 체계의 모색, 그리고 그 체계 속에서 각 부분 시스템 간의 새로운 균형점 형성이 과학기술의 진화과정이다.

– 윤석철, 《과학과 기술의 경영학》

제8장

안전한 전자시장의 구성방안: 전자상거래 보안 서비스

e-비즈니스와 전자상거래의 주 공간이 되는 인터넷은 안전한가? 기술적 시스템, 규범 · 신뢰 · 문화 등의 사회적 시스템, 법과 제도 등으로 가상사회의 안전성이 확보될 수 있다. 이 장에서는 기술 패러다임의 관점에서 안전한 전자시장을 구성하기 위한 방안으로 전자상거래 보안 서비스에 대하여 살펴보고자 한다. 오늘날 암호기술은 안전한 전자상거래를 가능하게 하는 기본이 되고 있다.

8.1 전자상거래 보안의 취약성과 필요성

생산자(판매자)와 소비자 모두에게 거래의 편리성을 제공하는 전자상거래에서는 거래비용이 감소되어 효율적 시장(efficient market)이 형성될 수 있다. 오랜 기간에 걸쳐 많은 경제학자들은 거래비용이 발생하지 않는 효율적 시장을 추구해왔다.

그러나 개방 · 분산형 네트워크(open and distributed network)인 인터넷에는 해커(hacker)의 공격, 자연 재앙, 인간의 실수, 하드웨어와 소프트웨어의 결함 등으로 인한 많은 보안상의 위협이 내재되어 있다. 전 세계의 불특정 다수가 참여하는 가상공간에서는 사기와 속임수가 발생할 가능성이 높다. 인간 및 소프트웨어에 의한 몇 가지 위협은 다음과 같다.

- **가로막기 :** 정상적인 정보흐름을 가로막아 이용하지 못하도록 한다.
- **가로채기 :** 승인되지 않은 사람(프로그램 또는 컴퓨터)이 시스템에 접근하여 정보를 도청하거나 가로챈다. 기밀을 요하는 정보를 전달할 때는 누구나 다른 사람이 도청하지 않는가를 염려한다.

[그림 8-1] 전자상거래 보안의 취약성

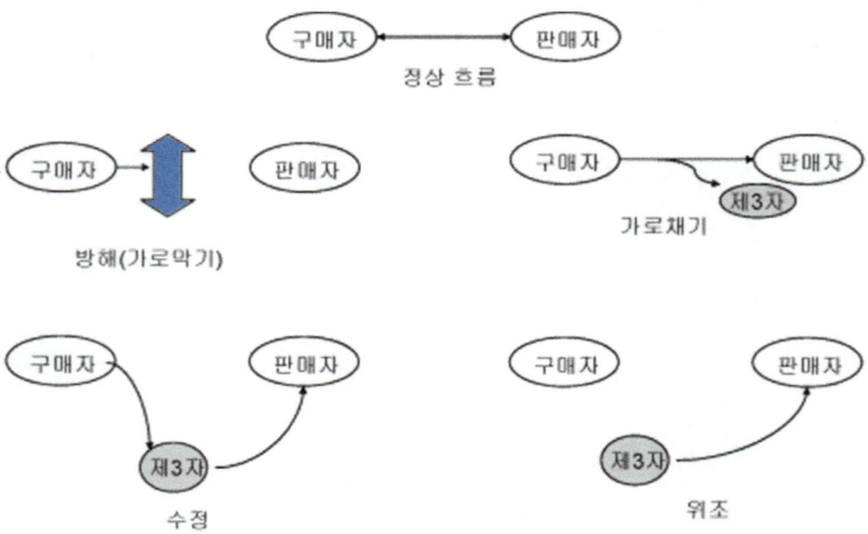

- **수정(변조)** : 타인이 인터넷으로 전송되는 자료를 수정 · 변경한다. 송신자는 중간에서 누군가가 메시지를 수정 또는 변경하여 수신자에게 전달하지 않는가를 염려한다.
- **위조** : 승인되지 않은 사람이 시스템에 위조 프로그램을 삽입한다. 수신자는 과연 수신한 메시지가 정당한 발신자로부터 온 것인지를 확인할 수 있기를 바란다.

해커의 공격

해킹(hacking)이란 승인없이 컴퓨터 시스템에 접근하여, 이를 사용하거나 이익을 취하는 것을 의미한다. 불법적인 해커는 승인없이 시스템에 접근하여 자료나 프로그램을 훔치거나 손상을 가하기도 한다. 초기에 해커(hacker)는 컴퓨터에 대한 전문지식을 갖고 컴퓨터 관련 일을 척척 잘 해내는 사람의 의미로 사용되었다. 반면에 크래커(cracker)는 컴퓨터와 통신 관련 지식을 갖고 네트워크에 침입하여 불법적으로 다른 시스템을 파괴하는 사람을 일컫는다. 오늘날 해커는 크래커의 의미를 내포한 개념으로 사용되고 있다.

인터넷에서의 대표적인 해킹으로는 스니핑(sniffing)과 스푸핑(spoofing)을 들 수 있다. 스니핑이란 네트워크상의 컴퓨터간에 전송되고 있는 정보(패킷)를 엿보는 프로그램(패킷 흐름을 읽는 packet sniffers 프로그램)을 통해 타인의 비밀번호와 신용카드 번호 등을 알아내는 것이다. 한편 IP 스푸핑이란 IP 주소를 사칭하는 것이다. 예를 들면 A와 B 호스트가 서로 신뢰하고 있을 때, 해커의 IP 주소를 B라는 호스트로 바꾸어 A에 접근하는 것이다.

인사이트 해킹 관련 용어

용어	설명
바이러스 (virus)	컴퓨터 프로그램이나 메모리에 자신 또는 자신의 변형을 복사해 넣는 악의적인 명령어를 조합하여 불특정 다수에게 주기 위한 목적으로 작성된 프로그램 또는 실행 코드
악성봇 (bot)	운영체제 취약점, 비밀번호의 취약성, 웜바이러스의 백도어(back door : 비정상적인 방법으로 접근허가를 받기 위한 프로그램) 등을 이용하여 전파되며, 해킹 명령전달 사이트와의 백도어 연결 등을 통하여 스팸메일 전송이나 DDoS(distributed denial of service : 분산서비스거부) 공격에 악용이 가능한 프로그램 또는 실행코드
스팸릴레이 (spam relay)	스팸 메일 발신자추적을 어렵게 하기 위하여 타 시스템을 스팸메일 발송에 악용하는 것

스파이웨어 (spyware)	컴퓨터 이용자 모르게 또는 동의 없이 설치되어 컴퓨터 사용에 불편을 끼치거나 정보를 가로채가는 악성 프로그램
웜 (worm)	독립적으로 자기복제를 실행하여 번식하는 빠른 전파력을 가진 프로그램 또는 실행코드
침해사고	해킹, 컴퓨터 바이러스, 논리/메일폭탄, 서비스 거부 또는 고출력 전자기파 등을 사용하여 컴퓨터 시스템이나 인터넷을 공격하는 행위로 인하여 발생하는 사고
트로이잔 (trojan)	자기복제능력은 없으나 정상기능의 프로그램으로 가장하여 프로그램 내에 숨어있는 코드 조각으로 의도하지 않는 기능을 수행하는 프로그램 또는 실행 코드
피싱 (phishing)	정상적인 웹서버를 해킹하여 위장 사이트를 개설한 후, 인터넷 이용자들의 금융정보 등을 빼내는 사기수법으로 bank fraud, scam이라고도 함
랜섬웨어 (ransomware)	몸값(Ransom)과 소프트웨어(Software)의 합성어로 시스템을 잠그거나 데이터를 암호화해 사용할 수 없도록 하고, 이를 인질로 금전을 요구하는 악성 프로그램을 말하며 신뢰할 수 없는 사이트, 스팸메일, 파일공유 사이트를 통해 유포됨

(출처 : 한국정보보호진흥원 보호나라, www.boho.or.kr)

전자상거래에서 보안의 필요성

홍길동이라는 소비자가 갑상사의 쇼핑몰에 접속하여 비디오 제품을 구매하려 한다고 하자. 전 세계의 불특정 다수를 대상으로 하는 전자상거래에서는 소비자와 판매자가 서로를 알 수 없고 대면관계에서 상거래를 하는 것도 아니다. 그러므로 구매자인 홍길동은 판매자인 갑상사가 적법한 판매자인지를 확인할 수 있기를 바라며, 구매주문서 · 신용카드 번호 등 갑상사에 송신하는 메시지를 타인이 훔쳐보거나 가로채지 못하기를 바란다. 또한 갑상사로부터 온 메시지가 정말로 갑상사로부터 왔는지를 확인할 수 있기를 바라며, 대금지불에 대한 영수증을 필요로 하고, 거래 결과가 잘못되었을 때 이를 사실대로 입증할 수 있기를 바란다. 한편, 판매자인 갑상사의 입장에서도 구매자인 홍길동과 마찬가지로 적절한 보안 서비스가 이루어지길 바란다. 이러한 판매자와 구매자의 관계를 메시지의 송수신 관점에서 살펴보면 〈표 8-1〉과 같다.

표 8-1 전자상거래에서 보안의 필요성

구매자인 홍길동이 판매자인 갑상사에 거래 메시지를 송신할 때	보안 서비스
① 수신자인 갑상사만이 메시지를 받을까? 혹시 기밀을 요하는 신용카드 번호와 같은 구매관련 정보를 다른 사람이 보지 않을까?	메시지 기밀성
② 구매자인 나의 메시지가 변경되지 않고 갑상사에 전달될까?	메시지 무결성
③ 수신자인 갑상사가 남의 메시지를 구매자인 나의 메시지로 오인하여 받지 않을까?	송신자 신원확인
④ 판매자인 갑상사가 거래사실을 부인하지 않을까? 대금을 지불했는데 주문한 제품을 인도하지 않는 것은 아닐까?	부인방지
판매자인 갑상사에서 송신자인 홍길동으로부터 메시지를 수신할 때	**보안 서비스**
① 이 메시지를 과연 정당한 구매자인 홍길동이 보낸 것인가?	구매자 확인
② 홍길동이 보낸 메시지 내용에 이상이 없는가?	메시지 무결성
③ 혹시 타인이 이 메시지를 보지 않았는가?	메시지 기밀성
④ 구매 메시지를 발신한 홍길동이 나중에 거래사실을 부인하지 않을까? 대금을 지불하지 않는 것은 아닐까?	부인방지

[그림 8-2] KISA 홈페이지(www.kisa.or.kr)

※ 한국인터넷진흥원(KISA)에서는 인터넷침해대응센터를 통해 인터넷 침해사고에 대한 대응방안, 최근 알려진 각종 버그, 인터넷 보안계의 향방과 흐름을 파악할 수 있는 정보를 제공하고 있다.

[그림 8-3] 보호나라의 홈페이지(www.boho.or.kr)

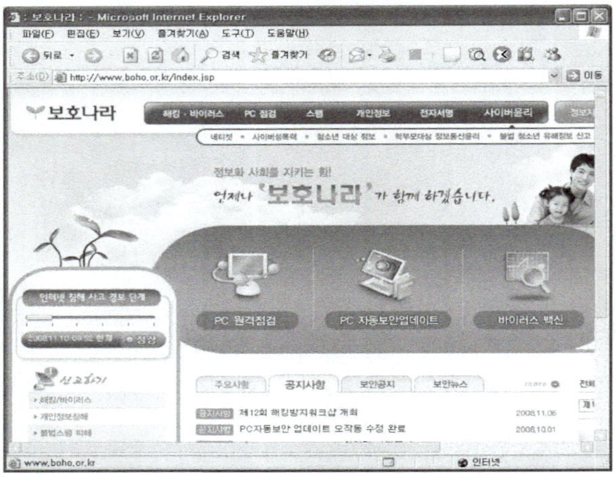

※ PC 원격점검, PC 자동보안업데이트, 바이러스 백신 서비스 등과 더불어 해킹과 바이러스 등 각종 정보보호 서비스와 정보를 얻을 수 있다.

보안기술

인터넷에는 불특정 다수가 접근하기 때문에 다양한 보안장치가 마련되어야 안전하게 비즈니스가 이루어질 수 있다. 기업에서는 기업외부 침입자들로부터 기밀을 요하는 정보를 보호하고, 기업내부에서도 권한이 없는 사람이 특정 정보에 접근할 수 없도록 해야 한다. 특히 전자상거래에서 판매자는 소비자의 주문 및 재무정보를 보호할 수 있어야 한다. 〈표 8-2〉에서 나타낸 바와 같이 인터넷에는 보안장치를 마련하기 위해 다양한 보안기술이 적용되고 있다.

표 8-2 보안기술

보안 기술	설 명
인증기술	인터넷에서 거래당사자 간의 신원을 확인하고 제3자에 의한 메시지 변경을 방지하며, 거래사실을 부인할 수 없도록 해 주는 전자서명 기술 및 인증서비스 기술
암호기술	거래당사자 간의 거래내용의 누설을 방지해 주고 프라이버시를 보호하는 기술
접근제어기술	권한이 없는 사람이나 시스템이 서버에 접근하지 못하도록 통제하는 기술
침입차단 시스템 (Firewall)	외부망에서 해커 등 비인가자가 내부망으로 침입하는 것을 차단하는 시스템

보안 기술	설 명
침입탐지 시스템 (Intrusion Detection System : IDS)	실시간으로 네트워크 또는 컴퓨터 시스템에서 내외부 사용자에 의한 불법 행위를 탐지하는 시스템
바이러스 백신	컴퓨터 바이러스 등 시스템 유해요소 침입차단 및 손상된 시스템의 복구
취약성 분석 (Vulnerability Check)	시스템에서 생길 수 있는 모든 취약점에 대한 조사, 즉 파일 시스템, 패스워드, 네트워크 등에 대한 취약점을 분석하여 차단하는 기술
가상사설망 (Virtual Private Network : VPN)	인터넷에서 지점간 안전한 터널링을 설정하여 전용회선을 사용하는 것처럼 실질적인 사설망 기능을 제공해주는 것

8.2 전자상거래 보안을 위한 암호방식

8.2.1 암호방식

인터넷에서 보안을 유지하기 위한 한 가지 방안으로 암호방식이 적용되고 있다. 암호방식으로는 대칭키 또는 비밀키 암호방식(symmetric or secret key cryptography)과 공개키 암호방식(public key cryptography)이 있다. 전자상거래 지불 시스템에서는 이 둘의 장·단점을 결합한 복합암호방식이 많이 이용되고 있다.

- 비밀정보를 전달하고자 하는 송신자는 평문을 작성하여 암호 알고리즘과 암호키로 암호문을 생성한다.
- 암호문을 받은 수신자는 복호 알고리즘과 복호키로 평문을 생성한다.
- 암호키나 복호키를 알고 있는 송수신자는 프로그램을 이용하여 자동적으로 평문을 암호문으로 또는 암호문을 평문으로 변환할 수 있다.
- 평문(plaintext or cleartext)이란 한글이나 영어로 된 문장과 같이 일반인이 이해할 수 있는 문장이다.
- 암호문(ciphertext or cryptogram)이란 알 수 없는 기호로 뒤범벅이 되도록 작성되어 있어, 그 뜻이 무엇인지 이해할 수 없는 문장이다.
- 평문에서 암호문으로 변환하는 과정을 암호화(encrypt, encode or en-cipher)라 하고, 암호문을 합법적으로 풀어서 평문으로 만드는 과정을 복호화(decrypt, decode or decipher)라 한다.

비밀키 암호방식

전통적인 비밀키 암호 시스템에서는 송수신자 모두 같은 비밀키를 알고 있어서 송신자가 비밀키(secret key or symmetric key)를 사용하여 메시지를 암호화하고, 수신자는 같은 비밀키를 사용하여 메시지를 복호화한다. 그러므로 암호 알고리즘이 공개되어도 비밀키를 제3자가 추측하여 생성하기가 어렵기 때문에 송수신자는 안전하게 메시지를 교환할 수 있다.

비밀키 암호방식의 장점은 처리속도가 빠르다는 것이다. 그러나 이 암호방식의 단점은 키 공유 및 관리문제에 있다. 송수신자가 지리적으로 멀리 떨어진 곳에 있다면, 메시지를 전달하는 사람이나 전화 시스템 또는 기타 전송 시스템에서 통신 중에 비밀키가 드러나지 않는다는 것이 보증될 수 있어야 한다. 누군가가 엿듣거나 전송 중에 있는 키를 가로채는 경우, 그는 그 키를 사용하여 암호 메시지를 판독할 수 있기 때문이다. 따라서 비밀키 암호방식에서는 키를 산출하여 전송하고 저장하기 위한 키 관리문제가 쉽지 않다.

한 네트워크에서 가입자가 n명일 때 가입자가 상호 교환해야 하는 비밀키의 수는 ${}_nC_2=n(n-1)/2$이다. 따라서 네트워크 가입자의 수가 증가함에 따라 키의 수가 급증하여 적절한 키 분배가 중요한 문제가 된다. 특히, 불특정 다수를 대상으로 하는 인터넷에서 이 암호방식을 이용하여 메시지의 기밀성을 유지하기란 어렵다. 예를 들면 사전에 서로 알지 못하는 구매자와 판매자가 비밀키를 상호 공유할 수 있는 방안을 마련하기란 현실적으로 불가능하다.

비밀키 암호 알고리즘의 예는 다음과 같다.

- **DES(Data Encryption Standards)** : 1970년대 IBM에서 개발한 DES는 미 정부표준으로 채택되었다. 이는 전 세계적으로 가장 많이 사용되나 키의 크기가 작다는 단점이 있다.
- **3DES(Triple DES)** : 이는 DES보다 3배나 길어 깨기 힘든 키를 사용하고 있다.
- **SEED** : 128비트 표준 암호 알고리즘인 SEED는 한국정부차원에서 개발한 민간분야의 표준 알고리즘이다. 민간분야의 정보보호, 전자상거래 활성화 촉진 및 국내 암호산업 육성 등 다목적으로 개발되었다. 1999년 9월 한국정보통신기술협회(TTA)의 제안으로 단체표준으로 제정 완료되었다.
- **AES(Advanced Encryption Standard)** : 기존의 미국 표준암호방식인 DES를 대치하기 위한 128비트 대칭키 암호 알고리즘을 마련하기 위한 계획으로 발

표되었다.

- **FEAL(Fast Data Encryption Algorithm)** : 이는 1987년 일본 NTT에서 고속을 요하는 소프트웨어를 빨리 작동할 수 있도록 개발한 비밀키 암호 알고리즘이다.
- **IDEA(International Data Encryption Algorithm)** : 1990년대 스위스에서 개발한 IDEA는 스위스의 ASCCN Tech AG로부터 허가를 얻어 여러 국가 및 기업에서 사용되고 있다. PGP에서는 메시지 암호화에 이 알고리즘을 사용하고 있다.
- **RC2와 RC4** : 이는 RSA 데이터 시큐리티사에서 개발한 비밀키 암호 알고리즘으로 DES보다 처리속도가 빠르고, 긴 키가 사용된다.
- **스킵잭(Skipjack)** : 이는 1993년 미국 국립보안국(National Security Agency : NSA)에서 클리퍼(Clipper)라는 컴퓨터 칩용으로 개발한 비밀키 암호 알고리즘이다.

[그림 8-4]는 비밀키 암호방식의 암호화 및 복호화 과정을 나타내고 있다. 송신자는 메시지를 작성하고 수신자와 공유하고 있는 비밀키(대칭키)로 암호알고리즘을 사용하여 메시지를 암호화하여 수신자에게 송신한다. 메시지를 암호화하는데 사용된 비밀키를 공유하고 있는 수신자는 암호 메시지를 복호화한다.

[그림 8-4] 비밀키 암호방식

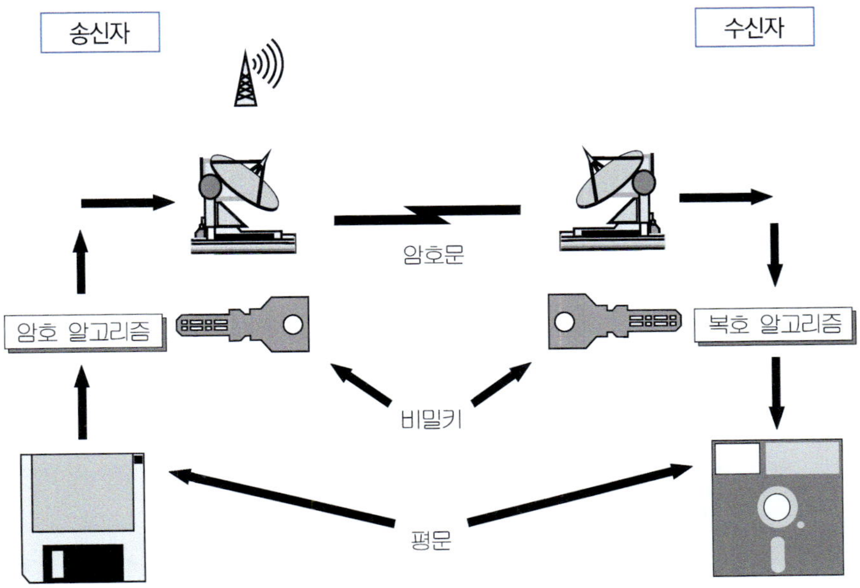

[그림 8-5] 키 분배 문제

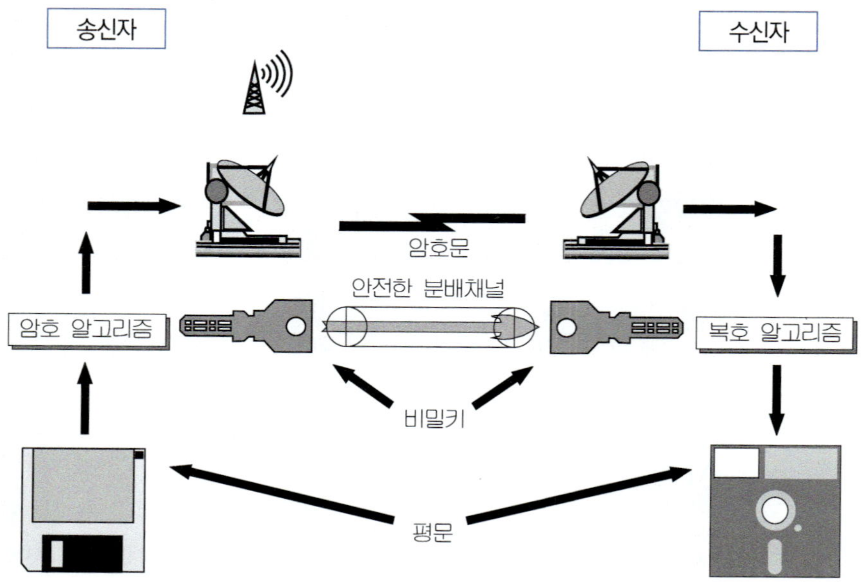

그러나 [그림 8-5]에서와 같이 비밀키 암호방식에서는 안전한 채널을 통해 비밀키를 어떻게 공유할 수 있는가 하는 키 분배문제가 발생한다.

공개키 암호방식

1976년 디피(W. Diffie)와 헬만(M. Hellman)은 키 관리문제를 해결할 수 있는 공개키 암호방식을 고안하였다. 이 방식에서는 공개키(public key)와 개인키(private key)라는 한 쌍의 키가 사용된다. 이 암호방식에서는 공개키를 공개하여 많은 사람들이 알 수 있도록 하나, 개인키는 본인만이 알고 다른 사람은 알 수 없도록 비밀로 유지되어야 한다. 이는 이메일에서 ID에 해당하는 이메일 주소는 공개하지만 메일 서버에 접속하기 위한 비밀번호는 다른 사람들이 알 수 없게 하는 것과 유사하다.

따라서 이 암호방식에서는 송수신자가 개인키를 공유할 필요가 없다. 모든 통신에서 공개키만이 사용되고 개인키는 전송되거나 공유되지 않기 때문에 송수신자는 개인키가 통신 채널상에서 도청되거나 폭로될 위험을 느끼지 않게 된다. 송신자는 수신자의 공개키만 알고도 메시지를 암호화하여 송신할 수 있고, 수신자는 자신의 개인키를 사용하여 자신에게 온 암호 메시지를 판독할 수 있다. 가입자가 n명인 네트워크에서 필요한 키의 수는 2n개이고, 실제로 비밀리에 보관해야 할 키의 수는 가입자의 수와 같은 n개이다.

예를 들어 홍길동이 갑상사에 기밀을 요하는 신용카드 번호가 들어 있는 메시지를 전송한다고 하자. 그리고 홍길동과 갑상사는 전자인증서나 디렉토리 검색, 신문 등을 통해 상호 공개키를 알고 있다고 가정하자. 홍길동은 신용카드 번호가 들어 있는 메시지를 작성하고 갑상사의 공개키로 암호화한 메시지를 갑상사에 보낸다. 갑상사는 자신의 개인키로 수신한 암호 메시지를 복호화한다. 이때 전송 중에 있는 메시지를 누군가가 가로채어 봐도 암호 메시지를 이해할 수 없기 때문에 메시지의 기밀성은 보증된다.

또 누구나 갑상사에 암호 메시지를 보낼 수 있지만 갑상사만이 그 메시지를 이해할 수 있다. 이 암호방식에서는 공개키와 개인키 간에 특수한 수학적 관계가 성립한다. 어느 누구도 한 쌍의 키 간의 관계, 즉 공개키로부터 그에 상응하는 개인키를 추측해내는 방법을 알지 못하면 이 암호방식은 안전하다. 그리고 현재까지는 공개키로부터 개인키를 유추해내는 것이 불가능한 것으로 알려져 있다.

또한 이 암호방식에서는 전자서명(digital signature) 기능을 제공해 준다. 따라서 이 암호방식을 이용한 시스템에서는 다음에서 설명할 메시지의 기밀성, 상대의 신원확인, 메시지의 무결성, 거래사실 부인방지 서비스가 가능하다. 그러나 공개키 암호방식에는 비밀키 암호방식에 비하여 평문을 암호화하고, 암호문을 평문으로 변환하는 데 소요되는 시간이 길다는 단점이 있다.

[그림 8-6]은 공개키 암호방식을 나타내고 있다. 먼저 송신자는 수신자의 공개키를 알고 있다고 하자. 송신자는 메시지를 작성하고 수신자의 공개키로 메시지를 암호화하여 수신자에게 전송한다. 수신자는 복호 알고리즘과 자신의 개인키로 메시지를 복호화한다. 어떤 공개키로 암호화된 메시지는 그에 상응하는 개인키로만 복호화할 수 있다.

대표적인 공개키 암호 알고리즘으로는 RSA(Rivest, Shamir, Adleman)를 들 수 있다. 이는 1977년 리베스트(R. Rivest), 샤미르(A. Shamir), 에이들만(L. Adleman)이 개발한 암호화 및 인증을 위한 공개키 암호 알고리즘이다.

[그림 8-6] 공개키 암호방식

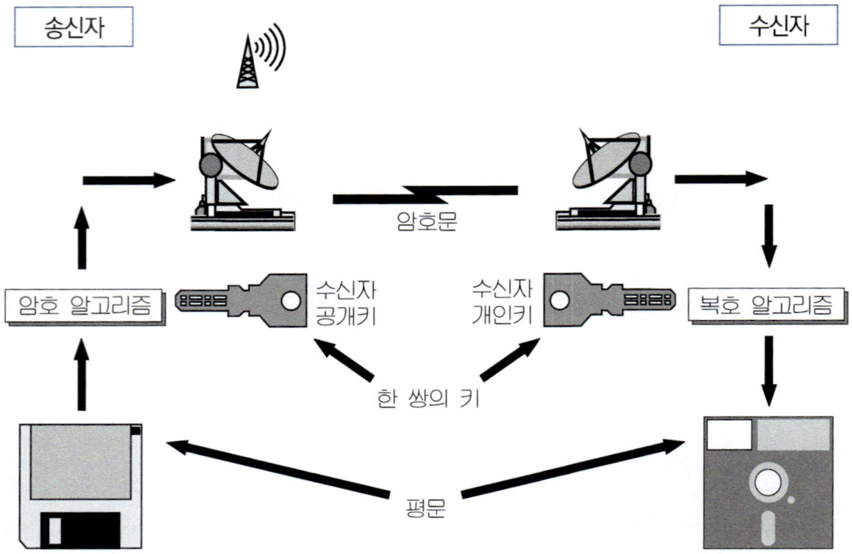

1985년 코브리츠(K. Koblitz)와 밀러(V. Miller)가 제안한 ECC(Elliptic Curve Cryptography : 타원곡선암호방식)는 타원곡선구조를 이용해 RSA 방식보다 비트당 높은 암호학적 강도를 제공한다. 예를 들어, RSA에서 1024비트의 키 길이를 갖는 시스템의 보안성은 ECC에서 약 160비트 키 길이를 갖는 경우와 유사하다. 비트코인과 이더리움에서는 ECC를 이용하고 있다.

복합암호방식

비밀키 암호방식은 공개키 암호방식에 비하여 암호화하고 복호화하는 속도가 빠르다. 그러나 비밀키 암호방식에서는 키를 어떻게 안전하게 분배할 것인가가 중요한 문제이다. 예를 들면 DES 방식의 결점은 키 관리와 그에 따른 운영규칙의 복잡함에 있다. RSA 방식의 결점은 처리시간이 길다는 것이다. 대개 같은 정보량의 정보문을 암호처리하는 경우 DES 방식보다 몇 배에서 몇십 배의 계산시간이 소요된다.

이때 처리시간은 RSA 방식에서 이용되는 암호키의 길이에 따라 다르다. 따라서 이들 양자의 장점, 즉 DES(비밀키 암호 시스템) 방식의 처리시간 단축과 RSA(공개키 암호 시스템) 방식의 키 관리를 결합한 방식이 널리 이용되고 있다. 이렇게 두 암호방식의 장점을 이용한 것이 복합 암호방식(hybrid schemes)이다. 그 대표적인 예로는 인터넷에서의 전자우편 암호화 표준인 PEM(Privacy Enhanced Mail)과 PGP(Pretty Good Privacy)를 들 수 있다.

표 8-3 전자봉투

송 신 자	수 신 자
메시지를 암호화하는 데 사용된 임의의 비밀키(대칭키)를 수신자의 공개키로 암호화한다.	수신자는 자신의 개인키로 암호화된 임의의 비밀키(대칭키)를 복호화한다.

PEM에서는 메시지를 DES의 비밀키(또는 대칭키)로 암호화하고, 다시 이 비밀키를 RSA 방식으로 암호화하여 암호 메시지와 함께 송신한다. PGP에서는 메시지를 암호화하는 데는 IDEA 방식을, 비밀키를 전송하는 데는 RSA 방식을 사용하고 있다.

예를 들어 송신자인 홍길동이 사전에 알지 못하고 비밀키도 공유하고 있지 않은 수신자 갑상사에 암호 메시지를 전송한다고 하자. 이때 홍길동은 메시지를 작성하고, 무작위로 임의의 비밀키(random secret key) 또는 대칭키를 생성하여 이 비밀키로 메시지를 암호화한다.

그런 다음 그는 메시지를 암호화하는 데 사용한 비밀키(또는 대칭키)를 갑상사의 공개키로 암호화하여 메시지와 함께 갑상사에 보낸다. 그러면 수신자인 갑상사는 먼저 자신의 개인키로 메시지를 암호화하는 데 사용된 암호화된 비밀키(대칭키)를 복호화한다. 그런 다음 갑상사는 복호화한 비밀키로 이번에는 메시지를 복호화한다.

이렇게 메시지 암호화에 사용된 대칭키를 수신자 공개키로 암호화한 것을 전자봉투라 한다. 다시 말해 전자봉투란 복합암호방식에서 메시지의 암호화 및 복호화에 사용되는 임의의 비밀키를 안전하게 전송하는 방법이다.

[그림 8-7]에서는 복합암호방식의 예를 보여주고 있다.

[그림 8-7] 복합 암호방식

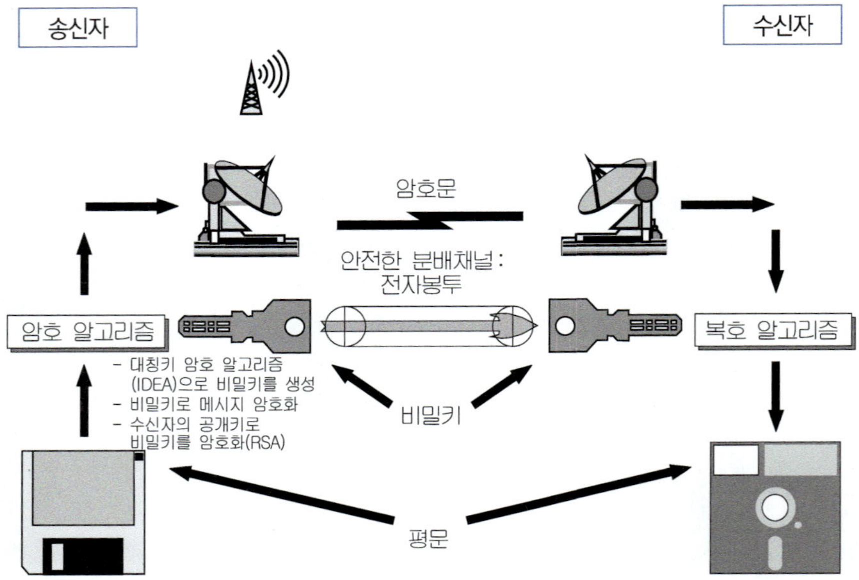

8.2.2 암호방식을 적용한 전자상거래 보안 서비스

전자상거래가 촉진되기 위해서는 거래상의 보안이 유지되어야 한다. 예를 들면 거래당사자들은 거래상의 비밀이 보증되고, 사기 또는 부정 거래로 인한 부당한 교섭이 이루어지지 않기를 바란다. 또한 소비자, 판매자, 은행에서는 각자 상대의 신원을 파악할 수 있기를 바란다. 다시 말해 소비자는 판매자로부터 대금지불 영수증을 받기를 원하고, 판매자는 소비자가 구매제품에 대한 대금을 지불한다는 보증을 받기를 원한다. 또 은행에서는 감사가 가능한 거래상의 기록을 유지할 수 있기를 바란다.

따라서 공개키 암호방식에서는 전자상거래에 필요한 다음과 같은 보안 서비스를 제공할 수 있다.

- 기밀성
- 인증성
- 무결성
- 부인방지

기밀성

기밀성(confidentiality or privacy)이란 거래당사자 외의 다른 사람이 비밀 메시지를 알아볼 수 없도록 하는 것, 즉 도청을 방지하는 것이다(thwarting eavesdroppers). 예를 들면 전자상거래에서 카드번호나 계좌번호 등은 노출되어서는 안된다. 구매자의 브라우저와 웹서버 간에 교환되는 비밀 메시지를 암호화하여 전송함으로써 PC 또는 서버에서 전송하는 메시지를 중간에서 누군가가 침입하여 훔쳐볼 수 없도록 할 때, 기밀성이 유지된다. 이를 위해 공개키 암호방식에서는 구매자가 수신자인 판매자의 공개키로 구매주문서를 암호화하여 송신하고, 수신자는 메시지를 암호화하는 데 사용한 공개키에 상응하는 수신자의 개인키로 암호 메시지를 복호화한다.

인증성

인증성(authentication)이란 거래당사자가 상호 상대를 확인할 수 있는 것을 의미한다. 이는 사용자의 신원을 확인하는 과정 또는 메시지를 작성한 사람의 신원과 그 메시지의 무결성을 확인하는 과정이다. 달리 설명하자면, 인증성이란 사칭하는 것을 방지하는 것이다(thwarting impostors).

오늘날 전자상거래에서는 상대의 신원을 확인하고 메시지의 무결성을 유지하고, 거래사실을 부인하지 못하도록 하기 위해서 전자서명이 사용되고 있다. 현실의 거래에서도 종이문서에 찍힌 인감도장이나 서명만으로 거래상대가 믿을 수 있는 사람이라는 것을 안전하게 파악할 수 없는 것과 마찬가지로 전자문서의 전자서명만으로 거래상대를 안전히 인증할 수는 없다. 따라서 인증성의 문제를 폭넓게 이해하기 위해서는 11장의 인증기관과 전자인증서에 대해 이해할 필요가 있다. 그러나 여기서는 전자서명을 통한 인증성에 대하여 살펴보기로 한다.

전자상거래에서 메시지의 수신자는 그 메시지가 송신자를 사칭하는 사람이 아닌 실제 송신자로부터 그 메시지가 송신되었다는 것, 즉 상대를 확인할 수 있어야 한다. 예를 들면 판매자인 갑상사로부터 메시지를 받은 구매자인 홍길동은 갑상사를 사칭하는 사람이 아닌 정당한 판매자 갑상사로부터 그 메시지가 송신되었다는 것을 확인할 수 있어야 한다. 또한 갑상사는 홍길동으로부터 구매주문을 받았을 때, 이 주문서가 해커가 아닌 정당한 구매자인 홍길동으로부터 온 주문이라는 것을 확인할 수 있어야 한다.

공개키 암호방식에서는 전자서명을 통해 상대를 인증할 수 있다. 예를 들어 판매자인 갑상사가 구매자인 홍길동으로부터 구매주문을 비롯한 신용카드 번호를 받았다면, 갑상사는 그 문서에 첨부된 홍길동의 전자서명을 확인하여 그 문서가 다른 사람이 아닌 홍길동이 보낸 문서라는 것을 확인하게 된다. 전자서명에 대해서는 다음에 자세히 설명하기로 한다.

무결성

메시지의 무결성(integrity of messages)이란 메시지의 내용이 전송 중에 수정되지 않고 전달되는 것을 의미한다. 송신자의 메시지가 수정, 변조, 파괴되지 않고(thwarting vandals) 수신자에게 전달될 수 있을 때 메시지의 무결성은 보증된다. 예를 들면 판매자인 갑상사는 구매자인 홍길동으로부터 받은 구매주문서가 누군가에 의해 변조되지 않은 상태로 수신되었다는 것을 확인할 수 있어야 한다. 이를 위해 공개키 암호방식에서는 전자서명(해싱)을 통해 메시지의 무결성을 보증하고 있다.

부인방지

부인방지(non-repudiation)란 거래상대가 거래사실을 번복하거나 부인하지 못하도록 하는 것이다. 전자상거래에서 판매자인 갑상사는 홍길동이 특정 품목을 실제로 주문했다는 것을 입증할 수 있어야 한다. 한편 구매한 품목과는 다른 제품이 인도되거나 대금은 지불했는데도 물품을 인도받지 못하는 경우, 구매자인 홍길동은 구입상품에 대한 인도를 보증받을 수 있고 대금지불사실을 입증할 수 있어야 한다.

공개키 암호방식을 이용하는 경우, 판매자는 구매자가 구매주문서에 서명한 전자서명을 통해 구매자의 구매주문 사실을 입증할 수 있고, 구매자는 지불영수증에 있는 판매자의 전자서명을 통해 구매품목의 인도를 보증받을 수 있다.

전자서명

업무의 안전성을 보증하기 위해 종이 문서에 서명을 하듯이 전자문서에 전자적 방식으로 서명한 것을 전자서명(digital signature)이라 한다. 정확히 말하자면 전자서명이란 송신자가 자신의 개인키(전자서명생성키)로 암호화한 메시지 다이제스트(message digest)이다. 메시지 다이제스트란 서로 다른 메시지에서 같은 다이제스트가 산출될 수 없도록 메시지의 텍스트에서 산출된 간단한 문자열이다. 즉, 어떤 메시지(또는 문서나 문장)에서는 단 하나의 메시지 다이제스트가 산출되고, 서로 다른 문서에서 같은 메시지 다이제스트가 산출될 수 없다. 사람마다 지문이 다르듯이 서로 다른 메시지에 추출된 메시지 다이제스트도 서로 다르다. 메시지 다이제스트는 원문의 변조 여부를 확인할 수 있는 일종의 체크섬(checksum)이다.

문서에서 메시지 다이제스트를 산출하는 알고리즘을 해시 알고리즘(hash algorithm)이라 한다. 이 알고리즘에 사용되는 함수를 해시함수(hash function)라 하는데, 이는 일방향 함수이다. 이 해시함수는 어떤 메시지를 입력받아 고정된 길이의 고유한 문자열인 메시지 다이제스트를 산출한다. 이는 일방향 함수이기 때문에 메시지 다이제스트로부터 원문의 메시지를 산출할 수는 없다.

- $f(M) = m$

  단, M : Message, m : message digest, f : 일방향 함수(function)

주어진 m에 대해서는 단 하나의 M이 존재하고, m으로부터 원래의 M을 산출할 수 없다.

해시 알고리즘으로는 MD4, MD5, SHA(Secure Hash Algorithm) 등이 있다. 이들 알고리즘은 공개되어 있다.

- **SHA**: 1993년에 미국 표준기술연구소(NIST)가 제안하여 인터넷에 공개되어 있다. 인터넷 뱅킹, 전자서명, 메시지 인증코드, 키교환 알고리즘, 키생성 알고리즘 등 다양한 분야의 보안 프로토콜에 사용되고 있으며, SHA-256은 전자화폐인 비트코인에서도 이용되고 있는 32비트 및 64비트 워드를 사용하는 해시 함수이다. 다음 사이트의 생성기를 활용해 보면 메시지에 따라 해시값이 서로 다른 것을 알 수 있다.

  http://www.convertstring.com/ko/Hash/SHA256

  http://passwordsgenerator.net/sha256-hash-generator
- **SHA-3**: NIST가 제안한 최신의 해시 알고리즘이다. 공개형 블록체인인 이더리움(Ethereum)에서는 SHA-3와 같은 KECCAK-256을 이용한다.

  http://emn178.github.io/online-tools/sha3_256.html

표 8-4 RSA(공개키 암호) 방식의 키 사용법

	송 신 자	수 신 자
메시지 암호화/복호화	수신자의 공개키 (메시지 암호화)	수신자의 개인키(메시지 복호화)
전자서명	송신자의 개인키 (전자서명생성키로 전자서명)	송신자의 공개키 (전자서명검증키로 전자서명 확인)

그러나 메시지 다이제스트를 산출하는 알고리즘이 잘 알려져 있기 때문에 누군가가 고의로 메시지를 변경하여 보내는 경우, 수신자는 메시지의 무결성을 확인할 수 없다. 예를 들면 홍길동이 갑상사에 메시지를 보내는 경우, 누군가가 전송 도중에 있는 그 메시지를 가로채어 메시지를 변경한 후, 새로운 메시지 다이제스트를 산출하여 변경된 메시지와 함께 갑상사로 보낼 수 있는 것이다. 그러나 송신자가 개인키로 메시지 다이제스트를 암호화하는 경우, 수신자는 메시지가 전송 도중에 변경되었는지를 확인할 수 있다. 왜냐하면 송신자의 개인키로 암호화된 메시지 다이제스트인 전자서명은 개인키(전자서명생성키)에 상응하는 공개키(전자서명검증키)만으로 복호화되기 때문이다. 따라서 전자서명으로 인해 송신자 외의 사람이 메시지를 변조하기란 어렵게 된다.

공개키 암호방식을 이용하여 구매자인 홍길동이 판매자인 갑상사에 메시지를 송신하는 경우를 통해 전자서명이 어떻게 이루어지고, 어떻게 수신자인 갑상사가 송신자를 인증하고 메시지의 무결성을 확인하는지를 살펴보자.

① 송신자인 홍길동은 메시지를 작성하고 해시 알고리즘(예 MD5)으로 메시지 다이제스트를 산출하고, 자신의 개인키(전자서명생성키)로 메시지 다이제스트를 암호화한 전자서명을 산출한다. 그리고 수신자인 갑상사의 공개키로 메시지 자체를 암호화한다.

② 홍길동은 암호 메시지와 전자서명을 갑상사로 보낸다.

③ 갑상사는 자신의 개인키로 메시지를 복호화하여, 해시 알고리즘(예 MD5)으로 메시지 다이제스트를 산출한다.

④ 갑상사는 홍길동의 공개키(전자서명검증키)로 전자서명을 확인하여, 그 메시지가 홍길동으로부터 온 것임을 확인한다(송신자 인증). 갑상사는 홍길동의 공개키로 전자서명을 복호화한 메시지 다이제스트를 산출하고, 복호화한 메시지에서 산출한 다이제스트와 비교한다.

⑤ 두 메시지 다이제스트가 일치하는 경우, 전송 중에 메시지가 변경되지 않았다. 그렇지 않은 경우, 전송 중에 메시지가 변경되었다.

송신자는 자신만이 아는 개인키로 전자서명을 하기 때문에 전자서명이 들어 있는 전자문서를 통한 거래사실을 부인할 수 없다. 어떤 의미에서 전자서명은 종이문서에 거래자가 인감을 찍거나 서명을 하는 경우보다 더 엄격하게 거래사실을 부인하지 못하도록 하는 효과를 갖는다.

복합암호방식을 이용한 PGP에서 메시지 기밀성을 비롯하여 수신자인 갑상사가 송신자인 홍길동을 인증하고, 메시지의 무결성을 확인하는 과정을 [그림 8-8]을 통해 살펴보기로 하자.

① 송신자인 홍길동은 메시지를 작성하고 해시 알고리즘(MD5)으로 메시지 다이제스트(체크섬)를 산출하여 자신의 개인키(전자서명생성키)로 암호화한 전자서명을 산출한다. 한편, 홍길동은 무작위로 임의의 비밀키(이 예에서는 PGP 프로그램으로 임의의 비밀키를 산출함)를 산출하여 그 비밀키로 메시지를 암호화한다. 또한 홍길동은 갑상사의 공개키로 임의의 비밀키를 암호화한다.

[그림 8-8] PGP에서의 전자서명

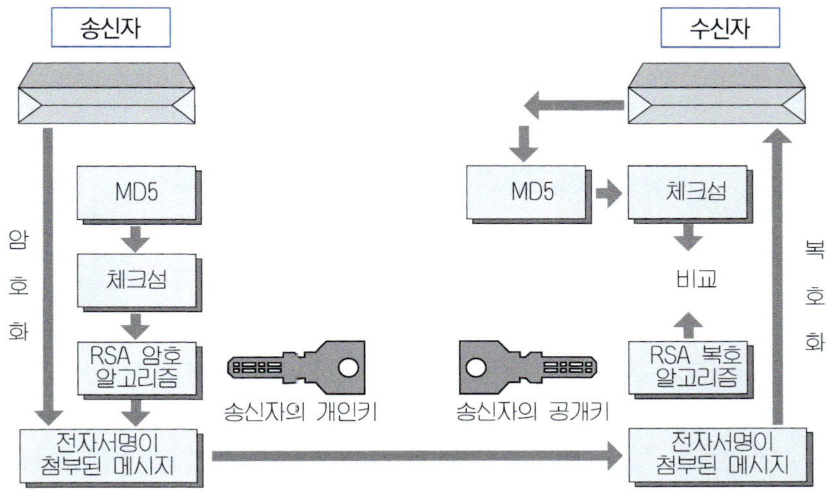

* 암호화 : 수신자의 공개키, 복호화 : 수신자의 개인키

** 전자서명 : 송신자의 개인키(전자서명생성키)
전자서명 확인 : 송신자의 공개키(전자서명검증키)

② 홍길동은 암호 메시지와 전자서명을 암호화된 임의의 비밀키와 함께 갑상사로 보낸다.

③ 갑상사는 먼저 자신의 개인키로 임의의 비밀키를 복호화한다. 이 임의의 비밀키로 암호 메시지를 복호화하고, 해시 알고리즘(MD5)으로 메시지 다이제스트(체크섬)를 산출한다.

④ 갑상사는 홍길동의 공개키(전자서명검증키)로 전자서명을 복호화하여 체크섬을 산출하고, 복호화한 메시지에서 구한 체크섬과 일치하는지를 비교한다. 두 체크섬이 일치하는 경우, 전송 중에 메시지가 변경되지 않았다.

인사이트 전자서명 생성과 검증과정

전자서명의 생성 과정은, 1) 전자문서에서 해시함수(해시 알고리즘)를 이용하여 메시지 다이제스트를 생성하고, 2) 전자문서를 작성한 본인의 개인키로 암호화한다. 전자서명의 검증 과정은, 1) 전자문서와 전자서명을 받은 수신자는 송신자의 공개키를 이용하여 전자서명을 복호화하고, 2) 전자문서에 해시함수를 적용하여 메시지 다이제스트를 생성한다, 3) 두 개의 메시지 다이제스트가 같은 경우에는 전자문서를 작성한 송신자 본인이 전자서명을 한 것이고 확인하게 된다.

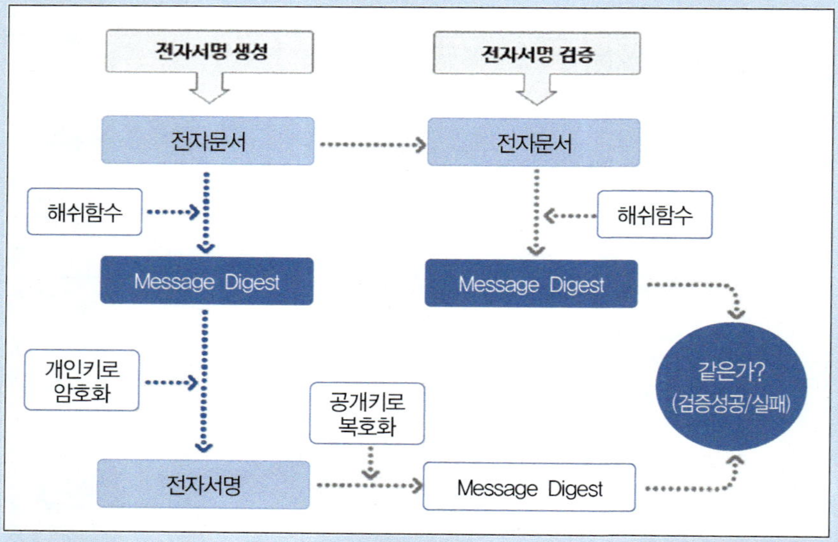

[그림 출처 : 금융결제원, https://www.yessign.or.kr/home/subIndex/395.do]

전자서명의 특징

전자서명은 종이 문서에의 서명(수기서명)과는 다른 다음의 특징을 지니고 있다.

- 각 전자서명은 유일하다. 전 세계인의 전자서명 중에서 같은 서명이 있을 확률은 대단히 낮다. 예를 들어 RSA 알고리즘에서는 1024비트의 개인키를 생성한다. 이는 크기가 512비트인 두 소수의 곱, 또는 2^{1024}이며 우주에 존재하는 원자수의 10228배이다. 1024비트로 구성된 대단히 큰 수를 소인수분해하여 두 개의 큰 소수를 찾아내기란 거의 불가능하다. 예를 들어 39를 소인수분해하여 3과 13이라는 두 개의 소수를 찾아내기란 쉽다. 그러나 몇 대의 슈퍼컴퓨터로 지구가 종말을 고할 때까지 계산을 하여도 1024비트 크기의 수를 소인수분해하기란 불가능한 것으로 알려져 있다. 그러므로 전자서명에 사용되는 개인키가 같을 확률은 대단히 낮기 때문에 전자서명이 같을 확률 역시 대단히 낮다.
- 전자서명은 전자문서 자체에 첨부되어 있고, 잘라내어 다른 문서에 붙여 넣을 수 없다.
- 수기서명은 시간에 따라 변화될 수 있다. 누구도 완전히 똑같은 서명을 두 번 할 수는 없다. 그러나 개인키가 같은 한 전자서명은 항상 불변이다.

비밀번호를 이용한 보안 서비스와 공개키 암호방식을 이용한 보안 서비스

은행에서는 현금카드나 신용카드로 자동입출금기(ATM)에서 현금을 인출하는 카드 사용자를 어떻게 인증할까. 카드 소유자만이 비밀번호(password)를 알고 있다. 카드 사용자는 ATM에 카드를 삽입하고 비밀번호를 입력한다. 입력한 비밀번호가 은행에 미리 등록된 비밀번호와 일치하는 경우, 사용자는 잔액 또는 신용한도 내에서 현금을 인출할 수 있다. 정당한 카드 사용자만이 비밀번호를 알고 있기 때문에 은행에서는 비밀번호를 통해 카드 사용자를 인증하게 된다.

또 이메일에서 타인이 자신의 이메일을 열어볼 수 없도록 어떻게 본인을 인증(확인)하는가? 이메일 사용자의 이메일 주소와 비밀번호를 입력하도록 하여 본인을 확인하고 있다.

위의 두 경우에서는 비밀번호를 통해 정당한 사용자를 인증하고, 불법적인 사용자(또는 해커)가 승인받지 않고 시스템에 접근하는 것을 방지하고 있다. 이와 같이 자료나 서비스에 불법적인 접근을 방지하는 것을 접근제어(access control)라 한다. 인터넷에서는 승인받지 않은 자가 서버에 접근하는 것을 방지하기 위해 대개 방화벽을 쌓게 된다. 또한 비밀번호를 이용하는 경우에도 인증, 접근통제, 부인방지 등의 보안 서비스는 어느 정도 이루어진다. 그러나 기밀성과 메시지의 무결성 등의 보안 서비스는 제공되지 않고 있다.

비밀번호는 대개 4자리에서 8자리 정도의 숫자나 문자로 구성되는 경우가 대부분이다. 따라서 비밀번호는 쉽게 추정되어 노출될 가능성이 높다. 더욱이 전화선이나 전용망(LAN 또는 VAN)을 통해 전송되는 정보를 그대로 알아낼 수 있는 프로그램을 설치한다면, 비밀번호의 노출 가능성은 더욱 높아진다. 또한 비밀번호를 호스트 컴퓨터에 등록하여 저장해 두는 경우, 내부자(은행직원, 통신 서비스 업체의 직원 등)가 범행을 결심한다면 이에 대처하기란 쉽지 않다.

그러나 공개키 암호방식에서는 [그림 8-9]와 같이 비밀번호를 이용하는 경우에 비해 안전한 보안 서비스를 제공하고 있다.

[그림 8-9] 보안 서비스와 공개키 암호방식

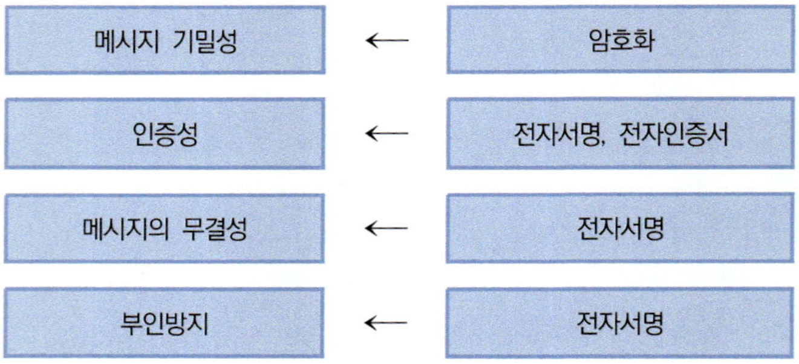

공개키와 개인키의 입력방안

공개키 암호방식에서 사용되는 공개키와 개인키는 그 공개성 관점에서 볼 때, 공개키는 사용자 ID와 유사하고, 개인키는 비밀번호와 유사하다. 그러나 공개키와 개인키는 단순히 몇 자리의 숫자나 문자가 아니라 수백 자리의 복잡한 문자와 숫자로 구성되어 있다. 따라서 비밀번호처럼 사용자가 개인키를 암기하여 사용할 때마다 이를 키보드로 입력하기란 어렵다.

타인의 공개키를 입력하는 한 가지 방안은 공개키 자체를 파일 형태로 송신자로부터 전송을 받거나, 공개키 목록을 제공하는 디렉토리를 검색하여 파일로 전송받아 자신의 컴퓨터나 보조기억장치에 저장해 두고 불러와서 사용한다. 또한 개인키를 입력하는 방안은 개인키가 저장된 스마트카드를 컴퓨터에 설치된 스마트카드 입력장치에 삽입하거나, 개인키를 컴퓨터에 저장해 두고 비밀번호를 입력하여 개인키가 입력되도록 하는 것 등이다.

8.3 전자상거래 보안 및 지불 프로토콜

암호방식을 이용하여 인터넷에서의 보안을 유지하기 위해 여러 종류의 프로토콜이 개발되었다. 여기서는 그 중 몇 가지의 프로토콜을 소개하고자 한다. 다음에서 소개하는 SHTTP와 SSL은 인터넷 보안 프로토콜이고, 그 외의 것은 지불 프로토콜이다.

8.3.1 SHTTP

SHTTP(Secure Hypertext Transfer Protocol)는 1994년 EIT(Enterprise Integration Technologies, http://www.eit.com/)에서 HTTP의 개선된 보안 버전으로 개발한 프로토콜이다. 이는 트랙잭션의 기밀성, 인증성, 무결성 등을 지원해 준다. 이는 응용계층에서의 메시지 암호화를 통해 안전한 트랙잭션을 보장해 주며, RSA 공개키 암호방식을 이용하여 서버와 클라이언트가 공유해야 할 정보를 암호화하여 전송하는데 이용된다.

8.3.2 SSL

SSL(Secure Sockets Layer)은 RSA 데이터 시큐리티사의 암호기술을 이용하여 넷스케이프 커뮤니케이션사에서 개발한 전송 수준 또는 세션 수준의 암호 프로토콜이다. SSL은 마치 봉인한 봉투에 암호화된 편지를 넣어 보내는 것과 같이, 메시지를 암호화하여 전송하는 안전한 채널 역할을 한다.

[그림 8-10]에서는 SSL, 인터넷, 응용 소프트웨어 간의 관계를 나타내고 있다. SSL은 인터넷 프로토콜의 전송계층과 응용계층 사이에 존재하는 프로토콜이다.

따라서 SSL은 TCP/IP에 의존적이지 않기 때문에 HTPP, FTP, Telnet과 같은 응용 프로토콜에서 작동된다. SSL에서는 다음과 같은 보안 기능을 제공한다.

[그림 8-10] SSL, 인터넷, 응용 소프트웨어 간의 관계

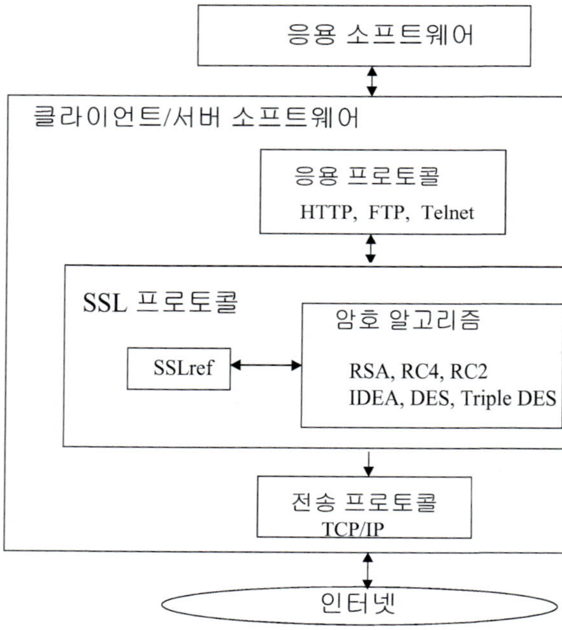

- **웹클라이언트와 웹서버 간 메시지 기밀성 및 무결성:** RSA의 공개키 암호 알고리즘은 물론이고 비밀키 암호 알고리즘으로 키의 크기가 128비트인 RC2 또는 RC4, DES, Triple DES, IDEA 중의 하나를 사용함
- **서버 인증성, 필요한 경우 클라이언트의 인증:** X.509 공개키 인증서를 사용함. 서버와 클라이언트가 통신할 때, 사용자 클라이언트(브라우저)가 서버를 인증할 수 있도록 하고, 서버는 클라이언트의 신원을 확인할 수 있음
- **웹서버와 웹클라이언트 간의 신뢰할 수 있는 통신**

[그림 8-11]에서는 국제표준화기구(ISO)에서 제안한 통신 아키텍쳐인 OSI (Open System Interconnection) 7계층의 참조모형과 SSL의 관계를 나타내고 있다. SSL은 ISO 참조모형의 표현계층에 있는 SSL 레코드 프로토콜(SSL Record Procotol : SSLRP)과 응용계층에 있는 SSL 핸드쉐이크 프로토콜(SSL Handshake

Procotol : SSLHP)로 구성되어 있다. SSL은 두 계층(ISO의 표현 계층과 응용 계층)을 대체하는 것이 아니라 추가기능을 수행한다. 또한 SSL은 상위 계층에 있는, 예를 들어 SHTTP와 같은 보안 프로토콜의 사용을 배제하지 않는다.

[그림 8-11] SSL과 ISO 참조 모형 간의 관계

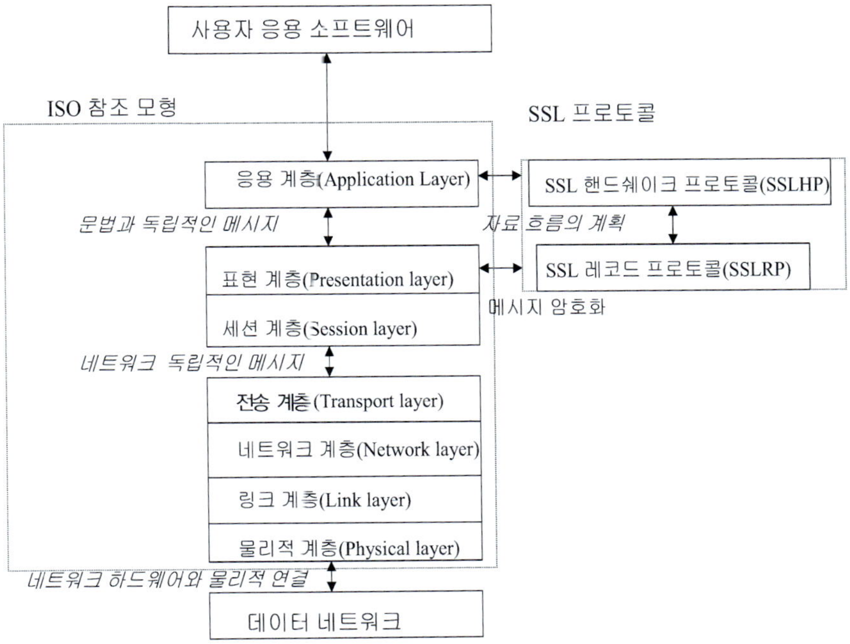

SSL 핸드쉐이크 프로토콜이란, 클라이언트와 서버가 통신할 때, 어떤 암호 알고리즘을 사용할 것인가를 협상하여 결정하고, 상호 인증하는 데 사용되는 프로토콜이다. SSL 레코드 프로토콜이란 데이터를 패킷화하여 압축하고 암호화하여 전송하며, 또한 암호화된 데이터를 수신하여 복호화하는 프로토콜이다.

따라서 핸드쉐이킹(handshaking) 동안이나 그 이후의 모든 메시지는 SSLRP 계층에서 전송된다.

시스템 개발자들이 쉽게 SSL을 이용할 수 있도록 만들어 둔 SSLRef(SSL Reference)가 있다. 개발자들은 SSLRef를 이용하여 비상업용의 SSL 호환응용 소프트웨어를 개발할 수 있다. 그러나 미정부에서는 SSLRef를 미국과 캐나다를 제외한 지역에 수출을 금지하고 있다. 호주의 엘릭 영(Elic A. Young)은 SSL 2.0 버전을 기반으로 SSLeay(에스-에스-엘-이-에이-와이라 발음함)을 개발하였다. 이라이브러리는 상업용이든 비상업용이든 누구나 무료로 사용할 수 있다(www.openssl.org). 단지 비밀키 암호 알고리즘인 RC2가 공개되어 있지 않기 때문에 SSLeay에서는 이 암호 알고리즘을 이용할 수 없다.

SSL은 40비트와 128비트 관용키(비밀키) 암호 알고리즘을 사용하고 있다. 따라서 대부분의 웹 브라우저에서는 40비트 이상의 SSL 관용키(비밀키)를 지원한다.

연습문제 및 참고문헌

연습문제

1. 비밀키 암호방식과 공개키 암호방식을 비교하여 설명하라.
2. 안전한 전자상거래를 위해 어떤 브안서비스가 필요하며, 이를 가능하게 하는 기술 방식에 대하여 설명하라.
3. Electronic signature과 digital signature의 차이점, 전자사명(digital signature)의 절차를 설명하라.
4. 다음에 대하여 간략하게 설명하라.
   1) 스니핑(sniffing)과 스푸핑(spoofing)
   2) 피싱(phishing)
   3) DDOS(Distributed Denial of Service)와 APT(Advanced Persistent Threat)
   4) 방화벽(firewall)
   5) 해시함수(hash function)
   6) DES(Data Encryption Standards)
   7) 전자봉투
   8) SSL

참고문헌

원동호, "암호방식과 키 분배", 한국통신정보보호학회지, 제1권, 제1호, 1991, pp. 72-82.

US Department of Commerce/NIST, "Digital Signature Standard," http://csrc.nist.gov/publications/fips/fips186-2/fips186-2-change1.pdf, 2000.

제9장

핀테크 : 전자지급결제서비스

대부분의 거래에는 결제와 정산의 과정이 수반된다. 전자상거래와 e-비즈니스의 경제성과 편리성을 극대화하기 위해서는 다양한 지불수단을 편리하게 사용할 수 있도록 해 주는 전자지급결제시스템이 필요하다. 우리는 전자상거래에서 전자적 형태로 전자화폐, 신용 및 직불카드, 수표, 자금이체 등 다양한 유형의 지불수단을 이용할 수 있다. 이 장에서는 핀테크 산업의 한 영역으로 신용카드라는 지불수단을 인터넷에서 안전하게 이용할 수 있도록 해 주는 전자지급결제서비스와 모바일 지급결제서비스에 대하여 살펴보기로 한다. 또한 인터넷전문은행의 현황에 대하여 알아본다.

9.1 핀테크 산업과 전자지급결제서비스

전자상거래의 핵심적 요소 중의 하나는 전자지급결제서비스이다. 완전한 형태의 전자상거래가 되기 위해서는 소비자가 온라인이나 오프라인에서 인터넷으로 주문을 한 후 마우스를 한두 번 클릭하기만 하거나 자동적으로 전자지갑을 통해 지불을 완료할 수 있어야 한다.

9.1.1 핀테크

ATM(Automated Teller Machine)은 은행에서 정보기술(IT)을 활용하여 생산성과 고객서비스를 개선한 대표적인 예이다. 왜 은행에서 ATM을 도입하여 활용할 때나 홈뱅킹과 인터넷 뱅킹이 도입될 때는 핀테크(fintech) 산업이 형성되지 않았는데 최근에 와서야 핀테크가 강조되고 있는가? 핀테크는 전자상거래와 더불어 태동하여 확산되는 분야이다. 따라서 전통적인 금융기관만이 핀테크를 주도하는 것이 아니라 전자상거래 기업과 관련된 기술 또는 서비스 업체가 핀테크 산업을 주도해 가고 있다.

핀테크의 유형

넓은 의미에서 핀테크는 정보기술과 금융의 융합으로 나타난 사업으로 기존의 IT를 금융에 적용한 경우도 포함하는 개념이다. Ernst & Young(2014)은 혁신의 정도에 따라 전통적 핀테크와 신흥 핀테크로 구분하였다.

- **전통적 핀테크**: 기존 금융 서비스의 가치사슬에 포함되어 금융 서비스의 효율을 높이는 촉진자로서의 역할을 함. 기존 금융 서비스의 자동화를 추구하는 금융기관은 가치사슬의 핵심에 위치하고, IT 기업은 이를 보조하는 역할을 수행함
- **신흥 핀테크**: 기존 금융 서비스 전달체계를 완전히 바꿀 수 있는 파괴자(disruptor)의 역할을 함. 플랫폼을 제공하는 IT 기업이 가치사슬의 핵심을 담당하고, 금융기관이 후방에서 지원하는 방식을 띰. 예를 들어, 기존의 인터넷뱅킹과는 달리, 인터넷은행은 물론이고 비트코인과 같은 가상통화(virtual currency)는 기존의 금융중개기능을 거치지 않고 이용됨

따라서 핀테크 산업은 금융 서비스와 이를 지원하고 가능하게 하는 IT 부문의 사업도 포함하고 있다. 〈표 9-1〉에서는 핀테크의 금융 서비스 부문의 종류를 나타내고 있다.

표 9-1 핀테크 서비스의 종류

구 분	종 류	특 징
송금	모바일 및 이메일 송금	• 온라인으로 거래 가능한 가상화폐 • 이메일과 모바일을 통해서 개인과 기업 간 송금
결제	전자결제서비스	• 상품 및 서비스 결제 편의성 향상 • 가상계좌, 신용카드, 실물계좌로 결제가능
자산관리	온라인펀드, 인터넷은행, 인터넷보험, 인터넷증권	• 온라인으로 다양한 펀드를 살 수 있는 슈퍼마켓의 역할 • 인터넷은행, 온라인 전용으로 여수신 기능을 제공 • 인터넷만을 통해 가입하는 보험 • 온라인 전용으로 주식, 채권 선물 투자 플랫폼 제공
투자	금융투자플랫폼 (소셜트레이딩, 크라우드펀딩)	• 대출, 창업자금 지원 등 투자 관련 금융을 서비스하는 온라인 플랫폼 • 스마트폰을 이용하여 투자 정보교류를 통한 가치판단 및 투자활동에 영향 • 개인간 자금 조달을 중개해 주는 서비스 제공 • 로보어드바이저

출처 : 여신금융연구소, 2015.

〈표 9-2〉에서는 핀테크 산업을 금융서비스 부문과 금융관련 ICT 부문으로 구분하여 나타내었는데, 금융서비스 분야에는 송금, 결제, 은행업무, 자산관리 등의 서비스가 있다. 또한 〈표 9-2〉에서는 핀테크의 각 서비스 분야에 적용되는 법률도 소개하고 있다. 예를 들어, 인터넷전문은행의 경우에는 은행법, 크라우드펀딩의 경우에는 증권형과 대출형에 대하여 각각 자본시장법과 금융투자업에관한법률 등이 주로 적용되며, 이 밖어도 각 핀테크 유형에 따라 전자금융거래법과 여신전문금융업법 등이 적용된다.

- **로보어드바이저(robo-advisor)**: 로봇(robot)과 투자자문가(advisor)의 합성어로 인공지능 알고리즘을 활용하여 개인의 투자성향을 분석하고, 그 결과를 바탕으로 투자자문과 자산운용 등의 온라인 자산관리서비스를 행하는 것이다. 서비스 제공 과정에서 사람의 개입을 최소화화여 기존 자산관리서비스에 비해 낮은 수수료와 최소투자금액으로 소액의 자산을 보유한 일반 개인들도 쉽게 서비스를 받을 수 있게 한다.

표 9-2 **핀테크의 유형과 관련 법률**

구 분		종 류	주요 적용 법률	관련 법률
금융 서비스	송금	모바일 및 이메일 송금	전자금융거래법, 외국환거래법, 정보통신망의 이용촉진과 정보보호에 관한 법률	정보통신망의 이용촉진과 정보보호에 관한 법률, 개인정보보호법, 신용정보의 이용 및 보호에 관한 법률, 금융실명거래 및 비밀보장에 관한 법률, 유사수신행위의 규제에 관한 법률
		전자화폐		
	결제	제3자 지급결제	외국환거래법, 여신전문금융업법	
	은행 업무	인터넷 전문은행	은행법	
	자산 관리	온라인 펀드, 보험, 증권	자본시장과 금융투자업에 관한 법률	
		P2P 대출	유사수신행위의 규제에 관한 법률, 대부업 등의 등록 및 금융이용자 보호에 관한 법률	
		금융투자 플랫폼 (소셜 트레이딩, 크라우드펀딩)	대부업 등의 등록 및 금융이용자 보호에 관한 법률, 자본시장과 금융투자법에 관한 법률	
금융 서비스 관련 ICT	보안 및 데이터 분석	정보 보안	정보통신망의 이용촉진과 정보보호에 관한 법률, 개인정정보보호법, 신용정보의 이용 및 보호에 관한 법률	
		금융데이터 분석		
		신용평가		

출처 : 김명아, 2015.

- **P2P 대출**(peer-to-peer lending): 대출형 크라우드펀딩이다. 온라인 P2P 금융플랫폼을 통해 대출자와 투자자를 연결하는 개인간 대출 서비스이다. 인터넷 기반으로 모든 대출과정을 자동화함으로써 지점운영비용, 인건비, 대출영업비용 등의 비용을 최소화하여 대출자와 투자자 모두에게 혜택을 제공할 수 있으나, 기존의 은행대출과는 달리 P2P 상품은 원금 보장 상품이 아니고, 투자 원금을 까먹을 가능성도 있다는 위험이 존재한다. 2005년 서비스를 개시한 영국의 조파(Zopa)가 최초의 P2P 대출업체이다. 국내의 P2P 대출 서비스업체로는 피플펀드, 8퍼센트, 렌딧 등이 있다. 한국의 전통적인 모임으로 계를 통해 곗돈을 관리하는 방식도 개인간 대출의 한 방식이라 할 수 있는데, 오늘날 인터넷 기반으로 대중을 대상으로 하는 개인간 대출 중개 서비스가 가능하게 되었다.

[그림 9-1]에서는 핀테크를 결제, 대출, 보험, 금융솔루션, 급여관리, 신용평가, 송금으로 구분한 25개의 핀테크 업체를 나타내고 있다. [그림 9-2]에서는 국내 핀테크의 신생기업을 유형별로 나타내고 있다. 핀테크 분야에는 다양한 신생기업이 출현하고 있다.

[그림 9-1] 글로벌 핀테크의 유형

출처 : 핀테크로드(Fintechload).

[그림 9-2] 국내 핀테크의 유형별 신생기업

출처 : 금융결제국, 2017.

인사이트 은행권 공동 오픈플랫폼

은행권 공동 오픈 플랫폼은 핀테크 기업이 금융서비스를 편리하게 개발할 수 있도록 은행의 금융서비스를 표준화된 형태로 제공하는 인프라를 말하며, 오픈 API와 테스트베드로 구성되어 있다. 핀테크 기업은 오픈 API와 테스트베드를 활용하여 기존 금융서비스에 새로운 IT기술을 접목시킨 다양한 핀테크 서비스를 빠르고 편리하게 출시할 수 있다.

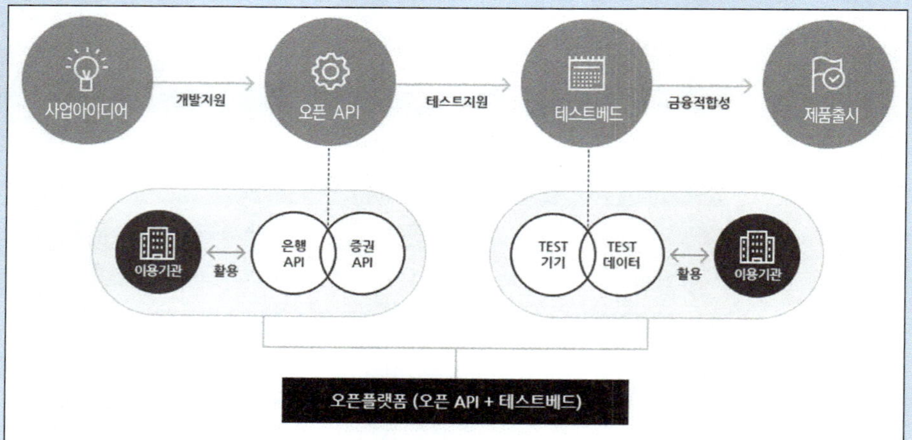

출처 : 금융위원회 발표자료(2015. 7월)

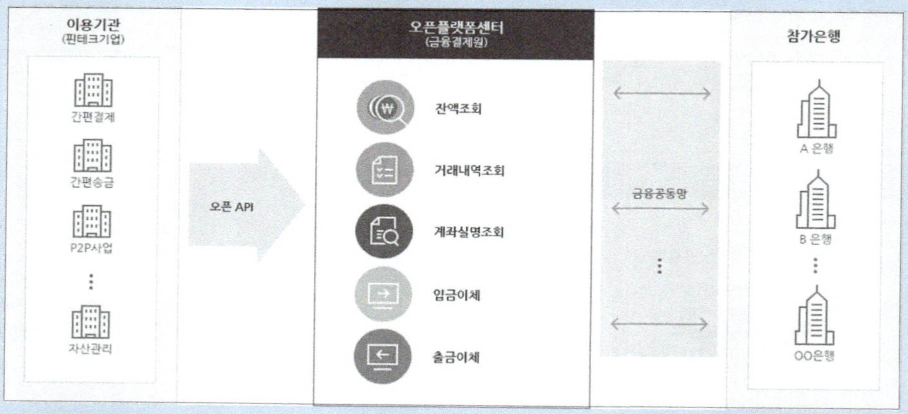

- 오픈 API(Application Programming Interface): 핀테크 기업이 직접 응용프로그램과 서비스를 개발할 수 있도록 공개된 프로그램 도구로서, 5개의 서비스 API와 인증/관리 API 제공
- 테스트베드(testbed): 개발된 서비스가 금융전산망에서 정상적으로 작동하는지 시험해 볼 수 있는 인프라

(출처 : https://www.open-platform.or.kr/apt/content/openplatform)

인터넷전문은행

인터넷전문은행이란 기존의 은행과는 달리 영업점 없이 모든 은행 업무를 인터넷을 통해서 영위하는 은행이다. 즉, 전자금융거래 방법만으로 은행업(banking)을 영위하는 은행이다. 24시간 어디서나 금융서비스를 제공할 수 있고, 영업점이 없고 인건비와 운영경비 등의 비용절감으로 이용자들에게 혜택을 제공할 수 있고, 기존의 금융기관이 아닌 인터넷과 정보통신회사 등이 그 운영주체가 될 수 있다.

- **전자금융거래** : 금융회사 또는 전자금융업자가 전자적 장치(ATM, 컴퓨터, 전화기 등)를 통하여 금융상품 및 서비스를 제공하고, 이용자가 금융회사 또는 전자금융업자의 종사자와 직접 대면하거나 의사소통 없이 자동화된 방식으로 이를 이용하는 거래

국내에서는 2017년 케이뱅크(KT와 우리은행 등)와 카카오뱅크(카카오와 국민은행 등), 2021년 토스뱅크(비바리퍼블리카와 우리은행 등)가 영업을 개시하였다. 1995년 미국에서 최초로 인터넷전문은행인 Security First Network Bank(SFNB)가 설립된 바 있으며, 1998년 영국에서 유럽 최초의 인터넷전문은행인 Egg Bank가 설립되었고, 2000년에는 일본에서 Japan Net Bank가 설립되었다.

인사이트 **인터넷전문은행: 독일의 Fidor Bank**

2009년에 설립된 독일의 피도르(Fidor)은행은 IT를 접목한 혁신적인 온라인 은행으로 자체 홈페이지와 온라인 매체(페이스북 · 트위터 · 유튜브 · 구글 등) 등을 활용, 독자적인 금융 서비스를 제공한다. 동행의 특징은 고객이 프로슈머로서 활동하는 '커뮤니티 은행'이라는 데 있다. 동행 홈 페이지에는 신상품 아이디어와 기존상품에 대한 평가, 재테크 상담과 조언 등에 대한 고객들의 글이 수천 건 게재된다. 특히, 고객들의 참여 유도를 위해 질문 시 10센트, 다른 사용자에게 조언 시 25센트, 상품제안 선정 시 100유로의 보너스를 지급하는 인센티브제도 운영하고 있다. 신규고객은 페이스북 커넥트(connect)를 통해 계좌를 신청할 수 있으며, 페이스북 계정의 '좋아요' 클릭 수가 1,000회 늘어날 때마다 고객의 예금금리도 0.1%p씩 상승하는 등 독특한 소셜커머스 시스템을 구축했다.

(출처 : 「KB지식비타민, 국내외 핀테크(Fintech) 동향과 전망」, 2014-60호)

2009년에 설립된 독일의 피도르은행은 100% 순수하게 디지털로만 진행하는 순수 인터넷전문은행으로 유명하다. 피도르는 별도의 지점이 필요하지 않아 직원 40명으로 운영 중이다. 이처럼 적은 수의 직원으로 은행의 서비스를 제공할 수 있는 이유는 기존의 은행들과 달리 오프라인 지점이 없으며 오직 온라인상에서만 금융 서비스를 제공해 주기 때문이다. 피도르는 온라인 커뮤니티를 이용하여

이용자가 고객 커뮤니티 질문 글을 게시하거나 질문 글에 답변을 게시하면 하나당 0.1유로를 고객에게 제공하여 커뮤니티를 활성화시켰다. 또 SNS를 이용하여 '좋아요'를 누르는 것에 따라 금리를 낮춰 주었다. 이처럼 지점이 없는 대신 SNS처럼 기존에 이용자가 많은 곳을 전략적으로 활용하였다.

(출처 : 박수용, 은행의 혁신: 인터넷전문은행, 월간조선, 2016. 8)

피도르의 대표 상품 중 하나는 '좋아요 금리'다. 특정 예금에 대한 페이스북 '좋아요'가 많아지면 이자를 더 주는 구조다. 이를 페이스북 이용자 늘리는 수단쯤으로 생각해 따라하면 큰 코 다친다. '좋아요'를 눌러 금리에 영향을 줄 수 있는 사람은 피도르의 정회원이다. 이들은 상품 기획부터 의견을 제시한다. 좋은 아이디어는 은행이 보상도 한다. 소비자를 물건 팔 대상이 아니라 동업자로 여긴다는 뜻이다. 그 결과물 중 하나가 '좋아요 금리'인데, 회원들은 무턱대고 좋아요를 누르는 게 아니라 은행 직원보다 더 깐깐하게 평가를 한단다.

(출처 : 김영훈, 20년 단골의 변심, 중앙일보, 2017. 4. 21)

9.1.2 전자지급결제서비스

경제주체들이 경제활동에 따른 채권채무관계를 지급수단을 이용하여 해소하는 행위를 지급결제라고 한다. 우리가 신용카드로 대금을 치르는 것도, 가까운 금융기관을 통해 지방에 사는 친지에게 송금하는 것도, 매달 자동계좌이체서비스를 이용하여 휴대전화요금을 내는 것도 모두 지급결제의 예이다. 지급수단에는 여러 가지가 있지만 가장 기본적이고 단순한 지급수단은 현금(화폐)이다. 현금은 중앙은행이 발행하는 지급수단으로서 그 공신력을 국가가 보장하고 있다. 그러므로 어떤 거래에서나 현금을 지급하면 더 이상의 결제과정을 거칠 필요 없이 지급결제가 마무리된다. 그러나 소액거래를 제외한 대부분의 거래에는 현금 대신 어음이나 수표, 신용카드, 계좌이체 등의 지급수단이 사용된다. 이러한 지급수단은 지급인이 자신의 거래은행에 맡겨 놓은 돈을 수취인에게 지급하여 줄 것을 요청하는 수단에 불과하다. 그러므로 이러한 지급수단을 사용하는 경우에는 해당 금액을 지급인의 금융기관 예금계좌에서 인출하여 수취인의 예금계좌로 입금하여 주는 금융기관간 자금이체 절차를 거쳐야 한다. 현금 이외의 지급수단이 우리 사회에서 일상적으로 통용되고 있는 것은 이러한 지급수단이 금융기관 간에 이루어지는 자금이체 과정을 거쳐 자신의 예금으로 전환되고, 언제든지 손쉽게 현금으로 찾을 수 있을 것이라는 믿음이 있기 때문이다. 이처럼 현금을 지급수단으로 사용하는 경우에는 그 자체로서 지급결제가 마무리되지만 그렇지 않은 경우에는 지급, 청산 및 결제의 세 단계를 거쳐 지급결제가 이루어진다. 우리나라의 지급결제

제도는 각종 지급수단, 거액결제시스템, 소액결제시스템, 증권결제시스템과 그 참가기관, 청산기관, 결제기관 등으로 구성되어 있다(출처 : 한국은행, 금융결제국). 〈표 9-3〉에서는 국내 주요 소액결제시스템의 현황을 나타내고 있다.

표 9-3 국내 주요 소액결제시스템의 현황

구 분		결제대상	결제방식
어음교환시스템		어음, 수표 및 증서	장표방식
지로시스템		대량 자금이체	장표 및 전자방식
금융 공동망	CD공동망	예금인출, 계좌이체, 신용카드 현금서비스	전자방식
	타행환공동망	금융기관 영업점 창구를 통한 송금	전자방식
	직불카드공동망	직불카드 사용대금 이체	전자방식
	CMS공동망	대량 자금이체	전자방식
	지방은행공동망	지방은행 영업점 창구를 통한 송금	전자방식
	전자화폐공동망	전자화폐 사용대금 이체	전자방식
	전자금융공동망	인터넷뱅킹, 모바일뱅킹 송금	전자방식
	국가간 ATM공동망	현지통화 인출	전자방식
B2B지급결제시스템		기업간 전자외상매출채권을 이용한 지급결제	전자방식
B2C지급결제시스템		기업, 개인간 소액 전자상거래 사용대금 이체	전자방식

출처 : 한국은행 금융결제국.

- **지급 또는 지불**(payment) : 물건 대금을 내는 것. 개인이나 기업과 같은 경제주체들이 서로 주고받을 채권 · 채무를 해소하기 위하여 어음, 수표, 신용카드, 계좌이체 등으로 대금을 지불하는 것.
- **청산**(clearing) : 금융기관 간 주고받을 금액을 계산하는 것. 예를 들어 신용카드, 계좌이체 등의 경우는 금융기관 간 청산 과정이 있음. 현금 이외의 지급수단으로 지급이 이루어졌을 때 금융기관들이 서로 주고받을 금액을 계산하는 것
- **결제**(settlement) : 실제로 자금을 주고받아 거래가 최종적으로 종결되는 것. 청산과정을 통해 계산된 금액을 각 금융기관이 중앙은행에 개설한 당좌예금계정 간에 자금이체 등을 통해 서로 주고받아 채권채무관계를 해소하는 과정

전자결제(electronic payment)란 전자지급결제에서 은행간 결제를 제외한 유무선의 전자통신 채널을 통해 전자지불수단으로 자금의 이체를 가능하게 하는 것이다. 전자지급결제(electronic payment and settlement)란 전자적으로 지급결제를 행하는 것(경제활동의 결과로 발생한 채권과 채무를 금전적 가치이전으로 청산하는 것)으로 전자화폐 · 전자어음 · 전자수표 · 신용카드 · 전자자금이체 등의 다양한 지불수

단에 의해 이루어진다. 기타 전자금융거래법에서는 전자지불과 관련하여 전자지급거래에 대해 다음과 같이 정의하고 있다.

- **전자지급거래란?**
  자금을 주는 자(지급인)가 금융기관 또는 전자금융업자로 하여금 전자지급수단(전자자금이체, 직불전자지급수단, 선불전자지급수단, 전자화폐, 신용카드, 전자채권 그 밖에 전자적 방법에 따른 지급수단)을 이용하여 자금을 받는 자(수취인)에게 자금을 이동하게 하는 전자금융거래를 말한다.

전자지불(전자지급결제) 시스템에 대하여 설명하고 있는 여러 문헌에서는 지불 시스템의 참가자들에 대하여 소비자, 구매자, 고객, 지급인, 판매자, 상점, 수취인 등의 다양한 용어를 상호 호환적으로 사용하고 있다. 이를 정리해 보면 다음과 같다.

- **지급인**(payer) : 소비자, 고객, 구매자
- **수취인**(payee) : 판매자, 상점
- **발행사**(issuer) : 지급인의 거래은행(또는 금융기관이나 제3자)
- **매입사**(acquirer) : 수취인의 거래은행(또는 금융기관이나 제3자)

모든 지불 시스템에서는 지불 프로토콜을 이용하여 지급인으로부터 수취인에게 경제적 가치가 내재된 전자자료를 교환한다. 따라서 모든 지불 시스템에는 교환되는 전자자료와 경제적 가치를 연결해 주는 하나 이상의 금융기관이 개입하게 된다. 여기서 금융기관이란 법정화폐로 나타낸 경제적 가치를 취급하는 은행일 수도 있고, 화폐 외의 경제적 가치를 지닌 것(예 **항공사의 상시고객우대혜택,** frequent flier miles)을 취급하고 관리하는 조직일 수도 있다. 이들 금융기관에서는 지급인과 거래관계를 맺고 있는 발행사, 수취인과 거래관계를 맺고 있는 매입사 역할을 한다. 끝으로 지불 시스템에는 분쟁해결의 역할을 하는 중개인(arbiter)이 개입될 수 있다. 그러나 지불 시스템에 따라 중개인의 분쟁해결 메커니즘을 지불 프로토콜에서 명시하지 않는 경우도 있다.

지불 시스템(예를 들면 SET 프로토콜에 기반을 둔 지불 시스템)에서는 다음과 같은 참가자가 개입하기도 한다.

- 등록기관 및 인증기관
- 지불, 정산, 화폐전송을 보완 및 강화해 주는 신뢰할 수 있는 제3자

지불 시스템의 주요 기능은 다음과 같은 가치전송 서비스를 제공하는 것이다.

- 지급인으로부터 수취인에게 가치를 전송하는 것(지급인은 수취인 또는 은행에 지불 영수증을 요청한다.)
- 지불이 취소되는 경우, 수취인으로부터 지급인에게 가치를 반환하는 것
- 전자화폐의 경우에서와 같이 법정화폐를 전자화폐로 전환하는 것 또는 그 역으로 전자적 가치를 법정화폐로 전환하는 것
- 어떤 종류의 전자적 가치를 다른 종류의 전자적 가치로 전환하는 것(예 **외환거래**)

9.1.3 전자결제시스템의 유형

전자상거래가 확산되고 기술이 발전함에 따라 다양한 유형의 전자결제시스템이 개발되어 운영되고 있다. 〈표 9-4〉에서는 전자결제시스템의 유형을 분류하여 나타내었다.

표 9-4 전자결제시스템의 유형

기 준	제품 유형
1. 시스템(휴대가능 여부)	1.1 카드/하드웨어 기반 시스템 1.2 네트워크/소프트웨어 기반 시스템
2. 지급시점	2.1 선불(prepaid) 2.2 직불(pay now) ① 직불카드 ② 실시간 계좌이체방식 ③ 가상계좌 무통장입금방식 2.3 후불(pay after) ① 신용카드형 ② 과금형
3. 기반 네트워크 및 매체	3.1 유선 네트워크 ① 인터넷 ② 이메일 3.2 무선 네트워크 ① 휴대전화 ② 스마트폰 3.3 오프라인
4. 거래규모	4.1 거액 4.2 고액 4.3 소액 4.4 극소액
5. 전자상거래 유형	5.1 B2B ① 전자외상매출채권 ② 구매전용카드 ③ 기업간구매 자금대출 ④ 전자자금이체 ⑤ EBPP ⑥ EIPP 5.2 B2C

기 준	제품 유형
6. 가치관리방식	6.1 가치저장형 ① IC 카드 ② 소프트웨어 6.2 지급지시형
7. 충전방식	7.1 온라인 송금 7.2 신용카드 7.3 직불카드 7.4 계좌이체 7.5 CD/ATM 등의 단말기
8. 환불성	8.1 현금과 교환 가능함 8.2 불가능함
9. 양도성	9.1 양도가능함 9.2 양도불가능함
10. IC카드형 전자화폐의 유형	① 접촉식 ② 비접촉식 ③ 콤비형
11. 네트워크형 전자화폐의 유형	① 전자지갑형 ② 선불카드형 ③ 신용카드형 (가상카드방식, 직접전송방식) ④ 전자수표형 ⑤ 계좌이체형 (가상계좌방식, 은행계좌방식) ⑥ P2P형
12. 모바일 지불방식	① 폰빌방식 ② 모바일카드방식 ③ 모바일전자지갑방식
13. 화폐대체기능 여부 (로열티 포인트나 인센티브 등)	① 없음 ② 있음
14. 암호방식	① 암호방식을 사용하지 않음 ② SSL ③ SET 표준 ④ 3D-SET 표준 ⑤ DES ⑥ Triple DES ⑦ SEED ⑧ RSA ⑨ ECC ⑩ ECDSA ⑪ 동형암호

- **IC 카드형과 네트워크형**

  IC 카드에 전자화폐를 저장하여 오프라인에서도 이용할 수 있는 IC 카드형과 네트워크 상의 가상점포에 지불하는 네트워크 상에서만 이용가능한 네트워크형으로 분류됨

- **지급시점**

  결제처리 시 지급금액의 지급시점에 따른 분류로 선불시스템, 직불시스템, 후불시스템으로 분류됨. 신용카드와 전자수표 외에도 폰빌방식의 모바일 지불 시스템의 경우는, 전화요금에 합산되어 청구되기 때문에 후불 시스템으로 분류됨

• **거래규모**

국내의 거액결제시스템으로는 한은금융망(BOK-Wire : 금융기관간 콜금리대금, 증권 및 외환관련 거래대금 등의 최종결제), 미국과 영국의 거액결제시스템인 Fedwire와 CHAPS가 있음. K-Cash와 같은 전자화폐 시스템은 소액지불 시스템의 대표적인 사례이고 전자수표 시스템은 기업간거래 등 고액지급처리를 위하여 온라인화된 지급 시스템의 주요한 사례임

• **B2B**

B2B 결제 시스템의 대표적인 예는 전자외상매출채권이다. 이는 은행과 전자외상매출채권 거래계약을 체결한 물품구매기업이 온라인 또는 오프라인의 거래를 통해 물품을 구매한 후, 물품판매자(납품업체)를 채권자로 지정해 특정한 시기에 구매대금을 지급하겠다고 발행하는 채권이다. 전자채권은 인터넷을 비롯한 전자적 수단을 통해 채권자에게 발급되며, 발행내역은 중앙관리기관의 채권등록원장에 등록되고, 전자채권 교환절차에 따라 만기 시에 은행에 개설된 채권자계좌에 자동으로 구매대금이 입금됨

• **EBPP와 EIPP**

EBPP(Electronic Bill Presentment and Payment)란 각종 청구서를 발행하는 기관에서 개인의 지불 및 결제에 관한 정보를 인터넷으로 제공하고 고객의 지불 및 결제에 관련된 과정을 온라인으로 처리할 수 있도록 하는 서비스를 제공하는 시스템. EIPP(Electronic Invoice Presentment & Payment)란 기업이 송장을 인터넷으로 제시하여 상품 및 서비스에 대한 대금을 온라인으로 지불하는 서비스를 제공하는 시스템.

• **가치관리방식**

지불처리를 위한 전자적 가치의 관리방식별 분류기준으로 IC 카드와 같은 특정 매체에 전자적 가치가 저장되는 가치저장형(value stored card)과 네트워크상에서 전자적 가치를 이전하는 가치전송형, 카드기반 지급시스템과 같은 지급지시형 등으로 분류됨.

• **P2P**

전자우편을 이용한 P2P(Person-to-Person) 방식의 지불 시스템. 페이팔(PayPal, www.paypal.com)은 개인이 이메일을 통해 상호 가치를 교환할 수 있는 P2P 지불 시스템의 대표적인 예임. 페이팔은 경매 사이트인 이베이(eBay) 결제대금에서 높은 이용률을 보이고 있음.

- **가상계좌형**

  가상신용카드 서비스란 카드회원이 카드발급기관으로부터 일회용의 가상카드번호 혹은 인증서 형식의 가상카드번호를 발급받아 실제 카드번호를 직접 이용하지 않고 지급결제를 하는 서비스임. 가상계좌 서비스란 전자상거래에서 거래 건마다 고유의 가상계좌번호를 발급하여, 입금과 동시에 실시간으로 주문 처리되어 입금확인에 따른 불편함을 해소해 주는 서비스. 해당 입금에 대해 누가, 언제, 얼마를, 어떤 용도로 입금하였는지를 실시간으로 내역을 확인할 수 있는 편리한 서비스임.

본서에서는 일반적인 지불수단의 종류에 따라 전자지불(또는 전자지급결제) 시스템을 신용카드에 기반을 둔 모형과 전자화폐에 기반을 둔 모형으로 분류하여 살펴보고자 한다. 우선 신용카드에 기초한 결제시스템에 대해서는 이 장에서 설명하고, 전자화폐에 기반을 둔 결제시스템에 대해서는 제10장에서 살펴보기로 한다.

9.2 인터넷 신용카드 기반의 전자결제서비스

신뢰할 수 있는 제3의 기관에서 전자지불 서비스를 제공하는 국내기관으로는 KG이니시스(www.inicis.com)와 LGU^{+} 전자결제서비스가 있다. 이 절에서는 신용카드에 기반을 둔 전자결제시스템에 대해 살펴보기로 한다.

서비스의 개요

KG이니시스와 LGU^{+} 전자결제는 인터넷 상의 상점 및 서비스 판매업체가 상품과 서비스를 판매하고 그 대금을 신용카드와 계좌이체 등을 이용하여 결제할 수 있도록 지원하는 인터넷 전문 대금결제대행서비스이다. 지불서비스의 종류는 다음과 같다.

- 신용카드 대금결제서비스
- 계좌이체 대금결제서비스
- 가상계좌서비스
- 휴대폰결제서비스

이 시스템은 전자상거래에서 판매자를 대신하는 계약을 맺고 구매자가 선택한 은행, 신용카드사 및 통신사업자 등으로부터 대금을 지급받아 일정 수수료를 받고 판매자에게 지급해 주는 전자결제대행(Payment Gateway : PG) 서비스이다. 여기서는 인터넷에서의 신용카드 대금결제대행서비스를 중심으로 살펴보기로 한다.

신용카드 대금결제서비스

[그림 9-3]에서는 신용카드 결제대행서비스의 흐름을 나타내고 있다. 사용자인 구매자는 결제대행서비스 가맹점인 인터넷 상점을 방문하여 상품 및 서비스를 구매하고 신용카드 정보를 입력하여 구매대금을 지불한다.

판매자가 카드대금을 받기 위한 절차는 크게 2단계로 나누어진다. 첫째가 승인이고, 두 번째가 매입이다. 승인은 결제시점에서 카드사가 해당카드의 사용가능(유효성) 여부를 판단하는 것이고, 매입은 승인된 결제대금을 카드사로 청구하는 것이다.

[그림 9-3] 신용카드 결제대행서비스

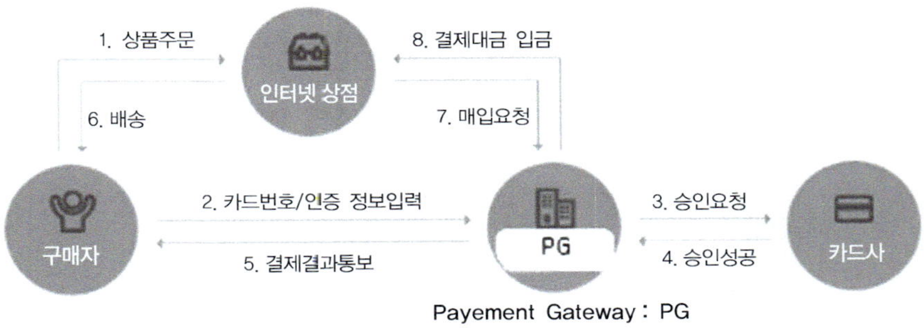

출처 : LGU+ 전자결제.

[그림 9-4]에서는 KG이니시스의 신용카드 결제대행서비스의 흐름을 나타내고 있다. 신용카드 기반의 시스템에서 판매자는 서비스를 신청하여 등록하고 인터넷 상점 구축용 소프트웨어(API S/W 및 보안모듈)를 설치하여야 한다. 이 시스템에는 월럿 방식과 폼(form) 입력방식이 있다. 월럿(wallet) 방식의 경우에는 사용자인 구매자가 월럿 소프트웨어를 자신의 PC에 설치하여야 한다. 이 경우에는 RSA Euro(1024 bit) 및 DES(56bit) 암호화 알고리즘을 이용하여 네트워크 상에서의 거래

보안을 유지한다. 폼 입력방식의 경우에는 SSL을 적용하여 회원정보 및 주문·결제정보를 암호화하고 있다.

[그림 9-4] 신용카드 결제 흐름도

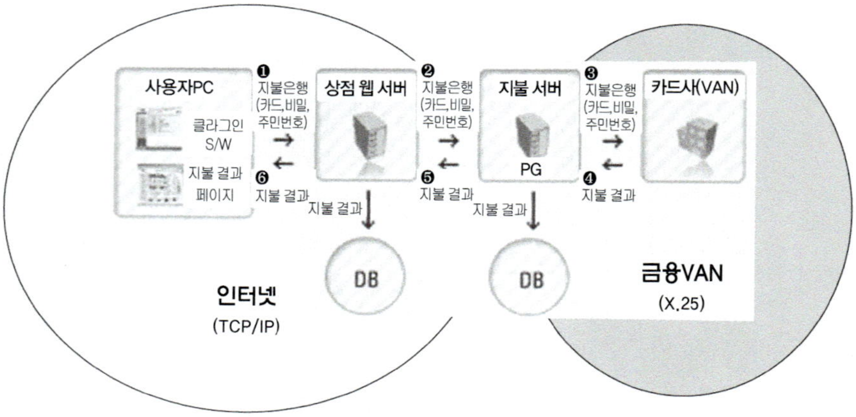

* X.25 : 패킷전송을 지원하기 위한 기존 금융통신망 프로토콜
출처 : http://www.inicis.com 참조.

9.3 모바일 결제서비스

모바일 결제(mobile payment)란 휴대단말기(스마트폰, 휴대전화, 태블릿PC 등)로 이동통신망 및 무선인터넷을 이용하여 지불서비스를 제공하는 것이다. 넓은 의미의 모바일 금융서비스에는 모바일 결제와 모바일뱅킹 등이 있다.

m-커머스와 O2O 커머스가 확산되고 인터넷 콘텐트의 유료화 추세에 따라 스마트폰, 태블릿PC, 기타 휴대용단말기를 이용한 결제서비스가 보편화되었다. 이동통신사업자, 플랫폼사업자(예를 들어, 네이버와 카카오 등), 금융기관(은행과 카드사), 결제대행업체, 모바일 지불솔루션 업체, 단말기 제조업체가 협력하여 모바일 결제서비스를 제공하게 된다.

휴대단말기의 대표적인 예인 스마트폰이나 태블릿PC는 일종의 컴퓨터이기 때문에 기존의 전자결제서비스가 그대로 이용될 수 있다. 그러나 휴대단말기는 이동성의 특성이 있기 때문에 온라인은 물론이고 오프라인 결제에도 활용된다. 모바일 특성을 이용한 모바일 결제서비스에는 〈표 9-5〉와 같이 비카드방식의 폰빌(phone bill)방식, 모바일카드(IC방식)와 앱방식, 전자지갑 등이 있다.

표 9-5 모바일 결제서비스의 종류

종 류	개요 및 사례
폰빌방식 (휴대폰의 청구서에 과금되어 나오는 방식)	- 휴대폰 요금에 합산 과금하는 후불형 전자지불 방식 - 사용자는 쇼핑몰에서 휴대폰번호와 주민번호를 입력한 후, 휴대폰 문자메시지로 받은 승인번호를 입력하여 결제함 - 이동통신사업자는 지불 시스템 구축에 대한 추가적인 투자없이도 휴대폰 지불 서비스의 과금 및 요금회수 대행서비스를 제공하여 콘텐트 제공업체나 판매업체로부터 수수료 수입을 올릴 수 있음 - 국내 이동통신 3사(SKT, LGU+, KT)는 다음 시스템을 이용하여 서비스를 제공함 · (주)다날(www.danal.co.kr)의 텔레디트(www.teledit.com) · (주)인포허브(www.infohub.co.kr)의 와우코인(www.wowcoin.com), · KG모빌리언스(www.mobilians.co.kr)의 앰캐시(www.mcash.co.kr) - 핀란드의 이동통신 서비스사업자인 Sonera와 일본의 NTT Docomo가 휴대폰 요금청구서를 통한 통합과금 서비스를 제공하고 있음.
앱카드 방식	- 앱스토어에서 앱카드라는 앱을 내려받아 카드정보를 앱에 저장하여 사용하는 방식. - 결제시 앱을 실행하여 비밀번호를 입력하고, 바코드나 QR코드 방식 중 하나를 선택하여(일회용 가상카드번호를 바코드나 QR코드로 생성함), 이를 상점 직원에게 보여주면, 직원이 리더기로 화면을 찍어 결제하는 방식 - 기존의 카드결제가 가능한 상점(POS 단말기)에서 이용가능함
모바일카드 (IC 또는 USIM) 방식	- 모바일카드란 넓게는 스마트폰과 같은 모바일기기에 카드정보를 저장하여 카드사의 네트워크(VAN)에 접속해 상품 및 서비스 구매대금을 지급하는 방식임 - 대개는 유심(USIM)에 카드정보를 저장함(USIM 외에도 스마트폰의 트러스트존과 금융IC 등이 이용될 수 있음) - USIM 칩에 저장된 카드정보는 NFC를 통해 전용 단말기에 접촉하여 결제하는 방식. 즉, 스마트폰의 유심칩 카드를 NFC 전용단말기인 동글에 갖다 대면 결제되는 방식. - NFC 외에드 MST, BLE, Ultrasonic 방식 등이 적용될 수 있음.
모바일 전자지갑	- 스마트폰으 앱이나 USIM 등에 지급카드·은행계좌·포인트카드·멤버십 등의 정보를 일괄 저장하여 대금결제 시 사용할 수 있는 모바일 지급수단. - SKT 시럽(Syrup), KT 클립(CLiP), 구글 월렛 등

• **근접자장통신**(Near Field Communications : NFC) : 근접한 기기 간에 자장 유도를 이용한 무선 근거리 통신 규격으로 10㎝ 이내에 있는 이동통신 단말기, 가전제품, PC 간 데이터 호환을 지원함. 적외선 방식이 방향을 정확히 맞춰

조작해야 하는 반면, NFC는 어느 방향에서나 스쳐주면 되기 때문에 간편하고 블루투스(Bluetooth)와는 상호 보완적이며, 13.56MHz의 대역을 사용함. 모바일 결제 · 신원확인과 멤버십카드 · 무선기기와의 데이터 송수신 등에 널리 활용됨(애플페이는 NFC 기반의 모바일 결제서비스임).

- BLE(Bluetooth Low Energy) : 근거리무선통신기술 중의 하나인 블루투스 기술인데, 블루투스 4.0 규격 이상으로 저전력 저용량 데이터 송수신이 가능한 블루투스 통신 방식임
- IrDA(Infrared Data Association) : 세계적외선통신협회, 적외선 관련 사업자들의 상호 협력과 세계표준화 작업을 위한 협의체로서 1993년에 설립되었음. 주요 회원사는 Agilent, Ecrisson, 하렉스인포텍, MS, NTT Docomo, SKT, 비자 등임
- MST(Magnetic Secure Transmission) : 마그네틱 신용카드 정보를 자기장 형태로 전송하는 기술. 안전한 마그네틱 전송 방식으로 카드정보를 저장하고 있는 스마트폰을 기존의 상점에서 이용하는 신용카드 결제 단말기에 대면 단말기가 스마트폰에 저장된 신용카드 정보를 자동으로 읽어 결제를 진행하는 방식. 루프페이가 이를 개발하였는데, 삼성전자가 루프페이를 인수하여 삼성페이에서는 NFC는 물론이고 MST 방식으로 결제가 가능함.
- **트러스트존**(TrustZone) : 스마트폰 앱의 안전한 실행환경을 제공하는 보안 하드웨어 및 소프트웨어 융합기술로 구현된 스마트폰 내의 저장 공간.

모바일 금융서비스의 한 축은 모바일 뱅킹이다. 모바일 뱅킹이란 휴대단말기를 이용하는 은행거래 서비스(모바일 계좌관리, 잔액조회, 모바일 이체, 모바일 지로, 모바일 환전, 기타 고객서비스)로서 오늘날에는 VM 방식(또는 스마트폰 앱)과 USIM칩 방식에 주로 이용되고 있다.

- **VM(Virtual Machine) 또는 스마트폰 앱 방식** : 금융거래용 전용 프로그램(또는 스마트폰 앱)을 내려받아 금융서비스를 이용
- **USIM칩 방식** : 온라인 뱅킹에는 전용 프로그램을 이용하고, 오프라인 뱅킹에는 USIM의 SD 영역에 계좌정보를 탑재하여 이용함

USIM칩 방식은 금융기관이 이동통신사업자와 협력을 통해 지급결제서비스를 제공해야 하지만, 스마트폰을 이용하는 앱 방식의 경우는 금융기관이 자유롭게 지급결제서비스를 제공할 수 있다는 장점이 있다.

- **SIM(Subscriber Identifying Module) :** GSM(Global System for Mobile communication) 방식의 이동통신 단말기에는 손톱크기의 SIM 카드가 장착되어 있다. 여기에는 사용자 인증 및 로밍 정보, 과금정보 등이 저장되어 있어 가입자 인증 및 로밍서비스가 가능하다.
- **USIM(Universal Subscriber Identity Module) :** 범용가입자인증모듈이라 한다. 사용자인증, 과금, 글로벌 로밍, 전자지불 등 다양한 기능을 담은 메모리카드, 해외출장에서 다른 휴대전화를 빌려 유심을 장착하여 사용가능함([그림 9-5] 참조).
- **WIM(Wireless Identity Module) :** 금융기관에서 발급하는 지불정보, 보안 및 인증 등의 정보를 담은 IC 칩
- **IrFM(Infrared Financial Messaging) :** 적외선통신으로 금융정보를 주고받도록 정의된 통신규격. IrDA 내에 IrFM 워킹그룹이 있음
- **e-SIM :** USIM에는 이동통신사 정보, 개인식별정보를 포함하는 주소록, 금융정보 등이 저장된다. 이동통신사가 마스터키를 관리하고, 잠금 기능이 있기 때문에 이동통신사를 바꿀 때는 유심 자체를 교체해야 한다. 이러한 문제를 해결하기 위한 방안으로 e-SIM이 도입될 수 있다. e-SIM은 유심에 저장된 인증 정보를 스마트폰 메모리에 저장하는 방식이다. 이 경우에는 원격으로 정보를 수정할 수 있어 이동통신서비스 가입, 개통, 해지를 할 때도 유심을 바꿀 필요가 없어진다.

[그림 9-5] USIM

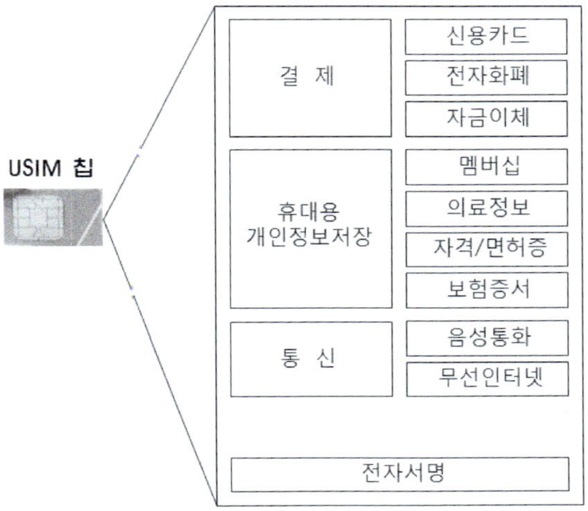

모바일 금융서비스의 보안에서 가장 중요한 것 중의 하나는 본인을 인증하는 것이다. 본인 인증방식으로는 비밀번호, 공인인증서, 생체인식기술이 적용되고 있다.

- **생체인식**: 지문 · 홍채 · 망막 · 얼굴모양 · 정맥 · DNA 등의 신체 고유한 특성이나, 음성 · 필체 · 걸음걸이 등의 행동적인 특성을 이용하여 식별하는 방식 또는 기술

9.4 간편결제서비스

간편결제서비스란 카드정보와 가입정보 등을 처음에 한번 입력해 두면, 그 이후의 결제 시에는 공인인증서를 이용하지 않고 비밀번호와 같은 간단한 인증만으로 결제하는 서비스이다.

카카오페이는 별도의 앱을 설치하지 않고도 카카오톡으로 이용가능하다. 또한 기밀을 요구하는 결제정보(카드번호와 계좌번호 등)는 스마트폰과 인증서버에 분리하여 암호화하여 저장된다.

모바일 간편결제 및 전자지갑서비스를 제공하는 애플페이는 NFC 기술을 이용하고 있어 오프라인 매점에서는 NFC 단말기인 동글이 설치되어 있어야 한다. 카드정보는 USIM이 아닌 아이폰의 보안칩 Secure Element에 등록 시에만 저장되고, 토큰화 방식으로 이용된다. 데이터를 송수신하고 보관하는 과정에서 신용카드번호와 같은 민감한 정보를 난수로 이루어진 대체물(토큰)로 전환하여 보안성을 제고하고 있다. 삼성페이는 NFC 외에도 오프라인 가맹점의 기존 POS 단말기로도 결제가 가능한 MST 기술을 적용하고 있다. 애플페이는 터치 ID라는 지문인식으로 사용자를 확인하며, 삼성페이는 결제비밀번호나 지문인식으로 본인을 확인한다. 알리페이는 안면인식으로 본인을 확인하며, 이체 · 상환 · 요금납부 · 대출 · 자산관리 등의 부가서비스도 이용가능하다.

- **토큰화**(tokenization) : 신용카드번호와 같은 민감한 정보를 난수로 이루어진 암호와 같은 토큰으로 치환하는 보안기술. 애플페이로 신용카드를 등록할 때, 신용카드번호에 대응하는 암호화된 토큰을 애플 서버를 통해 카드사로부터 발급받아 거래시에는 이 토큰을 이용하여 결제함

표 9-6 간편결제서비스 현황

	기 업	서비스	상 태
플랫폼사	카카오	카카오페이	별도의 앱 없이 카카오톡으로 결제. 각종 고지서 수신 및 요금납부와 송금 서비스
	네이버	네이버페이	등록 후에는 비밀번호만으로 결제함. 오프라인 매점에서는 별도로 발급받은 체크카드로 결제함
PG사	KG이니시스	케이페이	지급결제수단을 등록해 PC나 스마트폰에서 미리 설정해둔 비밀번호만으로 결제
	LGU+ 전자결제	페이나우	앱 설치 및 결제정보 등록 후, 모바일 인증만으로 간편결제
	NHN 사이버결제	페이코	신용카드, 휴대폰, 계좌 등 결제정보 등록 후 지문인증 혹은 결제비밀번호 인증만으로 간편결제
이동 통신사	SK (SK플래닛)	시럽페이	모바일 지갑, 통합 멤버십, OK캐쉬백 등 온라인과 오프라인을 결합한 모바일 상거래 서비스 제공
	KT	클립	모바일 전자지갑 서비스
제조사	삼성전자	삼성페이	스마트폰에 탑재된 NFC와 지점에 설치된 POS 단말인 마그네틱 리더(MST방식)를 이용한 간편결제
	애플	애플페이	스마트폰에 탑재된 NFC로 간편결제

출처 : 백영현, 2016, p. 48. ; DMC, 2016 등을 참조하여 재작성.

9.5 마이페이먼트 : 지급지시서비스

지급지시서비스(MyPayment)란 결제와 송금 등과 같은 이용자의 지급지시를 받아 금융기관에서 이체를 하도록 전달하는 서비스이다. 지급지시전달업체는 고객의 자금을 보유하지 않는다.

[그림 9-6]과 같이 금융결제망이 개방형으로 전환되고 있고, 향후에는 마이데이터(MyData)와 결합되어 종합지급결제서비스가 허용되는 경우, 핀테크의 계좌기반결제 중심으로 지급결제서비스가 변화될 수 있다.

[그림 9-6] 마이페이먼트 : 종합지급결제서비스와 기존결제서비스의 비교

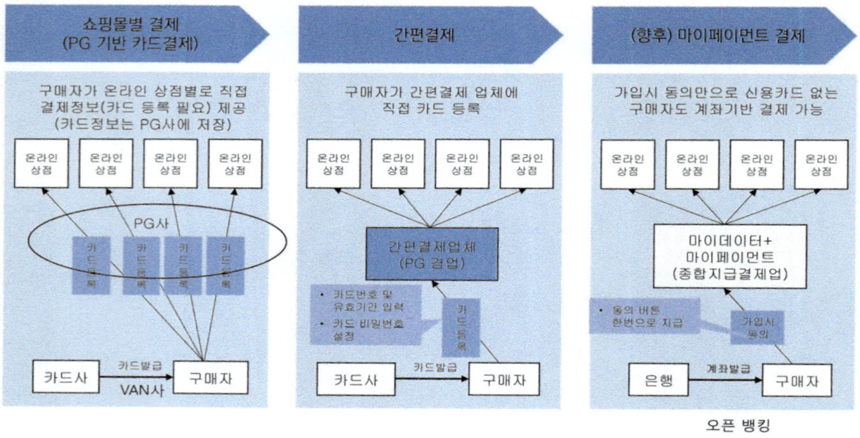

출처: 윤석빈, 금융결제 서비스 기술 동향, 특허청, 2021 참조 재구성

인사이트 마이페이먼트와 마이데이터

마이페이먼트(MyPayment)는 지급지시서비스업이라고 불리는 사업으로, 결제 자금을 보유하지 않고도 정보만으로 결제 서비스를 제공하는 서비스를 의미한다. 해당 서비스가 도입되면 로그인 한 번으로 보유하고 있는 모든 계좌를 활용해 결제나 송금을 처리하는 일이 가능해진다. 우리나라의 경우 신용카드를 이용한 거래가 주를 이루고 있다.

이에 따라 고객이 결제를 하기 위해서는 가맹점이 카드사에 전표를 제출하고 카드사가 매입 후 은행을 통해 대금을 청구한다. 고객이 결제를 하기 위해서는 카드사와 은행을 거쳐야 했던 셈이다. 그러나 마이페이먼트가 도입되면 고객이 대금 거래를 지시하면 은행을 통해 바로 대금이 결제될 수 있게 된다.

핀테크 업체를 이용한 송금 서비스도 보다 간편해진다. 현재도 토스나 카카오페이 등 송금 서비스가 있지만, 이들은 연결된 은행계좌에서 일차적으로 해당 금액을 선불로 충전한 뒤 결제 · 송금을 실시하고 있다. 그러나 마이페이먼트가 도입되면 선불로 충전해야 하는 절차가 필요 없어진다.

금융위원회는 전자금융거래법 개정을 통해 마이페이먼트 사업 도입을 적극적으로 추진하고 있다. 다만 마이페이먼트가 도입되면 카드사를 이용할 필요가 없어지면서 카드사의 수수료 수입이 줄어들 수 있다. 기존 은행들 역시 결제 · 송금 기능을 마이페이먼트 사업자에게 뺏기고 여 · 수신만 취급하는 기관이 될 것이라는 전망도 있다.

(출처 : 연합인포맥스(http://news.einfomax.co.kr), 2020. 02. 24.).

마이데이터(MyData)란 개인이 정보관리의 주체가 되어 능동적으로 본인의 정보를 관리하고, 본인의 필요에 따라 신용 및 자산관리 등에 정보를 활용하는 권한을 개인에게 주는 것이다. 본인신용정보관리업(마이데이터)을 하는 회사는 금융소비자 개인의 금융정보(신용정보)를 통합하고 관리하여주는 서비스를 제공하다. 본인신용정보관리업은 개인인 신용정보주체의 신용관리를 지원하기 위하여 개인신용정보를 통합하여 그 신용정보주체에게 제공하는 행위를 영업으로 하는 것이다.

연습문제

1. 국내의 대표적인 인터넷 전문 대금결제대행기업(PG사)의 예를 들고, 이들 기업에서 제공하는 전자결제서비스를 조사눈석하라.

2. 모바일 결제서비스의 개념과 종류, 발전 추세에 대하여 설명하라.

3. 간편결제서비스의 현황과 각 결제서비스의 특성을 설명하라.

4. 다음에 대하여 간략하게 설명하라.

1) 전자결제(electronic payment)
2) 전자지급결제(electronic payment and settlement)
3) 전자지급거래
4) 전자결제대행(Payment Gateway : PG)사
5) EBPP(Electronic Bill Presentment and Payment)
6) NFC(Near Field Communications)
7) USIM(Universal Subscriber dentity Module)
8) 간편결제
9) 마이페이먼트(MyPayment)

참고문헌

김명아, "핀테크산업육성을 위한 규제 개선 방안 연구", 한국법제연구원 연구간행물, 2015.

김희수 · 유기주 · 오기환, 모바일 지급결제 시장동향과 정책이슈, KISDI이슈리포트, 정보통신정책연구원, 2003.

금융결제국, 디지털혁신과 금융서비스의 미래: 도전과 과제, 2017.

백영현, "간편결제에 적용되는 바이오인식 기술 현황", TTA Journal, Vol. 165, 2016.

여신금융연구소, "핀테크의 가치창출 요건 및 시사점", 2015.

주재훈, "인터넷 결제시스템의 비교연구," 경영학연구, 제27권, 제1호, 1998, pp. 25–62.

주재훈, "한국의 전자상거래 환경을 고려한 전자지불 시스템 성공요인 분석," 경영정보학연구, 제9권, 제1호, 1999, pp. 77–98.

주재훈, 런지아, "인터넷전문은행의 고객 충성도에 미치는 영향 요인," 정보시스템연구, 2020, 제29권, 제3호, pp. 77–101.

DMC, 2016 모바일 간편결제서비스시장 현황과 전망, 2016.

Ernst & Young, "Landscaping UK Fintech", 2014.

제10장

전자화폐, 비트코인, 블록체인

화폐(money)란 계산단위, 교환수단, 가치저장수단, 이연지불수단으로서의 기능을 한다. 1661년 현대적 의미의 지폐가 사용되어 온 이래로 중앙은행에서 화폐를 발행해 오고 있다. 물리적으로 볼 때, 단순한 디지털 자료에 지나지 않는 전자화폐는 사용자들의 신뢰에 따라 그 발행기관이 중앙은행이어야 한다는 가정도 허물어 버릴 수 있다. 이 장에서는 전자화폐의 개요, 대표적인 암호화폐인 비트코인, 탈중앙화 분산관리의 기반 기술인 블록체인에 대하여 설명한다.

10.1 전자화폐

다양한 유형의 전자화폐(electronic money)가 사용되고 있다. 이들 전자화폐는 전화카드와 같이 특정 전용망에서 일회성으로 그 사용이 제한되는 것, 세컨드라이프의 린든과 싸이월드의 도토리와 같이 특정 공동체에서만 사용자들 간에 교환되는 것, 사용자의 익명성이 보장되고 다수 국가의 법정화폐와 교환될 수 있는 것 등 그 종류가 다양하다.

전자금융거래법에서는 전자화폐란 이전 가능한 금전적 가치가 전자적 방법으로 저장되어 발행된 증표 또는 그 증표에 관한 정보로서 다음 요건을 모두 갖춘 것이라 정의하고 있다.

- 일정 기준 이상의 지역 및 가맹점에서 이용될 것(화폐의 범용성 또는 수용성)
- 발행인 외의 제3자로부터 재화 또는 용역을 구입하고, 그 대가를 지급하는데 사용될 것(교환수단)
- 구입할 수 있는 재화 또는 용역의 범위가 5개 이상으로서 일정한 업종 수 이상일 것(범용성)
- 현금 또는 예금과 동일한 가치로 교환되어 발행될 것(가치저장수단)

일반적으로 화폐는 교환수단, 계산단위, 가치저장 등의 기능을 한다. 전자화폐는 그들 기능에 추가하여 통신, 휴대, 집계관리가 용이한 관리기능을 한다. 현재 전자화폐의 수용성이나 범용성은 한정되어 있다. 화폐의 범용성(수용성)은 유효기간, 사용범위, 개인간 지급수단, 신뢰성 등에 달려있다. 특히, 법정화폐가 아닌 이상에는 전자화폐의 신뢰를 쌓아가는 것이 무엇보다도 중요하다.

일반적으로 전자화폐를 IC 카드형과 네트워크형으로 구분하기도 한다. 국내에서도 90년대 후반부터 발급되었던 IC 카드형 전자화폐인 몬덱스(mondex)는 2005년에 발급이 중단되었고, 네트워크형 전자화폐의 대표적 사례인 디지캐시(DigiCash)사의 이캐시(ecash)도 발행이 중단되었다. 또한 국내에는 K-Cash(금융결제원에서 발행 및 관리)와 마이비(www.mybi.co.kr) 2개 종류의 IC 카드형 전자화폐가 발급되어 사용된 바가 있다.

교통카드로 시작하여 점차 그 사용, 즉 수용범위가 확대되고 있는 전자화폐로는 티머니(T-money)가 있다. 티머니는 비접촉식 스마트카드 기반의 선불전자지급수단으로 충전하여 교통(버스, 지하철, 택시 등), 편의점, 패스트푸드, 영화, PC 방

등에서 사용되고 있다. 또한 도바일 티머니는 휴대폰에 금융 USIM을 장착하여 티머니를 충전하여 결제할 수 있는 전자화폐이다.

블록체인 기반의 비트코인을 비롯한 암호화폐를 특정금융거래정보의 보고 및 이용 등에 관한 법률(이하 특정금융정보법)에서는 전자화폐에서 제외하고 있다. 특정금융정보법에서는 암호화폐를 가상자산(디지털자산)으로 보고 있다. 그렇지만 비트코인은 사실상 전자화폐로서의 기능을 갖추고 있다.

가상통화(암호화폐)

인터넷 공간에서 사용되는 디지털 형태의 전자화폐를 디지털통화(digital currency) 또는 가상통화(virtual currency)라 한다. 디지털통화는 특정 경제주체의 채무가 아닌 형식으로 발행되고, 물리적 형태(종이, 금속 등)가 아닌 전자적 데이터 형식으로 발행되며, 데이터관리는 특정 주체에게 위탁하지 않는 방식인 분산형 결제시스템 방식으로 발행되는 통화이다. 그 대표적인 예로는 비트코인(Bitcoin)이 있다. 〈표 10-1〉에서는 가상통화, 전자화폐, 현금을 비교하여 설명하고 있다. 가상통화는 전자화폐의 특수한 형태라 볼 수 있다. 따라서 일반적으로 전자화폐라 할 때는 가상통화를 포함하는 개념이다.

표 10-1 가상통화, 전자화폐, 현금의 비교

구 분	가상통화	전자화폐	현 금
발행기관	없음	금융기관 등	중앙은행
발행규모	사전에 설정	소비자 수요	중앙은행 재량
법률기반	현재 없음	전자금융거래법	한국은행법
화폐단위	독자 단위	현금과 동일	-
교환가치	수요-공급에 따라 변동	현금과 1:1로 고정	-
거래기록	불특정 다수	발행기관	불필요
기반기술	분산원장기술(블록치인)	지급결제정산 인프라	제지, 인쇄술

출처 : 한국은행.

- **가상통화**(virtual currency, digital currency) : 비트코인(최초의 블록체인 기반 암호화폐 : cryptocurrency)과 같이 민간에서 자체적으로 개발되어 화폐를 대신하여 사용되는 새로운 유형의 지급수단이며, 이전가능한 금전적 가치가 분산형 장부에 저장되어 발행된 전자적 정보 형태의 결제수단이다. 기존의 예금이나 전자화폐와 달리 발행을 책임지는 은행이나 금융기관이 없는 대신 다수의 참가자들이

컴퓨터 알고리즘을 기반으로 거래를 공동으로 기록하고 관리한다는 특징이 있다. 잘 알려진 가상통화로는 비트코인 이외에도 이더리움(Ethereum), 리플(Ripple) 등이 있다(자료: 한국은행).

10.2 왜 비트코인에 투자하는가? 내재가치가 있는가?

비트코인 투자할 가치가 있는가?

2011년에 1불로 거래되던 상품이 현재 2만 불에 거래되면, 당신은 어떤 생각을 하겠습니까? 부동산, 주식, 채권, 은행 등을 뒤로 하고 그것에 투자하겠습니까? 그 디지털자산이 비트코인(Bitcoin)이다. 비트코인은 가상통화나 암호화폐로 불리는 전자화폐의 한 종류이다. 사실 법적으로는 비트코인을 금융상품으로 취급하지 않는다. 금융상품은 계약을 전제로 하기 때문이다. 그러나 비트코인은 금융상품으로서 기능을 하고 있다. 한때 비트코인이 사회적 문제가 된 시기에는 가상자산거래소를 폐쇄할 것인가는 한국 사회에서 초관심사였다.

비트코인의 1차 거품은 2011년 1불에 거래되던 비트코인이 31불로 치솟으면서 발생했고, 다시 1불로 하락했고 요동을 치는 과정도 있었다. 그 이후 상승세를 타다가 거센 요동을 치고 있다. 2011년 사이언티픽 아메리칸(Scientific American)에서는 세상을 바꿀 10대 아이디어 중의 하나로 비트코인을 들었다. 사이언티픽 아메리칸은 1845년 미국에서 창간된 월간지이다.

1998년 펴낸 「전자상거래」에서 몬덱스와 이캐시(ecash)라는 암호방식을 이용한 전자화폐를 소개했다. 이캐시는 암호학의 아버지라 불리는 데이비드 차움(David Chaum)이 만든 세계 최초의 암호화폐이다. 디지캐시(Digicash)사를 통해 1995년부터 1998년까지 미국 은행에서 소액결제시스템으로 사용된 바 있다.

창업에서 가장 중요한 성공요인은 타이밍이라 한다. 이들 전자화폐는 시대를 잘못 만나 사라졌기에 페이팔과 게임머니 아데나 등의 다양한 전자화폐를 소개해 왔다. 물론 이캐시는 암호화폐이긴 하지만 블록체인 기술을 적용하지는 않았다.

가상자산과 디지털자산은 같은 개념이다. 비트코인에 투자할 것인가에 대해 결정하기에 앞서 다음 사항을 알고 보면, 결정에 따른 위험을 줄일 수 있다. 비트코인은 당연히 법정화폐가 아니다. 그러나 엘살바도르는 2021년 비트코인을 법정화폐로 채택했다. 비트코인도 법정화폐와 같이 화폐로서의 기능을 하는 동시에 투자의 대상이 되는 자산이다. 주식과 같은 방식으로 가상자산거래소에서 거래된다. 대부분의 국가에서는 중앙은행에서 법정화폐(한국에서는 한국은행이 발행하는 원화)를 발행한다. 일반적으로 화폐는 교환수단, 가치저장, 계산단위로서의 기능을 한다. 비트코인은 거스름돈이 필요 없이 화폐의 그 모든 기능을 한다. 전자화폐는 디지털 자료이기 때문에 쉽게 복사하고, 이중으로 사용될 수 있는 위험이 있다.

따라서 첫 번째는 보안성과 안전성이 우수한가를 알아야 한다. 비트코인은 암호방식에 기반을 둔 블록체인(blockchain)을 이용하고 있어 어떤 전자화폐보다도 안전하고 보안이 우수하다. 비트코인은 최초로 블록체인 기술을 이용한 암호화폐이다. 비트코인은 탈중앙화, 분산관리 방식을 이용하고 있고, 시간이 지남에 따라 비트코인 체계를 깨뜨리기 어렵도록 설계되어 있다. 비트코인은 2009년에 처음으로 발행되었다. 그때는 10분 동안의 거래 내역을 담은 자료(이를 블록이라 함)를 가장 먼저 암호화하는 사람(채굴자)에게 그 보상으로 50 비트코인을 발행했다. 최고 성능을 가진 컴퓨터를 작동하는 사람이 채굴자가 된다.

은행에서 돈은 찍어내는 것과는 달리, 여기서는 현재까지의 어떤 컴퓨터 능력으로도 풀 수 없는 가장 어려운 문제를 가장 먼저 해결한 사람(컴퓨터)에 대한 보상으로 비트코인이 주어진다. 이러한 동기부여가 있기에 세상 사람들은 최고 성능의 컴퓨터들을 병렬로 연결하여 가장 어려운 문제를 풀고자 최선을 다한다. 따라서 시간이 지남에 따라 비트코인을 해킹하기란 어려워진다. 병렬로 연결한 다수의 고성능 컴퓨터를 이용하기에 많은 전력이 소모된다.

두 번째는 마치 현금과 같이 개인 간 이전(P2P)이 가능한 암호화폐이다. 또한 비트코인은 거래에서 카드와 같이 거스름돈을 주고받을 필요가 없어 편리하다. 다만, 가상자산으로 거래소에서 거래되고 있어 가격 변동성이 지나치게 높다. 이러한 가격 변동을 줄이기 위해 스테이블코인이 발행되기도 한다.

세 번째는 금이나 다이아몬드와 같은 희소성이 있다. 미국에서도 양적완화 정책으로 달러를 마구 찍어내기도 한다. 그러나 비트코인은 2140년까지 2,100만개를 발행한다. 매 4년 마다 그 대가는 절반으로 줄어들다. 따라서 2140년 이후에는 비트코인이 더 이상 발행되지 않는다. 2022년 현재는 6.25 비트코인이 채굴자에게 지급된다. 비트코인 발행 총수가 한정되어 있어 희소성이 있다. 경제적 관점에서 볼 때, 희소할수록 한계효용이 크다. 다이아몬드와 예술품 등은 희소하기에 가격이 높게 책정된다. 다른 암호화폐에 비해 비트코인의 희소성이 가격 상승 요인이 된다.

왜 비트코인의 가격이 상승하고 변동하는가? 시장경제에서 모든 상품이 그러하듯이 결국은 수요와 공급의 법칙에 기인한다. 비트코인도 하나의 가상자산으로서 주식과 같이 거래소에서 거래되어 그 시세가 변동하는 것은 마찬가지이다. 당신은 원화, 달러, 유로화, 위안화, 엔화 중에서 어떤 것을 선호하는가? 누구나 투자의 가치가 있는 화폐를 선호할 것이다. 투자의 가치는 결국 세상 사람들이 어느 화폐를 더 신뢰하는가에 달려있다. 미국 달러나 유로화보다 더 비트코인을 신뢰한다면, 달러 대비 비트코인의 가치가 상승하게 된다. 언제가 사람들이 미국의 법정화폐인 달러보다 비트코인을 더 신뢰하고 세상의 모든 거래에서 이를 이용하는 날이 올 수도 있다. 이에 각국의 중앙은행에서는 법정화폐로서 암호화폐(CBDC: Central Bank Digital Currency)의 발행을 진행하고 있다.

그런데 비트코인은 화폐로서의 고유 기능보다는 가상자산으로서의 투자 대상으로 보는 시각이 지배적인 상황이 되어 버렸다. 부동산이 그러했고 주식이 그러하듯이 과하면 거품의 시기가 온다. 거품 뒤에는 너무나 큰 상처를 주는 사회적 문제가 뒤따라오기에 정부는 투기로써의 비트코인에 대한 규제의 칼날을 들이대고 있는 것이다.

주식회사가 대중을 대상으로 주식을 공모하여 자본을 조달하는 것을 IPO(Initial Public Offering)라 한다. 주식은 금융상품이고, 증권거래소에서 거래된다. 여러 조직에서 ICO(Initial Coin Offering)로 암호화폐를 발행하기도 한다. 국내의 경우, 2022년 현재, ICO를 금하고 있다. 암호화폐는 전자지급결제수단으로 이용될 수 있다. 또한 공동체에서 경제활동에 대한 소득으로 암호화폐를 지급할 수도 있다. 암호화폐는 가상자산거래소에서 거래된다. 그 공동체의 참여자들이 암호화폐를 얼마나 신뢰하는가는 중요한 문제이다. 거래소에서 암호화폐의 가격이 올라가면, 소득으로 지급받은 자산의 가치도 상승한다. 그러나 주식과 같이 실물경제와 어떻게 연결될 지는 아직 명확하지 않다.

언젠가 양자컴퓨터가 상용화되면, 비트코인도 기술적으로 안전하다는 보장은 없다. 오늘날의 비트 기반 폰 노이만형 컴퓨터의 성능은 양자컴퓨터의 그것에 비교될 수 없다. 수송수단에 비교하면 이는 마치 마차와 비행기에 대비되기 때문이다. 그때는 오늘날의 어떤 암호방식으로도 보안성을 보장할 수 없게 될 것이다. 하지만 비트코인도 양자컴퓨터 시대에서는 비트코인 공동체가 앞장서서 적절한 대책을 마련하게 될 것이기에 크게 염려할 필요는 없다.

비트코인은 안전하고 신뢰할만한 암호화폐인가?

비트코인은 최초로 블록체인을 이용한 암호화폐이다. 비트코인 이전에도 이캐시라는 암호화폐가 이용된 적이 있지만 블록체인을 적용한 탈중앙화 방식은 아니었다. 비트코인 이전에 블록체인 기술이 적용되지는 않았다. 따라서 블록체인과 비트코인은 불가분의 관계이다. 비트코인이 블록체인의 우수성을 입증하고 있는 셈이다. 2009년 비트코인이 최초로 발행된 이후, 비트코인 자체에는 어떤 보안과 안전 문제가 현재까지 발생하지 않았다. 이는 암호화폐로서의 비트코인이 안전하다는 것을 의미한다. 안전성이 담보가 되지 않을 경우, 비트코인에 대한 신뢰가 무너질 것이다. 비트코인 보안이 뚫리게 되면, 블록체인에 대한 신뢰도 무너지게 된다. 비트코인의 가치와 가격은 이러한 대중과 커뮤니티의 신뢰에 기초를 두고 있다.

비트코인을 채굴하는 과정은 블록(block)을 생성하고, 이전 블록에 새로이 생성한 블록을 연결하는 일로 블록체인이 만들어진다. 블록체인은 일정 시간마다 발생한 거래내역을 담은 새로운 블록을 생성하고, 이를 기존의 블록에 계속 연결한다. 비트코인에서 채굴자가 10분 단위로 생성하는 블록은 헤더(header) 부분과 바디(body) 부분으로 구성되어 있다. 블록의 크기는 약 1MB이다. 헤더에는 이전 블록의 해시값, 현재 블록의 해시값, 현재 블록의 타임스탬프, 난이도(목표 해시값), 논스(Nonce) 등이 들어간다. 바디에는 10분간의 모든 거래내역이 포함된다. 시간이 지남에 따라 난이도를 조정하여 목표 해시값을 찾기 어렵도록 되어 있다. 목표 해시값보다 작은 해시값을 가장 먼저 찾은 채굴자의 블록이 채택되고, 이전 블록에 연결된다.

논스는 각 블록에 주어진 임시값이다. 10분 동안의 거래를 기록한 블록도 하나의 문서이기 때문에 단 하나의 유일한 해시값이 존재한다. 그런데 문서에 논스를 주어 해시값은 변화시킬 수 있다. 문서의 해시값은 논스가 변화됨에 따라 계속 변한다. 비트코인을 채굴한다는 것은 10분간의 거래를 포함한 블록에서 특정 요건을 충족하는 해시값을 가장 먼저 찾아내는 것을 의미한다. 특정 요건이란 난이도에 해당하는 특정한 해시값의 요건, 즉 일정 수 이상의 0이 포함되는 해시값을 찾는 것이다. 연산능력이 가장 큰 채굴자가 목표 해시값을 먼저 찾을 수 있다. 이를 쉽게 어려운 수학문제를 푸는 것, 또는 퍼즐을 가장 먼저 맞추는 것이라 표현한다. 퍼즐을 가장 먼저 맞추기 위해서는 참여하는 모든 채굴자 중에서 가장 큰 컴퓨팅 능력을 가져야 한다. 그 채글자는 해당 블록을 블록체인에 연결하도록 제안할 권한을 갖는다. 일단 블록이 블록체인에 연결되면, 블록의 내용을 변경하는 것은 현실적으로 불가능하기 때문에 비가역적이다. 블록체인에서 가장 최신에 연결된 블록을 10번째라 하자. 이전의 블록(5번째라 하자)의 내용을 변경하고자 하면, 5~9번째 블록을 모두 변경해야한다. 각 블록의 해시값은 다음 블록에 포함된다. 5번째 블록의 변경은 6번째 블록의 해시값을 변경시키고, 이는 연속적으로 다음 블록의 해시값을 변경시킨다. 각 블록을 성능이 가장 뛰어난 채굴자가 해당 블록의 해시값을 도출했기 때문에 그 모든 블록의 해시값을 일시에 변경하기란 사실상 불가능하다.

[그림 10-1] 체인, 트리, 네트워크, 그리고 비트코인의 블록체인: 마디는 컴퓨터, 가지는 컴퓨터를 연결하는 유무선 통신회선에 해당한다. 블록체인에서는 마디가

[그림 10-1] 체인, 트리, 네트워크, 그리고 비트코인의 블록체인

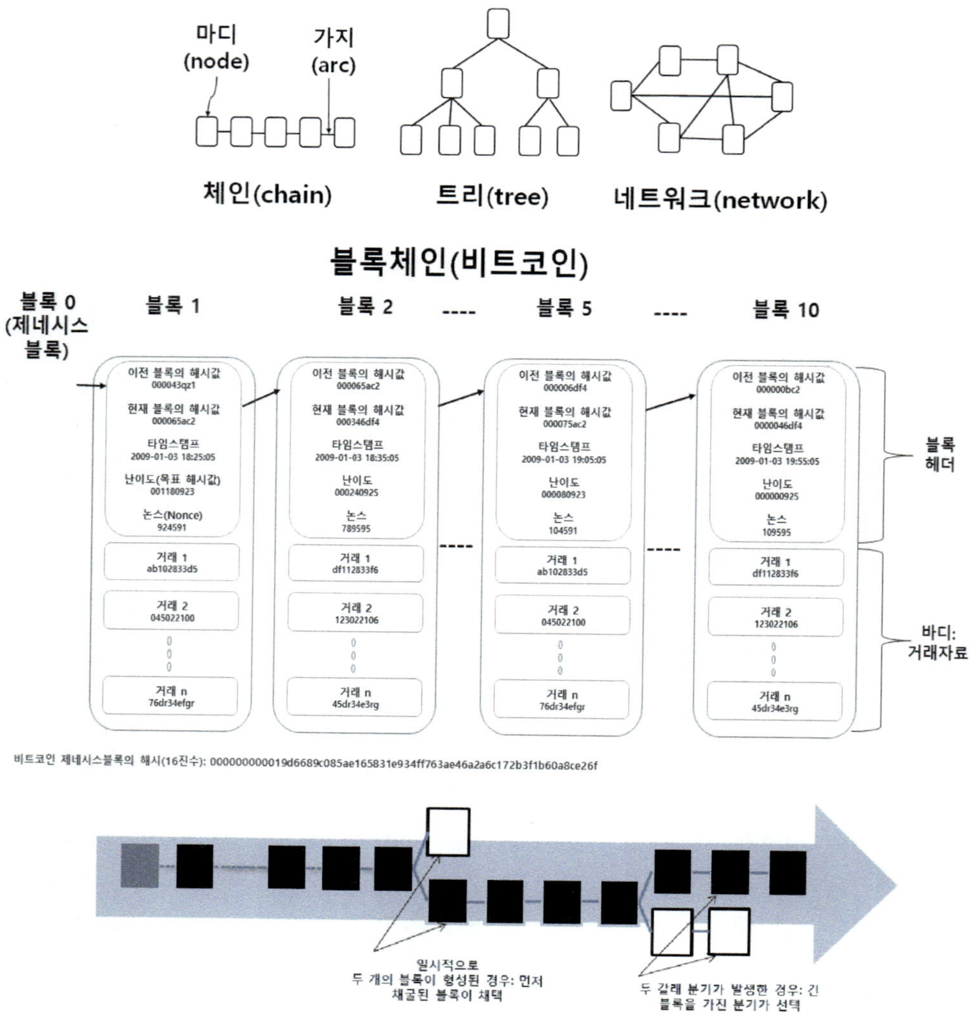

10분간의 거래를 저장하고 있는 블록이고, 블록이 해시로 연결되는 것은 가지에 해당한다.

- **비트코인의 분기와 메인체인**(main chain) : 비트코인의 블록체인에서 분기가 발생할 수 있다. 둘 이상의 채굴자가 거의 동시에 10분의 거래를 담은 블록을 제안하는 경우에 분기가 발생한다. 첫째, [그림 10-1]의 아래에서 먼저 채굴한 사람이 제안한 블록을 블록체인에 연결한다. 둘째, [그림 10-1]의 아래에서 오른쪽과 같이 흰색 블록의 체인과 검정색 블록의 체인이 생성된 경우, 긴 체인이 채택된다. [그림 10-1]의 아래에서 검정색으로 연결된 것이 메인체인이 된다. 흰색 블록은 메인체인에 연결되지 않기 때문에 쓸모가 없게 된다. 물론, 어떤 거래도 특정 블록에 저장되어 결국에는 블록체인에 연결된다. 어느 분기가 메인체인이 되는가는 최대 6개 블록이 연결된 경우에 확정될 수 있다. 따라서 최악의 경우, 최종적으로 거래가 확정되는데 오랜 시간이 소요될 수 있다. [그림 10-1]의 아래 부분에서 흰색 블록은 채택되지 않은 블록인데, 만약 누군가가 비트코인을 이중사용하고자 한다면, 그 이전의 모든 블록에 있는 내용을 변경해야 하는데, 이는 오늘날의 컴퓨팅 능력으로 거의 불가능하다.
- **채굴**(mining) : 비트코인을 채굴하는 것을 뜻하지만, 암호방식의 수학문제를 풀어 일정시간 동안(10분)의 비트코인의 모든 거래내역을 담은 블록을 생성하는 것을 의미한다. 여기서 수학문제를 푼다는 것은 특정 조건을 만족하는 해시값을 계산하는 것을 의미한다. 해시값을 계산하기 위해서는 대용량의 컴퓨팅 능력이 요구된다. 따라서 채굴자는 상당한 컴퓨팅 용량을 가진 컴퓨터를 소유하거나 다른 채굴자들과 상호 연합하여 문제를 해결한다. 비트코인의 블록체인 네트워크에 연결된 채굴 노드는 약 3만개 이상이다. 초기에는 중앙처리장치(CPU)를 이용한 채굴기가 이용되었다. 이후에는 고성능 병렬연산 처리 기능이 뛰어난 그래픽카드(GPU)를 여러 대 장착한 전문 채굴기가 나왔다. 비트메인(Bitmain)사는 목표값 이하의 해시를 빠르게 찾아낼 수 있는 주문형 반도체인 에이식(ASIC)을 이용한 채굴기를 시판하였다. 현재 저전력 또는 전기 에너지를 재사용할 수 있게 하는 다양한 채굴기가 시판되고 있다. 채굴자에게는 일정한 비트코인이 보상으로 지급된다. 비트코인이라는 암호화폐가 발행되는 것을 의미한다.
- **해시값**: 해시 알고리즘(SHA-256)을 사용하여 임의의 데이터로부터 생성한 고정된 길이의 문자열이다. 여기서 256은 SHA라는 해시 알고리즘을 이용하여 산출된 256비트 크기의 문자열이 해시값이다.

채굴에 성공하는 참여자는 시스템 운영에 기여한 대가(보상금, 일종의 인센티브)로 일정한 비트코인을 받게 된다. 채굴자에게는 6.25BTC(2022년 현재)가 제공된다. 그러나 비트코인의 총발행량은 2,100만 BTC로 주어져 있기 때문에 약 4년마다 그 대가는 절반으로 줄어든다. 2140년에는 보상금(인센티브)은 0이 되어 더 이상의 비트코인은 발행되지 않는다. 따라서 2140년 이후에는 단지 수수료가 채굴에 대한 보상으로 주어진다. 수수료가 채굴에 대한 보상으로 충분한가에 대한 의문이 발생할 수 있다. 비트코인의 가격이 하락하여 수수료만으로 참여자들에 대한 동기부여가 되지 않을 경우에는 작업증명(PoW : Proof of Work)이라는 현재의 합의방식이 변경될 가능성도 있다.

전자서명을 통해 비트코인의 실소유자가 비트코인을 사용했다는 것을 확인한다. 비트코인 이용자는 상대방의 공개주소를 알면 자금을 이체할 수 있다. 비트코인에서는 전자서명을 통해 실제 공개주소의 소유자가 자금을 이체하는 거래를 요청한 것인가를 확인한다. 비트코인은 타원곡선암호(ECC : Elliptic Curve Cryptography) 방식을 이용한다. 공개키 암호방식에서는 참여자 각자에게 한 쌍의 키, 즉 공개키와 개인키가 생성된다. 공개키로 비트코인의 주소가 산출된다. 비트코인의 송금자가 수취인에게 비트코인을 전송할 때, 수취인의 공개주소로 송금자가 자신의 전자서명을 첨부하여 보낸다. 전자서명은 해시값을 송금자의 개인키로 암호화한 것이다. 비트코인을 받은 수취인은 송금자의 공개키로 전자서명을 확인한다. 또한 해시값을 비교하면, 위변조가 여부(무결성)도 확인할 수 있다.

비트코인에서는 사용한 코인을 다시 사용하는 이중사용(double spending)을 방지하고 있다. 이중사용이란 정상적인 거래에 비트코인을 사용한 후, 해당 거래가 제외된 거래원장을 다시 배포하여 원거래의 결제를 취소시키고 해당 금액을 다른 거래에 다시 사용하는 것이다. 다시 말해, 특정 거래에 사용한 비트코인을 다른 거래에 다시 사용하는 것이다. 비트코인이라는 단어에서 알 수 있듯이 비트는 디지털을 의미하고, 코인은 동전을 의미한다. 말 그대로 비트코인은 디지털 동전, 디지털 현금이다. 동전은 거스름돈을 바꾸어줄 수 있도록 분할이 가능해야 한다. 이를 가분성이라 한다. 원화의 계산단위인 5만원 권, 1만원 권, 5천원 권, 1천원 권, 500원 동전, 100원 동전, 50원 동전, 10원 동전이 필요한 것도 바로 거스름돈 문제, 가분성을 충족시키기 위한 것이다. 비트코인도 디지털 데이터이기 때문에 복사하여 다시 사용할 수 없어야 한다. 이러한 가분성과 이중사용 문제는 어떻게 해결될까? 비트코인에서는 사용되지 않은 거래 결과의 목록인 UTXO(Unspent Transaction Outputs) 집합을 이용한다. 한편, 이더리움(Ethereum)에서는 은행계좌나 신용카드와 같은 잔고관리 방식을 이용한다.

- **비트코인의 거래 처리속도와 비트코인캐시(Bitcoin cash)** : 비트코인은 10분 동안의 거래를 약 1MB 용량의 블록에 저장한다. 블록의 크기가 작을수록 거래 처리속도가 늦다. 1MB 블록 크기에서는 초당 7건 정도의 거래를 처리한다. 비자 신용카드의 경우는 초당 평균 약 1,700건, 최고 24,000건의 거래를 처리한다. 속도 문제를 해결하는 한 방법은 블록에 저장된 정보를 줄이는 것이다. 2017년 거래내역만 블록에 저장하고 전자서명 부분은 따로 분리하여 블록체인 외부에서 처리하게 하였다. 이를 세그윗(SegWit)이라 한다. 전자서명이 차지하는 만큼의 용량이 확보되어 더 많은 거래를 처리할 수 있다. 블록의 크기를 증가시키는 것도 이 문제를 해결하는 또 하나의 방법이다. 2017년 중국을 중심으로 한 채굴업체들이 기존 비트코인에 대해 파생된(하드포크, hard fork라 함) 비트코인캐시(bitcoin cash)라는 암호화폐를 발행하게 되었다.
- **비트코인의 분기와 메인체인(main chain)** : 비트코인의 블록체인에서 분기가 발생할 수 있다. 둘 이상의 채굴자가 거의 동시에 10분의 거래를 담은 블록을 제안하는 경우에 분기가 발생한다. 첫째, 먼저 채굴한 사람이 제안한 블록을 블록체인에 연결한다. 둘째, 두 개 이상의 체인이 생긴 경우에는 긴 체인이 채택된다. 물론, 어떤 거래도 특정 블록에 저장되어 결국에는 블록체인에 연결된다. 어느 분기가 메인체인이 되는가는 최대 6개 블록이 연결된 경우에 확정될 수 있다. 따라서 최악의 경우, 최종적으로 거래가 확정되는데 오랜 시간이 소요될 수 있다.

비트코인은 내재가치를 갖는가?

법정화폐는 중앙은행이 그 가치를 보증하기 때문에 내재가치가 있다고 한다. 그러나 비트코인은 발행기관이 별도로 없다. 따라서 어떤 신뢰할 수 있는 기관이 그 가치를 보증하지 않는다. 그렇다고 비트코인이 내재가치가 없다고 할 수 없다. 결국 화폐는 신뢰이기 때문이다. 비트코인을 신뢰한다는 것은 이미 내재가치가 존재한다는 의미이다. 블록체인에서 참여자들이 스스로 가치를 보증하는 것이다. 그것은 신뢰로부터 오는 가치이다.

비트코인은 디지털 금인가? 아니면 단순히 디지털 아트에 지나지 않는가? 신용평가회사 S&P의 보고서에 따르면, 비트코인과 금의 유사성이 증가하고 있는 것으로 나타났다. 수없이 많은 암호화폐가 발행되고 있다. 비트코인은 현실세계에서 2009년 이래도 그 보안성과 안전성이 검증되어 왔다. 어떤 암호화폐도 비트코인만큼 검증되지는 않았다. 이런 관점에서 보면, 비트코인은 다른 암화화폐의 표준이자 기반이 된다. 이렇게 볼 때, 비트코인은 디지털 금의 특성이 있다고 볼 수 있다. 한편으로 물리적으로 보면, 단순히 암호화된 디지털 자료에 지나지 않는다. 마치 어떤 크리에이터가 만든 디지털 콘텐트의 하나에 지나지 않는다고 볼 수도 있다. 그런데, 결국, 비트코인이 현실에서 어느 방향으로 인식될 것인가는 블록체인과 디파이가 어떻게 발전할 것인가와 깊이 연관되어 있다.

비트코인과 전력 소비 간에 무슨 관계가 있을까?

플랫폼에 대한 신뢰는 기술, 제도, 시스템, 교육, 보험을 통해 구축된다. 공짜는 없다. 신뢰를 쌓는 데는 항상 비용이 든다. 비트코인을 채굴하는데 약간의 비트코인을 발행하여 채굴자에게 동기부여를 하고, 비트코인의 보안을 높인다. 비트코인이 안전하다는 믿음을 줌으로써 비트코인에 대한 신뢰를 높인다. 그래서 사실 화폐란 신뢰이다. 원화, 미달러, 유로 등에 대한 신뢰가 사라지면, 그것은 종이조각에 불과하다.

비트코인은 작업증명이라는 합의 방식을 이용한다. 가장 성능이 우수한 컴퓨터를 이용하는 채굴자가 가장 안정하게 블록을 생성하기 때문에 시간이 지남에 따라 비트코인은 안전하도록 설계되어 있다. 성능이 우수한 컴퓨터를 병렬로 연결하여 난이도가 높은 해시값을 찾는 연산을 수행하는데 많은 전력이 소요된다.

한때, 테슬라의 CEO, 일론 머스크는 비트코인으로 테슬라의 전기차를 구매할 수 있도록 하겠다고 하였다. 그 이후 비트코인 채굴에 신재생에너지 사용 비율이 50%가 될 때까지 비트코인을 전기차 구입에 사용할 수 없다고 번복하였다. 비트코인 채굴에 많은 전기를 쓰기 때문에 비트코인을 지급결제로 수용하는 것이 테슬라의 ESG 경영, 기업 이미지, 공유가치를 훼손시킬 수 있다.

10.3 블록체인

블록체인은 신뢰할 수 있는 제3의 기관 없이 참여자들 모두가 같은 자료를 공유하고 있어도 서로 안전하게 직접 거래하고 관리할 수 있도록 해주는 기술이다. 오늘날 대부분의 거래와 관리는 중앙집중식으로 이루어지고 있다. 그러나 탈중앙화된 분산거래와 관리를 안전하고 편리하게 해주는 블록체인의 핵심기술은 무엇인가? 이를 이해하면, 블록체인에 대한 믿음이 강해진다. 블록체인은 불확실성을 낮추고, 투명성을 높이고, 거래비용을 낮추고, 서로 잘 알지 못하는 개인 간에도 신뢰의 문제가 발생하지 않게 한다.

블록체인을 돌아가게 하는 핵심 기술은?

블록체인은 일정 시간 동안 발생한 거래 자료를 블록에 담아 이전 블록에 체인으로 연결한다. 한번 블록체인에 연결된 블록의 데이터를 수정과 복제할 수 없이 영구적으로 안전하게 저장한다. 블록체인의 모든 동일한 정보가 참여자들에게 분산 저장되어 관리된다. 신뢰할 수 있는 기관에서 관리하지 않고도 참여자들이 은행장부와 같은 데이터를 공유하여 안전하고 관리가능하게 하는 기술이 블록체인이다. 이들 대부분의 기술은 블록체인이 등장하기 이전에도 컴퓨터 네트워크에서 개발되어 활용되어 오던 기술이다. 블록체인은 이들 기술은 융합하여 분산관리를 가능하게 한다.

- **P2P(Peer to Peer) 네트워크** : 인터넷에 연결된 다수의 개별 사용자들이 서버라는 중개기관을 거치지 않고 직접 데이터를 주고받는 네트워크이다. 중앙 서버 없이 각 참여자들이 서로 동등한 입장에서 통신을 하는 네트워크이다. 각 참여자가 서버이기도 하면서 동시에 클라이언트 역할을 한다. 인터넷에서 개인 간에 음악 파일을 공유한 냅스터와 소리바다는 P2P 네트워크를 이용한 대표적 사례이다.
- **공개키 암호방식과 해시 알고리즘** : 대표적인 공개키 암호 알고리즘으로는 RSA(Rivest, Shamir, Adleman)와 ECC(Elliptic Curve Cryptography)가 있다. 그 외에도 동형암호(Homomorphic Encryption)가 있다. 특정 문서에서 유일한 해시값을 산출하는 해시 알고리즘에는 SHA-256와 SHA-3 등이 있다. 해시 알고리즘은 해시 함수를 이용한다. 해시 함수는 일방향이고 유일한 값을 산출한다. 해시 함수의 입력값이 다르면, 출력값도 다르다. M을 문서(메시지), f를 해시 함수라 하면, 문서 M의 해시값(m)은 f(M)의 결과값이다(m = f(M)). 해시값은 일방향의 함수로부터 산출된 유일한 특성을 갖는다. 특정 블록의 해시값은 유일하며, 해시값으로 원문의 메시지를 알 수 없다. 참여자들이 공유하는 블록은 동일할 수밖에 없다. 블록체인에서 각 블록의 헤드 부분에는 이전 블록의 해시값과 현재 블록의 해시값을 저장하기 때문에 해시값을 통해 블록이 하나의 체인에 연결

된다. 체인(chain)이 트리(tree)와 다른 점은 트리에는 여러 분기가 존재하지만, 체인에는 2개 이상의 분기란 존재하지 않고 하나로만 연결된다. 공개키 암호방식에서는 각 참여자에게 한 쌍의 키(공개키와 개인키)가 주어진다. 공개키는 이용자 ID 또는 이메일 주소와 같이 공개된다. 인증서를 통해 배포된다. 개인키는 비밀번호와 같이 본인의 컴퓨터에만 저장되고 본인만이 알 수 있도록 한다. 지급인(A)의 공개키를 K(A, P), 개인키를 K(A, V)라 하자. 수취인(B)의 그것을 K(B, P)와 K(B, V)라 하자. A가 B에게 보내는 메시지 M의 암호문은 {M}K(B, P)이다. 암호문이란 평문을 수신자의 공개키로 암호화한 것이다. 이 암호문은 B의 개인키로만 풀 수 있다([{M}K(B, P)]{K(B, V)} = M]. A의 전자서명은 m을 메시지 M의 해시값이라 할 때, {m}K(A, V)이다. 전자서명이란 문서의 해시값을 송신자의 개인키로 암호화한 것이다. 수취인, B는 A의 공개키로 전자서명을 확인할 수 있다([{m}K(A, V)]{K(A, P)} = m). 암호화폐도 일종의 데이터이고, 메시지이다. 따라서 수취인은 암호화폐 소유자의 전자서명으로 진위를 확인할 수 있다.

- **합의 알고리즘(consensus algorithm)** : 중앙집권식의 경우는 최고책임자가 결정하면 그만이다. 그러나 탈중앙화된 분산방식의 경우는 참여자들의 합의가 중요하다. 탈중앙화, 분산방식에서는 참여자들 간의 합의로 의사결정을 한다. 블록을 제안하여 블록체인에 연결하는 데는 합의가 필요하다. 공개형 블록체인인 비트코인에서는 작업증명(PoW: Proof of Work)을 이용한다. 작업증명 방식에서는 컴퓨터 처리능력이 가장 큰 채굴자가 보상을 받는다. 여기서 컴퓨터 처리능력이란 특정 요건을 충족하는 해시값을 신속하게 찾아내는 연산능력인 해시 파워이다. 해시 파워를 키우는 방법 중의 하나는 여러 대의 컴퓨터를 병렬도 연결하는 것이다. 이러다 보니 많은 전기를 소비할 수밖에 없다. 폐쇄형 블록체인인 하이퍼레저 패브릭에서는 기본적으로 참여자들의 투표로 합의한다. 참여자들 중의 일부에서 문제가 발생하는 것을 허용해 줄 필요가 있기 때문에 카프카(Kafka)라는 CFT(Crash Fault Tolerance)를 이용한다. 참여자의 3분의 1을 넘지 않는다면, 시스템이 정상 작동하도록 허용하는 합의 알고리즘인 비잔틱 장애허용(BFT: Byzantine Fault Tolerance) 방식도 있다. 이더리움에서는 지분증명(PoS: Proof of Stake) 합의 알고리즘을 이용한다. 지분증명은 암호화폐를 보유하고 있는 지분율에 비례하여 의사결정 권한이 주어지는 합의 알고리즘이다.
- **해시트리** : 특정 블록에 있는 거래를 빠르게 찾을 수 있고, 시간이 지남에 따라 블록체인의 데이터가 증가하는 경우에 효율적으로 데이터를 저장하고, 거래의

위변조 여부를 빠르고 효율적으로 발견할 수 있어야 한다. 이를 위한 자료구조로 이진트리 또는 해시트리가 사용된다. 블록의 헤드에는 머클루트(Merkle root)가 저장된다. 머클루트의 값은 32비트로 거래 수에 관계없이 일정하다. 비트코인에서는 머클트리가 사용되고, 이더리움에서는 머클패트리샤트리(Merkle Patricia Tree)가 사용된다.

- **스마트계약**(smart contract) : 특정 계약을 스스로 수립, 검증, 이행하는 컴퓨터 프로그램이다. 계약 조건이 충족되면 비즈니스 로직을 자동으로 실행하는 컴퓨터 프로그램이다. 이더리움에서는 스마트계약을 지원하며 이더리움 가상머신(EVM ; Ethereum Virtual Machine)이라는 독립된 실행 환경에서 작동된다. 스마트계약을 실행할 때마다 가스(gas)라는 수수료가 발생된다. 네트워크상에 수수료의 한계를 설정하여 무한루프나 디도스 공격(DDoS)을 막는다. 디도스 공격은 대량의 데이터를 발생시켜 장애를 일으키는 해킹 기법이다. 컴퓨터 프로그램이 답을 내지 못하고 무한히 반복 계산하는 경우를 무한루프라 한다. 무한루프에 빠지거나 디도스 공격을 받으면 이더리움 네트워크가 마비된다. 이 문제를 해결하기 위해 이더리움에서는 가스라는 수수료를 지급하게 하여 문제를 해결하고 있다. 무한히 반복되는 조건을 만들어 스마트계약을 실행시키면 중간에 수수료가 한계점에 도달하게 되는데, 이때 스마트계약이 중단된다. 이더리움에서 스마트계약은 솔리디티(Solidity) 언어로 작성된다. 1994년 닉 재보(Nick Szabo)가 스마트계약을 제안하였다.

비트코인을 블록체인 1.0이라고도 한다. 이더리움은 비즈니스를 위한 다양한 분산 앱을 개발할 수 있는 스마트계약을 지원한다. 따라서 이더리움을 블록체인 2.0이라 한다.

블록체인 종류와 응용 분야

누구든지 자유롭게 참여할 수 있는 공개형(public) 블록체인과 미리 정해진 조직이나 개인들만 참여할 수 있는 폐쇄형(private) 블록체인으로 구분된다. 비트코인, 비트코인캐시, 이더리움은 대표적인 공개형 블록체인이다. 공개형 블록체인에서는 대중의 적극적인 참여를 유인하는 동기부여 방식으로 암호화폐를 발행하여 지급한다. 폐쇄형 블록체인에서는 암호화폐가 반드시 필요한 것은 아니다. 폐쇄형의 경우는 자신들의 필요에 따라 참여한 구성원들이 자체적으로 운영할 동기를 갖고 있어 암호화폐를 발행하여 지급하지 않아도 된다. 국제 송금용의 리플(ripple)은 폐쇄형 블록체인으로서 암호화폐를 발행한다. 동일한 목적이나 가치를 가지고 있는 여러 조직이 컨소시엄을 구성하여 운영하는 블록체인으로 코다(Corda)와 리눅스 재단이 주도하는 하이퍼레저(Hyperledger)가 있다. 사전에 허가받은 경우에만 참여할 수 있기 때문에 허가형(permissioned) 블록체인이라 한다.

블록체인은 암호화폐나 가상자산 등의 금융분야 외에도 신원확인, 전자투표, 문서관리, 게임, 저작권관리, 부동산관리, 의료정보관리, 물류 분야 등에서 적용되고 있다. 스팀잇(Steemit)은 블록체인 기반의 소셜미디어이다. 스팀잇에 글을 올리면, 해당 글에 공감하는 참여자들이 업보트(upvote)를 눌러 스팀달러라는 암호화폐를 지급받는다. 그 외도 다음과 같은 다양한 분야에 블록체인이 이용되고 있다.

- 무료 전자상거래, 오픈바자르(OpenBazaar)
- 명품관리, 루이비통은 블록체인으로 명품을 관리하여 인증함
- 블록체인으로 유니세프 기부금 사용 내역을 관리함
- MIT 졸업생이 원하는 경우 졸업장을 블록체인에 저장하여 인증함
- 블록체인 기반 코로나19 예방 접종 인증 시스템(COOV, 쿠브) 등

2022년 글로벌 데이터 분석 · 리서치 기관 CB인사이츠가 세상을 바꿀 잠재력을 지닌 9가지 신흥 기술을 발표했다(연합뉴스 2022. 9. 11). 그 중 2개는 블록체인의 응용 분야이다. 첫째는 개인 간 전자상거래이다. 블록체인과 스마트계약은 아마존과 쿠팡 같은 중간상인(전자상거래 플랫폼) 없이 판매자와 구매자가 직접 믿고 안전하게 상거래를 할 수 있도록 해준다. 또한 실물 자산(예를 들어, 부동산)을 분할하여 대체불가능한 토큰으로 거래할 수도 있다. 둘째는 개인이 자신의 데이터를 소유하고 거래하여 소득을 올릴 수 있도록 한다. 플랫폼 기업이 소유하고 있는 고객 데이터의 소유권과 통제권을 개인에게 되돌려 주는 것이다. 이는 결국 전자상거래로 거래비용을 없애고 투명성과 안전성을 높이게 된다.

블록체인이 각광받는 이유는 분산거래와 분산관리를 통해 시스템의 보안을 강화하고, 불확실성을 해소하고, 투명성과 추적성을 개선하고, 거래비용을 감소시키고, 신뢰를 높이기 때문이다. 또한 스마트계약으로 사람이 개입하지 않고도 비즈니스를 자동으로 수행할 수 있다. 오늘날 중앙집중식 거래와 관리 방식을 탈중앙화, 분산 방식으로 바꿀 필요가 있는 경우는 블록체인을 적용하면 된다.

[그림 10-2] 블록체인, 비트코인, 응용분야

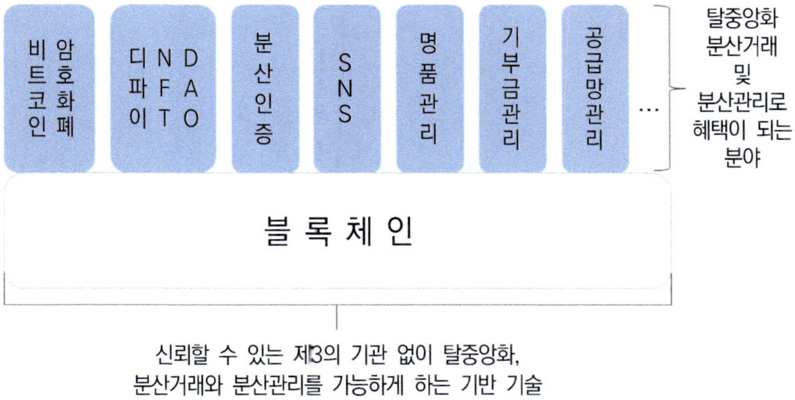

분산신뢰와 디지사이트

블록체인은 개인 간에 서로 신뢰할 수 있도록 한다. 블록체인 이전에는 잘 아는 관계이거나 제3의 신뢰할 수 있는 기관을 믿고 신뢰할 수밖에 없었다. 예를 들어, 서로 상대를 알지 못하는 비대면의 전자상거래에서 판매자는 상품을 보내기 전에 대금을 받고자 한다. 반대로 구매자는 상품을 받고 가격을 지불하고자 한다. 실제로 인터넷에서 반값에 컴퓨터를 판다는 하프플라자 사태로 많은 소비자들이 돈을 잃었다. 소위 먹튀 사태이다. 그 이후 결제대금예치서비스(escrow)가 전자상거래에 도입되었다. 판매자와 구매자 간의 신뢰를 제공하는 대가로 에스크로 기관에 수수료가 지불된다. 에스크로 기관은 판매자와 구매자도 아닌 제3의 신뢰할 수 있는 기관이다.

블록체인은 에스크로 기관 없이도 개인 간 전자상거래를 안전하게 하도록 한다. 블록체인의 스마트계약이 이 문제의 해결책을 제공한다. 스마트계약은 판매자와 구매자가 약정한 거래를 컴퓨터 프로그램으로 자동 실행한다. 따라서 판매자는 대금을 받지 못할 가능성, 구매자는 상품을 받지 못할 가능성 자체가 사라진다. 블록체인과 스마트계약은 신뢰가 필요 없는 시스템(trust-free systems)을 가능하게 한다. 따라서 시스템을 통해 신뢰라는 문제가 발생하지 않기 때문에 trust-free라 한다.

레이첼 보츠먼은 「신뢰이동」에서 개인 간의 신뢰에서 기관 신뢰, 그 다음은 분산신뢰(distributed trust)로 신뢰가 이동한다고 했다. 개인 간 신뢰란 서로 잘 알고 믿는 사람들 간의 신뢰이고, 기관 신뢰란 은행과 사법기관 등에 대한 신뢰이다. 분산신뢰는 서로 알지도 못하는 사람들 간에도 신뢰하는 것이다. 블록체인과 스마트계약은 분산신뢰를 가능하게 한다.

기업의 공급망관리에서 서로 잘 알지 못하는 공급망에 참여하는 기업들이 블록체인을 이용한 공급망관리 서비스를 이용하여 신뢰할 수 있고 만족한다는 연구를 수행한 바 있다. 중국에서는 알리바바닷컴과 징둥닷컴 등에서 클라우드 방식으로 중소기업이 블록체인 기술을 쉽게 이용할 수 있는 서비스를 제공하고 있다. 이를 BaaS(Blockchain as a Service)라 한다. 중국에서는 특히 식품에 대한 불신이 강하다. 예를 들어, 식당에 올라오는 치킨의 경우, 닭농장에서 소비자에 이르는 공급망에는 다수가 참여한다. 중국 식품 공급망을 대상으로 연구하였다. 중국에서 블록체인 기반의 식품 공급망관리 서비스를 이용하는 318개 기업을 대상으로 블록체인 기술의 특징인 투명성, 추적성, 보안성이 분산신뢰에 미치는 영향을 분석하였다. 블록체인은 참여자들 모두의 컴퓨터에 저장된다. 공급망에 참여하는 모든 사람들이 똑같은 정보를 공유하기 때문에 투명성이 보장된다. 공급망에 문제가 발생하면, 추적하여 누구의 책임인가를 알 수 있다. 블록체인에 저장된 정보는 변경이나 수정이 불가능하고, 영구적으로 보관되기 때문에 보안성이 높다. 3개의 특성과 분산신뢰와 서비스 만족 간의 관계에서 블록체인의 투명성, 추적성, 보안성은 분산신뢰를 가능하게 하여 공급망관리서비스에 대한 만족도를 향상시키는 것으로 밝혀졌다.

분산신뢰가 만병통치약은 아니다. 법률가의 지식과 통찰력이 여전히 요구된다. 왜냐하면, 법과 제도의 틀을 벗어날 수 없고, 이를 사전에 계약 조건으로 명시해야 한다. 미래의 상황을 고려하여 사전에 계약조건을 명시하기란 현실적으로 어려운 경우가 발생한다. 복잡한 거래와 계약을 스마트계약으로 자동화하는 데는 한계가 있다. 스마트계약은 자동적으로 실행되는 컴퓨터 프로그램이다. 따라서 오류가 발생할 수 있다. 또한 비즈니스 계약 조건과 로직은 인간이 기획하여 알고리즘을 개발한다. 기술과 더불어 전문가의 통찰력이 발휘될 때, 의사결정은 더욱 효과적이다.

10.4 탈중앙화 금융: 디파이(DeFi)

디파이에서 가상자산

디파이(Decentralized Finance: DeFi)란 블록체인 기반의 가상자산과 스마트계약에 의한 탈중앙금융서비스이다. 스마트계약이 기존의 금융기관 역할을 한다. 중개기관 없이 블록체인을 기반으로 암호화폐를 포함한 가상자산과 스마트계약을 이용하는 탈중앙화 금융서비스이다.

특정금융정보법(특정 금융거래정보의 보고 및 이용 등에 관한 법률)에서는 암호화폐라는 용어 대신 가상자산이라고 한다. 미국의 경우는 디지털자산이라 한다. 특정금융정보법에서 가상자산이란 경제적 가치를 지닌 것으로서 전자적으로 거래 또는 이전될 수 있는 전자적 증표(그에 관한 일체의 권리를 포함한다)라 정의하고 있다. 다만, 전자화폐, 선불전자지급수단, 게임물의 이용을 통하여 획득한 유·무형의 결과물, 전자등록주식, 전자어음, 전자선하증권 등은 가상자산에 해당하지 않는다. 디파이에는 가상자산으로 행하는 거의 모든 행위가 포함된다. 디파이는 모든 금융 서비스가 스마트계약을 통해 자동으로 이뤄지기 때문에 중개기관이 필요 없다.

디파이서비스

디파이서비스는 대출, 탈중앙 거래소(DEX), 자산관리, 보험, 파생상품, 자산토큰화, 신원인증 등의 모든 금융 서비스 영역으로 확대되고 있다. 디파이에서는 전통적 금융 서비스에서의 은행과 같은 제3의 기관을 컴퓨터 프로그램인 스마트계약이 대신한다.

- **암호화폐 예치와 대출 서비스**: 암호화폐를 담보로 대출을 받거나 이자를 받는 서비스이다. 예를 들어, 아베(Aave)와 컴파운드(Compound)는 암호화폐를 담보로 대출을 제공하는 디파이 플랫폼이다. 즉, 디지털자산의 예치와 대출을 지원하는 디파이 대출 프로토콜이며 플랫폼이다. 투자자가 자신의 가상자산을 빌려주고 이자를 받을 수 있는 구조이다. 대출은 중개인을 통하지 않고 블록체인 기반의 스마트계약을 통해 이루어진다. 예를 들어, 가격 변동이 큰 비트코인을 담보로 법정화폐에 연동된 스테이블코인을 대출받아 경제활동에 쓸 수 있다. 그 외도 이자 수익을 내는 방식으로 지분증명에 기여한 것에 대한 보상을 받는 스테이킹(staking)이 있다.

  스테이킹은 이자를 받고 암호화폐를 맡겨두는 것이다. 스테이킹은 지분증명이라는 합의 알고리즘을 이용하는 암호화폐에서 이용된다. 스테이킹은 암호화폐를 예치하는 것으로 은행에 예금하고 이자를 받는 방식과 유사하다. 은행에서는 예금을 운영하여 이익을 낸 후 이자를 준다. 그러나 지분증명 합의방식의 스테이킹에서는 암호화폐를 예치함으로써 블록체인에 새로운 블록을 생성하는 거래의 검증작업에 참여한 대가로 보상이 지급된다.

예치한 암호화폐는 정해진 기간 동안 매도하는 것이 불가능하다. 예치된 암호화폐가 많을수록 시장에서 유통되는 암호화폐의 수량이 줄어 공급이 감소하기 때문에 암호화폐 가격이 상승할 수 있다.

- **탈중앙거래소(DEX: Decentralized Exchange)**: 가상자산을 개인 간(P2P 방식)에 교환하고 운영하는 분산거래소이다. 코인베이스(Coinbase), 바이낸스(Binance), 업비트, 빗썸, 코빗, 코인원 등은 중앙화된 가상자산거래소이다. 이들과는 달리 탈중앙거래소는 스마트계약을 사용한다. 유니스왑(Uniswap)은 이더리움(ETH)과 ERC-20 토큰 간의 자동교환거래를 용이하게 하도록 설계된 프로토콜이다. 유니스왑은 메타마스크(Metamask) 전자지갑을 이용하여 가상자산을 거래한다. 메타마스크는 암호화폐 거래를 위한 전자지갑 역할을 한다. 또한 브라우저에서 블록체인 분산 앱인 댑(DApp, 또는 디앱이라 함)과 인터페이스 역할을 한다. 유니스왑도 이더리움 기반의 댑으로 토큰 간의 교환이 잘 되도록 유동성을 제공한다. 예를 들어, 이더리움의 가치가 상승할 것으로 예상될 경우, 이더리움을 담보로 테더를 대출받는다. 즉, 이더리움을 매도하지 않고 이더리움을 담보로 맡겨두고 스테이블코인인 테더를 대출받아 경제활동에 사용한다. 증권시장에서 시장조성자(market maker)가 유동성을 제공하듯이, 유니스왑과 같은 분산거래소가 매도와 매수자 간에 토큰 가격을 조정하여 유동성을 제공한다.
- **스테이블코인(stablecoin)** : 법정화폐(달러)나 채권과 같은 현실자산과 액면가치가 연동된 암호화폐이다. 암호화폐의 가격 변동성을 최소화하도록 설계된다. 예를 들어, 테더(Tether, USDT)라는 스테이블코인은 1USDT의 가치를 1달러로 연동해두었다. 1코인을 발행하려면, 1달러의 가치를 준비금으로 예치해둔다. 메이커다오(MakerDAO)는 이더리움을 담보로 달러에 연동된 스테이블코인, 다이(DAI)를 발행하는 프로젝트이다. 주택을 담보로 대출을 받는 것과 비슷한 개념이다. 1다이는 1달러 가치를 갖는다. 메이커다오가 2017년 공개한 다이(DAI)는 이더리움을 담보로 예치한 후 발행하는 스테이블코인이다. 테더는 법정화폐를 담보로 하고, 다이는 이더라는 암호화폐를 담보하고 있다. 예를 들어, 이더를 담보로 스테이블코인(다이) 빌린다. 담보 대비 대출 비율은 대개 50% 이하이다. 비트코인 가격상승이 예상되는 경우, 롱포지션하여 비트코인을 팔지 않고 스테이블코인를 대출하여 경제활동을 하거나, 비트코인를 구매하여 레버리지효과를 누릴 수 있다. 암호화폐의 변동성을 회피하는 수단으로 스테이블코인이 이용된다.
- **자산의 토큰화와 증권형 토큰** : 자산의 토큰화란 블록체인을 이용하여 소유권 또

는 자산의 권리를 거래 가능하게 토큰화하는 것이다. 부동산, 선박, 비행기, 수집소장품, 귀금속과 같은 실물자산은 물론이고, 주식과 채권, 저작권, 특허, 라이센스, 로열티, 지식재산권 같은 무형자산도 토큰화하여 유동성을 높일 수 있다. 증권형 토큰(security token)이란 주식, 채권, 부동산, 미술품 등의 금융자산이나 실물자산을 블록체인 기반의 암호화폐에 연동한 디지털자산이다. 증권형 토큰을 소유하고 있다는 것은 해당 토큰에 연동된 자산의 소유권을 의미하며, 자본시장법의 규제 대상이 된다. 토큰 발행 주체가 창출하는 수익에 대한 배당 청구 및 의사결정 권리를 가질 수 있다. 증권형 토큰을 사용한다면 자산의 분배를 매우 작은 단위로 할 수 있고, 실물자산을 온라인으로 전 세계에서 교환하는 것이 가능하다. 기업을 주식시장에 상장하는 것을 기업공개(IPO)라 한다. 새로운 암호화폐를 발행하기 위해 불특정 다수의 투자자들로부터 초기개발자금을 모집하고, 그 대가로 코인을 나눠주는 것을 암호화폐공개(ICO)라 한다. 증권형토큰을 최초로 공개하는 것을 증권형토튼공개(STO: Security Token Offering)라 한다.

- **대체불가토큰**(NFT: Non-Fungible Token)이란 하나의 토큰을 다른 토큰으로 대체하는 것이 불가능한 가상자산이다. 디지털 파일(이미지, 오디오, 비디오 등)에 대한 소유권을 블록체인에 저장하여 위변조가 불가능한 상태로 영구 보존하고, 그 소유권을 분산방식으로 확인할 수 있도록 한 디지털 소유권 증서(또는 디지털 등기 권리증)이다. 대체불가토큰이기에 디지털자산의 소유권을 보장할 수 있다. 예를 들어, 디지털 음원의 사용권을 넘어서 소유권을 갖게 한다. 희귀한 고양이를 수집하고 거래하는 게임인 크립토키티(Ctypto kitties)는 NFT의 대표적인 예이다. 대체불가능토큰의 특성에 따라 모든 고양이들은 각기 다른 모습이며, 어느 누구도 동일한 고양이를 가질 수 없다. 이러한 고양이들은 희귀도에 따라 가격이 매겨지게 된다. 사용자들은 유일한 고양이를 얻기 위해 교배를 하거나 새로운 고양이를 입양하는 행동을 취하게 된다. NFT는 예술품, 수집품, 게임, 엔터테이먼트, 스포츠 등에 이용된다. 메타버스(metaverse)에서 경제활동을 위한 가상자산으로 암호화폐와 NFT가 이용된다. 예를 들어, 메타버스 공간에서의 게임 아이템을 NFT로 발행하여 소유권을 인정한다. NFT는 이더리움에서 제공되는 대체불가토큰 표준인 ERC-721(Ethereum Request for Comment 721)을 사용한다. 한편, 대체가능트큰 표준인 ERC-20은 이더리움 네트워크에서 유통할 수 있는 토큰의 호환성을 보장하기 위한 표준이다. ERC-20은 스마트계약을 통해 생성되고, 토큰 간에 교환될 수 있다.
- **보험**, **파생상품**(derivatives), **합성자산**(synthetic assets), **마진거래**(margin trading)

등 기존 금융시장의 대부분의 금융상품을 블록체인 기반으로 거래하는 것이 가능하다. 디파이에는 중앙기관이 없기 때문에 유통량이 증가하면, 수수료로 이자를 지급하고 토큰을 유동 풀에 넣게 하는 방식으로 통화를 조정한다.

- **블록체인 오라클(oracles)**: 블록체인 외부의 데이터를 블록체인 안으로 들여오고, 블록체인의 데이터를 외부로 내보내는 것을 말한다. 외부 데이터란 인터넷과 센서 등에서 수집된 데이터와 데이터베이스의 데이터를 의미한다. 예를 들어, 스마트계약에서는 종종 외부 데이터를 필요로 한다. 오라클은 고립된 블록체인을 외부와 연결시켜주는 다리 역할을 한다. 블록체인 오라클은 외부 데이터를 요청하고, 검증하고, 증명하고, 해당 정보를 전달하는 중간자이다. 예를 들어, 체인링크(Chainlink)는 블록체인의 스마트계약을 블록체인 외부의 데이터와 신뢰할 수 있도록 연결해 주는 중간자이다. 블록체인은 오라클 기능을 통해 사물인터넷, 인공지능 및 빅데이터 등과 연결될 수 있다.

테라의 붕괴

2022년 5월 중순, 스테이블코인 테라는 완전 붕괴되었다. 테라(UST)는 한 개 코인의 가치가 1달러에 유지되도록 설계된 스테이블코인이다. 테라폼랩스는 스테이블코인 테라와 거버넌스 토큰인 루나(LUNA)의 개발사이다. 합의 알고리즘으로 지분증명(PoS)를 이용한다.

테더(Tether)와 같은 스테이블코인은 토큰 1개의 가치를 1미국달러로 유지되도록 1달러를 담보로 한 개의 테더를 발행하고 있다. 1테더에 해당하는 1달러가 실제로 예치되어 있어서, 개발사는 언제든지 1테더를 1달러로 교환해줄 수 있어 암호화폐의 가치가 안전적으로 유지된다. 그러나 테라는 법정화폐를 담보하지 않는 알고리즘으로 암호화폐의 공급량을 조절하여 가치를 유지하는 스테이블코인이다.

가격은 수요와 공급에 의해 결정된다. 테라가 1달러 이하로 떨어지면 공급을 줄여 가격을 1달러로 조절할 필요가 있다. 그렇게 하기 위해서는 시장에서 테라를 거두어들여 소각해야 한다. 예를 들어, 테라의 수요가 적어 그 가격이 0.9달러로 떨어진 경우, 투자자들은 0.9달러로 1테라를 매수한다. 그들은 테라를 1달러어치의 루나와 바꿔 0.1달러만큼 차익을 실현할 수 있다. 그런데 테라의 수요가 늘어나지만 그만큼의 루나 공급이 늘어나 루나 가격이 하락할 수 있다.

루나는 거버넌스 코인이기에 코인을 보유한 수량에 비례하여 테라에서 의사결정 권한이 주어진다. 시장에서 루나의 가격을 올리는 방안 중의 하나는 보상에 해당하는 높은 이자를 지급하는 것이다. 코인을 예치, 즉 스테이킹 하는 경우 약 20%의 높은 이자를 지급하였다. 예치 이자율은 은행과 같은 중앙기관에서 결정하는 것이 아니라 테라의 참여자인 거버넌스 코인의 보유자들이 합의에 의해 결정한다. 대개 거버넌스 코인의 경우, 블록체인에 연결할 블록을 검증하는 것에 대한 보상으로 10% 이하의 이자가 지급된다. 그런데 테라에서는 약 20%의 높은 이자를 지급하였다. 테라와 루나의 시장 규모가 커지면서 많은 투자자들이 많은 코인을 예치할수록 이자를 지급할 준비금이 쌓여야 한다. 그러나 테라의 참여자들은 그것이 고갈될 수 있다는 의심을 갖게 된다. 암호화폐에 대한 불신이 싹트기 시작하면서 악순환으로 빠지게 되었다. 이는 테라의 붕괴를 초래하게 되었다. 테라 생태계의 붕괴는 디파이 전반에도 영향을 미친다.

규제 장벽에 쓰러진 페이스북 암호화폐, 디엠(Diem)

2019년 페이스북(현 메타)은 "이용자가 언제 어디서나 자유롭게 송금하거나 상품 결제를 할 수 있는 리브라(디엠)를 발행한다"고 밝혔다. 리브라는 이후에 디엠으로 명칭을 바꾸었다. 페이스북은 이용자가 리브라를 구매해 캘리브라라는 전자지갑에 저장하고, 이를 페이스북 메신저에 등록한 친구에게 전송할 수 있도록 하겠다고 했다. 디엠은 미국 달러화에 가치를 고정하는 스테이블코인으로서, 가치 변동폭이 작아 실생활에서 결제수단으로 쓰일 수 있다. 디엠의 가치 변동폭은 일반 법정화폐와 비슷한 수준이다. 페이스북은 디엠의 안정성을 유지하기 위하여 디엠리저브(Diem Reserve)라고 불리는 예비금을 비축할 계획이었다. 원래 디엠은 국경을 넘나드는 거래에서 국가가 발행하는 화폐를 대체하고 은행계좌가 없는 수십억 명에게 지불 네트워크를 제공하기 위한 것을 목표로 했다. 그러나 결국 미국 정부의 규제를 넘어설 수 없었다. 디엠의 사례에서 보듯이 정부의 규제와 법은 암호화폐와 디파이의 성장과 발전에 영향을 주는 중요한 요인이 된다.

디파이와 실물경제

디파이는 개념적 혁신의 한 사례이다. 예를 들어, 아베(Aave)는 디지털자산의 예금과 대출을 지원하는 디파이 대출 프로토콜이며 플랫폼이다. 디파이 1위 업체는 메이커다오(MakerDao)이다. 예를 들어, 이더리움의 가치가 상승할 것으로 예상될 경우, 이더리움을 팔지 않고 이더리움을 담보로 테더(스테이블코인)를 대출받는다.

데더를 대출받아 무엇을 할까? 단순히 디파이 내에서만 또 다른 투자를 해야 한다면, 실물경제에 직접적인 영향을 줄 수 없다.

디파이는 기존 금융보다 편리성, 효율성, 투명성을 개선하는 효과가 있다. 암호화폐, 디지털자산의 대출, 이자 서비스 자체보다는 향후에 전통금융과 융합하여 새로운 방식으로 가치를 창출할 수 있어야 한다. 디파이에서 자금 조달이 실물경제에 도움을 줄 수 있어야 한다. 디파이는 금융 서비스로서 실물경제를 활성화하는데 기여해야 한다. 디파이는 실물경제와 어떻게 연결되어 실물경제를 활성화하는데 기여할 것인가? 디파이 시장이 확장되어 실물경제 영역의 비즈니스에서 디지털자산이 호환될 수 있어야 한다.

디파이는 닫힌 공동체로서는 확산에 한계가 있다. 공동체는 열려 있어야 한다. 디파이는 씨파이(CeFi: Centralized Finance)와 함께 해야 한다. 씨파이란 중앙의 중개기관을 이용하는 기존의 금융 서비스이다. 기업은 비즈니스 포트폴리오로 상호작용하면서 연결되어 있듯이 디파이도 씨파이와 연결되어야 한다. 예를 들어, 글로벌 전자상거래에서 지급결제수단으로 스테이블코인을 사용하는 비즈니스 모델이 탄생할 수 있다. 디파이와 실물경제를 연결하는 다양한 비즈니스 모델이 출현할 때, 디파이도 확장된다.

기업 간에도 상호작용하고 연결되어 있다. 애플이 메타(페이스북)에 영향을 주고받는 것과 같은 이치이다. 애플의 개인정보 정책에 따라 메타의 주가가 폭락한 사태에서도 그것을 알 수 있다. 메타는 광고비 수입에 의존하고 있는데, 맞춤형 광고가 효자 노릇을 하는 셈이다. 그런데 애플은 아이폰 사용자들의 동의 없이 광고 목적으로 그들 활동을 추적하지 못하도록 개인정보보호정책을 변경했다.

"메타가 사상 최대의 주가 하락을 겪는 사이 알파벳은 여전히 기록적인 주가 수준에 머물러 있다. 메타 시총 301조원 증발했다(2022. 2). 이 차이점을 만들어낸 것은 애플이며, 애플이 개인정보 보호정책을 변경한 지난해부터 두 회사의 주가가 엇갈렸다.".

디파이 서비스는 가치를 창출하는가? 고용을 창출하는가? 단순히 돈 놓고 돈 먹는 이자농사만 하는가? 댑(DApp)의 다양성과 디파이를 실물경제와 연결하는 비즈니스 모델의 탄생에 달려 있다. 또한 디파이가 실물경제에 미치는 영향, 블록체인을 기반으로 디파이와 NFT, 메타버스가 상호 연결될 때, 디파이도 확산될 것이다.

10.5 이더리움

이더리움(Ethereum)은 비트코인과 마찬가지로 블록체인 기술을 이용한다. 또한 비즈니스 계약을 자동화하는 스마트계약 기능이 있다. 이더리움은 블록체인 기술을 기반으로 암호화폐를 발행하고, 스마트계약을 포함하는 분산 앱(DApp)을 개발하여 운영하는 플랫폼이다. 이더리움은 스마트계약 플랫폼이다. 이더리움에서 발행하는 암호화폐를 이더(ETH: Ether)라 한다. 2015년 비탈릭 부테린(Vitalik Buterin)이 제안했다. 2022년 9월 작업증명(PoW) 방식에서 지분증명(PoS) 방식으로 전환했다. 기존의 작업증명 방식의 블록체인을 지분증명 방식의 블록체인에 합병하여(merge) 이더리움 블록체인(비콘체인, beacon chain이라 함)이 운영된다.

작업증명에 의한 합의 방식은 누구나 블록 생성에 참여하여 그 대가를 암호화폐로 지급받을 수 있다. 블록체인이 주는 탈중앙화와 분산관리의 취지를 잘 살린다. 그러나 블록을 생성하여 블록체인에 연결할 가능성은 컴퓨팅 능력에 의존하기 때문에 과도한 전기를 소모한다. 지분증명은 보유한 암호화폐(이더리움의 경우는 이더)의 수량에 따라 블록생성의 기회와 블록체인 커뮤니티에서의 의사결정 권한이 달라진다. 마치 주식회사에서 의사결정 권한이 보유한 주식의 수에 비례하는 것과 유사하다. 따라서 전기 소모로 인한 문제가 해소되고, 거래 속도도 빨라진다. 그러나 탈중앙화는 어느 정도 희석된다. 한편, 이러한 탈중앙화 문제를 해결하기 위해 다양한 방식이 시도되고 있다. 예를 들어, 지분 외에도 커뮤니티에서의 투표나 무작위 선정 방식을 도입하여 지분이 적은 구성원들도 거버넌스에의 참여 비율을 높일 수 있다.

비트코인 소유자는 고유한 비트코인 주소를 갖는다. 또한 다수의 UTXO(Unspent Transaction Outputs: 미사용 비트코인 거래목록)를 갖는다. UTXO는 발행되었으나 아직 거래에서 사용되지 않은 비트코인 목록이다. UTXO에는 사용하지 않는 여러 비트코인 금액이 표기되어 있다. 비트코인은 최소 단위는 1사토시(1억분의 1 비트코인, 0.00000001 BTC)이다. UTXO는 블록체인에 저장되어 있다.

어떤 사용자의 비트코인 잔액은 블록체인에 저장된 그 소유자의 모든 UTXO의 비트코인 합이다. 다른 사람에게 특정 UTXO의 비트코인을 모두 지급하면, 그 UTXO는 폐기된다. 이런 방식으로 이중사용 문제를 해결한다. 비트코인을 수취한 사람의 UTXO가 새로이 생성된다. 마치 한번 발행된 비트코인이 다른 사람에게 이전되어 계속 살아 움직이는 것과 같다. 이는 차움(D. Chaum)이 이캐시라는 암호화폐에서 이중사용 방지를 위해 한번 사용한 동전 목록을 이용한 방식과 유사하다.

비트코인이라는 명칭에서 알 수 있듯이, 비트라는 디지털로 만든 코인 즉, 현금이다. 현금의 경우 가분성이 있어야 한다. 거래에서 잔돈을 교환하는데 문제가 없어야 한다. 둘째는 이중사용이 불가능해야 한다. 어떤 거래에서 지불한 비트코인을 복사하여 두 번 이상 사용할 수 없어야 한다. 비트코인은 UTXO를 이용하여 가분성과 이중사용 문제를 해결하고 있다.

비트코인이 현금과 유사한 방식인데 반해, 이더리움은 계정 기반이다. 이더리움은 은행계좌나 신용카드와 같은 잔고관리 방식으로 이중사용을 방지한다. 이더리움 계정에는 사용자의 개인키에 상응하는 사용자 계정(EOA: External Owner Account)과 스마트계약과 연관된 계약 계정(CA: Contract Account)이 있다. 사용자는 사용자 계정을 관리하지만, 계약 계정은 스마트계약에 의해 통제된다. 사용자 계정에서 거래를 생성하고, 계약 계정에서 메시지를 전달한다. 사용자 계정에서는 스마트계약에 정의된 특정 기능을 실행하도록 하는 거래를 제안하여 계약 계정과 통신한다.

비트코인은 메인체인에 포함되지 않은 블록의 채굴자에게는 보상이 없다. 그러나 이더리움에서는 메인체인에 포함되지 않은 삼촌노드(공로노드 또는 부실노드)에 대해서도 보상을 지급한다. 가스 가격을 높여 수수료를 많이 내면 거래가 빨리 채결되어 블록체인에 등록된다. 가스 가격에 따라 거래 승인속도가 달라진다. 스마트계약에서 가스 한도를 지정하여 디도스 공격이나 스마트계약의 프로그램 오류로 인한 무한 루프에서 헤어나게 한다. 스마트계약에서 지정한 가스를 다 사용하고 나면, 그 계약은 작동을 중지하도록 되어 있다. 가스라는 용어를 사용하는 이유는 자동차가 움직이려면 연료인 가스가 필요하듯이, 이더리움 네트워크가 작동하려면 수수료인 가스가 필요하다는 의미이다.

댑(DApp: Decentralized Application, 디앱이라고도 함)이란 분산 네트워크에서 실행되는 응용 소프트웨어이다. 이더리움의 댑은 스마트계약과 사용자 인터페이스로 구성되어 있다. 스마트계약은 EVM(Ethereum Virtual Machine)에서 실행되도록 바이트코드 형식으로 블록체인에 저장된다. 블록체인에 저장된 스마트계약은 변경이 불가능하다. 사용자는 댑을 이용하여 블록체인에 저장된 스마트계약을 이용한다. 테더, 메이커다오, 유니스왑, 컴파운드, 체인링크 등은 대표적인 이더리움 기반의 DApp이다. 게임, 도박, 자산관리, 소셜네트워크, 보안, 거래 등의 다양한 분야에서 댑이 개발되어 있다. 댑에서도 자체의 토큰을 발행하고 있다. DApp을 개발하기 위한 블록체인 플랫폼에는 이더리움 외에도 이오스(EOS)와 네오(NEO) 등이 있다. 댑의 현황을 알 수 있는 사이트가 있다.

• **에스크로 서비스를 위한 댑, Trustless Escrow**: 제3의 기관 없이 스마트계약으로 안전하게 온라인에서 판매자와 구매자가 거래할 수 있도록 지원하는 결제보호서비스이다(trustlessescrow.com). 블록체인은 제3자의 개입 없이 스마트계약에 의해 믿을 수 있는 거래를 보증하기 때문에 신뢰가 필요 없는 시스템을 가능하게 한다.

표 10-2 비트코인과 이더리움의 비교

	비트코인	이더리움
제안	사토시 나카모토	비탈릭 부테린(Vitalik Buterin),
플랫폼	암호화폐	암호화폐와 스마트계약
암호화폐	2009년 비트코인 채굴 개시	2015년 이더(ETH) 7,200만 이더 ICO
원장(이중사용 방지)	UTXO 기반	계정기반
블록	10분	약 12초
합의 알고리즘	작업증명(FoW)	지분증명(PoS)
보상	채굴자에게 6.25BTC(2022년 현재)	검증인에게 보상하며 검증인의 수에 의존적임
수수료	자발적	필수적

비트코인과 같이 작업증명(POW)에 의한 합의 알고리즘에서는 컴퓨터 연산능력이 큰 채굴자가 블록 생성에 대한 보상을 받는다. 한편, 이더리움과 같은 지분증명(POS)의 경우는 검증인(validator)에게 보상이 주어진다. 검증인은 작업증명 방식에서의 채굴자와 유사한 역할을 한다. 검증인은 암호화폐 블록체인에 대한 의결권을 갖고, 블록체인의 보안과 안전에 대한 책임을 맡은 대가로 보상을 받는다. 검증인이 되기 위해서는 32이더 이상을 보유하고 있어야 한다. 보상은 수수료와 블록 생성에 따라 발행한 이더로 주어진다. 블록 생성과 검증에 참여하는 검증인이 많을수록 검증인에게 주어지는 보상이 감소한다.

이더리움을 보유한 사람은 누구나 자신의 이더를 예치하여 이자를 받을 수 있다. 이더 예치의 이자율은 약 4%이다. 은행에서는 예금과 대출의 금리 차이로 벌인 돈을 이자로 지급한다. 지분증명에 의한 합의 방식의 암호화폐에서는 스테이킹 즉, 암화화폐를 예치하면, 블록체인의 새로운 블록을 검증한 권한을 가진 검증인이 블록을 안전하게 생성하여 검증한 대가로 받은 보상으로 이자를 지급해준다. 이더리움 예치 서비스를 제공하는 업체로는 리도(Lido), 바이낸스, 코인베이스 등이다. 국내의 가상자산거래소가 예치 서비스를 제공한다. 이더리움 보유자는 디지털자산의 시세 차익을 누릴 수 있다. 그 외에도 검증인이 되는 경우는 블록체인에 추가할 블록을 검증한 대가로 보상을 받는다. 또한 보유한 이더를 예치하여 이자를 받을 수 있다. 예치한 이더는 일정 기간 동안 거래할 수 없다.

비트코인, 이더리움, 하이퍼레저 모두는 컴퓨터 프로그램 코드가 공개된 오픈소스이다. 이는 블록체인의 확장성을 높인다.

10.6 하이퍼레저 패브릭

하이퍼레저 패브릭(Hyperledger Fabric)은 허가받은 사람들만 참여하는(permissioned) 폐쇄형 블록체인을 이용하는 분산원장 기술 플랫폼이다. 하이퍼레저 패브릭은 금융, 무역, 공급망 등의 다양한 분야의 응용 시스템에 적용된다. 이더리움과 마찬가지로 체인코드(chaincode)라는 스마트계약 기능이 있다. 그러나 폐쇄형이고 네트워크에 참여하는 조직이 스스로 동기를 갖고 있기 때문에 블록 생성에 대한 보상으로 암호화폐를 발행하지는 않는다.

리눅스재단이 주도하여 설립한 하이퍼레저 프로젝트 중 하나이다. 하이퍼레저는 리눅스재단이 주도하는 기업용 블록체인 기술 개발을 위한 오픈소스 프로젝트이다. 이 프로젝트에서는 5개의 프레임워크와 5개의 툴을 만들고 있는데, 250여 기업이 이 프로젝트에 참여하고 있다. 2018년에 나온 패브릭은 IBM이 적극 참여했던 프레임워크 중의 하나이다.

하이퍼레져 패브릭에서는 채널(channel)별로 한 개의 분산원장이 존재한다. 블록체인 기반의 응용 시스템을 이용하는 같은 조직에서도 채널별로 참여자격을 달리 함으로써 정보의 기밀성과 프라이버시를 보호할 수 있다. 특정 채널에 참여한 사람들만이 거래 정보와 체인코드 실행 내용을 알 수 있다. 허가형 블록체인이기 때문에 멤버십 서비스(membership service)로서 인증기관을 두어 참여자들의 인증서를 발급한다. 이는 전자거래에서 공동인증 서비스와 유사한다. 공개형 블록체인에서는 참여자들(네트워크의 노드) 모두가 거래와 계약 정보를 투명하게 알 수 있다. 그러나 기업의 비즈니스에서는 모든 참여자가 아닌 특정 파트너들만이 거래나 계약 정보를 공유할 필요가 있다. 따라서 하이퍼레저 패브릭에서는 인증 서비스를 이용한 채널을 구성하여 해당 파트너들만이 정보를 공유한다.

거래흐름을 살펴보면, 거래를 실행하고, 이를 블록에 등록할 순서를 정하고, 검증하는 구조(execute-order-validate)이다. 첫째는 거래를 실행하여 정책을 충족하는 정확한 거래인가를 점검하여 보증하는(endorsing) 과정이다. 둘째는 합의 프로토콜에 따라 거래의 순서를 정하는(ordering) 과정이다. 셋째는 해당 애플리케이션에서 정한 보증정책(endorsement policy)에 따라 거래를 검증하여 분산원장에 확정하여 기록하는(committing) 과정이다. 오더링 서비스(ordering service)를 제공하는 노드인 오더러(orderer)로부터 최신 블록을 받은 피어(peer)들은 블록에 포함된 결괏값이 정상적인지 각각의 트랜잭션 결괏값이 보증 정책에 부합하는지 등의 검증 작업을 수행한 후, 최신 블록을 블록체인에 추가하고, 월드 스테이트(world state)라는 상태 데이터베이스(DB)를 갱신한다. 피어 노드들에서의 검증 결과, 유효 또는 비유효(valid or invalid)로 태깅된 거래들이 블록에 기록된다. 그러나 피어 노드에서 검증된 유효한 거래로 확정된 것만이 상태 DB에 저장된다.

순서를 정하여 거래를 실행하는 비트코인 및 이더리움과 같은 공개형 블록체인의 방식과는 다르게 하이퍼레저 패블릭에서는 먼저 거래를 실행하여 그 결과와 함께 블록에 담을 거래의 순서를 정한다.

애플리케이션의 보증정책에서 몇 개의 어느 피어 노드(peer node)가 스마트계약을 실행할 것인지를 정할 수 있다. 네트워크의 모든 노드가 아니라 보증정책에서 정한 노드만이 거래를 실행한다. 따라서 이더리움에서와 같이 확정적 프로그래밍 언어(솔리디티)로 스마트계약을 작성하지 않아도 된다. 고(Go), 자바, 자바스크립트 등의 표준 프로그래밍 언어로 체인노드를 작성할 수 있다.

- 이더리움의 공개형 블록체인에서는 이더리움 네트워크의 모든 노드가 같은 스마트계약을 실행하고, 상호 검증하게 되므로 사용되는 구조는 확정적(deterministic)이어야 했다. 여기서 확정적하는 의미는 알고리즘에 어떤 특정 입력 값을 대입하면 항상 같은 값을 출력하는 특성이다. 만약 공개형 블록체인의 시스템이 확정적이지 않고, 시스템 의존적인 요소를 사용한다면 노드마다 출력값이 달라 합의에 이를 수 없고 모든 참여자가 같은 정보를 공유하지 못한다. 따라서 이더리움에서는 확정적 프로그래밍 언어인 솔리디티를 이용하여 스마트계약을 작성한다. 그러나 하이퍼레저 패브릭에서는 일부 피어 노드(peer node)만 체인코드를 실행하고 결괏값을 네트워크에 전파하기 때문에 프로그래밍 언어가 결정적일 필요 없이 Go, 자바, 자바스크립트 등의 프로그래밍 언어가 사용된다. 또한 무한루프나 해커 공격 등의 문제가 발생해도 그 영향은 일부 노드로 제한되며, 그 노드는 실행을 종료할 수 있기 때문에 표준 프로그래밍 언어로 체인코드를 작성할 수 있다.

하이퍼레저 패브릭에서 모든 자산(자동차, 부동산, 지적재산 등)은 키와 키값의 쌍(key=CAR1, value={type:Hyundai, color:black, owner:Joe})과 그에 해당하는 버전(version)으로 상태 정보를 관리한다. 체인코드란 자산을 정의하고, 자산의 상태를 변화시키는 거래 명령들의 집합인 비즈니스 로직이다. 하이퍼레저 패브릭의 클라이언트가 거래 제안을 하면, 제안에서 요청된 체인코드가 실행된다. 분산원장은 변경 불가능한 기록을 담은 블록체인과 상태 DB(world state: 분산원장의 현재 상태)로 구성되어 있다. 어떤 거래가 한번 검증되고 확정되어 분산원장에 기록되면 변경이 불가능하다. 채널의 구성원들은 거래를 제안하고 체인코드를 이용하여 분산원장의 내용을 질의하거나 분산원장의 키와 키값 쌍을 갱신함으로써 분산원장을 관리한다.

하이퍼레저 패브릭의 블록체인 네트워크는 다음과 같이 구성된다: 채널, 클라이어언트, 오더링 서비스, 멤버십 서비스, 피어 노드(보증 피어 노드와 확정 피어 노드). 보증 피어(endorsing peer)는 거래를 실행하고 검증하여 보증한다. 확정 피어(committing peer)는 분산원장에 거래의 블록을 추가하고 상태 DB를 갱신한다. 클라이언트는 DApp이라는 애플리케이션을 이용하여 체인코드에 접근한다. DApp은 하이퍼레저 패브릭의 SDK(Software Development Kit)를 이용하여 개발한다.

- **오더링 서비스(ordering service)**: 피어 노드가 검증한 거래들을 블록에 담는 순서를 정하고 블록을 생성하여 채널의 피어들에게 배포한다. 오더러는 각 거래의 내용을 점검하지는 않는다. 블록체인 네트워크의 모든 채널로부터 거래를 받아 채널별로 블록에 담을 거래순서를 정하여 채널별로 블록에 해당 거래들을 기록한다.
- **멤버십 서비스(membership service provider)**: 공개키기반구조(PKI: Public Key Infrastructure)를 이용하여 컨소시엄 조직의 참여자에게 디지털 인증서를 발급하여 신원을 관리한다.
- **피어 노드에 체인코드와 분산원장(블록체인과 상태 DB)**이 저장된다. 피어 노드는 거래 요청에 따라 체인코드를 통해 분산원장을 읽고 기록한다. 보증 피어는 DApp에서 제안한 거래의 보증 여부를 판단하는 피어로서 거래의 입력값으로 체인코드를 실행한다. 실행 결과(Read/Write set)와 해당 피어의 디지털 인증서를 DApp으로 보낸다. 확정 피어는 오더링 서비스로 생성된 최신 블록에 대한 검증 작업을 수행한다. 보증 피어는 거래마다 다를 수 있지만, 모든 피어가 확정 피어 역할을 수행한다. 애플리케이션에서 명시한 피어가 거래를 실행한다. 병렬처리 즉, 피어들이 분담하여 거래를 실행하기 때문에 처리속도가 빠르다.

그러나 모든 피어는 똑같은 분산원장을 저장하고 있다. 확정 피어는 보증 피어의 인증 여부, 거래 실행결과(키와 키값)와 버전에 대한 검증을 수행하여 적합한 거래를 유효한 것으로 확정한다. 이에 따라 새로운 블록이 블록체인에 연결된다. 예를 들어, A가 B에게 1,000원을 지급하는 거래의 경우, 실행 결과인 Read/Write 셋 검사는 다음과 같다. Read: {(사용자A, 사용자A의 잔액, 현재 State DB의 레코드 버전(현재 블록체인 높이)); (사용자B, 사용자B의 잔액, 현재 State DB의 레코드 버전(현재 블록체인의 높이))}. Write: {(사용자A, 사용자A의 잔액 −1,000원); (사용자B, 사용자B의 잔액+1,000원)}

- **체인코드**: 체인코드를 통해 분산원장의 데이터를 읽거나 데이터를 분산원장에 기록한다. 체인코드와 분산원장은 피어 노드에서 저장되고 관리된다. 체인코드는 분산원장에 질의하거나 갱신한다. 체인코드는 주어진 분산원장에 기록된 데이터를 찾거나 블록체인에 새로운 블록을 추가함으로써 분산원장을 갱신한다. 한번 블록체인에 저장된 데이터는 수정이나 변경은 실질적으로 불가능하다. 하나의 체인코드에는 다수 개의 스마트계약이 있을 수 있다. 예를 들어, 차량계약 체인코드에는 자동차계약과 트럭계약이 포함될 수 있다. 체인코드는 그 자체로도 사용가능하지만, 비즈니스 모델에 맞는 분산 애플리케이션(Dapp)과 함께 개발되어 사용된다.
- **합의 알고리즘**이란 블록체인 네트워크의 모든 참여자들에게 동일한 거래 내역을 공유하여 유지하도록 참여자들이 합의하는 방식이다. 컨소시엄 참여자들이 합의 방식을 결정한다. 이는 거래의 유효성 검증, 거래 순서 결정, 버전의 점검 등을 포함하는 거래 제안에서 거래가 확정되어 블록체인에 연결되기까지의 모든 사안에 대한 합의 방식이다.

[그림 10-3]의 컨소시엄에는 4개 조직(Org1, Org2, Org3, Org4)이 참여하고 있으며, 각 조직의 애플리케이션을 A1, A2, A3, A4라 한다. 블록체인 네트워크의 현 채널에는 5개 피어 노드(P1, P3, P5, P7, P8)가 체인코드와 분산원장을 공유하고 관리한다. Org1의 경우, 2개의 피어 노드 중에서 P1만이 현재의 채널에서 분산원장을 저장하고 관리한다. Org2의 경우는 P3와 P5가 현 채널에서 분산원장을 공유한다. [그림 10-3]에서는 오더링 서비스와 멤버십 서비스는 생략되었다.

[그림 10-3] 블록체인 네트워크 구성

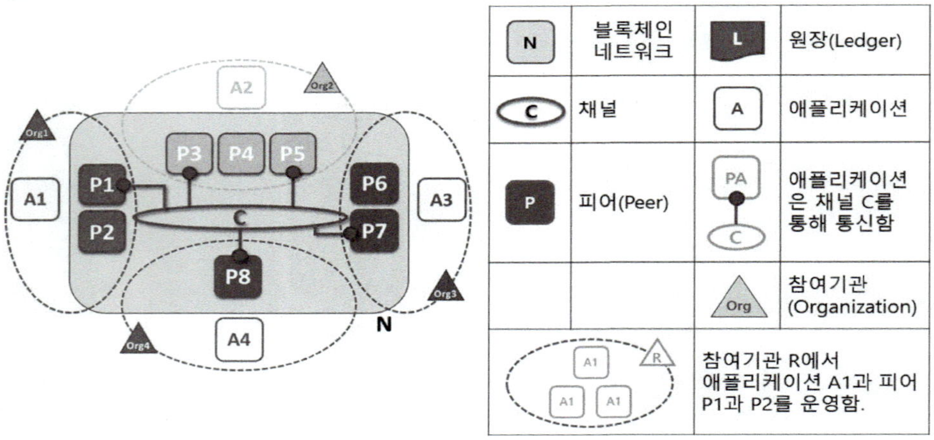

출처 : https://hyperledger-fabric.readthedocs.io/en/latest/peers/peers.html

[그림 10-4]와 같이 분산원장은 변경불가한 모든 거래 내역을 담은 블록체인과 거래된 자산의 현 상태를 저장하는 월드 스테이트(상태 DB)로 구성된다. 블록체인에 의해 상태 DB가 결정되기 때문에 상태 DB는 블록체인의 상태(자산의 변화 상태)를 반영하고 있다. 상태 DB는 블록체인에 기록된 현 상태를 저장하고 있다. 블록체인의 모든 블록을 탐색하지 않고도 분산원장에서 필요한 데이터를 쉽게 찾을 수 있도록 해준다. 분산원장의 상태는 키, 키값의 쌍으로 표현된다.

[그림 10-4] 분산원장: 블록체인과 상태 DB(World State)

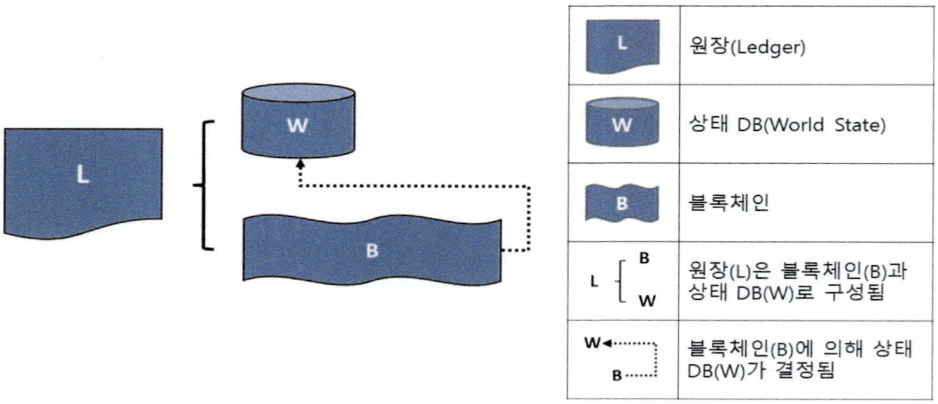

출처: 하이퍼레저 패브릭

[그림 10-5] 블록체인의 예

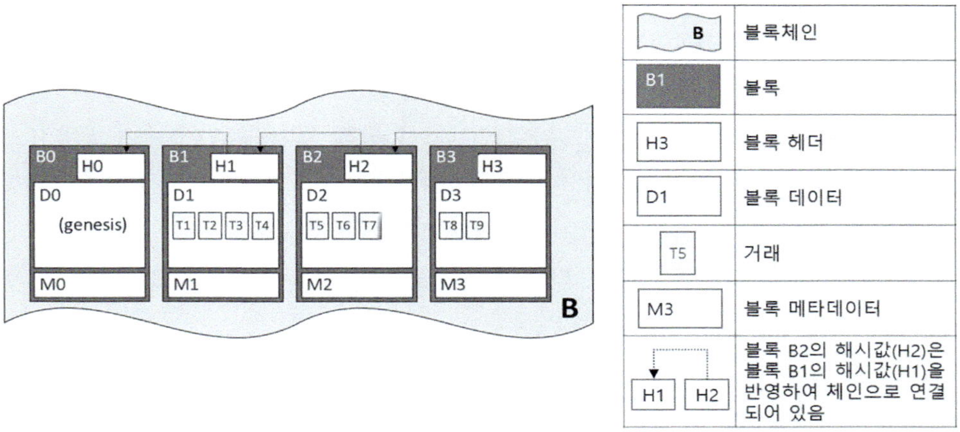

출처 : https://hyperledger-fabric.readthedocs.io/en/latest/ledger/ledger.html

[그림 10-6] 상태 DB(월드 스테이트)의 예

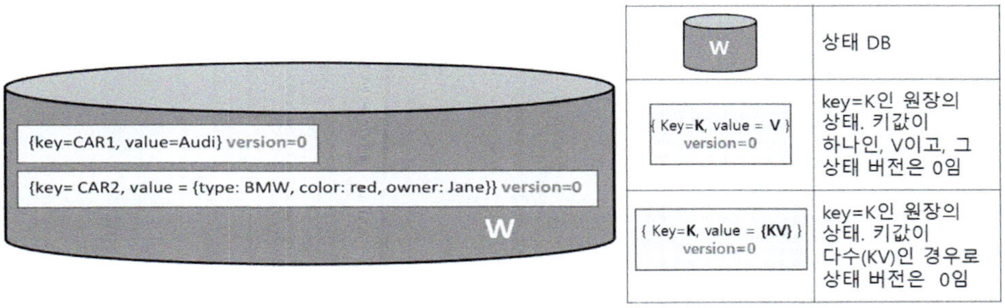

블록체인은 모든 거래의 기록 즉, 현 상태에 대한 거래의 기록을 블록에 담고 있다. [그림 10-5]의 블록체인에는 4개의 블록, B0, B1, B2, B3이 연결되어 있다. 블록 B0은 블록체인의 첫 번째 블록으로 제니시스 블록(genesis block)이라 한다. 제니시스 블록에는 채널 구성원, 채널 정책, 각 피어의 역할 등이 설정되어 있다. 세 번째 블록, B2에는 T5, T6, T7 거래의 데이터 D2를 저장하고 있다. B2의 헤더(H2)에는 현 블록의 해시값와 이전 블록의 해시값을 담고 있다.

[그림 10-6]의 상태 DB에는 두 상태가 저장되어 있다. 첫 번째는 (key=CAR1, value=Audi), 버전 0이다. 두 번째는 (key=CAR2, value={model:BMW, color=red, owner=Joe}), 버전 0인 상태를 표현하고 있다.

특정 목적을 달성할 필요가 있는 조직들이 컨소시엄을 구성하여 조직 간 협의 하에 오더링 서비스 노드를 구축한다. 그 후에 오더링 서비스를 이용하여 피어, 채널, 클라이언트, 네트워크 정책, 채널 정책 등을 설정한다. 컨소시엄을 구성한 조직들은 여러 개의 채널을 통해 채널별로 분산원장을 관리할 수 있다.

하이퍼레저 패블릭 블록체인 네트워크에서의 거래 흐름은 [그림 10-7]과 같다. 사용자가 애플리케이션을 이용하여 체인코드를 통해 분산원장에 질의하거나 분산원장을 갱신한다. 단순히 분산원장에서 질의하는 경우는 애플리케이션 제안에 대한 질의 결과는 받는 단계 3에서 끝난다. 블록체인에 새로운 블록을 추가하여 분산원장을 갱신하는 경우는 단계 4가 추가된다.

그림 10-7] 거래처리 단계

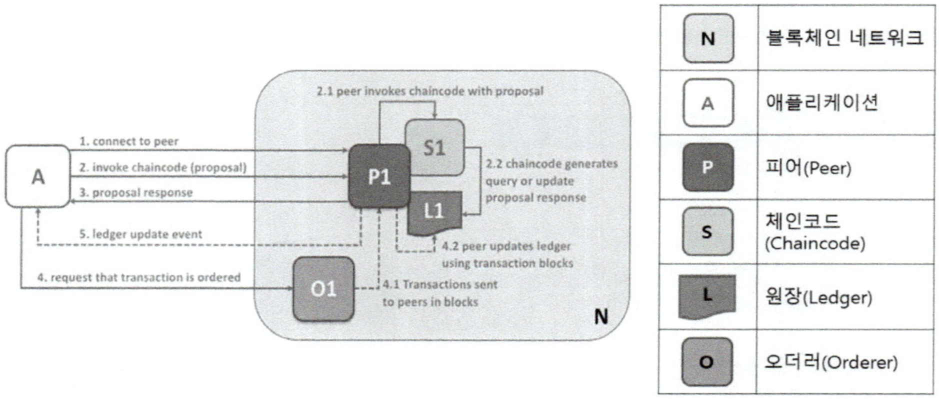

출처: https://hyperledger-fabric.readthedocs.io/en/latest/peers/peers.html

단계 1: 사용자는 분산앱(DApp)을 사용하여 P1(피어 노드)에 연결한다.

단계 2: 체인코드를 실행하여 분산원장(L1)에 질의하거나 거래 제안의 내용을 갱신하도록 요청한다.

단계 3: 체인코드 실행결과를 받는다. 질의의 경우는 거래가 여기서 끝난다.

단계 4: 사용자는 오더링 서비스 노드(O1)에게 블록에 담을 거래 순서를 정해줄 것을 요청한다. 피어 노드(P1)에서 체인코드를 실행한 결과의 거래에는 리드/라이트 셋(read/write sets), 보증 피어(P1)의 서명(endorsing peers signatures), 채널 ID가 들어있다. 순서대로 거래가 기록된 블록들을 피어 노드(P1)에 보낸다. 피어 노드(P1, 특히 해당 채널의 모든 피어 노드가 확정 노드에 해당한다)가 거래를 검증하여 거래마다 유효 또는 비유효를 태깅하고, 최신 블록을 블록체인에 연결하고, 유효한 거래에 대해서만 상태 DB를 갱신한다. 피어 노드(피어 노드에는 보증 피어와 확적 피어 노드가 있는데, 정확하게는 채널의 모든 피어가 확정 피어 노드이다)가 검증한다는 것은 보증 정책(각 거래별 보증 정책에 부합하는 보증 피어의 서명)과 리드/라이트 셋을 확인하는 것(리드셋에 포함된 키값이 사용될 때의 상태 DB의 버전을 확인한 후 현재 블록체인의 버전과 일치하는지 확인)이다. 블록체인에 한번 기록된 거래는 변경이 불가능하다.

단계 5: 갱신된 분산원장을 배포하고 채널의 모두에게 알린다.

10.7 비트코인이 넘어야 할 산

비트코인이 가상자산거래소에서 주식시장의 주식과 같이 거래되고 있다. 가상자산거래소에서 거래되는 암호화폐는 주식과는 달리 상한가와 하한가가 없다. 일 년 365일 24시간 거래된다. 비트코인이 주식 및 채권과 같은 금융상품으로 투자의 대상으로 비치고 있다. 그러나 사토시 나카모토가 제안한 비트코인은 말 그대로 디지털 코인이고, 전자현금이다. 이는 화폐로써의 역할에 중점을 두었다.

비트코인이 단순한 가상자산으로 머물지 않고 경제활동에 순기능적 역할을 하기 위해서는 지급결제수단으로서 범용성의 문제를 극복해야 한다. 과연 어떤 한계가 있고, 어떻게 해결될 것인가? 비트코인의 한계는 디파이의 발전과도 연관되어 있다.

2,100만개 채굴 후 비트코인 블록 보상 제도는 어떻게 될 것인가?

비트코인 거래가 있는 한, 블록은 지속적으로 생성되어야 한다. 안전한 블록체인을 만들기 위해서는 동기부여가 요구된다. 채굴자에게 비트코인을 발행하지 않으면 누가 어떤 동기로 블록체인을 만들어갈 것인가? 비트코인 블록 생성 보상 즉, 인센티브는 거래수수료로 충당하는 것이 한 대안이 될 수 있다. 둘째는 현재 작업증명(PoW) 합의 방식을 변경하는 것이다.

거래수수료만으로 안전한 블록체인을 만드는 것이 충분한 보상이 될까? 1일 비트코인 거래수수료는 채굴 보상의 6.5%에 상당한다. 채굴료는 1일 900 비트코인(1일 144 십분 * 6.25BTC)이다. 참여에 대한 동기부여로 충분한가? 라는 의문점은 여전히 남는다. 비트코인 거래가 증가하면, 수수료도 증가한다.

비트코인 거래수수료란? 대부분의 거래들은 수수료 없이 처리될 수 있다. 빠른 거래 승인과 채굴자들의 수고비로서 수수료를 자발적으로 내는 것이 권장되고 있다. 비트코인 이용자가 내야하는 수수료를 추정하여 계산해 준다. 거래수수료는 이용자들이 거래를 과도하게 요구하여 네트워크가 과부하에 걸리는 것을 방지하는 데 그 목적이 있다. 1,000BTC 전송에 0.0005BTC 수수료가 부과된다. 수수료 금액은 거래 반복횟수와 소모된 데이터와 같은 요인에 의해 결정된다.

두 번째 대안은 비트코인 프로토콜을 변경하는 것이다. 이는 재생에너지 및 전기료와도 관계되어 있다. 작업증명(PoW) 합의 알고리즘을 지분증명(PoS)과 같은 환경 친화적 합의 알고리즘으로 변경하는 것이다.

비트코인 처리시간과 변동성

현재 비트코인 거래는 10분에 약 4,200건이 처리된다. 즉, 비트코인은 초당 7에서 수십 건의 거래를 처리한다. 블록 한 개의 크기는 1메가바이트이다. 트랜잭션 한 개의 용량은 250바이트이다. 한 블록에 약 4,200건을 저장한다. 블록 생성시간은 10분이다. 허가형 블록체인인 하이퍼레저 패브릭은 초당 3,000개 거래를 처리한다. 비자 신용카드는 초당 2만 4,000에서 5만 건의 거래를 처리한다. 페이팔은 초당 155건의 거래를 처리한다. 비트코인이 지급결제수단으로 이용되기 위해서는 거래처리 속도를 개선해야 한다.

"신차를 구매하며 차 값을 비트코인으로 지불하려 했던 테슬라 고객은 길어진 결제 대기시간 때문에 결제를 포기했다"는 기사도 있었다. 20달러 결제를 하는데 1시간이 소요되었다는 이야기도 있다. 거래 수수료도 몇 십 달러나 된다.

더 큰 문제는 비트코인의 가격 변동성이 너무 커다는 것이다. 물건을 살 때, 3만 불 하던 비트코인이 얼마 후 4만 불 한다면, 구매자는 1만 불의 손실을 보고, 판매자는 1만 불의 이득을 챙기는 꼴이 된다. 암호화폐의 가격 변동성에 따른 위험이 대단히 높다.

비트코인과 페이팔의 연결: 암호화폐의 지급결제서비스

이메일을 이용하는 일종의 간편결제서비스인 페이팔의 이용자는 약 3억 5,000만 명이고, 2,900만 가맹점이 있다. 페이팔은 비트코인, 이더리움, 비트코인캐시,

라이트코인(Litecoin) 등 4개 암호화폐로 상품을 구매할 수 있도록 지원한다. 페이팔 이용자가 물건을 구입하고 암호화폐로 결제하면, 페이팔이 실시간 환율을 적용해 암호화폐를 달러로 바꾼 다음에 판매자에게 전달한다. 이용자는 거래 수수료나 거래 승인 시간 등에 신경을 쓸 필요가 없다. 대신 페이팔에 거래수수료를 지불하면 된다. 비트코인을 다른 시스템(페이팔)과 연계함으로써 전자지급결제 수단으로써의 한계를 극복하는 셈이다.

중앙은행에서 발행하는 암호화폐(CBDC)로 비트코인은 사라질까?

언론 보도에 따르면, "현재 중국은 대중을 대상으로 한 CBDC 개발에서 가장 빠른 행보를 보이고 있다. 유럽중앙은행(ECB), 일본, 스웨덴 등에서도 CBDC를 연구하고 있다. 하지만 기관용이 아닌 소매용으로 CBDC 발행 및 유통 단계에 들어선 국가는 중국이 처음이다. 이에 비해 미국은 CBDC 개발에 아직 소극적이다. 미국은 디지털화폐를 구현하는 방식에 대한 연구를 진행 중이다.".

한국은행은 카카오의 계열사 그라운드X와 협업하여 CBDC를 실험개발 중이다. 한국은행이 추진하는 CBDC 모의실험 시스템을 개발하고 있는 카카오의 블록체인 플랫폼은 클레이튼(Klaytn)이다. 이는 DApp을 위한 블록체인 플랫폼이다.

한국은행은 CBDC 송금 기능을 삼성전자 갤럭시 스마트폰에 담는 실험을 추진한다. 모바일 기기를 통한 오프라인 결제, 국가 간 송금, 디지털자산 구매 등도 실험한다. 또한 디지털예술품과 저작권 등의 NFT를 CBDC로 거래할 수 있도록 지원할 계획이다. 이에 발맞추어 시중은행에서는 CBDC, 가상자산, NFT 등 디지털자산 보관을 지원하는 다용도의 전자지갑을 개발하여 시험 중이다.

가상자산은 제도권으로 끌어들이는 규제도 시작되었다. 2022년 1월 이후 가상화폐 거래로 소득이 발생했을 경우, 2025년 5월 종합소득세 신고 때 이를 신고하고 세금 납부해야 한다. 1년간 거래를 모두 합쳐 이익이 난 금액을 기타소득(기본공제 금액 250만원)으로 분리해 20% 세율이 적용된다. 가상화폐 양도차익에 적용되는 세율은 미국이 10~37%, 일본이 15~55%, 영국은 10%~20%이다. 미국에서는 디지털화폐를 자산으로 분류하여 신고와 납세의 대상으로 보고 있다. 중국은 암호화폐 서비스를 금지하는 명령을 내린 바 있다.

CBDC는 각국의 중앙은행이 발행하는 암호화폐이기 때문에 법정화폐이다. CBDC가 상용화되면, 비트코인에는 어떤 영향을 줄까? CBDC가 화폐 기능을 하기 때문에 비트코인은 쓸모가 없어질 수도 있다. 그러나 CBDC는 비트코인과 같은 디파이에서 상호보완적 역할을 할 수 있다. 현실에서 각 암호화폐에 대한 신뢰가 어떻게 형성될 것인가에 달려 있다. 둘 다는 블록체인 내에서 그 역할을 하게 될 것이다. 또한 장기적으로는 메타버스가 발전하면서 상호보완적 역할을 찾아갈 가능성이 높다.

비트코인과 디파이

비트코인은 디파이의 성장과 연계되어 있다. 디파이가 전통적 금융과 상호보완적으로 융합되어 실물경제를 지원할 때 비트코인의 변동성은 안정화될 것이다. 디파이가 확산되면 자연스럽게 암호화폐도 법과 제도 안에서 규제와 보호의 대상이 될 것이다. 디파이는 메타버스의 확산과도 연관되어 있다. 현실과 가상세계가 융합되는 메타버스에서 NFT 뿐만 아니라 암호화폐의 쓰임새도 늘어날 것이다.

민주주의와 자본주의 사회에서는 중국과 같이 암호화폐를 법으로 금할 수 없다. 그것은 결국 니체가 말한 바와 같이 힘에의 의지에 달려있다. 디파이의 확산 및 암호화폐에 대한 대중의 신뢰와 그 반대 세력과의 다툼 속에서 성장할 수밖에 없다. 또한 미국 정부도 다수의 비트코인을 보유하고 있다. 더불어 기관투자자들도 이미 어느 정도의 비트코인을 보유하고 있다. 비트코인을 신뢰하는 세력이 그 반대 세력보다 강하면, 비트코인도 안정적으로 그 기능을 다하게 될 것이다.

10.8 블록체인, 디파이, 메타버스의 연결과 융합

카머너은 「원은 닫혀야 한다」에서 생태계에 대한 과학적 이해를 바탕으로 "생태학의 4법칙"을 제시했다. 제1법칙이 모든 것은 다른 모든 것에 연결되어 있다. 생태계가 다양하게 상호 연관되어 서로에게 영향을 미친다. 상호 연결되어 있기 때문에 전체 시스템의 변화 속도가 시스템 내의 가장 느린 프로세스의 속도와 맞아야 한다. 생태계에 너무 큰 스트레스를 주게 되면, 전체 생태계가 순식간에 붕괴할 수 있다. 제2법칙은 모든 것은 어딘가로 가게 되어 있다. 물질은 파괴되지 않는다. 예를 들어, 수은이 포함된 건전지를 버리면, 수은은 물과 섞여 흐르다 물고기에 흡수되고, 결국은 인간의 장기에 축적된다. 제3법칙은 자연에 맡겨두는 것이 가장 낫다. 인간이 자연 시스템에 대규모로 가하는 인위적인 변화가 대부분의 경우에 해로운 효과를 낳을 가능성이 높다. 제4법칙은 공짜 점심 따위는 없다. 무언가를 얻었다면, 다른 어딘가에서 그 대가를 반드시 치러야 한다. "지구의 생태계는 모든 것이 연결되어 있는 하나의 거대한 전체이고, 그 안에서는 그 어떤 것도 새로이 형성되거나 사라질 수 없으며, 인간은 그로부터 무언가를 끄집어내어 사용했다면 그것은 반드시 다른 무엇가로 채워져야 한다는 의미이다. 생태계에서 무언가를 사용했다면 그것에 대한 대가를 반드시 치러야만 하며, 만약 대가를 지불하지 않는 것으로 보이는 것은 단지 그 지불 시기를 연기했을 뿐이라는 것이다.".

마찬가지로 비즈니스는 상호 연결되어 있다. 또한 거시적 관점에서 수직적으로는 산업 및 기술, 그리고 사회경제와 연결된다. 경영자는 미시적 관점에서 비즈니스는 물론이고, 거시적 관점에서의 산업, 사회경제와의 상호작용과 연결을 선순환 체계로 만들어 가야 한다. 비즈니스 포트폴리오, 기업 간의 연결, 사회경제와의 연결, 기업을 수평적 및 수직적으로 연결하는 것은 경영자의 역할이다. 디센트럴랜드를 통해 블록체인이 어떻게 메타버스와 연결되고 융합되는지를 살펴보자.

디센트럴랜드: 블록체인, 디파이, 메타버스의 융합 사례

로블록스, 포트나이트, 마인크래프트, 제페토 등은 게임 중심의 메타버스에서 출발했다. 디센트럴랜드(Decentraland)는 가상 부동산 메타버스이다. 블록체인 기반의 암호화폐인 마나(MANA)와 NFT인 랜드(LAND)가 발행되어 이용된다. 마나는 ERC-20 기반의 토큰으로 디센트럴랜드 플랫폼에서 토지 구매와 디지털 상품 및 서비스 구매에 이용된다. 토지와 게임 아이템은 NFT인 랜드 토큰으로 발행된다. 랜드는 디센트럴랜드 사용자들의 땅 소유권을 나타내는 대체불가능한 토큰이다. NFT로 디지털 소유권이 보증된 토지, 게임 아이템, 서비스 등의 구매에 마나가 이용된다.

디센트럴랜드는 탈중앙 자율조직(다오, DAO: Decentralized Autonomous Organization)의 회원에 의해 운영된다. 마나와 랜드 소유자들은 다오의 회원이 될 수 있다. 탈중앙화, 분산형 관리를 지향하는 블록체인과 디파이에서는 조직의 지배구조도 변화한다. 중앙집권형의 조직이 적합하지 않다. 디센트럴랜드는 설립자와 개발자를 중심으로 의사결정이 이루어지던 전통적 조직에서, 현재는 회원들의 협치와 스마트계약을 이용하는 다오에 의해 운영된다. 디센트럴랜드의 회원들은 투표권을 갖고 기업 경영의사결정에 참여한다. 다오에서의 거래는 스마트계약에 의해 자동으로 실행된다. 스마트계약의 규칙과 규정 등은 회원들의 투표에 의해

결정된다. 다오는 주식회사의 이사회 역할을 하는 셈이다. 다오는 법인으로 인정되지 않는다. 다만, 미국 와이오밍주에서 세계 최초로 2021년 다오를 법인격으로 인정했다.

개발자, 투자자, 광고주를 비롯한 사용자가 디센트럴랜드의 핵심 이해관계자이다. 사용자는 토지를 구입하고 쇼핑몰이나 게임 등의 비즈니스를 운영하기도 한다. 다오에서 일하는 직원들은 일하는 시간과 근무지가 자유롭다. 또한 사람들은 한 직장이 아닌 여러 다오에서 일할 수도 있다. 이러한 이유로 기업의 지배구조와 일하는 방식이 변화된다.

디센트럴랜드는 블록체인, 디파이, 메타버스 상호 연결 및 통합하고 있다. 다오에서는 스마트계약에 의해 계약이 자동으로 실행된다. 이렇게 보면, 관리라는 관점에서의 경영자의 역할을 스마트계약이 대신하는 측면이 있다. 그러나 그 계약의 로직(규칙과 규정 등)과 알고리즘은 인간이 기획하고 설계한다. 이는 여전히 인간의 통찰이 중요하다는 것을 의미한다. 블록체인과 메타버스 기술이 더욱 인간의 통찰력은 향상시키는데 기여하게 된다. 비록, 향후 인공지능이 일부 기능을 대신할 날도 온다고 하더라도 그렇다.

타임지에서도 다오에서 일하는 보스 없는 조직이라는 제목(No Bosses: What It's Like Working at a DAO)의 기사가 게재된 바 있다. 경영자가 없는 조직이 블록체인와 디파이로 인해 새로이 등장한 것은 아니다. 이미 분권형 자율조직에서 보스 없는 팀에 의해 운영되는 조직이 존재하였다. 현재는 아마존에 인수된 온라인 신발판매업체 자포스(Zappos)는 홀라크라시(holacracy)라는 자율적 조직 구조를 도입했다. 홀라크라시란 자율적이고 팀에 의해 경영의사결정이 이루어지는 조직구조이다. 비디오게임 개발업체인 밸브 코퍼레이션(Valve Corporation)은 CEO가 없이 팀에 의해 자율적으로 운영된다. 보스가 없는 조직이 소규모의 창의적 조직에서 적합할 수 있다. 그러나 조직 규모가 일정 이상이 되면, 관리의 효율성이 떨어진다. 블록체인과 스마트계약은 그러한 한계를 극복하여 분권형 자율조직을 운영하는데 도움이 된다. 조직에서 경영자라는 직함이 사라진다 하더라도, 분권형 조직에서도 여전히 경영은 중요하다.

블록체인, 디파이, 메타버스는 상호작용하고 융합되고 있다. 센트럴랜드는 이들을 연결함으로써 발전한다. 블록체인과 디파이에 어떤 새로운 비즈니스 모델이 나타날지 예견하기란 쉽지 않다.

성공적인 비즈니스 모델이 탄생하여 블록체인과 디파이가 성숙단계에 이르기까지 가야할 길은 멀다. 디파이가 기존의 금융을 대체하기보다는 상호보완적으로 발전할 것이다. 디파이가 기존의 실물경제와 융합될 때, 더 나은 가치창출과 고용창출이 가능할 것이다. 가치창출과 고용창출을 이루어질 때, 비즈니스는 가치를 갖는다. 블록체인과 디파이는 가치 창출과 고용 창출의 새로운 기회를 제공할 것이라는 기대 때문에 가상자산의 투자 시장이 확대된다.

10.9 블록체인으로 열리는 세상

오늘날 우리가 거래하고 관리하는 대부분은 중앙집중식이다. 부동산 거래에서도 거래 당사자 외에 제3의 신뢰할 수 있는 기관인 부동산중개업자를 통한다. 예금하고 대출하는 것도 은행이라는 제3의 기관을 이용한다. 거래 당사자 외의 제3의 기관이 신뢰를 형성해준다.

자본주의 사회에서 당사자가 직접 거래하는 경우에는 다양한 위험이 따른다. 상호 신뢰가 부족하기 때문이다. 제3의 신뢰할 수 있는 기관이 존재한다는 것은 거래비용을 유발한다는 뜻이다. 그런데 탈중앙화와 분산방식 즉, 거래 당사자가 직접 안전하고 편리하게 거래하고 관리하는 것이 가능하게 하는 것이 블록체인이다.

중앙집중식 방식은 투명성이 낮다. 정보의 비대칭성 문제가 발생한다. 중앙관리기관에서는 많은 정보를 갖고 있지만, 다른 참여자들은 모르는 것이 많다. 한 예를 보자. 부산저축은행은 임원들이 수많은 페이퍼 컴퍼니를 만들어 자기들의 돈잔치를 벌어왔었다. 그러나 예금주를 비롯한 다른 참여자들은 이를 알지 못했다. 2011년 결국 영업 정지되고, 이후 파산하였다.

중앙집권식에서 내부통제가 제대로 안 되는 경우에는 조직의 신뢰가 무너진다. 실제로 그러한 사례는 종종 발생하고 있다. "우리은행 직원이 회삿돈 614억 원 횡령, 6년간 세 차례에 걸쳐 614억 원을 빼돌렸다. 우리 정부가 이란에 돌려줘야 하는 계약금을 은행에 맡겨둔 돈이었다." "오스템임플란트 직원이 회삿돈 2,215억 원을 횡령한 사건이 발생했다."

블록체인을 이용한 탈중앙화, 분산방식에서는 "네가 아는 것은 나도 안다." 블록체인 기반의 분산관리로 투명성이 강화된다.

중앙집중식과는 달리 제3의 신뢰할 수 있는 기관 없이도 각 주체가 일대일의 관계에서 분산방식으로 안전하게 거래하고 관리할 수 있도록 해주는 기술이 블록체인이다. 블록체인은 다양한 행위자인 이해관계자들이 상호 협업하여 블록체인

공동체를 구성하고 있다. 블록체인은 탈중앙 금융 서비스를 가능하게 하는 디파이를 포함한다. 현실세계와 가상세계의 융합을 지향하는 메타버스도 블록체인과 상호보완적으로 작용한다.

구속과 억압에서 자유로, 중앙집권과 독재에서 분산과 민주로, 이는 시대흐름이다. 이를 보면, 인간은 합리적이고 지혜롭다. 블록체인이 만들어가는 혁신은 분산과 민주로 가는 길을 트고 있다. 지금은 모호하고 불명료해 보인다. 미래의 비즈니스가 어떤 모습으로 나타날지 예측하기란 쉽지 않다. 그러나 큰 시대흐름을 이어가는 것은 분명하다. 블록체인 기술 또한 기업가의 통찰력을 한층 폭넓고 깊이를 더해주는 도구이다. 디지사이트를 발휘하는 기업가들은 새로운 비즈니스 모델을 끊임없이 혁신해간다.

블록체인을 기반으로 디파이와 NFT가 성장한다. 메타버스는 비즈니스 무대가 되는 세상을 확장한다. 블록체인과 메타버스는 연결되고 결합된다. 메타버스에서 경제활동이 실물경제와 연결되고 결합된다. 메타버스 세상에서의 경제활동을 위한 금융서비스로 NFT와 암호화폐가 이용된다. 비즈니스는 끊임없이 상호 연결되어 확산된다. 온라인과 오프라인을 연결하는 비즈니스로 오라클이 탄생했다. 오라클은 디파이와 씨파이(CeFi: Centralized Finance)를 비롯한 실물경제와 연결하여 새로운 비즈니스 모델을 탄생시키는데 기여할 것이다.

그러나 사람들은 암호화폐를 비관적으로 보기도 한다. 워런 버핏의 이야기이다. "비트코인을 다른 사람에게 파는 것 말고는 할 수 있는 게 아무것도 없다. 현재 발행된 비트코인 전체를 25달러에 준다고 해도 사지 않을 것이다." 암호화폐를 단지 투기 자산에 지나지 않는다는 시각이다. 워런 버핏은 암호화폐의 실용성과 실물경제에서의 효용성 문제를 이야기하고 있다. 비트코인과 이더리움 같은 암호화폐는 블록체인의 확장과 더불어 실용성을 갖게 될 것이다. 비트코인은 최초로 블록체인을 이용하였고, 그동안 보안과 안전에 대한 대중의 믿음이 강하게 뿌리를 내리고 있다. 또한 알트코인이 부르는 다른 암호화폐의 근간이 되고 있다. 이더리움은 비즈니스를 자동화하는 스마트계약 플랫폼과 함께 실용성을 갖게 된다. 가상세계가 현실세계와 결합된 진정한 메타버스의 발전은 암호화폐의 실용성을 높이는 물꼬를 트게 될 것이다.

기술은 발전하고 성숙하고 생활에 스며들어 우리가 의식하지 못한 채, 우리를 편안하게 해준다. 디지털 기술이 드러날 때는 거품과 위험이 있다. 성숙된 기술은 안으로 깊숙이 스며들어 제품과 서비스로 인지될 뿐이다. 가장 큰 걸림돌은 법과 제도이다. 그 보다 먼저 경영자는 현재의 틀에서 암호화폐를 실용성 있게 하는 비즈니스의 길을 모색해야 한다. 법과 제도는 정부의 역할이지만 따지고 보면 세력다툼에서 시작된다.

10.10 전자화폐의 통화공급효과

전자화폐는 화폐공급량을 증대시키고 통화속도를 높이는 효과를 보인다. 또 전자화폐는 중앙은행의 발권비용을 감소시키고 정산의 효율성을 제고하는 효과를 창출한다. 한편, 전자화폐는 시장의 유동성을 증가시켜 물가상승 및 인플레이션을 유발하는 효과를 발생시키기도 한다.

전자화폐의 화폐공급량 증가효과에 따른 물가상승 및 인플레이션

전자화폐는 비금융권에서도 발행할 수 있다. 이는 전자화폐의 발행권한이 기존의 금융기관의 통제를 벗어나게 한다는 것을 의미한다. 즉, 전자화폐로 인해 금융기관의 화폐공급 통제력이 약화될 수 있다는 것이다. 전자화폐는 법정화폐가 아닌 만큼 일반화폐를 기초로 발행된다. 이런 점에서 전자화폐의 발행으로 실제 화폐공급이 증가하는 것은 아니다.

그러나 일반화폐를 기초로 전자화폐를 발행한 기관에서 일반화폐로 조성된 자금을 재투자한다면, 총통화공급은 증가하게 된다. 왜냐하면 일반화폐를 기초로 전자화폐를 발행하였다고 하여 실제로 일반화폐가 발행기관에서 인출되는 것은 아니기 때문이다. 다시 말하면 사람들이 현금보유를 줄이는 대신 은행에 예금을 늘리고, 은행은 증가된 예금을 토대로 파생통화(inside money)를 창출하므로 시장 유동성은 이에 상응하는 통화환수가 없는 한 증가하게 된다.

따라서 총화폐공급의 증가로 인한 물가상승이나 인플레이션의 효과에 따른 위험을 줄이기 위해 다음과 같은 방안을 고려할 수 있다. 중앙은행이나 금융통화위원회 등의 정부 금융당국에서 전자화폐 발행을 제한하거나 감시하는 것, 발행은행에서 정부채권에 자금을 재투자하게 하는 것 등이다. 이러한 방안은 그 하나의 해결책이라 할 수 있다.

전자화폐의 통화속도 증대효과

다음 식에서 알 수 있는 바와 같이 기존의 통화 대신 전자화폐와 같은 새로운 지급결제수단에 의한 거래가 확대되면 M의 증가율은 낮아지고 수식 상의 V^*는 커지는 것으로 나타난다. 통화유통속도는 기존의 통화자산을 대체하는 새로운 유사통화와 결제수단이 등장할 때마다 변화하게 된다.

$MV = PT$ (모든 거래가 전통적인 통화량 M에 의해서만 결제되는 경우)
(단, M : 통화량, V : 통화속도, P : 물가, T : 거래량)

$\alpha + MV^* = PT$ (α : 새로운 지급결제 수단에 의해 제시되는 부분)

현금발행액이 동일한 경우에도 전자화폐 이용이 확대되면, 증가된 전자화폐에 비례하여 현금의 민간보유가 감소하고 은행에 예치된다. 따라서 은행의 신규예금이 증가되어 파생통화가 창출되고 통화승수가 상승하게 된다. 특히, 우리나라와 같이 개인수표 이용이 관행화되어 있지 않고 고액권의 액면도가 낮은 경우, 전자화폐의 이용도가 높을 것으로 예상된다. 또한 신용도가 높은 비은행기업에서 전자화폐를 발행하면 은행과 마찬가지로 신용창출기능을 갖게 되며 시장유동성은 더욱 증가된다.

시뇨리지(seigniorage) 효과

정부에서 화폐를 발행하는 경우를 제외하고 화폐는 동일한 가치의 상품이나 서비스와 교환된다. 정부에서는 조폐이익이라 불리우는 원화를 발행하는데 소요된 비용과 실제 통화가치의 차액만큼 이득을 얻게 된다. 이를 조폐이익(seigniorage)이라 한다. 더구나 민간부문에서는 민간보유통화에 해당하는 금액을 정부에 무이자로 대출해 주는 것과 같다는 사실로부터 정부에 수입이 파생된다. 이와 같이 현재 정부에서 화폐를 발행함으로써 얻게 되는 혜택을 시뇨리지 효과(seigniorage effect)라 한다.

민간부문에서 화폐를 발행하는 경우, 정부에서는 조폐이익과 기타 통화운영에 따른 수입의 일정 부분을 민간부문에 잃게 된다. 정부에 대한 신뢰로 인해 민간부문에서는 법정화폐를 수용하고 있다. 민간부문에서 발행하는 화폐의 수용정도도 화폐발행기관에 대한 신뢰에 의존하게 된다.

민간부문에서 화폐를 발행하는 경우, 발행기관간의 경쟁으로 인해 현재 정부에서 독점으로 누리고 있는 혜택의 일정 부분은 편리성, 서비스, 질 등의 형태로 소비자에게 되돌아 갈 것이다.

인사이트 시뇨리지

정부나 중앙은행이 화폐를 발행함으로써 얻는 이익을 시뇨리지(seigni- orage)라고 한다. 원래 시뇨리지는 실질적인 가치가 액면가에 미치지 못하는 재료로 만든 화폐주조차익을 뜻한다. 봉건 시대에 영주(seignoir)가 이런 식으로 남발한 통화를 의미한다.

1999년 미국 정부가 발행을 시작한 50개 주(states) 기념주화는 역사상 가장 성공적인 화폐 프로그램으로 꼽힌다. 조폐국은 미국의 각 주를 상징하는 디자인을 넣은 25센트 동전을 해마다 5종씩 순차적으로 발매했다. 액면가로 발행된 기념주화는 폭발적 호응을 얻었다. 미국 인구의 절반가량이 이 주화를 수집한 것으로 조폐국은 추산했다. 올해로 50종이 모두 나왔지만 “우리 쪽 기념주화도 발행해 달라”는 청원이 잇따랐다. 조폐국은 내년에 6종의 주화를 추가 발행키로 했다.

여기서 질문이 하나 떠오른다. “미국 정부는 주화발행으로 얼마를 벌었는가?” 25센트 기념주화를 찍어 내는 비용은 5센트도 안 되기 때문이다. 그에 따른 수익은 올해까지 무려 46억 달러에 이른다. 내년 발행분에서 추가로 4억 달러가 더 들어올 것으로 예상된다. 이처럼 정부나 중앙은행이 화폐를 발행함으로써 얻는 이익을 시뇨리지라고 한다. 50개 주 기념주화처럼 시중에 유통되지 않고 수집품으로 퇴장당하면 액면가(25센트)와 발행비용(5센트)의 차액이 모두 시뇨리지가 된다. 하지만 지폐처럼 계속 유통되면서 몇 년 내로 닳아서 폐기되는 경우는 계산법이 조금 다르다. 중앙은행이 돈을 찍어 유통시키면서 획득한 금융자산의 운용수익이 시뇨리지가 된다. 연간 시뇨리지 총액은 현재 유통 중인 통화량*시장이자율-발권 · 유통비용으로 계산한다.

시뇨리지는 달리 ‘인플레 세금’이라고도 부른다. 통화공급을 늘려 인플레가 생기면 기존의 통화에서 실질가치가 줄어들고 그만큼의 부가 중앙은행에 이전되기 때문이다. 이것이 국내에서만 이뤄질 경우 부의 총량은 변하지 않는다. 하지만 국제 금융결제의 기축통화, 미국 달러화의 경우는 문제가 달라진다. 미국이 발권량을 늘려 그로 인한 인플레가 생기면 전 세계의 달러 소유자로부터 줄어드는 실질가치가 미국의 연방준비은행으로 이전되는 것이다. 1944년 달러가 국제 기축통화로 결정된 이래 미국이 국제적으로 챙긴 시뇨리지는 천문학적인 숫자가 될 것이다.

(출처 : 중앙일보, 2008. 10. 15, 프레시안, 2008. 10. 31.)

연습문제 및 참고문헌

연습문제

1. 전자화폐의 기능, 현황과 특성에 대하여 설명하라.
2. 비트코인의 개요와 원리에 대하여 설명하라.
3. 다음은 전자화폐인가? 화폐의 기능과 전자화폐의 정의를 통해 다음은 전자화폐인가를 설명하고, 그들을 전자화폐라고 한다면 그 근거는 무엇인가? 아니라면 그 이유는 무엇인가를 설명하라.
   - 소셜 게임 애니팡의 하트
   - 싸이월드의 도토리
   - 카카오의 초코
   - OK캐쉬백
   - T-money
   - 비트코인
4. 비트코인은 내재가치가 있는가? 그렇다면 그 이유는 무엇인가?
5. 비트코인이 가상자산으로서의 기능을 넘어서 잔자현금인, 전자지급결제수단으로 이용되기 위해서는 어떤 장벽을 극복해야하는가?
6. 비트코인과 이더리움의 차이점을 설명하라.
7. 블록체인, 디파이, NFT, 메타버스의 관련성을 설명하라.
8. 블록체인의 합의 알고리즘의 유형과 그 적용 사례를 설명하라.
9. 전자화폐의 통화공급효과와 Seigniorage 효과에 대하여 설명하라.

참고문헌

레이첼 보츠먼, 신뢰이동(문희경 옮김), 흐름출판, 2019.

배리 카머너, 원은 닫혀야 한다 - 자연과 인간의 기술(고동욱 옮김), 이음, 2014년.

송유진 · 주재훈, 전자상거래보안응용 : 전자화폐, 동국대학교출판부, 2001.

주재훈 · 신민석, 디지사이트 : 비즈니스 생태계 경영, 행복우물, 2023.

주재훈, "인터넷 결제시스템의 비교연구," 경영학연구, 제27권, 제1호, 1998, pp. 25-62.

주재훈, "한국의 전자상거래 환을 고려한 전자지불 시스템 성공요인 분석," 경영정보학연구, 제9권, 제1호, 1999, pp. 77-98.

해시넷,
http://wiki.hash.kr/index.php/%EB%8C%80%EC%B2%B4%EA%B0%80%EB%8A%A5%ED%86%A0%ED%81%B0

머니투데이, 2022. 2. 4,
https://news.mt.co.kr/mtview.php?no=2022020415125140999

www.stateofthedapps.com에서 댑(DApp)의 현황을 파악할 수 있다.

코인데스크 코리아, 2022. 1. 5,
https://www.coindeskkorea.com/news/articleView.html?idxno=76937

Joo J, Han Y., An evidence of distributed trust in blockchain-based sustainable food supply chain, *Sustainability,* 2021, 13(19):10980. https://doi.org/10.3390/su131910980

제11장

웹 공간의 전자신분증: 전자인증서

대면관계도 없이 거래와 비즈니스가 이루어지는 인터넷 가상공간에 상호 신뢰할 수 있는 장치가 마련되어야 한다. 전자문서의 전자서명만으로는 거래상대를 신뢰할 수 없다. 전자서명을 검증하는 공개키를 신뢰할 수 있어야 한다. 이 장에서는 공개키를 인증해 주는 인증기관의 개념, 인증관리체계, 거래상대의 신원을 확인할 수 있는 일종의 전자신분증인 전자인증서에 대하여 살펴보기로 한다.

11.1 웹 공간의 사칭을 방지하는 두 가지 방안: 공개키의 인증문제

수기서명과 전자서명 : 사기와 사칭의 위험

거래는 인간의 경제활동과 더불어 형성되어 왔다. 거래당사자들이 서로 만나서 인사를 나누고 구두로 서로 거래를 약속했던 시대가 있었다. 하지만 점차 거래가 복잡해지고 사기와 부정한 활동이 자주 발생함에 따라 거래에 대한 문서화의 필요성이 커지게 되었고, 거래당사자들은 종이 문서에 인감도장을 찍거나 서명을 하여 서로 거래에 합의하게 되었다.

거래당사자가 대면관계에서 거래에 합의하고 서명을 하는 경우에도 거래상대의 신원을 파악하기까지는 서로를 완전히 믿을 수는 없다. 또한 거래문서가 우편으로 교환되는 경우에는 수기서명이나 문서의 인감도장만으로 그 진위여부를 완전히 파악할 수 없다. 이러한 문제는 공증인이 서명을 인증하고, 보증해 주는 방식에 의해 해결되어 왔다. 오늘날에는 믿을 수 있는 기관에서 공증인 역할을 수행하고 있다.

대면관계도 없이 불특정 다수를 대상으로 하는 가상공간에서의 거래에 따른 부정활동을 방지하기 위해서 전자서명이 이용되고 있다. 수기서명에 비해 전자서명을 위조하기란 어렵지만, 전자서명만으로 상대를 완전히 믿을 수는 없다. 전자서명은 '갑'이라는 이름을 가진 사람이 전자문서를 작성했다는 사실을 확인할 수 있도록 해 준다. 그러나 전자서명은 갑이라는 사람이 실제로 존재하는 사람인지, 갑이 실제로 존재하긴 하지만 '병'이 갑인 것처럼 가장하여 등록을 하고 갑을 사칭하고 있는지에 대한 사실을 입증해 주지는 못한다. 특히, 전자상거래에서는 불특정 다수가 서로 본적도 없는 상황에서 컴퓨터 네트워크를 통해 거래를 하게 되므로, 어떤 사람이 실제로 존재하는 사람이 아니거나 타인의 명의를 처음부터 도용하는 사람일 가능성은 현실의 대면관계에 기반을 둔 거래에서보다 훨씬 높고, 이에 따르는 많은 문제가 발생할 수 있다.

공개키 인증의 필요성

공개키 암호방식의 전자서명을 통해서도 거래당사자들은 상호간 상대를 완전히 신뢰할 수는 없다. 전자서명을 이용하는 시스템에서는 공개키가 다른 사람을 사칭하지 않은 실제 전자서명을 한 당사자의 것이라는 전제하에서 상대를 인증해 줄 뿐이다. 공개키 암호방식을 이용한 전자서명에서는 송신자가 자신의 개인키로 메시지에 서명하고 수신자에게 송신자의 공개키를 분배한다. 수신자는 자신의 개인키로 메시지를 해독하고 송신자의 공개키로 전자서명을 확인한다. 수신자는 개인키를 알고 있는 자신만이 메시지를 해독할 수 있다고 믿고 있다. 그러나 수신자는 송신자의 공개키를 믿을 수 있는지, 수신자 자신의 공개키가 정확하게 배포되었는지를 확인할 수 없다. 만약 '병'이 '갑'을 사칭하여 어떤 쇼핑몰 또는 지불 시스템을 이용하는 경우, 즉 병이 갑의 이름으로 등록한 경우라면, 병은 '갑'의 이름, '병'의 전자우편 주소, '병'의 공개키로 거래하므로 병과 거래하는 당사자는 상대가 갑인지 병인지를 알 수 없게 된다.

공개키 암호방식을 사용한 전자서명에서는 위의 경우와 같이 등록시 공개키를 사칭하는 문제 외에도 공개키를 분배할 때 다음과 같은 문제점이 발생할 수 있다.

① 갑이 을에게 공개키와 함께 전자서명을 한 전자문서를 보내는 경우 : 병이 전자문서를 가로채어 문서를 변조하여 병의 개인키로 서명을 하고 병의 공개키를 갑의 이름으로 사칭하여 을에게 보낸다. 을은 병의 공개키가 갑의 것으로 인식한다.

② 전화번호부와 같은 온라인 디렉토리에 공개키 목록을 저장해 두고 누구나 디렉토리에서 공개키를 확인할 수 있도록 하는 경우에는 ①의 문제점을 해결할 수 있다. 그러나 을이 온라인 디렉토리에서 갑의 공개키를 가져올 때, 병이 이를 가로채어 갑의 공개키 대신 자신의 공개키를 보낸 경우, 을은 병의 공개키를 갑의 공개키로 오인하게 된다.

이러한 공개키 사칭에 따른 문제점을 해결하고, 신뢰할 수 있는 웹 공동체를 구성하기 위해 두 가지 접근법이 제시된 바 있다.

그 첫째는 구매자와 판매자외의 신뢰할 수 있는 인증기관(Certification of Authority : CA)에서 발급하는 전자인증서(digital certificate)를 이용하는 방법이다. 이 방법에서는 인증기관에서 구매자와 판매자 등의 사용자 신원을 파악하여 전자신분증에 해당하는 전자인증서를 발행하고 관리한다. 인증기관에서 발급하는 전자인증서에는 사용자 이름을 비롯하여 사용자의 공개키와 신원에 대한 사항이 들어 있다. 또한 인증기관에서는 전자인증서를 제시하는 사람이 실제 공개키의 소유자라는 것을 보증해 준다. 따라서 구매자와 판매자가 인증기관에서 발급한 전자인증서를 믿을 수 있다면, 거래시 제시하는 전자인증서를 통해 상호 신원을 파악할 수 있다. 전자인증서를 발급받기 위해서 사용자는 처음 한번은 거래은행이나 인증서 발급기관에 방문하여 본인을 확인하는 절차가 필요하다.

두 번째 접근방법은 별개의 인증기관을 이용하지 않고 웹사용자간에 공개키를 인증할 수 있도록 하는 것이다. 여기서는 웹사용자들이 알고 있고 신뢰할 수 있는 사람들의 공개키를 서로 인증해 줌으로써 어떤 공개키가 특정인을 사칭하는 사람이 아닌 정당한 사람의 공개키라고 다른 사람들이 믿을 수 있게 한다. 예를 들어 '갑'이 알지 못하는 '병'을 신뢰하게 되는 경우를 살펴보자. '을'은 병을 알고 그를 신뢰하므로 병의 공개키를 인증하는 전자서명을 한다. 갑은 병을 알지 못하지만 병의 공개키에 을의 전자서명이 첨부되어 있으므로 병의 공개키를 믿을 수 있다. 이와 같이 다양한 사용자들 간에 인증사슬이 구성될 수 있다. 예를 들어 '갑'은 '을'을 알지 못하지만 갑의 친구인 '병'이 '정'의 공개키에 서명을 했고, 정이 을의 공개키에 서명을 했다고 하자. 이 경우에는 갑의 친구인 병이 직접 을의 공개키를 인증하는 경우보다는 못하지만, 갑은 을의 공개키를 어느 정도 믿을 수 있다. 인증사슬의 길이가 길수록 공개키에 대한 신뢰도는 떨어지게 된다. 그러나 인증경로가 어느 정도 긴 경우에도 서로 다른 몇 개의 공개키 목록으로부터 여러 사람의 서명을 확인하게 되면 신뢰도는 증가하게 된다. 이러한 형태로 웹 사용자들이 상호 공개키를 인증함으로써 신뢰할 수 있는 웹 공동체를 구성하게 된다. 이와 같이 웹 공동체를 구성하여 공개키를 인증하는 대표적인 예로는 PGP(Pretty Good Privacy)가 있다.

11.2 일상생활에서의 인증방식

공개키 암호방식에서 공개키를 인증한다는 것은 본인을 인증한다는 것을 말한다. 공개키를 인증해 주는 인증기관과 전자인증서에 대하여 설명하기에 앞서 여러 분야에서 본인을 인증하는 방식에 대해 살펴보기로 하자.

11.2.1 서비스별 인증방법

본인인증이란 미리 본인에 대한 것을 등록해 두고 그 증거를 제시함으로써 본인을 확인할 수 있도록 하는 것을 말한다. 따라서 특정 목적에 따라 그 등록사항이 달라질 수 있다. 여기에는 운전면허나 서비스 이용권한과 같은 자격의 보유상황, 신용카드와 같은 회원가입, 나아가 출생신고나 주민등록 등의 사회일원으로서의 등록 등이 있다.

은행이용시 본인인증

은행통장을 발급받고자 하는 사람들은 은행에 가서 본인임을 확인받고 은행계좌를 개설하게 된다. 계좌개설 시 이용자는 이름, 주민등록번호, 비밀번호, 인감 등을 등록한다. 그러면 이용자는 자신의 계좌에서 돈을 인출하려 할 때, 계좌번호와 비밀번호를 기록한 전표에 등록한 도장을 찍고 은행통장을 함께 제시함으로써, 본인 또는 본인이 위임한 정당한 이용자라는 것을 인증받게 된다.

신용카드 사용 시의 본인인증

백화점에서 쇼핑을 하고 신용카드로 대금을 지불하는 경우를 생각해 보자. 구매자는 백화점에서 신용카드의 정당한 사용자임을 확인받아야 한다. 백화점 직원은 구매자의 신용카드를 확인하여 구매자가 신용카드의 정당한 사용자임을 인증할 수 있다. 카드를 분실하거나 도난당하는 경우를 대비하여 카드 뒷면에는 카드 소유자의 서명이 기록되어 있다. 카드 이용자가 전표에 서명한 것과 카드 뒷면의 서명이 일치하는 경우, 판매자는 카드 사용자가 실제 카드 소유자라고 믿게 된다.

컴퓨터 시스템 접속 시의 본인인증

어떤 컴퓨터 시스템을 이용하고자 하는 사람은 그 시스템의 이용권한을 가진 정당한 사용자라는 것을 입증할 수 있어야 한다. 일반적으로 사용자가 시스템에 등록할 때 비밀번호를 함께 등록하면 사용권한의 범위가 주어지게 된다. 시스템 이용자는 시스템에 접속할 때 사용자 ID와 비밀번호를 제시해야 한다.

입장 시의 본인인증

물리적 시설에 들어가기 위해서도 사전에 등록하여 발급 받은 신분증이나 증명서를 제시해야 한다. 엄격히 통제될 필요가 있는 경우, 시설관리자 또는 시스템에서는 단순한 신분증 외에도 지문, 비밀번호 등을 통해 정당한 권한을 가진 사람인지를 확인한다.

11.2.2 본인인증방식의 종류

본인을 인증할 수 있는 다양한 방식이 있다. 일반적으로 인체의 생물학적 특성을 이용하는 바이오메트릭스, 신분증과 같은 소유물, 비밀번호와 같은 비밀정보 등이 본인인증방식으로 이용되고 있다.

〈표 11-1〉에서 알 수 있는 바와 같이 전자서명은 전자문서를 통한 인증수단 중 하나일 뿐이다. 다음에서 설명할 인증기관에서 발급하는 전자인증서는 일종의 전자신분증에 해당하는 것으로 전자서명으로 확인할 수 없는 사실을 파악할 수 있도록 해준다.

표 11-1 본인인증방식

인증 방식	구체적 인증방식	특 성
바이오 메트릭스	얼굴인식	신체적 특성: 얼굴전체보다는 코, 입, 턱, 눈썹, 골격 등 50여 곳을 분석하여 인식하는 기술
	홍채	신체적 특성: 홍채의 고해상도 이미지 패턴을 적외선을 이용해 촬영하고, 디지털 변환 및 수학적 처리를 통해 개인의 고유한 특징을 추출
	정맥인식	신체적 특성: 적외선을 통한 혈관 투사 잔영을 통해 신원을 확인하는 방식
	지문	신체적 특성
	음성	행동적 특성: 자의적으로 변화시킬 수 있고, 타인이 위장할 수 있음
	서명(수기서명)	신체적 특성: 자의적으로 변화시킬 수 있고, 타인이 위장할 수 있음
소유물	여권, 주민등록증, 운전면허증, 신용카드 등	신분증에 해당하는 것을 제시함으로써 본인 또는 정당한 사용자임을 확인함
비밀정보	비밀번호, 암호, PIN(Personal Identification Number), 전자서명 등	전용망을 이용한 폐쇄 네트워크에서는 비밀번호를 이용한 인증방식이 많이 이용되나 인터넷과 같은 개방 네트워크에서는 개인키를 사용한 전자서명이 이용되고 있음

자료 : 정보통신기술진흥센터, 생체인식기술 및 업체동향, 2016. 참조하여 재작성

11.3 인증 서비스

11.3.1 인증기관

인증기관(Certification of Authority : CA)이란 전자인증서(digital certificate)를 발행하고 관리하는 기관이다. 거래당사자(예를 들면 구매자와 판매자)가 아닌 신뢰할 수 있는 제3자(trusted third party)가 인증기관의 역할을 수행한다. 인증기관에서는 RSA 방식으로 대표되는 공개키 암호방식을 통해 참가자 전원의 공개키를 공정한 입장에서 관리한다. 인증기관에서는 신청자들의 등록을 받아 인증기관의 전자서명으로 확인한 전자인증서를 발급하고, 공개키를 분배하는 기능을 수행한다. 등록자의 신원에 변화가 있거나 개인키가 손상당하는 경우, 인증기관에서는 인증서를 폐기하거나 사용을 중지시키고 재발급한다.

베리사인(Verisign)이나 비자 등은 인증기관의 역할을 수행하고 있는 사설기관으로서 정보의 암호화, 전자서명, 전자인증서 등을 통해 사용자들이 안전하게 시스템을 이용할 수 있도록 관리하는 기구이다.

11.3.2 전자인증서

인증서란 전자서명생성정보가 가입자에게 유일하게 속한다는 사실 등을 확인하고 이를 증명하는 전자적 정보를 말한다. 전자서명인증업무란 전자서명인증, 전자서명인증 관련 기록의 관리 등 전자서명인증서비스를 제공하는 업무를 말한다. 전자서명인증사업자란 전자서명인증업무를 하는 자를 말한다(전자서명법 제2조). 국내의 경우, 한국인터넷진흥원이 인정기관이 되어 전자서명인증사업자의 운영기준 준수사실을 인정하고 있다. 따라서 기존의 공인인증기관 제도는 폐지되었다.

인증서는 금융인증서와 공동인증서가 있다. 공동인증서는 기존의 공인인증서를 의미하다. 금융인증서는 기존의 공인인증서에서 사용하던 액티브엑스(ActiveX)와 같은 플러그인 소프트웨어를 설치하지 않고, 인증서를 클라우드에 저장하여 편리성이 강화된 인증서이다. 공동인증서는 PC, 휴대폰, USB 등에 인증서를 저장한다.

전자인증서(digital certificate)란 전자서명을 한 본인이 주장하는 자신의 속성에 대한 사실 여부를 거래상대가 확인할 수 있도록 제3자가 전자적으로 발급하는 증명서이다. 달리 표현하자면, 이는 공개키의 소유자라고 주장하는 사람이 실제 그

키의 소유자인지를 제3자가 확인해 주는 인증서이다. 컴퓨터 관점에서 볼 때, 전자인증서란 여러 자료항목을 포함하고 있는 전자 레코드이고, 여기에 입력되는 내용은 다음과 같다.

- 인증서를 발급한 인증기관명
- 등록자 본인의 신원에 관한 사항
- 등록자 본인의 공개키
- 인증서의 유효기간
- 인증서를 발급한 인증기관의 전자서명

인증서양식으로는 CCITT의 ITU 권고 X.509가 많이 사용되고 있다. 이 양식에는 인증서소유자 ID나 공개키와 함께 인증기관의 전자서명이 들어 있다. 전자서명은 인증기관이 발급한 공개키로 대표되는 증명서의 내용이 수정되지 않았다는 것을 증명하기 위한 것이다.

표 11-2 전자인증서에 포함된 정보(X.509)

전자인증서에 포함된 정보(X.509)
· 버전번호 · 일련번호 · 인증서 유효기간 · 사용자 ID · 사용자 이름 · 사용자 공개키와 관련 정보(알고리즘, 파라미터) · 전자서명 관련정보(알고리즘, 파라미터) · 인증기관명
· 인증기관의 전자서명

[그림 11-1]에서는 국내 공인인증기관(금융결제원의 yesssign)에서 발급한 인증서 정보를 나타내 보이고 있다.

[그림 11-1] 인증서 정보

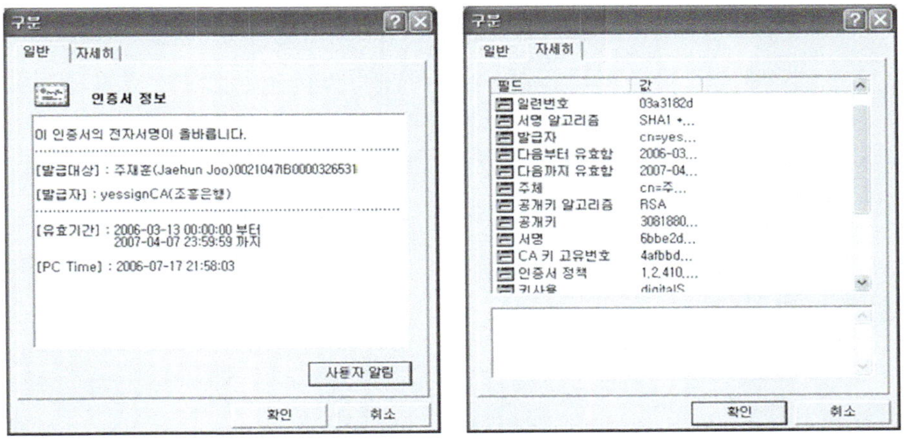

11.3.3 전자인증서의 종류

전자인증서는 일종의 전자신분증이다. 메시지 수신자는 송신자의 공개키로 전자서명을 확인하여 송신자를 인증하게 된다. 거래상대의 공개키가 정당한 실제 거래상대의 공개키라는 것을 믿을 수 없다면, 전자서명으로도 상대를 인증할 수 없다. 그러므로 전자인증서에서는 최소한 사용자 이름과 공개키를 연결시켜줄 수 있어야 한다. 공개키의 소유자가 누구인지를 확인할 수 있을 때, 타인을 사칭한 부정거래를 방지할 수 있다. 따라서 인증기관에서는 등록과정을 통해 본인을 확인하고 전자신분증에 해당하는 전자인증서를 발행한다.

인증기관에서 발급하는 인증서에는 소유자의 공개키와 이름을 연결하여 신원을 확인해 주는 것에서 이름과 공개키뿐만 아니라 주소, 나이, 특정 제품의 구매권한까지 입증해 주고 전자시점확인(digital time stamping) 서비스를 제공하는 것에 이르기까지 다양한 종류가 있다.

다음에서는 인증서를 통해 사용자신원을 확인할 수 있는 정도 및 그 용도에 따라, 단순인증서와 승인인증서로 구분하여 살펴보기로 한다.

단순인증서

단순인증서(identifying certificate)에서는 등록자의 이름과 공개키를 연결하여 공개키를 통해 본인임을 확인할 수 있도록 해준다. 예를 들어 '갑'이 인증기관으로부터 단순인증서를 발행받았다고 하자. 또 갑은 기밀을 요하는 메시지를 '을'에게 보내려 하고, 을은 갑의 인증서를 발급한 인증기관을 신뢰하고 있다고 하자. 이때 전자인증서에는 갑이라는 사람의 공개키가 진실로 갑의 것이라는 것을 입증하는 인증기관의 전자서명이 들어 있다. 그러면 갑이라고 주장하는 사람으로부터 전자서명이 들어 있는 메시지를 받은 을은, 갑이 제시하는 전자인증서를 확인함으로써 메시지의 전자서명이 갑을 사칭하는 타인이 아닌 갑 본인이 한 것이라고 믿을 수 있다.

승인인증서

단순히 공개키만을 입증하는 인증서로는 거래자가 다음과 같은 상황에서 거래상대를 신뢰할 수 없다. 성인인 소비자만이 구입할 수 있는 제품을 어떤 구매자가 구입하고자 하는 경우 판매자는 단지 공개키의 진실성만으로는 그 구매자를 신뢰할 수 없고, 그가 성인이라는 것을 입증하는 전자인증서를 필요로 하게 된다. 미 연방정부에서는 사전허가 없이 미국에서 고급의 암호 알고리즘을 수출할 수 없도록 규정하고 있다. 미국 시민이나 미국에 거주하는 외국인은 인증서를 통해 암호 알고리즘을 입수할 수 있는 권한이 있다는 것을 입증할 수 있어야 한다.

승인인증서(authorizing certificate)에서는 등록자의 이름과 공개키뿐만 아니라 등록자의 주소, 등록자의 나이, 등록자가 어떤 단체의 회원인가에 대한 내용도 입증해 준다. e-비즈니스 교과목을 수강하는 학생들을 대상으로 교수가 퀴즈문제를 교환한다고 하자. 이때 학생들은 이 교과목을 수강한다는 것을 입증할 수 있어야 문제를 받아볼 수 있다. 따라서 수강학생들은 승인인증서를 제시함으로써 본인을 입증할 수 있다. 그 외에도 위에서 설명한 바와 같이, 성인만을 대상으로 상품을 판매하는 경우나 암호 알고리즘의 배포 등에서 승인인증서가 이용될 수 있다.

단순인증서나 승인인증서 외에도, 특정 거래사실을 입증하는 거래인증서(transactional certificate)와 특정 시점에 전자문서를 작성했다는 것을 입증해 주는 위조 불가능한 전자시점확인이 가능한 인증서 등이 있다.

전자인증서는 사용자에 대한 기관용·법인용·개인용·서버용으로 분류되며, 그 용도에 따라 전자거래 범용, 금융거래용, 전자민원용, 시점확인용 등으로 분류된다.

- **기관용 인증서** : 국가기관 및 비영리기관의 신원확인 및 전자서명
- **법인용 인증서** : 법인의 신원확인 및 전자서명
- **개인용 인증서** : 개인의 신원확인 및 전자서명
- **서버용 인증서** : 컴퓨터 시스템 등 전자기기의 소유자에 대한 신원확인 및 전자서명, 운영 서버별(또는 URL별)로 발급되는 인증서
- **전자거래 범용 및 금융거래 인증서** : 인터넷 뱅킹, 증권거래, 일반 쇼핑몰, 전자입찰, 전자세금계산서 등 인터넷을 통한 모든 전자거래에서 사용가능한 인증서
- **시점확인 서비스** : 원하는 정보에 시각데이터를 부여하여, 특정 시기에 해당 정보가 특정 시점에 존재하였는지 여부를 확인 증명해주는 것, 즉 신뢰할 수 있는 제3의 기관인 공인인증기관이 국제표준시간을 기준으로 시각증명(time stamp)을 해 주는 서비스

〈표 11-3〉에서는 전자인증서의 활용분야를 나타내 보이고 있다.

표 11-3 전자인증서의 활용분야

사용 부문	개 요
전자상거래 부분	전자입찰시스템, 인터넷 쇼핑몰, 기업간 정보유통, 각종 전자 예약 등, 화물운송, 소프트웨어 구매 및 업데이트
금융부문	인터넷 뱅킹 서비스, 사이버 증권 서비스, 보험 가입/대출 서비스, 인터넷 빌링 서비스, 전자화폐 서비스, 기업 금융 서비스
공공부문	행정사무, 전자민원 서비스, 인·허가 신청, 교육부문, 의료보험, 조세행정, 전자 공증/내용 증명, 정부조달 EDI, 수출입통관, 전자무역/물류
기타분야	교육행정정보 서비스, 시점확인, 재택근무, 가상사설망(VPN), 문서보안, 대학학사 업무, 의료업구의 정보화, 보안 E-mail

11.3.4 인증기관의 역할

가상공간에서 신뢰할 수 있는 제3자로서의 인증기관은 다음과 같은 주요 기능을 수행한다.

- 등록신청처리
- 인증서발급 및 공개키 배포
- 인증서의 유지·관리

한편 인증기관의 구체적 업무내용은 다음과 같다.

- **등록업무** : 온라인 또는 실제 확인과정을 거쳐 인증서 청구자의 신원에 관한 정보를 등록하는 업무이다.
- **인증서 발급, 폐지, 갱신, 교체 업무** : 등록정보를 기초로 인증서를 발행하고, 인증서 사용을 중지하고, 사용되지 않고 있던 인증서를 새로이 사용할 수 있게 하고, 유효기간이 지나지 않은 인증서를 폐기하고, 새로운 인증서를 발급하는 등의 업무이다.
- **인증서 폐지목록 관리** : 인증서 폐지목록(Certificate Revocation List : CRL)이란 유효기간이 지나지 않았지만 폐지된 인증서목록이다. 인증서 소유자가 발행기관의 등록을 취소하거나 개인키가 손상된 경우에는 인증서를 폐지해야 한다.
- **디렉토리 서비스** : 인증서와 CRL과 같은 정보를 저장하고 있는 데이터베이스 서비스. 인증서 사용자들은 인증기관이 관리하는 디렉토리에 접근하여 폐지된 인증서 및 등록된 인증서를 검색해 볼 수 있다.

한편 인증기관과는 달리 등록업무만을 수행하는 등록기관(Registration Authority : RA)이 있다. 등록기관에서는 전자서명 및 인증서 발급기술이 부족하여 등록신청을 받아 등록정보 데이터베이스만 관리하고 인증기관에 인증서 발급업무를 의뢰한다. 그러면 인증기관에서는 등록기관에서 제공받은 인증서의 자료를 사용하여 인증기관의 개인키로 전자서명을 한 인증서를 발급한다.

위의 기능을 수행하는 인증기관에서는 다음과 같은 능력을 갖출 필요가 있다.

- **기술** : 암호기술과 전자서명 등의 공개키 인프라 기술, 등록정보를 관리할 수 있는 데이터베이스 기술 등
- **설비** : 자동 백업 및 회복 기능이 있는 안전한 설비, 고객지원 서비스 능력 등을 갖추고 전 세계 사용자들에게 인증 서비스를 제공할 수 있는 기반체계
- **실무** : 인터넷에서 공신력 있는 제3자로서 역할을 수행할 수 있는 능력, 법적 구속력이 있는 인증업무준칙(Certification Practice Statement : CPS)의 운영능력. 인증업무준칙서란 인증기관에서 인증서를 발급하는 데 이용하는 실무지침서로서, 여기에는 CA의 운영 규칙과 정책, 인증서를 발급하는 데 요구되는 조건과 제약, 인증서 발급정책 등의 세부사항이 명시되어 있다.
- **공개키 기반구조**(Public Key Infrastructure : PKI)란 공개키 암호 프로그램에

이용되는 공개키를 안전하고 효율적으로 유통시키기 위해 인증서의 발행, 획득, 조회, 검증 등을 수행하는 인증서 관리 기반구조이다. 이는 공개키 암호를 기반으로 하고 있는 전자서명 프로그램에서 무결성, 부인방지, 인증 등의 보안 서비스를 효율적이고 안정적으로 제공하는 것을 목적으로 한다. 다시 말해, 공개키 기반구조는 서로 다른 인증기관의 체계적인 집합체이다. 즉, 여러 인증기관이 발행한 인증서가 상호 호환이 될 수 있도록 해 주는 기반구조이다.

국내의 대표적인 PKI 솔루션업체는 다음과 같다.

(주)한컴시큐어(www.hsecure.co.kr)
(주)이니텍(www.initech.com)
(주)드림시큐리티(www.dreamsecurity.com)

인사이트 공인인증서 의무화 사용폐지와 인증서의 필요성

그림에서와 같이 인터넷에서는 소통하는 대상이 누구인가를 파악하기란 쉽지 않다. 비대면으로 거래가 이루어지는 인터넷기반 상거래에서 거래 상대를 확인하고 전자서명의 공개키 소유자 본인을 확인하기 위한 안전한 방안으로 공인인증서 제도가 도입되었다.

2015년 전자금융거래법에서의 공인인증서를 의무적으로 사용하여야 한다는 규정이 폐지되었다. 전자금융감독규정(전자금융거래법 및 동법 시행령에서 금융위원회에 위임한 사항)에서는 "모든 전자금융거래에 있어 전자서명법에 의한 공인인증서 또는 이와 동등한 수준의 안전성이 인정되는 인증방법을 사용하여야 한다. 다만, 기술적·제도적으로 공인인증서 등의 적용이 곤란한 금융거래로 금융감독원장이 정하는 경우에는 그러하지 아니하다."라고 규정하고 있다.

공인인증서는 공인된 신뢰할 수 있는 기관에서 발급하는 인증서이다. 인증서는 PKI에서 공개키 소유자의 본인을 확인해주는 수단이 된다. 이를 통해 정당한 거래 당사자인 본인이 전자서명을 했다는 것을 믿을 수 있다. 그런데 문제의 핵심은 다른데 있었다. 인터넷 뱅킹이나 50만 원 이상의 전자상거래 거래 시에 액티브X와 실행프로그램을 설치해야 하는 문제가 있어 번거롭고 스마트폰이나 해외 이용자들은 이를 설치할 수 없는 문제가 발생했다. 따라서 액티브X와 실행프로그램을 설치하지 않고도 공인인증서를 이용할 수 있도록 하는 것이 문제해결의 핵심이다. 더 나아가서는 본인 인증을 위한 방안을 하나로 규제하는 경우에는 다른 기술 대안을 도입하고자 하는 혁신을 저해할 수 있다는 점이다. 액티브X 설치 문제와 다양한 기술혁신 촉진을 위한 방안으로 공인인증서의 의무화 사용이 폐지된 것이다. 공인인증서는 새로운 혁신적 대안이 도입될 때까지 안전한 전자거래를 위한 중요한 방안이 될 것이다.

한국인터넷진흥원에 따르면, 이용자는 인터넷뱅킹과 전자상거래 등에서 각종 보안 프로그램을 설치하지 않아도 되고, 복잡한 비밀번호 입력 없이 스마트폰에서 홍채와 지문 등 생체인식 기반으로 공인인증서를 간편하게 사용할 수 있게 된다. 액티브X, 범용 설치프로그램(exe) 등 보조 프로그램 설치 없이 공인인증서를 발급받고 이용할 수 있는 간편 웹 표준 공인인증기술이 개발되어 시중은행 인터넷뱅킹 등에 도입 중에 있다.

- 액티브X(ActiveX): 마이크로소프트사가 인터넷익스플로러 사용자들을 위해 개발한 기존의 응용 프로그램을 인터넷 웹과 연결시켜 사용할 수 있게 하는 기술이다. 인터넷의 다양한 문서와 동영상이나 음악, 은행 업무 등에서 웹브라우저와 HTML 문서 자체만으로는 모든 기능을 원활히 이용할 수 없는 경우가 있다. 따라서 액티브X라는 웹브라우저와 연동되는 특정 프로그램을 PC에 추가로 설치해야 인터넷 뱅킹이나 특정 문서를 실행할 수 있다. 액티브X와 특수한 실행프로그램 등을 플러그인(plug-in) 소프트웨어라 한다.

연습문제 및 참고문헌

연습문제

1. 공개키 인증이 필요한 이유와 현실에서 인증방식에 대하여 설명하라.

2. 다음에 대하여 간략하게 설명하라.

1) 인증기관(Certification of Authority : CA)
2) 전자인증서(digital certificate)
3) 공개키 기반구조(Public Key Infrastructure : PKI)
4) X.509

참고문헌

전자서명인증관리센터(KISA), www.rootca.or.kr
행정전자서명 인증관리센터, www.gpki.go.kr

제 5 부

EC 기반기술의 이해

인터넷은 그 시작부터 공동체 개념을 기반으로 출발하였다. 오랫동안 과학자들은 인터넷을 통해 상호간 데이터를 공유하고 공동으로 연구를 수행하고 의사소통을 해 오고 있다. 즉, 과학자들은 대학 캠퍼스에 물리적인 모습으로 존재하는 것이 아니라 인터넷을 통해 상호간 의사교환이 가능한 공동체를 형성해 왔다.

- Armstrong, A. and J. Hagel III, "The Real Value of On Line Communities," HBR, May–June, 1996.

제12장
인터넷 관련 기술

여기서는 전자상거래와 e-비즈니스를 이해하는데 기초가 되는 인터넷 웹에 대해 학습한다. 인터넷의 기초와 인터넷 기술발전 동향을 살펴보고, 차세대 인터넷 웹으로서 시맨틱 웹과 웹 서비스, 그리고 집단지성과 사물인터넷 등에 대해 살펴보기로 한다.

12.1 인터넷 기초

12.1.1 인터넷의 역사

인터넷(Internet)이란 전 세계의 컴퓨터를 상호 연결하고 있는 개방·분산 네트워크이다. 통신표준을 사용하는 통신망으로 연결된 서로 다른 기종의 컴퓨터가 자료를 상호 교환할 수 있다는 점에서 인터넷은 개방형이며, 하나의 호스트 컴퓨터에 집중되어 있는 PC통신망과는 달리 전 세계의 여러 컴퓨터가 상호 연결되어 있다는 점에서 분산형 통신망이다.

인터넷은 1969년 구 소련의 핵미사일 공격으로부터 컴퓨터를 안전하게 운영하기 위한 군사적 목적에서 구축되었다. 군사적 목적에서 출발하여 교육 및 연구용으로 사용되다가 나중에는 상업용으로 그 사용이 허용됨에 따라, 현재는 정보자원의 집합체이며 비즈니스의 자원이 되었다.

〈표 12-1〉은 이러한 인터넷의 주요 발전과정을 나타내고 있다.

표 12-1 인터넷의 발전

연도	주요 변화
1969	· 알파넷(ARPAnet : Advanced Research Projects Agency Network) 탄생 : 4대의 호스트 컴퓨터 연결 · 벨 연구소 UNIX 개발
1970	· 컴퓨서버(Compuserve) 온라인 서비스 · 하와이대학에서 알로하넷(ALOHAnet) 개발
1972	· 알파넷과 알로하넷의 연결(서로 다른 네트워크간의 최초 연결) · 알파넷을 통해 첫 번째 전자우편 전송
1973	· 알파넷으로 미국, 영국, 노르웨이간의 최초의 국제적 연결
1975	· 컴퓨서버 온라인 쇼핑 개시, TCP/IP 개발
1979	· 유즈넷(Usenet) · 알파넷 4개 대학과의 연결
1982	· 국내 SDN(System Development Network) 구축 : 서울대와 한국전자통신연구소(1.2kbps)
1983	· TCP/IP(알파넷의 NCP 프로토콜을 TCP/IP로 전환) · 전화통신망을 통한 미국과 연결(SDN 미국 UUCP와 연동)
1984	· 순수 연구용 알파넷과 군사용 밀넷(MILNET)의 구분 · 프로디지(Prodigy) · DNS(Domain Name Server) 구성 · 국내 상용전자우편서비스(데이콤)
1985	· 아메리카 온라인(AOL) · 데이콤 천리안 PC통신 서비스 개시

연도	주요 변화
1986	· 미국 국립과학재단의 NSFNet 구축 · ISO에서 문서정보를 표현하는 마크업 언어의 표준으로 SGML을 발표 · IETF(Internet Engineering Task Force), IRTF(Internet Research Task Force)발족 · IP주소 국내최초 배정, 국가도메인(.kr) 도입
1987	· UUNet 구축 · 10,000대의 호스트 컴퓨터와의 연결 · 연구망 SDN과 연동, 교육망 BITNet(Because It's Time Network)과 연동 · SDN을 미국 CSNet 인터넷과 연동 · 국내 PC 뱅킹서비스
1989	· 100,000대의 호스트 컴퓨터와의 연결, NSFNet 백본 T1급으로 증속 · 한국통신 SDN/HANA(하나)망 구축 · 팀 버너스리 WWW 모델의 제안
1990	· T1급 : 백본 네트워크의 전송속도 1.5Mbps · T3급 : 백본 네트워크(ANSNET)의 전송속도 45Mbps · 하나망의 인터넷 연결
1991	· 미국 행정부 인터넷을 기업에 공개 · WWW, HTTP 개발(제네바 CERN 연구실의 Tim Berners-Lee) · 미국과 56Kbps급 회선을 구성하여 본격적인 인터넷 활용 · 교육망 인터넷 서비스 개시
1992	· 1,000,000대의 호스트 컴퓨터 연결, ISOC(Internet SOCiety) 설립 · 고퍼(Gopher), WAIS의 출시, NSFNet 백본 T3로 증속 · HTML발표
1993	· 모자익(Mosaic) 개발 : 일리노이대학의 마크 안드레센(Marc Andreesen) · InterNIC 구성, 상용 인터넷 서비스 개시(BARRNet, SURANet) · 국내최초 웹사이트
1994	· Netscape Navigator 개발 · W3C(World Wide Web Consortium) 창설 · 한국통신(KORnet), 데이콤의 천리안 인터넷 상용 서비스 개시
1995	· MS사에서 Internet Explorer출시 · 선마이크로시스템즈의 자바(Java) 언어, VRML 등장 · 미국 국립과학재단 ANSNET을 아메리카 온라인에 매각 · 하이텔 인터넷 상용 서비스 개시 · KIX(Korean Internet eXchange) 구성 및 서비스(한국전산원)
1996	· 마이크로소프트사의 MSN · 인터넷 2 · 국내 ISDN 공중망 개통
1997	· 국내 전용회선서비스 · 인터넷주식거래서비스
1998	· W3C에서 XML발표 · ICANN(The Internet Corporation for Assigned Names and Numbers: 국제인터넷주소관리센터)설립
1999	· 5,000,000대의 호스트 컴퓨터 연결 · 한국인터넷정보센터 설립 · 국내 ADSL 서비스 · IPv6주소 국내 최초 배정 · 인터넷뱅킹서비스
2000	· ICANN에서 새로운 gTLD도입 · IPTV(Internet Protocol Television)

연도	주요 변화
2003	· VDSL(very high-data rate digital subscriber line, 비대칭디지털가입자회선) 서비스 · 모바일 뱅킹 서비스
2005	· 국내 인터넷전화(VoIP) 상용서비스
2006	· FTTH(Fiber to the Home, 댁내 광케이블) : 각 가정까지 광케이블을 연결하여 초고속 서비스를 제공함
2007	· IPTV 사업법 제정
2008	· IPTV 상용서비스 개시
2011	· LTE 상용서비스 개시
2013	· 공공데이터 제공 및 이용활성화에 관한 법률 제정 · 정보통신진흥 및 융합활성화 등에 관한 특별법 제정
2014	· 기가인터넷 상용 서비스 개시 · IPv6 상용화 시작
2015	· 클라우드컴퓨팅 및 이용자보호에 관한 법률 제정 · 3D프린팅산업진흥법 제정
2017	· 인터넷전문은행 영업 개시

출처 : 한국인터넷진흥원, 한국인터넷백서(2012) ; 2016국가정보화백서, 2017 참조.

12.1.2 전자우편 주소

인터넷에 연결된 모든 컴퓨터는 각각의 고유한 인터넷 주소(IP address)를 갖게 된다. 또한 인터넷 사용자들은 각자 전자우편 주소를 갖고 있어, 이 주소를 이용하여 전자우편을 주고받을 수 있다. 예를 들면 저자의 전자우편 주소는 jaehunjoo@hanmail.net(jaehunjoo at hanmail dot net이라 읽음)이다.

[그림 12-1]에서는 전자우편 사용자와 전자우편 서버의 관계를 나타내고 있다.

[그림 12-1] 전자우편 사용자와 서버의 관계

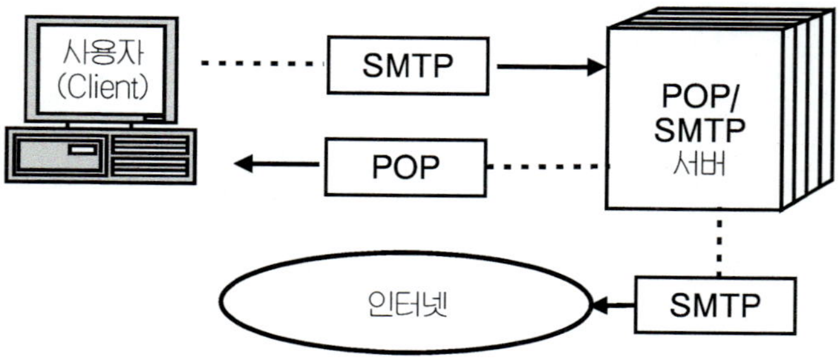

SMTP와 POP란 사용자 컴퓨터와 SMTP/POP 서버 간에 통신할 수 있게 하는 통신규약이다. 여기에서 SMTF(Simple Mail Transfer Protocol)는 사용자의 전자우편을 SMTP 서버에 전송하는 역할을 하는 프로토콜이고, POP(Post Office Protocol)은 전 세계의 서버로부터 전송되는 전자우편을 POP 서버에 저장하는 역할을 하는 프로토콜이다.

12.1.3 인터넷 주소와 도메인 이름

인터넷 주소(IP address)란?

앞에서 전자우편을 설명하기 위해 인터넷 주소에 대하여 간략하게 설명하였다. 원래 IP(Internet Protocol) 주소란 32비트의 숫자로 구성되어 있지만, 사용자가 기억하기 쉽도록 마침표로 구별된 4다발의 숫자(각 다발에서는 0과 255 사이의 숫자가 사용되며, 이는 8비트에 해당함)로 구성된다(예 123.234.56.7).

IPv6(Internet Protocol version 6)은 인터넷에서 널리 이용되고 있는 32비트의 IPv4를 4배 확장한 차세대 버전의 인터넷 프로토콜이다. IP 주소 공간을 128비트로 확장하여 주소의 개수를 큰 폭으로 증가시켰으며, 보안성 및 망 확장성 등이 더욱 향상된 것이 특징이다.

도메인 이름(domain name)이란?

인터넷에 연결된 컴퓨터 간에 통신을 하는 데는 2가지 주소가 사용된다. 하나는 숫자로 표현된 IP 주소이고, 또 다른 하나는 사용하기 편리하고 기억하기 쉬운 도메인 이름이다(한국인터넷진흥원의 인터넷정보센터, KRNIC, domain.nic.or.kr 참조). 사용자들이 IP 주소를 기억하기 쉽도록 문자로 나타낸 것이 도메인 이름이다. 그러나 실제 컴퓨터 간에는 숫자로 표현된 주소로 통신을 한다. 따라서 실제로 컴퓨터 간에 통신을 할 때는 영문으로 표현된 도메인 이름을 숫자로 표현된 주소로 변환시켜 주어야 한다.

[그림 12-2]에서는 일반 사용자가 자신의 컴퓨터에서 한국인터넷진흥원의 웹사이트(www.nic.or.kr)를 검색하는 경우, 도메인 이름으로 상대방 컴퓨터와 어떻게 통신을 하는지 나타내고 있다. 이와 같이 영문으로 표현된 도메인 이름을 숫자로 표현된 주소(IP 주소)로 변환시켜 주는 것을 도메인 네임 서비스라 하며, 이러한

역할을 해주는 소프트웨어를 도메인 네임 시스템(Domain Name System : DNS)이라고 한다. 인터넷상에서 자신의 도메인 이름을 다른 사람이 사용할 수 있도록 하기 위해서는 반드시 도메인 네임 서버(시스템)에 도메인 이름을 등록해야 한다.

[그림 12-2] 도메인 이름을 IP 주소로 변환하여 통신하는 과정

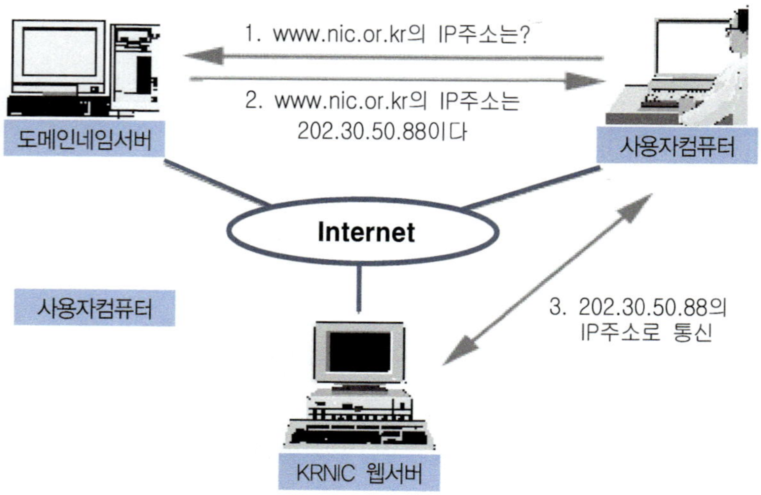

출처 : domain.nic.or.kr 참조.

인터넷에서 사용되는 도메인은 전 세계적으로 고유하게 존재하여야 하므로 공통적으로 정해진 체계에 따라야 하며, 임의로 변경되거나 생성될 수 없다. 인터넷상의 모든 도메인은 "." 또는 루트(root)라 불리는 도메인 이하에 아래 [그림 12-3]과 같이 나무를 거꾸로 위치시킨 구조이다.

[그림 12-3]을 참조하여 예를 들어 보자. 다음의 도메인 이름은 www.daum.net인데, 마지막의 net이 기관별 최상위 도메인이고, 이는 네트워크 업체임을 뜻한다. 또 동국대학교의 도메인 이름은 www.dongguk.ac.kr인데, kr은 한국을 뜻하는 지역별 최상위 도메인이고, ac는 교육기관을 뜻한다.

인터넷은 미국에서 시작되었기 때문에, 미국을 중심으로 한 [그림 12-3]의 기관별 도메인이 최상위 도메인으로 사용되고 있다. 물론 미국 외의 국가에서도 기관별 도메인을 최상위 도메인으로 쓰는 경우가 있다.

[그림 12-3] 도메인의 주소체계

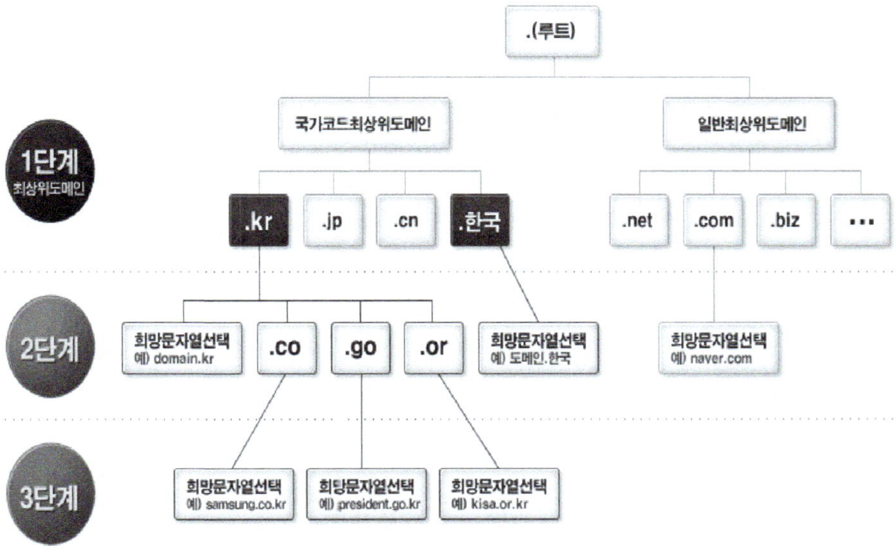

출처 : 한국인터넷진흥원(domain.nida.or.kr).

국내의 경우, 한국인터넷정보센터의 도메인 등록 페이지(domain.nida.or.kr)에 접속하여 등록된 도메인 이름이 없는지를 확인하고 일정 금액을 지불한 후 .kr의 도메인 이름을 등록할 수 있다. .com, .net, .org의 도메인 이름은 INTERNIC (www.internic.net)에 접속하여 등록할 수 있다.

인터넷 사용기관은 하나의 IP 주소에 대하여 하나의 도메인 이름을 붙일 수 있고, 그 이름은 세계적으로 유일하야 한다. 예를 들면 daum.net(또는 dongguk.ac.kr)이라는 도메인 이름은 단 한 개만 가능하다.

12.2 월드와이드 웹

인터넷에는 많은 정보가 산재해 있다. 그러나 인터넷에서 정보를 검색하다 보면, 망망대해에 홀로 떠 있다는 느낌을 받게 된다. 문제는 필요한 정보가 어디에 있는지를 알 수 없다는 점이다. 이러한 문제점을 해결하고, 텍스트뿐만 아니라 그래픽·음성·화상정보 등을 멀티미디어 방식으로 표현하고 검색할 수 있도록 한 것이 월드와이드 웹(World Wide Web : WWW)이다. 이를 단순히 웹, WWW, W3, 인터넷 웹이라 하기도 한다.

웹은 1989년 3월 유럽 입자물리연구소(European Laboratory for Particle Physics : CERN)에서 연구소 내의 정보를 공유하겠다는 의도에서 개발되었다. 초기에는 CERN과 몇몇 대학에서 지역적으로 사용되었으나, 1993년 NCSA (National Center for Supercomputing Applications)에서 HTTP(HyperText Transfer Protocol)라는 프로토콜을 이용하여 그래픽 형태로 웹 문서를 보여주는 프로그램인 모자익(Mosaic)이 개발되면서 널리 알려지게 되었다.

그 전에는 주로 컴퓨터 관련 전문가들이나 학생들이 인터넷을 사용해 왔다. 그 이유는 인터넷을 사용하기 위해서는 유닉스라는 운영체제에 대한 어느 정도의 지식을 필요로 했기 때문이다. 그러나 웹이 개발되고, 모자익, 넷스케이프 네비게이터, 인터넷 익스플로러 등의 웹브라우저(web browser)라는 소프트웨어가 개발되면서, 복잡한 명령어를 모르는 일반 사용자들도 마우스로 원하는 것을 클릭함으로써 필요한 정보를 검색할 수 있게 되었다. 또한 HTTP는 TCP/IP (Transmission Control Protocol/Internet Protocol)를 기반으로 하고 있기 때문에, 웹에서는 고퍼, FTP, 아치, 유즈넷 등의 각종 인터넷 서비스를 지원한다.

12.2.1 멀티미디어를 넘어선 하이퍼미디어

하이퍼텍스트(hypertext)가 일반 텍스트와 다른 점은 다른 문서에 대한 연결점을 가지고 있다는 것이다. 즉, 한 문서에서 다른 문서로 연결이 되어 있어 문서간, 내용과 내용간에 서로 연결이 되어 있는 것이다. 따라서 사용자는 단지 브라우저상의 문서에서 어떤 텍스트 또는 이미지에 마우스 버튼을 눌러 다른 문서 또는 다른 웹사이트로 이동해 갈 수 있고, 다시 원래의 문서로 되돌아올 수도 있다. 이와 같이 하이퍼텍스트 내에 있는 링크(link)를 하이퍼링크(hyperlink)라고 한다. 윈도우즈의 도움말에서도 이러한 하이퍼텍스트 기능을 제공하고 있다.

하이퍼미디어(hypermedia)란 하이퍼텍스트에 멀티미디어 기능이 추가된 것을 말한다. 따라서 하이퍼미디어에서는 텍스트뿐만 아니라 음성, 그림, 동영상 등의 정보도 이용 가능하다.

12.2.2 웹의 통신규약 : HTTP

HTTP(HyperText Transfer Protocol)란 웹에서 컴퓨터 간에 하이퍼텍스트 형태의 문서를 주고받을 수 있도록 하는 일종의 표준 또는 통신규약이다. [그림 12-4]에서 보는 바와 같이 HTTP는 응용계층의 프로토콜이다.

HTTP는 클라이언트인 브라우저가 서버인 HTTPd(HyperText Transfer Protocol Daemon)에 원하는 정보를 요청하고 이를 넘겨받는 과정을 규정한 프로토콜이다. HTTPd는 서버로서 클라이언트인 브라우저의 정보요청을 해석하여 원하는 정보를 넘겨주는 기능을 수행한다.

[그림 12-4] OSI 모형과 TCP/IP의 비교

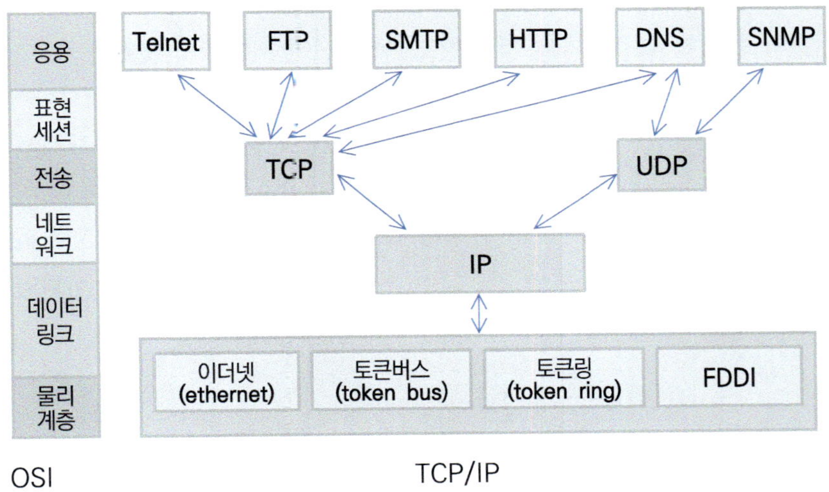

12.2.3 웹 문서작성언어 : HTML / XML / XHTML / AJAX

HTML

HTML(HyperText Markup Language)은 하이퍼텍스트를 구성하기 위한 문서작성언어인데, 이는 국제표준화기구(ISO)에서 표준화한 연결언어인 SGML (Standard Generalized Markup Language)의 일부이다. 1992년 웹 문서 개발규격인 HTML 표준이 제정되었다.

HTML5

웹 문서에 다양한 기능을 지원하여 액티브X(ActiveX)와 같은 별도 프로그램을 설치하지 않고도 어느 브라우저에서도 웹 문서를 볼 수 있도록 해 주는 HTML의 개선된 버전이다. 특히, 하나의 모바일 웹을 개발하면 어느 플랫폼(iOS, 안드로이드 등)에서도 이용할 수 있도록 해준다.

XML(eXtensible Markup Language)

HTML은 사용자의 다양한 요구를 만족시킬 수 없고, SGML은 복잡하며 웹에서 사용되고 있는 하이퍼링크(hyperlink) 기능을 지원하지 않는다. 즉, SGML은 다양한 기능을 갖고 있음에도 불구하고 DTD(Document Type Definition) 생성과 그 이해가 쉽지 않고, 마크업 언어 자체가 아니라 마크업 언어를 생성하기 위한 간접적 표준이라는 점 등으로 인해 널리 사용되지 못했다. HTML은 간단하고 사용하기 쉽지만 SGML을 기반으로 한 DFD에 의해 정의되어 있는 한정된 태그(tag)만을 사용할 수 있도록 되어 있어 다양하고 동적인 특성을 반영하지 못하고 있다. 이러한 문제점을 해결하기 위한 방안으로 HTML과 SGML의 단점을 없애고, 둘의 장점만을 모아 놓은 W3C의 새로운 표준언어가 XML이다. XML은 사용자가 임의로 태그를 정의하여 사용할 수 있고, 강력한 하이퍼링크와 스타일 쉬트 메커니즘을 제공하는 SGML의 일부이다.

- **DTD(Document Type Definition)**
  XML문서의 유효성을 검사하는데 필요하다. XML에서 사용되는 데이터 형식을 정형화하는 수단으로 문법, 즉 태그를 정의한다. 이는 XML 문서에서 이용 가능한 엘리먼트(element) 형과 속성들이 규칙에 맞게 사용되었는지 검사한다.
- **XML Schema**
  XML 스키마는 DTD의 대안으로서 XML 문서의 구조와 자료형을 선언한다. XML 스키마에서는 XML 문서의 엘리먼트와 속성, 엘리먼트와 속성의 자료형(data type), 그것의 기본값과 고정값, 부모 엘리먼트와 자식 엘리먼트의 관계, 자식 엘리먼트의 수와 순서관계, 빈(empty) 엘리먼트와 텍스트의 포함 여부 등을 정의한다. XML 스키마를 사용함으로써 다음과 같은 DTD의 한계점을 극복할 수 있다. 첫째, DTD는 XML 문법을 따르지 않기 때문에 익히기가 쉽지 않다. 따라서 XML 프로젝트 수행시 주로 기존의 DTD를 활용한다. 둘째, DTD는 확장성이 떨어지고 일반 프로그램 언어처럼 데이터형이 다양하지 못해 태그 안에 들어 있는 수치정보의 범위제한이나 데이터형에 대한 제한을 줄 수 없다. 셋째, DTD에는 클래스 상속개념이 없어 재사용 측면에서 비효율적이다.

- **XLL(Extensible Linking Language)**
  XML 문서의 링크를 기술하기 위한 언어로서 위치정보와 링크 정보를 속성값에 넣을 때 어떻게 처리할 것인가를 정의하고 있다. XLL은 XML문서 사이의 링크를 정의하는 XLink와 XML문서를 구성하는 요소 트리의 특정 요소를 접근할 수 있도록 해 주는 XPointer에 대한 명세로 구성되어 있다.
- **XSL(Extensible Stylesheet Language)**
  XML 문서의 스타일 쉬트를 기술하기 위한 언어로서 화면처리를 어떻게 할 것인가를 정의한다.

HTML은 브라우저에 문서를 표시하는 성질만을 갖고 있다. 따라서 사람이 HTML 문서를 쉽게 해석할 수 있지만, 어떤 응용 프로그램이 HTML 문서의 내용을 데이터로 처리할 수는 없다. XML의 경우는 문서와 데이터의 양면성을 갖는다. XML은 문서로서의 표시와 인쇄는 물론이고 컴퓨터 프로그램이 해석할 수 있는 데이터를 제공해 준다. XML은 HTML의 한계를 넘어서 웹 캐스팅, 전자 카탈로그, 개방 EDI 등에는 물론이고 다음과 같이 응용되고 있다.

- 복수 데이터베이스를 웹에 의해 연동하는 응용
- 웹 클라이언트 측에서 계산을 행하는 응용
- 웹 에이전트가 정보를 선택하는 응용 등

AJAX(Asynchronous Javascript And XML)

AJAX(에이잭스라 읽음)란 자바스크립트와 XML을 이용해 비동기 방식으로 쉽게 작동되는 홈페이지 개발 언어이다. 사용자의 서비스 요구에 대해 매번 서버의 반응을 기다리던 불편함을 해소하고, 요구에 실시간으로 대응할 수 있도록 하는 기술로써 반응의 지연을 없애고 다양한 기능을 제공함으로써 웹 2.0을 가능하게 하는 홈페이지 개발 기술이다. 웹 서버와 사용자간의 통신이 에이잭스를 통해 비동기적으로 처리함으로써 웹서버의 개입이 없이도 다양한 대화형 기능과 서비스가 가능하게 되었다. 또한 대화형 서비스를 구현하기 위해 기존에는 주로 액티브X를 이용했었는데, 이는 여러 웹사이트에서 검증되지 않은 액티브X 프로그램을 다운

받아 설치함으로써 발생할 수 있는 보안문제를 에이잭스를 통해 해결할 수 있다. 에이잭스는 운영체제 플랫폼에 관계없기 때문에 에이잭스 응용프로그램은 윈도우 외의 리눅스나 애플에서도 동작한다. 구글맵(maps.google.com)을 비롯한 웹 2.0을 지향하는 여러 사이트는 에이잭스로 개발되었다.

인사이트 프로토콜(protocol)이란

말이 통하지 않는 두 사람이 의사소통(통신)을 한다는 것은 어려운 일이다. 그러나 사전에 서로 어떤 규칙이나 표준을 정해 두고 그에 따라 의사를 표시하면 서로 그 뜻을 이해하게 된다.

데이터 통신에서 오류를 없애는 방법으로 사람들은 어떤 규약을 정하고 그 규약에 따라 통신하는 방법을 고안하였다. 이러한 규약은 오류없이 효율적으로 자료를 전송하기 위해 일련의 문자 송수신 과정에 관련된 통신규칙, 파일전송규칙을 의미한다.

프로토콜의 원래 의미는 '조약원안', '의정서', '외교의례' 등이지만, 통신에서는 '통신규약'이라는 의미를 지닌다. 따라서 프로토콜이란 "둘 이상의 컴퓨터와 단말기 사이에서 자료연결을 통해 오류 없이 효율적이고 신뢰성 있는 정보를 주고받기 위하여 미리 정보의 송수신측 사이에 정해둔 통신규칙"이다.

국제표준화기구(International Standard Organization : ISO)에서는 프로토콜을 7계층(응용, 표현, 세션, 전송, 통신망, 데이터 링크, 물리 계층)으로 구분하여 만든 개방연결 시스템(Open System Interconnection : OSI) 모형을 제시하여 따를 것을 권고하고 있다.

PC통신에서 편지나 파일을 전송하는 경우, TTY 전송, KERMIT 전송, ZMODEM 전송 등의 용어를 접하게 된다. 이들은 파일전송 프로토콜의 예이다.

인터넷에서는 TCP/IP(Transmission Control Protocol/Internet Protocol)라는 통신 프로토콜이 사용되고 있다. 이는 인터넷에 연결된 여러 기종의 컴퓨터가 통신할 수 있도록 하는 통신규약이다. 즉, 인터넷에는 여러 종류의 컴퓨터가 연결되어 있으며, 이들은 각각 서로 다른 운영체제를 사용하는 경우가 많다.

TCP/IP란 인터넷을 사용할 때 다른 운영체제 아래에서도 제약없이 통신할 수 있도록 접속방법을 규정한 프로토콜이다. TCP는 데이터 흐름과 전송을 관리하는 전송(transport) 계층의 프로토콜이고, IP란 데이터가 목적지까지 도착하게 해주는 네트워크 계층의 프로토콜이다.

TCP/IP를 기반으로 한 응용계층의 HTTP나 FTP 등이 있기 때문에 인터넷에서 다음과 같은 서비스가 제공된다.

- HTTP : 타임지의 홈페이지에 연결하여 화성탐사의 사진과 기사를 받아볼 수 있다.
- FTP : 하버드대학의 데이터베이스에 있는 에이즈 연구 파일을 받아 볼 수 있다.
- Telnet : 벨 연구소의 초대형 컴퓨터를 마치 나의 컴퓨터인 양 이용할 수 있다.
- SMTP(Simple Mail Transfer Protocol) : 잠비아의 지사에 있는 친구와 전자우편을 주고받을 수 있다.

12.2.4 인터넷 문서의 존재를 알려주는 주소지정방식 : URL

URL(Uniform Resource Locator)이란 인터넷의 문서나 파일이 어디에 있는지를 알려 주는 주소지정방식이다. URL을 알면 사용자는 인터넷에 연결된 원하는 웹 사이트에 접속하여 정보를 검색할 수 있으며, 대개 각 URL을 웹페이지(web page)라 한다. URL의 형식은 다음과 같다.

접근 프로토콜 방식://서버의 주소(: 포트번호, 생략가능)/디렉토리 또는 파일명

- http://www.chollian.net/
- http://www.netchex.com:80/faq.html
- http://wwwk.dongguk.ac.kr/~givej/
- telnet://well.sf.ca.us

접근 프로토콜 방식에는 http, ftp, gopher, news, telnet 등이 있고, 파일에는 .html, .gif, .jpg 등의 확장자가 붙는다.

12.2.5 의미있게 연결된 웹 문서의 집합소 : 웹사이트

일반적으로 웹사이트(web site)란 의미 있게 서로 연결된 웹페이지의 집합이다. 아래 첫 두 개는 같은 웹사이트이고 나머지 하나는 다른 웹사이트이다.

- http://www.mit.edu/people/mkgray/
- http://www.mit.edu/madlibs/
- http://web.mit/edu/

홈페이지(home page)란 특정한 웹사이트에 연결했을 때의 출발점이자 종착점인 페이지이다. 사용자 입장에서는 브라우저를 실행했을 때 처음으로 나타나는 웹페이지이며, 정보를 제공하는 서버 입장에서는 특정 기관이나 특정 기업을 대표하는 웹페이지이다.

[그림 12-5] 웹클라이언트와 웹서버의 관계

① 인터넷 웹 사용자는 PC에서 클라이언트인 웹브라우저로 URL을 입력하여 웹서버에게 HTML 문서(index.html)를 요청한다.
② 웹서버에서는 httpd가 구동되어 클라이언트의 요청을 받아 이를 처리한다.
③ 웹서버는 HTML 문서(index.html)를 클라이언트에게 보낸다. HTML 문서를 받은 클라이언트는 이 문서를 화면에 출력한다.

12.2.6 웹클라이언트와 웹서버 : 웹의 작동원리

클라이언트가 정보를 요청하는 쪽이라면, 서버는 정보를 제공하는 쪽이다. 웹클라이언트(web client)란 다른 컴퓨터 상의 웹서버(web server)에게 HTML로 작성된 웹 문서를 요청하여 가져오는 소프트웨어 프로그램이다. 넷스케이프 네비게이터와 인터넷 익스플로러 등의 웹브라우저 소프트웨어는 클라이언트 프로그램이다.

웹서버란 정보를 요청하는 웹클라이언트 프로그램의 요청에 따라 정보를 제공하는 컴퓨터 또는 소프트웨어이다.

12.3 인터넷웹과 정보처리

12.3.1 웹과 데이터베이스의 통합 : CGI

CGI(Common Gateway Interface)란 웹서버와 외부 시스템(또는 프로그램)과의 인터페이스를 위한 표준이다. HTML에는 프로그램 언어에 해당하는 구조(if, while)가 없다. 따라서 이러한 프로그램 언어의 기능들을 가지기 위해서 웹서버와 일반 프로그램 사이에 인수를 전달하고 결과를 전달할 수 있는 인터페이스가 필요하게 되었고, 이것이 CGI이다. 일반적인 의미에서 CGI란 용어는 CGI에 맞추어 작성된 프로그램을 의미하기도 한다. 예를 들어 CGI 프로그램을 이용하여 웹서버와 데이터베이스 시스템을 연동한 방명록, 게시판, 카운터, ID/패스워드 확인 등을 들 수 있다. CGI 프로그램을 작성하는 언어로는 Perl, C/C++, ASP, PHP 등이 있다.

CGI의 동작과정은 먼저 사용자의 웹브라우저가 서버에 동적인 웹 문서를 요청하면 서버는 특정 프로그램을 실행시키기 위해 CGI를 통해 데이터베이스와 같은 애플리케이션에 사용자의 요구사항을 전달하고 그 결과는 CGI를 통해 웹 문서로 구성되어 서버에 전달되어 다시 사용자의 웹브라우저로 전송하게 된다([그림 12-6]).

[그림 12-6] CGI의 작동과정

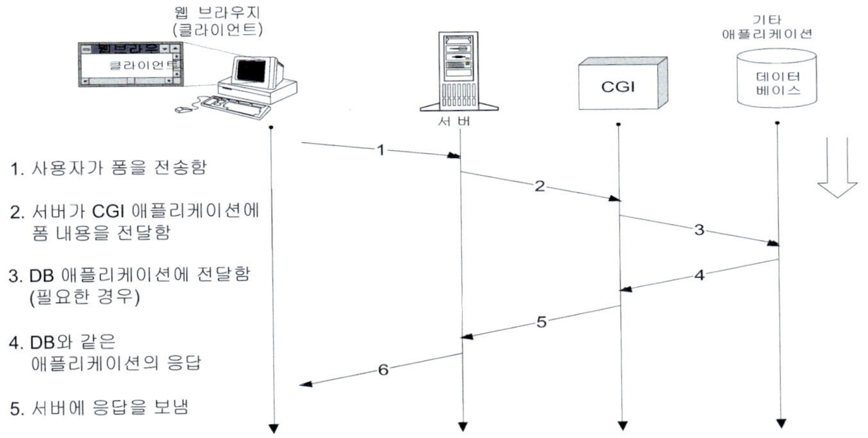

12.3.2 웹과 프로그래밍 언어 : Java

자바(Java)란 미국의 선다이크로시스템즈에서 개발한 객체지향 프로그래밍 언어의 일종이다. 원래 자바는 가전제품에 사용하려고 만든 프로그래밍 언어로 이를 위해서 처음 사용한 것은 기존의 C++ 언어였다. 하지만 C++를 사용하는 데 따르는 여러 문제점을 개선하여 1995년 자바가 탄생하였다.

자바는 인터넷 환경에 적합한 언어로서 분산 컴퓨팅 및 통신환경에서의 응용 프로그램 개발에 적합하다는 특징을 갖고 있다. 자바로 쓰여진 핫자바(Hot Java)

가 소개되고, 많은 사람에게 핫자바의 기능이 알려지면서 자바에 대한 관심이 고조되었다. 넷스케이프와 마이크로소프트에서도 자바를 자사의 웹 브라우저에서 지원하고 있다. 자바는 기존의 웹 브라우저에 동적인 내용을 첨가하는 데 사용되고 있다. 자바는 거의 대부분의 플랫폼에서 지원되고 있다.

자바 애플릿

애플릿(applet)이란 자바 프로그래밍 언어로 작성되어 웹에서만 사용가능한 self-contained 프로그램이다. 자바 애플릿의 실행과정과 특징은 다음과 같다.

- 플랫폼에 독립적이다.
- 클라이언트(브라우저)에 다운되어 실행되기 때문에 서버에 부담을 주지 않는다.
- 자바 애플릿을 위해 별도로 플라그인 소프트웨어를 설치할 필요가 없다.

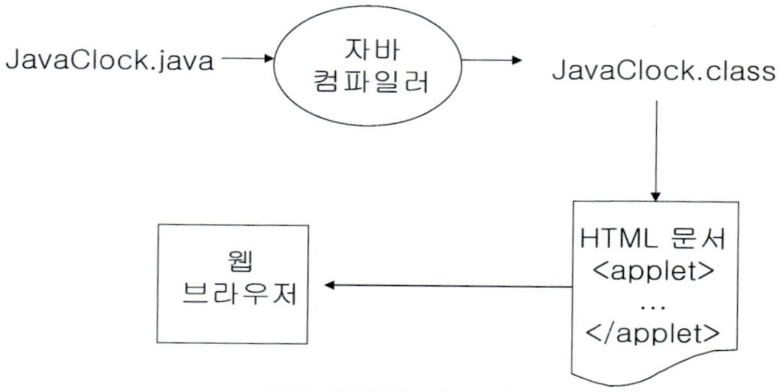

자바 애플릿의 실행과정

자바 애플릿을 내리받을 수 있는 사이트

www.anfyteam.com
http://java.sun.com/applets
http://javaboutique.internet.com
http://java.sun.com/openstudio/index.html

자바로 작성된 응용(소프트웨어 또는 프로그램)은 어떤 플랫폼(운영체제)에서도 작동되는 플러그 앤 플레이(plug-and-play) 객체이다. 자바로 작성된 소단위 응용인 자바 애플릿은 웹 브라우저에 적재되어 실행되기 때문에 웹서버의 부하를 분산시키는 기능을 한다.

12.3.3 플러그인 프로그램

플러그인(plug-in) 프로그램이란 어떤 특정 프로그램에 플러그인을 장착하여 그것의 기능을 보강하여 확장시켜 주는 프로그램이다. 이는 인터넷에 등장하는 새로운 기술을 사용자가 쉽게 이용할 수 있도록 브라우저의 클라이언트 영역 안으로 프로그램이 내장(embedding)되는 것을 말하며 넷스케이프사에서 최초로 수용한 개념이다.

넷스케이프사에서는 플러그인을 "별도로 외부의 'Helper Application'을 구동하지 않고 풍부한 멀티미디어 객체(LiveObject)들을 넷스케이프 네비게이터 안에서 검색할 수 있도록 도와 주는 개발도구"라고 간단히 정의하고 있다. 예를 들면 퀵타임(quicktime) 형식의 영화를 보려면 퀵타임 플레이어(QuickTime Player)를 별도의 윈도우로 실행시켜 보아야 하는데, 웹 브라우저의 플러그인 기능으로 사용자는 현재 보고 있는 HTML 문서의 내부에서 마치 문서의 일부분처럼 영화를 볼 수 있다.

[그림 12-7] 애플릿의 실행과정

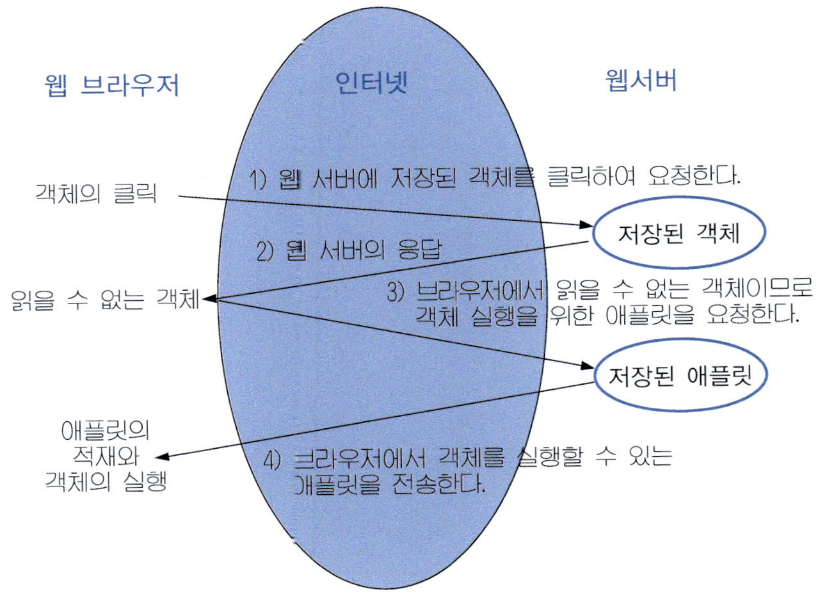

12.3.4 VRML

VRML(Virtual Reality Modeling Language)은 인터넷 웹을 대화형의 3차원 가상 공간으로 구성할 수 있도록 해 주는 언어이다. 가상세계의 디스플레이, 상호작용, 인터 네트워킹 등을 VRML로 지정할 수 있다. 1994년 1회 World Wide Web 회의에서 웹에 가상현실 인터페이스를 구현하기 위한 소그룹은 VRML의 개념을 정립하였다.

최근 VRML을 발전시키는 데 많은 공헌을 한 실리콘그래픽스와 넷스케이프사 등이 함께 '생동하는 세계'(Moving World)라는 새로운 단계의 VRML 표준을 발표하였다. 기존의 1.0 버전이 가지고 있던 여러 가지 한계(어려운 그래픽 프로그래밍, 고성능의 하드웨어 장비의 필요 등)를 극복 가능하도록 해 주는 VRML 2.0 표준의 발전된 기능은 다음과 같다.

- VRML과 HTML 표준과의 접목
- 기존의 실시간 멀티미디어 전송기술과 자바 등의 새로운 언어체계 수용
- 리얼오디오와 라이브 쇼크웨이브 등의 수용
- HTML 및 Java의 결합으로 웹용 언어표준의 통일 효과

12.4 웹 2.0

12.4.1 웹 2.0의 개념과 지원 기술

웹 2.0(Web 2.0)은 정보와 지식을 단순히 출판하는 형태의 오늘날 인터넷 웹(즉, Web 1.0)의 한계를 넘어서 팀 버너스리(Tim Berners-Lee)가 주장했던 개방, 참여, 공유, 협력이라는 인터넷 웹의 핵심가치를 실현하는 것을 지향하고 있다([그림 12-8] 참조). 웹 2.0이란 누구에게나 개방되어 있어 적극적으로 참여하여 정보와 지식을 생성하고 공유하여 가치를 창출해 가는 열린 인터넷 웹이다.

[그림 12-8] 웹 2.0의 핵심가치

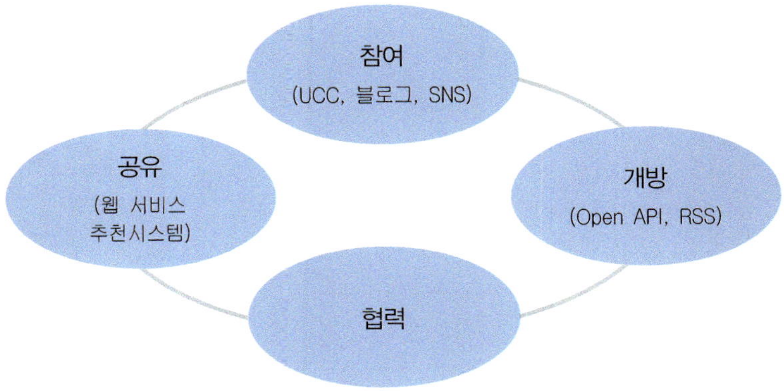

〈표 12-2〉에서는 [그림 12-8]의 핵심가치를 실현하기 위한 웹 2.0이 지향하는 원칙은 설명하고 있다.

표 12-2 웹 2.0의 특징

특 성	개 요
플랫폼(platform)으로서의 웹	- 프로그램 가능한 웹 - [그림 12.9]에서와 같이 웹에 접속하여 운영체제상의 모든 응용 프로그램을 작동하여 작업을 하는 것이 가능하게 되어 웹 브라우저가 운영체제상에서 플랫폼 기능을 함
참여의 아키텍처(architecture)	- 사용자들의 참여로 콘텐트와 서비스가 자유롭게 생성, 수정, 보완됨 - UCC와 집단지성은 그 사례임
핵심 경쟁력	- 웹 2.0은 성공한 닷컴 기업의 공동된 특징이며, 기술이 아니라 추세임 - 데이터가 서비스의 핵심 경쟁력임

웹 2.0은 기술이 아니라 웹 1.0의 한계를 극복할 수 있는 인터넷 웹의 발전 추세를 반영한 개념이다. 개방, 참여, 공유, 협력이라는 웹 2.0의 핵심가치를 가능하게 하는 기술이 출현하고 있다. 예를 들어, 개방형 API와 RSS는 누구에게나 개방되어 있고, 사용자들은 UCC와 블로그로 인터넷 웹 공간에 자유롭게 참여하여 콘텐트를 공유할 수 있다. 또한 시맨틱 웹과 웹 서비스도 웹 2.0의 참여, 공유, 협력을 지원하는 기술이다.

[그림 12-9] 웹 2.0 : 플랫폼으로서 웹

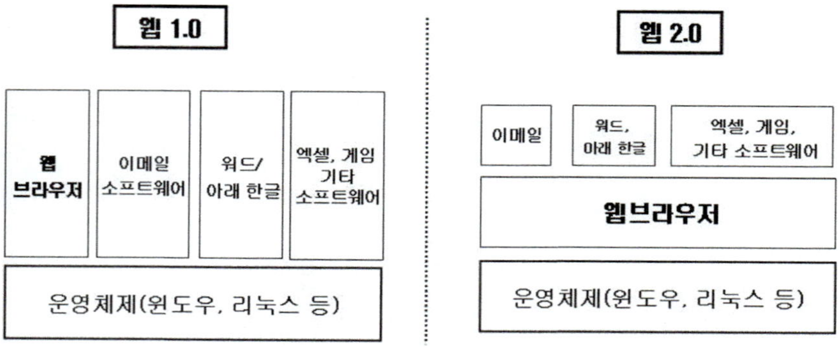

〈표 12-3〉에서 나타낸 바와 같이 웹 2.0을 가능하게 하고 지원하는 기술은 다양하다.

표 12-3 웹 2.0을 지원하는 기술

지원 기술	특 징
RSS	- 웹 공간에서 콘텐트 공유를 촉진함
태깅/폭소노미	- 웹 공간에서 사용자 참여와 콘텐트 공유를 촉진함
에이잭스	- 웹 2.0 기반의 홈페이지 제작 언어
공개 API와 매쉬업	- 다양한 응용 프로그램을 공유하여 활용할 수 있도록 하여 상호 협력을 통해 새로운 기능의 서비스를 가능하게 함
UCC	- 사용자들이 웹 콘텐트의 생산자인 동시에 소비자로서의 역할을 가능하게 하여 참여와 공유를 지원함
블로그/SNS	- 블로그는 1인 일 미디어 시대를 열어 참여와 공유를 가능함 - 특히, 블로그에서 트랙백은 자기 블로그의 글을 다른 블로그의 글에 댓글처럼 다는 기능을 제공함으로써 참여를 편리하게 해주고 촉진하여 정보와 지식의 공유가 용이함
시맨틱 웹과 웹 서비스	- 시맨틱 웹 기술은 웹 콘텐트를 소프트웨어가 자동적으로 처리할 수 있도록 지원하여 정보와 지식의 공유와 협력을 촉진함 - 웹 서비스로 다양한 응용 프로그램을 공유하여 협력하는 것이 편리함

RSS

RSS(Really Simple Syndication, Rich Site Summary, RDF Site Summary)란 특정 사이트에서 새로운 정보가 있을 때 자동적으로 받아볼 수 있는 콘텐트 배급방식

이다. RSS는 실시간으로 지식정보를 전달하고 공유하는 것을 가능하게 하여 조직 내외부의 커뮤니케이션을 강화하고 지식과 정보의 보급을 확대시킨다.

태깅/폭소노미

폭소노미(folksonomy)란 자유롭게 선택된 키워드(일종의 태그)를 사용해 구성원들이 함께 정보를 체계화하는 방식이다. 즉, 웹 문서에 대해서 특정 키워드로 태깅(tagging)을 함(정보에 대한 간단한 표현을 하는 것)으로써 해당 정보를 찾거나 분류하기 위한 방법이다. 이전에 주로 사용되어 왔던 디렉토리나 폴더 구조에 비해 좀 더 유연하고 효율적인 분류방법이다. 여러 사람이 웹 문서에 대한 태깅정보를 공유하고, 이를 잘 활용함으로써 보다 효율적인 정보 공유와 검색 등이 가능하다. Folksonomy는 Folk(사람)+Taxonomy(분류)의 합성어로서 여러 사람들이 태깅을 하고 서로 공유하며 이를 효과적으로 이용할 수 있는 웹문서로 볼 수 있다. 태깅을 이용한 folksonomy의 대표적인 예로서 북마크 공유사이트인 del.icio.us, 블로그 검색 사이트인 technorati.com, 사진 관리 및 공유사이트인 야후의 flickr.com 등을 들 수 있다.

공개 API와 매쉬업(mashup)

API(Application Programming Interface)란 응용 프로그램에서 사용할 수 있도록 컴퓨터 운영체제나 프로그래밍 언어가 제공하는 기능을 제어할 수 있도록 만든 인터페이스이다. 오늘날에는 다양한 기능을 제공하는 API를 공개하고 있다. 이를 공개 API라 한다. 개발자는 다양한 공개 API를 이용해, 작게는 운영 사이트의 여러 서비스 활용을 지원하고, 넓게는 창조적인 다양한 애플리케이션을 개발할 수 있다. 매쉬업(mashup)이란 공개 API를 조합하여 전혀 다른 서비스를 개발하는 것을 의미한다.

트랙백(trackback)

블로거(blogger : 블로그 관리자)가 타 블로그 게시물에 대한 의견을 작성하여 자신의 블로그에 등록하고, 트랙백 핑(trackback ping)을 보내어 원 게시자에게 그것을 알려주는 일종의 원격 댓글 기능이다. 트랙백은 댓글(reply)과 덧글(comment)

기능을 확장한 기능을 제공한다. 여기서 핑이란 어떤 웹서버에서 다른 웹 서버로 보내는 작은 메시지이다.

12.4.2 웹 2.0의 사례

소셜 서비스, 집단지성, 소셜 커머스, 온라인과 오프라인 융합 서비스 등 다양한 영역에서 웹 2.0에 기반을 둔 사례가 출현하였다.

표 12-4 웹 2.0의 유형별 사례

분야	사이트	특 징
소셜 서비스	플리커	웹에서 사진을 저장, 검색, 정렬, 공유하는 사이트
	딜리셔스(del.icio.us) 마가린(mar.ga.in)	사용자가 브라우저에 독립적으로 북마크를 생성하여 공유할 수 있도록 하는 소셜 북마킹 서비스. 웹에 접속하면 어디서나 북마크를 공유할 수 있고, 북마크가 된 사이트에 대한 순위도 알 수 있음
	구글맵스 (maps.google.com)	지도(일반지도, 위성지도, 지형지도) 검색서비스로 사용자는 자신의 업소를 지도에 등록하여 고객이 검색할 수 있도록 할 수 있고, 지도에 광고를 게재할 수도 있음
	구글오피스	온라인으로 이용하는 문서, 스프레드시트 및 프리젠테이션 서비스로 구글에서 라이틀리(www.writely.com)를 인수하였음. 다수가 웹에서 문서를 공유하여 협업할 수 있음
	디그닷컴 (www.digg.com)	뉴스 취합 사이트로 사용자들이 편집자 역할을 할 수 있으며, 뉴스 기사를 추천하고 평가하는 소셜미디어 뉴스 서비스
집단 지성	위키피디아	사용자들이 참여하여 만들어 가는 온라인 백과사전
	네이버 지식iN	사용자들이 문답형식으로 지식과 정보를 공유하는 커뮤니티
	Instructables	이미지와 동영상 중심의 지식공유 서비스
	Innocentive	여러 기업의 문제를 대중으로부터 해결책을 찾도록 중개하는 서비스
	IdeaScale	대중으로부터 아이디어를 수집하여 투표로 아이디어를 선별하고, 회원사 연회비를 아이디어 제공자와 공유함
	Threadless	대중으로부터 티셔츠를 비롯한 다양한 제품에 대한 설계도를 모아 채택된 것을 제조하여 판매하고 수익을 공유함
	Quirky	대중이 제품 아이디어를 제안하고, 채택된 아이디어의 경우, 설계와 제조를 지원하여 보상함
	Ponoko	대중으로부터 온라인 제품 설계를 통해 자재 제공업체와 제조자를 연결하여 제품을 판매하고 수익을 공유함
	uTest	프로그래머 전문가들로부터의 지식을 공유하여 다양한 프로그램의 오류를 테스팅함

플리커(flickr, www.flickr.com)

플리커(야후가 인수했음)는 기존의 사진 업로드 사이트와는 달리 사용자가 사진에 대한 꼬리표(tag, 일종의 키워드, 분류표, 부가설명 등, 즉 사진을 찾는 데 도움을 주는 꼬리표)를 붙일 수 있게 하여 사진을 쉽게 분류하여 검색할 수 있는 서비스를 제공하고 있다. 여기서는 이메일과 카메라폰에서 사진을 업로드할 수 있고 블로그의 사진을 공유할 수 있다. 전 세계 사용자들 누구나 참여하여 자신이 태그를 붙여 공유한다는 점에서 웹 2.0의 사례라 할 수 있다.

[그림 12-10]은 플리커 사이트에서 '불국사'를 검색한 결과를 나타내고 있는데,

[그림 12-10] 사진 공유 사이트 플리커

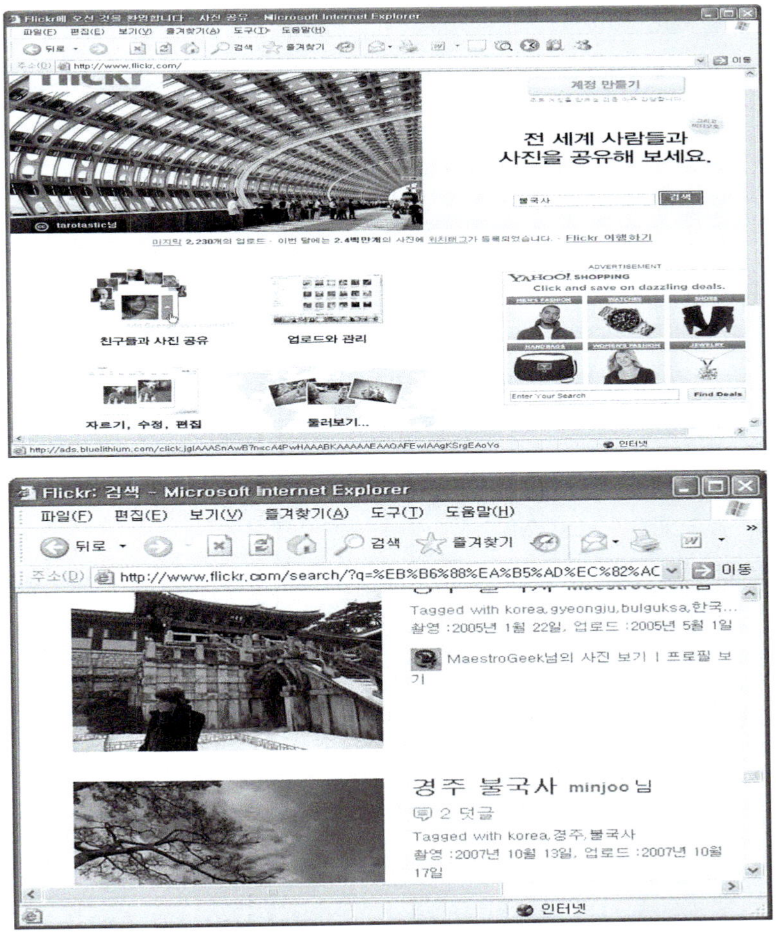

사진을 등록한 사용자가 직접 사진에 korea, gyeongju, bulguksa, 한국, 불국사 등으로 태그를 달았다.

비록 웹 2.0의 비즈니스 모델을 직접 이용하지는 않지만 생태계(ecosystem)와 사용자들로부터 네트워크 가치를 극대화하고 있는 대표적인 몇몇 기업 사례가 있다(Shuen, 2008). 이들 기업은 온라인과 오프라인을 융합하는 새로운 서비스를 제공하여 가치를 창출하고 있다.

자자(jajah.com)

자자는 인터넷과 기존 음성통화 기술을 접목한 웹기반 콜백 방식을 이용한 인터넷전화 서비스업체이다. 콜백 방식(Web callback)은 이용자가 PC로 착발신번호를 미리 웹에 등록하고 전화를 사용할 경우 자자 서버에서 양쪽 전화번호에 전화를 걸어 연결시켜주는 방식이다. 자자는 기존 통신업자들과 협력하여 가치를 창출한다. 기존 유선 전화회사나 이동통신사 등을 위협하지 않고 도리어 협력하여 수익을 배분하는 전략을 펴고 있다. 자자의 자체 마케팅이나 광고보다는 자자의 사용자들과 웹 상의 블로거들이 일정수준 이상의 사용자들이 자자를 이용하도록 하는데 공헌하였다.

애플의 iPod과 iPhone

인터넷을 통한 개인 간 음악 파일 공유 사이트인 냅스터(Napster)가 기존의 음반업체로 하여금 디지털 음악이 저작권 침해와 기존 음반시장을 잠식하게 한다는 인식을 심어주었다. 그런 반면에 애플은 아이팟(iPod)을 생산하기 위한 제조업체들, 애플의 소프트웨어와 지원 소프트웨어 업체, 부속품 제공업체는 물론이고 음반업체와의 상생하는 음악산업의 성장 대안을 제시하였다. 애플은 아이팟(iPod : MP3 플레이어), 아이튠스(iTunes : iPod 콘텐트 관리 소프트웨어), 아이튠스 스토아(iTunes store : 아이튠스를 통해 웹에서 운영되는 뮤직 스토아)를 결합하여 음악서비스를 제공하여 성장하고 있다. iPhone은 iPod에 휴대폰, 무선인터넷, 동영상, 위치기반서비스 기능을 추가하였다.

자자와 애플은 사업을 성장시키는데 그들의 고객인 사용자들이 공헌하도록 하였다. 두 기업의 공통점은 사용자들이 스스로 퍼뜨리는 입소문, 바이럴 마케팅과 생태계의 기업들과 협력하여 상생하는 방안을 실현하였다는 점이다. 자자의 가입자 간에는 공짜라는 메시지, 애플의 iPod과 iPhone은 멋진 필수품(cool and must haves)이라는 메시지를 사용자들이 퍼뜨렸다.

12.5 집단지성

12.5.1 크라우드소싱과 집단지성

개방 · 참여 · 공유 · 협력이라는 웹 2.0의 개념을 실현하고 있는 유튜브, SNS, 위키피디아, 네이버 지식iN, 블로그, 리뷰 · 후기 · 추천, 사진공유 등은 집단지성(collective intelligence)의 대표적인 예이다. 이는 특정 전문가만이 아니라 전 세계의 대중이 누구나 지식과 지혜를 발현하여 공유하고 협업할 수 있다는 점에서 기존의 전문가집단의 의사결정지원과는 다르다. 집단지성이란 인터넷 웹에 참여하고 협업함으로써 공통의 목표를 달성하기 위해 합리적으로 결정하고, 문제를 해결하고, 복잡한 작업을 수행하며 창조적인 혁신을 꽤하는 대중의 능력이다. 웹 2.0과 소셜미디어와 같은 협력 플랫폼 기술로 집단지성이 널리 보급되어 기업도 개방형 혁신을 가속화할 수 있게 되었다. 진답지성으로 고객의 역할이 이벤트 참여, 아이디어 제안, 사후 모니터링, 맞춤화, 연구개발, 디자인, 생산 등 기업의 중요 업무에 적극 참여하는 형태로 변화되고 있다. 크라우드소싱과 집단지성은 조직내부뿐만 아니라 조직외부의 전문지식과 대중의 지혜를 활용하여 조직의 문제를 해결하는 글로벌 지식경영의 한 방식이 되고 있다.

- **크라우드소싱**(crowdsourcing, 경제전문지인 Wired의 Jeff Howe가 제안) : 대중(crowd)과 아웃소싱(outsourcing)의 합성어로 인터넷을 통해 외부 전문가나 일반인으로부터 아이디어를 얻고, 이를 기업활동에 활용하는 방식, 적극적으로 외부 전문가의 지식을 활용하는 것이다.
- **집단지성**(collective intelligence) : 대중으로부터 데이터를 모아 재결합하고 추론하여 개인의 힘만으로는 할 수 없는 새로운 지식과 새로운 학습 방법을 창출하는 것이다. 어디에나 분포하며, 지속적으로 가치가 부여되고, 실시간으로 조정되며, 대중으르부터 지식과 지혜가 동원되는 것이다(Levy, P., 1999), 피에르 레비가 사이버 공간에서의 집단지성의 개념을 정리했다. 집단이 자유롭게 참여할 수 있고, 집단이 생산한 지식을 상호 공유하여 교류하는데 제약

이 없는 개방적 환경이 조성되어야 집단지성이 발현될 수 있다. 기업에서는 집단지성을 활용하여 더욱 가치있는 콘텐트를 생성한다.

- **위키노믹스**(wikinomics) : 위키피디아와 이코노믹스의 합성어, 인터넷을 통해 대중으로부터 아이디어를 얻어 새로운 가치를 창출하는 행위를 의미한다.

12.5.2 집단지성의 사례

위키피디아(wikipedia)

위키백과사전은 집단지성의 대표적 사례이다. 인터넷 공간에서 누구나 참여하여 만들어 가는 위키백과사전(또는 위키피디아 : Wikipedia)은 기존의 백과사전과는 다른 방식으로 지식창출과 공유를 가능하게 한다. 위키피디아(www.wikipedia. org)란 전 세계 200여개 언어로 만들어 가는 인터넷 백과사전으로 모든 글과 매체가 공개되기 때문에 누구든지 기존 글이나 내용을 수정하고 사용할 수 있다.

[그림 12-11] 위키피디아에서 웹 2.0에 대한 검색결과

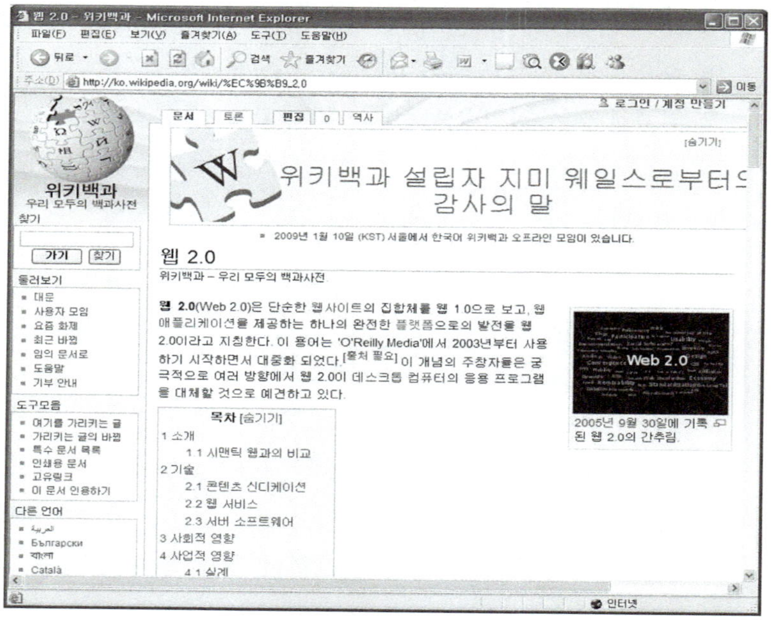

Instructables.com

이 사이트는 누구나 참여하여 자신의 지식을 공유하고 협력하여 더 나은 지식을 창출해 가는 지식공유 사이트(거의 모든 것의 DIY 데이터베이스라는 슬로건)이다. 여기서는 단순히 텍스트 위주의 지식공유를 넘어서 이미지와 동영상 지식을 등록하여 공유하고 다른 사용자들이 댓글을 달고 평가한다. 이 사이트에서는 사용자들이 지식을 등록하여 공유하고 협력하여 확장해 가는 것을 용이하게 하는 도구를 제공하고 있다. 또한 사진 공유 사이트인 flickr.com의 사진을 활용할 수 있도록 제휴함으로써 콘텐트 공유를 활성화하고 있다. 오늘날에는 메이커들이 온라인 플랫폼을 통해 거의 모든 것을 공유하고 협업한다.

- **메이커**(maker): 창의력을 바탕으로 제품 서비스를 스스로 구상하여 만드는 사람 또는 단체. 디지털 기기와 다양한 도구를 사용한 창의적인 만들기 활동을 통해 자신의 아이디어를 실현하는 사람으로서 함께 만드는 활동에 적극적으로 참여하고, 만든 결과물과 지식, 경험을 공유하는 사람들(출처: www.makeall.com). 발명가, 공예가, 기술자 등 기존의 제작자 카테고리에 얽매이지 않으면서 손쉬워진 기술을 응용해서 폭넓은 만들기를 하는 대중(테크숍 공동설립자 마크 해치).

[그림 12-12] 동영상 지식공유 사이트: instructables.com

- **메이커 운동(maker movement)**: 메이커들이 일상에서 창의적 만들기를 실천하고 자신의 경험과 지식을 나누고 공유하려는 활동. 최근 시제품 제작과 창업이 용이해지면서 소규모 개인 제조 창업이 확산되는 추세 역시 메이커 운동의 일부라 할 수 있다(출처: www.makeall.com). 메이커 운동은 메이커가 만드는 법을 공유하고 발전시키는 흐름을 통칭한다(오라일리미디어 공동창업자 데일 도허티).

이노센티브닷컴

이노센티브닷컴(www.innocentive.com)은 단순히 대중으로부터 지혜와 지식을 모아 공유하는 수준을 넘어서 대중의 지식을 거래하는 서비스를 제공하고 있다. 여기서는 기업이 원하는 문제에 대한 해결책을 제안하고 보상하는 서비스를 제공하고 있다. [그림 12-13]은 현재까지 누구도 해결하지 못했던 문제의 해결책을 제시하는 경우에 일백만불을 지불하는 내용을 담고 있다.

네이버 지식iN과 삼성경제연구소 Seri.org도 집단지성을 활용한 대표적인 글로벌 지식검색 사이트라 할 수 있다. 위키피디아는 백과사전의 작성에 참여하는

[그림 12-13] 대중의 지식거래를 중개하는 이노센티브닷컴

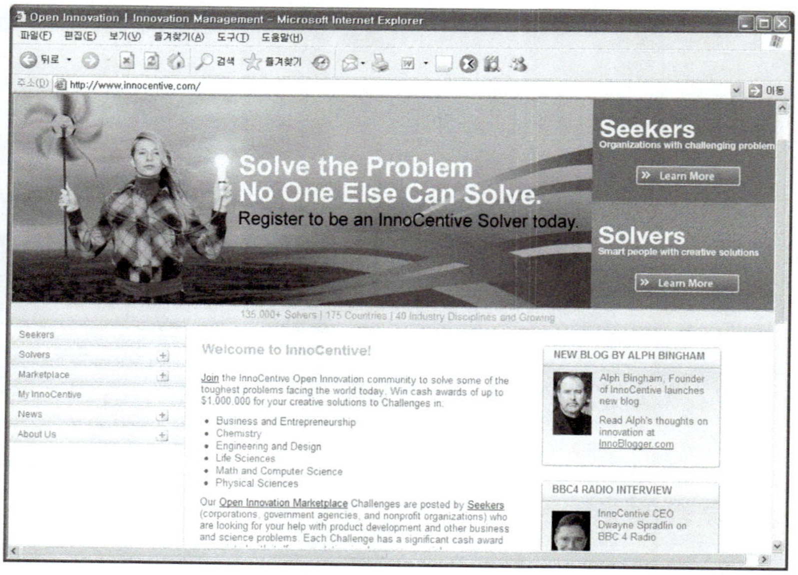

대중의 집단적 공헌으로 가치가 창출되고, Flickr의 경우에는 태그가 붙은 사진을 공유함으로써 가치가 창출되며, Del.icio.us에서는 인터넷 상에서 북마크를 공유함으로서 가치가 창출된다. 집단지성이 더욱 활성화되기 위해서는 참여자에 대한 적절한 보상, 지식의 신뢰성 향상, 기업이 보유한 핵심정보에 대한 기밀유지를 위한 방법과 제도가 마련되어야 한다.

1910년대 하버드 대학 교수이자 곤충학자인 윌리엄 모턴 휠러(William Morton Wheeler)가 개미의 사회적 행동을 관찰하면서 처음으로 제시한 이래로 집단지성에 관한 많은 연구가 진행되어 왔다 : 미국 MIT의 집단지성연구센터(Center for Collective Intelligence, cci.mit.edu)에서는 다음의 연구를 진행하고 있다 :

- Climate Collaboratorium : 웹기반의 토의와 의사결정 포럼 등을 통해 집단지성을 발현하여 지구기후변화 문제를 해결하고자 하는 프로젝트
- 인간과 기계의 협동에 의한 집단 예측 프로젝트
- 의료분야 전문가 집단의 지혜를 활용하여 환자의 의료서비스 개선을 위한 프로젝트

인사이트 집단지성을 활용한 사례

다음은 소셜네트워크를 통해 집단지성이 어떻게 발현되는가를 보여주는 좋은 예이다. 2009년 연말, 미국방부에서는 이벤트를 개최했다. "빨간 풍선 10개를 찾아라. 미국 전역에 흩어진 10개의 빨간 풍선의 정확한 위치를 가장 먼저 찾는 팀에게 4만달러의 상금을 수여한다." 소셜네트워크를 이용한 불특정 다수가 팀이 되어 각자의 역할을 분담하고 각자가 인센티브를 공유하는 전략(풍선 행사를 알려주고 풍선 정보를 제공하는 사람에게 단계별로 차등 인센티브를 배분하고, 풍선 1개를 찾는 사람에게 2천달러를 지급)으로 9시간 만에 풍선 10개를 찾았다

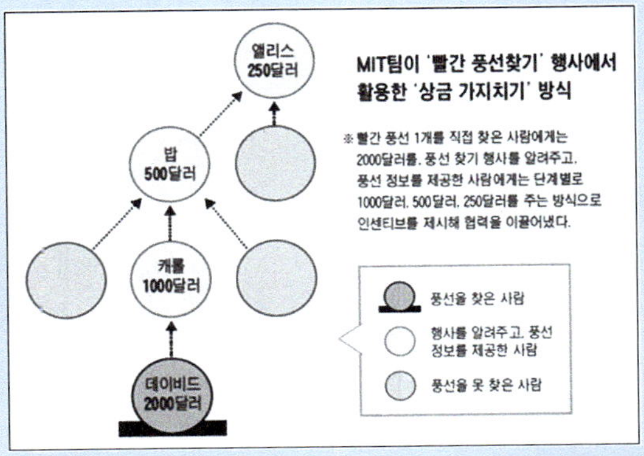

(출처 : 장영재, 조선닷컴, 2010. 3. 27.)

12.6 시맨틱 웹과 웹 서비스

12.6.1 시맨틱 웹

시맨틱 웹의 개념

오늘날의 웹은 인간이 쉽게 이해할 수 있도록 정보자원을 단지 링크시켜 놓은 상태에 지나지 않는다. 따라서 소프트웨어 에이전트와 같은 컴퓨터가 웹 정보의 의미를 이해하여 처리할 수 없다. 시맨틱 웹(Semantic Web)이란 컴퓨터가 정보의 의미를 이해하고 이를 자동적으로 처리할 수 있는 차세대 인터넷웹을 의미한다. 즉, 시맨틱 웹은 기계가 정보자원의 의미를 이해하여 처리하고(machine-processable semantics), 이를 바탕으로 논리적 추론이 가능하여 기계간의 커뮤니케이션이 가능한 오늘날 웹의 확장형이다. 시맨틱 웹 기술혁신은 다음과 같이 기존 웹에서의 한계점을 극복하게 하여 웹을 지식의 원천으로 관리하는 것을 가능하게 한다.

첫째, 오늘날 인터넷웹은 비록 인간이 그 내용을 이해하기 쉽도록 되어 있지만 컴퓨터 프로그램이 자동으로 이를 처리하는 데는 어려움이 따른다. 따라서 여러 정보원으로부터 필요한 정보를 추출하여 처리하기 위해서는 사용자인 인간이 개입해야 한다. 그러나 시맨틱 웹은 에이전트 프로그램이 자동적으로 정보를 처리할 수 있도록 해 주며, 여러 정보원으로부터 서로 다른 유형의 정보와 지식을 통합하는 것을 가능하게 한다.

둘째, 오늘날 인터넷웹에서 주로 사용되고 있는 키워드 기반의 정보검색 방식으로는 관련성이 없는 많은 정보가 검색되어 정보과부하 문제가 발생한다. 그러나 시맨틱 웹은 의미분석을 지원하기 때문에 사용자에게 더욱 정확한 정보와 지식의 검색을 가능하게 한다.

시맨틱 웹을 실현하기 위한 방식은 W3C(World Wide Web Consortium, www.w3.org)가 중심되어 추진하고 있는 RDF(Resource Description Framework) 기반의 접근법, ISO가 주도하는 토픽맵(Topic Maps) 기반의 접근법, HTML 태그로 의미정보를 웹에 삽입하는 일종의 주석추가방식(annotation)을 들 수 있다. 기존의 웹 페이지에 주석을 추가할 수 있도록 해주는 도구로는 SHOE(Simple HTML

Ontology Extensions)와 OntoMat-Annotizer, Annotea 등이 있다. 토픽맵에서는 도메인의 주제에 해당하는 토픽(Topics), 주제인 토픽 간의 관계를 나타내는 어소시에이션(Associations), 토픽이 귀속하는 정보자원으로서 어커런스(Occurences)인 TAO로 지식을 표현하고 있다. 대표적인 토픽맵 솔루션으로는 Ontopia가 있다. RDF가 자원 중심적이라면 토픽맵은 주제중심적이다.

시맨틱 웹의 요소기술

1994년 10월 웹의 창시자인 팀 버너스리(Tim Berners-Lee)를 중심으로 미국 MIT대학에서 W3C가 설립되었다. 그 후 팀 버너스리는 차세대 웹을 표현하는 의미에서 시맨틱 웹이라는 용어를 사용하였다. 시맨틱 웹은 XML 기반의 RDF (Resource Description Framework)/RDFS(RDF Schema), 온톨로지(ontology) 등의 기술에 기반을 두고 있다.

[그림 12-14]에서는 시맨틱 웹을 구성하는 핵심기술요소를 계층별로 표현하고 있다.

[그림 12-14] 시맨틱 웹의 표현계층

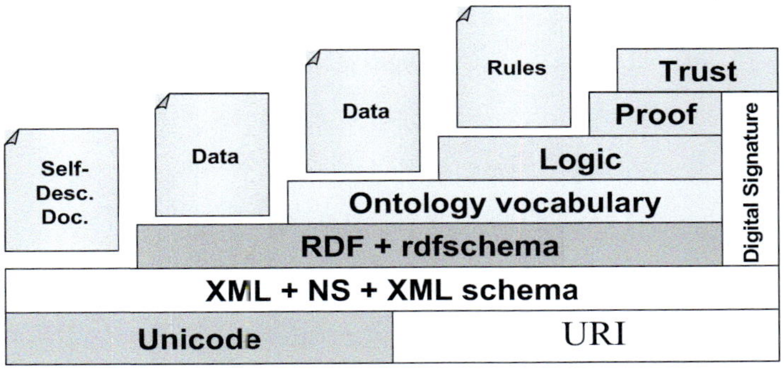

출처 : Berners-Lee et al., 2001.

- URI(Uniform Resource Identifiers)

  URI란 웹이라는 정보공간에서 길을 찾아가기 위한 일종의 표시(또는 포인터)라 할 수 있다. 웹에 공개된 자원(resource)을 유일하게 참조할 수 있도록 해주는 방식이다. URI는 URL(Uniform Resource Locator)와 URN (Uniform Resource Name)이라는 두 개의 하위집합으로 구성된다. URL은 구체적인 자원의 위치를 나타내고, URN은 추상적인 이름이다. URI가 URL보다 보편적이고 공식적인 개념으로 사용된다.

- NS(Namespace)

  XML 문서내 또는 서로 다른 XML 응용에서 엘리먼트(element) 이름과 속성 이름을 유일하게 식별할 수 있는 방식이 필요하다. 그래야 같은 이름으로 인한 충돌을 방지할 수 있다. 네임스페이스란 URI를 이용하여 XML문서에서 사용되는 이름을 유일하게 식별할 수 있도록 해 주는 방법이다.

- RDF

  자원(resource)에 대한 메타데이터를 기술하는 틀로서 객체지향적 방식으로 자원을 표현한다. A(O, V) 형식으로 표현되며[A : Attribute, O : Object (or Resource), V : Value(String or Resource)], 그래프 방식으로 자원을 표현한다. RDF의 문법은 XML에 기초를 두고 있다.

- RDFS(RDF Schema)

  RDF 문장에서 사용된 어휘를 정의하는 메타언어로서 역할을 한다. RDFS에는 미리 정해진 몇 개의 어휘가 있어서 RDF 문장에 쓰이는 어휘간의 관계를 의미적으로 정의하는데 사용된다.

- 온톨로지(ontology)

  온톨로지란 일반적으로 수용되는 공유된 개념으로서 기계가 이해할 수 있도록 정형화(formal)되어 그 개념과 제약이 명확히 정의된 것을 의미한다. 여기서 공유된 개념이란 어떤 개인에 한정되지 않고 집단에서 수락되는 합의된 지식을 의미하며, 정형화되어 있다는 것은 기계가 이해할 수 있도록 개념과 제약조건이 명확히 정의되어야 함을 의미한다. 온톨로지는 용어간의 관계를 정의하고 있는 일종의 사전과 같은 역할을 한다. 온톨로지는 특정 주제에 대한 지식용어의 집합으로서 용어 그 자체뿐만 아니라 용어간의 의미적 관계와 추론규칙을 포함하고 있다. RDF가 웹 환경의 자원을 서술하는 것이라면, 온톨로지는 지식 서술을 위한 것이다. 온톨로지를 표현하기 위한 다양한 언어가 사용되고 있다.

- OIL, DAML+OIL

  RDFS는 완전한 지식표현언어라 할 수 없다. 데이터의 의미에 대한 더욱 정교한 표현을 위한 언어가 요구된다. OIL(Ontology Inference Layer)이란 모델링 언어(modelling primitives), 웹언어, 공식적인 시맨틱스를 하나의 언어로 통합한 것이다. OIL과 DAML+OIL은 둘다 RDFS의 확장언어이다. 이들은

RDFS에 논리식(boolean expressions)과 공리(axioms)와 같은 고급의 모델링 언어와 Description Logic에 기반을 둔 공식적인 시맨틱스(formal semantics) 등을 추가하고 있다. 미국 국방과학연구소(DARPA)의 지원 하에서 소프트웨어 에이전트 간의 통신을 위한 언어로 DAML(DARPA Agent Markup Language)이 개발되어, OIL을 포함하면서 온톨로지 표현언어로 이용되고 있다.

- **웹 온톨로지(Web ontology) 언어 : OWL**

  OWL(Web Ontology Language)은 W3C에서 제안한 웹에서 온톨로지를 출판하여 공유하기 위한 시맨틱마크업 언어이다. OWL은 RDF/RDFS의 확장형이며, DAML+OIL에서 파생되었다. OWL은 표준 웹 온톨로지 언어로서 RDF/RDFS와 같이 클래스·하위클래스와 속성·하위속성을 정의함은 물론이고 개체(entities)간의 복잡한 관계(예를 들어 클래스의 속성을 어떤 수치나 형으로 제한하는 수단, 특정의 속성을 갖는 항목은 특정 클래스의 구성원이라는 것을 추론하는 수단 등)를 구성할 수 있는 능력을 제공하는 언어이다. OWL Lite, OWL DL(Description Logic), OWL Full이라는 세 종류의 OWL이 있다. 이 중에서 OWL FULL의 설명력이 가장 높지만 계산 효율성이 낮다.

- **논리와 신뢰할 수 있는 웹**

  [그림 12-14]에서 Logic, Proof, Trust 등은 시맨틱 웹의 최상위계층에 존재하며 논리와 규칙에 의해 주어진 온톨로지를 기초로 새로운 정보를 이끌어 내고, 주어진 사실로부터 결과를 이끌어 내는 과정을 설명하고 검증하는 것도 향후에는 시맨틱 웹에서 가능하게 됨을 의미한다. 또한 향후의 시맨틱 웹에는 전자서명을 비롯한 기밀성, 인증성, 무결성 등의 보안서비스가 제공될 것이다.

- **DAML-S(www.daml.org/services/owl-s)**

  시맨틱 웹은 점차 웹 서비스와 결합되어 [그림 12-15]와 같이 시맨틱 웹 서비스로 발전해 가고 있다. 시맨틱 웹이 웹 서비스에 적용됨으로써 컴퓨터가 용어의 의미를 이해하도록 웹 서비스를 기술하여 더욱 효과적으로 이를 이용할 수 있게 된다. 2001년도부터 DARPA에서는 웹 서비스를 위한 마크업 언어인 DAML-S(DARPA Agent Markup Language for Services)를 개발 하고 있다. DAML-S는 웹 서비스 작업의 자동화를 목적으로 서비스의 특성과 능력, 인터페이스 등을 DAML+OIL 기반으로 정의한 시맨틱 언어이다. DAML-S는 웹 서비스를 자동적으로 발견하여 실행하는데 필요한 정보를 정의하고 있으며, 2003년 9월에 DAML-S 0.9 버전이 공개되었다. 그 이후에는 OWL-S로 변경되었다.

[그림 12-15] 시맨틱 웹과 웹 서비스의 결합

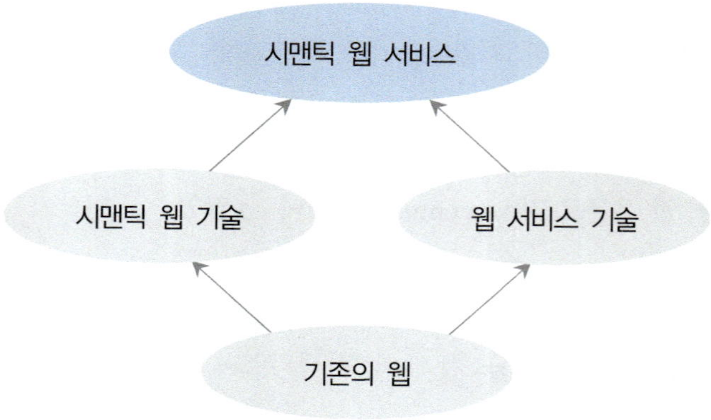

- OWL-S(www.daml.org/services/owl-s)
  OWL기반의 웹 서비스 온톨로지를 개발할 수 있도록 해 주는 마크업 언어이다. 웹 서비스 제공자는 OWL-S를 이용하여 컴퓨터가 이해할 수 있는 형태로 웹 서비스의 특성과 능력을 표현할 수 있다.
- **SPARQL : W3C에서 제안한 RDF 질의언어**

연결 데이터(Linked Data)

연결 데이터란 인터넷 웹에서 URI를 참조하여 데이터 공유가 가능한 구조화된 데이터이다. 외부 데이터와 상호 연결되어 있고, 컴퓨터가 읽을 수 있도록 웹에 출판된 데이터이다. 2006년 팀 버너스리가 linked data란 용어를 처음으로 사용하였다. 그는 다음과 같이 웹에서 구조화된 데이터를 표현하고 상호연결하는 방식을 제안하였다 :

- RDF 데이터 모델을 사용하여 웹에서 데이터를 출판한다.
- RDF 링크를 사용하여 서로 다른 데이터를 상호연결한다.
- 모든 데이터가 단일의 글로벌 데이터 공간의 일부가 되도록 웹에서 데이터를 출판하는 다음 규칙을 적용한다. 첫째, 어떤 것(things)의 이름으로 URI를 사용한다. 둘째, 사람들이 그 이름을 찾을 수 있도록 HTTP URI를 사용한다. 셋째, 누군가가 URI를 찾을 때, 표준(RDF, SPARQL)을 사용하여 유용한 정보를 제공한다. 넷째, 더 많을 것을 발견할 수 있도록 다른 URI와의 링크를 포함한다.

연결 데이터로 표현된 웹 공간을 Web of Data(a web of things in the world) 또는 시맨틱 웹이라 한다. 따라서 웹은 문서가 아닌 데이터의 집합체이다. 웹은 다양한 데이터를 상호 연결하고 있다. 기존 웹에서 HTML 문서는 웹 브라우저에서 사람이 읽기 쉽도록 표현된 것이다. 한편 연결 데이터는 애플리케이션이 쉽게 읽고 처리할 수 있도록 표현된 것이기 때문에 데이터 또는 정보를 통합하는 것이 쉽다.

표 12-5 기존 웹과 시맨틱 웹의 비교

구분	기존 웹	시맨틱 웹
기본 단위	문서(HTML 문서)	데이터(Linked Data)
연결방식	하이퍼링크에 의한 문서간의 연결	RDF 링크에 의한 데이터간의 연결
검색 또는 질의	문서 단위(웹 페이지)의 검색	데이터베이스에서 데이터에 대한 질의와 유사한 방식으로 SPARQL에 의한 질의(문서 내의 특정 문장 또는 문단 등에 대한 검색)
브라우저	웹 브라우저: 인터넷 익스플로러, 크롬, 파이어폭스 등	연결 데이터용 브라우저: OpenLink Data Explorer, Zitgist Data Viewer, Marbles, DISCO, Tabulator

시맨틱 웹 기술의 상호 관련성과 동향

여러 조직에서 시맨틱 웹을 개발하기 위한 다양한 프로젝트를 통해 관련 기술과 제품 및 서비스가 이용가능하게 되었다. [그림 12-16]에서는 시맨틱 웹 기술, 제품 및 서비스, 관련 조직의 관계를 쉽게 파악할 수 있도록 통합모델링언어(Unified Modeling Language: UML)의 협동다이어그램(collaboration diagram, 객체가 어떻게 상호 작용하여 협동하는지를 나타내는 다이어그램)으로 나타내 보이고 있다.

XML 프레임워크를 구성하고 있는 URI, Unicode, NS, XML, XML Schema 등은 RDF와 RDFS는 물론이고 온톨로지 언어(DAML+OIL, OWL), RDF 및 온톨로지 질의언어의 기초가 된다. XML과 온톨로지 언어를 기초로 시맨틱 웹 서비스용의 마크업 언어(OWL-S)가 개발되어 사용되고 있다. 국외의 W3C, ISO, IST 등은 물론이고 국내의 한국과학기술정보연구원(KISTI), 한국전자통신연구원(ETRI), 한국정보사회진흥원(NIA) 등에서는 다양한 프로젝트를 통해 온톨로지 저작도구를 비롯한 시맨틱 웹을 구축하기 위한 플랫폼과 제품 및 서비스를 제공하고 있다. 예를 들어 W3C에서는 XML은 물론이고 RDF와 RDFS, OWL 등의 표준을 개발하였고, 유럽연합의 정보사회기술계획(IST) 프로그램에서는 On-To-Knowledge

프로젝트를 통해 OntoBroker, OntoEdit, Sesame, Ontoshare 등을 개발하였으며, ETRI에서는 ezOWL과 Bossam을 개발하였다.

[그림 12-16] 시맨틱 웹 협동다이어그램

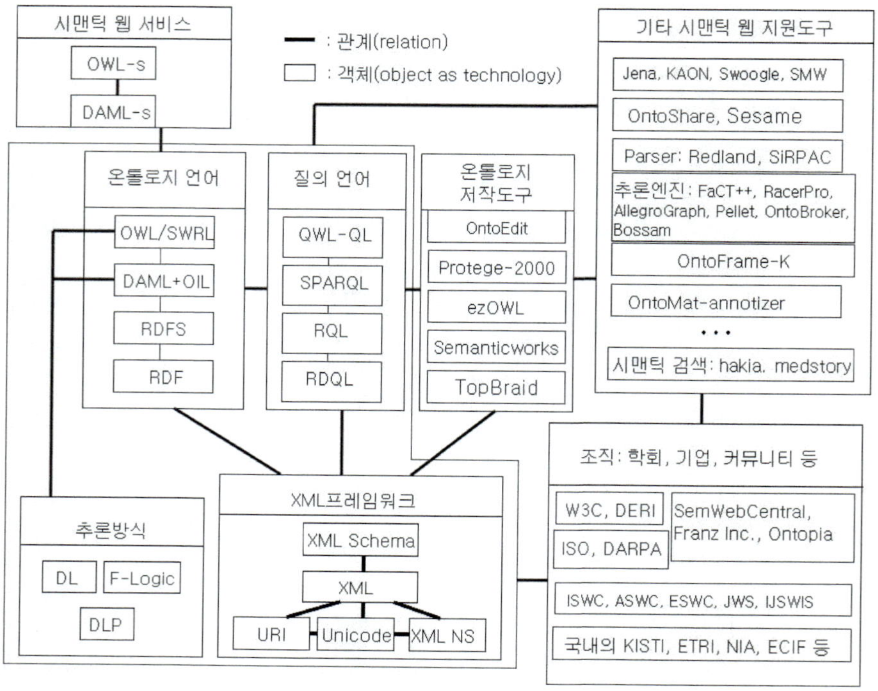

표 12-6 질의언어, 제품, 프로젝트, 조직의 개요

언어/제품	개 요
RDQL	RDQL(RDF Data Query Language)이란 RDF 그래프에서 정보를 추출하는 질의언어이다. Jena에서는 RDQL을 이용하고 있음.
RQL	RQL(RDF Query Language)이란 RDF와 RDFS에서 정보를 추출하는 질의언어이다. Protege-2000은 RQL을 지원하고 있으며, Sesame는 RQL과 RDQL을 지원함
SPARQL	W3C에서 제안한 RDF 질의언어임(www.w3.org/TR/rdf-sparql-query/)
OWL-QL	W3C에서 제안한 OWL 질의언어임

언어/제품	개 요
SWRL	OWL에서 표현하는 규칙의 한계를 극복하기 위해 OWL DL과 RuleML (Rule Markup Language)을 결합한 시맨틱 웹 규칙 언어(Semantic Web Rule Language)
Protege-2000	스탠포드대학의 의료정보기관인 SMI(Stanford Medical Informatics)에서 개발한 온톨로지 저작도구임(www.protege.stanford.edu)
TopBraid	TopQuardrant사(www.topquadrant.com)가 제공하는 온톨로지 저작 도구
OntoEdit	On-To-Knowledge 프로젝트에서 개발한 온톨로지 편집을 지원하는 저작도구임.
ezOWL	ETRI에서 개발한 온톨로지 저작도구로서 OWL, DAML+OIL, RDF/RDFS를 지원함. Protege-2000과 연동할 수 있는 플러그인 프로그램이 있음(iweb.etri.re.kr/ezowl/ index.html)
Semanticworks 2006	XML 저작도구인 XMLSpy를 개발한 Altova사에서 RDF/RDFS와 OWL을 지원하도록 개발한 시맨틱 웹 저작도구임(www.altova.com)
Jena	오픈소스 기반의 시맨틱 웹 응용개발을 지원하는 도구임(jena.sourceforge.net)
Sesame	On-To- Knowledge 프로젝트에서 개발한 DRF와 RDFS를 저장하고 질의를 처리하는 도구임.
SMW	위키에 시맨트 자료를 추가할 수 있도록 지원함(Semantic MediaWiki). 위키 내의 콘텐트를 검색, 구성, 평가, 공유할 수 있도록 지원하는 도구
OntoShare	On-To-Knowledge 프로젝트에서 개발한 구성원들 간의 정보공유를 촉진하는 도구임.
Parser	RDF/XML 문법과 구조 모델을 파싱하는 프로그램으로 Redland와 SiRPAC 등이 있음
FaCT++, RacerPro, Pellet	OWL DL 수준을 지원하는 추론엔진, 즉 reasoner
OntoBroker	On-To-Knowledge 프로젝트에서 개발한 온톨로지 추론엔진임
Bossam	한국전자통신연구원에서 개발한 시맨틱 웹을 위한 규칙 및 온톨로지 추론엔진으로서 OWL 추론을 지원함(projects.semwebcentral.org/projects/bossam/)
KAON	독일의 연구기관인 FZI와 칼스루에(Karlsruhe) 대학의 AIFB 연구소에서 개발한 시맨틱 웹 구축을 위한 플레임워크 및 도구임(kaon.semanticweb.org), KAON2는 OWL DL과 SWRL을 지원하는 추론 및 온토롤지 관리 API를 제공함
OntoFrame-K	한국과학기술정보연구원(KISTI)에서 개발한 협업 연구지원을 위한 시맨틱 웹 기반 지식정보 공유·유통 플랫폼
OntoMat-annotizer	OWL 온톨로지를 지원하는 대화형 웹 페이지 주석도구임(annotation.semanticweb.org/ontomat)

언어/제품	개　　요
Ontopia	토픽맵 기반의 지식 및 정보 관리도구를 제공하는 기업(www.ontopia.net)
Franz Inc.	시맨틱 웹 기술개발 및 솔루션 서비스를 제공하는 기업(www.franz.com) : Allegro Graph(RDF를 저장하는 데이터베이스), RacerPro (OWL DL 수준을 지원하는 추론엔진 : reasoner)
On-To-Knowledge	EU의 여러 연구기관으로 구성된 컨소시엄에서 시맨틱 웹을 지식경영에 적용한 대표적인 프로젝트임. 이 프로젝트에서는 분산환경의 정보를 효율적으로 처리하는 온톨로지 기반의 여러 도구를 개발하였음.
SemWebCentral	시맨틱 웹 관련 오픈소스 개발을 지원하는 사이트로 개발자들은 시맨틱 웹 관련 자원을 공유하여 협력할 수 있도록 지원함(www.semwebcentral.org)
Swoogle	온토롤지와 시맨틱 웹 관련 문서와 용어 등을 검색해 주는 검색서비스 (swoogle.umbc.edu)
Hakia.com	시맨틱 검색 엔진 서비스(www.hakia.com)
medstory.com	시맨틱 웹 기술을 적용한 건강 및 의료분야 전문 검색 서비스

시맨틱 웹 관련 학회와 저널은 다음과 같다 :

- ISWC(International Semantic Web Conference) : SWSA(Semantic Web Science Association : www.iswsa.org) 주최로 2001년 이래로 개최되고 있음
- ESWC(European Semantic Web Conference) : 2004년 이래로 매년 개최되고 있음
- ASWC(Asian Semantic Web Conference) : 2006년 이래로 개최되고 있음
- Journal of Web Semantics : Science, Services and Agents on the World Wide Web
- International Journal on Semantic Web and Information Systems

다음은 시맨틱 웹을 구현하기 위해 널리 활용되고 있는 온톨로지의 예이다.

- FOAF(Friend of a Friend; www.foaf-project.org) : 자신을 소개하고 친구와의 관계를 의미적으로 연결할 수 있도록 지원하는 온톨로지
- SIOC(Semantically-Interlinked Online Communities; sioc-project.org) : 온라인 커뮤니티를 의미있게 상호연결할 수 있도록 지원하는 온톨로지
- SCOT(Social Semantic Cloud of Tags; scot-project.org) : 태그를 의미적으로 표현할 수 있도록 지원하는 온톨로지

- DBpedia(dbpedia.org) : 이는 위키피디아에서 구조화된 데이터를 추출하여 웹에서 이용할 수 있도록 제공하는 지식베이스이다. 위키피디아의 데이터를 RDF 트리플(triple) 형식으로 제공하며, 다른 연결 데이터와 연동되어 위키피디아 외의 데이터도 활용할 수 있도록 지원한다. 따라서 위키피디아의 모든 콘텐트는 DBpedia를 이용하여 SPARQL 질의로 검색할 수 있다.

[그림 12-17] FOAF 온톨로지의 그래픽 표현

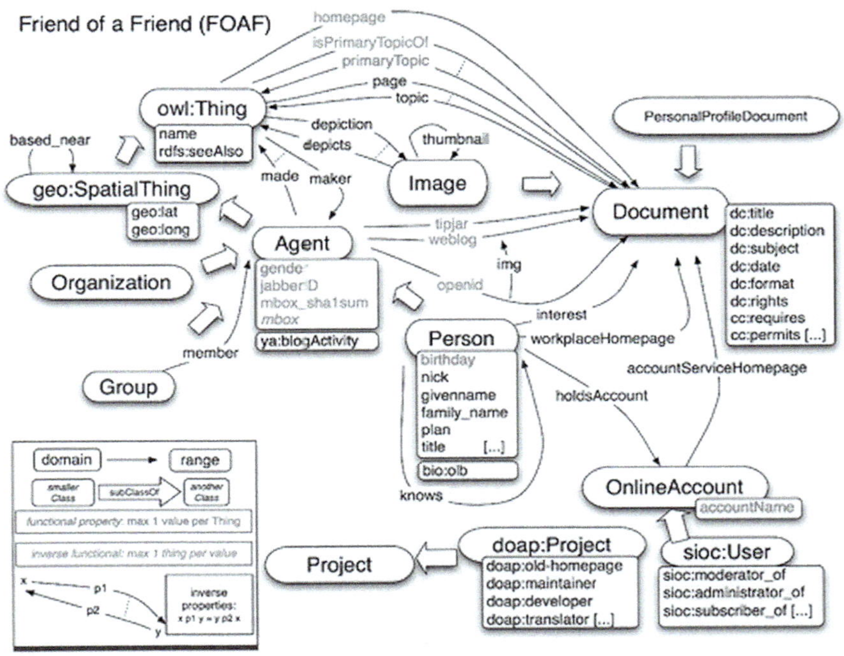

출처 : danbri.org/words/2007/11/04/223.

소셜 시맨틱 웹

소셜 시맨틱 웹이란 시댄틱 웹 기술을 소셜 웹에 적용한 것을 의미한다. 소셜 웹(social web)은 사람간의 사회적 연결성을 구현하는 것이라면, 시맨틱 웹은 정보의 의미적 연결성을 구현하는 기술이다.

- 소셜 웹이란 블로그, 태깅과 폭소노미(tagging and folksonomies), 위키(wikis), 팟캐스트(podcast), 온라인 소셜네트워크(페이스북, 트위터, 마이스페이스, 프랜즈터 등) 등을 포함하는 웹이다.

- 시맨틱 웹은 기존의 웹 콘텐트에 구조화된 데이터를 추가하여 강력한 계산 능력을 부여하며, 의미분석과 시맨틱 통합을 가능하게 한다. 따라서 하나의 웹 사이트에는 없는 새로운 지식과 기대할 수 없었던 문제해결방안을 제공할 수 있다.

소셜 웹은 참여자들의 생태계로서 커뮤니티의 각 참여자들이 모여서 가치를 창출한다. 시맨틱 웹은 데이터의 생태계로서 많은 자원으로부터 구조화된 데이터를 통합함으로써 가치를 창출한다. 기존의 웹은 일방적으로 정보를 제공하는 방식을 띄고 있다. 이에 반해 소셜 웹은 사용자들이 자발적으로 참여하여 지식을 공유하여 협력하기 때문에 집단지성을 활용하고 있다. [그림 12-18]에서는 소셜 시맨틱 웹의 발전 과정을 나타내고 있다.

[그림 12-18] 소셜 시맨틱 웹

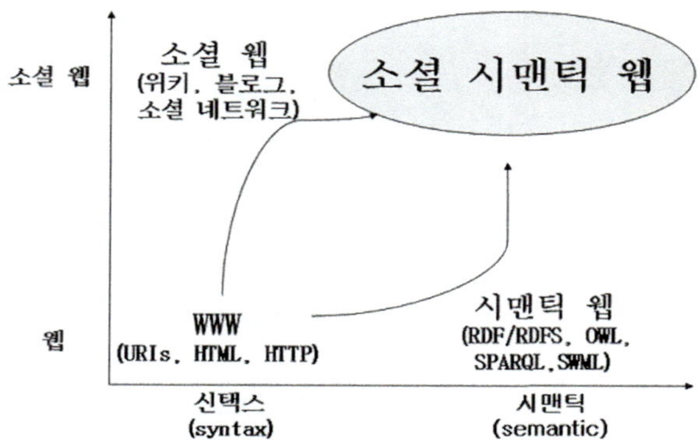

출처 : Bojars et al., 2008, p. 30.

소셜 웹 사이트는 누구나 참여하여 사용자들이 다양한 콘텐트를 생성하여 제공하는 일종의 커뮤니티이다. 그런데 이들 커뮤니티는 섬과 같이 서로 고립되어 있다. 각 커뮤니티에서는 어떤 사람이 원하는 부분적인 지식과 정보를 제공하고 있다. 즉, 어떤 커뮤니티에서 사용자가 원하는 콘텐트의 일부를 얻을 수 있지만, 관련된 다른 콘텐트를 제공하는 커뮤니티에 접근하여 안전한 지식과 정보를 제공받기란 쉽지 않다. 폭스노미의 경우에도 다의어(polysemy), 동형이의어(synonymy), 개념 불일치(discrepancies in granularity) 등으로 문제가 야기될 수 있다. 예를 들어 경주의 경우 도시와 마라톤 경주의 의미가 있고, 단수/복수, 대문자/소문자에 따라 동일한 의미이지만 다르게 인식될 수 있다. 또한 커뮤니티마다 별도의 태깅방식과 저장방식을 사용하고 있기 때문에 소프트웨어 에이전트가 자동적으로 정보처리를 하기란 쉽지 않아 지식정보의 통합에 한계가 있다. 서로 다른 커뮤니티(또는 웹 사이트) 간에 호환적으로 지식정보를 교환하여 처리할 수 있도록 지원하는 온톨로지 기반의 지식 시스템이 필요하다. 소셜 시맨틱 웹에 관한 대표적 예가 SIOC과 DBpedia이다. [그림 12-19]에서는 웹 3.0이라 할 수 있는 소셜 시맨틱 웹의 기반이 되는 웹 2.0, 시맨틱 웹, 연결 데이터의 관계를 표현하고 있다. 블로그·위키·SNS 등으로 대표되는 소셜 웹은 RDF와 SPARQL, RDFS와 OWL 등의 시맨틱 웹과는 다른 기술로 개발되어 왔으나 점차 웹 3.0이라는 소셜 시맨틱 웹으로 통합되고 있다. 블록체인을 기반으로 하는 신뢰와 가치의 인터넷을 웹 3.0이라고도 한다.

[그림 12-19] 웹 3.0

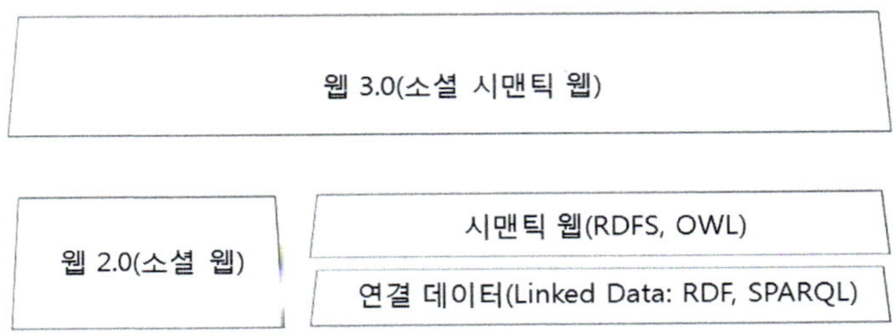

12.6.2 웹 서비스

웹 서비스의 등장배경

정보기술의 진화 및 발전 과정에서 웹 서비스의 개념을 파악해 볼 필요가 있다. 1960년대에는 기업이 자체적으로 소프트웨어를 개발하여 사용하였고, 70년대에는 소프트웨어 패키지를 도입하였으며, 1980~90년대에는 아웃소싱이 주류를 이루었다. 이제 2000년대에는 언제 어디서나 필요한 서비스에 접속하여 사용할 수 있는 웹 서비스가 주류를 이루고 있다.

최근 XML을 기반으로 기업 내 애플리케이션 통합은 물론이고 기업간 애플리케이션 통합과 협업의 필요성이 증대됨에 따라 웹서비스가 이에 대한 해결책으로 주목받게 되었다. 다양한 시스템 환경상의 애플리케이션을 연동하고 프로세스를 통합해야 하는 이슈가 발생한다. 이러한 기업 내는 물론이고 기업간 애플리케이션 연동을 위한 해결책으로 등장한 것이 바로 웹서비스이다.

현재 웹 브라우저를 통해 다른 시스템의 데이터를 가져와 가공하거나 분석하는 등의 작업은 불가능하며, 이질적이고 분산된 시스템을 웹을 통해 통합하여 서비스를 제공하는 것도 극히 어려운 상황이다. 기업 내에는 호환성이 없는 시스템이 산재해 있으며, 이러한 분산시스템을 통합하고자 CORBA, COM 등이 이용되어 왔다. 이는 분산객체기술을 이용하여 이종의 시스템을 통합하는 기술로서 미들웨어를 사용하고 있다. 중개자 미들웨어에 연결하기 위해서는 기존 시스템을 대폭적으로 수정해야 한다. 웹 서비스 기술이란 애플리케이션 간의 상호운영성을 제고하기 위한 새로운 소프트웨어 아키텍처이다. 웹 서비스에서는 EAI(Enterprise Application Integration)와 같이 별도의 솔루션을 도입해 통합기능을 구현하기보다는 인터넷과 XML 기술을 기반으로 애플리케이션 자체를 통합하는 방식을 취하고 있다. 따라서 웹 서비스는 기존의 통합기술들의 단점을 해소하고 개별적인 애플리케이션을 저비용·고효율로 통합하는 대안으로 등장하게 되었다.

웹 서비스의 정의

웹 서비스에 대한 다양한 정의는 다음과 같다.

- 웹 서비스란 웹을 통해 어디서든 실행할 수 있는 분산된 프로그램 또는 컴포넌트이다.
- 웹 서비스란 운영체제와 하드웨어 등 특정 플랫폼에 상관없이 표준을 통해 모든 컴퓨터 간 원활한 메시지 흐름을 보장해 주는 기술이다.
- 웹 서비스란 특정 운영체제나 프로그래밍 언어에 의존하지 않고 한번의 인증만으로 인터넷 상에서 서비스나 애플리케이션을 제공, 이용할 수 있는 차세대 네트워크 기술이다.
- 웹 서비스란 인터넷에서 단일기업 또는 다수기업 간에 기존 컴퓨터 시스템 프로그램을 XML 기반으로 상호 연동시키는 표준화된 소프트웨어 기술 및 이러한 기술을 활용하여 제공하는 비즈니스 서비스이다.
- 웹 서비스에서는 기존의 애플리케이션처럼 완벽한 상호 작동사양을 정의하는 것이 아니라 서로 주고받는 데이터 표준에 대한 정의를 규정함으로써 시스템 간 연계가 유연하다(loosely-coupled integration).
- 웹 서비스란 인터넷 기반이며 자체적으로 기능(self-contained)을 갖춘 모듈방

식의 비즈니스 프로세스 애플리케이션이다. 이 애플리케이션은 특정 과업을 수행하며, WSDL로 기술된 표준 인터페이스를 사용하고 있다.

- 웹 서비스는 인터넷과 같은 공개적인 네트워크 및 관련 표준을 통해 기업내부 또는 기업간의 애플리케이션을 운영체제나 개발언어에 상관없이 상호 운영이 가능하도록 해주는 표준화된 소프트웨어 시스템이다.

웹 서비스 사용자는 자신이 원하는 서비스를 검색엔진에서 웹페이지를 검색하는 것처럼 찾을 수 있고, 이렇게 찾은 서비스를 모두 동일한 방식으로 하나의 클라이언트 프로그램으로 사용할 수 있다. 웹 서비스는 완전히 새로운 기술이라기보다는 지난 몇 년간 인터넷을 이끌어 온 여러 기술이 진화된 것이다. 이러한 웹 서비스의 특징을 요약해 보면 〈표 12-7〉과 같다.

표 12-7 웹 서비스의 특징

특 징	개 요
유연한 통합성	개방적이고 유연한 소프트웨어 구조를 통해 이질적인 시스템을 유연하게 통합함
사용의 편리성	웹 서비스는 소프트웨어를 설치한 후에는 사용자가 느끼지 못할 정도로 자연스럽게 서비스를 제공받음(transparent). 인터넷에 연결할 수 있는 유·무선 단말기를 통해 시간과 장소에 상관없이 웹서비스에 접근가능함(ubiquitous)
기존 시스템의 재사용성	웹서비스는 새로운 시스템을 구축하는 것이 아니라 기존에 존재하고 있는 시스템간에 주고받는 데이터를 표준화하여 운영함
비용효과성	분산환경에서 소프트웨어간의 통합이 용이하여 개발 및 운영비용이 절감됨

웹 서비스의 기본구조

웹 서비스의 일반적인 구조는 [그림 12-20]과 같다. 서비스 제공자는 자신의 서비스를 WS 표준DL(Web Service Description Language)에 맞춰 기술하고, 그 내용을 구현하여 중개자에게 등록한다. 검색 및 발견 중개자는 UDDI(Universal Description, Discovery and Integration) 표준에 따라 구축하는 디렉토리 서비스로 서비스 제공자들이 등록해 둔 서비스를 검색하는 기능을 제공한다. 서비스 요청자는 중개자의 검색 서비스를 통해 원하는 서비스를 발견할 수 있고, 이후 서비스 제공자가 제공하는 서비스를 SOAP(Simple Object Access Protocol)을 통해 연결하여 호출할 수 있다.

[그림 12-20] 웹 서비스의 기본구조

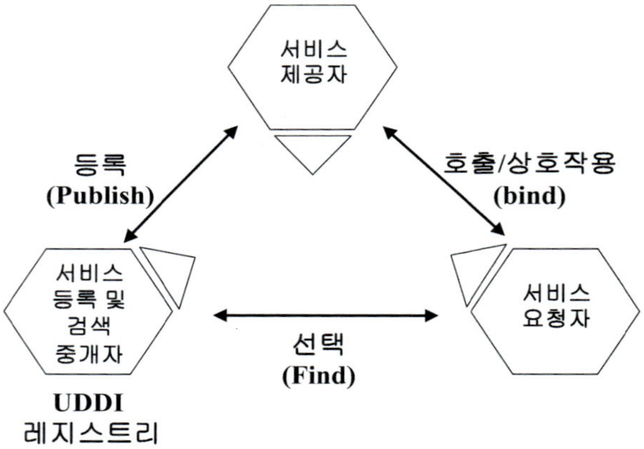

웹 서비스란 표준에 기반을 두고 있으며, 유연한 서비스 수준에서 기업 내 또는 기업간 애플리케이션을 통합하는 기술이자 서비스이다. 이러한 웹 서비스의 핵심 기술 및 표준은 〈표 12-8〉과 같다. 웹서비스는 다른 서비스 혹은 유사한 종류의

표 12-8 웹 서비스의 핵심기술 및 표준

표준기술	개 요
SOAP (XML 메시징 표준)	- 소프트웨어 서비스 간 네트워크 통신을 위한 표준으로 분산환경에서 정보를 교환하기 위해 제안된 XML 기반의 메시징 프로토콜이다. SOAP 메시지는 XML로 표현되며, 전송계층(transport layer)은 HTTP 프로토콜이 가장 일반적이다. 기타 SMTP(Simple Mail Transport Protocol)와 JMS(Java Messaging Service) 등으로 구현할 수도 있다. - HTTP 상에서 애플리케이션 간에 정보교환을 가능하게 하는 XML 기반의 프로토콜이다. - SOAP은 인터넷 애플리케이션 개발을 위한 마이크로소프트사의 닷넷(.NET) 아키텍쳐의 주요 요소이다.
WSDL (서비스 기술 표준)	인터넷을 통해 제공할 서비스의 인터페이스를 정의하기 위한 표준으로 XML을 이용하여 서비스를 정의한다. 서비스 제공자는 WSDL을 사용하여 원격 메시지 호출을 위한 서비스의 이름, 호출방법, 호출시 파라메터, 서비스 이용결과로 얻을 수 있는 정보 등을 정의한다.
UDDI (서비스 등록과 검색 표준)	웹서비스를 온라인 디렉토리에 등록, 공개하기 위해 개발된 규약이다. UDDI 레지스트리를 통해 서비스가 등록되며, 조회 API를 사용하여 서비스를 검색할 수 있다. 웹서비스 제공자를 검색하기 위한 레지스트리는 화이트 페이지, 옐로우 페이지, 그린 페이지로 구성되는데 이들 데이터는 모두 XML 기반으로 작성된다.

출처 : 김동수 · 유천수, 2003.

서비스 컴포넌트와 연계되어 동작할 수 있도록 SOAP, UDDI, WSDL 등의 표준에 따라 작성된다. 현단계에서 잘 정립되어 있는 표준에는 메시징 기능을 위한 SOAP, 업무기능의 등록저장검색을 위한 UDDI, 기술 서비스의 표현을 위한 WSDL이 있다. 전자거래와 같은 분야에 웹서비스를 적용하기 위해서는 서비스 품질(Quality of Service : QoS) 트랜잭션 관리, 보안인증, 서비스 간 협업 등에 대한 문제도 고려되어야 한다. 웹서비스 표준화는 MS, IBM, HP, BEA, Ariba 등을 주축으로 진행되고 있으며, 주로 W3C(World Wide Web Consortium), OASIS 등의 민간표준화 단체에서 표준화 논의가 진행되고 있다.

인사이트 아마존 웹 서비스(AWS)와 사업 다각화

아마존 웹 서비스(Amazon Web Service: AWS)는 컴퓨팅 파워, 데이터베이스 스토리지, 콘텐트 전송 및 기타 기능을 제공하는 클라우드 서비스 플랫폼이다. AWS 클라우드에서는 컴퓨팅 파워, 스토리지 옵션, 네트워킹 및 데이터베이스 같은 다양한 인프라 서비스를 온디맨드 유틸리티로 제공되며, 몇 초 만에 사용할 수 있고, 종량 과금제가 적용된다.

시너지 리서치 그룹(Synergy Research Group)의 2017년 데이터에 따르면, AWS가 전 세계 클라우드 시장의 40% 이상의 점유율을 차지하고 있으며, MS · 구글 · IBM이 빠르게 성장하고 있다. 아마존의 클라우드 사업부(AWS)가 2016년 122억1900만달러(14조원, 아마존 전체 매출의 9%, 2015년 대비 55% 증가)의 매출을 올렸다. 북미지역 아마존 소매판매 영업 마진이 5%인데 비해, AWS은 30% 이상으로 대단히 높은 편이다.

베조스(Jeff Bezos)가 1994년 인터넷 서점으로 문을 연 아마존닷컴은 미국의 최대 오프라인 서점인 반즈앤노블(Barnes & Noble)의 매출을 추월했고, 책뿐만 아니라 다양한 상품을 인터넷으로 판매하는 오픈마켓으로 사업을 다각화했다. 또한 아마존은 킨들이라는 전자책 전용단말기를 선보였고, 이를 iPad와 같은 태블릿 PC로 그 기능을 확장하고자 했다. 여기서 주목해야 할 점은 아마존은 웹사이트 관리, 고객관리, 웹 서비스, 전자책 기술 등의 핵심역량을 기반으로 사업을 다각화해 왔다는 점이다. 아마존의 클라우드 컴퓨팅 서비스가 온라인 소매점으로 시작한 기업과는 별개로 보이지만 자세히 들여다보면, 그 핵심역량을 통해 AWS 사업을 수행하고 있는 것이다. 이제 아마존은 아마존 고(Amazon Go)를 기반으로 온라인에서 오프라인으로 그 사업을 확장해 가고 있다. 결국 아마존은 핵심역량을 기반으로 범위의 경제 효과를 누리면서 사업을 다각화해 가고 있다고 할 수 있다.

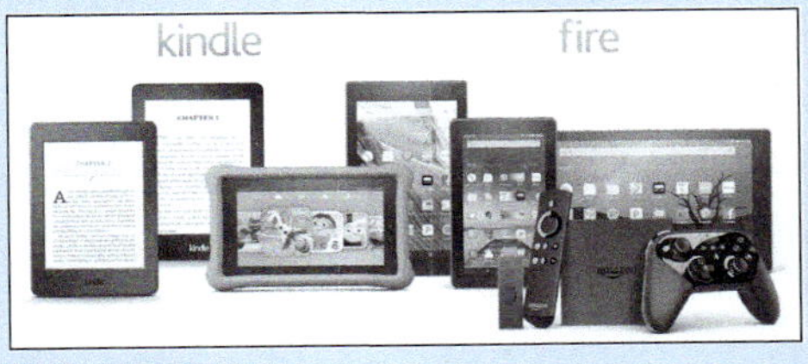

자료: 아마존닷컴

아마존 고

(출처 : http://www.cnbc.com/2016/12/05/amazon-go-is-the-first-of-3-or-more-new-amazon-food-store-formats-reports-say.html)

12.7 유비쿼터스 컴퓨팅

12.7.1 유비쿼터스 컴퓨팅의 개념

유비쿼터스 컴퓨팅이란?

유비쿼터스 컴퓨팅(ubiquitous computing)이란 일상 환경 속에 편재된 언제 어디서나 이용가능한 컴퓨팅을 의미한다. 유비쿼터스 컴퓨팅에는 물이나 공기처럼 사용자가 시간과 장소에 구애받지 않고 자유롭게 네트워크에 접속하여 원하는 서비스를 받을 수 있다는 의미를 내포하고 있다.

유비쿼터스 컴퓨팅 환경은 사용자가 언제 어디서나 컴퓨터를 이용할 수 있도록 상호 연결된 수많은 컴퓨터가 편재되어 있지만 결코 사용자를 귀찮게 하거나 불편하게 하지 않고 조용히 사용자가 자신을 이용해 주기를 기다리는 컴퓨팅 환경을 지향한다.

제록스사 팔로 알토 연구소(XEROX – Palo Alto Research Center)의 "쉬운 컴퓨터 연구"에서 마크 와이저(Mark Weiser)가 1988년 처음으로 유비쿼터스 컴퓨팅이라는 용어를 사용하였다. 유비쿼터스라는 단어는 라틴어의 "ubique" 또는 "ubiquitas"에서 기원하는데, "(동시에) 도처에 존재하는", "편재하는" 등의 뜻으로, 일반적으로는 모든 곳에 컴퓨터가 있어 그것을 자유롭게 누구나가 쓸 수 있다는 의미로 사용되고 있다.

유비쿼터스 컴퓨팅은 5 any, 언제(any time) 어디서나(any where) 어떤 단말기(any device)로든 쉽게 네트워크에 접속(any network)하여 원하는 어떤 서비스(any service)도 이용할 수 있는 환경을 지향한다.

유비쿼터스 네트워크와 증강현실

유비쿼터스 컴퓨팅과 더불어 유비쿼터스 네트워크(ubiquitous network)에 대한 연구가 일본을 중심으로 깊이 있게 연구되어 왔다. 〈표 12-9〉에서는 유비쿼터스 컴퓨팅과 유비쿼터스 네트워크의 특성을 비교하여 나타내고 있다.

표 12-9 **유비쿼터스 컴퓨팅과 유비쿼터스 네트워크의 특성 비교**

	유비쿼터스 컴퓨팅	유비쿼터스 네트워크
개념	인간이 살고 있는 현실 세계의 일상 환경과 사물의 도처에 컴퓨터가 심어져 컴퓨터와 인간들이 통합되어 자율적으로 인간의 삶을 영위해 주는 환경(invisible and pervasive computing)	유비쿼터스 컴퓨팅 환경 속에서 각 컴퓨팅 기기가 네트워크로 연결되어 상호작용함(기기간, 인간과 기기간)
초점	컴퓨터의 기능을 객체에 내재화하는데 역점을 둠	각 컴퓨팅 기기의 지능화와 네트워크화에 따른 기기간의 상호운영성을 확보하는 것이 중요함. 기기간의 연결성을 강조함

[그림 12-21]에서 나타낸 바와 같이 1960년대에는 다수의 사용자가 하나의 컴퓨터를 공유하여 사용하였고, 70년 이후 PC가 널리 보급되면서 사용자가 자신의 컴퓨터를 소유하여 활용하는 것이 가능하게 되었다. 유비쿼터스 컴퓨팅 환경에서 사용자는 도처에 편재한 다수의 컴퓨팅 기기를 이용하여 전자공간과 실물공간을 넘나드는 제3의 공간(증강현실 : Augmented Reality, AR)에서 생활하는 것이 가능하게 된다.

[그림 12-21] 유비쿼터스 컴퓨팅 환경과 증강현실

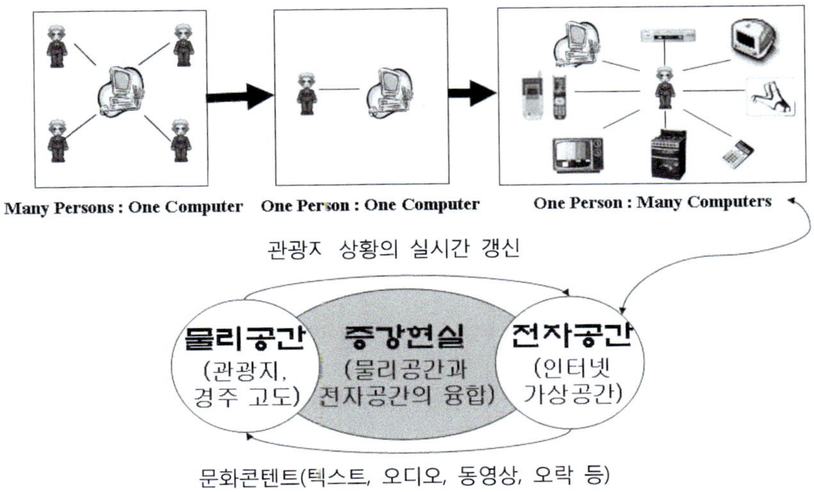

- **차세대** PC(휴대폰, 스마트폰, PDA는 물론이고 시계와 팔찌 등의 웨어러블 PC) 뿐만 아니라 동식물이나 인체를 포함하여 도로와 건물 등 사물 곳곳에 칩, 센서, 태그 등 다양한 매개체를 심어 사물 간의 상호 정보교환을 촉진하여 지능화하고, 이를 다양한 단말기를 통해 네트워크로 연결하여 서비스를 제공받는 환경
- 유비쿼터스 환경은 넓게 기존의 물리공간을 전자화하고 인터넷과 같은 가상공간을 물리공간에 내재화하여 융합하는 제3의 공간이라 할 수 있음
- MARS(Mobile Augmented Reality Systems) : 증강현실과 모바일 컴퓨팅의 결합을 통한 시스템. 스마트폰에 앱을 설치하여 HMD(Head Mounted Device)가 별도로 필요하지 않은 모바일 증강현실. Layar는 초기 단계의 모바일에 기반한 증강현실이 구현 가능한 브라우저. Layar는 구글의 안드로이드 운영체제에서 작동되며 기존의 이미지 및 사물 인식방식형태가 아닌 카메라와 GPS를 기반으로 현실의 위치정보를 인식하여 실시간으로 디지털 정보를 보여줌. [그림 12-22]는 증강현실을 이용해 스마트폰에서 별을 관찰하는 앱의 사례임.

[그림 12-22] 모바일 증강현실 앱 : 스카이뷰

출처 : 애플 앱스토아의 스카이뷰.

12.7.2 RFID/USN

RFID

RFID(Radio Frequency Identification) 시스템이라 함은 대상이 되는 사물 등에 RFID 태그(tag 또는 칩)를 부착하고 전파를 사용하여 해당 사물 등의 식별정보 및

주변 환경정보를 인식하여 각 사물에 대한 정보를 수집・저장・가공 및 활용하는 시스템을 말한다. RFID 태그란 사물과 동식물 등에 내장 또는 부착되어 해당 사물에 관한 정보 또는 기타 정보를 기록하고, 전파를 이용하여 이들 정보에 대한 판독 또는 저장이 가능한 것을 말한다. 사용 주파수 대역(125.134 KHz ~ 2.45GHz)에 따라 인식거리, 인식속도, 환경에 대한 영향측면에서 다른 특성을 갖는다. RFID 태그에는 수동형(passive)과 능동형(active)이 있다. 수동형이란 태그 자체에 전원이 없어 리더기로부터 전원을 공급받아 활성화된다. 능동형은 자체에 전원이 있어 자체적으로 활성화된다.

RFID 리더기가 태그 정보를 읽어 사용자에게 표시해줄 뿐만 아니라 필요한 경우 기업의 서버를 통하여 기업의 다양한 내부 정보시스템(전사적 자원관리, 공급사슬관리, 고객관계관리 시스템 등)과 정보를 주고받게 된다. [그림 12-23]의 아래에서 보듯이 용도에 따라 RFID 태그와 RFID 리더기의 종류가 다양하다.

[그림 12-23] RFID 시스템 구조

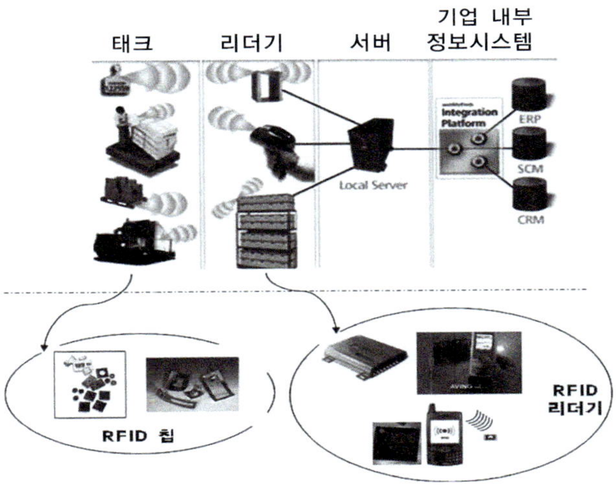

휴대폰에 RFID 리더기를 장착한 모바일 RFID는 음반, 도서, 의약품 등에 부착된 태그의 데이터를 읽어 이동통신망을 이용하여 음반 샘플 듣기, 영화 예고편 보기, 의약품정보 등을 휴대폰에서 볼 수 있는 서비스를 의미한다. 특히, 모바일 RFID는 UHF(900MHz) 대역을 사용하기 때문에 리더와 태그간의 거리가 1m 정도인 경우에도 통신이 가능하다. 다음 같은 다양한 분야에 모바일 RFID시범 서비스를 제공한 바 있다.

- 관광 정보제공 서비스
- 양주 진품 정보제공 서비스
- 와인 정보제공 서비스
- 버스 정보제공 서비스
- 의약품 정보제공 서비스
- 택시 안심귀가 서비스
- 한우 정보제공 서비스
- 식품안전 정보제공 서비스 등

USN

USN(Ubiquitous Sensor Network)이란 필요한 모든 것(곳)에 센서를 부착하여(ubiquitous), 이를 통하여 기본적인 사물의 인식정보는 물론이고 주변의 환경정보(온도, 습도, 오염, 균열 등)를 탐지하여(sensor), 이를 실시간으로 네트워크에 연결하고(network) 그 정보를 관리하는 것이다. 따라서 궁극적으로는 모든 사물에 컴퓨팅 및 커뮤니케이션 기능을 부여하여 언제, 어디서나, 어떤 것과도 통신이 가능한 환경을 구현하는데 그 목적이 있다. 따라서 USN은 다양한 위치에 설치된 센서태그와 센서노드를 통해 센서가 획득한 사람/사물 및 환경정보를 인식하고, 인식된 정보를 통합/가공하여 언제, 어디서나, 누구나 자유롭게 이용할 수 있게 하는 정보서비스 인프라이다.

RFID가 칩에 사물에 대한 해당 정보를 저장하고 있는 수동형인 반면, USN의 센서는 해당 사물에 대한 정보는 물론이고 주변에 대한 환경정보를 입수하여 처리하고 전송할 수 있는 능동형이다. 〈표 12-10〉에서 나타낸 바와 같이 USN의 특성은 기존 네트워크의 확장과 지능형 서비스의 제공 능력에 있다.

표 12-10 USN의 특성

특 성	개 요
네트워크 범위의 확장 (시공간적 범위의 확대)	기존의 전화망(PSTN)이 이동통신망(CDMA망), 부가가치통신망(VAN), 인터넷, 무선인터넷 등으로 확장되듯이 더 나은 디지털 융합 서비스를 위해 RFID/USN으로 확장됨[그림 12.24] 6LoWPAN(IPv6-based Low-power Wireless Personal Network) : IPv6 기반의 저전력을 소비하는 무선 개인간 네트워크가 인프라가 됨
단말기 확대	정보서비스를 받기 위해 PC는 물론이고 PDA, 스마트폰, 휴대전화가 사용되고, 점차 차세대 PC가 사용되어 이동성의 범위가 확대됨
지능형 서비스	위치기반서비스, 상황인지서비스, 시맨틱 웹 서비스, 지능형 이벤트 관리기술 등과 결합되어 사용자의 상황에 적합한 스마트 개인화 서비스가 가능하게 됨

[그림 12-24] RFID/USN

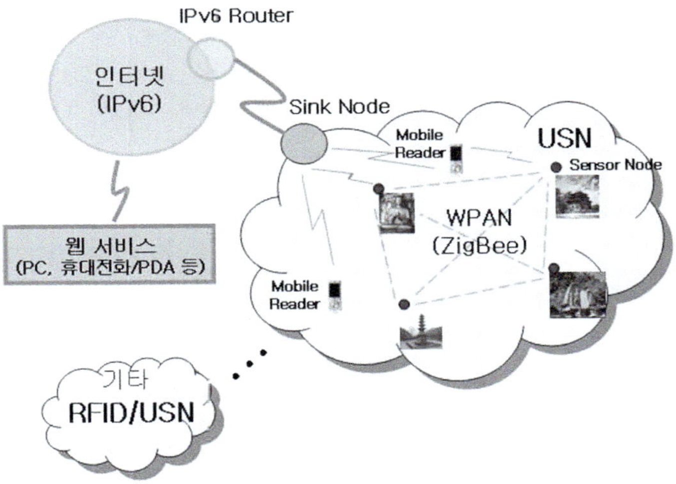

[그림 12-25] USN의 응용분야

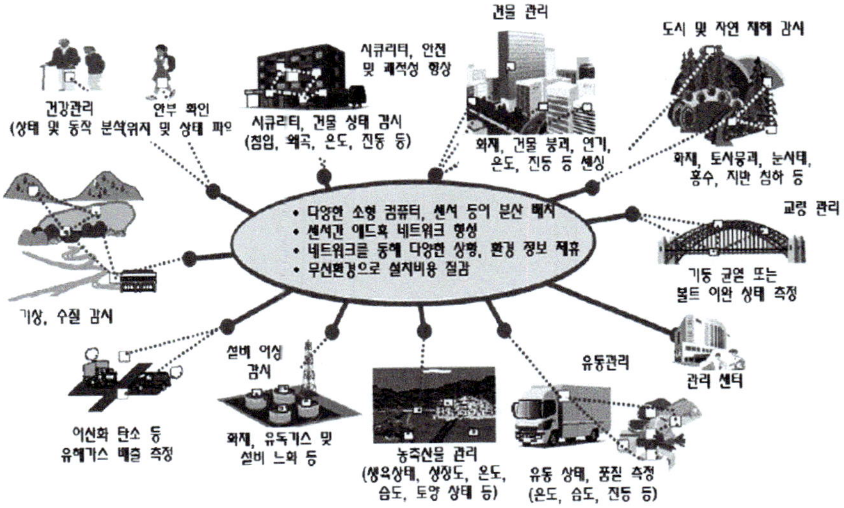

- 무선 센서네트워크는 군사분야, 환경 모니터링, 로지스틱스, 의료, 로보틱스 등 다양한 분야에 적용될 수 있으며 부분적으로 이들 분야에 적용하고자 하는 많은 연구가 이루어져왔다.

• **근거리 무선통신(WPAN: Wireless Personal Area Network)** : 사용자와 인근 사물과의 상호 작용이나 기기 간 상호작용을 지원하기 위한 근거리 무선통신 기술(대개 10m 이하)에는 블루투스(Bluetooth), ZigBee, IrDa, UWB (Ultra-WideBand), NFC 등이 있다. 블루투스는 휴대폰 · 노트북 · PDA 등의 휴대용 장치, 가전제품, PC 주변 장치를 근거리에서 무선으로 연결하는데 사용되고 있다. IrDA는 전자기기 간에 적외선을 이용해 데이터를 주고받을 수 있는 통신 표준으로 TV 리모컨, 휴대폰과 PC간의 데이터 전송, 노트북 PC와 데스크탑, 프린터 등의 주변기기와의 통신에 사용되고 있다. ZigBee는 저전력이 요구되는 USN, 홈네트워크, 스마트그리드 등에 사용된다. 블루투스와 ZigBee는 저속 정보전송기술로 기기제어 등에 적합하고, UWB는 영상전달 등에 적합하다.

• **광대역통합망(Broadband convergence Network: BcN)** : 현재의 개별적인 망들이 갖고 있는 한계들을 극복하고 미래에 나타날 유무선의 다양한 접속환경에서 고품질의 음성, 데이터 및 방송이 융합된 광대역 멀티미디어 서비스를 언제 어디서나 이용할 수 있도록 하는 차세대 통합망이다. 서비스에 따라 개별적으로 구축된 망(전화망, 무선망, 인터넷, 케이블TV망, 방송망 등)을 패킷기반의 단일망으로 통합한 네트워크이다. 여기서 패킷(packet) 이란 네트워크를 통해 전송하기 쉽도록 자른 디지털 데이터의 전송단위이다.

• **5G(Fifth Generation) 이동통신**: 28GHz의 초고대역 주파수를 이용하는 이동통신 기술로서, 초당 기가(G)급의 데이터를 전송할 수 있다. 5G가 이처럼 빠른 속도를 낼 수 있는 비결은 광대역 통신 시스템 덕분이다. 광대역 통신이란 더 많은 통신의 양을 주고받을 수 있게 만드는 일종의 구축망으로서, 여러 대역으로 나뉘어져 있는 4G(LTE) 주파수를 결합하여 더 넓고 빠른 통신망을 제공할 수 있다. 쉽게 말해서 통신은 '전파'와 '정보'의 융합이라 할 수 있는데, 통신을 강에 비유한다면 전파는 강물이고, 전파를 통해 주고받는 정보는 그 위에 떠있는 배라 할 수 있다. 광대역 통신이란 바로 이 같은 강물에 더 많은 배가 다닐 수 있도록 강의 폭을 더 넓게 만들어주는 기술이라 생각하면 된다. 입체 영상의 대명사인 홀로그램(hologram)의 경우는 특히 실물을 보는 것과 같은 입체감을 느낄 수 있어서 가상현실보다도 훨씬 많은 데이터를 전송할 수 있는 통신 시스템이 구축되어야 서비스가 가능하다.(출처: 사이언스타임즈, 4차 산업혁명의 핵심, 5G가 빠른 이유, 2017. 3. 22).

ITU(International Telecommunication Union)와 3GPP(3rd Generation Partnership Project)가 5G 국제 표준을 주도적으로 개발하고 있다.

표 12-11 **세대별 이동통신망속도**

구 분	최고속도	상용화 시기	서비스
1세대	14.4Kbps	1984년	음성통화
2세대(2G)	144Kbps	2000년	음성통화, 문자
3세대(3G)	14Mbps	2006년	음성통화, 멀티미디어문자, 화상통화
4세대(LTE)	75Mbps	2011년	음성통화, 데이터, 동영상
5세대(5G)	1-20Gbps	2020년	홀로그램, 사물인터넷, 증강현실

출처 : 이통사종합.

인사이트 **3D 프린팅(3D printing)**

3D 프린팅의 정식 명칭은 Additive Layer Manufacturing(ALM)이다. 줄여서 Additive Fabrication 혹은 Additive Manufacturing이라고 불린다. 즉, 층(Layer)을 추가하여 쌓아올린다는 뜻이다. 3D 캐드(CAD)로 모델링을 한 후, 이를 모두 슬라이스하는 작업을 거친다. 설계를 슬라이스하여 내보내 층별로 뽑는 방식이다.

3D Systems사가 세계 최초로 3D 프린팅을 상용화해 1988년부터 공장에서 사용하기 시작했고, 대부분의 3D 프린팅 특허를 갖고 있다. 이후로 3D 프린팅 시장에는 기념비적인 일들이 생기기 시작한다. 1995년, MIT에서 Powder, liquid plastic 혹은 요즘 많이 사용하는 difused material 같은 재료들을 붙이는 방식에 대한 뛰어난 특허 기술들이 개발되면서 3D 프린터는 대중적으로 확산된다. 세계적으로 3D 프린팅 기술이 많이 등장하고 있는 이유는, 기술의 발전뿐만 아니라 특허가 풀렸기 때문이다. 대표적으로 2014년 2월에 금속에 대한 3D 프린팅 특허가 풀렸고 동시에 이를 준비했던 현대자동차는 곧바로 3D 프린팅을 시작했다. 하지만 고급 기술은 여전히 특허에 묶여있고 아직 개발해야 하는 부분이 많이 남아있는 실정이다.

3D 프린팅의 제조 과정은 총 3단계로 이루어진다. 처음에는 3D 모델링, 3D 캐드와 같이 모델링(modeling)을 하는 단계이다. 두 번째는 3D 프린터로 프린팅(printing)을 하고, 인쇄가 끝나면 마무리(finishing), 즉 마지막으로 매끄럽게 마무리하는 후처리과정을 거친다. 마무리 작업을 해야 하는 이유는 저가의 3D 프린터로 인쇄를 하면 표면이 거칠게 나온다는 문제점이 있기 때문이다. 현재 3D 모델링은 작업이 많이 진행된 상태이지만 프린팅과 마무리 작업 단계는 제조업을 바꿀 것이라는 기대와 함께 아직은 불분명한 환상이 더 많은 상태이다. 하지만 이 과정들도 점차적으로 현실화되고 있는 것도 사실이다.

(출처 : 조광수, 3D프린터의 시대, Power Review, 한국인터넷진흥원, 2015.)

3D 프린팅은 4차 산업혁명을 이끌 유망 기술 중 하나로 꼽힌다. 앞으로는 중앙 집중화된 시스템의 통제를 받지 않고 각 기기가 개별 공정에 알맞은 것을 판단해 실행하게 됨에 따라 제조업에서도 개인의 취향에 맞춘 물품을 더 다양하게 더 빨리 만들 수 있는 생산성 혁신을 이루기 때문이다.

3D 프린팅은 3차원 캐드(CAD) 설계도만 있으면 얇은 층을 쌓는 방법으로 무엇이든 실제 사물을 만들어낼 수 있으니 개인 맞춤형 제작에 가장 유리한 기술이다.

독일 카를스루에 공과대학의 연구진은 3D 프린터를 이용해 순수한 유리로 만들어진 3차원 구조물을 만드는 데 성공했다. 연구진은 유리 나노입자들을 액체 용액 속에 혼합해 만든 액체 유리를 3D 프린터의 잉크로 사용했다. 출력된 유리 제품은 800℃의 고온에서도 견딜 만큼 내구성이 좋았다. 연구진은 이 새로운 기술이 작은 카메라 렌즈에서부터 초고층의 외벽에 이르기까지 다양한 규격의 유리 제품을 생산하는 데 사용될 수 있다고 밝혔다.

(출처 : 사이언스타임즈, 3D 프린터로 유리 공예품도 만든다, 2017. 5. 8.)

대중들에게 3D 프린팅이 확산되기 위해서는 무엇보다도 3D 모델링을 쉽고 편리하게 지원하는 소프트웨어가 보급되어야 할 것이다. 그림에서와 같이 모델링이 완성되면, stl(3차원 데이터를 표현하는 국제표준) 파일로 저장하여 어떤 종류의 3D 프린터에서도 출력할 수 있다.

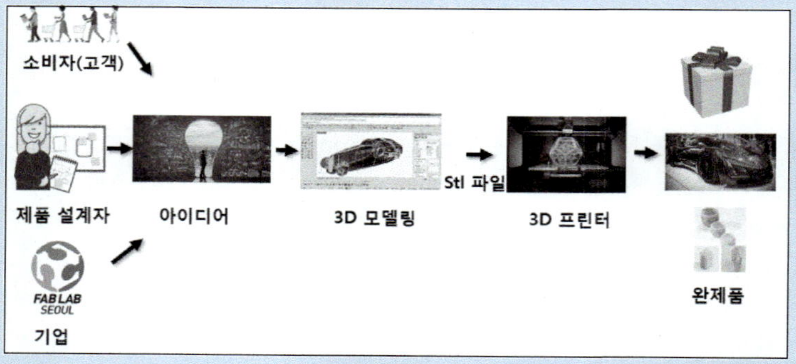

(그래픽 이미지 출처 : 구글 검색)

12.8 사물인터넷과 인공지능

사물인터넷(Internet of Things: IOT)이란?

- 컴퓨팅 기능을 담은 사물을 유무선 네트워크로 연결하여 유기적으로 정보를 수집·공유하는 지능형 네트워킹기술
- 인간, 사물, 서비스 세 가지 분산된 환경 요소에 대해 인간의 의식적인 개입 없이도 상호 협력적으로 센싱, 네트워킹, 정보처리 등 지능적 관계를 형성하는 사물 공간

따라서 사물인터넷이란 자율적으로 행동할 수 있는 컴퓨팅 장치를 탑재한 사물이 네트워크를 통해 사람 또는 다른 사물과 소통하고 협력하여 필요한 서비스를 제

공하여 부가가치를 창출하는 것이다. 사물인터넷은 다음과 같은 특징을 갖는다:

- **지능형 사물**: 사물은 주변의 정보를 수집하고 자율적으로 행동하며 협력한다.
- **연결과 소통**: 유무선 네트워크로 연결되어 사람 또는 다른 사물과 소통한다.
- **새로운 가치 창출**: 사물인터넷은 필요한 서비스를 제공하여 새로운 가치를 창출한다.

인사이트 4차 산업혁명과 인공지능

사물인터넷은 4차 산업혁명의 중요한 요소이다. 4차 산업혁명의 핵심 부분은 ICBM(IoT, Cloud computing, Big data, and Mobile)과 인공지능(AI: Artificial Intelligence)이다. 인공지능 기술은 ICBM의 모두에 적용되어 스마트한 제품과 서비스를 통해 새로운 가치 창출을 가능하게 한다. 모든 산업과 사회 영역에서 4차 산업혁명이 일어나고 있다. 예를 들어, 제조 분야에서는 독일을 중심으로 인더스트리 4.0(Industry 4.0)이라는 슬로건으로 스마트 공장(smart factory)이 발전하고 있다.

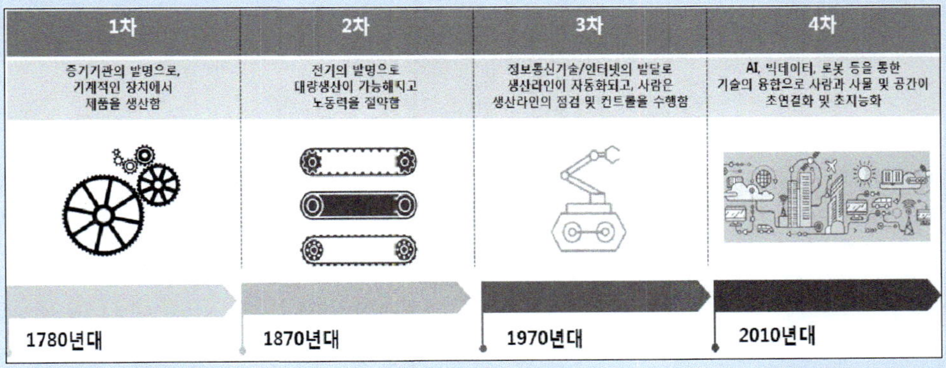

(출처 : 미래창조과학부, 한국과학기술기획평가원, 이슈분석: 4차 산업혁명과 일자리의 미래, 2016.)

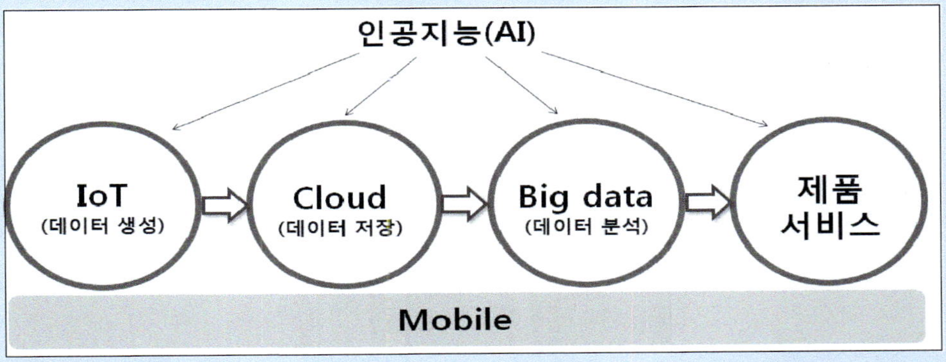

인사이트 인공지능 알고리즘과 딥러닝

인공지능이란 기계가 인간과 같은 지각, 추론, 학습 등의 능력을 갖게 하는 기술이다. 컴퓨터가 이들 능력을 갖게 되면, 사전에 프로그래밍이 되어 있지 않아도 새로운 문제를 해결하는 것이 가능하게 된다.

- 지각/인식 : 센서를 통해 수집된 데이터를 이용하여 상황을 인식하는 기술
- 추론/계획 : 기존의 지식으로부터 새로운 지식을 추론하고, 목표에 도달하기 위한 행동 절차를 계획하는 기술
- 학습/적응 : 추론 과정에서 얻은 경험을 통해 다음에 더 효과적으로 문제를 해결할 수 있도록 시스템을 수정 및 보완하는 기술

1956년 다트머스 회의(Dartmouth Conference)에서 인공지능이 제안된 이래로 상당 기간 발전이 지체되어 오다가 최근 딥러닝(deep learning)과 자연어 처리 등을 활용하는 분야에서 진전을 보이는 추세이다. 구글의 알파고(AlphaGo)와 IBM의 왓슨(Watson) 등으로 인공지능은 여러 영역에서 각광을 받았다.

- 딥러닝(deep learning) : 데이터 입력과 출력 사이에 다수 레이어로 구성된 뉴럴 네트워크(NN: Neural Network)를 통해 높은 수준의 추상화를 가능하게 하는 기계 학습 방법

AI의 핵심은 알고리즘이다. 일반적으로 문제해결 과정은 다음과 같다.

의사결정자는 문제정의(파악/진단), 모형화, 알고리즘, 코딩(프로그램), 모델의 해 도출, 모델의 해를 현실 문제에 적용하는 과정을 걸친다. 딥러닝을 위한 다양한 알고리즘이 개발되어 왔다. 예를 들어, ANN, DNN, CNN, GAN 등이다. 기계 학습에는 크게 지도학습과 비지도 학습이 있다. 알파고는 지도학습, 알파고 제로는 비지도 학습과 지도 학습을 방법을 적용하고 있다.

- 지도학습(supervised learning): 문제와 정답을 주고 학습하게 함. Classification, Regression, Object detection, DNN(Deep Neural Network), RNN(Recurrent NN, 시퀀스 데이터 모델링), CNN(Convolutional NN, 합성곱 신경망으로 컴퓨터 비전 등에 활용).
- 비지도 학습(unsupervised learning): 정답이 주어져 있지 않은 데이터의 특성을 학습하여 스스로 패턴을 파악함. GAN, 변이형 오토인코더(Variational Autoencoders), 군집화(Clustering)와 차원축소(dimensionality reduction), Feature learning 등
- GAN(Generative Adversarial Network): 현실에 있을 법한 데이터(이미지 포함)를 생성하고 확률분포를 이용하며 생성자(Generator)와 판별자(Discriminator)가 경쟁하게 한다. 생성자(G)는 가짜 데이터를 생성하고, 판별자(D)는 실제 데이터와 비교하여 평가한다. 기계에 의한 작곡과 그림 등에 이용되고 있다. 예를 들어, 전자상거래에서 고객 주문 데이터를 생성하고, 실제 주문 데이터로 훈련하여 특정 제품의 있음직한 주문을 예측한다.
- 개인화 추천 서비스(도서, 상품, 넷플릭스 등): 협업 필터링, 행렬분해(matrix factorization), DNN/VAE/CNN 등의 딥러닝이 적용된다.

12.9 VR, AR, MR을 융합하는 메타버스

증강현실은 가상세계(전자공간의 정보)를 현실세계(물리적 공간)에 중첩하여 전자공간의 정보를 현실세계에서 보강함으로써 사용자가 현실과 상호작용할 수 있도록 해주는 장점이 있지만, 가상현실보다는 몰입감이 떨어진다는 단점이 있다. 혼합현실(Mixed Reality: MR)은 가상현실의 몰입감을 증강현실의 장점에 더해주는 효과를 줄 수 있다. 혼합현실은 디지털 트윈(digital twin), 디스플레이 기술, 블록체인 등과 융합되어 메타버스(Metaverse)라는 현실과 가상을 넘어서는 세계로 발전해 간다.

- **가상현실**(VR: Virtual Reality): 컴퓨터 기술을 이용하여 현실세계와 매우 유사한 가상세계를 특정 공간에서 보여주고 오감을 자극하여 몰입감을 높여준다. 가상현실을 체험하기 위해서는 3차원 정보 표현과 상호작용이 가능한 HMD(Head Mounded Device)가 필요한데, 오큘러스 리프트(Oculus Rift)의 VR 헤드셋, 스마트폰을 장착할 수 있는 구글 데이드림 뷰(Daydream View)와 삼성 기어VR 등이 있다.
- **증강현실**(AR: Augmented Reality): 가상세계의 정보를 통해 사용자의 자세나 위치 등에 따라 현실세계를 보강해주는 주는데, 특정 마커(marker: 예를 들어, QR 코드)나 패턴이 있는 곳을 스마트폰으로 비추면 대상에 대한 정보를 증강해 보여준다. 증강현실 모바일 게임인 포켓몬 고(Pokémon GO)는 그 대표적 예이다.
- **혼합현실**(MR): 현실세계의 대상을 감지하여 사용자의 위치와 자세에 따라 그와 관련된 디지털 콘텐트(가상세계의 물체)를 현실세계의 물체와 함께 존재하는 것처럼 생성하고 보강하여 사용자가 물리적 공간의 대상과 가상물체와 상호작용하여 모두가 실체인 것처럼 실재감을 느끼게 해준다. 마이크로소프트의 홀로렌즈(www.youtube.com/watch?v=QRQv74J7oSk)와 매직리프(Magic Leaf, www.magicleap.com; www.youtube.com/watch?v= oLMVYF-jeOw)가 대표적이다.

MR 기기인 매직리프의 원 크리에이터 에디션의 경우 영상을 처리하는 헤드셋에 유선으로 연결된 포켓 컴퓨터를 허리에 차고 다녀야 한다. 그러나 5G가 상용화되면 포켓 컴퓨터 같은 연결 장비 없이 데이터를 바로 전송받아 MR 헤드셋에 보여주는 방향으로 진화할 것이다(www.sciencetimes.co.k). 5G로 대용량의 홀로그램(hologram) 콘텐트를 스마트폰이나 기타 디바이스(예를 들어 홀로렌즈나 구글 글래스 등)를 통해 현실세계의 어디서나 볼 수 있게 될 것이다.

- **홀로그램과 혼합현실의 교육에의 적용 사례** : news.joins.com/article/23015227
- **메타버스(metaverse)** : 초월을 뜻하는 메타(meta)와 세계 또는 우주의 의미인 유니버스(universe)의 합성어로 가상과 현실을 넘어서는 초월세계이다. 메타버스라는 용어는 1992년 닐 스티븐슨(Neal Stephenson)의 소설 "스노우 크래쉬"에서 처음 사용되긴 했지만, 최근에 3차원 모델링과 혼합현실 등의 기술발전과 더불어 실현되고 있다. 온라인 게임(특히, 3차원 게임)과 아바타를 이용한 세컨드 라이프와 같은 디지털세계(현실세계를 아바타를 통해 가상공간에 옮게 둔 세계)는 메타버스의 전통적 예이다. 네이버의 제페토(Zepeto), 로블록스(Roblox), 에픽게임즈의 포트나이트(Fortnite) 등은 대표적인 메타버스 플랫폼이다. 이들 플랫폼에서는 이용자들이 게임을 만들고, 다른 이용자들과 함께 게임을 할 수 있다.

메타버스는 점차 가상세계와 현실세계를 연결하여 상호작용하는 방향으로 발전하고 있다. 그 대표적인 예가 홀로포테이션(holoportation) 기술을 이용하는 마이크로소프트의 메시(Mesh) 플랫폼이다. 홀로포테이션이란 마이크로소프트의 홀로렌즈(Hololens)와 트랜스포테이션(transportation)의 합성어로 실객체의 3D 영상을 실시간으로 전송하는 기술이다. 홀로포테이션은 사람의 움직임을 포착하고 실시간으로 그 영상을 AR로 구현하기 때문에 아주 멀리 있는 사람과 바로 앞에 마주하고 있는 것처럼 대화를 주고받을 수 있어 마치 순간 이동을 실현한 듯한 효과를 준다.

현실과 가상이 연결되어 상호작용하는 메타버스는 혼합현실, 디지털 트윈(현실세계의 대상 또는 상황을 가상공간의 쌍둥이로 만들어, 컴퓨터로 시뮬레이션함으로써 결과를 예측하는 기술), 홀로포테이션, 첨단 디스플레이 기반의 디바이스(고글, 안경, 렌즈 등)를 이용함으로써 시뮬레이션, 원격지원, 예측, 협업을 통해 생산성을 높이고 더욱 스마트한 세상을 만들어 갈 것이다. 또한 뉴럴링크(Neuralink)와 같은 브레인-컴퓨터 인터페이스(Brain-Computer Interface: BCI)의 발전과 더불어 유체이탈 현상을 실현하는 것도 가능할 수 있다.

연습문제 및 참고문헌

연습문제

1. 웹 2.0의 개념과 지원기술에 대하여 설명하고, 그 사례를 조사분석하라.

2. 집단지성과 크라우드소싱에 대하여 설명하라.

3. 사물인터넷, 증강현실과 혼합현실에 대하여 설명하고, 그들이 사회에 미치는 영향에 대하여 설명하라.

4. 다음 용어를 간략하게 설명하라.

1) SMTP/POP
2) IPv6
3) 도메인네임시스템(DNS)
4) XML
5) AJAX
6) URL
7) RSS
8) 연결 데이터(linked data)
9) 시맨틱 웹
10) 소셜 시맨틱 웹
11) 웹 서비스
12) AWS와 사업 다각화
13) 3D 프린팅
14) WPAN
15) VR, AR, MR의 차이점
16) 메타버스(metaverse)
17) 디지털 트윈(digital twin)
18) CNN

참고문헌

김동수 · 유천수, "웹 서비스 이용현황 조사 및 도입 활성화 방안", 한국전자거래학회지, 제8권, 제2호, 2003, pp. 1–22.

유범재, 가상현실, 증강현실 및 혼합현실 개요, 로봇과 인간, 제15권, 제4호, 2018, pp. 3–7.

장영재, 경영학 콘서트, 비즈니스북스, 2010.

지식경제부, c–City 구축 활성화 기본계획, 2006. 12.

주재훈, 이스마틸라, "집단지성의 품질, 그 결정요인, 유용성의 관계 : 수용자 관점에서 한국의 위키서비스와 Q&A 서비스의 비교", *Asia Pacific Journal of Information Systems*, Vol. 22, No. 4, 2012, pp. 75–99.

커넥팅랩, 사물인터넷, 미래의 창, 2014.

한국정보사회진흥원, u–City 테스트베드 구축과제 종합 결과보고서, 2008. 12.

Antoniou, G. and F. Harmelen, 윤여름 외 공역, 시맨틱 웹 프라이머, MIT출판부, 2007.

Berners–Lee, T., J. Hendler, and O. Lassila, "The Semantic Web," *Scientific American*, Vol. 284, No. 5, 2001, pp. 34–43.

Bojars, U., J.G. Breslin, V. Peristeras, and G. Tummarello, "Interlinking the Social Web with Semantics," *IEEE Intelligent Systems*, Vol. 23, No. 5, 2008, pp. 29–40.

Lévy, P., Collexctive Intelligence: Mankind's Emerging World in Cyberspace, 1999. (권수경 역, 집단지성, 2002).

Malone, T.W., Laubacher, R., and Dellarocas, C., "The Collective Intelligence Genome," *Sloan Management Review*, Vol. 51, No. 3, 2010, pp. 21–32.

Shuen, A. Web 2.0 : A Strategy Guide, O'Reilly, 2008.

한글색인

ㄱ

ㄴ

ㄷ

ㄹ

ㅁ

ㅂ

ㅅ

ㅇ

ㅈ

ㅊ

ㅋ

ㅌ

ㅍ

영문색인

A

B

D

E

F

G

H

I

J

K

L

S

T

U

V

저자약력

▣ 주재훈(朱載勳, givej@dongguk.ac.kr, www.facebook.com/jaehun.joo)

동국대학교 WISE캠퍼스 명예교수
부산대학교 경영학박사/경영학석사, 한국해양대학교 공학사
University of Nebraska-Lincoln과 University of Portland의 Visiting Professor
동국대학교 WISE캠퍼스 교수, 평생교육원장, 기획처장, 상경대학장/경영대학원장 역임
한국정보시스템학회 학회장과 편집위원장 역임
Marquis Who's Who in the World 등재

[저서]
디지사이트: 비즈니스 생태계 경영(공저, 2023)
디지털경영과 경영정보론(공저, 2011), 전자상거래@e-비즈니스(공저, 2009)
경영정보시스템(공저, 2008), XML의 이해(2005),
전자화폐 : 전자상거래보안응용(공저, 2002), e-비즈니스 : 전자상거래(2000)
인터넷 비즈니스(1998), 정보시스템 개론(역서, 1995)

[연구논문 및 과제]
온라인 플랫폼 노동에서 불안과 자율성의 긴장관계에 대한 실증분석, 정보시스템연구, 2022.
Finding the Missing Link between Corporate Social Responsibility and Firm Competitiveness through Social Capital: A Business Ecosystem Perspective, *Sustainability*, Vol. 9, No. 5, 2017.
Determinants of Collective Intelligence Quality : Comparison between Wiki and Q&A Services in English and Korean Users, *Service Business*, Vol. 7, 2013.
Adoption of Semantic Web from the perspective of technology innovation : A grounded theory approach, *International Journal of Human-Computer Studies*, Vol. 69, 2011.
Protecting Cultural Heritage Tourism Sites with the Ubiquitous Sensor Network, *Journal of Sustainable Tourism*(2009)
Adoption of the Semantic Web for Overcoming Technical Limitations of Knowledge Management Systems, *Expert Systems with Applications*(2009)
An Empirical Study on the Relationship between Customer Value and Repurchase Intention in Korean Internet Shopping Malls, *Journal of Computer Information Systems*(2007)
A Business Model and Its Development Strategies for Electronic Tourism Markets, *Information Systems Management*(2002) 외 100여 편(국제학술지/국내학술지)
특허(10-1082953), 개인화 콘텐트 서비스 방법
중소기업청 e-컨설팅을 위한 정보화혁신컨소시엄 사업총괄(2002-2004)
경북나들이(www.gbtour.net), 경북특산품쇼핑몰(mall.gbtour.net) 등의 전자관광시장 개발(1998-2001)

▣ 신민석(申珉析, shinm@konkuk.ac.kr, http://home.konkuk.ac.kr/~shinm/)

건국대학교 사회과학대학 국제무역학과 부교수
Pacific States University 총장
Claremont Graduate University 경영학 박사
한국품질경영학회 국제위원장

[저역서]
디지사이트: 비즈니스 생태계 경영(공저, 2023)
당신은 어떤 리더입니까?: 위대한 리더를 만드는 피터 드러커 52주 레슨(역서, 2015, 한국경제신문)
Corporate Image to Brand Image: Yuhan-Kimberly in Management Cases: Revised Edition (Chapter 24, 113-115, 2009, HarperCollins)
Yuhan-Kimberly's New Paradigm: Respect for Human Dignity in Management Cases: Revised Edition (Chapter 1, 1-7, 2009, HarperCollins)

[연구]

Shin, M. M., Lee, J., & Chung, J. (In press). Knowledge workers' existential affirmation and innovativeness: a Kierkegaardian redescription of Drucker, European Journal of Innovation Management.

Lee, J. & Shin, M. M. (In press). Made in China, Germany, and Indonesia?: Consumers' perceived quality of multinational products. European Journal of International Management.

Bang, D., Lee, J., & Shin, M. M. (2021). Partner Selection Strategies in Global Business Ecosystems: Country Images of the Keystone Company and Partner Companies on the Brand Quality Perception. Sustainability, 13(22), 12903. https://doi.org/10.3390/su132212903

Shin, M. M., Jung, S. and Rha, J. S. (2021). Study on Business Ecosystem Research Trend Using Network Text Analysis. Sustainability, 13(19), 10727. https://doi.org/10.3390/su131910727

Joo, J. & Shin, M. M. (2020). Resolving the tension between full utilization of contact tracing app services and user stress as an effort to control the COVID-19 pandemic. Service Business, 14, 461-478.

Kang, I., He, X., & Shin, M. M. (2020). Chinese Consumers' Herd Consumption Behavior Related to Korean Luxury Cosmetics: The Mediating Role of Fear of Missing Out. Frontiers in Psychology, 11, 121. 외 다수

저자와의
협의하에
인지생략

전자상거래 [제3판]

2013년 7월 25일 1판 1쇄 발행
2017년 8월 20일 2판 1쇄 발행
2019년 2월 20일 2판 2쇄 발행
2023년 2월 10일 3판 1쇄 인쇄
2023년 2월 17일 3판 1쇄 발행

저 자 주재훈 · 신민석
발행인 김학민
조 판 아람기획

07285
발행처 서울특별시 영등포구 선유로3길 10, 617호
도서출판 **탑 북 스**
등 록 2009.12.21 제 2016-000101 호
전 화 02)365-2223 팩스 02)365-2224

정가 28,000 원

ISBN 979-11-90247-67-2-93320